W0063393

Georgia Nicols
Das Leben, die Liebe und andere Geheimnisse

Georgia Nicols

Das Leben,
die Liebe und
andere Geheimnisse

Was die Sterne
über uns wissen

Deutsch von Dagmar Mallett
und Christa Broermann

Die Originalausgabe erschien 2011 unter dem Titel
»You and Your Future. Your Signs, Your In-Depth Personality Patterns,
Your 40-Year Horoscopes« bei House of Anansi Press Inc., Toronto.

Verlagsgruppe Random House FSC-DEU-0100
Das für dieses Buch verwendete FSC®-zertifizierte Papier
EOS liefert Holmen Paper, Hallstavik, Schweden.

1. Auflage
Copyright © 2011 der Originalausgabe by Georgia Nicols
Copyright © der deutschsprachigen Ausgabe 2011 by Blanvalet Verlag, München,
in der Verlagsgruppe Random House GmbH
Illustrationen: bürosüd°, München
Satz: Vornehm Mediengestaltung GmbH, München
Druck und Einband: GGP Media GmbH, Pößneck
Printed in Germany
ISBN 978-3-7645-0432-8

www.blanvalet.de

*Für Pat in Dankbarkeit für seine liebevolle Unterstützung
und Ermutigung auf jedem Schritt meines Weges.*

*Mit herzlichem Dank an meine Freundin Margaret Atwood,
die ihr Wissen über die Veröffentlichung von Büchern
mit mir teilte.*

*Und zum Andenken an meinen wunderbaren Vater John
und meinen Bruder Fred.*

Inhalt

Seinen Mythos zu benennen, ist der erste Schritt,
Macht über ihn zu gewinnen.

RICHARD IDEMON

Vorwort

Seit ich im Alter von zwölf Jahren die Horoskopspalten in den Zeitungen entdeckte, war ich von der Astrologie fasziniert. Sie erschien mir als reizvolle, esoterische Quelle des Wissens. Weder in der Schule noch von meinen Eltern oder in der Kirche hatte ich je etwas davon gehört. In der Kleinstadt, in der ich aufwuchs, redete niemand davon. Und dennoch war sie da, in den Zeitungen, offen vor aller Augen!

Als ich begann, für Jungs zu schwärmen und mich Hals über Kopf zu verlieben, las ich immer begierig, was über mein Sternzeichen und das meines aktuellen Schwarms in der Zeitung stand, ich suchte Hilfe für mein LEBEN! Meine Eltern taten die Horoskope als Humbug ab, und niemand, den ich kannte, schien sich für Astrologie zu interessieren.

Trotzdem lag ich oft bäuchlings im Wohnzimmer auf dem Boden, studierte die Horoskope in den Zeitungen und lernte etwas über die Sternzeichen meiner Familienmitglieder und Freunde. Ich stellte mir damals nie ernstlich die Frage, wie Astrologie eigentlich funktioniert, aber ich glaube, ich hegte die vage Vorstellung, dass unser Leben durch irgendwelche feinen Schwingungen der Himmelskörper beeinflusst würde, die ich für die Grundlage der Astrologie hielt. Ich denke, viele Menschen glauben, dass die Bewegung der Sterne sich auf uns auswirkt.

Die Wahrheit ist, dass ich nicht weiß, warum Astrologie funktioniert, aber ich glaube nicht mehr, dass uns die Bewegungen der Planeten und Sterne in irgendeiner Weise beeinflussen. Wie sollten sie denn? Sie sind so weit weg!

Der Mond hingegen hat selbstverständlich Einfluss auf uns. Er ist der Erde wesentlich näher, und es ist wissenschaftlich erwiesen, dass die Gravitationskraft des Mondes sich auf Gewässer auswirkt, was etwa die Gezeiten der Meere verursacht. Auch unser Körper enthält sehr viel Wasser (ganz gleich, wie viel Bier wir trinken). Außerdem steht zweifelsfrei fest, dass der Vollmond sich in Form von gehäuften Straftaten und Notfällen in den Akten von Polizeistationen und Krankenhäusern niederschlägt. (Oh ja!) Das englische Wort *lunatic* (»verrückt«) hat sogar seine Wurzel im lateinischen Wort für Mond, *luna*.

Aber die Planeten und die Sterne? Das scheint doch sehr weit hergeholt. Ich mache mir trotzdem keine Gedanken darüber, warum Astrologie funktioniert, weil ich weiß, *dass sie es tut.* Werde ich zu einer Erklärung gezwungen, sage ich so etwas wie: Nichts im Leben existiert für sich allein und aus sich heraus. Alles ist auf etwas anderes bezogen. Den Begriff der Dunkelheit gäbe es nicht ohne den Begriff des Lichtes. Die Vorstellung von einem Oben beinhaltet die Vorstellung von einem Unten. Es gibt kein Innen ohne ein Außen. Alles ist miteinander verbunden.

In diesem Moment halte ich zum Beispiel einen Stift in der Hand. Für diesen Stift gibt es viele Definitionen: Er ist ein Schreibwerkzeug, er besteht aus Metall und Nebenprodukten von Erdöl, er gehört mir, er ist ein Erzeugnis der Sanford Corporation. So könnte ich mit unterschiedlichen Aspekten fortfahren. Eine Definition des Stiftes in meiner Hand ist jedoch auch, dass er *nichts anderes im Universum ist.* Er ist nicht der Tisch oder das Klavier oder die Lampe oder sonst etwas in diesem Zimmer. Er ist nicht einmal ein anderer, mit ihm identischer Stift. Er ist nur dieser *bestimmte* Stift.

In der gleichen Weise beginnt ein Baby bei seiner Geburt zu existieren, wenn es den ersten Atemzug macht und dadurch von seiner Mutter unabhängig wird. Dabei wird seine Existenz neben alles andere im Universum gestellt.

Diese stets vorhandene Nebeneinanderstellung von allem bedeutet, dass *alles mit allem verbunden ist.* Und wenn zwischen allem eine Verbindung besteht, dann gibt es eine *Korrelation.*

Astrologie beruht auf dieser Korrelation. Sie spiegelt die Wechselwirkung der Planetenbewegungen am Himmel mit Menschen und Ereignissen auf dem Planeten Erde wider. Weil sich diese Planeten in vorhersagbaren Zyklen bewegen, können wir deren Spiegelung in ähnlichen Zyklen in unserem eigenen Leben vorhersagen.

Wie oben, so unten.

Die Tatsache, dass alles miteinander zusammenhängt, ist meiner Meinung nach der Grund dafür, dass Astrologie funktioniert. Die Astrologie ordnet unser Wissen lediglich zu Mustern. Sie ist die Lehre von der Entfaltung unseres Lebens.

Sie können an dieses Buch herangehen, wie Sie sich einem Büfett nähern würden. Suchen Sie sich einfach aus, was Sie möchten. Viele Menschen werden vermutlich die Abschnitte »Wie ein Widder, Stier etc. glücklicher wird« für alle zwölf Sternzeichen lesen. Ich halte das für eine sehr gute Idee, denn die Wahrheit ist: *Wir alle haben alle zwölf Sternzeichen in uns.* Der Zeitpunkt unserer Geburt führt nur zu unterschiedlichen Kombinationen der »Gewichtung« dieser Zeichen. Man könnte sagen, jeder hat sämtliche Nahrungsmittelgruppen in sich – aber manche mehr Fleisch und Kartoffeln, andere mehr Salat. Die Portionen sind ungleich verteilt!

Also dann, wie meine Heldin Julia Child (Löwe mit Aszendent Zwillinge) sagen würde: »*Bon appetit!*«

Georgia Nicols
Vancouver, British Columbia
14. Juni 2010

Warum Astrologie?
Warum nicht?

Mehr als zehntausend Jahre lang gehörten Astrologen zu den klügsten Köpfen ihrer Zeit – sie waren Mathematiker, Naturwissenschaftler, Ärzte und Philosophen. Auch heute hat die Astrologie noch eine gebildete Anhängerschaft. Jedes Land der Erde hat eine eigene Form von Astrologie.

Nun frage ich Sie: Warum sollten Sie dieses alte Weisheitssystem nicht als Hilfe nutzen?

Astrologie hat nichts mit Schwingungen und Kristallkugeln zu tun. Astrologie beruht auf der Mathematik, genauer gesagt, auf den Zyklen von Sonne, Mond und den Planeten in unserem Sonnensystem.

Ich hoffe, dieses Buch kann Ihnen helfen, mehr über sich selbst zu lernen, Ihre Zukunft besser zu planen und Ihr Leben besser in den Griff zu bekommen. Ich nutze die Astrologie in vielfältiger Weise; hier ein Beispiel dafür, wie sie mir geholfen hat:

Ich wohnte dreizehn Jahre lang in einem gemieteten Haus in der King's Road in Vancouver, nahe bei der University of British Columbia. Dort habe ich sehr gerne gelebt. Unsere Straße war nur einen Block lang, und die Nachbarn waren eine eng verbundene Gemeinschaft, zu der viele freundliche, interessante Leute zählten. (Klar gab es auch ein paar Ausnahmen.)

Aber während der ganzen Zeit, die ich dort wohnte, besaß ich auch ein Grundstück auf einer nahe gelegenen Insel. Eines Tages bekamen ich und alle anderen in der Straße zu unserem Entsetzen allesamt eine Kündigung, weil unsere Häuser abgerissen werden sollten. Wir mussten wohl oder übel umziehen!

Alle machten sich auf die Suche nach einem neuen Zuhause, das sie mieten oder kaufen konnten. Ich jedoch zog einfach in ein neues Haus auf meinem Inselgrundstück um, das ich in dem Jahr vor der Kündigung gebaut hatte.

Hatte ich kommen sehen, dass man uns hinauswerfen würde? Natürlich nicht. Astrologie ist keine Kristallkugel. Ich konnte aber an meinem Horoskop ablesen, dass ich im folgenden Jahr umziehen würde. Da daran kein Weg vorbeiführte, begann ich das Haus zu bauen, von dem ich immer geträumt hatte.

Das ist nur ein Beispiel dafür, wie mir der Blick auf mein Horoskop geholfen hat. Wenn man einen bestimmten Zyklus in der Zukunft schon voraussehen kann, ist das oft ein Geschenk des Himmels! Es ermöglicht einem nämlich, sich auf das vorzubereiten, was kommen wird – seelisch, emotional und praktisch.

Unser Leben besteht aus einer Folge sich überschneidender Zyklen. Tageszyklen, Wochenzyklen, Monatszyklen, Jahreszyklen und die Zyklen der wechselnden Jahreszeiten. Die Astrologie beruht auf den mathematischen Zyklen der Planeten, die sich durch die Sternzeichen bewegen. Gute Astrologen können die Verläufe dieser Zyklen interpretieren, sie mit den Daten Ihres Horoskops in Beziehung setzen und dadurch einigermaßen verlässliche Aussagen über Ihre Zukunft machen.

Und natürlich interessiert Sie Ihre Zukunft – schließlich verbringen Sie dort den Rest Ihres Lebens!

Sie sind mehr als ein Sternzeichen!

Wenn Sie täglich Ihr Horoskop lesen, lesen Sie meist nur ein einziges Zeichen – das Zeichen, das Ihrem Geburtsdatum entspricht.[1] Viele Menschen wissen nicht, dass ihr Sternzeichen (»Ich bin Löwe!«) das Zeichen ist, in dem die Sonne bei ihrer Geburt stand. Genau genommen ist Ihr »Sternzeichen« also eigentlich Ihr Sonnenzeichen.

Verwirrt?

Wir alle haben ein Horoskop, an dem man den Stand sämtlicher Planeten zum Zeitpunkt unserer Geburt ablesen kann. So funktioniert die Astrologie. Das Horoskop zeigt, in welchem Zeichen Ihre Sonne, Ihr Mond, Ihr Merkur, Ihre Venus, Ihr Mars und die übrigen Planeten stehen. Daher erfasst Ihr »Sonnenzeichen« nur einen Teil von Ihnen.

Sie haben auch einen Aszendenten. Dieser Aszendent ist sehr wichtig! Er ist der wichtigste Grund dafür, dass Menschen mit demselben Sonnenzeichen oft so verschieden zu sein scheinen.

---

[1] Wenn Sie am Anfang oder am Ende Ihres Tierkreiszeichens geboren sind, dann sind Sie an einer sogenannten Spitze geboren. Das heißt, dass Sie wahrscheinlich die Eigenschaften von zwei Zeichen haben, dem eigenen und dem vorangehenden oder dem nachfolgenden. Hierzu sollte man etwas Wichtiges wissen: Die Zeiträume, die in Zeitungen oder Zeitschriften für die einzelnen Sternzeichen angegeben werden, sind immer nur durchschnittliche Daten für die einzelnen Zeichen. Tatsächlich kann jedes Zeichen auch an einem anderen Datum anfangen oder enden, abhängig vom jeweiligen Jahr. Wenn Sie an der Spitze geboren und nicht sicher sind, welches Sternzeichen Sie haben, müssen Sie das mit einem Astrologen für Ihr Geburtsjahr klären. Aus diesem Grund weichen die Angaben in verschiedenen Horoskopspalten auch voneinander ab.

Was ist der Aszendent?

Ihr Geburtstag sagt Ihnen, welches Sonnenzeichen Sie haben, weil das Sonnenzeichen auf dem *Tag des Jahres* beruht, an dem Sie geboren wurden. Der Aszendent beruht zusätzlich zum Tag und Jahr Ihrer Geburt auf der *Tageszeit*. Er ist genauer.

Ihr Aszendent ist Ihre Maske oder Ihre *Persona*. Er zeigt, wie Sie sich nach außen, zur Welt hin, präsentieren. Er hat eine Menge mit Ihrer Erscheinung, Ihrer Persönlichkeit und Ihrer äußeren Verpackung zu tun. Im Grunde ist der Aszendent der Modus operandi, den Sie sich als Kind zugelegt haben, um in Ihrer Familie zu überleben. Er ist Ihr Gesicht im Spiel des Lebens.

Ihr Aszendent lässt erkennen, wie Sie die Dinge in Ihrem Leben in die Hand nehmen oder wie Sie Ihre Zukunft angehen. Er zeigt, welchen Stil Sie einsetzen, um zu bekommen, was Sie wollen. Anders ausgedrückt: Wenn ich jemanden beschreiben sollte und dafür nur eine einzige Information über ihn kriegen könnte, dann wüsste ich gerne seinen Aszendenten.

Hier ein Beispiel: Werfen wir einen Blick auf die Geburt des kleinen Johnnys. Ganz gleich, in welchem Monat des Jahres Johnny zur Welt kommt (er könnte also jedes beliebige Sternzeichen haben), er ist das vierte Kind in einer Familie, die bereits drei wilde Jungen unter elf Jahren hat. Sie können sich den Alltag dort vorstellen: »He, mit einer Schere in der Hand rennt man nicht!«

Der gesunde Menschenverstand sagt uns, dass der kleine Johnny seinen ganz persönlichen Stil entwickeln wird, um in dieser Familie über die Runden zu kommen. Ist er ein Streithammel, der sich schon vom Augenblick seiner Ankunft an heftig seiner Haut wehrt, hat er vielleicht den Widder als Aszendenten. (Ein Krieger!) Sind Mutter oder Vater sehr kraftvoll, könnte er auch den Skorpion als Aszendenten haben: stark, zäh und durchaus in der Lage, sich zu behaupten, zugleich aber auch ein Kind mit einem außerordentlich starken elterlichen Vorbild. Nimmt er die Rolle des Friedensstifters unter seinen streitenden Geschwistern ein, könnte sein Aszendent Waage sein.

Ihr Aszendent zeigt, mit welcher Strategie Sie in Ihrer Familie überlebt haben. Er zeigt außerdem, ob und wie Sie einen Elternteil imitiert oder sich einen bestimmten Stil angeeignet haben, der für den Rest Ihres Lebens Ihr Markenzeichen ist.

Der Aszendent ist dafür verantwortlich, dass nicht alle Widder oder Steinböcke oder alle mit einem sonstigen Sternzeichen gleich sind, sondern vielmehr erstaunlich verschieden!

Daher betreffen Sie alle Informationen über das Zeichen Ihres Aszendenten genauso wie die Informationen über Ihr Sonnenzeichen. Und hey – wenn ich sage genauso, dann meine ich damit, dass es ebenso für die *Beschreibung* Ihrer Persönlichkeit gilt wie auch für die *Vorhersage* Ihrer Zukunft.

Aus diesem Grund können Sie, wenn Sie Ihren Aszendenten kennen, jeden Tag, jede Woche oder jedes Jahr die Horoskope für zwei Zeichen lesen – selbstverständlich auch in diesem Buch. Ein extra Bonus!

Und jetzt der schmerzliche Haken. Wenn Sie Ihren Aszendenten wissen wollen, fragen Sie am besten einen Astrologen oder lassen sich Ihren Aszendenten kostenlos im Internet berechnen.[2]

Keine einfache Tabelle kann wirklich genau sein. Die Tabelle auf Seite 23 wird Sie nur in den ungefähren Bereich führen. Aber wenn Sie keine weiteren Angaben haben, kann diese Übersicht zumindest die Auswahl auf eines von drei Zeichen einschränken. Das heißt, Sie müssen die Beschreibung für drei Zeichen lesen,

---

[2] Zum Beispiel auf den Seiten www.aszendentberechnen.com, www.schicksal.com oder www.astroportal.com.
Für die Berechnung des Aszendenten benötigt man die genaue Geburtszeit und den Geburtsort, nur so kann eine korrekte Zeitberechnung nach einheitlichem Maßstab ohne Abweichungen durch Sommerzeit/Winterzeit etc. vorgenommen werden. Die Geburtszeit kann man in Deutschland beim Standesamt des Geburtsortes erfahren. (Anm. d. Ü.)

um herauszufinden, welchen Aszendenten Sie haben. (Das ist
weniger mühsam, als harte Butter auf einen Toast zu schmieren!)

Suchen Sie Ihren Geburtstag auf der linken Seite und ziehen
Sie von dort eine Linie zu Ihrer Geburtszeit auf der rechten Seite.
Ihr Aszendent ist dann entweder das Zeichen, wo die Linie den
mittleren Strahl kreuzt, oder das Zeichen darunter oder darüber.
Viel Glück!

Zusätzlich zum Sonnenzeichen auch den Aszendenten zu wissen, dient nicht nur der Befriedigung blanker Neugier. Es wird
Ihnen helfen, weitreichende Entscheidungen für die Zukunft zu
treffen. Wichtige Entscheidungen fallen oft sehr schwer, da kann
es nur von Vorteil sein, jede Hilfe zu nutzen, die zur Verfügung
steht.[3]

So finden Sie Ihren Aszendenten

Wählen Sie auf dem linken Zeitstrahl Ihren Geburtstag und ziehen Sie von dort eine Linie zu Ihrer Geburtszeit auf dem rechten
Zeitstrahl. Wo Ihre Linie die mittlere Achse kreuzt, finden Sie
Ihren Aszendenten. Beispiel: Sie sind am 1. Juni um 12 Uhr 11
zur Welt gekommen? Dann ist Ihr Aszendent Jungfrau.

---

[3] Der berühmte Löwe Arnold Schwarzenegger hat gesagt, seine Entscheidung, für das
Amt des Gouverneurs von Kalifornien zu kandidieren, sei die zweitschwerste seines
Lebens gewesen. Den schwersten Entschluss hätte er 1978 gefasst, als er sich für ein
Waxing im Intimbereich entschied.

Geburtstag

Aszendent Geburtsstunde

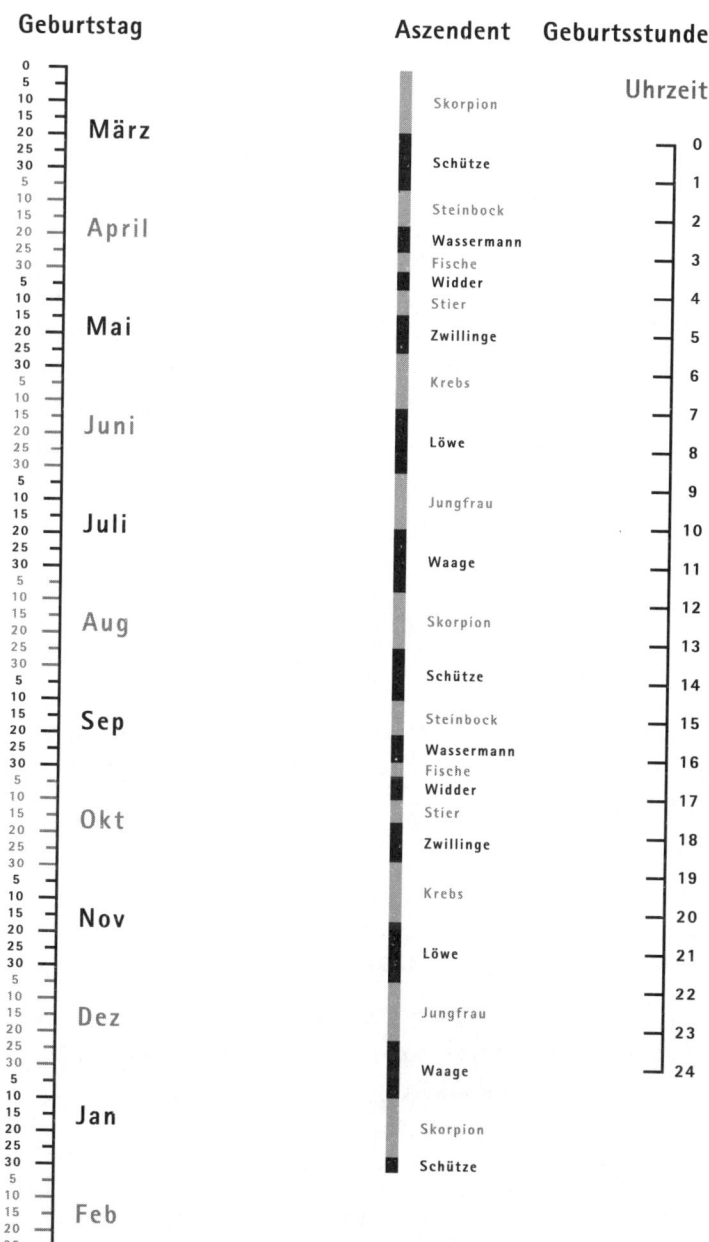

Widder

21. März – 20. April

Widder

(21. März – 20. April)

»ICH BIN.«

»Jeden Morgen erwacht in Afrika eine Gazelle. Sie weiß, sie muss schneller laufen als der schnellste Löwe, sonst wird sie getötet. Jeden Morgen erwacht in Afrika ein Löwe. Er weiß, er muss schneller laufen als die langsamste Gazelle, sonst verhungert er. Ganz gleich, ob man Löwe oder Gazelle ist – wenn die Sonne aufgeht, muss man rennen.«

SIR ROGER BANNISTER
Britischer Neurologe und Mittelstreckenläufer;
erster Leichtathlet, der die Distanz von einer Meile in
weniger als vier Minuten lief
(23. März 1929)

»Rennen fahren ist Leben. Alles davor oder danach ist nur Warten.«

STEVE MCQUEEN
Amerikanischer Schauspieler und Amateur-Rennfahrer
Die glorreichen Sieben, Gesprengte Ketten, Thomas Crown ist nicht zu fassen
(24. März 1930 – 7. November 1980)

Element	Feuer
Herrscherplanet	Mars
Qualität	Kardinal
Gegenzeichen	Waage
Symbol	Gebogene Hörner, die ausgeprägte Augenbrauen andeuten
Glückssteine	Diamant und roter Karneol[1]
Blume	Butterblume
Farben	Rot und Orange
Körperteil	Kopf

WAS SIE LIEBEN Gewinnen, Erster sein, Sportwagen, aufregende Wettkämpfe, Kunsthandwerk. Sie sind ein Draufgänger. Sie sind kein Schmerzensgeldjäger, obwohl wahrscheinlich Ihretwegen öfter ein Krankenwagen irgendwohin rast. Sie müssen alles einmal ausprobieren.

WAS SIE VERABSCHEUEN Verlieren, prosaischen Kleinkram, Pessimismus und Trantüten.

WO SIE GLÄNZEN Sie sind mutig, begeisterungsfähig, aufregend, direkt, energiegeladen, ehrlich und ausgesprochen freundlich.

WER IST SCHON VOLLKOMMEN? Sie sind hitzköpfig, rücksichtslos, taktlos, rechthaberisch, ungeduldig und herrisch. (»*Moi*?« Ja, Sie.)

---

[1] Das sind nur paar wissenswerte Kleinigkeiten für die besonders Wissbegierigen unter Ihnen: Manche sind unumstößlich – wie die Tatsache, dass Mars den Widder beherrscht und der Widder den Kopf. Aber Glückssteine? Blumen? Farben? Hier können die Angaben je nach Quelle variieren. Nur, damit Sie Bescheid wissen.

Das Wesen des Widders[2]

Der kürzeste Weg, um sich rasch ein Bild von einem Sternzeichen zu machen, ist der über den herrschenden Planeten oder Regenten des jeweiligen Zeichens und seine Bedeutung in der Astrologie. Der Herrscher des Widders ist Mars, dessen Name vom römischen Kriegsgott stammt. Mars ist für Aggression, Konflikte, leidenschaftliche Gefühle, Selbstbewusstsein und das Ego zuständig. Außerdem für unsere Muskeln und Nebennieren, die Adrenalin ausschütten. (Na, schon einiges klar?)

Aus diesem Grund scheuen Sie keine Herausforderung! Deshalb können Sie auch keinem Wagnis widerstehen. (Und laufen Feuerwehrautos hinterher. Nicht wörtlich, natürlich. Aber tatsächlich sind etwa die Hälfte der Feuerwehrleute Widder, denn im Herzen sind sie alle Brandstifter.)

Sie lieben schnittige Sportwagen und gefährliche Rennen und kleiden sich manchmal wie ein Statist in *Jäger des verlorenen Schatzes*.

> *»Mein Ziel ist es nicht, Rennfahrer zu sein. Ich fahre Rennen, weil ich es liebe, im Wagen zu sitzen und unter Hochspannung zu stehen.«*
>
> JACQUES VILLENEUVE
> Kanadischer Formel-1-Weltmeister (1997)
> (9. April 1971)

---

[2] Niemand kann auf ein einziges Sternzeichen reduziert werden, denn jedes Horoskop enthält mehrere Planeten. Daher beschreibt dieser Abschnitt nur den Archetyp des Widders – die Eigenschaften, die sein Wesen ausmachen. Auch viele, die unter einem anderen Sternzeichen geboren sind, haben Widder-Eigenschaften. Die Darstellung eines einzelnen Zeichens ist daher keine exakte Beschreibung einer bestimmten Person, sondern vielmehr die Beschreibung der Eigenschaften des Zeichens.

Sie waren in der Grundschule das Kind, das immer rannte, um als Erstes in der Pause, im Klassenzimmer oder wo auch immer zu sein, weil Sie unbedingt gewinnen mussten. (Wie Sie es hassen zu verlieren!) Ihr glühender Konkurrenzeifer bewirkt, dass Sie als Erster auf der Bildfläche erscheinen und den dicksten Fisch erwischen wollen. Sie wollen der Allererste sein und das meiste und das Größte bekommen!

»Ich will alle Erwartungen übertreffen. Ich will, dass Sie hin und weg sind.«

QUENTIN TARANTINO
Amerikanischer Filmregisseur, Schauspieler und Drehbuchautor
Pulp Fiction, Kill Bill, Inglourious Basterds
(27. März 1963)

Bitte verstehen Sie: Jeder Mensch hat den Mars irgendwo in seinem Horoskop, und er zeigt, wo die Person ihre Aggression ausdrückt und Konflikten begegnet. Aber nur das Sternzeichen Widder wird vom Mars *regiert*. Verstanden?

Achtung: Kopf!

Der Widder regiert den Kopf, deshalb marschieren Sie mit dem Kopf voran durch das Leben. Deshalb haben auch viele Widder eine Narbe am Kopf oder im Gesicht. Sie lieben Hüte. Außerdem mögen Sie coole Sonnenbrillen, Ohrringe, Augenschirme, Mützen und alles, was die Aufmerksamkeit auf Ihren Kopf lenkt. Viele von Ihnen gehen leicht vornübergebeugt mit vorgerecktem Kopf.

Mein Onkel Jack war ein Widder, und er besaß über hundert Hüte.[3] Er war Mitglied der Royal Canadian Mounted Police, ehe

---

[3] Jack Adlard (1920–2008), verheiratet mit Betty, der Schwester meiner Mutter.

er im Zweiten Weltkrieg als Seemann zur Marine ging. Er diente auf der *Wetaskiwin* (genannt »wet-assed Queen«, »Königin mit dem nassen Hintern«). Nach dem Krieg arbeitete er als Bahnpolizist für die Canadian Pacific Railway.

Einhundert Hüte? Ein Polizist? Ein rauflustiger Matrose? Wieder Polizist? Eben ein Widder! Was war für Sie der erste Fingerzeig?

Widdergeborene haben oft einen rötlichen Bart oder rötliche Haare. Denken Sie etwa an Vincent van Gogh (30. März 1853 – 29. Juli 1890). Viele Widder haben auch Sommersprossen. Häufig besitzen sie ausgeprägte Augenbrauen oder eine stark gewölbte Stirn. Ich murmele häufig »Widder-Augenbrauen« vor mich hin, wenn ich jemanden erspähe, der wie ein Widder aussieht (allerdings sehen auch manche Skorpione so aus).[4] Kräftige Augenbrauen oder schwere Augenlider verraten den Widder. Sehen Sie sich zum Beispiel die Schauspieler Jack Black, Marlon Brando, Matthew Broderick, Ali MacGraw, Gregory Peck und Omar Sharif an, außerdem den Gründer der Zeitschrift *Playboy* Hugh Hefner, den Komponisten Andrew Lloyd Webber, die sensationelle schottische Sängerin Susan Boyle. Erkennen Sie das charakteristische Aussehen?

Weil Mars das Blut und die Muskeln regiert, ist der Widder ein heißblütiges Zeichen – Sie geraten schnell in Zorn, der aber ebenso rasch wieder verraucht. Sie verzeihen leicht und hegen keinen anhaltenden Groll. Wenn Sie hochgehen, dann wie eine Rakete: Bumm! Und das war's.

»Flipp aus, aber dann krieg dich wieder ein.«

COLIN POWELL
Amerikanischer General der US-Armee und Außenminister
der Vereinigten Staaten (2001 bis 2005)
(5. April 1937)

---

[4] Das überrascht nicht, denn bis zur Entdeckung des Planeten Pluto 1930 regierte der Mars sowohl den Widder als auch den Skorpion.

Ich! Ich! Ich!

Ihr Sonnenzeichen ist das erste, deshalb werden Sie manchmal als das Baby des Tierkreises bezeichnet. Der Widder beginnt am Tag der Frühlings-Tagundnachtgleiche, wenn die Pflanzen zu grünen anfangen und alles wieder lebendig wird. Und so sind auch Sie! Frisch und überschäumend vor Leben! Die aufblühende Natur ist ein Symbol für Sie selbst – Sie sind spontan, begeisterungsfähig und energiegeladen! (Weg mit den Winterklamotten.)

Dass Sie das Baby des Tierkreises sind, erwähne ich nicht zufällig. Sie lieben aufkeimendes Leben, besonders süße Kleinkinder, niedliche Welpen und winzige Kätzchen. Alles, was neugeboren oder klein ist, entlockt Ihnen unweigerlich sanfte, gurrende Laute, ganz gleich, wie alt Sie sind oder welches Geschlecht Sie haben.[5] Widder assoziiert man mit Anfängen und der Geburt von Menschen, Tieren, Ideen, Ereignissen und selbst Nationen.

Widder lieben nicht nur Jungtiere, sie lieben *alle* Tiere. Natürlich können Vertreter sämtlicher Zeichen Tiere mögen, aber zwei sind besonders für ihre Tierliebe bekannt – Widder und Schütze. Deshalb sind auch viele Widdergeborene Cowboys, Dompteure oder setzen sich für die Rechte der Tiere ein.

> »Ich habe Tiere immer geliebt und war immer der Meinung, sie seien entweder besser als wir oder zumindest vollkommen gleichrangig mit jedem zweibeinigen Wesen, das Gott je geschaffen hat.«
>
> ALI MCGRAW
> Amerikanische Schauspielerin und Tierschützerin
> *Love Story, Getaway*
> (1. April 1938)

---

[5] Widder-Frauen flüstern: »Ich möchte ein Kind von dir«, oder sie schreien: »Ich will die Mutter seiner Kinder sein!« (Sie wissen, zu welcher Sorte Sie gehören.)

Wir haben Ihre Nummer

Sie sind Nummer eins. Ihr Tierkreiszeichen ist das erste. Sie wollen bei jedem Wettbewerb den ersten Platz erreichen. Sie wollen alle Entdeckungen als Erster machen. Sie wollen der Erste sein, der etwas hervorbringt. Sie lieben das Leben in seinen ersten schnuckeligen Phasen. Kein Zeichen ist stärker als Ihres mit Anfängen oder der Nummer eins verbunden.

Deshalb sind Sie ein Initiator. Sie stoßen gern etwas an. Sie bringen den Prototyp hervor. Sie wagen sich an alles heran, nur um herauszufinden, ob Sie es können. Sie wollen das Geheimnis der Dinge entschleiern, um zu begreifen, wie sie funktionieren. (»Aha, so machen sie das also. Dachte ich mir doch. Sehr clever.«)

Der Widder wird alles einmal ausprobieren – alles und jedes!

In die Hufe kommen

Ihr Sternzeichen heißt nicht umsonst Widder. Aber es liegt an der Beziehung Ihres herrschenden Planeten zu Ihren Muskeln, dass Sie so sportlich und bei körperlichen Wettkämpfen so ehrgeizig sind.[6] Der Mars ist der Herrscher des Egos. Deshalb schmettern Sie sehr schnell jeden Angriff ab. Deshalb gehen Sie auch selbstverständlich in Führung, wenn Sie in einer Gruppe sind. Und wenn Sie in einer Gruppe feststellen, dass Sie mit jemandem um die Führung ringen müssen, dann haben Sie es wahrscheinlich mit einem weiteren Widder zu tun!

---

[6] Der französische Psychologe und Statistiker Michel Gauquelin hat einen Großteil seines Lebens der Frage gewidmet, ob Astrologie wissenschaftliche Gültigkeit beanspruchen kann oder nicht. Er entdeckte, dass der Mars bei einer überdurchschnittlich großen Anzahl von Olympiasiegern an einer von zwei einflussreichen Stellen im Horoskop stand, die traditionell entweder persönlichen Schneid und Konkurrenzorientiertheit zeigen oder auf ein sehr ausgeprägtes Erfolgsstreben verweisen. Im Jahr 1951 veröffentlichte Gauquelin diese Ergebnisse in *Der Einfluss der Sterne*. Das von ihm entdeckte Phänomen wird allgemein als »Mars-Effekt« bezeichnet.

Die Widder-Energie drückt sich nicht nur aus, wenn Sie die Sonne im Widder haben, sondern auch, wenn der Widder Ihr Aszendent ist oder wenn Ihr Mond im Widder steht. Man weiß, wann man mit einem Widder redet, denn sein Gesprächsstil ist oft knapp, stakkatoartig und gebieterisch.[7] Widder fühlen sich mit kurzen, sachdienlichen Dialogen wohl. (Was nicht heißen soll, dass Widder nicht auch gesprächig, weich, anschmiegsam und gefühlvoll sein können, denn das liegt ihnen durchaus auch. Aber nicht, wenn sie zu tun haben!)

---

[7] Bei mir steht der Mars im Widder. Früher telefonierte ich oft mit meiner Widder-Freundin Ahna Marcantognini. Wir führten Gespräche im Telegrammstil, und Bekannte ohne starken Widder-Einfluss im Horoskop warfen mir dafür zuweilen Unhöflichkeit vor. »Hallo, ich bin spät dran. In einer Stunde bin ich da. Tschüss.« Fünf Sekunden. Fertig. (Ein Kinderspiel.)

Drei Persönlichkeiten des Widders

Nachdem Sie den Einfluss des feurigen Mars verstanden haben, hier drei Persönlichkeiten des Widders, die Ihnen helfen, Ihr Sternzeichen noch besser zu verstehen.

1. Der Krieger
2. Der Kunsthandwerker
3. Der Pionier/Held

Der Krieger

Der Regent Ihres Zeichens, Mars, ist der Gott des Krieges, woraus folgt, dass Sie ein Krieger sind. Selbstverständlich ist ein Krieger stets einsatzbereit und stellt sich unerschrocken den Widrigkeiten des Lebens. Der Krieger hat nur ein Ziel: den Kampf gewinnen. Sie sind auf Sieg aus.

Viele von Ihnen fühlen sich zu Organisationen hingezogen, die eine militärische Struktur haben. Ein Beispiel ist natürlich das Militär selbst, aber Widder schließen sich auch gern der Feuerwehr, der Polizei, der Küstenwache und anderen Institutionen mit klaren Hierarchien an. Viele gehen auch in den investigativen Journalismus.

Sie sind stets auf Zack und zum Angriff bereit. Das heißt nicht, dass Sie in negativer Weise aggressiv wären – keineswegs. Der Widder ist ein wunderbares, freundliches, offenes und großzügiges Zeichen! Aber Sie weichen keinem Kampf aus. Sie haben das erste und das letzte Wort.

Bewusst oder unbewusst tragen Sie diese militärische Haltung in alle Bereiche des Lebens hinein. Mit anderen Worten:

Sie beißen immer schnell an! Wenn Sie herausgefordert werden, reagieren Sie. Sie fangen einen Streit nicht unbedingt an, aber Sie gehen ihm auch nicht aus dem Weg. Das ist für Sie fast eine Frage des Prinzips. Sie können schikanöse Leute nicht ausstehen, und Sie mögen es nicht, wenn ihnen jemand krumm kommt. Bis zu einem gewissen Punkt sind Sie höflich, aber Sie haben Ihre Grenzen. Und wie ein Soldat mit leerem Magen und ohne Schlaf kämpfen kann, können Sie sich auf mörderische Bedingungen einlassen, um zu erreichen, was Sie wollen. Sie sind kein Weichei!

Aber Sie sind durch Herausforderungen verführbar! Ein klassisches Beispiel dafür ist in dem Film *Der Pate* zu sehen, in dem James Caan (geboren am 26. März 1940) die Rolle von Sunny Corleone spielt. Sunnys fatale Schwäche in diesem Film ist sein reizbares Temperament. Als er hört, seine Schwester sei von ihrem Mann geschlagen worden, springt er ins Auto und braust allein und ohne Schutz los (was sehr unklug ist). Ein paar Männer, die genau mit diesem Verhalten gerechnet haben, lauern ihm auf und schießen ihn nieder. Wer könnte diese Rolle eines Hitzkopfes besser spielen als ein Schauspieler, der Widder ist? Na, was habe ich gesagt?

Selbst Ihre Kleidung enthält oft (ganz gleich, welchen Beruf Sie haben) Anspielungen auf militärische Attribute – vielleicht Schulterklappen an Hemd oder Bluse oder Ärmelriegel, die aufgekrempelte Ärmel oben halten. (Cool!) Oder Sie suchen sich Jacken mit auffallenden Knopfreihen aus. Natürlich könnten Sie auch so ausgeflippt sein, dass Sie Armeejacken oder ein Kaki-Outfit tragen.[8]

Sie vertreten das kühnste und mutigste Zeichen im ganzen Tierkreis (und das gelegentlich tollkühnste). Andere bewundern Ihre Furchtlosigkeit und Ihren Wagemut. (»Ich reite auf meinem

---

[8] Ich erinnere mich noch gut daran, als meine Tochter Kelly in der sechsten Klasse war und ein Elternsprechtag bevorstand. An jenem Morgen drehte sie sich noch einmal zu mir um, bevor sie das Haus verließ, und sagte: »Bitte, bitte zieh nicht deine Armeehose an!«

weißen Hengst. Ist das da vorn Lawrence von Arabien? Nein!
Es ist Rommel – der Wüstenfuchs! *Huch*. Ich wusste, dass dieser
Augenblick kommt. Jetzt schlägt meine Schicksalsstunde!«[9])

Der Kunsthandwerker

»Malen ist für mich keine dekorative Spielerei und auch
nicht der plastische Ausdruck einer gefühlten Realität; sie
muss auf einen Schlag Erfindung, Entdeckung und Offen-
barung sein.«

MAX ERNST
Deutscher Maler, Grafiker und Bildhauer
(2. April 1891 – 1. April 1976)

Widdergeborene arbeiten gern mit den Händen. Dabei probieren
sie unverdrossen alles aus, denn sie sagen sich zuversichtlich:
»Die anderen haben auch nur zwei Hände, genauso wie ich. Sooo
schwierig kann das ja nicht sein!«

Aus diesem Grund warten Sie im Gegensatz zu den Zwillin-
gen, die ebenfalls gerne mit den Händen arbeiten (aber lieber mit
Ausbildung), nicht ab, bis Ihnen jemand zeigt, wie etwas geht.
Sie legen sofort los!

»Ich will einen Film in Mandarin-Chinesisch drehen.
Wahrscheinlich wird das mein übernächster Film, wenn
ich den nächsten fertig habe.«

QUENTIN TARANTINO
Amerikanischer Filmregisseur, Schauspieler und Drehbuchautor
Pulp Fiction, Kill Bill, Inglourious Basterds
(27. März 1963)

---

[9] Diesen kleinen Text im Walter-Mitty-Stil habe ich selbst erfunden. Aber es ist inte-
ressant, dass der Autor und Zeichner James Thurber (1894–1961), der Walter Mittys
Geheimleben geschrieben hat, sowohl den Mond als auch den Mars im Widder hatte.
Überraschung!

Meine Widder-Freundin Ahna hat ständig gemalt und neue
Techniken mit Aquarell und Feder ausprobiert, andererseits
schrieb sie zur gleichen Zeit fortwährend Kurzgeschichten und
Romane. Diese Tätigkeiten fanden statt, wenn sie nicht gerade
bis tief in die Nacht hinein mit mir Backgammon spielte. (Ich
glaube, Schreiben und Malen kamen *nach* dem Fotografieren.)

Ich habe noch nie einen Widder kennengelernt, der nicht
irgendeine Art von Dunkelkammer hatte. Dann sind da noch
Nähen, Stricken, Weben, Schnitzen, Metallverarbeitung, Malen,
Zeichnen, Glasbläserei, Lederverarbeitung, Perlenfädeln, Schil-
dermalerei, Töpfern, Seifen- und Kerzenherstellung, Modellbau,
Schreinerei, Kunsttischlerei und das Gestalten von Alben, ganz
zu schweigen von den darstellenden Künsten. *Sie sind fasziniert
vom Prozess des schöpferischen Tuns!*

Insgeheim wollen Sie wissen, wie es geht. Wenn Sie entdecken, dass Sie etwas können – und glauben Sie mir, Sie schaffen
alles –, dann verlieren Sie im Allgemeinen das Interesse. Sie sind
bereit, etwas Neues anzufangen.

---

*»Es gibt nichts Schlimmeres, als sich zu zensieren, sobald
man den Stift auf ein Blatt gesetzt hat. Man darf nichts
verbessern, ehe alles zu Papier gebracht ist. Wenn man den
Bewusstseinsstrom frei fließen lässt und erst einmal alles
niederschreibt, tut man sich selbst einen Gefallen.«*
STEPHEN SONDHEIM
Amerikanischer Musicalkomponist
Toll trieben es die alten Römer, Sweeney Todd
(22. März 1930)

Aber jetzt kommt der peinliche Teil: Bald schon brauchen Sie die
Dunkelkammer oder den großen Webstuhl oder den Brennofen
oder den vielen herrlichen Stoff nicht mehr. Sie langweilen sich!
Sie haben den Bogen raus. Sie haben diese kleine Herausforde-

rung gemeistert. Aber jetzt sitzen Sie mit all dem überflüssig gewordenen Kram da, der willkommene Munition für diejenigen wird, die Sie beschuldigen, Sie könnten nie etwas zu Ende bringen! (Wie ungerecht!)

Schon gut, schon gut. Sie verlieren das Interesse, sobald etwas anfängt, sich wie Mühe und Arbeit anzufühlen. Na und? Sagen Sie Ihren Verunglimpfern doch einfach, das seien »Projekte, die noch in Arbeit sind«. Sie werden immer alles anpacken, was neu und frisch ist, weil Sie ein Widder sind! (So viele Welten zu erobern und so wenig Zeit!)

Der Pionier/Held

Der Archetyp des Helden, wie man ihn aus der griechischen Mythologie kennt, ist ein lupenreiner Widder. Sie sehen das Leben als Abenteuerfahrt an, als Kampf um etwas, das Sie wollen. Und um es zu erlangen, müssen Sie siegreich sein. Und wenn Sie wirklich siegreich sind, wird das, was Sie erreichen, auch anderen in Ihrer Umgebung zugutekommen.

Der Mythenforscher Joseph Campbell beschreibt diese Fahrt in seinem Buch *Der Heros in tausend Gestalten* als Prozess mit siebzehn Stadien. Diese werden im Allgemeinen auf acht Stufen reduziert, die mit der »Berufung zum Abenteuer« beginnen und mit »Herr der zwei Welten« enden. (Seien wir ehrlich – schon allein der Ausdruck »Berufung zum Abenteuer« bringt Ihr Blut in Wallung! Sie wollen, dass jeder Tag ein Abenteuer ist!)[10]

Kein Wunder, dass der Widder auch das Sternzeichen der Pioniere ist. Stellen Sie sich einen Pfeil vor: Sie sind am vordersten Punkt der Spitze. Sie sind die Avantgarde der Gesellschaft. Wenn Sie nicht buchstäblich als Pionier in der Welt unterwegs sind,

---

[10] Ich kenne einen Widder namens Alan Mills, der immer sagt: »Was können wir tun, damit dieser Tag spektakulär wird?« Er liebt Hüte, Musik und leidenschaftliche Diskussionen. Er spielte die Hauptrolle in einer Laienaufführung von Godspell in seiner Stadt und arbeitet als Freiberufler in der Computerbranche. Typisch Widder.

dann sind Sie Vorreiter für neue Ideen und Aktivitäten in Ihrer Umgebung.

Ihr Wunsch nach Abenteuern sorgt dafür, dass Ihnen Sicherheit nicht so sehr am Herzen liegt. Sie wollen einfach nur genug Geld haben, um Ihre nächste Eskapade durchzuziehen oder um die Ausrüstung für Ihr nächstes praktisches Projekt oder Bravourstück kaufen zu können. Sie brauchen flüssiges Geld!

»Wir leben am Rand der Welt, darum führen wir auch ständig ein Leben an der Grenze. Neuseeländer werden immer Geld und Sicherheit für Abenteuer und Herausforderung opfern.«

LUCY LAWLESS
Neuseeländische Schauspielerin und Sängerin
Xena – Die Kriegerprinzessin
(29. März 1968)

Viele Widder haben eine Abneigung gegen den Besitz einer Immobilie. Sie halten ein Haus oder eine Wohnung für eine Fessel, die ihre Freiheit einschränkt und sie daran hindert, die Welt zu erforschen und jederzeit aufzubrechen, wohin sie wollen.

Was sollen denn diese schmutzigen Bilder?[11]

Die meisten Sternzeichen bergen merkwürdige Widersprüche in sich, und Sie sind keine Ausnahme. Nachdem ich über Jahrzehnte Widder-Klienten beobachtet habe, bin ich zu folgendem Schluss

---

[11] Der Rorschachtest ist eine Methode, psychologische Diagnosen zu erstellen, und arbeitet mit Tintenklecksen. Die Deutung dieser Kleckse durch die Versuchsperson sollen deren seelische Eigenschaften offenbaren. In einem alten Witz zeigt ein Psychiater einem Patienten diese Tintenkleckse, und der Patient reagiert durchgängig mit Antworten wie »Das ist ein Unterleib« oder »Das sind Geschlechtsorgane«. Schließlich sagt der Psychiater: »Sie sind ja offenbar ganz besessen von der Sexualität.« Der Patient erwidert: »Was soll das denn heißen? Sie sind doch derjenige, der die ganzen schmutzigen Bilder zeigt!«

gekommen, der mich ziemlich überrascht hat: Obwohl Sie kühn und furchtlos sind und ständig das Bedürfnis haben, Neuland zu erkunden, brauchen Sie in Wahrheit doch auch Sicherheit!

Bedenken Sie einen Moment die klassische Mentalität des Kriegers oder Abenteurers. Der Krieger ist tapfer, furchtlos und zum Abenteuer bereit, erobert mit Freuden neue Gebiete und erringt Siege und Beute für Kaiser oder König. Aber wer ernährt diesen Soldaten? Der König!

Damit der Soldat ständig im Einsatz sein kann, bereit, auf jedem Schlachtfeld zu kämpfen, muss er von seinem Befehlshaber ernährt, bekleidet und untergebracht werden.

Als mir das zum ersten Mal auffiel, lebte ich in London und teilte eine Wohnung in Südwest-Kensington mit drei anderen Frauen. Ab und zu tauchten zwei unglaublich gut aussehende irische Brüder in unserem Wohnzimmer auf. Sie waren beide Widder und beide bei der Marine. Wir gingen zusammen in Pubs und hatten viel Spaß, aber sie beklagten fortwährend ihr reglementiertes Dasein und erzählten uns, wie sehr sie für den Urlaub an Land lebten und dass sie es kaum erwarten konnten, bis ihre Dienstzeit abgelaufen war.

Stellen Sie sich meine Überraschung vor, als ich entdeckte, dass die beiden sich, sobald sie frei waren, erneut verpflichteten! Eine meiner WG-Gefährtinnen, ebenfalls Irin, aber zehn Jahre älter, sagte: »Natürlich bleiben die bei der Marine! Sie haben keine Lust, ihre Socken und ihre Wäsche zu waschen oder einzukaufen und ihr Essen selbst zu kochen. Sie wollen versorgt werden!«

Hm. Mein Widder-Onkel Jack, der erst bei der kanadischen Polizei, dann ein munterer Seemann, ein Künstler und Möbeltischler war, arbeitete *dreißig Jahre* als Polizist bei einer Eisenbahngesellschaft. Hm. Meine Korrektorin Renee Doruyter, ebenfalls Widder, ist eine fantastische Jazzsängerin, die mehrere CDs aufgenommen hat. Sie malt auch, näht hervorragend, macht Schmuck und noch vieles mehr; sie war dreißig Jahre lang bei derselben Zeitung angestellt, in einer Abteilung mit vier weiteren Widdern. (So was könnte ich nicht mal erfinden.)

Das heißt, obwohl Sie Handlungsfreiheit haben wollen, um ständig im Wettkampf zu stehen und neue Projekte zu erkunden, suchen Sie im Grunde Ihres Herzens die Sicherheit, die Ihnen ein Wohltäter verschafft – Ihre Regierung oder Ihr Arbeitgeber.

Heroische Widersprüche! Vielleicht hängt alles davon ab, wie man Sicherheit definiert. Der Film *Tödliches Kommando* handelt von einem Mann, der eine Art von Sicherheit (ein Zuhause und eine Familie) gegen eine andere eintauscht (die Armee), weil er süchtig ist nach dem Hochgefühl, das er beim Entschärfen von Bomben erlebt.

Aus diesem Grund bleiben so viele Widder bei der Armee oder als Langzeitangestellte bei einem Unternehmen (wobei sie sich ständig über ihre Ketten beklagen). Sie wollen ihr Abenteuer, aber nicht die Unsicherheit, die das Regeln des Alltags mit sich bringt, zusätzlich zu all den anderen aufregenden Herausforderungen, die sie suchen. Kein Wunder, dass mein Widder-Freund Al immer sagt: »Ich lebe für meine Wochenenden!«

»Wenn man eine sehr traumatische Situation durchstehen muss, die man emotional nur schwer verarbeiten kann, geht man oft geistig stärker daraus hervor. Sie verändert einen in gewisser Weise.«

ELVIS STOJKO
Kanadischer Eiskunstlauf-Weltmeister (1994, 1995, 1997)
(22. März 1972)

Wir lieben Helden!

Widder führen nicht nur oft genug ein Leben, das der Fahrt des Helden entspricht, sondern Widder lieben auch Helden! Widder-Kinder und -Jugendliche haben Bilder ihrer Helden an den

Schlafzimmerwänden. Und in einer merkwürdigen Umkehrung werden Widder auch oft von anderen als Helden angesehen.

Leute wie Steve McQueen, William Shatner (Captain Kirk), Leonard Nimoy (Mr. Spock), Bob Woodward (der Reporter, der den Watergate-Skandal öffentlich machte), Lucy Lawless (Xena), Alec Guinness (Obi Wan Kenobi), Marlon Brando, Alec Baldwin, Robert Downey jr. (Iron Man), Heath Ledger, Spencer Tracy, Gregory Peck, Francis Ford Coppola, Jackie Chan, Russell Crowe, Dennis Quaid, Omar Sharif, Steven Seagal, Andy Garcia, Charlie Chaplin und William Holden wurden alle in bestimmten Phasen ihres Lebens als Helden angesehen.

Das heißt, Widder werden einerseits von Menschen in ihrer Umgebung als Helden wahrgenommen, und andererseits haben sie selbst Helden, die sie lieben! Das Spiel läuft in beide Richtungen, aber wie immer man es betrachtet – hier sind Helden gefragt.

Der verliebte Widder

In dem Film *Der König und ich* beschreibt der Schauspieler Yul Brynner (der ein Krebs war) die Haltung des Widders zur Liebe perfekt, wenn er singt: »A man must be like a honeybee, and gather all he can. To fly from blossom to blossom, a honeybee must be free.« (»Ein Mann muss wie eine Biene sein und sammeln, so viel er kann. Damit er von Blüte zu Blüte fliegen kann, muss er frei sein.«)

Das Merkwürdige am Widder und seinem Liebesleben ist: Einerseits entspricht es seinem Wesen, kühn den ersten Schritt zu machen. Und das tut er auch oft! Andererseits können Widder (wer hätte das gedacht?) unglaublich schüchtern sein. Sie fürchten sich vor Zurückweisung. Das ist für ihr Ego allzu schmerzhaft! Außerdem wissen sie, dass ihr heldenhaftes, prahlerisches Auftreten nicht sonderlich Erfolg versprechend ist, wenn es um das Herz geht und Blumen gefragt sind. Aus diesem Grund verwandelt sich der klassische Held im Hollywoodfilm stets in einen John Wayne, der beim Anblick einer schönen Frau plötzlich befangen herumstottert und sich vor linkischer Höflichkeit fast überschlägt. Aber eines steht fest: Um einen Widder zu verführen, muss man ihn zum Lachen bringen.

»Es ist nichts Unrechtes, mit einer Person des eigenen Geschlechts ins Bett zu gehen. Die Menschen sollten beim Sex große Freiheit genießen, vor Ziegen sollten sie allerdings haltmachen.«

SIR ELTON JOHN
Britischer Sänger, Komponist und Pianist
»Rocket Man«, »Candle in the Wind«, »Don't Let the Sun Go Down on Me«
(25. März 1947)

Wenn Widder ihre anfängliche Scheu erst einmal überwunden haben, gehen sie zügig voran! Wissen Sie noch? Die Menschen mit diesem Sternzeichen wissen, was sie wollen. Wenn sie jemanden im Visier haben, marschieren sie auf ihn zu! Um ihre Schüchternheit zu überwinden, tragen Widder beiderlei Geschlechts natürlich oft eine Maske der Forschheit, hinter der sie sich verstecken. Sie preschen vor, flirten munter, sind unbekümmert und tun gerne so, als sei nichts, was geschieht, eine große Sache – dabei klopft ihnen das Herz in der Brust wie verrückt!

Ihr impulsives Wesen führt dazu, dass Sie sich schnell verlieben und jung heiraten. Schließlich lieben Sie Abenteuer, und die erste Liebe ist eine umwerfende Erfahrung. Außerdem halten Sie ständig nach etwas Ausschau, das Ihr Leben aufregend macht, und was könnte durchschlagender sein, als sich zu verlieben und plötzlich zu heiraten? Natürlich wachen Sie auch ziemlich schnell wieder auf, und viele von Ihnen trennen sich von ihrem ersten Ehepartner. (Ohne Reue!) Aber wenn Kinder da sind, bleiben Sie vielleicht. Kindern gegenüber sind Sie loyal.

Beim Sex sind Widder geräuschvoll! Damit meine ich, sie schreien, stöhnen, kratzen und kämpfen. (Die Nachbarn sind begeistert!) Weil Sie bei allem, was Sie tun, das Gewagte mögen, spielen viele von Ihnen mit dem Gedanken an Sex in der Öffentlichkeit (und haben ihn auch).[12] Das fordert Ihren »Wetten, dass«-Geist heraus. Ich bin sicher, dass ein Widder den Mile High Club gegründet hat. Schließlich sind Widder risikofreudig. Sie tun gerne etwas Provozierendes, selbst wenn es nur Ihrer ganz persönlichen Befriedigung dient. Sie glucksen dann vor Vergnügen und fühlen sich, als seien Sie der Größte!

Widder spielen im Bett gerne mit Pelz, Leder, Seide und natürlich auch erotischem Spielzeug. Sie haben doch Fantasie! Außerdem ist Sex für Sie im Grunde eine weitere Ausdrucksmöglichkeit

---

[12] Echte Freunde lassen Sie nicht nackt Auto fahren.

des Künstlers in Ihnen. Ein zusätzlicher Grund dafür, warum Sie all diesen Schnickschnack benutzen, ist offenkundig: Schließlich haben Sie den ganzen Kram ohnehin zur Hand. (Wer sonst hat schon vierzehn Projekte gleichzeitig laufen?)

In der Liebe sind Widder dominierend, ehrgeizig, wagemutig und leidenschaftlich! Aber wenn sich der Staub gelegt hat, sind sie auch überraschend loyal, vor allem, wenn Kinder im Spiel sind.

Dennoch ist Abwechslung im Schlafzimmer ein Muss. Routine langweilt Sie! (Ich habe eine Widder-Freundin in Chicago namens Ruth, die sich den Arm brach, als sie beim Liebesspiel aus dem Bett fiel. Worauf sie mächtig stolz war.)

Der Widder als Vorgesetzter

»Es gab oft Auseinandersetzungen, Stühle flogen, und es wurde mit dem Fuß aufgestampft, was eigentlich eine gesunde Sache ist, wenn man sich darüber streitet, was witzig ist. Diese gesunde Spannung hat dazu beigetragen, die Gruppe zusammenzuhalten.«

ERIC IDLE
Britischer Schauspieler, Komponist und Mitbegründer
der Komikergruppe Monty Python
Der Sinn des Lebens, Das Leben des Brian
(29. März 1943)

Widder sind kühn und furchtlos. Der mutige Sergeant, der seine Männer in die Schlacht führt, ist ein Widder. (Ich habe den Sergeant gewählt, weil Widder-Anführer sich auch selbst die Hände schmutzig machen. Ein Widder marschiert notfalls mitten in den Matsch und mischt sich unter seine Soldaten, er hockt sich auf den Boden, um sich eine Karte anzuschauen oder beim Würfelspiel mitzumachen. Ein Widder weiß, was er tun muss, um dazuzugehören.) Trotzdem kann ein Widder ebenso gut General, Oberst oder Firmenchef sein, denn er hat von Natur aus Führungseigenschaften. Der Widder ist entscheidungsfreudig, handelt rasch, hat Selbstvertrauen und viel Energie. Widder strahlen durch ihre Art, zu sprechen und sich zu bewegen, Autorität aus, worauf andere zuverlässig reagieren und sich fügen. (Sie sind der Boss. Aber ein netter Boss.)

Sie fragen nach Leitfiguren? Denken Sie an die folgenden geborenen Widder: den amerikanischen Politiker und Vier-Sterne-General Colin Powell, den *Playboy*-Gründer Hugh Hefner, die Schauspieler Alec Baldwin, Jack Black, Marlon Brando, Steve McQueen und Gregory Peck. Zwar zeugen viele Tierkreiszeichen von Kraft, aber Widder sind von Natur aus Anführer, weil sie schnell handeln, als Erste in die Hufe kommen, wettbewerbsorientiert sind und von niemandem Befehle entgegennehmen möchten. Aber der Widder-Chef ist keine Primadonna! Keine Arbeit ist ihm zu niedrig. Ein Widder-Chef wird die Ärmel aufkrempeln und sich mitten ins Getümmel stürzen, damit die Aufgabe erledigt wird. Widder arbeiten fleißig und hart, deshalb wirken sie so inspirierend auf diejenigen, die ihnen folgen.

Natürlich ergreift ein Widder-Chef auch oft die Initiative. Er liebt es geradezu, alle möglichen Projekte zu beginnen! (Allerdings bringt er sie oft nicht zu Ende, da braucht er Unterstützung.) Widder haben immer gute Ideen im Kopf und entdecken früher als alle anderen neue Gebiete, neue Produkte und neue Wege, etwas anzupacken. Im Idealfall läuft jemand hinter ihnen, liest die Bruchstücke auf und fügt alles in praktikabler Weise zusammen.

Der Widder ersinnt das Konzept und entwirft den Prototyp. Er ist der Pionier, der ein neues Produkt einführt oder ein bereits vorhandenes Produkt in einen völlig neuen Bereich einschleust. Widder arbeiten am besten bei kurzen, intensiven Arbeitseinsätzen oder Sonderprojekten. Nach sechs Monaten wollen sie etwas Neues machen.

Lassen Sie Ihren Widder-Chef nie warten. Nie. Niemals.

Der Widder als Angestellter

Der Widder-Angestellte ist äußerst einfallsreich, denn er ist ein Mensch, der bereit ist, alles auszuprobieren. Anleitung und Ausbildung ist nicht sein oberstes Anliegen, denn er weiß, dass er auch allein herausfindet, wie etwas geht. Er liebt es sogar, sich unvorbereitet in eine Aufgabe zu stürzen. (Dieser Angestellte hört am liebsten den Satz: »Niemand hat das je so schnell gelernt!« Oder auch: »Sie sind der Erste, der je herausgefunden hat, wie dieses Ding hier wirklich funktioniert!«)

Widder arbeiten von Haus aus fleißig, aber sie hassen Langeweile. Dafür freuen sie sich über Herausforderungen und haben auch nichts gegen Konkurrenzdruck. Sie arbeiten bereitwillig unter erstaunlich widrigen Umständen, solange ihre Produktivität anerkannt und ihre hervorragende Leistung gewürdigt wird.

Die Kehrseite ist, dass Ihr Widder-Angestellter seine Kollegen aufregen kann, weil er zu bestimmend oder zu forsch ist oder sich mit einem von ihnen anlegt. Wenn Sie ihn dann zur Rechenschaft ziehen wollen, kann es sein, dass er einfach aufsteht, rausgeht und die Tür hinter sich zuschlägt! Geld hält ihn nie in einem Job. Wenn ein Widder wütend wird, drückt er das sehr deutlich aus (sodass niemand auch nur den geringsten Zweifel haben kann), und dann verschwindet er – rums! Ein Widder-Abgang ist ein echtes Schauspiel. Er ist immer dramatisch. Er beginnt mit lautstarken Worten und Sätzen, die an Farbigkeit nichts zu wünschen übrig lassen, dann folgt, wo immer möglich, ein herzhaftes Türenknallen als Schlusspunkt. Eine zugeknallte Tür ist der Gipfel der Befriedigung!

Wenn man Widder im Alter zwischen zwanzig und dreißig anstellt, muss man mit dieser Art Verhalten rechnen. Ältere

Widder werden meist gedämpfter. Sie spezialisieren sich auf das Zuschlagen von Schranktüren. Auch das ist noch wirkungsvoll, aber sie haben inzwischen gelernt, dass sie dann nicht plötzlich ohne Geldbeutel vor der Haustür stehen oder ohne Mantel in der Kälte bibbern.[13] (Sie wissen, was ich meine.)

---

[13] Das ist natürlich richtig übel, denn nach einem perfekten, rauschenden Abgang müssen Sie sich sonst wieder ins Haus stehlen, um Ihr Geld oder den Schlüssel zu holen. Was der Sache doch ziemlich den Reiz nimmt, nicht wahr? Ich hasse es. Mich haben solche Vorkommnisse davon kuriert, mich zu derart dramatischen Gesten hinreißen zu lassen. Jetzt plane ich voraus.

Der Widder als Elternteil

»Was in aller Welt ist merkwürdig an einer nackt tanzenden Großmutter? Ich wette, das tun ganz viele Großmütter.«

SALLY RAND
Amerikanische Burlesque-Tänzerin und Schauspielerin
(3. April 1904 – 31. August 1979)

Widder sind ausgezeichnete Eltern. Zunächst einmal sind sie entzückt von Babys und Kleinkindern. Sie sind von Natur aus fürsorgliche Beschützer. All diese verrückten Privatvideos auf YouTube, in denen Babys drollige und niedliche Dinge tun, stammen von Widder-Amateuren, die gerne Filmemacher wären. Die Kombination ist unwiderstehlich: Mit einer neuen Kamera einen neuen Film vom neugeborenen Baby machen! (In aller Regel sind noch ein winziges Kätzchen und ein riesiger Hund mit von der Partie.)

Selbstverständlich sind Widder-Eltern bestimmend und energisch. Aber die Kinder in einer solchen Familie kennen die Regeln und wissen, wie alles läuft. Widder-Eltern sagen klar und deutlich, was sie erwarten. Aber sie sind auch sehr liebevoll und fair und schützen ihre Kinder nach Kräften. (Stellen Sie sich eine Widder-Eislaufmutter vor. Muss ich noch mehr sagen?)

Zu den Vorzügen von Widder-Eltern gehört, dass sie ihre Kinder mit allen möglichen kunsthandwerklichen Dingen in Berührung bringen und sie lehren, hübsche Bastelarbeiten zu machen. Widder-Eltern färben zu Hause Ostereier, verzieren Lebkuchenhäuschen, erfinden die köstlichsten Cookies und backen zu jeder Jahreszeit passende Kuchen – Weihnachtsbäume mit Smarties im Dezember und Kürbiskekse zu Halloween. Und stellen Sie sich einen Widder vor, der die Chance hat, eine Geburtstagstorte zu dekorieren! (Mehr sage ich nicht!)

Widder-Eltern spielen gerne mit ihren Kindern im Freien. Außerdem sind sie auch sportlich sehr aktiv. Sie wollen, dass ihre Kinder irgendetwas mit Leidenschaft betreiben. Zudem sind sie großzügig und sogar nachsichtig mit ihren Sprösslingen. Ihre Kinder lernen sehr bald, mit dem Temperament ihrer Eltern umzugehen, und wissen, was sie zu unterlassen haben, um den schlafenden Riesen nicht zu wecken. (»Auweia! Nichts wie weg!«)

»Ich weiß, dass ich von meiner Mutter eine ehrliche Meinung höre. Ich weiß, sie sagt genau, wie es ist. Sie ist stolz auf mich, wenn ich es verdient habe, und sie ist enttäuscht, wenn ich es verdient habe. Sie ist mein Gradmesser dafür, wo ich als Person gerade stehe.«

LARA FLYNN BOYLE
Amerikanische Schauspielerin
Twin Peaks (TV-Serie)
(24. März 1970)

Der Widder als Kind

»Ich habe beobachtet, dass Eltern mehr Träume zerstören als jeder andere.«

SPIKE LEE
Amerikanischer Filmregisseur, Produzent,
Drehbuchautor und Schauspieler
Do the Right Thing, Malcolm X
(20. März 1957)

Hier handelt es sich um ein kreatives, energiegeladenes Kind! Man sollte unbedingt erkennen, dass das Widder-Kind darauf aus ist, alles zu erforschen. Und dieser Eifer ist von Natur aus mit Ungeduld verbunden. Dieses Kind brennt darauf, etwas zu unternehmen oder irgendwohin zu gehen. Am liebsten ist es der Erste vor der Tür, der Erste im Auto, der Erste in der Schlange und überhaupt immer der Erste.

Diese Energie wird ihm als Erwachsener sehr zustattenkommen, stutzen Sie ihm also nicht allzu sehr die Flügel. Lenken Sie seine Energie lieber in sportliche Aktivitäten, Tanz und andere Arten von kreativem Tun. Diese Kinder suchen nach Wegen, sich auszudrücken. Sie begeistern sich aber auch für kunsthandwerkliche Tätigkeiten, Spiele und ausgefallene Bastelarbeiten. Widder-Kinder sind außerordentlich schöpferisch!

Kleine Widder drücken sich direkt und ungeschminkt aus. (So sind sie eben.) Sie sind ehrlich, geradlinig und entwaffnend offen. (»Oma, warum hast du einen Schnurrbart?«) Dieses Kind muss mit Respekt und Fairness behandelt werden. Wenn Sie Ihre Erwachseneninelligenz oder -stärke einsetzen, um dieses Kind zu übertrumpfen oder in irgendeiner Weise zu beschämen, wird es sehr geknickt und niedergeschlagen sein. (»Das ist nicht fair!«)

Das Herz, das in jedem kleinen Widder-Kind schlägt, ist das Herz eines Helden oder einer Heldin. Das Widder-Kind glaubt an den Sieg des Guten über das Böse. Als Lehrer oder Eltern sollten Sie sich unbedingt so verhalten, dass der kleine Widder Sie respektieren kann. Sie haben eine anspruchsvolle Aufgabe zu erfüllen!

Die Wutanfälle des Widder-Kindes sind kurz. Man kann den Widder-Kindern beibringen, dass es zwar in Ordnung ist, seine Gefühle auszudrücken, große Szenen jedoch nicht viel bewirken.

»Eine Geburt ist bewundernswerter als eine Eroberung, erstaunlicher als Selbstverteidigung und ebenso mutig wie beides.«

GLORIA STEINEM
Amerikanische Frauenrechtlerin, Journalistin und Mitbegründerin
der feministischen Zeitschrift *Ms. Magazine*
(25. März 1934)

Für das Widder-Kind ist es wichtig, in der Schule gut zurechtzukommen. Das heißt, dass eine gewisse Rivalität eine Rolle spielen wird. Dieses Kind will das Gleiche anziehen, was auch die anderen anhaben, damit man ihm schon äußerlich ansieht, dass es dazugehört.

Wenn Widder-Kinder erregt oder zornig sind, können sie sich gut beruhigen, indem sie mit Metall spielen oder mit Gegenständen aus Metall hantieren. Beispielsweise werden sie gerne Besteck in eine Schublade einsortieren. Wenn sie stricken lernen, geben Sie ihnen Stricknadeln aus Metall. Auch Metallautos und Lastwagen werden ihnen mehr Spaß machen als Plastiksachen.

Beaufsichtigen Sie die Kinder immer gut, wenn Feuer in der Nähe ist. Sie sind fasziniert von Feuer und Feuerwerkskörpern und fühlen sich dazu hingezogen. (Man darf es ruhig noch einmal wiederholen: Alle Widder sind im Herzen Brandstifter.)

Ein Widder-Mädchen ist oft ein Wildfang (aber nicht immer!), und Jungen wie Mädchen neigen dazu, ihre Sensibilität hinter einer sehr selbstsicheren Miene zu verstecken. Selbst in jungen Jahren wissen sie schon, dass wahre Helden niemals Angst zeigen.

Wie ein Widder glücklicher wird

»Bitterkeit ist wie Krebs. Sie ernährt sich vom Wirt. Aber Zorn ist wie Feuer. Er brennt alles reinigend nieder.«

MAYA ANGELOU
Amerikanische Schriftstellerin und Menschenrechtlerin
Ich weiß, dass der gefangene Vogel singt
(4. April 1928)

Ihre Achillesferse ist Ihr Widder-Temperament. Sie wissen es, und ich weiß es. Denn Sie sind feurig, leidenschaftlich und heißblütig und handeln vollkommen spontan – bei Ihnen brennt schnell die Sicherung durch! Sie sind sowohl mit anderen als auch mit sich selbst sehr ungeduldig. Trotzig von Natur aus, stets bereit, eine Herausforderung anzunehmen, und mit der Mentalität eines Kriegers ausgestattet – klar, dass Sie leicht zu erzürnen sind!

»Alle Eishockeyspieler sind zweisprachig. Sie können Englisch und fluchen.«

GORDIE HOWE
Legendärer kanadischer Eishockeyspieler (»Mr. Hockey«)
(31. März 1928)

Das Leidige am Ärger ist, dass er Ihren Seelenfrieden zerstört, dafür sorgt, dass Sie sich mies fühlen und alle anderen in Ihrer Umgebung ebenfalls. Bei Licht besehen erfüllt Ärger letztlich keinen anderen Zweck, als jedermann das Leben zu vergällen!

Selbst wenn Ihnen großes Unrecht geschehen ist und Sie jetzt die Racheaktion Ihres Lebens planen müssen, brauchen Sie dafür einen klaren Kopf und innere Ruhe. Stimmt's? Wenn Ihnen zornige Gedanken die Sicht verstellen, können Sie nicht vernünftig denken, und folglich wird Ihr Racheplan Schwächen aufweisen. Dasselbe gilt für die Planung einer Schlacht. Es gibt *keine Situation*, in der Ihnen Wut und Ärger Nutzen bringen.

Und doch ärgern Sie sich noch. Dabei sind zornige Menschen nicht schön. Wenn wir sauer, mürrisch und schlecht gelaunt sind, werden wir sehr unattraktiv. Außerdem sagen wir in blindem Zorn manchmal Dinge, die wir später bereuen. Das ist bescheuert.

Aber was können wir tun? Sehen wir uns den Ärger näher an. Im Grunde ist Zorn eine Reaktion auf Unglück. Eine Situation missfällt Ihnen. Eine Person sagt etwas, das Ihnen wenig Freude macht. Ein Mensch hat Ihnen oder jemand anderem etwas zugefügt, was Sie verdrießt. Sie müssen etwas ertragen, das Ihnen nicht angenehm ist. Letztlich ist Ärger eine Reaktion auf Negativität.

Negativität ist, die Dinge anders haben zu wollen, als sie sind.

Der Zweck des Lebens ist jedoch, glücklich zu sein. Aber wie können wir glücklich sein, wenn wir Negativität erleben? Offenkundig haben wir nur zwei Möglichkeiten: Wir können eine Situation entweder ändern oder sie zur Kenntnis nehmen und akzeptieren. Es gibt ein kluges Gebet zum Thema Gelassenheit:

Gott, gib mir die Gelassenheit,
Dinge hinzunehmen, die ich nicht ändern kann,
den Mut, Dinge zu ändern, die ich ändern kann,
und die Weisheit, das eine vom anderen zu unterscheiden.

Widder haben sicherlich den Mut, alles zu ändern, was irgend möglich ist, aber damit Sie das können, brauchen Sie einen klaren Verstand, der nicht von Zorn vernebelt ist.

Denken Sie an eine glückliche Zeit in Ihrem Leben, vielleicht eine Phase, in der Sie sehr verliebt waren. Sie sind auf einer Party.

Sie fühlen sich in Bestform und sexy. Sie sind goldrichtig gekleidet, tanzen wunderbar und sprühen vor Witz. Dann passiert es. Sie halten jemanden in den Armen und fühlen sich, als seien Sie der Liebe Ihres Lebens begegnet. Sie verlassen gemeinsam die Party und gehen in einen Club oder in ein Restaurant, wo Sie ein tiefschürfendes, echtes Gespräch mit viel Gelächter und interessanten Entdeckungen führen. Beschwingt von der aufregenden Neuheit der gegenseitigen Anziehung verlassen Sie das Restaurant, und auf dem Weg zu Ihrem Auto sehen Sie, dass gerade die Sonne aufgeht. Spontan beschließen Sie, zusammen zum Park zu fahren und zu schaukeln, wie Sie das früher als Kinder taten. Sie sind verliebt und wieder blutjung! Sie genießen das berauschende Glücksgefühl einer neuen Romanze. Später kehren Sie Arm in Arm zu Ihrem Auto zurück und stellen fest, dass jemand den Außenspiegel auf der Beifahrerseite abgefahren hat. Mist! Ärgern Sie sich? Nein. Sie nehmen die Situation, wie sie ist, und zucken die Achseln. »Na ja, blöde Sachen passieren halt mal.«

Warum ist es so leicht, diese negative Situation zu akzeptieren? Weil Sie glücklich sind. In einem glücklichen Herzen hat Ärger keine Chance. Ärger ist nur eine Reaktion auf Negativität. Wenn Sie etwas Negatives erleben und nicht negativ darauf reagieren, wird kein Ärger in Ihnen aufkommen. »Seeehr interessant.«

Drehen wir die Sache einmal um. Wenn Sie auf eine Party gehen, Ihr Aussehen hassen, mit niemandem reden und von niemand angesprochen werden, fühlen Sie sich im Lauf des Abends immer einsamer und tun sich selbst leid. Sie gehen früh und fahren schnurstracks nach Hause. Dort finden Sie eine Nachricht auf dem Anrufbeantworter: Sie werden zu einer Party im Stockwerk über Ihnen eingeladen, und gleichzeitig entschuldigt sich der Anrufer für etwaigen Lärm zu später Stunde. Freuen Sie sich über diese Einladung? Nein! Sie sind nicht in Stimmung, wollen niemanden sehen und müssen sich jetzt noch den vermaledeiten Krach von oben anhören! Und wenn er länger als bis ein Uhr morgens dauert, dann rufen Sie todsicher die Polizei!

Was für ein Unterschied! Beim ersten Szenario finden Sie Ihr Auto beschädigt vor, aber Sie regen sich nicht groß auf, weil Sie verliebt und sehr glücklich sind. Beim zweiten Szenario wartet eine Einladung zu einer Party auf Sie, aber Sie ärgern sich, weil Sie unglücklich sind. Zusätzlich halten Sie auch noch nach Wegen Ausschau, sich und anderen die Stimmung noch weiter zu verderben!

Funktioniert Ärger nicht genau so? Er hat seine Wurzeln in einer unglücklichen inneren Verfassung. Gut, das akzeptieren Sie. Aber, na und? Wie sollen Sie denn plötzlich innerhalb von zehn Sekunden glücklich werden? Durch Zauberei?

Hier ist das Geheimnis: Sie brauchen gar nicht »glücklich« zu werden. Sie müssen sich nur um Ihre »unglückliche« Verfassung kümmern. Das ist ein *Unterschied*.

Vor vielen Jahren hatte ich einmal das Glück, an einem Seminar des brillanten Widders Frederick Hertzberg (17. April 1923 – 19. Januar 2000) teilnehmen zu können, eines amerikanischen Psychologen, der Motivationstheorien für die Unternehmensführung entwickelte. Er ging zur Tafel und schrieb das Wort »unglücklich« hin. Dann fragte er das Publikum: »Was ist das Gegenteil von ›unglücklich‹?«

Natürlich antworteten wir alle: »Glücklich.«

»Nein«, sagte er. »Das Gegenteil von ›unglücklich‹ ist ›nicht unglücklich‹.« Dann gab er uns ein Beispiel dafür. Wenn Sie Zahnschmerzen haben, und jemand gibt Ihnen eine Tablette, die Ihnen den Zahnschmerz nimmt, dann sind Sie nicht mehr unglücklich über die Zahnschmerzen, aber Sie sind nicht notwendigerweise glücklich. Glücklich sein ist etwas ganz anderes.

Wow! Für mich zeigte Hertzberg damit einen wichtigen Unterschied auf. Wir können unglücklich sein; wir können neutral sein; und wir können glücklich sein.

Sie müssen nicht das große Geheimnis des Glücks entschlüsseln. (Uff! Was für eine Erleichterung.) Sie müssen es lediglich fertigbringen, neutral zu werden. (Ein Riesenunterschied!) Und das kann man schaffen. Denn es gibt ein Gegenmittel gegen Ärger: die *Geduld*.

Stellen Sie sich vor, Ihr innerster Kern wäre so etwas wie ein großes Ei, vielleicht irgendwo in der Nähe Ihres Herzens. Dieser Kern enthält Unglück. Also ist die Hülle um dieses »Ei« eine Schicht, in der es an Wohlbefinden mangelt. Das heißt, es herrscht Unwohlsein. (Daher rufen chronisches Unglück und anhaltender Stress Unwohlsein und Krankheit hervor.)

Sie haben also dieses zerbrechliche Ei im Kern Ihres Wesens, umhüllt von einer dünnen Membran von Unwohlsein.

Ohne jeden Zweifel wird die erste Irritation, die hereinschwirrt und diese zarte Membran durchbohrt, Ärger hervorrufen! Und zwar deshalb, weil die Hülle um dieses Ei instabil und »ungeduldig« ist. *Aus genau diesem Grund ist Geduld das Gegenmittel gegen Ärger.*

Es gibt eine berühmte Geschichte über einen großen indischen Lehrer namens Atisha (982–1054). Er zog durch das Land und unterrichtete seine Schüler. Wo immer er hinging, nahm er seinen Koch mit, der schmutzig, ungepflegt, grob und vulgär war – und obendrein noch nicht einmal kochen konnte!

Verwirrt und erstaunt sagten die Schüler zu Atisha: »Meister! Warum reist Ihr mit diesem schrecklichen Koch? Warum schüttelt Ihr diesen furchtbaren Mann nicht einfach ab?«

Atisha antwortete: »Meinen Koch? Ich würde meinen Koch niemals wegschicken. Er ist mein wertvollster Schatz. Er gibt mir die Gelegenheit, Geduld zu üben – jeden Tag.«

Wenn wir Leid, Mühsal oder Enttäuschungen erlebt oder das Gefühl haben, andere fügten uns Schaden zu, dann haben wir die Wahl, wie wir darauf reagieren. Wir können voller Wut und Bitterkeit zurückschlagen, oder wir können die Sache als Gelegenheit ansehen, Geduld zu üben.

Es gibt zwei Arten von Geduld: die Geduld, eine frustrierende Situation, die wir nicht ändern können, zu akzeptieren, und die Geduld, etwas zu ertragen und auf Vergeltung zu verzichten.

Vielleicht denken Sie, das wäre ziemlich viel von Ihnen verlangt. (Und in gewisser Weise stimmt das auch.) Aber die Person, der Sie damit etwas geben, sind Sie selbst. Schließlich geht jede Emotion, die Sie haben, zuerst einmal durch Sie selbst hindurch, ehe sie jemand anders erreicht. *Sie* empfinden Ihren Ärger mit voller Wucht. Sie fühlen Ihre gesamte Bitterkeit. Sie spüren die ganze Schärfe der Verurteilung oder Kritik anderer. Alle Ihre negativen Gefühle gehen erst einmal durch Sie hindurch. (Aus diesem Grund sind wir alle selbst dafür verantwortlich, wie unser Gesicht mit fünfzig aussieht.)

Wenn Sie also die Geduld aufbringen, nicht zurückzuschlagen, oder die Geduld üben, Dinge zu akzeptieren, tragen Sie selbst den größten Gewinn davon. Und natürlich werden auch die Menschen in Ihrer Umgebung dankbar dafür sein. (Was dachten Sie denn?)

>>*Ich werde keinem Menschen erlauben, meine Seele zu schmälern, indem er mich dazu bringt, ihn zu hassen.*<<
BOOKER T. WASHINGTON
Amerikanischer Pädagoge, Sozialreformer und Bürgerrechtler
(5. April 1856–14. November 1915)

Widder
Ihr 40-Jahre-Horoskop

1985 – 2025

Warum wir in die Vergangenheit gehen

Ich möchte, dass Sie den Voraussagen vertrauen, und es gibt nur einen Weg, dies zu erreichen. Sie müssen überprüfen können, was ich behaupte. Deshalb beginne ich mit kurzen Rückblicken in die letzten fünfundzwanzig Jahre. Wenn Sie sich darin wiedererkennen, werden Sie auch meinen Aussagen über die kommenden fünfzehn Jahre Glauben schenken können. Schließlich geht es um eine einzige ununterbrochene Reihe von Ereignissen – Ihr Leben.

Die Aussagen über die Vergangenheit gelten im Allgemeinen erst ab dem Zeitpunkt, an dem Sie zu Hause ausgezogen sind oder Ihr Leben »selbst in die Hand genommen« und Ihre eigenen Entscheidungen getroffen haben. Denn in der Zeit davor wurden wichtige Ereignisse in Ihrem Leben noch von anderen bestimmt, vermutlich von Ihren Eltern.

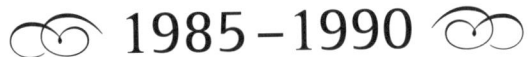

1985–1990

Anfang der Achtzigerjahre haben sich viele von Ihnen aus Partnerschaften und festen Beziehungen zurückgezogen. Daher waren Sie Mitte der Achtzigerjahre gezwungen, sich auf Ihre eigenen Möglichkeiten zu verlassen. Sie standen fest auf eigenen Beinen, was Sie, nebenbei bemerkt, sehr gut können. Um 1985 waren Sie sehr beliebt! Als im März 1987 der finanzielle Glücksbringer Jupiter in Ihr Sternzeichen eintrat, sah alles hervorragend aus! Sie haben es verstanden, aus Ihren Gewinnen Kapital zu schlagen, sodass 1988/89 das Geld floss. Sie verdienten mehr, und viele von Ihnen freuten sich über lobende Worte, eine Gehaltserhöhung, eine Beförderung oder beträchtliche Erfolge. (»Hey! Seht alle mal her!«)

Die zweite Hälfte der Achtzigerjahre brachte vor allem gegen Ende größere Veränderungen mit sich. Wenn Sie heute zurückschauen, dann erkennen Sie, dass Sie nach einem Weg suchten, Ihre Individualität umfassender zum Ausdruck zu bringen. Sehr wahrscheinlich haben Sie sich in dieser Zeit von allem befreit, was Sie einengte, vor allem beruflich. Einige haben sich vielleicht selbstständig gemacht. Diejenigen, die auf technischen oder wissenschaftlichen Gebieten arbeiteten oder in (zugegebenermaßen) unschärferen Bereichen wie der Astrologie, hatten vielleicht das Gefühl, sie hätten neue Möglichkeiten.

Unter dem Strich waren Sie um diese Zeit entschlossen, erfüllendere Arbeit zu fordern. (Keine Tretmühle mehr.) Manche erlebten um diese Zeit auch plötzliche Veränderungen, die ihre Eltern betrafen.

Glücklicherweise war das Jahr 1990 (plus oder minus ein Jahr) in Bezug auf Ihr häusliches Leben, die Familie und den Grundbesitz ein wunderbares Jahr. Wer sich irgendwo fest niederließ, Grund und Boden als Geldanlage kaufte oder ein Haus erwarb, hat es nie bereut.

In dieser Zeit haben auch viele von Ihnen die Familie vergrößert, sei es durch eine Geburt, eine Adoption oder eine Eheschließung. Die Familienbeziehungen brachten Ihnen mehr Freude. Die Menschen waren großzügig zueinander. (Donnerwetter!)

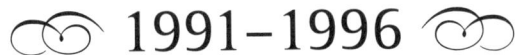 1991–1996

Inzwischen ging es Ihnen richtig gut! Es waren wunderbare Jahre für Liebesbeziehungen, Ferien und Ihre Fähigkeit, Ihre Kreativität zum Ausdruck zu bringen. Künstler waren sehr produktiv! Viele machten um diese Zeit eine schöne Reise.

Um 1991 war noch einmal ein günstiger Zeitpunkt, Ihre Familie zu erweitern. Kinder waren mit Sicherheit eine Quelle der Freude.

Bis 1992/93 gelang es vielen von Ihnen, ihren Job zu verbessern, eine bessere Arbeit zu finden oder einen bösartigen Chef loszuwerden. Es gab viele Möglichkeiten für eine gute Beschäftigung und auch die Chance, dass Sie Ihre Arbeit unter einer neuen Perspektive betrachten und sie erfüllender gestalten konnten.

Partnerschaften wurden immer befriedigender. Auch 1993/94 war eine sehr gute Zeit, um eine Partnerschaft zu beginnen, sowohl beruflich wie auch privat. Auf anderem Gebiet öffnete sich jetzt ein Zeitfenster von zwei bis drei Jahren, in dem Sie beschlossen, vieles von dem abzustoßen, was Sie seit 1980/81 geschaffen hatten. Sie verschlankten, verkleinerten und ließen Menschen, Orte und Dinge los. (Wenn Sie sich so etwas vornehmen, dann tun Sie es gründlich!)

Zum Glück geschah um 1996 zweierlei: Einerseits bekamen Sie sehr gute Möglichkeiten, Ihren Ruf in der Welt zu stärken und sich einen Namen zu machen, oder Sie wurden befördert, bekamen mehr Gehalt oder Anerkennung. (»Mama, guck mal, freihändig!«) Gleichzeitig war es auch ein Jahr, in dem Sie eine ganz neue Welt betraten. Es war der Beginn eines Erneuerungsprozesses, in dem Sie sich ganz neu erfunden haben.

War das nicht aufregend?

1997–2000

Als Sie in diese neue Daseinsweise hineinwuchsen, die vielleicht sogar einen Stilwechsel bei Ihrer Alltagsgarderobe mit sich brachte, genossen Sie sehr große Beliebtheit! Ihre neuen Lebensumstände erlaubten Ihnen, neue Menschen kennenzulernen, besonders in Gruppen oder Klassen oder bei Konferenzen. Ihr Selbstvertrauen war damals groß, obwohl Sie sich auf recht neuem Terrain bewegt haben.

Im Februar 1999 kam nämlich der Glück bringende Jupiter zum ersten Mal seit 1987 wieder in Ihr Sternzeichen, stärkte Ihr Selbstvertrauen und Ihr sicheres Auftreten. Sie waren beliebt und hatten das Gefühl, mit Ihrer Muse auf Tuchfühlung zu sein. Es war leichter, bei anderen Anerkennung zu finden. Bei den meisten von Ihnen führte das zu einem besseren Einkommen um 1999/2000, was sehr gelegen kam, weil Ihre Vorräte langsam zur Neige gingen. (Und mit Schmalhans als Küchenmeister hat man keinen Spaß, das sage ich Ihnen!)

 # 2001–2005

Obwohl Sie zwischen 1994 und 1997 Jobs, Beziehungen, Besitztümer und vielleicht sogar Wohnorte und Länder aufgegeben haben, waren Sie 2001 schon wieder so weit, dass Sie mit Umzügen und neuen Arbeitsstellen zu tun hatten. (Waaas?) Diese Phase der Instabilität dauerte ungefähr drei Jahre. Manche von Ihnen sind sogar zweimal umgezogen!

Zu Beginn des Jahrtausends haben Sie Ihren Job oder Ihren Wohnort oder beides gewechselt, weil Sie Ihr neues Selbst zur Vollendung bringen wollten. (Dieser Prozess hatte, bewusst oder unbewusst, 1996 begonnen.) Dieser letzte Schliff sollte Ihr Denken schärfen oder Ihre Kommunikationsfähigkeit mit anderen verfeinern. Aus diesem Grund sind vermutlich manche irgendwohin gezogen, wo eine andere Sprache gesprochen wird. (»Ich dachte, in Bayern spricht man Deutsch!«)

Dennoch war der Grund für die Änderungen bei einigen auch die Tatsache, dass sie von etwa 2003 bis 2006 einen anderen Schwerpunkt in ihrem Leben setzen als in den Jahren zuvor. Jetzt wollten Sie Wurzeln schlagen und eine solide häusliche Basis schaffen. Daher zogen manche noch ein weiteres Mal um, weil sie ein Haus oder eine Wohnung kauften oder sich einfach verbesserten. Wer kein zweites Mal umzog, entschloss sich zu Reparaturen, zu Renovierungen und Verschönerungen der bisherigen Bleibe.

Und die Zeit dafür war genau richtig! Um 2002/03 waren die Beziehungen in der Familie herzlich und wohltuend. Vielleicht hatten Sie Ihre Familie durch Geburt, Adoption oder Heirat vergrößert. Zu Hause herrschte ein Gefühl der Großzügigkeit und des wachsenden Wohlstandes. Möglicherweise haben Sie Dinge gekauft, die Ihnen zu Hause ein Empfinden von größerem Reichtum gaben (wie Butter und Wodka). Es war der beste Zeitpunkt in zwölf Jahren, um Wohneigentum zu kaufen, zu verkaufen oder aufzuwerten.

Um 2003/04 hatten Sie wunderbare Möglichkeiten für Urlaubsreisen oder Familientreffen, ebenso in den Bereichen Kunst, Showbusiness, Unterhaltung und allem, was mit dem Hotel- und Gastgewerbe zu tun hat. In diesen Bereichen hatten Sie besonderes Glück. Künstler waren produktiv. Und nicht nur das: Manche von Ihnen lernten um diese Zeit die Liebe ihres Lebens kennen. Ihr Herz war offen für Liebesbeziehungen.

Vielleicht war deshalb um 2005/06 eine Blütezeit für so viele verlässliche Partnerschaften.

Außerdem fanden Sie einen besseren Job, wurden gesünder und arbeiteten in einer angenehmeren Umgebung.

Gar nicht schlecht.

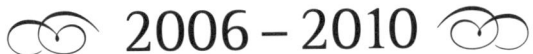

2006 – 2010

Um 2006/07 kamen viele von Ihnen indirekt durch Partner, Erbschaften, Sondervergütungen, Vergünstigungen, Geschenke, Auszahlungen und Hilfe von anderen in den Genuss finanzieller Zuwendungen. (In gewisser Weise fühlte es sich so an, als schulde Ihnen das Universum einen Gefallen.) Gleichzeitig forderten in dieser Zeit Kinder zunehmend Ihr Verantwortungsgefühl heraus, und alles, was mit Kindern, den Künsten, der Unterhaltungswelt und dem Gastgewerbe zu tun hatte, wurde schwerer und brachte viel drückende Verantwortung mit sich.

Im Stillen haben sich viele von Ihnen gefragt, was sie eigentlich wirklich werden wollten, wenn sie einmal groß sind. Und das ganz unabhängig vom Alter – damit hatte es nichts zu tun. Sie versuchten, Ihre Aufgabe im Leben zu definieren. Wozu waren Sie eigentlich berufen? Auch mit Reisen und Weiterbildung sah es 2007/08 sehr gut aus. Zudem war es ein günstiger Zeitpunkt, Ihre Aussichten im Verlagswesen, den Medien, dem Rechtswesen und bei allem, was mit Medizin zu tun hatte, zu erkunden.

Daraus folgten ausgezeichnete Chancen für Sie, sich einen Namen zu machen und Ihren Ruf auszubauen. Vielleicht als Ergebnis Ihrer harten Arbeit und Ihres Bienenfleißes haben Sie eine Beförderung, Ruhm und Anerkennung für Ihre Bemühungen geerntet. Das brachte natürlich mehr Verantwortung und mehr Zusammenarbeit mit anderen mit sich, etwa um 2009/10.

Oh Mann! Es war fraglos eine Zeit richtig harter Arbeit. Allerdings sahen die Leute auch, dass Sie alles gaben, was Sie zu bieten hatten. Was kann man mehr erwarten?

2011–2012

Zum ersten Mal in Ihrem Erwachsenenleben steht der wilde, verrückte Uranus in Ihrem Sonnenzeichen. Um Himmels willen! (Letztes Jahr hatte er kurz hereingeschaut.) Uranus ist der Planet der Unberechenbarkeit, der Impulsivität, Rebellion und Explosion. Das letzte Mal stand er 1929 bis 1934 in Ihrem Zeichen. Jetzt ist er also da und wird bleiben bis 2019. Beinahe zehn Jahre lang. Was bedeutet das?

Zunächst einmal wird das Ihre Beziehungen zu Partnern und engen Freunden radikal verändern. (Jawohl, einige könnten dabei durchaus auf der Strecke bleiben.) Aus diesem Grund ist das dreijährige Zeitfenster von etwa 2010 bis 2013 (in manchen Fällen auch länger) eine Phase, in der es in festen Partnerschaften eine Menge Streit gibt. (»Geh, und beschmutze nie wieder meine Handtücher!«[14]) Wenn Uranus in Ihrem Sonnenzeichen steht, heißt das, dass Sie die Muster alter Gewohnheiten loslassen und Ihre Herangehensweise an Dinge und Situationen ändern. Aber letztlich lassen Sie nicht einfach nur los – Sie brechen in die Freiheit aus! Wo immer Sie sich von anderen behindert, ausgebremst oder untergebuttert fühlen, werden Sie den Weg zur Tür einschlagen. (»Macht's gut, und danke für den Fisch!«[15])

Diesen Bruch mit der Vergangenheit werden eindeutig viele von Ihnen erleben, weil mehr als ein astrologischer Einfluss darauf hinweist, dass er für Sie ansteht. Natürlich werden nicht alle Beziehungen und Partnerschaften in die Binsen gehen, aber alle werden sich verändern! Irgendwann innerhalb der nächsten neun

---

[14] Groucho Marx muss man einfach lieben.
[15] Das ist der Titel des vierten Bandes von Douglas Adams' Romanreihe *Per Anhalter durch die Galaxis*.

Jahre, wenn Uranus dem Grad Ihrer Sonne im Widder (der von Ihrem Geburtstag abhängt) nahe kommt, wird sich Ihr Bedürfnis nach Ausbruch am stärksten bemerkbar machen. Keine Angst! Im Grunde bringt Uranus nur das zum Wackeln, was Sie sowieso abschütteln oder ablegen sollten. Falls Sie Ihr Leben bereits nach Ihren eigenen Wünschen und Vorstellungen eingerichtet haben, werden diese Veränderungen viel geringer ausfallen – wenn sie überhaupt stattfinden.

Die gute Nachricht ist: Sie werden sich nach dieser Uranus-Erfahrung jünger fühlen. Und freier. Sie werden einen ganz neuen Horizont haben und Dinge stärker wahrnehmen, die Sie bisher für eine Spur zu überspannt gehalten haben. Viele werden sich mit Astrologie, Yoga, dem Studium des menschlichen Bewusstseins oder Techniken der Bewusstseinserweiterung befassen. Das wird Sie eindeutig aus stagnierenden oder negativen Situationen herauskatapultieren, die Sie schon längst hätten verlassen sollen. (Sie wissen, wovon die Rede ist.) Widdergeborene, die vor dem 26. März zur Welt kamen, werden diesen Einfluss in den Jahren 2011/12 am stärksten spüren.

Zum Glück wird in den Jahren, in denen all diese wilden und verrückten Dinge über die Bühne gehen, auch eine Zeit kommen, in der Ihr Einkommen steigen wird! Im Allgemeinen geschieht das nicht wie von Zauberhand. Sie müssen schon etwas dafür tun (zum Beispiel morgens aufstehen).

Übrigens kann alles, was ich hier sage, auch ungefähr ein Jahr früher oder später als im angegebenen Zeitraum passieren, je nach Ihrem genauen Geburtsdatum. Aber die Tendenz und die Richtung stimmen. Ohne Frage. Das haben Sie vielleicht schon festgestellt, als Sie die Aussagen über Ihre Vergangenheit gelesen haben. Vielleicht erscheinen Ihnen viele davon relevant, aber sie sind alle um zwei Jahre verschoben! (Dann ist das Ihre persönliche Zeitschiene.)

Ebenfalls in dieser Phase Ihres Lebens, vielleicht schon 2008 oder auch erst 2014, je nach Ihrem Geburtsdatum, könnte Sie eine mächtige Kraft dazu bringen, einen Richtungswechsel in Ihrem Leben vorzunehmen. Und zwar einen gewaltigen! Dieselbe Kraft könnte auch eine Veränderung in Ihrem Familienstand verursachen, sei es durch Heirat, Scheidung oder die Geburt eines Kindes. Es ist, als würde sich Ihr Ruf verwandeln, und das wird er auch.

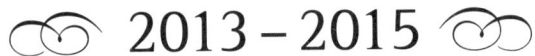 2013 – 2015

In diesem Zeitraum werden diejenigen, die zwischen dem 26. März und dem 6. April geboren sind, dramatische Umbrüche in ihrem Leben erfahren, besonders im Bereich Beziehungen und Partnerschaften. Diese Widdergeborenen werden in dieser Zeit alle ihre Kräfte zusammennehmen, um Gold zu holen! Dabei sollten Sie unbedingt in Erinnerung behalten, dass Uranus Ihnen nicht wegnimmt, was Sie wirklich brauchen. Er versucht lediglich, alles aus dem Weg zu räumen, was Sie davon abhält, Ihr Potenzial umfassend zu entwickeln. Deshalb glaube ich, dass Widder diesen Transit mit wesentlich mehr Begeisterung und Geschick meistern können als andere. Sie wollen von Natur aus neue Territorien erforschen! Sie wollen Ihre Fesseln abschütteln!

Die Jahre 2013/14 sind mit Sicherheit optimistisch und glücklich. Die Beziehungen zu Geschwistern und Alltagskontakte werden sich verbessern. Um 2014 sind Sie sehr zufrieden mit Ihrem Wohnort, Ihren Familienbeziehungen und allem, was mit Ihrem Zuhause zu tun hat. Dieses Jahr eignet sich hervorragend für Grundstücks- und Hauskäufe. Ob Sie Immobilien als Geldanlage oder für den eigenen Gebrauch erwerben, sie werden sich auf alle Fälle in der Zukunft als profitabel erweisen. Andere kaufen sehr schöne Gegenstände für Haus oder Wohnung, sodass sie sich in ihrem bescheidenen Heim reicher fühlen. (»Willkommen in meinem kleinen Schloss.«)

Bitte beachten Sie: In dieser Zeitspanne müssen Sie vielleicht mit weniger auskommen, weil Sie von den Ressourcen anderer abgeschnitten werden. Das ist im Grunde nicht sonderlich überraschend, weil manche von Ihnen ihre Beziehung beendet haben und weniger Unterstützung von einem Partner bekommen. Es könnte auch sein, dass Ihr Partner den Job verliert oder sich selbstständig macht oder sonst etwas unternimmt, was seinen Beitrag verringert. (»Ich glaube, Hawaii kommt dieses Jahr nicht infrage, oder?« »Hawaii? Wir können uns noch nicht mal einen Parkplatz in der Innenstadt leisten!«)

Dennoch können die Einschnitte, die Sie hinnehmen müssen, nicht allzu schlimm werden, weil Sie sich um diese Zeit an dem Ort, wo Sie wohnen, wohlfühlen. Vielleicht ziehen Sie in eine größere Wohnung um, vielleicht kaufen Sie etwas Größeres. Jedenfalls sind Sie wesentlich begeisterter von Ihrer Wohnung und haben das Gefühl, Sie könnten sich mehr ausdehnen. Ganz ähnlich »erweitern« Sie vielleicht Ihr häusliches Leben durch eine Vergrößerung der Familie – eine Geburt, eine Adoption oder eine Heirat. (Aber nicht durch Ihren schmarotzenden Schwager.)

Um 2015/16 stehen die Chancen für eine Urlaubsreise sehr gut! (Hawaii ist jetzt wieder in Reichweite.) Diese Zeit ist auch bestens geeignet für romantische Beziehungen, Liebesaffären und alles, was mit Sport, Kunst und der Unterhaltungsbranche zu tun hat, ebenso mit dem Showbusiness und dem Hotel- und Gastgewerbe. Um diese Zeit werden Kinder für Sie eine Quelle der Freude sein. Sie fühlen sich kreativ. Sie sind verliebt. Das Leben ist gut! (»Hmm, köstlich! Ist das echter Champagner?«)

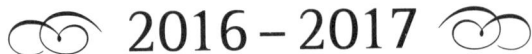 2016 – 2017

Die explosiven Auswirkungen von Uranus in Ihrem Sternzeichen habe ich bereits besprochen. Obwohl er plötzliche Veränderungen für jeden von Ihnen zu jeder beliebigen Zeit auslösen könnte, sind in diesem Zeitfenster vor allem diejenigen davon betroffen, die zwischen dem 6. und dem 14. April geboren sind. (Tragen Sie Schwimmflügel, und meiden Sie allzu tiefe Gewässer.)

Die gute Nachricht ist, dass der Einkommensverlust und der Mangel an praktischer Hilfe von anderen, die Sie vielleicht in den letzten paar Jahren erlebt haben, jetzt keine Probleme mehr sind. (Uff!) War Ihr Partner arbeitslos, ist er jetzt wieder in Lohn und Brot, oder es ist sonst etwas eingetreten, das den Verlust ausgleicht. Vielleicht ist Ihr Stipendium oder Ihre Studienförderung ausgelaufen, aber inzwischen haben Sie Ihren Abschluss gemacht und verdienen Geld. Wie auch immer, Sie haben das Gefühl, es trotz allem geschafft zu haben!

Diese Phase Ihres Lebens ist in hohem Maße eine Zeit der Vorbereitung, denn Sie fangen allmählich an, Ihre eigentlichen Ziele zu erkennen. Das Jahr 2016 eignet sich hervorragend für eine Verbesserung Ihrer Arbeitssituation, sei es durch einen besseren Job, durch erfreulichere Aufgaben oder weil vielleicht Ihr bösartiger Chef in den Ruhestand geht und in die Vorstadt umzieht. Irgendetwas an der Art, wie Sie Ihren Lebensunterhalt verdienen, nimmt in diesem Jahr auf alle Fälle eine Wende zum Besseren!

Und Ihre Arbeitssituation ist nicht das Einzige, was im Aufwärtstrend liegt. Sie fühlen sich kraftvoller und haben mehr

Lebensfreude. Das könnte daran liegen, dass es um 2017 für feste Partnerschaften ausgesprochen gut aussieht. Für manche von Ihnen dürften sogar die Hochzeitsglocken läuten. Aber alle Partnerschaften, ob privat oder beruflich, werden für Sie eine Quelle der Freude und der hilfreichen Unterstützung sein.

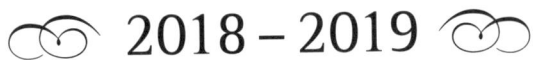 2018 – 2019

Wie rosig alles aussieht! Jetzt stehen Sie am Beginn einer Fünf-jahresphase, die für Ihr Sonnenzeichen eindeutig eine Zeit der Ernte ist. Das heißt, dass jetzt Ihre lang gehegten Träume wahr werden. Abhängig von Ihrem Alter und von dem Punkt, an dem Sie beruflich gerade stehen, könnte das ein bestandenes Examen, eine erste Anstellung oder eine nennenswerte Beförderung bedeuten! Künstler finden vielleicht Anerkennung, erlangen eventuell sogar Ruhm und Ehre. Was immer Sie in der Vergangenheit gesät haben mögen, jetzt ist die Zeit, in der es Früchte trägt. Manche sind jetzt auf dem Gipfel ihrer Karriere, oder ihre Berufung hat sich voll entfaltet.[16]

Der Haken daran ist, dass Sie zur Erntezeit natürlich auch sehen, aus welchen Samen nichts gewachsen ist. Für einige wenige könnte es daher auch eine Zeit der Enttäuschung werden. Überwinden Sie sie.

Halten Sie sich nicht mit dem auf, was nicht geklappt hat. Konzentrieren Sie sich lieber auf das, was gut läuft. (Es geht nichts über eine angenehm verbrachte Zeit.)

Im Zeitraum dieser zwei Jahre wird der wilde, verrückte Uranus wahrscheinlich große Veränderungen im Leben derjenigen auslösen, die zwischen dem 15. und dem 19. April geboren sind. Machen Sie sich keine Sorgen wegen der herannahenden Umbrüche. Im Allgemeinen sind die Veränderungen, die Uranus

---

[16] Denken Sie stets daran, dass in der Astrologie ein Unterschied zwischen Job und Berufung besteht. Ihren Job machen Sie, damit Sie Ihre Rechnungen bezahlen können. Ihr Beruf kann Job oder Berufung sein. Mit Berufung ist Ihr persönlicher »Lebensweg« gemeint – Sie können dafür bezahlt werden oder auch nicht. Beispielsweise war Vincent van Goghs Berufung das Malen, aber er verkaufte sein ganzes Leben lang kein einziges Bild. Ihre Berufung könnte es sein, Kinder zu haben und großzuziehen.

mit sich bringt, von der befreienden Sorte. Uranus möchte Sie von allem befreien, was Sie behindert oder unterdrückt hat oder was Sie an sich selbst zweifeln ließ. (»Ich war verloren, aber nun bin ich gefunden, war blind, doch nun sehe ich.«[17])

Das für Sie besonders Erfreuliche an dieser Erntezeit ist, dass Sie nicht nur persönlich erfolgreich sind, sondern auch Gewinne verbuchen können! Sie empfangen Reichtum von anderen. In dieser Phase machen Sie klassischerweise Erbschaften, bekommen Geld vom Staat zurück, oder das Einkommen Ihres Partners steigt, wovon Sie indirekt ebenfalls profitieren. Oder eine Versicherung entscheidet zu Ihren Gunsten – es geschieht einfach irgendetwas, was Ihnen zeigt, dass Sie auf Rosen gebettet sind. Juhu!

Auch Ihre sexuelle Energie ist hoch! Sie finden nicht nur das Leben überhaupt erregend, sondern es sieht so aus, als fänden Sie auch jemanden ganz in Ihrer Nähe erregend. (Jawohl!) Aber mal ehrlich – ist das verwunderlich? Wenn Sie heiß sind, sind Sie auch wirklich heiß! (Die Kombination von Geld und Erfolg ist ein mächtiges Aphrodisiakum.)

---

[17] Diese Verse stammen aus »Amazing Grace«. Dieses Lied wurde von John Newton geschrieben (1725–1807), der einmal Kapitän eines Sklavenschiffes war und später Geistlicher wurde. Seine Lebensgeschichte ist bewegend und faszinierend. Es lohnt sich, sie zu googeln.

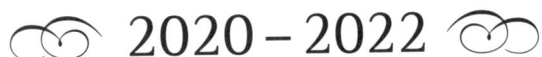

2020 – 2022

Alles wird einfach immer besser, wie so häufig, wenn man auf einer Erfolgswelle schwimmt. (Betrüblicherweise gilt das oft auch in der umgekehrten Richtung, nicht wahr? Ich glaube, das ist so, weil das Leben dazu tendiert, alle Ereignisse zu bündeln.)

In den Jahren 2020 und 2021 zieht der finanzielle Glücksbringer Jupiter mitten durch Ihr Sternzeichen und eröffnet Ihnen alle möglichen Chancen (als würde Ihnen nicht sowieso schon jeder aus der Hand fressen). Volkstümlich würde man in Amerika dazu sagen: Ein guter Sattel wird auf ein gutes Pferd gelegt. Nutzen Sie diese Chancen, so gut Sie können! Wenn die Astrologie darauf hinweist, dass die Konstellation Ihrer Sterne günstig für eine Erfolgssträhne ist, dann sollten Sie gleichzeitig unbedingt in Erinnerung behalten, dass die Sterne nichts *verursachen*. Die Astrologie ist einfach nur eine Sprache, die ich »lese«, um zu sehen, was gerade in Ihrem Leben geschieht. Ich denke, der Mond ist das einzige Gestirn, das etwas verursachen kann, weil er uns so nah ist. Und wir haben es ja sogar geschafft, zum Mond zu reisen! (Die Warteschlangen an den Grenzen waren schrecklich.)

Wenn ich Sie daher darauf hinweise, dass diese Zeit in Ihrem Leben ungewöhnlich erfolgreich ist, dann meine ich damit genau genommen, dass in dieser Zeit wichtige Menschen auf Sie aufmerksam werden. Und nicht nur das. Es stehen Ihnen auch sehr viele Türen offen, höchstwahrscheinlich gerade durch diese wichtigen Menschen. Nutzen Sie das! Der Erfolg kommt nicht einfach durchs Fenster hereingeflogen wie Blütenstaub und lässt sich auf Ihnen nieder. Deshalb benutze ich das Wort »Ernte«. Was immer Sie seit 2003 getan haben, ganz besonders, was Sie seit

2010/11 getan haben – *das* macht den entscheidenden Unterschied im Jahr 2020 aus!

Um 2021 wollen alle Ihr Gesicht sehen. Sie sind außerordentlich beliebt. Diese Zeit ist ideal dazu geeignet, Gruppen, Vereinen und Berufsverbänden beizutreten. Ihr Talent für gewinnenden Small Talk wird nicht nur eine Quelle der Freude für Sie sein, sondern Sie auch mit Menschen in Kontakt bringen, die einen erfreulichen Unterschied in Ihrem Leben bedeuten können. Um diese Zeit können Sie auch eine wunderbare Freundschaft beginnen, die sich vertiefen wird.

Ich sagte schon, alles wird besser. Im Mai 2022 wird der Glück bringende Jupiter zum ersten Mal seit 2011 Ihr Sonnenzeichen durchlaufen (davor tat er das 1987 und 1999). Dieses Mal werden Sie jedoch wesentlich mehr von seiner günstigen Wirkung haben als bei seinen letzten Durchgängen, weil jetzt für Sie Erntezeit ist! (Ist das nicht toll?)

Um es anders auszudrücken: Nehmen wir an, Sie sind ein hoffnungsvoller Schauspieler. Wenn Jupiter zum ersten Mal Ihr Sternzeichen durchläuft, bekommen Sie vielleicht Ihre erste große Rolle, und die Leute nehmen Sie erstmals richtig wahr. Aber später, wenn für Sie die Zeit der Ernte gekommen ist und Jupiter durch Ihr Sternzeichen läuft, könnte das bedeuten, dass Sie einen Oscar gewinnen! Verstehen Sie jetzt den Unterschied?

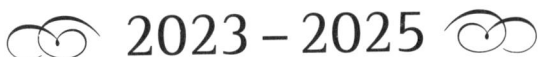

2023 – 2025

Nach dieser unglaublichen Glückssträhne (Ihr Badezimmerspiegel ist mit Lippenstiftküssen bedeckt), verdienen Sie jetzt mehr Geld! Ach, wirklich? Ganz bestimmt. In den Jahren 2023/24 werden Sie definitiv ein höheres Einkommen haben, oder in Ihrem Leben sprudeln neue Geldquellen, oder Sie werden durch eine Nebenbeschäftigung Einkünfte erzielen.

Weil in diesem Zeitfenster der Geldfluss in Ihrem Leben üppiger ist, werden Sie auch mehr ausgeben und sich schöne Dinge gönnen. (Falls Sie sich ein kleines Cabrio kaufen, nehmen Sie Speichenfelgen.)

Aber alles Gute nimmt einmal ein Ende. (Und das hat nichts damit zu tun, dass hier zufällig auch die Vorhersagen für den Widder zu Ende sind.) Um 2023 werden Sie feststellen, dass Sie Garagen, Dachböden und Rumpelkammern, ganz zu schweigen von Schubladen, Schränken und Kommoden, durchstöbern, um auszusortieren, was Sie nicht mehr brauchen. Weg damit! Das ist eine sehr gute Gelegenheit zu verkaufen, was Sie nicht mehr wollen, oder es zu verschenken oder zu recyceln. Lassen Sie den vielen Kram los! Und was ist mit der Dunkelkammerausrüstung? Diesen ganzen Aktionismus verdanken Sie der Tatsache, dass für Sie nun eine zwei bis drei Jahre dauernde Zeit des Umbruchs beginnt, in der Sie vieles wieder abbauen, was Sie seit 2011 geschaffen haben. Es war eine gute Phase, aber jetzt ist es Zeit weiterzuziehen.

Dass Sie eine Übergangsphase durchlaufen, werden Sie unter anderem daran erkennen, dass Sie bei Besuchen an bestimmten Orten oder Treffen mit Leuten oder bei vertrauten Aktivitäten mit Freunden irgendwie nicht mehr dasselbe Hochgefühl oder Vergnügen empfinden wie bisher. Es wird sich sogar ziemlich schal anfühlen. (»Ach, was soll das alles noch?«)

Das ist ein sicheres Zeichen dafür, dass Sie sich verändern. Eine Menge Dinge, die Sie bisher gerne getan haben, sind jetzt nicht mehr Ihre erste Wahl. Dasselbe gilt für einige Leute, mit denen Sie in der Freizeit gerne zusammen waren. Jetzt erscheinen sie Ihnen ein bisschen langweilig oder unreif. Das ist in Ordnung – denn bei Licht besehen starten Sie gerade durch für eine Zeit im Jahr 2025 (bei manchen ist es auch 2026), in der Sie ein ganz neues Terrain betreten werden!

Aus diesem Grund müssen Sie Ballast abwerfen. Sie trennen sich von dem, was in Ihrem Leben keine Bedeutung mehr hat, um in etwas vollkommen Neues einzusteigen. Das taten Sie übrigens zum letzten Mal in den Jahren 1996/97.

Ein kleiner Tipp: Dieses Terrain, auf das Sie sich bald begeben, wird so anders sein, dass Sie vielleicht sogar den Stil Ihrer Alltagskleidung ändern. (»Sollte ich den Tropenhelm einpacken?«) Das könnte eine Ausrede für neue Farbtöne, neue Hüte und möglicherweise modische Kakihosen sein. Etwas mit Pfiff – aber praktisch.

Etwas Neues ist doch immer sooo aufregend, nicht wahr?

»Ich wollte Präsident der Vereinigten Staaten werden. Ernsthaft. Je älter ich werde, desto weniger absurd erscheint mir diese Idee.«

ALEC BALDWIN
Amerikanischer Schauspieler
Jagd auf Roter Oktober, Wenn Liebe so einfach wäre
(3. April 1958)

Berühmte Widder

21. März 1685	Johann Sebastian Bach
21. März 1927	Hans-Dietrich Genscher
21. März 1938	Fritz Pleitgen
21. März 1958	Gary Oldman
21. März 1962	Matthew Broderick
21. März 1978	Kevin Federline
22. März 1923	Marcel Marceau
22. März 1930	Stephen Sondheim
22. März 1931	William Shatner
22. März 1948	Andrew Lloyd Webber
22. März 1970	Anja Kling
22. März 1972	Elvis Stojko
23. März 1905	Lale Andersen
23. März 1929	Roger Bannister
23. März 1938	Federica de Cesco
24. März 1834	William Morris
24. März 1926	Dario Fo
24. März 1927	Martin Walser
24. März 1930	Steve McQueen
24. März 1970	Lara Flynn Boyle
25. März 1934	Gloria Steinem
25. März 1942	Aretha Franklin
25. März 1947	Elton John
25. März 1976	Wladimir Klitschko
26. März 1931	Leonard Nimoy
26. März 1940	James Caan
26. März 1942	Erica Jong
26. März 1943	Bob Woodward
26. März 1944	Diana Ross

26. März 1954	Jutta Speidel
26. März 1985	Keira Knightley
27. März 1963	Quentin Tarantino
27. März 1970	Mariah Carey
27. März 1986	Manuel Neuer
28. März 1960	Éric-Emmanuel Schmitt
28. März 1981	Julia Stiles
28. März 1986	Lady Gaga
29. März 1943	Eric Idle
29. März 1957	Christopher Lambert
29. März 1963	Elle Macpherson
29. März 1968	Lucy Lawless
30. März 1853	Vincent van Gogh
30. März 1945	Eric Clapton
30. März 1951	Wolfgang Niedecken
30. März 1968	Céline Dion
31. März 1928	Gordie Howe
31. März 1943	Christopher Walken
31. März 1948	Al Gore
31. März 1971	Ewan McGregor
1. April 1878	Carl Sternheim
1. April 1931	Rolf Hochhuth
1. April 1938	Ali MacGraw
1. April 1961	Susan Boyle
2. April 1805	Hans Christian Andersen
2. April 1891	Max Ernst
2. April 1914	Alec Guinness
2. April 1977	Annett Louisan
3. April 1904	Sally Rand
3. April 1922	Doris Day
3. April 1924	Marlon Brando
3. April 1930	Helmut Kohl
3. April 1934	Jane Goodall
3. April 1958	Alec Baldwin

3. April 1961	Eddie Murphy
3. April 1966	Michael Mittermeier
3. April 1984	Maxi López
3. April 1985	Leona Lewis
4. April 1914	Marguerite Duras
4. April 1928	Maya Angelou
4. April 1945	Daniel Cohn-Bendit
4. April 1952	Gary Moore
4. April 1965	Robert Downey jr.
4. April 1979	Heath Ledger
5. April 1856	Booker T. Washington
5. April 1900	Spencer Tracy
5. April 1908	Bette Davis
5. April 1916	Gregory Peck
5. April 1937	Colin Powell
5. April 1950	Agnetha Fältskog
5. April 1978	Franziska van Almsick
6. April 1904	Kurt Georg Kiesinger
6. April 1929	André Previn
6. April 1941	Gheorghe Zamfir
7. April 1915	Billie Holiday
7. April 1939	Francis Ford Coppola
7. April 1944	Gerhard Schröder
7. April 1954	Jackie Chan
7. April 1964	Russell Crowe
7. April 1967	Alex Christensen
7. April 1967	Bodo Illgner
8. April 1336	Timur
8. April 1938	Kofi Annan
8. April 1941	Vivienne Westwood
8. April 1963	Julian Lennon
9. April 1926	Hugh Hefner
9. April 1933	Jean-Paul Belmondo
9. April 1954	Dennis Quaid

9. April 1963	Marc Jacobs
9. April 1966	Cynthia Nixon
9. April 1971	Jacques Villeneuve
10. April 1847	Joseph Pulitzer
10. April 1932	Omar Sharif
10. April 1952	Steven Seagal
10. April 1953	Heiner Lauterbach
11. April 1900	Sándor Márai
11. April 1949	Bernd Eichinger
11. April 1965	Simone Thomalla
11. April 1987	Joss Stone
12. April 1928	Hardy Krüger
12. April 1947	David Letterman
12. April 1948	Joschka Fischer
12. April 1950	David Cassidy
12. April 1956	Andy Garcia
12. April 1956	Herbert Grönemeyer
12. April 1979	Claire Danes
13. April 1743	Thomas Jefferson
13. April 1963	Garry Kasparov
13. April 1975	Lou Bega
14. April 1935	Erich von Däniken
14. April 1941	Julie Christie
14. April 1973	Adrien Brody
15. April 1452	Leonardo da Vinci
15. April 1832	Wilhelm Busch
15. April 1843	Henry James
15. April 1959	Emma Thompson
15. April 1990	Emma Watson
16. April 1889	Charlie Chaplin
16. April 1939	Dusty Springfield
16. April 1966	Kai Wiesinger
17. April 1885	Karen Blixen
17. April 1918	William Holden

17. April 1931	Bill Ramsey
17. April 1959	Sean Bean
18. April 1963	Conan O'Brien
18. April 1970	Esther Schweins
18. April 1984	America Ferrera
19. April 1933	Jayne Mansfield
19. April 1934	Jean Ziegler
19. April 1942	Frank Elstner
19. April 1979	Kate Hudson
19. April 1981	Hayden Christensen
20. April 1908	Lionel Hampton
20. April 1949	Jessica Lange
20. April 1951	Luther Vandross
20. April 1967	Ingo Appelt
20. April 1972	Carmen Electra

Stier

21. April – 21. Mai

Stier

(21. April – 21. Mai)

»ICH HABE.«

»Ein Geist, der nur aus Logik besteht, ist wie ein Messer, das nur aus der Klinge besteht. Es schneidet auch die Hand, die es benutzt.«

RABINDRANATH TAGORE
Indischer Dichter, Philosoph, Musiker und
Literaturnobelpreisträger (1913)
Gitanjali, Das zerstörte Nest
(7. Mai 1862 – 7. August 1941)

»Fragen Sie nicht, was Sie für Ihr Land tun können. Fragen Sie, was es zum Mittagessen gibt.«

ORSON WELLES
Amerikanischer Filmregisseur, Schauspieler und Autor
Citizen Kane, Der dritte Mann
(6. Mai 1915 – 10. Oktober 1985)

Element	Erde
Herrscherplanet	Venus
Qualität	Fix
Gegenzeichen	Skorpion
Symbol	Stierkopf
Glückssteine	Smaragd, blauer Saphir und Jade[1]
Blumen	Gänseblümchen und Primel
Farben	Grün- und Brauntöne
Körperteil	Hals, Kehle und Nacken

WAS SIE LIEBEN Die guten Dinge des Lebens, die Schönheit der Natur, Antiquitäten, Musik, Wohlstand und Geld auf der Bank. (Ein abbezahltes Eigenheim brauche ich nicht zu erwähnen – habe ich hiermit aber trotzdem getan.)

WAS SIE VERABSCHEUEN Hässliche Dinge, Schulden, Streitigkeiten und Menschen, die Sie herumkommandieren.

WO SIE GLÄNZEN Sie sind geduldig, mitfühlend, standfest, konstruktiv, praktisch, menschenfreundlich und zuverlässig.

WER IST SCHON VOLLKOMMEN? Sie sind materialistisch, selbstsüchtig, fantasielos, unflexibel und träge.

---

[1] In verschiedenen Quellen wird man auf unterschiedliche Angaben für Edelsteine und Blumen der Tierkreiszeichen stoßen. Das gilt auch für die Farben (obwohl Sie deutlich zu erdigen Tönen neigen.) Meiner Ansicht nach sind die Angaben der Blumen und Steine jedes Zeichens eher vage.

Das Wesen des Stiers[2]

Am schnellsten kann man sich ein Bild vom Wesen eines Sternzeichens machen, wenn man sich seinen herrschenden Planeten oder Regenten und dessen Bedeutung in der Astrologie ansieht. Die Herrscherin des Stiers ist die anmutige Venus, die Göttin der Schönheit und der Liebe. (Die Griechen nannten sie Aphrodite, die auch über das Pflanzenreich und die Gärten herrschte.)

Wir sehen also sofort, dass das Wesen des Stiers mit Schönheit, Liebe, Tulpenfeldern und Rosengärten zusammenhängt.

Klingt doch gut bis jetzt!

Aber werden wir ein bisschen ausführlicher: In der Astrologie steht der Mond für die *Gefühle*. Und obwohl der Mond in jedem der zwölf Zeichen stehen kann, ist der *allerbeste* Ort für ihn – und zwar in jedem beliebigen Horoskop – der Stier. (Mamas Liebling!) Aha! Da sehen wir diese wundervolle Verbindung zwischen dem Stier und *guten Gefühlen*.

Klingt sogar noch besser!

Aber hinter den Kulissen stellt sich derweil heraus, dass Ihre Herrscherin Venus nach den Lehren der Astrologie am besten in den Fischen steht (wie bitte?), weil die Venus sich mit Schönheit befasst und die Fische mit der Suche nach dem *Idealen* – der perfekten Rose, dem vollkommenen Gemälde, der perfekten Symphonie, der vollkommenen Liebe.

---

[2] Niemand kann auf ein einziges Sternzeichen reduziert werden, denn jedes Horoskop enthält mehrere Planeten. Daher beschreibt dieser Abschnitt nur den Archetyp des Stiers – die Eigenschaften, die sein Wesen ausmachen. Auch viele, die unter einem anderen Sternzeichen geboren sind, haben Stier-Eigenschaften. Die Darstellung eines einzelnen Zeichens ist daher keine exakte Beschreibung einer bestimmten Person, sondern vielmehr die Beschreibung der Eigenschaften des Zeichens.

»Wenn wir doch nur mit der Hand das malen könnten, was
wir mit dem Auge sehen.«

HONORÉ DE BALZAC
Französischer Schriftsteller
Die menschliche Komödie
(20. Mai 1799 – 18. August 1850)

Was für eine Gewinnerkombination Sie als Stier doch sind! Sie
haben eine erstaunliche Affinität zu vollkommener Schönheit
und sind gleichzeitig warmherzig und liebevoll. Sie sind wirklich
in einem wundervollen Sternzeichen geboren! (Kann ich mit zu
Ihnen nach Hause kommen?)

Alles, was schön ist

Der Stier erfreut sich an allen schönen Dingen. Was es auch
sei – solange es schön ist, bewundern Sie es, besonders, wenn es
um die Schönheiten der Natur geht. Sie lieben grünende Parks
und duftende Gärten mit einer überwältigenden Blütenpracht.
Es kommt Ihnen nicht darauf an, ob diese Blumen wie in einem
Barockgarten akkurat angeordnet sind oder ob es sich um Wild-
blumen auf einer Wiese handelt – Sie mögen einfach alle.

Meine Mutter ist Stier und geht gerne in Parks und Gär-
ten spazieren, früher oft mit ihrer Mutter, und als kleines
Mädchen war ich häufig dabei. Jahre später fuhr ich sie
(meine Mutter hat nie den Führerschein gemacht) immer
in verschiedene Parks, meistens in Victoria.[23]

---

[3] Victoria im kanadischen British Columbia hat ein sehr mildes Klima und ist dafür
bekannt, dass ältere Leute mit ihren Eltern dorthin fahren.

Ob als Kind oder als Erwachsene – immer, wenn ich meine Mutter auf ihren Spaziergängen begleitete, dachte ich, das sei es, was wohlerzogene Leute am Sonntagnachmittag tun, wenn sie nichts anderes vorhaben. Es war ein freundlicher, zivilisierter Zeitvertreib für Menschen, die nicht gerne ins Kino gehen.

Es kam mir nie in den Sinn, dass meine Mutter die Parks wirklich liebte! Heute, als Astrologin, weiß ich viel mehr über das Wesen des Stiers und muss (ein wenig kleinlaut) zugeben, wie charakteristisch diese Eigenschaft für sie ist!

In dem Film *Wiedersehen in Howards End*[4] wandert die Figur Leonard Bast nachts durch ein Feld blauer Blumen, das im Mondlicht schimmert. Das ist ein atemberaubendes Bild! Meiner Meinung nach ist es eine sehr gelungene Darstellung des Schönheitssinns der Stiergeborenen. (Selbstverständlich gibt es in Film, Kunst, Fotografie und im wirklichen Leben zahllose schöne Szenen, aber diese kam mir sofort spontan in den Sinn, obwohl ich den Film vor siebzehn Jahren das letzte Mal gesehen habe.)

Sie beten Schönheit an und lieben Antiquitäten, Gemälde, große Architektur, schöne Möbel, klassische Automobile, herrliche Musikinstrumente, schön gebundene Bücher, elegante Kerzenleuchter, feines Porzellan und Glas, Holzschnitzereien, Brokat, Kaschmirpullover und gut geschnittene Kleidung aus feinen Stoffen. Die Liste ist endlos. Kein Wunder, dass so viele von Ihnen mit Antiquitäten handeln oder Secondhandboutiquen führen.

---

[4] Der Film ist eine Produktion des Filmstudios Merchant Ivory Productions, das James Ivory und Ismail Merchant gegründet haben. Ersterer führte Regie bei den meisten Filmen, Letzterer war der Produzent, und die Drehbücher schrieb Ruth Prawer Jhabvala. James Ivory hat den Jupiter im Stier, Ruth Prawer Jhabvala ist eine Stiergeborene, und Ismail Merchant hat den Mond im Stier, was (für mich) eine gute Erklärung für die Schönheit ihrer Filme liefert.

Natürlich spiegelt auch Ihre äußere Erscheinung diesen Schönheitssinn wider. Ihre Kleidung ist nicht unbedingt Haute Couture oder übertrieben modisch, aber immer ansprechend. Stiergeborene mögen Pastellfarben, besonders die Grüntöne. Nicht nur Ihr Äußeres zeugt von diesem Schönheitssinn, sondern auch Ihre gesamte Umgebung ist von Ihrem Geschmack für Eleganz, Harmonie und Qualität geprägt.

Für die Netten gibt's ein Happy End

»Seien Sie immer etwas freundlicher als nötig.«
SIR J. M. BARRIE
Schottischer Schriftsteller
Peter Pan
(9. Mai 1860 – 19. Juni 1937)

Die Stiergeborenen sind die Nettesten im Tierkreis. (Doch, wirklich!) Sie sind liebevoll, geduldig, sanftmütig und sehr milde, aber auch praktisch, in manchen Dingen konservativ (nicht in allen) und bewahren immer Ihren gesunden Menschenverstand. Sie wissen stets, was sich gehört, und sind eine angenehme Gesellschaft. Sie sind zuverlässig, ehrlich und berechenbar. Ganz ohne Zweifel sind Sie das wärmste aller Erdzeichen. Ihre freundliche, sanfte Art zeigt sich sogar in Ihrem Äußeren, das oft an die Gattung der Bovinae erinnert, der zum Beispiel Rinder angehören.[5]

Ihr Gegenzeichen, der Skorpion (Skorpion und Stier sind zwei Enden derselben Achse), ist äußerst leidenschaftlich, fanatisch und neigt zu Extremen. Das ist bei Ihnen nicht der Fall. Wenn

---

[5] Denken Sie nur an die »sanften« Augen von Kühen, dieser Ausdruck ist auch in den Augen von Stiergeborenen oft zu erkennen. Stiergeborene bevorzugen übrigens häufig ein Porterhouse-Steak gegenüber einem Sirlion.

Ihr Sternzeichen allerdings aus dem Ruder läuft, können dabei einige der furchterregendsten Gestalten der Geschichte herauskommen! (Ich nenne hier keine Namen, schließlich soll es ja um die positiven Eigenschaften der Stiergeborenen gehen.)

Sie sind kooperativ und geduldig. Diese Freundlichkeit, gepaart mit der Empfänglichkeit der Venus, ist der Grund dafür, warum man Sie so leicht rumkriegt (der Stier ist ein leichtgläubiges Sternzeichen). Sie glauben zum Beispiel oft alles, was Sie lesen, einfach, weil es *geschrieben* steht.

Ihre Leichtgläubigkeit erklärt vielleicht auch Ihre Neigung zur Geschichte – einem sehr formbaren Gegenstand, der von den Siegern geschrieben wird.[6] Stiergeborene studieren oder unterrichten oft Geschichte, und deswegen sind sie auch so eifrige Zeitungsleser – Zeitungsartikel sind schließlich Geschichte, die gerade geschrieben wird. (Meine Mutter, eine Stiergeborene, liest jede Zeitung von vorne bis hinten gründlich durch, einschließlich der Nachrufe.) Und, jawohl – in den Häusern von Stiergeborenen stapeln sich die Zeitungen.[7]

Natürlich ist auch bei Ihnen nicht alles eitel Sonnenschein. Ihre freundliche, nette Art kommt teilweise auch daher, dass Sie nie wirklich aus sich herausgehen. Sie sind mit Emotionen zurückhaltend. Das liegt daran, dass Sie irgendwann herausgefunden haben, zu welch gnadenlosen, vernichtenden Wutausbrüchen Sie fähig sind! Der Zorn eines Stiers stellt den aller anderen Sternzeichen in den Schatten. Er ist allumfassend, im ganzen Tierkreis gibt es niemanden, der wütender wird. (»Aah, da seht ihr die Gewalt, auf die sich das System stützt.«[8])

---

[6] Ich habe an Universitäten sowohl in den USA wie auch in Kanada studiert und fand es erstaunlich, wie verschieden in diesen beiden Staaten der Zweite Unabhängigkeitskrieg von 1812 bis 1814 behandelt wird. In den USA gilt er als amerikanischer, in Kanada als kanadischer Sieg, was er natürlich auch war. (In der US-Ausgabe werde ich diese Aussage umkehren.)

[7] Der amerikanische Zeitungsmagnat William Randolph Hearst (29. April 1863 – 14. August 1951) war ein Stier.

[8] Aus dem Monty-Python-Film *Die Ritter der Kokosnuss* (1975).

Zum Glück sind Sie nicht leicht in Wut zu bringen. Der durchschnittliche Stier bricht vielleicht nur ein oder zwei Mal im Leben in Zorn aus, wenn überhaupt. Sie sind sehr vorsichtig. Sie schießen nicht aus der Hüfte und platzen nicht, wie viele andere Sternzeichen, mit jedem Gedanken gleich heraus. Oh nein! Sie warten vielmehr den richtigen Moment ab. Sie haben ein unglaubliches Gespür dafür, wann der richtige Augenblick gekommen ist, um sich zu äußern, eine Frage zu stellen oder eine Sache zur Sprache zu bringen. Immer, wenn ich jemanden sagen höre: »Schlafen wir erst einmal darüber. Denk noch mal in Ruhe darüber nach«, dann denke ich: »Hm – ein Stier.«

»Fröhlichkeit, so will es scheinen, ist eine Angelegenheit, die ebenso von den Zuständen in uns selbst wie auch von jenen um uns abhängig ist.«

CHARLOTTE BRONTË
Britische Schriftstellerin
Jane Eyre
(21. April – 31. März 1855)

Vier Eigenschaften des Stiers

Um den Stier besser verstehen zu können, seien hier zusätzlich zu Ihrer Liebe für Schönheit, Pflanzen und gute Manieren, die Venus in Ihnen auslöst, noch vier weitere Aspekte genannt:

1. Das Leben anfassen
2. Der Landadelige
3. König Midas
4. Ich singe!

Das Leben anfassen

Ihr Tierkreiszeichen ist dasjenige, dem der Tastsinn am wichtigsten ist. Sie entdecken die Welt mit den Fingerspitzen. Egal, was Sie sich ansehen, Sie wollen es auch anfassen. Selbst wenn Sie weißes Schreibpapier kaufen, streichen Sie darüber, um seine Textur und Dicke zu spüren. (»Natürlich, was sonst?«, denken Sie jetzt.)[9]

Wie sich Ihre Kleidung anfühlt, ist für Sie genauso wichtig wie das Aussehen. Ein kratzendes Etikett oder raue Wolle auf Ihrer Haut kommt nicht infrage. Ich kenne einen Stiergeborenen, der eigens nach Vikunja-Hemden aus zweiter Hand sucht, weil sie weicher und schon »eingewöhnt« sind.

Ihr Sternzeichen ist das einzige Erdzeichen, das von Venus beherrscht wird, der Göttin der Schönheit. Deswegen mögen Sie echtes Holz (kein *plástico*, bitte), Zinn, Gold, Silber – gediegene

---

[9] Bestimmt halten viele Stiergeborene nichts davon, Waren in Plastik einzuschweißen, sodass man das, was man kauft, vorher nicht berühren kann. Ich finde das auch sehr schade. Außerdem sind solche Artikel schwieriger zu stehlen.

Materialien. Sie haben etwas für Dinge übrig, die sich gut anfühlen - gute Seifen, dicke Handtücher, schöne Baumwolllaken auf dem Bett. Von allen Tierkreiszeichen haben Sie seidene Unterwäsche am nötigsten. Alles, was Sie auf der Haut tragen, sollte die beste Qualität haben, die Sie sich leisten können.

Natürlich sitzt der Tastsinn nicht nur in den Fingerspitzen. Gutes Essen und gute Getränke lieben Sie genauso!

Vor Jahren hatte ich einmal einen Klienten, der die genaue Uhrzeit seiner Geburt nicht kannte. Ich hatte die Möglichkeiten so weit eingeengt, dass er entweder den Widder oder den Stier als Aszendenten haben musste. Ich fragte ihn: »Sind Sie als Kind leicht in Raufereien geraten? Mussten Sie immer der Erste in der Schlange sein? Waren Sie ein mageres, kleines Kind? Hatten Sie möglicherweise Sommersprossen?«

Er zögerte und meinte dann langsam: »Eigentlich nicht.« Damit schied der Widder aus, er musste wohl den Stier im Aszendenten haben. Ich fragte weiter: »Mögen Sie gutes Essen, guten Wein, guten Sex und ein schönes Zuhause?«

Erstaunt fragte er zurück: »Das mag doch jeder, oder?«

Ich weiß, dass Sie das wundern wird, aber diese Dinge haben tatsächlich nicht für alle Menschen die höchste Priorität. Sie müssen sich nur umschauen und beobachten, was andere Leute essen und trinken, wie sie ihr Leben verbringen und wie ihre Wohnungen aussehen. (Grusel!)

Stiergeborene möchten es gerne behaglich haben! In der perfekten Welt erwachen Sie auf Ihrem weichen Daunenkissen unter einer Decke aus organischer Baumwolle (gerne ägyptische). Wenn Sie Ihre Füße aus dem Bett schwingen, landen sie auf einem dicken Teppich oder einem geheizten Fußboden. Ihr Badezimmer ist schön eingerichtet, und man betritt es gerne. Egal, ob Sie Mann oder Frau sind – Sie können aus einem wundervollen Vorrat von Düften wählen. Und wenn Sie in die Küche schlendern, um Kaffee zu kochen, mahlen Sie zuerst fair gehandelte Bohnen der Spitzenqualität für Ihre Espressomaschine. (Aber nicht alle Stiergeborenen sind gleich. Meine Mutter, ein Stier, trinkt jeden Morgen in ihrem geschmackvoll eingerichteten Zuhause Pulverkaffee. Sie ist dreiundneunzig Jahre alt, gesund und glücklich! Pulverkaffee – was soll ich sagen?)

Tatsächlich haben Sie so ausgeprägte Vorlieben, dass Sie es verschmähen, alle Ihre Lebensmittel bequem im selben Supermarkt zu kaufen. Sie haben eine bestimmte Bäckerei, wo Sie Ihr Lieblingsbrot holen, einen anderen Laden für den Kaffee, und Sie wissen genau, wo man den besten Fisch, das beste Fleisch und das frischste Gemüse bekommt. Diese kulinarische Fallenstellerroute zeigt, dass Sie ein Gourmet sind!

Noch einmal, es kommt nicht darauf an, ob Sie sich selbst so sehen. Obwohl meine Mutter viel Spaß an Inneneinrichtung hat, schönes Porzellan und Gläser mag und getreu jede Folge der Antiquitätenserie *Antiques Roadshow* verfolgt, hält sie sich nicht für eine Feinschmeckerin. Aber wenn sie mich besucht, besorgen entweder meine Tochter oder ich einen Laib von dem runden Maisbrot mit Rosinen, das sie sich so gerne morgens toastet – und natürlich Pulverkaffee. Das ist ein ungeschriebenes Familiengesetz.

Obwohl Sie also viel für gutes Essen übrighaben, sind Sie kein kulinarischer Snob. Sie wissen, dass man den besten Apfelkuchen an einer Autobahnraststätte kurz hinter Calgary kriegt, wo man in Chinatown gutes Dim Sum isst und dass es die beste Muschelsuppe in New York in der Oyster Bar der Grand Central Station gibt. Sie möchten einfach so gut wie möglich essen, egal, ob in einem schäbigen Rasthaus oder in einem Luxusrestaurant. (Sie glauben daran, dass man gute, gesunde Lebensmittel essen und immer Gewürze benutzen sollte.)

»*Gutes Brot ist das absolut befriedigendste aller Lebensmittel und gutes Brot mit frischer Butter das größte aller
Festmähler.*«

JAMES BEARD
Amerikanischer Koch und Kochbuchautor
(5. Mai 1903 – 21. Januar 1985)

Auch das Sternzeichen Waage wird von der Venus beherrscht,
und auch die Waagegeborenen bewundern Schönheit – aber
mehr die visuelle. Schönheit in Ihrem Sinne dagegen darf nicht
nur gut aussehen, sondern muss sich auch gut *anfühlen,* denn
was Sie suchen, ist entspannender Komfort, wie das Einsinken
in ein weiches Sofa.

Magazine wie *Vinum* oder *Cigar Clan* sind klassische Stier-
Zeitschriften. Viele von Ihnen haben enttäuscht geseufzt, als das
Gault Millau Magazin sein Erscheinen 2008 einstellte.

Der Landadelige

»*Ein kleineres Haus wäre einfach nichts für mich.*«

BONO
Irischer Musiker, Aktivist und Frontmann der Rockband U2
»With or Without You«, »Vertigo«
(10. Mai 1960)

Sein Zuhause ist dem Stiergeborenen ungeheuer wichtig. Für ihn
dreht sich alles um sein Haus. Ihr Job dient dazu, das Zuhause
finanziell zu sichern und es so schön wie möglich zu gestalten.
Die Familie ist die soziale Rechtfertigung für Ihr Haus und legi-
timiert Ihr Bedürfnis nach einem Herrensitz (falls Sie sich den
leisten können) mit mehreren Schlaf- und Badezimmern, einem
Swimmingpool und ein paar Tennisplätzen.

Ihr Haus ist die Leinwand, auf der Sie Ihren Schönheitssinn und Ihre Kenntnis der schönen Dinge des Lebens ausdrücken (denn diese Kenntnisse haben Sie). Man bewundert Ihre Gemälde, Möbel und Vorhänge, die handgetöpferten Fliesen, die Sie ausgesucht haben, die geschmackvollen Farbzusammenstellungen, die Auslegeware und die gewebten Teppiche. Alles das ist wohlüberlegt zusammengestellt!

Dieses Meisterstück ist sozusagen der Ausweis, den Sie der Welt präsentieren. Aber derjenige, dem es am meisten gefällt, sind Sie selbst! Sie genießen Ihre wunderbare gemütliche Höhle, und wenn die letzte Hypothekenrate endlich gezahlt ist, fließt der Champagner!

Das Schlafzimmer einer Stier-Frau kann durchaus wie das von Scheherazade aussehen. Wenn sie es sich leisten kann, macht sie daraus ihr privates Boudoir mit beheizten Handtuchstangen, dezenter Hintergrundmusik, Dampfbad, Whirlpool, Frisierkabinett und vielleicht einer Chaiselongue.

Wenn Sie das Geld dafür haben, gönnen Sie sich natürlich auch einen Weinkeller. Es soll eben die prächtigste Villa sein, die Sie sich leisten können, selbstverständlich auf einem entsprechend großen Grundstück, besser noch auf dem Land, und am allerbesten wäre ein Anwesen, das einen eigenen Namen hat. (Perfekt!)

Selbstredend machen Sie den Garten zu Ihrem privaten Paradies! Denken Sie an ein Cottage (größer als ein normales Stadthaus) mit grasenden Schafen ringsherum. Sie haben einen eigenen Gemüsegarten, dazu üppige Blumenbeete und einen Gärtner, der alles in Schuss hält, denn der Stier ist schließlich ein *gentleman farmer*.

»Ich vergesse nie, dass das Leben einfach Spaß macht.«
KATHARINE HEPBURN
Amerikanische Schauspielerin
Leoparden küsst man nicht, African Queen, Ein Löwe im Winter
(12. Mai 1907–29. Juni 2003)

Zeitungsmagnat William Randolph Hearst, ein Stiergeborener (29. April 1863–14. August 1951), fing mit einem einfachen Bungalow an, den er auf einem von seiner Mutter geerbten Grundstück plante. Diese Planungen wuchsen und wuchsen und manifestierten sich schließlich als Gebäude mit sechsundfünfzig Schlaf- und einundsechzig Badezimmern auf zweiundfünfzig Hektar Grundfläche. Außer Tennisplätzen, Swimmingpools, ausgedehnten Gärten und einem Kinosaal verfügte das Anwesen über eine Landebahn und den größten Privatzoo der Welt.

Weiter südlich, in Los Angeles, ließ sich ein anderer Stier, der Fernsehproduzent Aaron Spelling (22. April 1923–23. Juni 2006) einen Landsitz errichten, der größer als das Weiße Haus ist, und zwar auf einem Grundstück, das zuvor einem weiteren Stier gehört hatte, dem Sänger Bing Crosby (3. Mai 1903–14. Oktober 1977). Spellings Villa ist fünftausendzweihundert Quadratmeter groß und hat hundertdreiundzwanzig Räume, siebenundzwanzig Badezimmer, fünf Küchen, Garagen für einhundert Wagen und heißt »The Manor« (»Der Herrensitz«).

Nicht jeder möchte vielleicht fünf Küchen und siebenundzwanzig Badezimmer sauber halten müssen. Diese Beispiele sollen nur zeigen, wozu Sie imstande wären, wenn Sie das Geld hätten. Aber eines steht fest: Sie werden sich immer das schönste, gemütlichste Heim schaffen, das Ihnen möglich ist. Besucher werden Ihr Haus mögen, weil Sie einen untrüglichen Instinkt für eine angenehme, entspannende Umgebung haben. Sie verstehen wirklich zu leben!

»Es ist ein gutes Gefühl, auf eigenem Grund und Boden zu stehen. Landbesitz ist ungefähr das Einzige, was sich nicht verflüchtigen kann.«

ANTHONY TROLLOPE
Britischer Schriftsteller
Die Claverings
(24. April 1815–6. Dezember 1882)

König Midas

Der Stier ist *der* Finanzmagier des Tierkreises. (Zweifellos!) Sie lieben Geld und kennen sich damit aus. Viel davon zu haben, lässt Sie nachts einfach besser schlafen.

»Ich mag Geld nicht besonders, aber es beruhigt meine Nerven.«

JOE LOUIS
Amerikanischer Boxweltmeister im Schwergewicht (1937 bis 1949)
(13. Mai 1914 – 12. April 1981)

Sie möchten gerne Geld auf der Bank und eigenen Grundbesitz haben. Besitztümer und ein gutes Aktienportfolio gefallen Ihnen. Stiergeborene wissen, wie man aus einer kleinen Geldsumme eine große macht. Viele Stiere arbeiten in Bankfilialen, weil sie das Klimpern von Münzen und Rascheln von Scheinen einfach mögen. (»Money, Money, Money«!)

Wenn Ihnen etwas einmal gehört, tun Sie, was Sie können, um es zu behalten. Ihr Reich und Ihren Besitz verteidigen Sie energisch.

Obwohl Sie gerne das Beste kaufen und sich ein luxuriöses Heim einrichten, sind Sie ironischerweise kein Verschwender. Sie wissen Ihr Geld auszugeben, aber auch, wie man es zusammenhält.

»Ich habe Geld verloren, ich habe Geld gewonnen, mit Finanzen kenne ich mich aus.«

JACK NICHOLSON
Amerikanischer Schauspieler
Einer flog über das Kuckucksnest,
Chinatown, Shining
(22. April 1937)

Außerdem sind Sie Sammler. Einige von Ihnen sammeln vielleicht Briefmarken oder Münzen, aber eigentlich sammeln Sie alles. Viele von Ihnen werden auch ernsthafte Kunstsammler, wie der Schauspieler Dennis Hopper (17. Mai 1936 – 29. Mai 2010) oder der Geschäftsmann Alan Bond (22. April 1938).[10] Oft werden Ihre Sammlungen ziemlich wertvoll. (Wer hätte das gedacht?)

Stiergeborene sind in allen möglichen Berufen erfolgreich, aber es zieht sie unweigerlich ins Big Business. Sie möchten einen Haufen Geld verdienen, um sich ein Haus bauen zu können, das ihnen gefällt, um sich schöne Dinge kaufen zu können und sich abgesichert zu fühlen. Es kommt ihnen nicht so sehr darauf an, andere zu beeindrucken, obwohl sie sich freuen, wenn die Menschen den Zauber von Schönheit und Gemütlichkeit spüren, den sie erschaffen.

Der Stier kann von allen Tierkreiszeichen am besten mit Geld umgehen und sich ein Vermögen aufbauen.

»War nur ein Witz, dass ich bloß ein paar Dollar habe.
Vielleicht sind es auch ein paar Dollar mehr.«
JAMES BROWN
Amerikanischer Sänger und Entertainer (»The Godfather of Soul«)
»Sex Machine«, »Living in America«
(3. Mai 1933 – 25. Dezember 2006)

Ich singe!

In Wirklichkeit singen nicht alle Stiere. Aber ich will darauf hinweisen, dass das Sternzeichen Stier auch die Kehle beherrscht und fast alle Stiergeborenen eine schöne Sprechstimme haben.

Denken Sie nur an die einschmeichelnde Stimme von George

---

[10] Ich habe den Verdacht, dass viele große Kunstsammler ungeachtet ihres Sternzeichens den Stier im Aszendenten oder vielleicht den Mond im Stier haben.

Clooney oder die unverwechselbaren Stimmen von Glenn Ford, Glenda Jackson, Katharine Hepburn, James Mason, Henry Fonda, Candice Bergen, Jack Nicholson und James Stewart.

Die Kehle ist sowohl Ihre Stärke wie auch Ihre Schwäche. Sie gibt das erste Warnzeichen einer herannahenden Erkältung oder Grippe. Für Stiere ist es sehr empfehlenswert, mit Salzwasser zu gurgeln (meiner Meinung nach).

Immer wenn ich einen Stiergeborenen treffe, der nicht weiß, dass sein Sternzeichen über die Kehle herrscht, bin ich insgeheim entsetzt (obwohl mir natürlich klar ist, dass die meisten Leute den Körperteil, der von ihrem Sternzeichen beherrscht wird, nicht kennen). Stiere haben so einmalige Stimmen!

Um Ihnen ein paar einprägsame Beispiele zu liefern, habe ich hier eine Liste großer Sängerinnen und Sänger zusammengestellt, denn der Stier ist – zweifellos – »die Stimme«!

Iggy Pop   21. April 1947

Peter Frampton   22. April 1950

Roy Orbison   23. April 1936 – 6. Dezember 1988

Barbra Streisand   24. April 1942

Kelly Clarkson   24. April 1982

Ella Fitzgerald   25. April 1917 – 15. Juni 1996

Ma Rainey   26. April 1886 – 22. Dezember 1939

Sheena Easton   27. April 1959

Willie Nelson   30. April 1933

Ray Parker jr.   1. Mai 1954

Engelbert Humperdinck   2. Mai 1936

Bing Crosby   3. Mai 1903 – 14. Oktober 1977

Pete Seeger   3. Mai 1919

James Brown   3. Mai 1933 – 25. Dezember 2006

Frankie Valli   3. Mai 1934

Tammy Wynette   5. Mai 1942 – 6. April 1998

Ricky Nelson   8. Mai 1940 – 31. Dezember 1985

Billy Joel   9. Mai 1949

Fred Astaire   10. Mai 1899 – 22. Juni 1987

Donovan   10. Mai 1946

Sid Vicious   10. Mai 1957 – 2. Februar 1979

Bono   10. Mai 1960

Irving Berlin   11. Mai 1888 – 22. September 1989

Eric Burdon   11. Mai 1941

Steve Winwood   12. Mai 1948

Ritchie Valens   13. Mai 1941 – 3. Februar 1959

Stevie Wonder   13. Mai 1950

Norman Luboff   14. Mai 1917 – 22. September 1987

Bobby Darin   14. Mai 1936 – 20. Dezember 1973

Janet Jackson   16. Mai 1966

Woody Herman   16. Mai 1913 – 29. Oktober 1987

Liberace   16. Mai 1919 – 4. Februar 1987

Enya   17. Mai 1961

Nellie Melba   19. Mai 1861 – 23. Februar 1931

Peter Townshend   19. Mai 1945

Grace Jones   19. Mai 1948

Joey Ramone   19. Mai 1951 – 15. April 2001

Joe Cocker   20. Mai 1944

Cher   20. Mai 1946

»Ich mag ja eine lebende Legende sein, aber das nutzt mir gar nichts, wenn ich einen platten Reifen wechseln muss.«

ROY ORBISON
Amerikanischer Sänger
»Only the Lonely«, »Crying«, »Oh, Pretty Woman«
(23. April 1936 – 6. Dezember 1988)

Der verliebte Stier

»Ich brauche keinen Mann. Aber ich bin glücklicher mit einem. Ich habe gern jemanden, den ich anfassen, drücken und küssen kann.«

CHER
Amerikanische Sängerin und Schauspielerin
»I Got You Babe«, *Die Maske, Mondsüchtig*
(20. Mai 1946)

Welches Tierkreiszeichen ist wohl das berührungsfreudigste? Raten Sie mal! Der Stier natürlich. Bei Ihnen dreht sich alles um Sinnlichkeit. Sie leben praktisch nur für Ihr Vergnügen. Aber obwohl Sie es gerne behaglich haben, würde ich Sie nicht als reinen Genussmenschen abqualifizieren, denn wenn Sie sich einmal etwas vorgenommen haben, arbeiten Sie hart daran, es zu erreichen! Aber, äh, wenn es um die Vergnügungen der Liebe geht, sind Sie wunderbar sinnlich und erdverbunden! Deshalb vergleiche ich den Stier oft mit einem reifen, saftigen Pfirsich, und deshalb sage ich auch, dass man noch nie wirklich mit jemandem geschlafen hat, bevor man mit einem Stier geschlafen hat.

»Es gibt im Leben nichts Wichtigeres als die Liebe.«

BARBRA STREISAND
Amerikanische Schauspielerin, Filmregisseurin und Sängerin
Funny Girl, Hello Dolly, Yentl
(24. April 1942)

Weil Berührungen für Sie so wichtig und sinnlich aufgeladen sind, wollen Sie unbedingt so viel wie möglich liebkost, gestreichelt und gehalten werden! Es macht Ihnen nichts aus, den ganzen Tag mit Ihrem oder Ihrer Liebsten im Bett zu verbringen und nur aufzustehen, um Essen zu holen – falls überhaupt. Apropos Essen: Weil Sie so viel für gutes Essen und guten Wein übrighaben, kennen Sie nichts Schöneres, als mit Ihrem Partner ein Festessen zu kochen. Das gemeinsame Kochen und Essen zählt für Sie zum Vorspiel. Die lustige Szene mit Charlie Sheen und Valeria Golino in *Hot Shots! Der zweite Versuch,* in der er Eier mit Speck auf ihrem Bauch brät, ist geradezu eine Parodie auf das Liebesspiel Stiergeborener. (»Hm, wo ist die Schlagsahne?«)

Obwohl Sie durchaus viele Affären haben können, bevor Sie sich festlegen, ist die Heirat für Sie eine endgültige Entscheidung, denn Ihr Sternzeichen sucht Sicherheit im Leben. Sie wollen finanzielle Sicherheit, einen sicheren Arbeitsplatz und ein festes Dach über dem Kopf, darum wollen Sie naturgemäß auch eine feste Beziehung.

»Falls ich je heirate, dann heirate ich richtig.«
AUDREY HEPBURN
Britische Schauspielerin und UNICEF-Sonderbotschafterin
Sabrina, Frühstück bei Tiffany, Charade
(4. Mai 1929 – 20. Januar 1993)

Weil Ihnen Sicherheit so wichtig ist, sind Sie auch so treu, wenn Sie einmal die wahre Liebe gefunden haben. Natürlich verlangen Sie auch hundertprozentige Treue als Gegenleistung! Sie können sehr eifersüchtig sein, weil Sie sehr territorial veranlagt sind. (»Berühren verboten! Privateigentum!«)

Ganz gleich, welches Geschlecht oder welche Neigung Sie haben, Sie werden sich immer zur archetypischen Verkörperung Ihres Gegenübers hingezogen fühlen. Wenn Sie also eine Frau suchen, dann wollen Sie eine sehr *weibliche* Frau; suchen Sie einen Mann, dann einen gut aussehenden, *männlichen* Kerl.

Massagen, Umarmungen und dauernde Berührungen sind wesentlich für Ihr Liebesspiel. Sie kommen ohne die Worte, Zettel und kleinen Botschaften aus, die Zwillinge brauchen. Sie wollen einen Körper, den Sie nachts streicheln können!

Obwohl Sie in Ihrer Hingabe an Ihren Liebsten oder Ihre Liebste großzügig und sogar sklavisch sein können, würden Sie nie des Geldes wegen heiraten. Aber Sie freuen sich natürlich, wenn Ihr Partner ein dickes Bankkonto und ein hypothekenfreies Häuschen mitbringt. Bonus!

»Zwischen Personen, die einander beständig so nahe sind, müssen Haß und Liebe immer mehr wachsen; alle Augenblicke findet man Gründe, sich zu lieben oder zu hassen.«

HONORÉ DE BALZAC
Französischer Schriftsteller
Die menschliche Komödie
(20. Mai 1799 – 18. August 1850)

Der Stier als Vorgesetzter

»Sei immer ehrlich, auch wenn du es nicht so meinst.«

HARRY S. TRUMAN
Amerikanischer Politiker und
33. Präsident der Vereinigten Staaten (1945 bis 1953)
(8. Mai 1884 – 26. Dezember 1972)

Der Stier-Vorgesetzte ist kein Faulpelz und kann manchmal sehr fordernd sein. Er sieht, was zu tun ist, und erwartet von seinen Leuten, dass sie jede Aufgabe erfolgreich ausführen.

Drängen Sie Ihren stiergeborenen Vorgesetzten niemals. Er denkt gerne sorgfältig nach, bevor er wichtige Entscheidungen trifft oder etwas unternimmt. Manche finden das vielleicht nervend. (»Der Himmel stürzt ein!«) Ist die Entscheidung aber einmal gefallen, kann man darauf zählen, dass sie feststeht.

Ihr Stier-Vorgesetzter besteht darauf, dass Sie nach den Regeln spielen und den Dienstweg einhalten. Keine Abkürzungen. Dem Stier gefällt eine ordentlich und korrekt ausgeführte Arbeit.

Ihr Stier-Vorgesetzter möchte seinen Arbeitsplatz so gemütlich wie möglich gestalten, vielleicht mit einem Bürosofa oder einem Polstersessel. (Ein kleiner Kühlschrank oder eine Minibar wäre nett.) Farne und andere üppige Topfpflanzen sind selbstverständlich. Viele Stier-Chefs ziehen selbst Orchideen.

Sie können Ihrem Stier-Vorgesetzten leicht eine Freude machen, indem Sie ihm etwas Essbares schenken – lecker! Da haben Sie natürlich eine endlose Auswahl, aber auf jeden Fall eine gute Idee sind frische Croissants aus der besten Bäckerei der Stadt zu seinem Morgenkaffee, wundervolle Zartbitterschokolade oder vielleicht eine ausgesuchte Flasche Wein. Es ist eigentlich nicht so schwer, den Stier-Chef zufriedenzustellen. Der beste Weg, ihn zu verärgern, ist allerdings die Frage nach einer Gehaltserhöhung. (Besonders, wenn ihm das Geschäft gehört.)

Sie können außerdem einen guten Eindruck bei Ihrem Stier-Vorgesetzten machen, indem Sie Ihre Hausaufgaben machen und die Nachrichten verfolgen, die für Ihre Arbeit wichtig sind. Sie müssen nicht besonders intelligent oder geistreich sein, aber Unwissenheit entsetzt den Stier. (Diese Leute lesen Zeitung und schauen sich die Nachrichten an, wissen Sie noch?) Wenn Ihnen Politik gleichgültig ist, sagen Sie das nicht laut. Lernen Sie den Namen des politischen Führers Ihres Landes auswendig.

»Ich erkläre vor Ihnen allen, dass mein ganzes Leben, ob es lang oder kurz sein wird, in den Diensten aller Mitglieder der großen Familie des Empires stehen wird, zu der wir alle gehören.«

ELIZABETH II.
Königin von Großbritannien
und Oberhaupt des Commonwealth of Nations
(21. April 1926)

Der Stier als Angestellter

»Für weniger als zehntausend Dollar pro Tag stehe ich nicht einmal auf.«

LINDA EVANGELISTA
Kanadisches Supermodel
(10. Mai 1965)

Der Stier ist fast ein idealer Angestellter. Er fügt sich gerne ein und ist bereit, hart zu arbeiten. Der Stier-Angestellte respektiert Regeln und Vorschriften und die *Tradition,* alles so zu machen, wie man es schon immer getan hat.

Außerdem wird niemand sorgfältiger als er mit Geräten, Möbeln und seiner allgemeinen Arbeitsumgebung umgehen. Der Stier-Angestellte poliert womöglich sogar ein Messinggeländer oder wischt den Konferenztisch ab! (Denken Sie daran, er ist jemand, der Antiquitäten und Stilmöbel schätzt und ihren Wert erkennt, den andere vielleicht einfach übersehen.)

Stiere sind zuverlässig und gewissenhaft. Allerdings muss man berücksichtigen, dass ein Stier von seinem Arbeitsplatz vor allem Sicherheit erwartet. Also müssen Sie ihn anständig bezahlen, regelmäßig loben und Lohnerhöhungen herausrücken, damit er sich für seinen Einsatz anerkannt fühlt. Der Stier arbeitet nicht gerne auf Honorarbasis, sondern möchte genau wissen, worauf er zählen kann, denn sein Sternzeichen kann haushalten. (Wie sonst könnte er sich zu Hause beruhigt auf seinem echten Chippendale-Himmelbett fläzen?)

Dem Stier-Angestellten kann man ohne Weiteres »den Laden« anvertrauen, wenn man nicht da ist. Stiere kennen sich mit Geld aus und sind sehr gut in finanziellen Entscheidungen. Sie sind nicht nur zuverlässig und gewissenhaft, sondern auch ehrlich. Sie sind verlässliche Stellvertreter, was – man muss es zugeben – unschätzbar ist!

Nota bene: Hintergehen Sie niemals einen Stier. Wenn Sie seinen Respekt einmal verspielt haben, gilt das für immer. Er arbeitet gerne für Menschen, die er respektieren kann, und mit Produkten, hinter denen er stehen kann.

Die in diesem Sternzeichen Geborenen ziehen enorme Befriedigung daraus, gute Arbeit zu leisten.

Der Stier als Elternteil

»Bevor ich Mutter wurde, glaubte ich alle meine Grenzen zu kennen und zu wissen, wie groß mein Herz ist. Es ist unglaublich, wenn alle diese Grenzen plötzlich fallen und man erkennt, dass die eigene Liebe unendlich ist.«

UMA THURMAN
Amerikanische Schauspielerin
Pulp Fiction, Kill Bill
(29. April 1970)

Es sieht fast so aus, als bekomme Ihr Sternzeichen den Preis für Nettigkeit. Was soll ich sagen? Es stimmt ja!

Die Astrologie sagt, dass Stiere die besten Eltern sind. Heißt das, sie spielen am meisten mit ihren Kindern, erziehen sie am besten oder lieben sie am innigsten? Das kann natürlich alles auf Sie zutreffen, aber in der Astrologie gelten Stiergeborene ganz einfach deshalb als die besten Eltern, weil der Stier ein praktisch gesinntes Sternzeichen ist. Stier-Eltern wissen, dass ein Kind drei Mahlzeiten am Tag, einen sauberen Schlafanzug und nachts ein warmes Bett braucht. So einfach ist das.

»Kleinigkeiten können große Offenbarungen sein, wenn man ihnen zum ersten Mal begegnet.«

DAME MARGOT FONTEYN
Britische Primaballerina
(18. Mai 1919 – 21. Februar 1991)

Wie esoterisch manche Menschen auch an die Kindererziehung herangehen mögen, man darf doch nie die Grundlagen vernachlässigen. Kinder brauchen Essen, Kleidung und ein Dach über dem Kopf. Stier-Eltern wissen, dass das am allerwichtigsten ist. Außerdem fühlen sich die Kinder solcher Eltern in ihrer Umgebung (und in ihren Armen) sicher und geborgen.

> *»Für mich ist nie etwas wichtiger gewesen als Kinder, eine Familie und ein Zuhause zu haben.«*
>
> JESSICA LANGE
> Amerikanische Schauspielerin (und passionierte Gärtnerin)
> *Frances, Tootsie, Die exzentrischen Cousinen der First Lady*
> (20. April 1949)

Stier-Eltern verwöhnen gerne – besonders mit Süßigkeiten. Ein Spaziergang die Straße entlang, um die Gärten der Nachbarschaft zu betrachten, endet mit einer Eistüte – klar! (Meine stiergeborene Mutter brachte täglich zwei Desserts auf den Tisch – zum Mittagessen und zum Abendbrot.)

Stier-Eltern ermutigen ihre Kinder außerdem, selbst Geld zu verdienen. Sie helfen ihnen dabei, einen Limonadenstand aufzubauen, und finden es gut, wenn sie Zeitungen austragen, babysitten und Rasen mähen. Stier-Eltern bringen ihren Kindern Respekt vor dem Geld bei – wie man es verdient und wie man es zusammenhält.

Weil Stiere sehr traditionsbewusst sind, werden die großen Feiertage immer als Familienfeste gefeiert. Stier-Eltern sind oft ausgezeichnete Köche, also kann man bei diesen Familientreffen immer auf wunderbares Essen und gute Getränke zählen!

Der Stier legt viel Wert auf Familie und Zuhause und bleibt immer in engem Kontakt mit seinen Kindern.

»Als Chloe geboren wurde, brach ich noch im Krankenhaus in Tränen aus, als ich daran dachte, dass sie eines Tages zu Hause ausziehen würde.«

CANDICE BERGEN
Amerikanische Schauspielerin
Murphy Brown
(9. Mai 1946)

Vor allem weiß der schlaue Stier aber eins: Das Beste, was Eltern für ihr Kind tun können, ist, immer liquide zu bleiben!

Der Stier als Kind

»Persönlichkeiten reifen in sehr unterschiedlichen Alters-stufen.«

STEVIE WONDER
Amerikanischer Sänger und UN-Friedensbotschafter
»I Just Called to Say I Love You«
(13. Mai 1950)

Sie müssen nur daran denken, wie berührungsfreudig Stiergeborene sind, um zu verstehen, dass man Stier-Kinder oft umarmen und knuddeln muss. Diese Kinder gehen auf eine erdverbundene, direkte Weise an die Welt heran.

Stier-Kinder lieben ihr Essen, obwohl sie, wie viele kleine Kinder, auch wählerische Phasen haben. Aber im Allgemeinen essen Stier-Kinder so gut wie alles, weil Stiergeborene immer gerne essen!

Dieses Kind wird allerdings nicht so gut wie jede Kleidung tragen. Im Gegenteil! Die Kleidung muss sehr bequem sein. Stier-Kinder ziehen Kleidungsstücke, die sie unbequem finden, oft wieder aus oder verlangen andere. Sie mögen Stoffe, die sich auf der Haut gut anfühlen. Viele erwachsene Stiere erinnern sich noch an Lieblingskleidungsstücke aus der Kindheit.

Stier-Kinder lernen ihre Welt durch den Tastsinn, durch Schmecken und durch unmittelbares Erleben kennen. Deshalb sind sie in der Schule oft nicht besonders gut, denn der Unterrichtsstil dort entspricht ihnen nicht. Anstatt ihnen Bilder von Bäumen vorzulegen und sie die Namen auswendig lernen zu lassen, sollte man diese Kinder mit in den Wald nehmen, ihnen die Bäume dort zeigen und benennen, dann werden die kleinen Stiere sie sich sofort merken!

Gerne helfen Stier-Kinder in der Küche, rechen im Garten
Laub zusammen oder, noch lieber, gehen beim Anlegen eines
Blumen- oder Gemüsegartens zur Hand. Außerdem bauen sie
gerne Burgen! Und zwar nicht nur draußen, sondern auch drinnen mit Stühlen, Decken und Tischen. Damit versuchen sie, sich
ein Haus zu bauen! (Sie wissen eben, was sie wollen.)

Ein Stier-Kind ist nicht rebellisch. Man kann mit Stieren
immer vernünftig reden, muss sich aber klar ausdrücken. Wenn
sie die Situation erfasst haben, sind Stier-Kinder sehr kooperativ
und gefällig. Außerdem wollen sie schon früh erwachsen sein
und mit Respekt behandelt werden, brauchen aber trotzdem ihre
Umarmungen. (Nicht vergessen.)

*»Ich habe ein starkes angeborenes Liebesbedürfnis und
einen ungeheuren Drang zu lieben.«*
AUDREY HEPBURN
Britische Schauspielerin und UNICEF-Sonderbotschafterin
Sabrina, Charade, Frühstück bei Tiffany
(4. Mai 1929 – 20. Januar 1993)

Zögern Sie nie, einem Stier-Kind Ihre Zuneigung und Liebe auszudrücken. Respektieren Sie immer seine Spielsachen und sonstigen Besitztümer. Bestrafen Sie es nicht, indem Sie ihm etwas
davon wegnehmen. Das wäre einfach nicht fair. Was lernen wir
daraus? Nur, dass Bestrafung eine Folge falscher Entscheidungen
ist. Denken Sie immer daran, dass dies ein vernünftiges Kind ist,
das Sicherheit und Geborgenheit sucht und langfristig voraus-
denken kann, anstatt wie andere Kinder auf kurzfristige Befriedigung aus zu sein. Auf eine praktische Art und Weise ist dies
ein sehr weises Kind.

Vor allem wünschen sich Stier-Kinder eine Umgebung, die
ihren Respekt verdient hat. Sie möchten die Erwachsenen, ihre
Freunde, ihre Gemeinschaft, ihre Regierung und ihr Land respek-

tieren können. Es überrascht mich nicht, dass A. A. Milne, der Erfinder von *Pu der Bär,* vier Planeten im Stier hatte – Jupiter, Saturn, Neptun und Pluto. Laut Winnie-dem-Pu soll es ja viel netter sein, sich mit Leuten zu unterhalten, die keine langen, schwierigen Wörter benutzen, sondern kurze, wie zum Beispiel: »Was gibt's zum Mittag?«

Wie ein Stier glücklicher wird

Sagen wir es ruhig noch einmal: Als Stier gehören Sie zu den Netten im Tierkreis. Insgesamt neigen Sie zur Vernunft und Mäßigkeit und fallen nicht leicht in Extreme.

Ich habe schon darauf hingewiesen, dass der Stier das beste Tierkreiszeichen ist, in dem der Mond stehen kann – und zwar in jedem Horoskop. Ein Mensch, dessen Mond im Stier steht, ist geistig gesund. Er wird nie einen Nervenzusammenbruch haben. (Falls doch, will er nur Aufmerksamkeit erregen.) Der Stier ist einer der emotional bodenständigsten Orte für Ihren Mond, der Ihr Gefühlsbarometer ist. (Das zeigt, was für ein warmes, erdbezogenes Sternzeichen Sie haben.)

Wie können Sie glücklicher werden?

Sie sind ein netter, vernünftiger Mensch und bestens als Elternteil geeignet. Sie mögen die schönen Dinge im Leben und haben gleichzeitig viel gesunden Menschenverstand. Was soll man da noch verbessern?

Trotzdem sind Sie meiner Meinung nach nicht unbedingt glücklicher als andere Sternzeichen, obwohl es wahrscheinlich weniger gibt, was Sie zur Verzweiflung treibt.

Niemand wird widersprechen, dass Wut, Neid, Angst und Hass Gefühle sind, die einen unglücklich machen. Aber Ihre Vorliebe für Gemütlichkeit, gutes Essen und guten Sex ist doch nichts Schlechtes?

Wo liegt also das Problem?

Natürlich ist es nicht falsch, gutes Essen, guten Wein, schöne Möbel, ein freundliches Heim und tollen Sex zu genießen, aber bei Ihnen können diese Dinge so in den Vordergrund treten, dass Sie sich darüber definieren. Materielle Befriedigung ist immer nur vorübergehend. Wenn Besitz glücklich machen würde, wären alle reichen Leute automatisch glücklich (besonders die richtig Reichen wie Elvis Presley oder Howard Hughes).

Fakt ist, dass auch Ihr neues Auto nur ein Rosthaufen in spe ist. Dazu kommt, dass Sie umso mehr reparieren, säubern, ölen, gießen und polieren müssen, je mehr Sie besitzen. Besitz macht *Arbeit*! Und er verbraucht *Platz*! Und dann müssen Sie sich ständig Sorgen machen, dass etwas kaputtgeht, geklaut oder misshandelt wird. (Mist!) Einiges veraltet auch von ganz allein. (Seufz.) Ihre Prunkstücke sind nicht für die Ewigkeit, und auch Ihre Freude daran nicht. Aber das wissen Sie selbst. Tief in Ihrem Inneren wissen Sie das sehr gut.

Das Problem mit der Fokussierung auf den Erwerb von schönen Dingen und Wohlstand ist eben genau das – es ist Ihr Fokus. Nichts gegen Besitz ... aber wenn er das Wichtigste in Ihrem Leben ist, tun Sie sich damit keinen Gefallen. (Sag bloß!)

Ein asiatisches Sprichwort sagt:

Wer kleine Befriedigungen sucht,
wird nie die große erlangen.

Befriedigung! Toll. Aber was ist die »große Befriedigung«?[11]

Ich glaube, damit ist gemeint, dass es Besseres im Leben gibt als materiellen Besitz, der Ihnen zeitweilige Befriedigung verschafft.

Stellen Sie sich ein Baby im Laufstall vor. Es möchte gut ernährt werden, es möchte sich wohlfühlen, und es möchte unterhalten werden. Bald aber wird es die Spielsachen im Laufstall langweilig finden und neue wollen. Es wird anfangen zu schreien, wenn die Spielsachen kaputtgehen oder jemand sie ihm wegnimmt. Wenn Sie das Leben als Laufstall betrachten, erkennen Sie seine offensichtliche Begrenztheit und sehen, dass man

---

[11] (Mal abgesehen vom G-Punkt.)

keinen Seelenfrieden finden kann, wenn man nur auf die eigene Bequemlichkeit und Befriedigung aus ist. »Ich will mein Spielzeug für immer behalten!« (Stimme vom Berggipfel: »Vergiss es.«)

Verwechseln Sie vielleicht Befriedigung mit Glück? Sie wissen, was Sie befriedigt, aber bringt Ihnen das auch Glück? Ein Festmahl macht Sie vielleicht zufrieden, aber wenn Sie es fünf Jahre lang jeden Tag essen müssten, würden Sie es dann auch noch wollen? Befriedigung nutzt sich ab; sie ist immer nur vorübergehend, vielleicht, weil sie über die Sinne erfolgt.

Glück dagegen ist ein Gefühl, das sich nie abnutzt, wie oft man es auch erfährt. Und es wird nicht von den Sinnen hervorgerufen, sondern kommt von innen, etwa, wenn man einem geliebten Menschen helfen kann.

Vor Jahren hörte ich in Vancouver einmal einen Vortrag von R. D. Laing.[12] Er erklärte, wie sich die Bedeutung von Wörtern, die in der Bibel gebraucht werden, in den letzten zwei Jahrtausenden verändert hat und dass die Aussprüche Christi zu seiner Zeit eine völlig andere Bedeutung gehabt hätten, als wir heute annehmen.

Zum Beispiel bedeutete das Wort »sündigen« vor zweitausend Jahren einfach »das Ziel verfehlen«. Laing sagte, den Begriff habe es schon vor Erfindung von Pfeil und Bogen gegeben, und er habe sich ursprünglich wohl auf den Speer- oder Messerwurf bezogen. Warf man am Ziel vorbei, hatte man gesündigt. Das Wort hatte nichts mit Schuld zu tun. Man hatte einfach danebengeworfen.

Weiter, erklärte Laing, habe »bereuen« ursprünglich die Bedeutung von »Kehrtwende um hundertachtzig Grad« gehabt. Mit anderen Worten: Wenn man einen Bleistift auf den Tisch legt und um hundertachtzig Grad dreht, zeigt das Radiergummi in die Richtung, in die vorher die Spitze gezeigt hat. Auch hier hatte

---

[12] R. D. Laing (7. Oktober 1927–23. August 1989) war ein umstrittener schottischer Psychiater und Buchautor.

das Wort ursprünglich nichts mit Schuld oder Gewissensbissen zu tun.

Daraus schloss Laing, dass Christus mit »bereuen der Sünden« nur meinte: »Wenn ihr glaubt, danebengezielt zu haben, versucht die andere Richtung.«

Das ist doch wirklich interessant!

Wenn Sie Ihr Leben nicht so erfüllt finden, wie Sie es gerne hätten, dann können Sie ja einmal »bereuen« und die Gegenrichtung probieren! Sie müssten sich dann darauf konzentrieren, die schönen Dinge nicht mehr anzuhäufen, sondern zu verschenken! (Wow.)

Das muss nicht heißen, dass Sie sich von Ihren eigenen Sachen trennen, aber Sie könnten Geld für eine gute Sache sammeln oder auf eine andere Weise den Notleidenden helfen. Das könnte eine sehr befriedigende Erfahrung sein. Geschenke machen bringt viel Freude – und am wichtigsten dabei ist:

Wahre Großzügigkeit heißt, das zu verschenken, was gebraucht wird.

Das Interessante an der Freude des Schenkens ist, dass Sie Ihnen niemand wieder nehmen kann. Sie rostet nicht, sie schrumpft nicht, sie verschimmelt nicht. Sie wird auch nicht gestohlen. Sie bleibt Ihnen zeit Ihres Lebens erhalten – etwas für die Ewigkeit.

Diese Freude zerbricht nie, wird nie schlecht oder welkt. Ganz im Gegenteil. Sie vermehrt sich gewöhnlich selbst, indem sie anregt, noch mehr zu geben. Das wiederum führt schließlich zu der Erkenntnis, dass das größte Glück aus der Hilfe für andere erwächst. Das wird kaum jemand abstreiten. Seit Jahrhunderten stimmen die größten Denker aller Richtungen darin überein.

Vor Jahren habe ich einmal etwas gelesen. (Ich zitiere aus meinem löchrigen Gedächtnis.) Es war, als Mutter Teresa 1979 den Friedensnobelpreis verliehen bekam. Sie musste nach Schweden fliegen, um die Geldsumme abzuholen, mit der der ehrwürdige

Preis dotiert ist. Dort verweigerte sie ihre Teilnahme am ebenfalls dazugehörigen Festbankett und bat stattdessen darum, das dafür aufgewendete Geld (etwa 120 000 Euro) den Armen in Indien zu spenden. (Sie betrieb über sechshundert Missionsstationen, darunter Hospize für Senioren, HIV-Kranke, Leprakranke und Tuberkulosekranke.) Laut Umfragen des Meinungsforschungsinstituts Gallup ist Mutter Teresa übrigens der am meisten bewunderte Mensch des 20. Jahrhunderts. Als diese winzige Frau dann in Schweden aus dem Flugzeug stieg – es schneite, und sie hatte nur Sandalen an den bloßen Füßen –, drängten sich die Reporter um sie und fragten, wie sie dieses aufopferungsvolle Leben aushielte. »Aufopferungsvoll?«, fragte sie. »Mein Leben ist nicht aufopferungsvoll. Hierher zu fliegen – das war ein Opfer.«

Die Befriedigung und das Glück des Schenkens übertreffen die des Erwerbs bei Weitem. Etwas zu geben, schenkt Ihnen Befriedigung, weil Sie wissen, dass Ihr Leben dadurch größere Bedeutung gewinnt und als leuchtendes Beispiel dienen wird, wenn Sie einmal nicht mehr da sind.

»Hin und wieder ist es sinnvoll, ein Fragezeichen hinter Dinge zu setzen, die wir schon lange für selbstverständlich nehmen.«

BERTRAND RUSSELL
Britischer Philosoph, Mathematiker, Sozialkritiker
und Literaturnobelpreisträger (1950)
Principia Mathematica
(18. Mai 1872 – 2. Februar 1970)

Stier
Ihr 40-Jahre-Horoskop

1985 – 2025

Warum wir in die Vergangenheit gehen

Ich möchte, dass Sie den Voraussagen vertrauen, und es gibt nur einen Weg, dies zu erreichen. Um mir glauben zu können, müssen Sie zunächst überprüfen, was ich behaupte. Deshalb beginne ich mit kurzen Rückblicken in die letzten fünfundzwanzig Jahre. Wenn Sie sich darin wiedererkennen, werden Sie auch meinen Aussagen über die kommenden fünfzehn Jahre Glauben schenken können. Schließlich geht es um eine einzige ununterbrochene Reihe von Ereignissen – Ihr Leben.

Die Aussagen über die Vergangenheit gelten im Allgemeinen erst ab dem Zeitpunkt, an dem Sie zu Hause ausgezogen sind oder Ihr Leben »selbst in die Hand genommen« und Ihre eigenen Entscheidungen getroffen haben. Denn in der Zeit davor wurden wichtige Ereignisse in Ihrem Leben noch von anderen bestimmt, vermutlich Ihren Eltern.

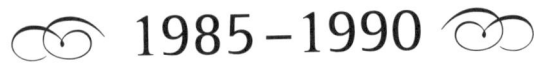 1985–1990

Für einige von Ihnen müssen wir ein bisschen weiter zurückschauen, weil Sie schon seit 1983/84 große Veränderungen erlebten. Bei vielen endeten wichtige Partnerschaften. Zum Glück begann die Lage, 1985/86 besser auszusehen. Damals geschah etwas, das Ihren Ruf in den Augen anderer Menschen verbesserte. Sie standen richtig gut da! Vielleicht war es eine Beförderung, eine Gehaltserhöhung oder eine Anerkennung, die Sie stolz machte. Manche nutzten diesen positiven Einfluss, um einen neuen Job auf einem anderen Gebiet zu suchen, vielleicht in Heilberufen, der Medizin, der Rechtspflege, der Reisebranche oder der höheren Bildung.

Um 1986 wurden Sie immer beliebter. Der einzige Nachteil war, dass viele von Ihnen 1986/87 die praktische, finanzielle und emotionale Unterstützung anderer verloren. Dadurch waren Sie natürlich auf Ihre eigenen Reserven angewiesen.

Im März 1988 trat der Glück bringende Jupiter in Ihr Sternzeichen und blieb dort bis März 1989. Das bedeutete positive Entwicklungen für Sie! Ihre Möglichkeiten, Neues zu entdecken, verbesserten sich, sowohl beruflich wie auch in Ihren privaten Beziehungen. Bildung und Reisen erweiterten Ihre Welt. (Die Sammler unter Ihnen ergatterten seltene Stücke, über die sie sich heute noch freuen.)

In den Jahren 1989/90 stieg bei den meisten von Ihnen das Einkommen, weil das Geld nur so floss. (Sie lieben nun mal Geld!) Natürlich gaben Sie dadurch auch mehr Geld aus und zeigten sich großzügig sowohl gegenüber Ihren Lieben wie auch sich selbst, indem Sie schöne Sachen für Ihr Zuhause kauften. (Ihr Haus lieben Sie auch!)

Um 1985 (mit etwa einem Jahr Spielraum nach vorne und hinten) fand ein umwälzendes Ereignis statt, das Sie noch nie erlebt hatten. Pluto trat in den Skorpion, der Ihr Gegenzeichen ist. Weil Pluto etwa zweihundertfünfzig Jahre braucht, um alle zwölf Tierkreiszeichen zu durchlaufen, hatten Sie diesen Einfluss noch nie zuvor erlebt. Bei diesem Transit beeinflusste der Pluto besonders stark jene von Ihnen, die zwischen dem 20. April und dem 7. Mai geboren sind.

Plutos Einfluss zwang viele von Ihnen, Beziehungen zu beenden, die einfach nicht funktionierten. Sie hatten keine Wahl. Es ist eine interessante Sache, dass zu den vielen Herrschaftsbereichen des Plutos auch der Abfall gehört. Das erklärt, warum Pluto alles beherrscht, was unserem Leben fremd ist oder nicht mehr gebraucht wird. Als daher Pluto in Ihrem Gegenzeichen stand, trieb er Sie nicht nur in schwere Machtkämpfe, sondern leitete auch eine Lebensphase ein, in der Sie Dinge aufgeben mussten, die sich überlebt hatten. Wenn Sie das verstanden hatten, war es für Sie nicht so schwer, sich von den Dingen zu trennen. Wenn Sie es nicht verstanden hatten, fiel die Trennung schwer.

Jetzt kamen verborgene Absichten zutage. Bestimmte Beziehungen, die in einer bequemen Routine vor sich hinplätscherten, aber nicht ganz ehrlich waren, mussten sich plötzlich der harten Realität stellen. Menschen, die Ihnen zu dieser Zeit begegneten, veränderten buchstäblich Ihr Leben. (»Papa, ich möchte dir Darth vorstellen.«)

Aber Pluto stachelte auch Ihren Ehrgeiz an und verlieh Ihnen eine ungeheure Kraft, um Ihre Ziele zu verfolgen! Diese Zeitspanne war auf keinen Fall ein Totalverlust, sondern einfach eine große Verschiebung in Ihrem Leben, besonders was das Abschreiben von allem anging, was nicht mehr relevant war.

 1991–1996

Für alle, die zwischen dem 7. und dem 20. Mai geboren sind, war dies die Zeit, in der Pluto die stärksten Veränderungen in Ihrem Leben erzwang, und zwar durch Machtkämpfe, Begegnungen mit mächtigen Leuten, endende Beziehungen und die als schockierend empfundene Trennung von Menschen und Dingen.

Pluto steht für Tod und Zerstörung; trotzdem verlangt er immer nach einer Verbesserung als Ergebnis. Der klassische Vergleich dafür ist eine chirurgische Operation. Pluto ist der Chirurg, der Ihren Körper aufschneidet (natürlich ein Trauma für Ihr Fleisch und Blut), um ein krankes Organ oder einen Tumor zu entfernen, damit es Ihnen danach besser geht. Aber der Weg dahin ist schmerzvoll!

Liebe, Romantik, Urlaubsreisen und Partys verschönten 1992/93. Viele von Ihnen haben durch Geburten, Adoptionen oder Eheschließungen ihre Familie vergrößert, und einige haben ihre wahre Liebe gefunden!

Bald schon haben Sie Ihre Lebenslage durch einen besseren Job, bessere Aufgaben, einen besseren Chef oder bessere Arbeitsbedingungen aufgewertet. 1995 hatten Sie viele Partnerschaften und Beziehungen, die Sie wirkungsvoll unterstützten. In den Jahren 1996/97 erhielten viele von Ihnen Erbschaften, Geschenke und Zuwendungen oder profitierten indirekt von Partnern oder dem Reichtum anderer.

Zur selben Zeit (etwa 1996) begannen Sie sich auch von vielen Menschen, Orten und Dingen zu trennen. Diese Phase dauerte etwa zwei bis drei Jahre. Einige von Ihnen zogen um, andere kündigten ihren Job oder beendeten eine Beziehung. Das alles führte jeweils nach einigen Jahren zu einem Neuanfang.

Um 1996/97, gelang Ihnen alles, was mit Reisen, höherer Bildung, Verlagswesen, Medien, Medizin oder Rechtspflege zu tun hatte. Viele von Ihnen unternahmen eine große Reise, veröffentlichten ein Buch oder gingen noch einmal zur Schule. Einige begegneten aufregenden neuen Partnern oder Partnerinnen mit anderem kulturellen Hintergrund. (*»Chez moi ou chez toi?«*)

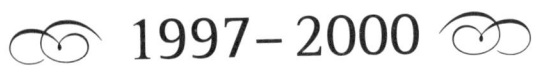 1997–2000

Im Jahr 1997 waren Sie richtig in Schwung, weil der Glücksbringer Jupiter durch Ihr Horoskop sauste. Dieses Zweijahresfenster bot Ihnen viele Möglichkeiten, Ihren guten Namen bei Ihren Kollegen zu verbessern. Vielleicht erhielten Sie eine Beförderung, eine Gehaltserhöhung oder eine Anerkennung Ihrer Leistungen. Es geschah jedenfalls etwas, das Sie in den Augen anderer Menschen besser dastehen ließ. (»Mein Name auf den Leuchttafeln!«) Kein Wunder, dass Sie 1998/99 auf einmal sehr beliebt waren! (Jeder mag Siegertypen.)

Während dieser Zeit kam es zu großen Veränderungen, denn die zweite Hälfte der Neunzigerjahre war für Sie eine Phase, in der Sie sich von allem trennten, was in Ihrem Leben keine Rolle mehr spielte. Alle diese Veränderungen kulminierten um 1999, als Sie einen völlig neuen Schauplatz betraten. Tatsächlich änderte sich Ihr Leben so sehr, dass viele von Ihnen sogar Ihre Alltagskleidung veränderten. Glücklicherweise trat gerade zu dieser Zeit, als Sie sich noch zurechtzufinden versuchten – tadah! –, im Juli 1999 der Glück bringende Jupiter in Ihr Sternzeichen, wo er (mit Ausnahme weniger Monate) bis zum Juli 2000 blieb. Dieser Bonus kam gerade richtig! (Puh.)

Jupiter war Ihnen eine große Hilfe, als Sie sich an Ihre neue Umgebung gewöhnten! Kurz darauf versüßte Ihnen ein gestiegenes Einkommen das Leben noch mehr. (Wenn Freundschaft das Brot des Lebens ist, dann ist Geld der Honig!)

∞ 2001–2005 ∞

Obwohl Sie zu dieser Zeit über ein gestiegenes Einkommen verfügten, stellten Sie aufgrund Ihrer völlig veränderten Umgebung grundlegende Werte infrage. Kurz gesagt, Sie wollten wissen, worauf es im Leben wirklich ankommt. Langfristige Überlegungen sind schließlich Teil Ihres Wesens. Sie möchten gerne absehen können, zu welchem Ende Ihre Vorhaben führen, und kaufen immer gute Qualität, die lange hält. Sie möchten keinesfalls mit fünfundachtzig in den Spiegel schauen und sich eingestehen müssen: »Ich hab's vermasselt.« Auf keinen Fall!

Deshalb dachten Sie in dieser Lebensphase über verschiedene berufliche Laufbahnen nach, über Möglichkeiten, sich den Lebensunterhalt zu verdienen und sich ein Zuhause zu schaffen. Außerdem mühten Sie sich die ganze Zeit mit dem Aufbau eines Wertesystems, das sich in der Zukunft bewähren würde.

Im Jahr 2002 hatten Sie viel zu tun! Kurzurlaube, Aufträge, Gespräche, dazu vermehrte Lektüre, mehr schriftliche Arbeit und Lernen hielten Sie auf Trab, als hätten Sie einen Außenbordmotor am Hintern. In den Jahren 2003/04 hatten Sie die Möglichkeit, Ihre Wohnsituation zu verbessern. Hier bot sich auch eine gute Gelegenheit zum Immobilienerwerb. Glück für Sie, wenn Sie zugegriffen haben. Diese Zeit eignete sich ausgezeichnet für größere Anschaffungen für Haus und Familie.

Viele von Ihnen haben diese Möglichkeit ausgenutzt, denn im Zeitraum von 2003 bis 2006 erlebten Sie sehr wahrscheinlich Umzüge, Arbeitsplatzwechsel oder größere Veränderungen im Alltag. Menschen zogen ein, andere zogen aus, es war geradezu eine Drehtür!

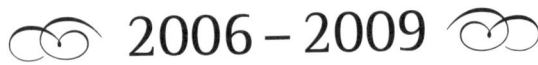 2006 – 2009

Trotz der Umzüge in den vergangenen Jahren waren Sie in dieser Zeit entschlossen, sich ein dauerhaftes Heim zu schaffen. Das hieß allerdings für einige von Ihnen, noch einmal umzuziehen! Diejenigen, die bereits umgezogen waren und denen ihr neues Zuhause gefiel, blieben zwar dort, renovierten aber im großen Stil, denn in dieser Lebensphase ging Ihr ganzes Streben dahin, sich mit Ihrem Haus einen Anker zu schaffen, der Ihnen Halt bieten würde. Hatten Sie diesen gesichert, dann konnten Sie losziehen und die Welt erobern! Aber nicht ohne ein Zuhause. Nicht als Stier.

Im Jahr 2008 boten sich wundervolle Reisegelegenheiten, außerdem Möglichkeiten im höheren Bildungswesen, im Verlagswesen, in den Medien sowie in der Medizin und im Rechtswesen. Auf diesen Gebieten konnten Sie wirklich glänzen!

Aber erst 2009 wurde Ihr Ruf Ihnen gerecht! In jenem Jahr und bis Anfang 2010 boten sich Ihnen Chancen, Ihr Ansehen bei anderen Menschen zu verändern. Sie verbesserten Ihr Image, und manche von Ihnen veränderten sogar ihr äußeres Erscheinungsbild drastisch, zum Beispiel durch eine Diät, neue Kleidung oder eine völlig andere Frisur – es kann auch ein neuer Wagen oder ein anderes Haus gewesen sein. Irgendeine Veränderung führte 2008 jedenfalls dazu, dass andere Menschen auf Sie aufmerksam wurden und Sie positiver sahen.

Weil alles so gut lief, kam es für Sie jetzt darauf an, den Staffelstab zu packen und loszurennen! Außerdem hatten Sie in diesem Zeitraum gesteigerte Verantwortung für Kinder. Auf diesem Gebiet mussten Sie eine Menge lose Enden verknüpfen.

2010 – 2012

Im Moment fragen Sie sich, was Sie einmal werden möchten, wenn Sie erwachsen sind – wie alt Sie jetzt auch gerade sein mögen. Ob Sie noch jung sind, gerade eine Midlife-Crisis durchmachen oder in Rente gehen – gegenwärtig probieren Sie verschiedene Karrieremöglichkeiten durch wie Mäntel, ob Sie Ihnen stehen und Sie sich darin wohlfühlen.[13] Sie möchten herausfinden, was Sie mit dem Rest Ihres Lebens anfangen sollen.

Sie sind gerade ziemlich beliebt und treffen meistens auf Unterstützung in Ihrer Umgebung. Jetzt ist eine gute Zeit, um Partnerschaften einzugehen. Jede Art Gruppenaktivität bringt Ihnen momentan besonders viel, und wenn Sie nur irgendeinen Kurs belegen. Studien zeigen, dass es schon genügen kann, sich einmal monatlich mit einer Gruppe Menschen zu treffen, um Ihren Glücksquotienten genauso stark zu steigern, als wenn sich Ihr Einkommen verdoppelt! Kaum zu glauben, besonders für einen Stier, aber es stimmt; das liegt daran, dass wir Menschen so gesellig und sozial eingestellt sind.

In den Jahren 2011/12 werden Sie eine Aktivität beginnen, die harte Arbeit von Ihnen verlangt. Auf einmal schuften Sie wie besessen! Diese Phase schwerer Arbeit wird mehrere Jahre anhalten, aber am Ende werden Sie auch Erfolg und Anerkennung für Ihre Mühen ernten. Bis es so weit ist, singen Sie unverdrossen das »Lied der Wolgaschiffer«: »Ej, ej, zieh das Seil fester! ... Ej, hau ruck! Noch ein bisschen, noch einmal!«

Auf jeden Fall wird das Universum Sie ab Juni 2011 belohnen,

---

[13] Das Wort »Karriere« kommt vom altfranzösischen carrière, was »Landstraße« bedeutet. Mit Karriere ist also Ihr Lebensweg gemeint. (Es muss keine bezahlte Tätigkeit sein.)

wenn nämlich der finanzielle Glücksbringer Jupiter zum ersten Mal seit 2000 in Ihr Zeichen tritt. (Hurra!) Diese Veränderung kommt Ihnen gelegen. Jupiter wird bis Juni 2012 in Ihrem Sternzeichen bleiben. (Sie Glückspilz!)

In diesen zwölf Monaten bieten sich Ihnen viele gute Gelegenheiten und Kontakte zu wichtigen Menschen, die bereit sind, Ihnen einen Gefallen zu tun, und Ihnen Veränderungen anbieten. Machen Sie unbedingt das Beste aus diesem Einfluss, denn er tritt nicht allzu oft auf (nur alle zwölf Jahre, um genau zu sein). Jupiter ist eine derart positive Einwirkung, dass Sie Ende 2012 vor Selbstvertrauen strotzen werden. Zweifellos.

Zurzeit werden Sie von zwei unterschiedlichen Kräften unterstützt. Die eine macht es Ihnen leicht, hart zu arbeiten. Sie wollen es! So einfach ist das. Der andere himmlische Einfluss verschafft Ihnen Gelegenheiten und Möglichkeiten. Wirklich eine starke Kombination! (Ungeheuer cool!)

Nutzen Sie das aus, so gut Sie nur können.

❧ 2013 – 2015 ❧

Den meisten von Ihnen werden sich nette Möglichkeiten zur Einkommenssteigerung bieten. Vielleicht bringen Ihre Investitionen eine gute Rendite, oder, noch wahrscheinlicher, Ihre Arbeitsanstrengungen zahlen sich jetzt aus, nämlich durch eine Lohnerhöhung oder höhere Honorare, falls Sie selbstständig sind. Diese Steigerung wird sich hauptsächlich 2013 auswirken, für einige von Ihnen aber auch noch 2014. Weil dieser Einfluss einen erhöhten Umsatz und ein gesteigertes Interesse an Geld mit sich bringt, werden viele von Ihnen größere Anschaffungen machen. Sie sind kein Verschwender, aber Sie legen sich gerne schöne, gut verarbeitete Dinge zu.

Dieser begrüßenswerte Einfluss wirkt sich auch noch anders aus. Sie werden nicht nur mehr verdienen oder sich Wünsche erfüllen, sondern auch erweitern und erneuern, was Ihnen im Leben am meisten bedeutet. Es ist fast so, als könnten Sie zaubern wie die gute Fee aus dem Märchen! Was auch immer Ihnen also am meisten am Herzen liegt – hier werden Sie wahrscheinlich die größten Fortschritte machen. Diese positive Entwicklung könnte in einer Beziehung stattfinden, in einem Kampf für die Gerechtigkeit oder in der Segnung einer Geburt gipfeln. Jetzt ist auch die richtige Zeit, um sich Ihre Ziele anzusehen und sicherzugehen, ob Sie auch wirklich auf diese zusteuern, damit Sie nicht in einigen Jahren aufwachen und sich fragen: »Was tue ich hier eigentlich?«

Etwa 2014 werden viele von Ihnen dann die Anerkennung und Belohnung ernten, die Ihnen für die harte Arbeit der letzten Jahre zusteht. In dieser Zeit haben Sie ungewöhnliche Möglichkeiten, Ihre Macht auszudehnen! Aber wenn Sie in die Welt hinausziehen und sich durchsetzen, wird das wahrscheinlich bestehende Partnerschaften gefährden, weil Sie das Machtgleichgewicht ändern. Um es anders auszudrücken, könnte man sagen, dass Sie die Menschen dazu bringen, Sie anders wahrzunehmen.

Erinnern Sie sich: Seit 1999 sind Sie dabei, sich neu zu erfinden. Sie haben Ihre persönlichen Wertvorstellungen gesucht und gefunden, sich einen passenden Wohnort ausgesucht und sich Mühe gegeben, einen Beruf zu finden, der Sie ausfüllt. Menschen, die Ihnen nahestehen, haben diesen Prozess beobachtet. In Ihrer gegenwärtigen Lebensphase (ab etwa 2012) sind Sie jetzt bereit, eine größere Rolle in der Welt zu spielen! Aber stellen Sie sich vor – das könnte denjenigen, die Ihnen nahestehen, zu viel sein. Sie wollen nicht, dass Sie sich so stark verändern, sondern so bleiben, wie Sie sind. (Sorry, aber das ist nicht drin.) Deshalb werden viele Partnerschaften und enge Freundschaften in dieser Zeit stark belastet. Wacklige Beziehungen werden das wahrscheinlich nicht überleben, stabile werden sich deutlich verändern. Der Grund dafür ist, dass auch Sie sich verändern! Und das ist völlig in Ordnung.

Von 2014/15 an sind Sie auf dem besten Weg, einen wichtigen Höhepunkt Ihrer Karriere zu erreichen, auf den Sie seit 2005/06 zugearbeitet haben. (»Vorwärts!«)

Noch etwas Wichtiges: Die Jahre 2015/16 sind innerhalb von zehn Jahren die beste Zeit für Verbesserungen an Haus und Grundstück, Immobilienanlagen und Hauskäufe. Ob Sie also in Immobilien investieren, selbst umziehen oder Ihr Haus nur renovieren möchten – das alles gelingt am besten in diesem Zeitfenster. Was auch immer Sie in dieser Hinsicht unternehmen, wird Ihnen in der Zukunft Nutzen und Vergnügen bringen. Bedenken Sie, dass ein so gut geeigneter Zeitraum erst in zwölf Jahren wiederkehrt. (Fahr dein Heu ein, solange die Sonne scheint!)

∽ 2016–2017 ∾

Dieses Zeitfenster ist perfekt für eine Urlaubsreise! Sie wollen jetzt einmal richtig Spaß haben. Es gibt viele Arten von Ferien, die Ihnen gefallen – vom Campingtrip bis zum Wochenende in Las Vegas –, aber ganz besonders mögen Sie Kreuzfahrten, weil Sie gutes Essen und Luxus einfach lieben. Einer der Gründe, warum Stiergeborene lieber als andere Sternzeichen in den Urlaub fahren, ist übrigens, dass zu Hause alles schön sauber und ordentlich bleibt, während sie an fremden Orten wild drauflosfeiern. In der Fremde lassen Sie weitaus eher die Sau raus und schließen Freundschaft mit allen möglichen Leuten, weil Sie ja wissen, dass diese nicht morgen bei Ihnen vor der Tür stehen können.

Jetzt ist auch die richtige Zeit, sich nach einer neuen Liebe umzuschauen, heftig zu flirten und romantische geheime Rendezvous zu vereinbaren. Einigen von Ihnen wird die Liebe ihres Lebens begegnen, während andere bereits bestehende Partnerschaften und Beziehungen vertiefen.

Auch Kinder schenken Ihnen viel Freude. Einige von Ihnen haben vielleicht kürzlich Familienzuwachs bekommen (im vergangenen Jahr), während andere ihre Familie wahrscheinlich in diesem Zeitraum durch Heirat, Geburt oder Adoption vergrößern werden.

Auch für finanzielle Spekulation ist dies ein sehr geeigneter Zeitraum. Wenn es um Geld geht, können Sie im Moment praktisch nicht verlieren. Alle schöpferischen Aktivitäten, sowohl persönlich wie finanziell, zahlen sich also gegenwärtig besonders aus.

Die nicht ganz so gute Nachricht ist, dass Sie in diesem Zeit-

fenster (trotz allem Spaß, allen Flirts, der Freude an Ihren Kindern und erholsamen Ferienreisen) womöglich trotzdem Nachteile erleiden, weil die Reserven anderer Menschen zu Ende
gehen oder aufgebraucht sind! (»Waaas?«) Das kann bedeuten,
dass sich Partnerschaften verändert haben und Sie jetzt nicht
mehr die Unterstützung erhalten, die Sie gewohnt sind. (Das
überrascht eigentlich nicht, wenn man bedenkt, dass Sie sich
jetzt Ihrer Kraft bewusst werden und in bestehenden Partnerschaften das Gleichgewicht verändern, was manche Beziehungen nicht überstehen.) Einige von Ihnen werden auch deshalb
weniger von einem Partner erhalten, weil dieser in ein Geschäft
einsteigt, in Rente geht oder gekündigt wird. Machen Sie sich
aber keine Sorgen; was immer jetzt Ihre Ressourcen schwächt,
betrifft nicht Ihre eigenen Einkünfte oder auch nur Ihre Investi-
tionsmöglichkeiten. Sie überstehen das ohne Weiteres.

Im Jahr 2017 und Anfang 2018 bietet sich vielen von Ihnen
eine gute Chance, sich beruflich zu verbessern. Sie finden entweder einen besseren Arbeitsplatz, steigen an Ihrem gegenwärtigen
auf, verbessern das Arbeitsklima oder bekommen einen besseren Chef. Einige dieser positiven Veränderungen am Arbeitsplatz
gehen vielleicht auf Ihre eigene positivere Einstellung zurück. In
dieser Lebensphase werden Sie Ihre Arbeit definitiv als erfüllender und lohnender empfinden.

Auch für die Rentner unter Ihnen wird dieser Zeitraum mehr
Befriedigung und Anerkennung bei ihren täglichen Aufgaben
bringen. Und auf jeden Fall – das gilt für alle – ist dies ein
wunderbares Zeitfenster für die Verbesserung Ihrer Gesundheit.
Der einzige Nachteil dabei: Womöglich legen Sie durch zu viele
Portionen Nachtisch und Süßigkeiten an Gewicht zu. (»Ich habe
noch nie ein Stück Schokolade gesehen, das ich nicht mochte.«)

2018 – 2020

Für Partnerschaften sieht es jetzt sehr gut aus. Einige stellen vielleicht die Heiratsfrage. Lose Beziehungen könnten dauerhaft werden. Selbst Geschäfts- und andere professionelle Beziehungen stehen unter einem guten Stern. Jetzt ist eine gute Zeit, eine neue Bindung einzugehen. Sogar Ihre Öffentlichkeitswirkung ist positiv. Andere Menschen sehen Sie als fröhlich, erfolgreich und wohlhabend an und suchen Ihre Gesellschaft.

Die gute Nachricht ist, dass Sie 2019 nicht länger von den Ressourcen anderer abgeschnitten sind. Yeah! Partner, die arbeitslos wurden, haben wieder einen Job gefunden. Oder es haben sich Probleme gelöst, sodass Sie jetzt genau wissen, was Sie von anderen erwarten können. Die mangelnde Unterstützung, die Sie erfahren haben, hat sich völlig gewendet – jetzt können Sie sich darüber nicht mehr beklagen! Rechnen Sie mit Erbschaften, Geschenken, Steuerrückerstattungen, Versicherungszahlungen oder gestiegener finanzieller Unterstützung durch Partner. Vielleicht profitieren Sie nur indirekt, weil Ihr Partner mehr verdient oder einen Bonus bekommt.

Im Privatleben sind Sie jetzt ungewöhnlich leidenschaftlich und sexy. Natürlich ist Ihr Zeichen sowieso ein sinnliches Erdzeichen, aber in diesem Zeitabschnitt laufen Ihre Keimdrüsen auf Hochtouren! Diese Leidenschaftlichkeit greift auf viele Lebensbereiche über, und Sex gehört auf jeden Fall dazu. (Woody Allen sagt: »Sex ist wie Bridge spielen. Wenn man keinen guten Partner hat, braucht man ein gutes Blatt und ein geschicktes Händchen.«)

Ernsthafter gesprochen findet jetzt allmählich etwas sehr Wichtiges statt. Sie haben eine Lebensphase erreicht, in der sich ein lange gehegter Traum zu erfüllen beginnt. Noch ist es nicht so weit, aber Sie wissen, was Sie wollen, und haben das Ziel vor Augen. Außerdem meistern Sie das, was Sie tun. Sie kennen die Spielregeln, und Ihr Leben ist sehr viel weniger unsicher.

Einige von Ihnen werden wahrscheinlich Methoden zur Erreichung einer höheren Bewusstseinsebene ausprobieren, vielleicht in einer Gruppe, um sich selbst weiterzuentwickeln. Sie haben das deutliche Gefühl, etwas erreicht zu haben, obwohl Sie noch nicht ganz am Ziel sind. Aber Sie sind dicht dran!

Das Jahr 2020 ist ein günstiger Zeitpunkt zum Reisen. Sehr wahrscheinlich sind längere Reisen und Fernreisen. Andere von Ihnen werden Möglichkeiten in der höheren Bildung nutzen. Sie spüren, dass Sie einen Gipfelpunkt Ihres Lebens erreicht haben, und wollen auf das Kommende gut vorbereitet sein. Falls Sie beruflich im Verlagswesen, den Medien, der Medizin oder dem Rechtswesen tätig sind, ist jetzt eine sehr gute Zeit, um Ihr Wissen auf diesen Gebieten zu erweitern und weitere Möglichkeiten zu erkunden.

Alles läuft prächtig für Sie, und Sie genießen es!

2021–2022

Oh, mein Gott. Der Höhepunkt Ihrer Karriere, auf den Sie die letzten vierzehn Jahre hingearbeitet haben, ist jetzt gekommen. Wenn Sie zurückschauen, sehen Sie zunächst wichtige Veränderungen um 1999. Etwa 2005 haben Sie dann versucht, sich ein Heim zu schaffen und Ihrem Leben Sicherheit zu geben. Etwa 2012 hatten Sie Partnerschaftsprobleme (na und?), aber damals wurden Sie sich Ihrer Kraft bewusst und haben angefangen, konzentriert zu arbeiten. Und jetzt sind Sie an einem Punkt Ihres Lebens, an dem Ihre Träume wahr werden können! Abhängig von Ihrem Alter und Ihrer Karrierephase naht jetzt der Hochschulabschluss, eine Heirat, die Geburt Ihres ersten Kindes (besonders, wenn Ihnen eigene Kinder wichtig sind). Traditionellerweise kann dieses Zeitfenster auch Beförderungen, Lob, Preise, Anerkennung und Belohnung im Beruf bringen.

Dennoch (Arme erhoben und Finger zum Victoryzeichen gespreizt) lassen Sie mich dazu Folgendes sagen: Jetzt ist eine Zeit der *Ernte*. Wir wissen alle, dass es auch Missernten gibt und die Erntezeit auch zeigt, welche Felder nicht getragen haben. Mist! Wenn das bei einigen von Ihnen der Fall sein sollte, verlieren Sie nicht den Mut! Lassen Sie sich von diesem Fehlschlag nicht runterziehen, sondern betrachten Sie ihn als Lehre. Der erste Verlust ist der billigste. Mit anderen Worten: Geben Sie das Verlorene verloren, und wenden Sie sich etwas anderem zu.

Selbst wenn Sie in einem Lebensbereich einen Rückschlag erleiden, werden Ihnen in anderen definitiv die Früchte Ihrer Arbeit zufallen. Sie gehören zu einem Sternzeichen, das immer gut vorausplant und sehr diszipliniert ist. Vielleicht halten Sie sich selbst für ein bisschen verweichlicht, weil Sie gutes Essen und guten Wein mögen. Das stimmt eigentlich nicht, denn Sie wissen, wann die Party vorbei ist und wieder Arbeit ansteht.

Beachten Sie: Im Moment wirken mehrere Einflüsse gleichzeitig. Auch wenn jetzt Erntezeit ist, bringt Ihnen ein weiterer positiver Einfluss Glück, gute Gelegenheiten und eine Chance, Ihr Ansehen stark zu verbessern. Das gilt für alle Stiergeborenen, auch diejenigen, denen die Ernte nicht in allen Bereichen gelungen ist.

Deswegen wird diese Zeit für viele von Ihnen eine der besten ihres Lebens! (»Hast du an die Luftballons gedacht?«) Jetzt öffnen sich Ihnen Türen, wichtige Menschen suchen Ihre Gesellschaft, Angebote werden gemacht, Dank, Lob und Einnahmen winken.

Auch im Jahr 2021 werden Sie sehr beliebt sein. (Bei denjenigen, die gegen Ende des Sternzeichens geboren sind, wird das erst 2022 eintreten.) Plötzlich mag Sie einfach jeder! Jetzt ist die richtige Zeit, um Vereinen, Gruppen und Verbänden aller Art beizutreten oder auch nur einen Kurs zu belegen oder ins Fitnesscenter zu gehen, weil jetzt einfach jeder Kontakt mit anderen Menschen positiv ausfällt. Das gilt sogar auch für Ihre Partnerschaften.

Diese positiven Kontakte zu anderen steigern Ihr Selbstvertrauen. Das wiederum lässt Sie ehrgeizigere Träume und Zukunftshoffnungen hegen. Sie fangen an, im großen Maßstab zu denken! (»Ich schaffe das.«)

2023 – 2025

Erfolg, Beliebtheit und Selbstvertrauen steigen nicht mehr weiter, halten aber an. Sie fühlen sich selbstsicher, vielleicht sogar – wagen wir das Wort? – ein bisschen selbstzufrieden. (Wir wagen es.) Und zu all dem kommt noch der Geld und Glück bringende Jupiter, der zum ersten Mal seit 2011 wieder in Ihr Sternzeichen tritt. Jetzt lachen Sie wirklich auf dem Weg zur Bank! Jupiter bleibt bis Mai 2024 in Ihrem Zeichen und bringt Ihnen jede Menge guter Gelegenheiten und die Aufmerksamkeit mächtiger Leute. Auf einer subtileren Ebene steigert er Ihr Selbstvertrauen, das sich bald in Ihrer gestärkten Haltung ausdrückt.

Jetzt beginnt auch ein Zwölfjahreszyklus des Wachstums, in dem Sie Neues dazulernen werden – hauptsächlich werden Sie Ihre Kenntnis über die Welt erweitern und klüger werden. Manche von Ihnen werden mit Menschen aus einem anderen Land oder Kulturkreis zu tun bekommen – entweder geschäftlich oder aus persönlicher Zuneigung.

Auch spirituell wird sich Ihr Leben erweitern. Sie werden weiser, freundlicher und großherziger gegenüber anderen Menschen. Das liegt zum Teil an Ihren kürzlichen Erfolgen, die (bei den meisten Menschen) nicht nur die Lebensfreude, sondern auch das Mitgefühl vergrößern.

Es ist eine Lust zu leben.

Etwa 2024/25 wird Ihr Einkommen steigen. Das scheint auch für Ihren Umsatz zu gelten, was bedeutet, dass viele von Ihnen mehr Geld ausgeben werden, um sich selbst etwas zu leisten oder Ihren Lieben etwas zu kaufen. Sie fühlen sich reicher und sind ausgabefreudiger – und das sieht man!

Mit anderen Worten, Sie scheinen (auf fast magische Weise)

alles verwirklichen zu können, was Ihnen in den Sinn kommt. Ihre Mühen zahlen sich aus! In dieser Spitzenzeit kommt vieles in Ihrem Leben zusammen, weil Sie hart dafür gearbeitet haben!

Kein Wunder, dass Sie sich 2026 (wir spähen mal kurz ins Kaninchenloch) damit befassen, sich von Überflüssigem zu trennen und sich auf das zu konzentrieren, was in Ihrem Leben relevant ist. Sinnloser Ballast wird jetzt abgeworfen. Das kann Beziehungen, Jobs und Häuser betreffen, die Sie nicht mehr möchten. Sie bereiten sich auf einen völlig neuen Anfang 2028 vor.

»Gute Nacht und alles Gute.«

EDWARD R. MURROW
Amerikanischer Rundfunkjournalist
(25. April 1908 – 27. April 1965)

Berühmte Stiere

21. April 1816	Charlotte Brontë
21. April 1926	Elizabeth II.
21. April 1947	Iggy Pop
21. April 1958	Andie MacDowell
21. April 1979	James McAvoy
22. April 1916	Yehudi Menuhin
22. April 1923	Aaron Spelling
22. April 1937	Jack Nicholson
22. April 1950	Peter Frampton
22. April 1982	Kaká
23. April 1554	William Shakespeare
23. April 1775	Joseph M. W. Turner
23. April 1924	Margit Sandemo
23. April 1936	Roy Orbison
23. April 1954	Michael Moore
24. April 1815	Anthony Trollope
24. April 1909	Bernhard Grzimek
24. April 1942	Barbra Streisand
24. April 1952	Jean-Paul Gaultier
24. April 1982	Kelly Clarkson
25. April 1908	Edward R. Murrow
25. April 1917	Ella Fitzgerald
25. April 1940	Al Pacino
26. April 1812	Alfred Krupp
26. April 1894	Rudolf Heß
26. April 1940	Hansjörg »Giorgio« Moroder
26. April 1958	Ingolf Lück
27. April 1495	Süleyman I.
27. April 1921	Hans-Joachim Kulenkampff

27. April 1959	Sheena Easton
28. April 1950	Jay Leno
28. April 1960	Ian Rankin
28. April 1981	Jessica Alba
29. April 1863	William Randolph Hearst
29. April 1899	Duke Ellington
29. April 1936	Zubin Mehta
29. April 1957	Daniel Day-Lewis
29. April 1958	Michelle Pfeiffer
29. April 1968	Michael »Bully« Herbig
29. April 1968	Jürgen Vogel
29. April 1970	Andre Agassi
29. April 1970	Uma Thurman
30. April 1929	Klausjürgen Wussow
30. April 1933	Willie Nelson
30. April 1946	Carl XVI. Gustaf von Schweden
30. April 1982	Kirsten Dunst
1. Mai 1915	Hanns Martin Schleyer
1. Mai 1916	Glenn Ford
1. Mai 1939	Judy Collins
1. Mai 1954	Ray Parker jr.
2. Mai 1912	Axel Cäsar Springer
2. Mai 1936	Engelbert Humperdinck
2. Mai 1955	Donatella Versace
2. Mai 1972	Dwayne »The Rock« Johnson
2. Mai 1973	Florian Graf Henckel von Donnersmarck
2. Mai 1975	David Beckham
3. Mai 1903	Bing Crosby
3. Mai 1919	Pete Seeger
3. Mai 1933	James Brown
3. Mai 1934	Frankie Valli
4. Mai 1929	Audrey Hepburn
4. Mai 1944	Monica Bleibtreu

4. Mai 1971	Florian Illies
5. Mai 1903	James Beard
5. Mai 1942	Tammy Wynette
5. Mai 1943	Michael Palin
5. Mai 1953	Dieter Zetsche
5. Mai 1977	Jessica Schwarz
6. Mai 1915	Orson Welles
6. Mai 1953	Anthony »Tony« Blair
6. Mai 1961	George Clooney
7. Mai 1862	Rabindranath Tagore
7. Mai 1901	Gary Cooper
7. Mai 1919	Eva Perón
7. Mai 1942	Gerhard Polt
8. Mai 1884	Harry S. Truman
8. Mai 1926	David Attenborough
8. Mai 1940	Ricky Nelson
8. Mai 1975	Enrique Iglesias
9. Mai 1837	Adam Opel
9. Mai 1860	J. M. Barrie
9. Mai 1907	Baldur von Schirach
9. Mai 1927	Wim Thoelke
9. Mai 1936	Glenda Jackson
9. Mai 1945	Jupp Heynckes
9. Mai 1946	Candice Bergen
9. Mai 1946	Drafi Deutscher
9. Mai 1949	Billy Joel
10. Mai 1899	Fred Astaire
10. Mai 1933	Barbara Taylor Bradford
10. Mai 1946	Donovan
10. Mai 1957	Sid Vicious
10. Mai 1960	Bono
10. Mai 1965	Linda Evangelista
11. Mai 1888	Irving Berlin
11. Mai 1904	Salvador Dalí

11. Mai 1939	Henning Boëtius
12. Mai 1820	Florence Nightingale
12. Mai 1907	Katharine Hepburn
12. Mai 1921	Joseph Beuys
12. Mai 1948	Steve Winwood
12. Mai 1950	Gabriel Byrne
13. Mai 1913	Ritchie Valens
13. Mai 1914	Joe Louis
13. Mai 1939	Harvey Keitel
13. Mai 1950	Stevie Wonder
14. Mai 1936	Bobby Darin
14. Mai 1944	George Lucas
14. Mai 1952	David Byrne
14. Mai 1969	Cate Blanchett
14. Mai 1983	Amber Tamblyn
14. Mai 1984	Mark Zuckerberg
15. Mai 1909	James Mason
15. Mai 1937	Madeleine Albright
15. Mai 1948	Brian Eno
15. Mai 1953	Mike Oldfield
16. Mai 1905	Henry Fonda
16. Mai 1913	Woody Herman
16. Mai 1919	Liberace
16. Mai 1929	Friedrich Nowottny
16. Mai 1966	Janet Jackson
16. Mai 1970	Gabriela Sabatini
16. Mai 1986	Megan Fox
17. Mai 1936	Dennis Hopper
17. Mai 1947	Michael Wolffsohn
17. Mai 1961	Enya
17. Mai 1981	Cosma Shiva Hagen
18. Mai 1872	Bertrand Russell
18. Mai 1913	Perry Como
18. Mai 1919	Margot Fonteyn

18. Mai 1920	Papst Johannes Paul II.
18. Mai 1944	Justus Frantz
19. Mai 1861	Nellie Melba
19. Mai 1925	Malcolm X
19. Mai 1945	Pete Townshend
19. Mai 1948	Grace Jones
19. Mai 1950	Kirsten Boie
19. Mai 1951	Joey Ramone
20. Mai 1799	Honoré de Balzac
20. Mai 1908	James Stewart
20. Mai 1944	Joe Cocker
20. Mai 1946	Cher
21. Mai 1471	Albrecht Dürer
21. Mai 1844	Henri Rousseau
21. Mai 1938	Urs Widmer
21. Mai 1981	Max Mutzke

Zwillinge

22. Mai – 21. Juni

Zwillinge

(22. Mai – 21. Juni)

»ICH DENKE.«

»Nur wer das Absurde anstrebt, wird das Unmögliche errei-
chen. Ich glaube, es ist im Keller ... ich gehe mal kurz rauf
und schaue nach.«

M. C. ESCHER
Holländischer Künstler und Grafiker
(17. Juni 1898 – 27. März 1972)

»Die Menschen scheinen sich nicht darüber klar zu sein,
dass ihre Sicht der Welt immer auch ein Bekenntnis ihres
Charakters ist.«

RALPH WALDO EMERSON
Amerikanischer Philosoph und Schriftsteller
Repräsentanten der Menschheit, Natur
(25. Mai 1803 – 27. April 1882)

Element	Luft
Herrscherplanet	Merkur
Qualität	Veränderlich
Gegenzeichen	Schütze
Symbol	Zwei sich an den Händen haltende Jünglinge (Abbild von Castor und Pollux, Zwillingssöhne von Zeus und große Krieger, die einander treu ergeben waren; Castor war menschlich und Pollux unsterblich)
Glückssteine	Aquamarin, Achat, Beryll und Tigerauge[1]
Blume	Maiglöckchen
Farbe	Gelb .
Körperteile	Finger, Hände, Arme, Schultern und Lunge

WAS SIE LIEBEN Geistreiche Menschen, lebhafte Unterhaltungen, Füllfederhalter, Landkarten, Buchhandlungen, Zeitschriften, Reisen, elegante Sportarten, literarische Betätigungen und Aktivitäten in freier Natur. Außerdem tratschen Sie gerne.

WAS SIE VERABSCHEUEN Langeweile, Routine, Monotonie, Plackerei, sich eingesperrt fühlen und Leute, die Seiten aus Wörterbüchern und Telefonbüchern reißen. (Blasphemie!)

WO SIE GLÄNZEN Sie sind charmant, unterhaltsam, wortgewandt, wohlinformiert, kommunikativ, intelligent, musikalisch und abenteuerlustig. Und sehr geschickt mit den Händen! (Kleiner Teufel.)

WER IST SCHON VOLLKOMMEN? Sie sind streitlustig, wankelmütig, unzuverlässig, neugierig und inkonsequent.

---

[1] Verschiedene Texte geben unterschiedliche Edelsteine für die einzelnen Tierkreiszeichen an. Ehrlich gesagt, ich führe mir das alles *cum grano salis* zu Gemüte. (Noch lieber hätte ich dazu allerdings einen Wodka und ein Schälchen Erdnüsse.)

Das Wesen der Zwillinge[2]

Der einfachste Weg zum Verständnis Ihres Sternzeichens ist der über die astrologische Bedeutung Ihres Herrscherplaneten. Die Zwillinge werden vom Planeten Merkur beherrscht, der nach dem geflügelten römischen Götterboten benannt ist. Bei den Griechen hieß dieser Gott Hermes. Sie sahen in ihm den Beschützer der Reisenden, Schäfer und Kuhhirten (was bestimmt nützlich zu wissen ist, wenn Sie in diesem Berufszweig arbeiten).

Sowohl Griechen als auch Römer sahen Merkur als Gott des Handels. (Sein Motto war: »Ich besorge es Ihnen zum Großhandelspreis.«)

»Cogito ergo sum.«[3]

In der Astrologie ist Merkur dafür zuständig, wie Sie sprechen, denken, reden und kommunizieren. Er beherrscht Ihr Nervensystem. Darum reden Sie auch ununterbrochen und gestikulieren dabei heftig. (Alle Zwillinge sind im Geiste Italiener.)

Mit einem Wort (eigentlich in vielen Wörtern – schließlich geht es um die Zwillinge): Sie sind der große Kommunikator im Tierkreis. Sie sind der Wörterschmied. Falls Sie nicht sprechen

---

[2] Niemand kann auf ein einziges Sternzeichen reduziert werden, denn jedes Horoskop enthält mehrere Planeten. Daher beschreibt dieser Abschnitt nur den Archetyp des Zwillings – die Eigenschaften, die sein Wesen ausmachen. Auch viele, die unter einem anderen Sternzeichen geboren sind, haben Zwillinge-Eigenschaften. Die Darstellung eines einzelnen Zeichens ist daher keine exakte Beschreibung einer bestimmten Person, sondern vielmehr die Beschreibung der Eigenschaften des Zeichens.
[3] Der lateinische Satz *Cogito ergo sum* heißt: »Ich denke, also bin ich.« Nicht zu verwechseln mit dem oft zu hörenden *Cogito ergo porc pan*, denn das bedeutet: »Ich denke, also nehme ich dieses Schnitzelbrötchen.«

können, dann schreiben Sie, benutzen eine Zeichensprache oder gestikulieren mit den Händen. Aber Sie werden sich mitteilen!

Sie sind das wortgewandteste, schlagfertigste und schlaueste Sternzeichen von allen.

Manche Leute können eben einfach mit Worten umgehen (andere können sie nur umgehen).

Es gibt allerdings (neben der Tatsache, dass Merkur alle Arten der Kommunikation beherrscht) noch einen weiteren astrologischen Grund dafür, dass Sie so kommunikativ sind: Ihr Sternzeichen ist ein veränderliches Luftzeichen. (Keine Angst, das ist nicht ansteckend.)

Alle zwölf Sternzeichen sind entweder veränderliche, kardinale oder fixe Zeichen. Die fixen Zeichen (Stier, Löwe, Skorpion und Wassermann) mögen berechenbare Ergebnisse und neigen zum Konservatismus. (Es kann auch sein, dass sie keine Kinder haben.) Die Kardinalzeichen (Widder, Krebs, Waage und Steinbock) schießen aus der Hüfte und sind sehr dynamisch. (Sie bringen fünf nicht eingeladene Kumpels zu einem formellen Abendessen mit.) Die veränderlichen Zeichen (Zwillinge, Jungfrau, Schütze und Fische) – und jetzt sind Sie gemeint – sind Gestaltwandler. Sie passen sich schnell an alle Situationen an. Wenn Sie in einen Raum kommen, in dem Gelächter herrscht, dann lachen Sie mit! Wenn Sie in einen Raum kommen, in dem feierliche Stille herrscht, dann lachen Sie still in sich hinein.

Wir schalten zurück ins Labor: Jedes der zwölf Tierkreiszeichen repräsentiert auch eins der vier Elemente – Luft, Wasser, Feuer und Erde. Ihr Zeichen ist ein *Luft*zeichen. Alle Luftzeichengeborenen sind äußerst intellektuell. (Die drei Luftzeichen sind Zwillinge, Waage und Wassermann.)

Wenn wir diese beiden Kategorien kombinieren, sehen wir sofort, dass Ihr Zeichen das *einzige* veränderliche Luftzeichen ist. (Sie wussten ja, dass Sie etwas Besonderes sind.) Kein anderes Tierkreiszeichen weist diese spezifische Kombination auf. Deshalb sind Sie einerseits ausgeprägt intellektuell und können sich andererseits schnell an Ihre Umgebung anpassen. Es wäre untertrieben zu sagen, dass Sie im Laufen denken. Außerdem können Sie über sich selbst lachen, deshalb wirken Sie immer so amüsiert.

Einfach durch einen Blick auf Ihren astrologischen Herrscherplaneten Merkur und die Eigenschaften, für die er steht, sehen wir, dass Sie ein schnellzüngiger, schlauer und beredter Neologe[4] sind, immer auf dem Sprung und stets bereit, sich einzufügen.

Rückläufiger Merkur

Wenn wir Ihren Herrscherplaneten Merkur besprechen, dann dürfen wir das Phänomen des retrograden[5] (rückläufigen) Merkurs nicht übergehen. Dreimal (manchmal auch viermal) pro Jahr scheint Merkur sich etwa drei Wochen lang relativ zur Erde rückwärts zu bewegen. (Natürlich tut er das nicht wirklich, es sieht nur so aus.)

Trotzdem scheint in dieser Zeit auch alles, was Merkur beherrscht, rückwärtszugehen oder sich zu verspäten. (Autos, Lastwagen, Busse, Züge, Fahrräder, Postzustellung, alles, was mit Telefonen, Computern, Nachrichten, Uhren, Terminen, Karten und Treffen zu tun hat, außerdem Begegnungen mit Geschwistern, Verwandten und Menschen aus Ihrer Vergangenheit.)

In diesen Zeiträumen haben wir platte Reifen, leere Batterien und andere Schäden am Wagen; wir verpassen Busse und Flugzeuge; wir warten im falschen Café auf jemanden, oder wir kommen zu spät. Unser Telefon wird abgestellt oder geht kaputt, wenn wir es dringend brauchen, genau wie die Kamera. Dumme Fehler und Vergesslichkeit werden virulent. Wir verlegen dauernd Sachen und finden sie nicht wieder, stattdessen aber *andere*

---

[4] Ich wusste, dass Ihnen dieses Wort gefallen würde. Ein Neologe ist jemand, der sich neue Wörter oder Redensarten ausdenkt. Natürlich war es ein Zwillinge-Neologe, der sich den Begriff ausgedacht hat.

[5] »Retrograd« ist lateinisch für »Was zum Teufel geht hier eigentlich vor?«.

Sachen, die wir vor langer Zeit verloren haben! (Was das wohl bedeutet?)

Plötzlich tauchen Menschen aus unserer Vergangenheit wieder auf. Exfreunde, Partner, Chefs, Lehrer und Freunde. (Sogar in Ihren Träumen.) Manchmal ist es toll, sie wiederzusehen, manchmal auch nicht. In einer Videothek entdecken Sie plötzlich Ihren Ex mit seiner neuen Freundin. (Panik!) Sie selbst sind ohne Begleitung und tragen einen Jogginganzug. (Ächz.) Sie verstecken sich in der Abteilung Komödien und starren eeeewig dieselben Filmtitel an, bis Sie schließlich den Ausbruch wagen und dabei genau in das glückliche Paar hineinrennen, das an der Kasse wartet. (Aargh!)

Die meisten Menschen fürchten den rückläufigen Merkur, weil in diesen Zeiträumen viel verloren geht und Missverständnisse sich häufen. (Sie warten am falschen Kurhaus, um Ihre Mutter abzuholen, und sie hat kein Handy.)

Zum Glück ist der rückläufige Merkur kein Totalverlust. Das sind genau die richtigen Zeitpunkte, um Angefangenes endlich fertigzustellen. Lesen Sie ein Buch zu Ende, schreiben Sie Ihre Doktorarbeit fertig, und bauen Sie endlich das Auto wieder zusammen.

»Moment mal, Doc. Wollen Sie mir weismachen, Sie bauten eine Zeitmaschine? Aus einem De Lorean?« – Marty McFly
(Aus: *Zurück in die Zukunft*)

MICHAEL J. FOX
Kanadischer Schauspieler
Zurück in die Zukunft, Das Geheimnis meines Erfolges
(9. Juni 1961)

Während des retrograden Merkurs neigen wir auch eher zur Rückschau. Die Vergangenheit ist dann leichter zugänglich, und deshalb sind das geeignete Zeiten, sich mit Geschichte zu befassen, Recherchen durchzuführen oder mit Ihrem Therapeuten Ihr erstes sexuelles Erlebnis zu diskutieren. (»Waaas?«)

Am besten wird man mit dem rückläufigen Merkur fertig, wenn man sich vorher in Schadensbegrenzung übt und alle anfallenden Reparaturen sofort erledigt. Rechnen Sie bei Reisen Reservezeit mit ein. Fragen Sie bei Verabredungen lieber noch einmal nach, ob Sie Treffpunkte, Uhrzeiten, Daten und Adressen richtig mitbekommen haben. Vermeiden Sie größere Ausgaben für Dinge, die von Merkur beherrscht werden – zum Beispiel Autos, Lkws, Fahrräder, Computer, Telefone und alles andere, was mit Kommunikation zu tun hat.

Wenn Merkur rückläufig ist, sollte man außerdem lieber keinen Laden aufmachen oder ein Geschäft abschließen. Allerdings ist diese Zeit ausgezeichnet geeignet, um bereits abgesprochene Geschäfte unter Dach und Fach zu bringen.

Persönlich mache ich mir über den rückläufigen Merkur nicht allzu viele Gedanken. Wenn ich einen Platten habe, etwas nicht wiederfinden kann und bei der Arbeit Fehler mache, sage ich einfach: »Klassischer Fall von rückläufigem Merkur.« (Ich sage allerdings immer noch andere Sachen dazu.) In diesen Zeiträumen würde ich trotzdem definitiv weder ein Auto noch einen Computer oder ein Handy kaufen. Absolut nicht.

Natürlich verstecke ich mich auch vor Exliebhabern in Videotheken, aber nicht in der Komödienabteilung. Das ist nicht witzig.

Vier wichtige Aspekte des Zwillings

Für einen über den Einfluss von Merkur hinausgehenden tieferen (aber längst noch nicht erschöpfenden) Einblick in Ihr Sternzeichen hier vier wichtige Aspekte der Zwillinge-Persönlichkeit:

1. Intellektuelles Muskelspiel
2. Immer neugierig
3. »Ich nehme zwei«
4. Freiheitsdrang

Intellektuelles Muskelspiel

Sie haben einen fein eingestellten Intellekt. Sie haben eine rasche Auffassungsgabe, denken schnell, reden schnell und lernen noch schneller. Sie lieben Informationen und sind am glücklichsten, wenn Sie etwas Neues, Anregendes lernen können. (Besonders mögen Sie Geistesblitze.)

Lernen *belebt* Sie regelrecht! Wenn Sie etwas Aufregendes erfahren, beschleunigt sich Ihr Puls. Sie wollen unbedingt immer mehr wissen. Bei Ihnen liegt alles voller Bücher und Zeitschriften – neben dem Bett, im Wohnzimmer, im Bad, auf dem Esstisch, in der Küche, im Flur und auf dem Rücksitz des Autos. Zeitschriften mögen Sie besonders, weil Sie da schnell an Informationen kommen. Sie lesen mehr als ein Buch gleichzeitig.

In Gesprächen stellen Sie unweigerlich Fragen. Sie finden heraus, was Ihr Gegenüber in der Vergangenheit getan hat, jetzt gerade tut und in der Zukunft vorhat. Ihr Interesse an anderen Menschen verschafft Ihnen erstaunliche Erkenntnisse. Und es ist ein echtes Interesse, weil Sie Menschen einfach mögen!

»Wir halten immer nach dem Buch Ausschau, das als nächstes gelesen werden muss.«

SAUL BELLOW
Amerikanischer Schriftsteller und Literaturnobelpreisträger (1976)
Die Abenteuer des Augie March
(10. Juni 1915 – 5. April 2005)

Sie lieben es, Prominente und VIPs zu treffen, weil Sie von ihren Leistungen fasziniert sind. Wie sind sie im wirklichen Leben? Haben Ruhm und Geld sie glücklicher gemacht? Was hat sie auf ihren Weg gebracht? Sie wollen es unbedingt wissen!

Außerdem – *quelle surprise* – ist es einfach interessanter in der Gesellschaft der Reichen und Berühmten. Diese Leute haben immer ein paar ungewöhnliche Anekdoten zu erzählen, und das lieben Sie!

Ihr Interesse an anderen Menschen gibt Ihnen die Chance, wahre Schätze an Fakten, Anekdoten, Bücher- und Ausgehtipps und Kontakten zu heben. *Das bereichert Ihr Leben!*

»Es ist schon sehr lange eines meiner Axiome, dass die kleinen Dinge bei Weitem die wichtigsten sind.«

SIR ARTHUR CONAN DOYLE
Schottischer Arzt und Schriftsteller
Die Abenteuer des Sherlock Holmes
(22. Mai 1859 – 7. Juli 1930)

Kein Wunder, dass Sie ein solcher Geschichtenerzähler sind! (Viele von Ihnen sind damit beschäftigt, Redundanz und Wiederholungen auszuradieren.) Sie unterhalten jeden, dem Sie begegnen, mit faszinierenden Geschichten und den neuesten Informationen zu aktuellen Themen. Deshalb finden andere Menschen Sie so interessant!

Nach einem kurzen Blick auf den Schutzumschlag eines Buchs können Sie noch am selben Abend auf einer Soiree die anderen Gäste mit Informationen über den Autor und die Rolle des Genres seines Buchs in der heutigen schnelllebigen Gesellschaft versorgen.

Alle Zwillinge sind geschwätzig. Blablabla.

Sie lernen nicht nur schnell und leicht, sondern erwerben Sprachkenntnisse praktisch durch Osmose! Von einem Wochenende in Paris kehren Sie zweisprachig zurück. Sie haben ein Ohr für Wörter. Sie lernen leicht Sprachen, Sie erinnern sich an Texte von Songs und wissen, von welcher Band sie sind, wie obskur sie auch sein mag. Hören Sie irgendwo »Gabba gabba hey!«, bemerken Sie lässig: »Das ist ›Pinhead‹ von den Ramones.« (Wer weiß denn bitte *so was*?)

Aber Sie sind sehr zufrieden, wenn Sie Ihren Intellekt zur Schau stellen können. Oh ja! Sie sind stolz auf Ihre geistigen Fähigkeiten. Sie geben nicht damit an, aber Sie halten Ihren Geist und seine Fähigkeiten für wertvoll – Sie lassen gerne Ihre intellektuellen Muskeln spielen! Andere sollen ruhig wissen, wie schlau Sie sind, weil es *stimmt*.

Künstler brauchen Anerkennung für das, was sie schaffen, und Sie sind auf dieselbe Art auf Anerkennung für Ihre blitzschnelle Auffassungsgabe und funkelnde Intelligenz angewiesen, mit der Sie Zusammenhänge sehen, die vielen anderen entgehen! Leider heißt das auch, dass Ihre Brillanz oft gar nicht bemerkt wird, weil Ihre Mitmenschen Ihre geistige Beweglichkeit nicht anerkennen. Sie können einfach nicht mithalten!

»Mittelmaß kennt nichts Erhabeneres als sich selbst, Talent jedoch erkennt Genie sofort.«

SIR ARTHUR CONAN DOYLE
Schottischer Arzt und Schriftsteller
Die Abenteuer des Sherlock Holmes
(22. Mai 1859 – 7. Juli 1930)

Sie vibrieren vor Lebendigkeit. Sie sind fasziniert von Menschen, Informationen und Entdeckungen, und am meisten lieben Sie Musik. Viele von Ihnen arbeiten in den Medien, im Einzelhandel oder in der Musikindustrie.

Sie stellen Ihr Wissen gerne zur Schau, aber am glücklichsten sind Sie, wenn Sie etwas lernen können. An zweiter Stelle kommt dann allerdings schon die Wissensweitergabe an andere Menschen.

»Wissen ist die Funktion des Seins.«

PLATON[6]
Griechischer Philosoph und Mathematiker
Politeia
(428/27 v. Chr. – 348/47 v. Chr.)

Immer neugierig

Sie sind neugierig auf alles – etwa fünf Minuten lang.

Es ist sehr wichtig, die Neugier als eine der größten treibenden Kräfte in Ihrem Leben zu verstehen. Wir wissen, wie kenntnisreich Sie sind und dass Sie eine Sprache so leicht lernen, wie

---

[6] Platon lehrte, schrieb und sprach ununterbrochen. Man kann nicht beweisen, dass er ein Zwillingsgeborener war, aber ich bin mir ganz sicher, er war es.

andere Leute sich ein Virus holen. All das können Sie – und warum? Weil Sie *interessiert* sind!

In astrologischen Werken wird geschildert, wie neugierig Zwillingsgeborene auf alle Fakten des Lebens sind. Das liegt daran, dass Sie vor Neugier sprühen! Sie mögen jetzt glauben, das sei doch selbstverständlich, aber viele Menschen haben überraschend wenig Interesse an ihrer Umgebung. (Irgendwie traurig.) *Wussten Sie schon, dass mittelstark gerösteter Kaffee mehr Koffein enthält als dunkel gerösteter?*

Sie möchten über die Menschen um sich herum Bescheid wissen. Sie wollen wissen, was sie denken, woher sie kommen und was sie von der Zukunft erhoffen. Sie wollen über ihre Bekannten und Verwandten Bescheid wissen und ob sie Singles, verheiratet oder geschieden sind. *Wussten Sie schon, dass sowohl Jesse James, H. G. Wells, Edgar Allan Poe als auch Jerry Lee Lewis ihre Cousinen ersten Grades geheiratet haben?*

Sie lieben triviales Wissen. *Julia Child war Aszendent Zwillinge und eins achtundachtzig groß. Ihre Schwester Dorothy war fünf Zentimeter größer.*[7]

Sie wollen wissen, wie Geräte funktionieren, warum sie kaputtgehen und wie man sie repariert. Sie möchten wissen, was andere Leute denken und wie sie leben. Sie wollen wissen, was gerade im Gespräch ist. Sie möchten sich in der Geografie auskennen, Städtenamen und andere Kulturen kennen. Sie möchten andere Denkweisen ausprobieren.

Sie mögen Biografien. Sie verfolgen gerne, wie sich ein Leben entfaltet und wie ein Mensch es gestaltet. Sie spüren den Bezie-

---

[7] Julia Child (15. August 1912–13. August 2004) hatte die Zwillinge im Aszendenten, die Sonne im Löwen und den Mond in der Waage. Merkur ist der Herrscherplanet ihres Aszendenten und verfügte daher über besonders starken Einfluss. Und wofür steht Merkur? Die Gabe der Rede! In Julias Horoskop wies Merkur aber ungünstige Aspekte auf, weil er sowohl zum Jupiter wie zum Saturn im Quadrat stand. Das hieß, dass sie Schwierigkeiten hatte, sich auszudrücken (Saturn), was sich auf überschäumende Weise (Jupiter) bemerkbar machte, und genauso redete sie auch! Ihr späterer Ehemann Paul fand sie nach der ersten Begegnung »ein bisschen hysterisch« (und zwar nicht auf die lustige Art).

hungen zwischen Menschen und Dingen nach. Sie interessieren sich genauso für das Leben von Berühmtheiten wie für das Ihrer Nachbarn. Alles das ist Wasser auf Ihren Mühlen.

Sie bleiben in Kontakt zu Ihren Mitmenschen. Sie schreiben E-Mails, sprechen auf Anrufbeantworter und tippen SMS – zusätzlich zu Ihren Tweets und Blogs. Sie sind immer auf dem Laufenden.

Sie haben Ihre Lieblingsorte zum Ausgehen, die Sie regelmäßig zur selben Tageszeit aufsuchen. So verlieren Sie nicht den Kontakt zur Clique! Eckkneipen und Cafés sind klassische Treffpunkte. Sie plaudern mit alten Bekannten, treffen neue, und wenn »niemand« da ist, lesen Sie eben in dem Buch, das Sie immer dabeihaben, blättern in einer Zeitschrift oder lösen ein Kreuzworträtsel oder Sudoku. (Sie lieben Denksportaufgaben und Rätsel.) Vielleicht essen Sie Fingerfood dazu – Ihr Lieblingsessen. (Ein bisschen hiervon, ein bisschen davon.) *Der klassische amerikanische Chocolate Chip Cookie wurde 1930 von einer zwillingsgeborenen Ernährungsberaterin namens Ruth Graves Wakefield (17. Juni 1903–10. Januar 1977) erfunden.*

Technische Spielereien

Sie können ohne Gimmicks nicht leben. Sie brauchen etwas, das Ihre Aufmerksamkeit fesselt, und – hey, es ist auch noch nützlich! Sie lieben die kurze Herausforderung herauszufinden, wie etwas funktioniert. Dann staunen Sie darüber, dass jemand auf diese Idee gekommen ist. (»Ein Etikettierer!«[8]) Sie schauen sich gerne an, was andere Menschen mit ihrer Intelligenz kreieren. (»Was denen nicht alles einfällt!«) Ihre Wohnung ist voller

---

[8] Mein Vater war ein Zwilling und liebte sein Etikettiergerät! Er klebte diese hässlichen Etiketten überall hin, vor allem da, wo sie überflüssig waren. Er mochte das Gerät einfach. Er schrieb immer mit einem Füller mit grüner Tinte. Außerdem war er Amateurfunker. Er las alles, aber seine große Liebe gehörte der Mathematik. »Das ist wie Süßigkeiten für mich.« Er las auch die Romane der frühen Science-Fiction-Autoren, die, wie er sagte, ebenfalls (zum größten Teil) Mathematiker gewesen seien.

Gegenstände, die Sie unbedingt haben mussten, die aber jetzt irgendwo Staub ansammeln oder ganz hinten in der Schublade vergammeln.

Natürlich mögen Sie auch altmodische Spielereien, nicht nur die neuesten. Kompasse, Taschenuhren, Sanduhren, Astrolabien, Wanduhren, Landkarten, Füllfederhalter aller Arten, sämtliche Messinstrumente, Globen, Rechenschieber, Abakusse und alles andere, was sich auch im Arbeitszimmer von Benjamin Franklin oder auf den Schreibtischen der Brüder Grimm gefunden hätte, sind wahre Schätze für den Zwilling!

Außerdem mögen Sie Spiele, denn Sie sind der geborene Schelm. Sie sind extrem lebenslustig und verspielt! Der Zwilling ist der Peter Pan des Tierkreises und wird nie wirklich erwachsen. Sie bewahren sich Ihre Kindlichkeit lebenslang.

Wenn Sie nicht gerade jemand anderen ausfragen oder die Nase in Ihr Buch, Ihre Zeitschrift oder Ihr Rätsel stecken, dann können Sie jederzeit den Laptop oder das Smartphone zücken, um sich zu beschäftigen. Warum sind Sie von diesem ganzen Kram so fasziniert? Weil Sie immer etwas zu tun brauchen! Zu tun zu haben, ist essenziell.

Sich langweilen gehört nicht zu Ihrem Repertoire.

»Unvollkommenheit ist Schönheit, Verrücktheit ist Genie, und es ist besser, absolut lächerlich als absolut langweilig zu sein.«

MARILYN MONROE
Amerikanische Schauspielerin und Sängerin
Blondinen bevorzugt, Manche mögen's heiß
(1. Juni 1926 – 5. August 1962)

»Ich nehme zwei«

Ihr Symbol sind die Zwillinge, kein Wunder, dass Ihr Sternzeichen einen starken Bezug zur Zahl zwei hat. Sie haben gerne zwei Häuser und zwei Autos, und viele von Ihnen haben zwei Jobs. Beim Shoppen nehmen Sie, wenn Sie sich zwischen zwei Artikeln nicht entscheiden können, oft beide.

Ihre Zwillinge-Neigung zur Zahl zwei geht noch weiter. Sie möchten am liebsten in zwei Welten leben! Vielleicht haben Sie eine Stadtwohnung und ein Häuschen auf dem Land oder ein Cottage auf einer Insel. (Oder Sie wohnen auf dem Land und haben ein Appartement in der Stadt.) Sie lieben es, zwischen zwei unterschiedlichen Realitäten zu pendeln. Natürlich *halten Sie diese beiden Welten auseinander.* Tut man das nicht, neigen sie dazu auszufransen, unscharf zu werden und miteinander in *eins* zu verschmelzen. Oh, bloß das nicht!

Vor Jahren hat einmal jemand zu mir gesagt: »Glück bedeutet, Alternativen zu haben.«

Ich war gerade in einer Bar in Port Townsend, Washington. (Übrigens die Bar, die in dem Film Ein Offizier und Gentleman *vorkommt.) Obwohl ich selbst keine Zwillingsgeborene bin, habe ich eine Menge Zwillingseinfluss in meinem Horoskop, und als ich diesen Satz hörte, leuchtete er mir sofort ein. Immer, wenn ich mir bei etwas unsicher bin oder jemand anderer eine Entscheidung sucht, vielleicht, wenn es darum geht, welches von zwei Dingen man irgendwohin mitnehmen soll, sage ich einfach: »Nimm doch beide! Glück bedeutet, Alternativen zu haben!«*

Was Sie wollen, ist *Kontrast* und *Abwechslung.* Sie genießen das Leben in Ihrer ersten Welt, wo Sie jeden kennen und Ihre

Kontakte haben, wo Sie shoppen gehen, Veranstaltungen besuchen und vielleicht arbeiten. Alles ist wunderbar. Aber dann –
ta-dah! – brauchen Sie eine Veränderung. Also verziehen Sie
sich in Ihre zweite Welt, wo Sie andere Kontakte haben, einkaufen gehen und Partys und Events besuchen und womöglich
auch arbeiten – und auch hier ist alles wunderbar. Am besten ist,
wenn diese beiden Welten möglichst wenig voneinander wissen.
Das gewährleistet eine wirklich erfrischende Veränderung!

Sie müssen immer wieder an neue Orte ausweichen. Wenn Sie
anfangen, sich an einem zu langweilen, wechseln Sie an einen
anderen.[9] Und wenn der seinen Reiz verliert, gehen Sie wieder
an den ersten zurück. (»Ich habe ganz vergessen, wie sehr ich die
Stadt mag!«, beziehungsweise: »Ach, diese Ruhe auf dem Land
ist einfach perfekt!«)

*»Um ein Gebäude zu verstehen, muss man es sehen. Foto-
grafien oder Filme können diese Erfahrung nicht ersetzen.«*
ARTHUR ERICKSON
Kanadischer Architekt und Stadtplaner
(14. Juni 1924 – 20. Mai 2009)

Freiheitsdrang

Sie sind ein freiheitsliebender Mensch. Sie sind weder so rast-
los wie der Schütze noch so ein rebellischer Bilderstürmer wie
der Wassermann, aber Sie brauchen Ihre Freiheit, um Ihr Ding
durchzuziehen!

Und was ist Ihr Ding? Sie schließen gerne neue Bekanntschaften, entdecken neue Veranstaltungen, reisen an unbekannte Orte
und wollen vor allem Zeit zum Lernen haben, damit Sie stets

---

[9] Ich habe mal gehört, dass der wunderbare international bekannte Architekt Arthur
Erickson (14. Juni 1924 – 20. Mai 2009) nicht gerne länger als zehn Tage in einer Stadt
blieb.

Anregungen bekommen. Ganz besonders haben es Ihnen fremde Kulturen angetan.

»Als Jugendlicher hatte ich die üblichen Träume. Ich wollte Autor, Musiker und Hockeyspieler werden. Auf jeden Fall keinen geregelten Bürojob.«

MICHAEL J. FOX
Kanadischer Schauspieler
Zurück in die Zukunft, Das Geheimnis meines Erfolges
(9. Juni 1961)

Deshalb reisen Sie so viel. Obwohl einige Zwillinge wirklich auf Weltreise gehen, sind den meisten häufige Kurzreisen lieber. Was Sie suchen, ist Abwechslung und Anregung! Außerdem müssen Sie in Kontakt mit Ihren Freunden bleiben.

Sie ziehen es normalerweise vor, ungebunden und unverlobt zu sein. Sicherheit ist Ihnen nicht so wichtig, obwohl Sie zugeben, dass Geld erforderlich ist, um reisen, lernen und frei sein zu können.

Es gibt allerdings zwei Ausnahmen. Das Sternzeichen der Zwillinge liegt zwischen Stier und Krebs, wie Ihnen ein schneller Blick ins Zeitungshoroskop zeigt. Weiter gelten in der Astrologie Merkur und Venus als die »persönlichen« Planeten, weil sie so nahe an der Sonne stehen. Deshalb stehen sie auch oft im selben Zeichen wie die Sonne, und wenn nicht, dann in einem der beiden Nachbarzeichen. Ein Zwilling hat also vielleicht nicht nur die Sonne in den Zwillingen, sondern auch noch Merkur und Venus. Das sind dann die Peter-Pan-Zwillinge. (»Ich werde nie erwachsen!«)

Ein anderer Zwilling hat vielleicht Merkur oder Venus oder beide im Stier. Dieser Zwilling möchte dann, anders als andere Zwillinge, gerne Land besitzen, am liebsten Ackerland. Vielleicht hat ein Zwilling aber auch Merkur und Venus im Krebs. Wenn das der Fall ist, wird der betreffende Zwillingsgeborene viel Wert auf ein Zuhause, Familie, Kochen und Gärtnern legen. Es gibt viele Arten von Zwillingen!

Mit dem »Wesen des Zwillings« ist der Archetyp des Zwillingsgeborenen gemeint, nicht ein bestimmtes Individuum. Niemand ist genau und nur ein Zwilling, weil *niemand nur ein Sternzeichen hat.*

Der archetypische Zwilling möchte frei und ungebunden sein, damit die Zukunft voller Möglichkeiten und Entscheidungsfreiheit bleibt. Für die meisten Zwillinge ist Sicherheit gleichbedeutend mit einer Falle. (»Ich musste meinen linken Arm durchbeißen, um zu entkommen!«) Deshalb sind auch so viele von Ihnen Freiberufler. Sie wollen selbst entscheiden. Sie brauchen die Möglichkeit zur Spontaneität, weil Sie oft Ihre Meinung ändern.

Wenn andere Ihnen deswegen Vorwürfe machen, sind Sie erstaunt. Sie sind sehr stolz auf Ihre Fähigkeit, geistig flexibel zu sein. Das heißt nicht, dass Sie unentschlossen oder wankelmütig sind. Im Gegenteil! Ihre anpassungsfähige Natur zeigt, dass Sie lebendig sind, wachsen und ständig auf Ihre sich verändernde Umwelt reagieren! Außerdem ist Risiko doch eine Verbesserung der Lebensqualität!

»Man erzählt nicht ständig herum, wie toll es ist, Schauspieler zu sein, sonst würde jeder einer werden wollen. Aber es ist wirklich toll. Es macht einfach Spaß, ständig neue Identitäten anzunehmen.«

GENA ROWLANDS
Amerikanische Schauspielerin
Gloria, die Gangsterbraut
(19. Juni 1930)

Der verliebte Zwilling

»Ich bin brav, aber kein Engel. Ich sündige, aber ich bin kein Teufel. Ich bin nur ein kleines Mädchen in einer großen Welt, das jemanden sucht, den es lieben kann.«

MARILYN MONROE
Amerikanische Schauspielerin und Sängerin
Blondinen bevorzugt, Manche mögen's heiß
(1. Juni 1926 – 5. August 1962)

Wussten Sie schon, dass Ihr Herrscherplanet Merkur auch als Sexgott bekannt war? (Sie können mir ruhig glauben.) Schließlich teilen Sie Ihr Sternzeichen mit Marilyn Monroe, Angelina Jolie, John Wayne, Gena Rowlands, Isabella Rossellini, Errol Flynn, Johnny Depp, Joan Collins, Isadora Duncan, Rupert Everett, Tony Curtis und Josephine Baker, denen die Fans zu Füßen lagen und immer noch liegen.

Sie lieben es, viele bewundernde Zuschauer zu haben. Es ist einfach schön zu wissen, dass andere Menschen auf Neuigkeiten von Ihnen warten und darauf brennen, Sie zum Essen, auf Partys und zu interessanten Events einzuladen.

Was allerdings Zweierbeziehungen angeht, so suchen Sie auf diesem Gebiet eher einen geistigen Partner. Sie haben einen scharfen Verstand und wünschen sich einen ebensolchen als Spielgefährten! Sie sind gut in Wortgefechten und wünschen sich jemanden, der Ihnen dabei Paroli bieten kann! Sie suchen jemanden, der Ihnen geistig ebenbürtig ist und mit dem Sie geniale Ideen austauschen können! Deshalb läuft die romantische Verführung bei Ihnen über Gespräche, Briefe, Notizen und Gedichte. Sie bleiben fast stündlich durch SMS, E-Mails und

Telefongespräche in Verbindung und verstecken handgeschriebene Zettelchen in Koffern, Aktentaschen, Frühstücksdosen und unter Kissen und schreiben mit Lippenstift auf den Badezimmerspiegel.

Sie geben Ihrem oder Ihrer Liebsten Ihre Lieblingsbücher zu lesen, aber auch die Bücher, von denen Sie glauben, dass sie ihm oder ihr am besten gefallen werden. Sie schaffen dadurch langsam eine so intensive Verbindung, dass Sie eigentlich beide an niemand anderen mehr denken.

Und vergessen wir nicht die Karten! Ob unter den Scheibenwischer geklemmt, ans Fahrrad oder Motorrad geklebt, mit der Post oder von Hand zugestellt oder in der Lieblingszeitschrift zur späteren Entdeckung hinterlassen.

Aber wenn bei Ihrem Gedanken- und Ideenaustausch nicht sofort der Funke überspringt, dann – *pffft!* – wird höchstens ein One-Night-Stand aus der Begegnung. Oder zwei Nächte (Sie erledigen ja gerne alles in Paaren).

Sexuell sind Luftzeichengeborene ein bisschen verdreht. Das muss nicht heißen, dass Sie keinen Blümchensex mögen – das ist durchaus drin. Aber Zwillinge sind im Bett verspielt, neugierig und experimentierfreudig, besonders, wenn sie etwas Interessantes gelesen haben, zum Beispiel im Kamasutra (ich habe die günstige Studentenausgabe).

Ein Gebiet, auf dem Sie unschlagbar sind, ist *la bouche*. Zwillinge sind die besten Küsser der Welt! (Jede Menge Übung für die Lippen bei null Kalorien.) Das ist nicht überraschend, weil Sie sich ja auch sooo leicht und sanft in alles hinein- und aus allem wieder herausreden können!

Im Bereich der sexuellen Anziehung, Liebe und Romantik stoßen wir dann allerdings auf Ihren größten inneren Widerspruch. Zuerst einmal: Wir wissen alle, wie viel Wert Sie auf Abwechslung legen. (Die Würze des Lebens!) Wenn es also um Romantik geht, reizt es Sie, mehr als einen Liebhaber zu haben, der Sie anbetet. (Hier kommt auch Ihre Rudelmentalität ins Spiel.)

Sie genießen die Vorstellung, dass es trotz Ihrer festen und innigen Verbindung mit einer Person noch haufenweise andere gibt, die sich nach Ihnen verzehren, Ihnen Liebesbriefe über den Zaun werfen oder sie unter Ihrer Tür durchschieben. Deshalb haben Sie es nicht eilig, alle Bindungen abzubrechen, auch wenn Sie Ihrer wahren Liebe begegnen. Sie möchten immer ein paar Auswahlmöglichkeiten in petto haben, um Ihr Selbstwertgefühl zu stützen und sich abzusichern. (»Schön zu wissen, dass da draußen jemand ist, der mich liebt.«)

Ein weiterer Grund, warum Sie zögern, die Zugbrücke sofort hochzuleiern: Sie sind einfach viel zu beschäftigt! Schließlich ist es für Sie kein Problem, mit Menschen zu jonglieren. (Warum auch?) Sie treffen gerne zwei Verabredungen am selben Abend. Ich kenne zwei Zwillingsgeborene (wieder diese Zahl), einen Mann und eine Frau, die unabhängig voneinander auf die Idee kamen, aus dem Bett zu schlüpfen, während der Partner schlief, ins Auto zu springen und zu einem Rendezvous mit jemand anderem zu fahren, dann vor Sonnenaufgang wieder zurückzukommen und sich zu Partner Nummer eins ins Bett zu kuscheln, der nie etwas von der Eskapade erfuhr. Ich vermute, dass dieses Szenario unter Zwillingsgeborenen nicht selten ist, und sehe förmlich viele von Ihnen jetzt nicken und lasziv grinsen. (Sie Teufelchen.)

Und es gibt noch einen dritten Grund dafür, warum Sie mit Liebhabern nicht immer ganz ehrlich sind. Sie sind ganz einfach ein großer Schwindler. (Ach, geben Sie's zu.) Selbst, wenn Sie die Wahrheit nicht verdrehen, um Ihre eigene Haut zu retten, schmücken Sie Ihre Geschichten immer aus! (Sie glauben, es sei schade, eine gute Geschichte mit den Fakten zu ruinieren.) Und Sie können reden wie ein Buch, wenn Sie Ihre Haut retten müssen!

Das ist die eine Seite des Zwillings, der unzuverlässige Zwilling sozusagen.

*»Kluge Mädchen küssen, verlieben sich aber nicht, hören
zu, glauben aber nicht, und gehen, bevor sie verlassen werden.«*

MARILYN MONROE
Amerikanische Schauspielerin und Sängerin
Blondinen bevorzugt, Manche mögen's heiß
(1. Juni 1926 – 5. August 1962)

Aber der Zwilling hat auch eine völlig andere Seite (bleiben Sie
dran!), die darauf basiert, dass er von einem Zwillingspaar symbolisiert wird. Tief in Ihnen spricht etwas auf diese Symbolik an.
Deshalb möchten Sie zum Beispiel von allem zwei Stück haben.
(Liebhaber etwa.)

Aber wenn wir uns das Konzept »Zwillinge« genauer ansehen, entdecken wir, dass Sie schon seit Ihrer Geburt Ihre andere
Hälfte suchen. Sie suchen Ihre Vervollständigung. Als Sie noch
klein waren, hat Ihre Familie diese Rolle gespielt; sie wurde Ihre
»andere Hälfte«. Selbst wenn Ihre Familie nur gemein zu Ihnen
war, werden Sie deshalb immer loyal gegenüber diesem Haufen
Deppen bleiben![10]

Wenn Sie erwachsen werden, wird aus diesem Drang nach
Vervollständigung die Suche nach einem Seelengefährten. Viele
Sternzeichen suchen diesen Seelengefährten, aber keines so eifrig und leidenschaftlich wie ein Zwilling. Und genau, wie Sie
Ihrer Familie (ob sie es wert ist oder nicht) extreme Loyalität
beweisen, kann sich auch Ihr Seelengefährte dieser bedingungs-
losen Treue gewiss sein. Als Gegenleistung verlangen Sie nur
eins – dass Sie im Leben Ihres Partners die erste Geige spielen.
Niemand darf ihm wichtiger sein als Sie.

Sie verkörpern also einen seltsamen Widerspruch in sich. Ich
stelle mir das immer als einen unzuverlässigen und einen treuen

---

[10] Dieses Szenario findet sich häufig bei zwillingsgeborenen Missbrauchsopfern.

Zwilling vor. Es stimmt, Sie können wirklich unzuverlässig sein. Eine reiche Auswahl an Partnern reizt Sie und stärkt Ihr Selbstwertgefühl. Es ist aufregend, von vielen Menschen begehrt zu werden. Sie genießen das Gefühl, andere in Wartestellung zu halten, die nur auf ein Wort von Ihnen lauern und auf eine Verabredung, einen Brief, einen Anruf oder irgendein Zeichen hoffen, dass ihre Verehrung für Sie wahrgenommen worden ist. (Sie lieben das.)

Sie sind aber auch der Mensch, der eifrig und ernsthaft nach der wahren Liebe sucht – nach dem Seelengefährten. Und wenn Sie den gefunden haben, sind Sie diesem Partner gegenüber völlig loyal, weil er eben nicht nur der Nächste in der Reihe ist, sondern derjenige, der Sie in diesem Leben zu einem Ganzen macht.

Der Zwilling als Vorgesetzter

»Wenn Sie schon denken, dann denken Sie groß.«
DONALD TRUMP
Amerikanischer Geschäftsmann, Autor und
Juror in der Fernsehshow *The Apprentice*
(14. Juni 1946)

Ihr Zwillinge-Vorgesetzter hat viel zu viele Termine und ist wahrscheinlich dauernd unterwegs in Meetings, für Recherchen, zu persönlichen Gesprächen und zum Auskundschaften der Konkurrenz. Wenn wichtige Menschen anrufen, will der Zwillinge-Chef das sofort wissen! Wenn etwas Wichtiges passiert, unterbrechen Sie ihn ruhig. Zwillinge können mit Unterbrechungen umgehen und sind geborene Multitasker!

Der Zwillinge-Chef überfliegt seine E-Mails, telefoniert und unterschreibt Dokumente, während er einem Gespräch vor seiner Bürotür folgt. Die Belauschten erfahren das spätestens, wenn er hinausruft: »Ich glaube kaum, dass es da um diese Tageszeit schon Bier gibt!« Der Zwillinge-Vorgesetzte weiß alles, was sich ereignet. (Jedenfalls fast.) Weil Zwillinge immer auf Abwechslung, Anregung und Beschäftigung aus sind, entgeht ihnen zwar auch mal etwas – aber nicht viel.

Der Zwillinge-Chef möchte den Büroklatsch kennen und über Büroliebschaften Bescheid wissen – einfach über alles, was die Personalsituation beeinflussen könnte. Wenn Sie ihm etwas erzählen, fassen Sie sich kurz, denn er hat viel zu tun! (Und nicht nur das, er langweilt sich auch schnell.) Die richtige Sekretärin wird immer rechtzeitig eingreifen und Langweilern seine Tür vor der Nase zuschlagen! (Bitte nicht wörtlich nehmen!)

Zwillinge gehen ziemlich lässig mit Geld um; wenn Ihr Zwillinge-Vorgesetzter Sie also zum Mittagessen einlädt, stellen Sie sicher, dass er Bargeld oder Kreditkarten dabeihat, sonst bleibt die Rechnung womöglich an Ihnen hängen.

Der Zwillinge-Chef arbeitet sehr gut mit einem Partner zusammen. Er braucht die Anregung durch Gespräche und Ideenaustausch. Offene Strategiebesprechungen und Brainstormings sind der Schlüssel dazu.

Rechnen Sie damit, dass er in Sekundenschnelle seine Meinung ändert. (Das ist ein Vorrecht der Zwillingsgeborenen.) Er möchte morgens gerne gegrüßt werden, und er will wissen, wann Sie abends Feierabend machen.

Sie können ihm eine Freude bereiten, indem Sie ihn auf einen interessanten Zeitungsartikel hinweisen, der ihm entgangen ist – was zugegebenermaßen unwahrscheinlich ist.

Der Zwilling als Angestellter

»Ein bisschen Panik dann und wann verhindert Stagnation im Leben.«

FRANCIS CRICK
Britischer Physiker und Biochemiker;
Mitentdecker der Molekularstruktur der DNS
(8. Juni 1916 – 28. Juli 2004)

Merkur, der Name des Herrscherplaneten der Zwillinge, ist vom lateinischen *merx* (»Ware«, »Gewinn«) abgeleitet, darum trifft man im Einzelhandel auf viele Zwillinge-Angestellte. Außer Ladengeschäfte und Restaurants üben vier weitere Berufsfelder eine große Anziehungskraft auf Zwillinge aus: (1) Jobs als Taxi-, Bus- und Lkw-Fahrer; (2) Arbeit im Journalismus und Verlagswesen (wenig überraschend); (3) Arbeit als Lehrer und (4) in der Reisebranche.

Genau wie der Zwillinge-Chef hasst auch der Zwillinge-Angestellte Langeweile! Ihr Zwillinge-Angestellter ist also ein begnadeter Multitasker und hat gerne viel zu tun. Er wird sich nicht überfordert fühlen, wenn Sie ihm viele verschiedene Aufgaben zuweisen. Lassen Sie sich vom jugendlichen Äußeren auch fast pensionsreifer Zwillinge nicht täuschen. (Sie werden nie wirklich erwachsen.)

Ihr Zwillinge-Angestellter ist gut im Berichtschreiben, im Abschluss von Geschäften und bei Gesprächen mit anderen. Er versäumt kein Meeting, fischt nach Insiderinformationen, liebt Networking und recherchiert unermüdlich. Setzen Sie ihn aber nie alleine in ein Büro. Großer Fehler. Zwillingsgeborene brauchen Menschen, mit denen sie reden können, und arbeiten am besten zu zweit. (Das klingt blöd, ich weiß, stimmt aber trotzdem.)

Dieser Angestellte ist erstaunlich vielseitig. Wenn man ihn allerdings mit Routine und langweiligen Tätigkeiten plagt, wird er erst schlampig und kündigt dann irgendwann.

Zwillingsgeborene mögen Überraschungsgeschenke wie Füllfederhalter, persönliches Briefpapier und interessante Kleinigkeiten aus anderen Ländern, zum Beispiel heidnische Fruchtbarkeitsgötzen.

Der Zwilling als Elternteil

»Wenn ich Einfluss auf die gute Fee hätte, die angeblich alle Kindstaufen überwacht, dann würde ich sie bitten, jedem Kind auf der Welt die lebenslang unauslöschliche Fähigkeit des Staunens zu verleihen.«

RACHEL CARSON
Amerikanische Meeresbiologin,
Wissenschaftsautorin und Umweltaktivistin
Der stumme Frühling
(27. Mai 1907–14. April 1964)

Zwillingsgeborene können die Elternrolle ganz wunderbar erfüllen, vor allem, weil sie sich selbst einen Teil ihrer Kindlichkeit bewahrt haben.[11] Zwillinge-Eltern sind nicht nur verspielt, geistreich und humorvoll, sondern oft auch so neugierig wie ein Kind. Zwillingsgeborene Eltern und Kinder ziehen gemeinsam los, das Universum zu erforschen – ob sie jetzt durch ein Teleskop den Sternenhimmel betrachten, über einem Buch aus der Bibliothek brüten oder am Esstisch ein faszinierendes Gespräch führen.

Zwillinge-Eltern erklären ständig irgendetwas, lehren, klären auf und stellen Fragen, und das ist noch untertrieben. Mein Zwillinge-Vater machte aus allem eine Lehrstunde, aber es war immer lustig, spannend und anregend.

Zwillinge-Eltern ermutigen ihr Kind zum Lesen und versorgen es mit Stiften, Zirkel und Lineal, Malkreide, Farben, Uhren,

---

[11] Mein Vater, ein Zwillingsgeborener, war ein wunderbarer Mensch. Noch lange, nachdem meine Geschwister und ich zu Hause ausgezogen waren, klingelten immer noch kleine Kinder aus der Nachbarschaft bei uns und fragten, ob er zum Spielen herauskommen könne.

Taschenlampen, Hämmern, Nägeln, Scheren und allem anderen, was ein Kind braucht, um kreativ zu sein, zu basteln oder seine Ideen aufzuzeichnen. Auch zum Hören und Genießen von Musik führen Zwillinge-Eltern ihre Kinder hin.

Das Wichtigste, was ein Zwillinge-Elternteil bieten kann, ist allerdings die Vorbildfunktion für unausgesetzte Neugier auf alles im Leben, für den unbedingten Wunsch zu lernen, und für die Vorstellung, dass man schließlich nur fragen muss, wenn man etwas noch nicht weiß.

Ein Zwilling als Elternteil ist so gut wie ein Hauslehrer zusätzlich zu einem liebenden Vater oder einer liebenden Mutter.

»Kinder sind auf meiner Ebene. Ich albere gerne mit ihnen herum.«

JOHN GOODMAN
Amerikanischer Schauspieler
The Big Lebowski, Roseanne (TV-Serie)
(20. Juni 1952)

Der Zwilling als Kind

*»Es war einmal ein kleines Häschen, das weglaufen wollte.
Es sagte zu seiner Mutter: ›Ich laufe jetzt weg.‹ ›Wenn du
wegläufst‹, antwortete seine Mutter, ›werde ich dir nach-
laufen. Denn du bist mein kleines Häschen.‹«*
(Aus: *The Runaway Bunny*)

MARGARET WISE BROWN
Amerikanische Kinderbuchautorin
(23. Mai 1910 – 13. November 1952)

Die meisten Zwillinge-Kinder lernen früh laufen und sprechen
und haben ihre Finger überall! Das sind aufgeweckte kleine Kinder! Denken Sie also nicht, sie wollten Unheil stiften (obwohl das
auch vorkommt); Zwillinge-Kinder sind einfach neugierig. Sie
wollen immer etwas Neues lernen – egal was.

Dieses Kind braucht viel Anregung, aber nicht die passive
Berieselung, wie sie das Fernsehen bietet. (Fernsehen gibt einem
nur die Illusion von Leben.) Dieses Kind braucht unmittelbaren
Kontakt zur Außenwelt – Ausflüge in Parks, ein eigener Lese-
ausweis für die öffentliche Bibliothek, Musikstunden und vor
allem Vorlesen. Zwillinge-Kinder mögen das gedruckte Wort und
lieben es zu lesen. Noch mehr mögen sie es allerdings, wenn
jemand, den sie lieben, ihnen vorliest.

Haben Sie Geduld mit seinen endlosen Fragen. Dieses Kind
möchte wissen, warum der Himmel blau ist, und zwar ernsthaft –
es möchte Sie nicht ärgern. Das Zwillinge-Kind ist unglaublich
neugierig und gleichzeitig äußerst verspielt!

Sprechen Sie mit Ihrem Zwillinge-Kind wie mit einem Erwachsenen. Sie werden vielleicht überrascht sein, welchen erwach-

senen Antworten dieser frische junge Geist folgen kann. Falls möglich, geben Sie diesem Kind Gelegenheit zum Sprachenlernen. Zwillinge sind extrem schnelle Sprachenlerner!

Dieses Kind ist gesellig, es braucht die Gesellschaft anderer Menschen. Wenn es gerne bei den Erwachsenen bleiben möchte, schicken Sie es nicht zum Spielen hinaus, um Ihre Ruhe zu haben. Zwillinge sind stets dort zu finden, wo das Leben am interessantesten ist!

»Es ist wunderbar, mit einigen guten Büchern ins Leben zu starten, die einem ganz allein gehören.«

SIR ARTHUR CONAN DOYLE
Schottischer Arzt und Schriftsteller
Die Abenteuer des Sherlock Holmes
(22. Mai 1859–7. Juli 1930)

Wie ein Zwilling glücklicher wird

Sie lieben das Leben. Alles in Ihrer Umwelt nimmt Sie gefangen, und Sie wollen alles einmal ausprobieren! Es ist, als ob Sie von Stein zu Stein übers Wasser springen oder von Berggipfel zu Berggipfel über einen Kontinent und sich dabei keine Gelegenheit entgehen lassen.

Das ist eine aufregende und bewundernswerte Art zu leben. Die Triebkraft dahinter hängt mit Ihrem Symbol, dem Zwilling, zusammen. Sie suchen ununterbrochen nach Ihrer anderen Hälfte – nach Ihrer Vervollständigung. Ohne dieses »Etwas« fühlen Sie sich unvollständig. Das heißt, dass Sie ständig von einer unerschöpflichen inneren Kraft angetrieben werden. Mit dieser Energie entdecken Sie so viel vom Leben, wie Sie nur können.

Diese Triebkraft führt Sie allerdings oft zu hohlen Siegen. Welches Ziel Sie sich auch setzen und erreichen, meist stellt es sich anschließend als etwas heraus, das Ihr Bedürfnis nach Vervollständigung nicht erfüllt und Sie nicht befriedigt.

»Unterhaltung ist eine Ablenkung ohne Bedeutung. Sie amüsiert uns vielleicht eine Weile, aber nach dem anfänglichen Wohlgefühl bleiben wir enttäuscht und verlassen zurück.«
ARTHUR ERICKSON
Kanadischer Architekt und Städteplaner
(14. Juni 1924 – 20. Mai 2009)

Dabei spielt sich Folgendes ab: Weil Sie unbewusst immer nach Ihrem Zwilling suchen, nach etwas, das Sie »vervollständigt«, jagen Sie ständig dem Gefühl der Erfüllung nach. Sie glauben, wenn Sie nur diesen bestimmten Menschen heiraten, dieses eine Buch schreiben, diesen Job haben, dieses Haus bauen, diesen Wagen fahren, diesen Preis gewinnen, diese Beförderung erreichen oder was auch immer Ihnen Wunderbares vorschwebt – *dann wären Sie glücklich.*

Das ist der große Fehler der Zwillinge.

Im Grunde sind Sie ein Opfer der Illusion, dass auf der anderen Seite des Hügels das Gras grüner wäre. Diese Illusion beeinflusst alles, was Sie im Leben tun. Stellen Sie sich vor, Sie sind auf der Suche nach einem neuen Wintermantel. Sie betreten einen Laden und finden nach zwei Minuten den perfekten Mantel! Kaufen Sie ihn, und freuen Sie sich, dass Sie Ihren Einkauf in zehn Minuten erledigen konnten? Von wegen. Stattdessen bitten Sie die Verkäuferin, ihn für Sie zu reservieren. »Ich kaufe ihn bestimmt, können Sie ihn bitte zwei Stunden für mich zurücklegen?« Dann werden Sie herumlaufen und in anderen Geschäften nachsehen, ob sich dort nicht ein schönerer Wintermantel findet. Es gibt natürlich eine winzige Chance, dass das tatsächlich der Fall ist, aber sehr wahrscheinlich ist das nicht, also kehren Sie in den ersten Laden zurück und kaufen den ersten Mantel, den Sie anprobiert haben.

Dieses Szenario gilt für viele andere Aspekte Ihres Lebens genauso, besonders für Ihr Liebesleben. Wenn Sie Ihren Liebsten umarmen, schauen Sie dabei die ganze Zeit über seine Schulter, es könnte ja jemand »Besseres« vorbeikommen.

Dieses Zögern vor einer festen Bindung könnte als Freiheitsdrang missverstanden werden, aber es ist in Wirklichkeit eher eine Lähmung. Sie haben Angst, sich jetzt sofort auf etwas einzulassen, weil Sie es später bedauern könnten, wenn sich eine bessere Gelegenheit bietet. (Im Restaurant möchten Sie auch immer gern wissen, was die anderen am Tisch bestellen werden, falls deren Essen besser aussieht als Ihres, wenn es später aufgetischt wird.)

Diese Zwangsidee, dass jenseits des Zauns das Gras grüner ist, treibt Sie ständig an und schafft ein ständiges Gefühl von Unzufriedenheit mit dem, was Sie gerade haben oder was erhältlich ist.

Und hier ist die ernüchternde Wahrheit: *Sie haben völlig recht.* Wenn Sie sich an diese bestimmte Person binden, dann kann Ihnen tatsächlich in einem Jahr jemand »Besseres« begegnen! Wenn Sie jetzt all Ihr Geld für dieses bestimmte Haus, Auto, Tier oder Kleidungsstück ausgeben, dann kann es passieren, dass Sie später auf ein schöneres Haus, Auto, Tier oder Kleidungsstück stoßen. Sie hatten recht! (Waaas?)

Die Wahrheit ist: *Man kann immer auf etwas noch Besseres stoßen.* Es wird immer jüngere, reichere, größere, dickere, schönere, wohlschmeckendere, berühmtere ... was auch immer geben. Die Liste ist endlos. Es gibt immer etwas noch Besseres.

Was können Sie also tun?

Sie leben nun einmal in der wirklichen Welt, und Ihr Leben ist keine Kostümprobe. Sie müssen sich damit abfinden, dass das Leben eben so ist, wie es ist. Jedes menschliche Wesen auf diesem Planeten trifft ständig endgültige Entscheidungen, obwohl sich später noch »etwas Besseres« ergeben könnte. Diese Fähigkeit, sich festzulegen, heißt *Zufriedenheit.*

Negativität bedeutet, die Dinge anders haben zu wollen, als sie sind. Oder, um es andersherum auszudrücken, wenn Sie mit Ihrem Leben zufrieden sind, gibt es keine Negativität.

Betrachten wir diese beiden Wahrheiten: Erstens müssen Sie, weil es immer noch etwas Besseres geben kann, aus diesem endlosen Kreislauf des Wartens ausbrechen. Wenn Sie sich etwas kaufen möchten oder einen Lebenspartner suchen, was auch immer – dann müssen Sie sich festlegen. Sie müssen Ihr Leben leben! Akzeptieren Sie das. Wir alle leben damit. Die zweite Wahrheit lautet: Ob Sie sich glücklich oder unglücklich fühlen, hängt davon ab, ob Sie sich darauf konzentrieren, was Sie haben, oder darauf, was Sie *nicht* haben. Glück besteht ganz einfach darin, das zu wollen, was man hat, und Unglück ist, das zu wollen, was man nicht hat.

Das Ermutigende an all dem ist, dass Sie mit diesen beiden Ansätzen spielen können, weil beide in Ihrem Geist existieren. Deshalb können manche Menschen mit sehr wenig im Leben zufrieden sein, während andererseits auch reiche und berühmte Menschen unglücklich sein können.

Es liegt also an Ihnen. Wenn Sie einmal akzeptieren, dass es immer noch etwas »Besseres« gibt und Sie sich aus diesem Teufelskreis des Wartens befreien müssen, haben Sie bereits einen großen Sprung nach vorne getan! Sie wissen dann, dass Sie Entscheidungen für das *Jetzt* treffen müssen.

Dieses teuflische »Es gibt immer noch etwas Besseres« trifft uns alle. Wir müssen uns dem genauso stellen wie der harten Wahrheit, dass wir alle altern. Es zu akzeptieren, ist der schnellste Weg zum inneren Frieden, wenn man es mit etwas Unabänderlichem zu tun hat.

Entsprechend werden Sie sich, wenn Sie dauernd unzufrieden sind, auch immer schlecht fühlen! Schauen Sie sich um – freuen Sie sich an dem, was Sie sind und was Sie haben. Ich bete täglich für mich und andere um diese Fähigkeit, sich an dem zu freuen, was man ist und hat. (Und wenn ich mal keine Zeit habe, wähle ich die Gebetshotline im Schnellwahlspeicher.)

»Wenn die Sterne nur eine Nacht in tausend Jahren zu sehen wären, wie würden die Menschen sie bewundern und anstaunen.«

RALPH WALDO EMERSON
Amerikanischer Philosoph und Schriftsteller
Repräsentanten der Menschheit, Natur
(25. Mai 1803 – 27. April 1882)

Vor Jahren sprach einmal eine wunderbare weise Frau namens Dhyani Ywahoo[12] im Orpheum Theatre in Vancouver. Ich konnte den Vortrag leider nicht besuchen, traf aber bald darauf eine Freundin, die dort gewesen war, und fragte sie: »Hey, in fünfundzwanzig Wörtern oder weniger – was hat sie gesagt?«

Meine Freundin erwiderte: »Sie hat gesagt, die wichtigste tägliche Meditation sei Dankbarkeit.«

Bist du ohne Liebe und Hass,
wird alles klar und unverhüllt.
Machst du jedoch nur die kleinste Unterscheidung,
dann sind Himmel und Erde unendlich getrennt.

FERNÖSTLICHE WEISHEIT

---

[12] Die ehrwürdige Dhyani Ywahoo ist eine spirituelle Führerin, Friedensstifterin und Autorin von *Am Feuer der Weisheit*. Sie ist Häuptling der Ani Yun Wiwa (Cherokee) und Gründerin von Sunray, einer internationalen Organisation, die sich dem globalen Frieden widmet.

Zwillinge
Ihr 40-Jahre-Horoskop

1985 – 2025

Warum wir in die Vergangenheit gehen

Ich möchte, dass Sie den Voraussagen vertrauen, und es gibt nur einen Weg, dies zu erreichen. Um mir glauben zu können, müssen Sie zunächst überprüfen, was ich behaupte. Deshalb beginne ich mit kurzen Rückblicken in die letzten fünfundzwanzig Jahre. Wenn Sie sich darin wiedererkennen, werden Sie auch meinen Aussagen über die kommenden fünfzehn Jahre Glauben schenken können. Schließlich geht es um eine einzige ununterbrochene Reihe von Ereignissen – Ihr Leben.

Die Aussagen über die Vergangenheit gelten im Allgemeinen erst ab dem Zeitpunkt, an dem Sie zu Hause ausgezogen sind oder Ihr Leben »selbst in die Hand genommen« und Ihre eigenen Entscheidungen getroffen haben. Denn in der Zeit davor wurden wichtige Ereignisse in Ihrem Leben noch von anderen bestimmt, vermutlich Ihren Eltern.

ᛣᛣ 1985–1989 ᛣᛣ

Viele von Ihnen erinnern sich noch daran, dass Ihr Beziehungsleben seit den frühen Achtzigerjahren eine wahre Achterbahnfahrt war. (Wie könnten Sie das vergessen?) Zerbrochene und wackelige Beziehungen waren definitiv bestimmend für Ihre Achtzigerjahre. (Iiih!) Ein Hauptgrund dafür war der explosive Uranus, der 1981 in Opposition zu Ihrem Sternzeichen trat und dort bis Dezember 1988 blieb. Es war unvermeidlich, dass Sie das inspirieren würde, alles abzubrechen, was Sie einengte und Ihnen das Gefühl von Unfreiheit gab. Dramatische Konflikte waren die Folge! (Und Sie können eine Menge Anekdoten dazu erzählen.)

Feindschaften und rechtliche Probleme waren unerwartet und vielleicht sogar schockierend. Dies war das Jahrzehnt, in dem Sie lernten, dass Lügen der einzige Ersatz für die Wahrheit sind. Aber Sie haben doch sicher eine Lehre daraus gezogen? »Ja, sicher. Ehe ist kein Wort, sondern ein Strafmaß.«

Auf der positiven Seite verschafften Ihnen Reisen und irgendetwas, das mit Studium oder einer Universität zu tun hatte, Mitte der Achtzigerjahre einen netten Bonus. (Irgendetwas war sehr aufregend!) Dies war außerdem eine sehr gute Zeit, um sich im Verlagswesen, den Medien, der Medizin und der Rechtspflege umzusehen (was viele von Ihnen taten, weil sie damals sehr aktiv waren).

Ende der Achtzigerjahre trocknete zwar die Unterstützung durch Partner und andere Quellen aus – und zwar vom Juli 1988 bis zum Sommer 1989 –, aber der Glücksbringer Jupiter stand in Ihrem Sternzeichen und verlieh Ihnen ungewöhnliche Kraft und große Zukunftshoffnungen. Wie der Schriftsteller Jean Kerr grimmig bemerkte, ist »Hoffnung das Gefühl, dass das Gefühl, das man hat, nicht ewig dauert«.

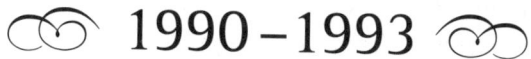 1990–1993

Und Ihre Hoffnungen waren berechtigt, denn das Jahr 1990 brachte gute Neuigkeiten! Viele von Ihnen verdienten mehr Geld. Irgendetwas bewirkte, dass Sie sich wohlhabender fühlten. Vielleicht haben Sie mehr Geld ausgegeben, um sich materiell zu verbessern, und haben sich *deshalb* reicher gefühlt, obwohl Sie die Rechnungen bezahlen mussten. (»Ich bin reich, aber pleite.«)

Es war allerdings sogar gut, dass Sie sich in diesem Jahr reicher vorkamen, weil die Unterstützung durch andere Menschen (besonders Partner) weniger geworden sein oder sogar ganz aufgehört haben könnte. (Ächz.) Das hieß, dass Sie sich selbst darum kümmern mussten. Das war eine Prüfung, die zeigen sollte, ob Sie auf eigenen Füßen stehen konnten.

Im Jahr 1992 wurde es für Sie einfacher, an sich selbst zu glauben. (»Ich glaube an mich. Ich habe mich erst heute Morgen selbst im Badezimmerspiegel gesehen.«) Ihre positiven Schwingungen zogen andere Menschen zu Ihnen hin, sodass Sie immer beliebter wurden und aufregende neue Kontakte knüpfen konnten.

1993 hatten Sie die Zeit mangelnder Unterstützung durch Partner und andere Quellen endlich hinter sich. Ein Seufzer der Erleichterung war fällig! Sie begannen sogar, sich auf etwas vorzubereiten, weil Sie spürten, dass bald eine Ortsveränderung kommen würde! Einige von Ihnen gingen noch einmal zur Schule, andere reisten, um die Welt kennenzulernen.

Zu Hause begannen warme, sanfte Gefühle Ihre Familie und das häusliche Leben zu umgeben. 1993/94 war auch eine sehr gute Zeit für den Erwerb von Immobilien, den Ausbau Ihres Hauses oder die Anschaffung neuer Einrichtungsgegenstände. Dieses

Gefühl des Überflusses und der Zunahme hat Ihnen vielleicht sogar neue Familienmitglieder durch Geburt, Heirat oder Adoption beschert. (Hm. Wurde damals jemand geboren? Ist jemand bei Ihnen oder Ihrer Familie eingezogen?)

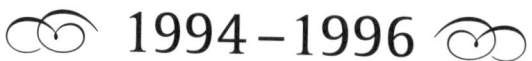 1994 – 1996

In den Jahren 1994/95 hatten Sie das Gefühl, angekommen zu sein! Auf jeden Fall ernteten Sie jetzt die Früchte von etwas, woran Sie schon lange gearbeitet hatten (seit 1986, vielleicht sogar seit 1977). Einige von Ihnen machten Ihren Abschluss; andere bekamen einen guten Job oder wurden befördert. Wieder andere heirateten; besonders, wenn sie die Heirat ersehnt hatten.

Dies war eine Zeit der Ernte; sie fuhren jetzt das ein, was Sie zuvor gesät hatten. Und dort, wo Sie (ganz im biblischen Sinne) gut gepflanzt hatten, war die Ernte entsprechend reich. Wo Sie aber schlecht gepflanzt hatten, sahen Sie: »Es funktioniert nicht!« Wenn das der Fall war, haben Sie zumindest etwas gelernt. Jetzt wussten Sie Bescheid und konnten sich weiterentwickeln!

Das Jahr 1994 war auch ein Jahr, in dem Liebe und Romantik erblühen konnten! Urlaubsreisen machten Ihnen viel Spaß, und Sie genossen Veranstaltungsbesuche, Sportereignisse und Spiele mit Kindern. Das Leben war aufregend! Ihr Telefon stand nicht still! Auch für künstlerische und kreative Aktivitäten war dies eine gute Zeit. Und es war – auch das ist Kreativität – eine gute Zeit zum Kinderkriegen! (Eigene Kinder oder Enkel.)

Im Jahr 1995 hatten Sie die Gelegenheit für eine berufliche Verbesserung. Sie bekamen entweder einen besseren Job, bessere Aufgaben oder eine bessere Arbeitsumgebung, zum Beispiel ein schöneres Büro, oder Ihr ungeliebter Chef verschwand endlich wie die böse Hexe des Westens im *Zauberer von Oz.* (»Ich schmelze! Ich schmelze!«)[13]

Ungefähr zu dieser Zeit, etwa 1995/96, stand der Glück bringende Jupiter genau in Opposition zu Ihrem Sternzeichen, was bedeutete, dass Sie die Dinge in der Hand hatten. Sie konnten sich einen guten Ruf bei Ihren Kollegen und eine positive Reputation verschaffen. Diese Zeit war auch ausgesprochen wachstumsorientiert.

Im Jahr 1996 ging es Ihren Partnerschaften sehr gut. (Das heißt nicht, dass Sie sich mit Ihren Partnern oder Ihren Lieben nicht in die Haare bekommen hätten, schließlich ist keine Partnerschaft wirklich vollkommen. Allerdings bedeuteten Ihnen Ihre Partner sehr viel, und Sie nahmen sie als wertvolle Bereicherung Ihres Lebens wahr.)

Ende 1996 (und vielleicht Anfang 1997) profitierten Sie vom Reichtum und den Ressourcen anderer Menschen. Erbschaften, Geschenke und Zuwendungen kamen Ihnen zugute. Vielleicht hat Ihnen jemand etwas zur Benutzung überlassen? (»Sie können das Häuschen in den letzten beiden Augustwochen haben, und die Schlüssel für den Porsche liegen in der Obstschale neben dem Weinkühlschrank.«)

---

[13] Margaret Hamilton (9. Dezember 1902 – 16. Mai 1985) spielte die grünhäutige böse Hexe des Westens in der Verfilmung *Der Zauberer von Oz* (1939). Ihr Sternzeichen war Schütze, das Gegenzeichen der Zwillinge; allerdings hatte sie den Pluto in den Zwillingen, was auf eine ganze Generation zutrifft. Außerdem hatte sie eine bemerkenswerte Nase!

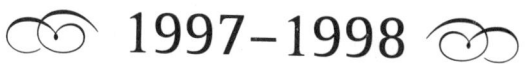 1997–1998

Für Zwillinge, die Glück hatten, war Sex in dieser Zeit heiß, heftig und häufig! (Hey, mehr Spaß kann man mit geschlossenen Augen nicht haben.) Auf jeden Fall lief Ihre Libido in dieser Zeit auf Hochtouren. Ihr Problem (außerhalb des Bettes) war es aber, einen Mittelweg zwischen Ihren eigenen Bedürfnissen und Grenzen und denen anderer Menschen zu finden. Anderen zu helfen und mit ihnen zusammenzuarbeiten, schlägt leicht in Ausverkauf um!

Es ergaben sich günstige Gelegenheiten für Reisen. Viele von Ihnen hatten die Möglichkeit, andere Orte zu erkunden, neue Städte und Länder zu entdecken. Andere unternahmen Geschäfts- oder Studienreisen. Vielleicht gingen Sie noch einmal zur Schule, nahmen Unterricht oder machten eine Ausbildung.

Kontakte mit Menschen aus anderen Ländern und Kulturen können bedeutsam gewesen sein. Und sexy! (Nette Art, eine neue Sprache zu lernen.)

Im Jahr 1998 zog der Geld bringende Jupiter quer über Ihr Horoskop und brachte jede Menge Möglichkeiten für Sie und Kontakte zu mächtigen und wichtigen Menschen, die Ihr Leben positiv beeinflussen konnten. In diesem Zeitraum fühlten Sie sich stark.

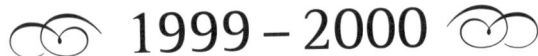 1999 – 2000

Sie waren beliebt! Auch dies war ein guter Zeitraum für Beförderungen oder gesteigerte öffentliche Anerkennung. Vielleicht zog Ihr Erfolg eine wichtige Versetzung oder einen Umzug nach sich.

Bald engagierten Sie sich verstärkt in Gruppenaktivitäten, indem Sie Kurse besuchten, Vereinen und Organisationen beitraten. Sie gewannen neue Freunde. Diese Zeit war auch sehr günstig, um mit anderen Menschen über Ihre Zukunftsträume zu sprechen, weil sie Ihnen nützliches Feedback dazu geben konnten.

Im Jahr 2000 begann für Sie ein zwei- bis dreijähriger Zeitabschnitt, in dem Sie vieles abwarfen, was Sie seit etwa 1987/88 angestrebt hatten. Es war Zeit für eine Weiterentwicklung. (Vielleicht taten Sie das aus eigenem Antrieb, vielleicht hatten Sie keine Wahl.) Auf jeden Fall gingen Sie Ihre Schränke, Abstellräume, Garagen und Spinde durch, um sich von allem zu trennen, was Sie nicht mehr brauchten. (»Ich behalte auf jeden Fall die Fußballsammelbilder und meinen Wok.«)

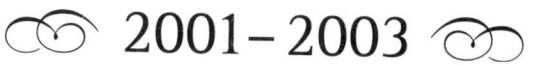 # 2001–2003

Aha! Zeit für das Gute, das Schlechte und das Hässliche. Vielleicht war nichts »Hässliches« dabei, aber es ist sehr oft schmerzlich, sich von etwas zu trennen. Wir sind nun einmal Gewohnheitstiere und halten uns an das Vertraute. (»An diesem Geldschein habe ich richtig gehangen. Er war ein Erinnerungsstück.«)

Auch diese Zeit war von Abschieden und Trennungen bestimmt. Selbst wenn Sie nicht wollten – es geschah einfach. Bestimmte Menschen oder vertraute Dinge lösten in Ihnen einfach nichts mehr aus. Was Sie seit Jahren getan hatten, brachte nicht mehr dieselben Ergebnisse und dieselbe Befriedigung. (Waaas?)

Die Zeit zwischen 1996 und 2009 war besonders gefährlich für Partnerschaften. Beziehungen gingen spektakulär in die Brüche. (Nachdem Sie dieses Zeitfenster einmal hinter sich gebracht haben, wird dieser schmerzliche Einfluss allerdings nie wieder in Ihr Leben zurückkehren.[14] Puh!)

So weit die schlechten Nachrichten.

Die guten waren, dass zwischen Juli 2000 und Juli 2001 der finanzielle Glücksbringer Jupiter hauptsächlich in Ihrem Sternzeichen stand.[15] (Yeah!) Diesen Glücksschub konnten Sie gebrauchen! Ende 2001 war Ihr Selbstvertrauen deutlich gestiegen, genau wie Ihre Einschätzung Ihrer selbst und Ihrer Möglichkei-

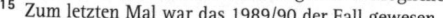

[14] Das soll nicht heißen, dass Zwillingsgeborene in Zukunft nie wieder das Scheitern einer Beziehung erleben werden. Sicher ist aber, dass dieser ungewöhnliche und sehr negative Einfluss auf Partnerschaften für immer vorbei ist. Daraus sollten Sie lernen, nicht mehr andere Menschen für das verantwortlich zu machen, was Ihnen zustößt – sei es Gutes oder Schlechtes. Erkennen Sie an, dass Sie selbst wahrscheinlich mit Ihren unbewussten Signalen und Erwartungen alles Mögliche auslösen. (»Ich?« Ja, Sie.)
[15] Zum letzten Mal war das 1989/90 der Fall gewesen.

ten. (»Mein Name ist Bond, James Bond, und ich mag meine Frauen gerührt, nicht geschüttelt.« Ian Fleming, der Erfinder von James Bond, war ebenfalls Zwillingsgeborener.)

Glücklicherweise hatten Sie um 2002/03 die Gelegenheit, mehr zu verdienen. Entweder traten Sie eine bessere Stelle an, bekamen eine Lohnerhöhung oder verdienten ein bisschen nebenbei. Einige von Ihnen machten in diesem Jahr größere Anschaffungen. Wie auch immer – finanziell standen Sie besser da. Kaching!

In diesem Zeitraum änderte sich Ihre Welt dramatisch. Plötzlich war alles anders: eine neue Stadt, ein neues Land, eine neue Stelle, eine neue Beziehung – *irgendetwas*. Für viele von Ihnen war dieser Wechsel so einschneidend, dass er sogar die alltägliche Kleidung betraf! (»Macht dieses Zimmer einen dicken Hintern?«)

2004 – 2005

Leider löste sich in diesem Jahr der finanzielle Anschub aus dem letzten wieder in Luft auf! Auf einmal hatten Sie Mühe, mit dem Geld auszukommen. (Wie herein, so heraus.) Gleichzeitig waren Sie in einem Dreijahreszeitfenster angekommen, in dem Sie entscheidende Werte für sich festlegen mussten – *das, was im Leben wirklich zählt*. (Sie wollen ja nichts bereuen müssen, wenn Sie eines Tages neunzig sind und kaum noch die Fernbedienung greifen können.)

Die gute Nachricht ist, dass alles, was mit Ihrem Haus, Ihrer Familie und Ihrem Zuhause zusammenhing, langsam besser auszusehen begann. Entweder waren Sie in eine schönere Bude umgezogen, oder Ihr Familienleben wurde fröhlicher und besser.

Auch für Immobiliengeschäfte war diese Zeit günstig. Wenn Sie für sich selbst Grundeigentum erwarben, stellte es sich später als profitabel heraus, genau wie Anlagegeschäfte, die Sie vielleicht getätigt haben. (Hat das Zelt Ihnen nicht immer gute Dienste geleistet?)

Oh, là, là! Um die Romantik war es damals gut bestellt! Einige von Ihnen begegneten der Liebe ihres Lebens! Romantik, Liebesaffären und prickelnde Flirts ließen Ihr Herz heftig schlagen (und nicht nur klopfen)!

Auch für Reisen und herrliche Ausbrüche aus dem Alltag war diese Zeit gut geeignet. Alles, was mit Sport zu tun hatte, lief wunderbar. (Wer könnte etwas gegen ein Fußballspiel mit Bratwurst und Bier sagen?)

Vielleicht sind durch Geburt, Adoption oder Beziehungen neue Kinder in Ihr Leben getreten. Und neben all diesen warmen,

herzerhebenden Dingen war auch noch der künstlerische Bereich gesegnet. (»Ich weiß, dass es giftig ist, aber ich mag Kadmiumrot trotzdem!«)

Für Sie ging es damals darum, so viel Vergnügen und Spaß wie nur möglich mitzunehmen! (Sie Glückskind!)

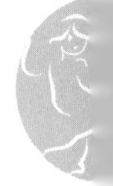

∽ 2006 – 2007 ∽

In diesem Zeitraum befanden sich einige von Ihnen in den Wirren von Arbeitsplatzwechseln und Umzügen. (Für andere kam die Zeit dafür später.) In dieser Zwei- oder Dreijahresphase hingen Sie ziemlich in der Luft! Ihre Freunde notierten sich Ihre Anschrift immer nur mit Bleistift.

Im Grunde waren Sie jetzt auf der Zielgeraden einer Reise, die etwa 2001 begonnen hatte. Diese Reise war eine Verwandlung von dem Menschen, der Sie etwa 2000 gewesen waren, zu dem, der Sie 2008 sein würden.

In der Anfangszeit (zu Beginn des Jahrtausends) mühten Sie sich ab, eine neue Identität für sich zu schaffen, was Ihre äußere Erscheinung, Ihre Kleidung und das Bild betraf, das Sie der Welt boten. (»Ich lasse die Stretchsachen jetzt weg.«)

Dann rangen Sie mit sich, welche Art Job Sie eigentlich wollten, wie Sie Ihr Geld verdienen sollten und wie viel davon Sie überhaupt brauchten. Was zählt im Leben wirklich am meisten? (Geld und Zeit gleichzeitig zu haben, ist sehr schwierig. Nicht viele Leute können sich entspannt zurücklehnen und dabei noch reich sein!)

Allerdings befanden Sie sich jetzt durch Arbeitsplatzwechsel, Umzug oder einem ständig wechselnden täglichen Aufenthaltsort in einer veränderten Umgebung. (»Wenn heute Dienstag ist, muss das hier das Badezimmer sein.«)

Alle diese Veränderungen sollten die Krönung Ihres neuen Ich sein: wie Sie denken, wie Sie reden und wie Sie Ihre Umgebung sehen. Zum Glück war der romantische Einfluss immer noch stark, und das Leben war voller Spaß, Spiel, heißem Sex und Ferienreisen. Das Leben war super!

Ohoh! 2007 hieß es dann für Sie: »*Get a haircut and get a real job*« (»Leg dir eine anständige Frisur und einen Job zu!«) (George Thorogood, wir lieben dich für diesen Song!). Sie suchten nach dem richtigen Arbeitsplatz oder dem richtigen Wohnort oder beidem. Aber das Leben war immer noch so unsicher! Zum Glück mögen Sie die Anregung, die durch Veränderung in Ihr Leben kommt.

Ein glücklicher Umstand war, dass sich die Dinge zum Besseren wendeten, was den Arbeitsplatz anging! (Das kam genau rechtzeitig.) Es war wirklich ein gutes Jahr, sich einen besseren Job, einen besseren Chef oder irgendetwas Besseres zu suchen! Und (noch was?) Ihre Gesundheit verbesserte sich auch. Vielleicht war ja all diese Aktivität gut für Ihre Muskeln und Ihre Motivation?

2008 – 2010

Im Jahr 2008 spürten Sie eine himmlische Wohltat im Bereich Partnerschaften, sowohl beruflichen wie persönlichen. (Diejenigen, die sexy waren, machten mehr Spaß, waren aber auch anstrengender!) Sie schlossen viele enge Freundschaften. (Alle waren so nett.) Dadurch fühlten Sie sich natürlich gut, weil der Zwilling in Ihnen immer seine andere Hälfte sucht. (»Romulus!« »Remus!«, »Ashley!« »Mary-Kate!«, »Tom!« »Bill!«)

Außerdem sah es so aus, als sei die gute Fee zu Ihnen gekommen. Geschenke und die finanzielle und/oder materielle Unterstützung durch andere Menschen waren ein wahrer Segen! Erbschaften, Steuerrückerstattungen, Versicherungsauszahlungen oder einfach nur das Leben auf Kosten eines anderen kamen Ihnen zugute. Natürlich war das die Ernte einer Saat, die Sie früher ausgebracht hatten. Mit anderen Worten: Sie hatten es verdient! (Yesss!)

Wer später im Sternzeichen Zwillinge geboren ist, suchte in dieser Zeit vielleicht immer noch nach einer Wohnung oder einem anderen Arbeitsplatz. Der Wechsel lag immer noch in der Luft! Die früheren Zwillingsgeborenen hatten sich allerdings schon ein Zuhause gesucht und es gefunden. In diesem Fall renovierten Sie jetzt gerade groß oder bauten um oder reparierten das Dach oder bauten den Keller aus – irgendetwas Größeres jedenfalls.

In diesem Jahr gab es außerdem wunderbare Reisemöglichkeiten, darüber hinaus die Gelegenheit, noch einmal zur Schule zu gehen oder eine Ausbildung zu machen. Es war ein sehr gutes Jahr für einen Sprachkurs oder ein Treffen mit einem ausländischen Liebhaber, der Ihnen die Sprache beibringen konnte. Wer sagt denn, dass Lernen keinen Spaß macht? (Der einzige Satz, den ich auf Spanisch kann, lautet: *»Me gusta mucho tu esplendido cuerpo!«*[16] Nützlich zu wissen, wenn man sich verlaufen hat und nach dem Weg fragen möchte. Alle waren unheimlich freundlich und hilfsbereit!)

Im Jahr 2010 haben Sie viel gelacht. Es war eines der besten Jahre in einem ganzen Jahrzehnt, was die Ausnutzung guter Gelegenheiten und die Verbesserung Ihrer Reputation anging. Einige von Ihnen wurden befördert oder erhielten eine ähnliche Art öffentlicher Anerkennung. Ihre Kollegen betrachteten Sie jedenfalls mit mehr Respekt.

Während all dieser Ereignisse steigerte sich Ihr Selbstvertrauen. Die Götter lächelten auf Sie herab! (Ach du meine Güte! Da sind Musicalus, Alkoholion und Libides!)

---

[16] »Ich mag deinen herrlichen Körper.«

∞ 2011–2013 ∞

Ihr Selbstvertrauen ist jetzt gestärkt, weil Sie sich in Ihrer vertrauten Umgebung wohler fühlen. (Endlich haben Sie ein warmes Gefühl im Bauch.) Das ist ungeheuer wichtig! Wenn zu Hause nicht alles in Ordnung ist, wie können Sie dann hinausziehen und die Welt erobern? Obwohl Sie auf andere Menschen wie ein Schmetterling wirken, der ziellos von Blüte zu Blüte fliegt, brauchen Sie ein sicheres Zuhause. Sie brauchen etwas, worauf Sie sich verlassen können, das war schon immer so und wird immer so bleiben.

Sie fühlen sich nicht nur immer wohler in Ihrem Zuhause, auch die Beziehungen zu Ihren Familienmitgliedern sind jetzt viel besser als vor einigen Jahren. Gott sei Dank!

Natürlich ist nicht alles vollkommen, denn das ist es nie. Bleiben Sie realistisch.

Zurzeit sind Sie sehr beliebt! Plötzlich will jeder etwas von Ihnen! Man hält Sie für »schön, geistreich und weise«, und aus irgendeinem Grund (aber warum sollte das jemand bezweifeln?) können Sie nichts falsch machen.

Jetzt ist die richtige Zeit, um Vereinen, Gruppen und Organisationen beizutreten. Belegen Sie Kurse. Jede Art dynamischer Gruppenaktivität ist ein Segen für Sie. Mit der Zeit werden Sie in Versammlungen sicherer auftreten, ob es jetzt um ein informelles Treffen oder eine Parlamentssitzung geht. Andere Menschen spüren, dass Sie sich ins Team einbringen und am Erfolg der Gruppe teilhaben wollen.

Einige von Ihnen werden Menschen aus anderen Ländern und Kulturen begegnen. Sehr wahrscheinlich werden Sie reisen.

Zu Hause beschäftigen Sie sich mit Reparaturen und Verbesserungen und fühlen sich richtig gut dabei.

Bald werden Sie ein Erlebnis haben, das ein verstärktes Interesse an Ihrer inneren Welt oder eine Entdeckungsreise in Ihr Inneres auslösen wird. Möglicherweise beginnen Sie, Fragen zur Spiritualität oder Ihren Glaubensvorstellungen zu stellen.

Ein äußerliches Erlebnis wird Sie reifen und auf andere Menschen mitfühlend und vernünftig eingehen lassen, anstatt sich, wie es möglicherweise früher der Fall war, einfach abzuwenden. Das macht es Ihnen zunehmend leichter, höhere Ziele zu verfolgen und die Interessen und Bedürfnisse anderer Menschen über Ihre eigenen zu stellen. Das bedeutet nicht, dass Sie Opfer bringen, sondern ist eine gute Taktik. Sie ziehen enormen Nutzen daraus, die Interessen anderer Menschen über Ihre eigenen zu stellen. Sie wachsen innerlich in wichtigen Aspekten. Im Jahr 2013 werden Sie ein viel besserer Mensch sein, jemand, den man gerne zu seinen Freunden zählt.

(Meine zwillingsgeborenen Freunde haben mich übrigens nicht dafür bezahlt, das zu schreiben.)

Im Juni 2012 tritt der Glück bringende Jupiter in Ihr Sternzeichen und bleibt dort ein ganzes Jahr! (Bis Juni 2013 nämlich.) Das ist eine fantastische Nachricht. (Das letzte Mal stand Jupiter von Juli 2000 bis Juli 2001 in Ihrem Sternzeichen.)

Jupiter braucht zwölf Jahre, um den Tierkreis zu durchlaufen, was bedeutet, dass Sie alle zwölf Jahre das große Los ziehen! Wenn Jupiter in Ihrem Sternzeichen steht, steigert er Ihr Selbstvertrauen enorm. Jupiter hat auch einen sozialen Aspekt, deswegen ziehen Sie in dieser Phase Menschen und gute Gelegenheiten an.

Außerdem steht Jupiter für höhere Bildung und Weisheit. Deshalb beginnt jetzt für Sie ein großer Wachstumszyklus. Wieder entdecken Sie tiefere Aspekte Ihrer selbst und merken, wozu Sie wirklich fähig sind. Jupiter ist ein Segen! Er bietet Ihnen göttlichen Schutz. Er segnet all Ihre Beziehungen zu anderen Menschen. Es gibt keine Nachteile.

Im Familien- und Privatleben übernehmen einige von Ihnen

vielleicht eine elternähnliche Rolle, möglicherweise als Lehrer oder Aufsichtsperson.

Aber wichtiger ist, dass mit dieser Lebensphase eine Vorbereitungszeit endet, die um 2001 begonnen hat. Wenn Sie zurückschauen, sehen Sie, dass Sie sich selbst neu erfunden haben! Ihre Interessen, Ihr Erscheinungsbild und Ihre Entscheidungen sind jetzt ganz andere als im Jahr 2000.

Jetzt endet eine Zeit relativer Unsicherheit, in der Sie sich bemüht haben herauszufinden, wer Sie sind, was Sie wollen und wo Sie wohnen möchten. Jetzt kommt der Wendepunkt! Von jetzt an werden Sie stetig auf Ihre Ziele hinarbeiten. Weil Sie jetzt Ihrer Identität, Ihrer Werte und Ihrer Heimat sicherer sind. Was für eine Befreiung!

Und deshalb ist diese Lebensphase ein neuer Anfang für Sie! *Gutes Reise!*

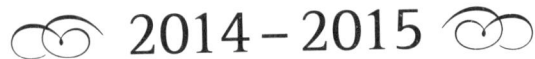

2014 – 2015

Jetzt gehen Sie ernsthaft an die Arbeit. (Das ist eine verbreitete Methode, um an Geld zu kommen.) Die meisten von Ihnen werden jetzt besser verdienen. Das kann bedeuten, dass Sie einen besseren Arbeitsplatz finden, eine Gehaltserhöhung bekommen oder nebenbei dazuverdienen. Ihr Wohlstand wird steigen, was bedeutet, dass Sie größere Anschaffungen tätigen.

Außerdem werden Sie in diesem oder dem nächsten Jahr ein geradezu manisches Arbeitstier. Plötzlich sind Sie ein Sklaventreiber – und zwar treiben Sie sich selbst an. Teilweise tun Sie es deshalb, weil Sie sich in einer Prüfungssituation sehen. Trotzdem werden Sie eine Menge erreichen.

Zwischen 2011 und 2019 werden Sie zu einem Zeitpunkt, der von Ihrem genauen Geburtsdatum abhängt, mehrere Jahre anregender Veränderung erleben. Verschiedene Gelegenheiten werden sich bieten, um größere Unabhängigkeit, mehr Freiheit und bessere Kontrolle über Ihr Leben zu erlangen.

Sie werden außerdem die Chance haben, bei Ihrer Arbeit eine höhere Ebene zu erreichen. Dieser günstige Einfluss bietet sich vermutlich nur wenige Male in Ihrem Leben.

Im Jahr 2015 arbeiten Sie hart, aber Sie sind glücklich! Sie blicken optimistischer in die Zukunft als je zuvor. Die Beziehungen zu Ihren Geschwistern und Verwandten sind gut. Viele von Ihnen werden außerdem einen neuen Freund gewinnen, der ein echtes Original ist. Interessante und lustige Kontakte bereichern Ihr Leben!

2016 – 2018

In diesem Zeitraum beginnen positive Erlebnisse. Viele von Ihnen werden einen wichtigen Durchbruch erleben, und zwar innerhalb eines Zweijahreszeitraums, abhängig vom genauen Geburtsdatum. (Bei einigen von Ihnen passiert es vielleicht schon 2015.)

Erinnern Sie sich an 2000/01. Damals hatten Sie gerade eine Phase hinter sich, in der Sie sich von Menschen, Orten und Dingen verabschiedet haben. Das geschah entweder aus freiem Willen oder gezwungen. Unmittelbar darauf betraten Sie eine ganz neue Welt – sehr vorsichtig und vielleicht sehr zögernd und ängstlich. (Vielleicht auch nicht.)

Ob Sie es wussten oder nicht, damals begannen Sie eine Reise. Sie erfanden sich selbst, Ihre Umgebung, Ihre Werte und sogar Ihren Arbeitsplatz und Ihr Zuhause neu. Um 2007 etwa wussten Sie dann wieder, wer Sie waren. Sie wussten auf jeden Fall, wer Sie nicht waren. (»Ich weiß, dass ich nicht Johnny Depp bin, obwohl der auch Zwilling ist.«)

Die gegenwärtige Phase in Ihrem Leben ist allerdings etwas anderes. Schon seit der Jahrtausendwende standen Sie in Ihrem Horoskop auf ziemlich unsicherem und wenig einflussreichem Posten. Jetzt aber springen Sie heraus wie ein Springteufelchen. (»Liebling, ich bin wieder daaaa!«)

Die vergangenen fünfzehn Jahre dienten Ihnen dazu, sich neu zu definieren, sich einzurichten und endlich zu zeigen, was Sie können. All das war eine Art Vorbereitung. Sie haben damit die Bühne für die nächsten fünfzehn Jahre bereitet, in denen Sie sich mehr auf Ihre äußere Welt konzentrieren. Jetzt geht es Ihnen um die Goldmedaille!

Das Jahr 2016 ist ein ausgezeichnetes Jahr für Immobiliengeschäfte. In den Jahren 2015 bis 2017 ist überhaupt ein wunderbares Zeitfenster nicht nur für Ihre Familienbeziehungen, sondern auch für die Beziehung zu Ihrem Heim. Kaufen Sie sich ein paar schöne Einrichtungsgegenstände! Genießen Sie Ihr Zuhause. Laden Sie Gäste ein. Dies wird eine glückliche, herzerwärmende Zeit für Sie.

Viele von Ihnen werden Liebesaffären, Romantik und nette Freundschaften erleben. Die Künste werden blühen. Theater, Film, Literatur, Musik und jede andere Art kreativen Ausdrucks werden Sie faszinieren. Sie haben gute Karten im Sport. Sportliche Aktivität und Spiele mit Kindern kommen Ihnen besonders zugute.

Ein kleines Wort der Warnung (ein Haar ist ja immer in der Suppe): Wenn Sie jetzt Ihr Leben stärker in die Hand nehmen und Ihre Kraft zeigen, dann bringt das womöglich bestehende Partnerschaften in Gefahr. Solche, die schon wackeln, werden dann definitiv enden. Aber keine Angst! Gute Partnerschaften halten diese Belastung aus, werden allerdings angepasst werden müssen. (»Für Änderungswünsche erheben wir eine kleine Gebühr.«)

Viele von Ihnen werden später auf diese Lebensphase als einen Wendepunkt zurückblicken.

2019 – 2020

Sowohl im vergangenen wie im gegenwärtigen Jahr haben Sie eine wunderbare Gelegenheit für eine berufliche Verbesserung. Sie brauchen einen besseren Arbeitsplatz, bessere Aufgaben oder eine bessere Arbeitsumgebung – irgendetwas! Vielleicht ändert sich auch Ihre Einstellung? Dies ist eine der besten Zeiten in über einem Jahrzehnt, was Ihre Gesundheit und Ihre berufliche Situation angeht. Einige von Ihnen werden auch viel Freude an kleinen Haustieren haben. (Ich meine nicht die Silberfische.)

Probleme mit Partnerschaften sind aber möglicherweise immer noch nicht gelöst. Einige von Ihnen beenden vielleicht alte Beziehungen und starten neue.

Im Jahr 2020 bereiten Ihnen die Partnerschaften dann viel Freude, aber andererseits haben Sie jetzt Konflikte und Enttäuschungen mit gemeinsamem Eigentum oder dem Einkommen Ihres Partners am Hals. Gemischte Gefühle also!

Ein wichtiges Thema dieses Jahrzehnts ist eine große Veränderung in Ihrem Leben. Es könnte sich um einen Glaubenswechsel oder die Begegnung mit einem Lehrer handeln, den Sie sehr verehren. Sie suchen große Antworten auf große Fragen. In dieser Zeit müssen Sie sich auch mit den Wertvorstellungen anderer Menschen befassen, selbst wenn Sie mit Ihren nicht übereinstimmen. (»Heißt das, ich soll der Realität ins Auge sehen? Ich hasse diesen Anblick!«)

2021–2022

Sie nähern sich einer Phase großen Erfolgs im Leben. Sie haben sie zwar noch nicht ganz erreicht – noch nicht! –, aber 2021/22 fühlt sich das Leben schon richtig toll an, weil der Glück bringende Jupiter quer über Ihr Horoskop zieht und Ihnen vielfältige Möglichkeiten verschafft. Nicht nur das – Jupiter ist auch der Planet der Weisheit und des Reichtums, also projiziert er diese Eigenschaften (in den Augen anderer Menschen) auf Sie. Das heißt, dass die Menschen verstärkt auf Sie aufmerksam werden und Sie als wohlhabend, erfolgreich, weise und gewitzt sehen. (Cool.)

Das passiert nur alle zwölf Jahre, also machen Sie das Beste daraus. Holen Sie heraus, was Sie nur können. Im Endeffekt sollten sich Ihr Ansehen, Ihr Ruf (besonders unter Kollegen) und selbst Ihre Beziehung zu Chefs, Eltern, Lehrern und VIPs enorm verbessern. Sie hinterlassen einen tollen Eindruck. (Meine liebe Freundin JuJu hat einmal gesagt: »Das Interessante am Glück ist, dass man es so gut sehen kann.«)

Ihr Beliebtheitswert wird bald steigen. Wen würde das überraschen? Erfolg erregt immer Aufmerksamkeit, oder? Und ob es nun heißt: »Nichts ist erfolgreicher als der Erfolg«, oder: »Nichts ist erfolgreicher als der Anschein des Erfolgs«, Sie haben immer einen vollen Briefkasten!

Trotz alledem ist aber die Zeit der Ernte, der Karrierehöhepunkt, auf den Sie hingearbeitet haben, immer noch nicht erreicht.

2023 – 2025

Merkwürdig, aber das Ende der Voraussagen für Sie (in diesem Buch) ist gleichzeitig eine der Phasen in Ihrem Leben, in denen Sie am meisten Kraft und Glück haben! Sieht fast wie geplant aus, war es aber natürlich nicht. So läuft eben einfach Ihr Leben als Zwilling ab.

Das Jahr 2023 bringt Ihnen aus zwei Gründen besonders viel Macht und Gewinn. Der offensichtlichere ist, dass jetzt die Erntezeit für Sie gekommen ist! In den nächsten fünf Jahren (ungefähr) läuft alles klasse für Sie! Einige von Ihnen, besonders die jüngeren, machen vielleicht Ihren Abschluss, heiraten oder bekommen ein Kind, oder Sie legen sich Ihr erstes Haus zu oder finden einen wirklich guten Job. Was immer es ist, Sie sind stolz auf Ihre Leistung.

Für andere Zwillingsgeborene ist es der sogenannte Karrierehöhepunkt, auf den Sie Ihr Leben lang hingearbeitet haben. (Nun ja, zumindest die letzten dreißig Jahre.) Ihre lang gehegten Träume werden jetzt wahr! Anerkennung, Beförderung und persönlicher Erfolg auf den Gebieten, die Ihnen am meisten bedeuten, treffen jetzt ein, und zwar über mehrere Jahre hinweg. (Yeah!)

Aber bedenken Sie, dass die Erntezeit auch zeigt, welche Saat nicht aufgegangen ist. Jetzt zeigt sich, wo Sie in der Vergangenheit schlecht gepflanzt haben. Trotzdem ist dies für die meisten Menschen eine erfolgreiche Zeit, eine Phase, in der wahr wird, was Sie sich erträumt haben. (Zuletzt haben Sie eine solche Phase 1994 bis 1997 erlebt. Es war allerdings nicht ganz dasselbe, weil damals viele andere Planeten ganz anders standen.)

Ihre spirituelle Welt bereichert sich 2023. Vielleicht zeigt Ihnen Ihr Erfolg den Wert von Zufriedenheit – der Zufriedenheit mit dem, was Sie sind und haben. Im Jahr 2024 können Sie sich freuen,

weil der Glücksbringer Jupiter zum ersten Mal seit 2012/13 wieder in Ihrem Sternzeichen steht. Jupiter tritt alle zwölf Jahre in Ihr Sternzeichen und bleibt normalerweise jeweils etwa ein Jahr lang darin. Das ist immer eine gute Sache, ohne Vorbehalte.

Jupiter bringt Ihnen Gutes: Glück, nette Menschen, günstige Umstände und gute Gelegenheiten, Ihr Leben zu verbessern, wo immer Sie es wünschen. Er zeigt Ihnen auch den Beginn einer neuen zwölfjährigen Phase des Lernens und Wachsens an, einer Phase, die Sie bereichern und Ihnen größere Weisheit bringen wird. Wirklich der einzige Nachteil, den Jupiter Ihnen bringen kann, wäre eine Gewichtszunahme, weil Jupiter Ihnen so viel Gutes bringt! (»Ich habe noch nie ein Stück Schokolade gesehen, das ich nicht mochte.«)

Im Jahr 2025 verbessert sich Ihre finanzielle Situation. (Yeah!) Das liegt daran, dass der Geld bringende Jupiter jetzt für höheres Einkommen, einen besseren Arbeitsplatz, Nebeneinkünfte, eine Lohnerhöhung oder eine Geschäftsidee sorgt. Jetzt werden Sie sich außerdem reicher und wohlhabender fühlen, weil Sie auch mehr Geld ausgeben. Vielleicht schaffen Sie neue Möbel an, Autos, Kleidung – was auch immer –, Ihr Besitz vermehrt sich jedenfalls. (Geld ist einfach praktisch, wenn man etwas kaufen möchte, oder?)

Sie genießen jetzt die Früchte Ihrer Arbeit in vollen Zügen, obwohl Sie eine Menge Verantwortung tragen. Schließlich muss, wer den Nusskern haben will, erst die Schale knacken.

»Lachen bedeutet mir mehr als Bewunderung. Wenn zwei Mädchen mich ansprechen und eine mir sagt: ›Ich finde dich süß‹, dann sage ich: ›Danke schön.‹ Aber ich schätze es viel mehr, wenn die andere mir sagt: ›Du hast mich unheimlich zum Lachen gebracht.‹«

MICHAEL J. FOX
Kanadischer Schauspieler
Zurück in die Zukunft, Das Geheimnis meines Erfolges
(9. Juni 1961)

Berühmte Zwillinge

22. Mai 1859	Arthur Conan Doyle
22. Mai 1924	Charles Aznavour
22. Mai 1930	Harvey Milk
23. Mai 1910	Margaret Wise Brown
23. Mai 1927	Dieter Hildebrandt
23. Mai 1933	Joan Collins
24. Mai 1914	Lilli Palmer
24. Mai 1941	Bob Dylan
24. Mai 1945	Bärbel Bohley
24. Mai 1960	Kristin Scott Thomas
24. Mai 1966	Eric Cantona
25. Mai 1803	Ralph Waldon Emerson
25. Mai 1926	Max von der Grün
25. Mai 1939	Ian McKellen
25. Mai 1948	Klaus Meine
25. Mai 1963	Mike Myers
26. Mai 1907	John Wayne
26. Mai 1923	Horst Tappert
26. Mai 1955	Doris Dörrie
26. Mai 1964	Lenny Kravitz
26. Mai 1966	Helena Bonham Carter
26. Mai 1968	Frederik von Dänemark
27. Mai 1878	Isadora Duncan
27. Mai 1907	Rachel Carson
27. Mai 1922	Christopher Lee
27. Mai 1923	Henry Kissinger
27. Mai 1967	Kai Pflaume
27. Mai 1970	Joseph Fiennes
27. Mai 1975	Jamie Oliver

28. Mai 1908	Ian Fleming
28. Mai 1944	Gladys Knight
28. Mai 1957	Frank Schätzing
28. Mai 1968	Kylie Minogue
29. Mai 1903	Bob Hope
29. Mai 1917	John F. Kennedy
29. Mai 1956	La Toya Jackson
29. Mai 1958	Annette Bening
29. Mai 1959	Rupert Everett
29. Mai 1961	Melissa Etheridge
29. Mai 1975	Melanie Brown
29. Mai 1979	Arne Friedrich
30. Mai 1846	Carl Peter Fabergé
30. Mai 1910	Inge Meysel
30. Mai 1941	Heribert Faßbender
30. Mai 1961	Gianrico Carofiglio
31. Mai 1926	James Krüss
31. Mai 1930	Clint Eastwood
31. Mai 1945	Rainer Werner Fassbinder
31. Mai 1976	Colin Farrell
1. Juni 1926	Marilyn Monroe
1. Juni 1973	Heidi Klum
1. Juni 1974	Alanis Morissette
2. Juni 1740	Marquis de Sade
2. Juni 1904	Johnny Weissmuller
2. Juni 1917	Heinz Sielmann
2. Juni 1920	Marcel Reich-Ranicki
3. Juni 1906	Josephine Baker
3. Juni 1925	Tony Curtis
3. Juni 1926	Allen Ginsberg
3. Juni 1930	Marion Zimmer Bradley
3. Juni 1942	Curtis Mayfield
3. Juni 1964	Doro Pesch
3. Juni 1992	Mario Götze

4. Juni 1929	Günter Strack
4. Juni 1966	Cecilia Bartoli
4. Juni 1975	Angelina Jolie
4. Juni 1985	Lukas Podolski
5. Juni 1883	John Maynard Keynes
5. Juni 1949	Ken Follett
5. Juni 1971	Mark Wahlberg
6. Juni 1956	Björn Borg
6. Juni 1966	Anthony Yeboah
6. Juni 1975	Fritzi Haberlandt
7. Juni 1917	Dean Martin
7. Juni 1928	James Ivory
7. Juni 1952	Liam Neeson
8. Juni 1867	Frank Lloyd Wright
8. Juni 1916	Francis Crick
8. Juni 1948	Jürgen von der Lippe
8. Juni 1951	Bonnie Tyler
9. Juni 1891	Cole Porter
9. Juni 1934	Donald Duck
9. Juni 1961	Michael J. Fox
9. Juni 1963	Johnny Depp
10. Juni 1915	Saul Bellow
10. Juni 1922	Judy Garland
10. Juni 1928	Maurice Sendak
10. Juni 1929	Harald Juhnke
10. Juni 1965	Liz Hurley
10. Juni 1985	Andy Schleck
11. Juni 1910	Jacques-Yves Cousteau
11. Juni 1928	Fabiola von Belgien
11. Juni 1933	Gene Wilder
12. Juni 1929	Anne Frank
12. Juni 1941	Chick Corea
12. Juni 1981	Adriana Lima
13. Juni 100 v. Chr.	Julius Cäsar

13. Juni 1865	William Butler Yeats
13. Juni 1893	Dorothy L. Sayers
13. Juni 1931	Irvin D. Yalom
13. Juni 1986	Mary-Kate und Ashley Olsen
14. Juni 1811	Harriet Beecher Stowe
14. Juni 1924	Arthur Erickson
14. Juni 1928	Ernesto »Che« Guevara
14. Juni 1946	Donald Trump
14. Juni 1956	Gianna Nannini
14. Juni 1961	Boy George
14. Juni 1982	Lang Lang
15. Juni 1954	Jim Belushi
15. Juni 1963	Helen Hunt
15. Juni 1964	Courtney Cox
16. Juni 1829	Geronimo
16. Juni 1938	Joyce Carol Oates
16. Juni 1950	Klaus Lage
16. Juni 1966	Jan Železný
16. Juni 1967	Jürgen Klopp
16. Juni 1978	Daniel Brühl
17. Juni 1882	Igor Stravinsky
17. Juni 1898	M. C. Escher
17. Juni 1943	Barry Manilow
17. Juni 1945	Eddy Merckx
17. Juni 1957	Joachim Król
18. Juni 1929	Jürgen Habermas
18. Juni 1942	Paul McCartney
18. Juni 1949	Lech und Jarosław Kaczyński
18. Juni 1952	Isabella Rossellini
19. Juni 1930	Gena Rowlands
19. Juni 1954	Kathleen Turner
19. Juni 1978	Dirk Nowitzki
20. Juni 1909	Errol Flynn
20. Juni 1949	Lionel Richie

20. Juni 1950	Gudrun Landgrebe
20. Juni 1952	John Goodman
21. Juni 1905	Jean-Paul Sartre
21. Juni 1953	Benazir Bhutto
21. Juni 1955	Michel François Platini

Krebs

22. Juni – 23. Juli

Krebs

(22. Juni – 23. Juli)

»ICH FÜHLE.«

»Ich lebe, um zu lachen, und lache, um zu leben.«

MILTON BERLE
Amerikanischer Schauspieler, Komiker und Entertainer
... denn keiner ist ohne Schuld
(12. Juli 1908 – 27. März 2002)

»Grundlegend ist, dass alle fühlenden Wesen, besonders aber der Mensch, sich nach Glück sehnen und nicht nach Schmerz und Leid.«

DALAI LAMA
Tibetischer buddhistischer Führer
(6. Juli 1935)

Element	Wasser
Herrscherplanet	Mond
Qualität	Kardinal
Gegenzeichen	Steinbock
Symbol	Die Brüste der Mutter oder Krebsscheren
Glückssteine	Mondstein und Perle[1]
Blumen	Jasmin und Geißblatt
Farben	Weiß und Silber
Körperteile	Magen und Brüste

WAS SIE LIEBEN Segelboote, Sonderangebote, Sammeln, Kunst, die Vergangenheit, Mystik, Bücher und Ihr Zuhause. Viele von Ihnen kochen und gärtnern auch gerne – oder stehlen zumindest Blumen aus den Gärten anderer Menschen. (»Die sind auf dem Bürgersteig gewachsen!«)

WAS SIE VERABSCHEUEN Essensvergeudung, Unhöflichkeit, Spott, zu etwas Neuem gezwungen werden und Miesepeter.

WO SIE GLÄNZEN Sie sind fürsorglich, mitfühlend, zugänglich, verständnisvoll, hartnäckig, begeistert, humorvoll und charismatisch.

WER IST SCHON VOLLKOMMEN? Sie fühlen sich schnell angegriffen und widersprechen gern, sind unsicher, launisch, reizbar, lügnerisch, voreingenommen und verschließen oft die Augen vor der Wahrheit.

---

[1] Verschiedene Texte geben unterschiedliche Edelsteine für die einzelnen Tierkreiszeichen an. Darauf kann man sich nicht verlassen.

Das Wesen des Krebses[2]

Zweifellos können Sie Ihr Tierkreiszeichen am besten verstehen, wenn Sie seinen Herrscherplaneten betrachten. Wer dessen astrologische Bedeutung verstanden hat, kennt den *Archetyp* des Krebses – und haben Sie den erst einmal erkannt, können Sie ihn auf sich selbst und auf andere Menschen anwenden. »Hm, ich glaube, der da ist ein Krebs.« Oder: »Hm, deswegen mache ich das also.« Oder auch: »Hm, deswegen hasse ich das!« Oder: »Hm, ich glaube, es wird Zeit für ein Nickerchen.«

Der Herrscherplanet des Sternzeichens Krebs ist der Mond. (Natürlich ist der Mond kein Planet, aber der Einfachheit halber bezeichnen die Astrologen Sonne und Mond als Planeten. Verzeihen Sie unsere Ungenauigkeit.)

Im Vorwort habe ich geschrieben, dass uns meiner Ansicht nach die Planeten nicht wirklich physisch beeinflussen. Aber mit dem Mond, ha!, mit dem ist es natürlich etwas anderes, weil er uns so viel näher steht. Hey – wir sind sogar schon da gewesen!

Der Grund, warum uns der Mond direkt beeinflusst, ist seine Anziehungskraft für Wasser (daher kommen Ebbe und Flut), und wir bestehen ja zu etwa neunzig Prozent aus Wasser (einschließlich Bier). Deshalb ist in Notaufnahmen und auf Polizeirevieren bei Vollmond immer besonders viel los.

Sehen wir uns diesen komischen alten Mond also etwas genauer an.

Zunächst einmal herrschen dort extreme Temperaturunter-

---

[2] Niemand kann auf ein einziges Sternzeichen reduziert werden, denn jedes Horoskop enthält mehrere Planeten. Daher beschreibt dieser Abschnitt nur den Archetyp des Krebses – die Eigenschaften, die sein Wesen ausmachen. Auch viele, die unter einem anderen Sternzeichen geboren sind, haben Krebs-Eigenschaften. Die Darstellung eines einzelnen Zeichens ist daher keine exakte Beschreibung einer bestimmten Person, sondern vielmehr die Beschreibung der Eigenschaften des Zeichens.

schiede. Die Tagseite, auf die die Sonne scheint, wird bis zu einhundert Grad Celsius heiß, die Nachtseite bis zu minus einhundert Grad Celsius kalt. (Bibber.) Die Temperaturen schwanken dort also stark. Kommt Ihnen das bekannt vor?

Der Krebs ist das launischste Sternzeichen im Tierkreis. Das heißt nicht, dass mit Ihnen etwas nicht stimmt. Es heißt auch nicht, dass Sie immer schlecht gelaunt oder gar ein bisschen gestört seien, sondern nur, dass Ihr Spektrum an Stimmungsschwankungen breiter ist und Sie es schneller durchlaufen als andere Menschen. Sie schaffen es noch vor dem Mittagessen glücklich, besorgt, verzweifelt und wieder erleichtert zu sein. Sie *fühlen*.

Wussten Sie, dass manche Menschen ihre Garderobe eine Woche im Voraus planen? (»Montag trage ich den Samtblazer, Dienstag das braune Kostüm, Mittwoch sind die Ledersachen dran, am Donnerstag der blaue Hosenanzug und am *Casual Friday* die Jeans. Toll, so muss ich mich nicht jeden Morgen entscheiden!«)

Das brächten Sie nie fertig. Sie wissen schließlich heute noch nicht, wie Sie sich am Mittwoch *fühlen* werden. Vielleicht ist Ihnen nach coolem Großstadtbewohner zumute (schwarzer Rollkragenpullover, schwarze Lederjacke, schwarze Hose), oder aber Sie fühlen sich verwundbar und nervös (blauer Sweater, Bluejeans und eine blaue Babydecke). Erst wenn Sie in Ihren vollgestopften Kleiderschrank starren, bekommen Sie eine Vorstellung, was Sie anziehen werden. Auch dann ziehen Sie sich vielleicht noch ein- oder zweimal um, bis es sich richtig »anfühlt«.

In der Astrologie steht jeder Planet (darunter auch der Mond) für bestimmte Aspekte unserer Persönlichkeit. Alles auf der Welt ist in der Astrologie einem Herrscherplaneten zugeordnet. Der Merkur beherrscht zum Beispiel unser Denken, Sprechen und generell die Kommunikation, außerdem Autos, Lkws und andere Bodenverkehrsmittel. Für jeden Menschen steht Merkur irgendwo in einem der zwölf Tierkreiszeichen.

Das gilt auch für den Mond. Er steht im Horoskop jedes Menschen in einem bestimmten Zeichen, und bei jedem Menschen symbolisiert der Mond dasselbe, ob dieser Mensch nun ein Widder, ein Löwe, ein Skorpion oder ein Krebs ist: Der Mond repräsentiert die *Gefühle*.

Man kann es ruhig wiederholen: Der Mond steht für Ihre *Gefühle*. In jedem persönlichen Horoskop vertritt der Mond nicht nur Gefühle und emotionale Reaktionen auf das Leben, sondern auch die frühesten, ursprünglichsten Gefühle des Betreffenden für seine Mutter (oder sonstige erste Bezugsperson) und seine Familie.[3]

John Bradshaw[4] würde den Mond Ihr »inneres Kind« nennen. Warum? Weil die Art, wie Sie emotional auf andere Menschen reagiert haben, als Sie klein waren, Sie für immer geprägt hat. Sie hat Ihre Reaktionen auf Jahre hinaus bestimmt.

Jeder Mensch hat also den Mond irgendwo in seinem Horoskop, aber nur das Sternzeichen Krebs *wird vom Mond beherrscht.*

Jetzt sehen Sie, warum Sie so empfindsam auf Ihre Umgebung reagieren und Ihre Gefühle so verletzlich sind. Natürlich ist es oft nicht cool, das zu zeigen, also leiden Sie im Stillen. Unangenehmen Situationen entziehen Sie sich gewöhnlich. Sie ziehen sich zurück. Wenn Sie etwas ärgert, gehen Sie, ohne Aufsehen zu erregen, und weinen vielleicht auf dem ganzen Heimweg.

Einem Krebsgeborenen braucht man nie zu sagen: »Sie müssen Kontakt zu Ihren Gefühlen aufnehmen.« Sie sind *immer* in Kontakt mit Ihren Gefühlen!

Außerdem beherrscht der Krebs den Magen. (Und die Brüste.) Deswegen spüren Krebsgeborene Spannungen oft zuerst im

---

[3] Ich erstellte einmal einer Frau in New York telefonisch ihr Horoskop. Die Aspekte für ihren Mond sahen ziemlich hart aus, und das sagte ich ihr auch. Sie erwiderte ohne Zögern: »Ich wurde von Wölfen aufgezogen.«

[4] John Bradshaw ist Philosoph, Theologe, Psychologe und Autor von sechs Büchern. Laut Wikipedia (Wikipedia muss man einfach mögen) wurde Bradshaw 1999 von einer Gruppe seiner Kollegen nominiert als »einer der hundert einflussreichsten Autoren des 20. Jahrhunderts im Bereich Emotionale Gesundheit«.

Magen. Sie verlieren den Appetit und fühlen sich seltsam, wenn Sie von Gefühlen überschwemmt werden.

Erstaunlicherweise sieht man Ihnen das nicht an. Sie können sich wirklich zusammenreißen! Schon im Alter von drei Jahren hatten Sie gelernt, Ihre Reaktionen für sich zu behalten. Innerlich aber werden Sie immer so *überempfindsam* bleiben.

Das hat auch eine gute Seite. Eben weil Sie so empfindsam sind, besonders für die Dynamik in Familien und Beziehungen, gehören Sie zu den humorvollsten Menschen der Welt! Humor erwächst aus Schmerzen, und Sie wissen, wie man die lustige Seite des Lebens erkennt. Manche Sternzeichen ahmen das nach und tun ungeheuer lustig, aber Sie verstehen, was am Leben wirklich komisch ist. Viele große Komiker mit unterschiedlichen Sternzeichen haben wahrscheinlich den Krebs im Aszendenten oder den Mond im Krebs.

Diese Krebse verdienen oder verdienten ihren Lebensunterhalt damit, lustig zu sein:

Mel Brooks   28. Juni 1926
Gilda Radner   28. Juni 1946 – 20. Mai 1989
Dan Aykroyd   1. Juli 1952
Marty Feldman   8. Juli 1934 – 1982
Tom Hanks   9. Juli 1956
Milton Berle   12. Juli 1908 – 27. März 2002
Bill Cosby   12. Juli 1937
Will Ferrell   16. Juli 1967
Phyllis Diller   17. Juli 1917
Red Skelton   18. Juli 1913 – 17. September 1997
Robin Williams   21. Juli 1951

(Phyllis Diller hatte übrigens die Sonne und den Mond im Krebs.)

»Eine Tragödie ist es, wenn ich mir in den Finger schneide. Eine Komödie ist es, wenn Sie in eine Klärgrube fallen und ertrinken.«

MEL BROOKS
Amerikanischer Filmregisseur, Schauspieler und Produzent
Spaceballs, Robin Hood – Helden in Strumpfhosen
(28. Juni 1926)

»Wenn Sie den Leuten die Wahrheit sagen, machen Sie es witzig, oder Sie werden umgebracht.«

BILLY WILDER
Österreichisch-amerikanischer Filmregisseur, Drehbuchautor und
Produzent
Manche mögen's heiß, Das Appartment, Sabrina
(22. Juni 1906 – 27. März 2002)

Außerdem sind Sie ein geborener Geschichtenerzähler, was teilweise an Ihrem wunderbaren Gedächtnis liegt. Ich hielt einmal in Vancouver einen Vortrag, bei dem die Zuhörer ihre Horoskope vor sich liegen hatten. Ich erklärte: »Merkur im Krebs ist die beste Stellung für ein gutes Gedächtnis. Können diejenigen, bei denen Merkur im Krebs steht, bitte die Hand heben?« Ungefähr ein Dutzend Hände gingen hoch. Ich nickte einem weißhaarigen Mann mit langem weißen Vollbart zu und fragte ihn nach seiner frühesten Erinnerung. Er zögerte, sah sich im Raum um und erwiderte: »Meine Geburt.« (Wie bitte?) Ich bin schon stolz darauf, dass ich mich an die Namen von ein paar Mitschülern aus der zweiten Klasse erinnern kann! Aber die eigene Geburt? Machte er Witze? Nein, das Krebs-Gedächtnis ist wirklich erstaunlich.

Sie sind also sehr empfindsam, haben einen großartigen Sinn für Humor und ein tolles Gedächtnis. Außerdem haben Sie einen empfindlichen Magen und machen sich schnell Sorgen. (Oje!)

Andererseits ist Ihr Sternzeichen eines der wärmsten und freundlichsten! Krebse sind die besten Plauderer und geboren für den freundlichen Schwatz überm Gartenzaun. Sie können mit Fremden über das Wetter oder Sport oder was auch immer reden und hinterlassen immer einen guten Eindruck!

Drei wichtige Symbole für den Krebs

Um Ihr Sternzeichen besser zu verstehen, halten wir uns zusätzlich zum Mond noch an diese drei leicht zu merkenden Symbole.

1. Die große Brust (Ihre nährende Natur)
2. Die Entenmuschel (Ihre Hartnäckigkeit)
3. Der Krebs (Ihre Fähigkeit, Schwierigkeiten zu umgehen und sich durchzulavieren)

Die große Brust

»Die Seele einer Gesellschaft zeigt sich am deutlichsten daran, wie sie ihre Kinder behandelt.«

NELSON MANDELA
Südafrikanischer Freiheitskämpfer und Präsident Südafrikas (1994 bis 1999); erhielt 1993 den Friedensnobelpreis (nach siebenundzwanzig Jahren in Haft)
(18. Juli 1918)

Bitte seien Sie nicht beleidigt. Jeder Krebsgeborene, ob Mann oder Frau, wird durch die »große Brust« symbolisiert, denn Sie sind der *Nährer* im Tierkreis. Sie kümmern sich um Babys, Kinder, Freunde, Verwandte, Familienmitglieder und Pflanzen und sogar um die Suppe auf dem Herd, die noch nicht richtig gewürzt ist. Sie kümmern sich auch um Bürointrigen, kaputte Haushaltsgeräte, liegen gebliebene Autos, verwilderte Gärten, Firmenprobleme und gebrochene Herzen.

Haben Sie diese Eigenschaft des Nährens, Unterstützens und Kümmerns einmal verstanden, werden Sie auch besser begreifen, wer Sie sind. Der Krebs beherrscht die Brüste, und von dort kommt die *erste Mahlzeit unseres Lebens*. Die nächste kommt aus der Küche, also beherrscht der Krebs die *Küche*. Die Küche wiederum befindet sich in einem Haus. Und natürlich beherrscht der Krebs das *Zuhause*. Das wiederum steht auf einem Grundstück, und der Krebs beherrscht auch das *Land*. (Folglich auch *Immobilien*.) Aber dieses Grundstück gehört wieder zu einer größeren *Gemeinde*, die vielleicht zu einer Stadt und letztlich zu einem *Land* gehört. Auch diese Größenordnungen des Zuhauses stehen unter dem Krebs.

Mit anderen Worten: Wenn Sie heute Abend nach Hause gehen, dann ist damit Ihre Wohnung oder Ihr Haus gemeint. Wenn Sie zum Erntedankfest nach Hause fahren, dann ist wahrscheinlich Ihr Elternhaus gemeint, wo Sie aufgewachsen sind oder wo Ihre Eltern leben. Wenn Sie während eines längeren Auslandsaufenthalts sagen: »Nächsten Monat fahre ich nach Hause«, dann meinen Sie wahrscheinlich Ihr Heimatland.

Alle diese Bedeutungen des Begriffs »Zuhause« werden vom Krebs beherrscht.

»Gebt mir eure Müden, eure Armen, eure geknechteten Massen, die frei zu atmen begehren.«
(Inschrift auf der Freiheitsstatue)

EMMA LAZARUS
In New York geborene amerikanische Dichterin
(22. Juli 1849 – 19. November 1887)

Zurück in die Küche. Sie sind der große Nährer, aber wo ist die Nahrung? Aha! Der Krebs ist ein Gärtner. Zu seiner Eigenschaft als Nährer gehören auch die Fähigkeiten, zu kochen und zu gärtnern. Viele von Ihnen tun es zwar nicht, aber sie *könnten* es.

Und wenn der Herd nicht funktioniert? Oder der Pflug kaputtgeht? Sie können beides reparieren, damit Sie Ihre Familie ernähren können! Der Krebs ist das handwerklich begabteste aller Tierkreiszeichen.[5]

Sie können also kochen und gärtnern und Sachen reparieren. Das umfasst so ziemlich alles. Wenn ein Krebs zum Essen bittet, dann *kocht* er ein tolles Essen aus *selbst gezogenen* Zutaten und serviert es auf einem *selbst geschreinerten* Tisch. Keine kleine Leistung. Wer kann das übertreffen?

Essen ist für Sie eine der schönen Künste. Sie interessieren sich für die Zutaten, die Zubereitung, die Gewürze, die Kosten und die Herkunft.

> *»Ich bin der Ansicht, dass Essen von selbst appetitlich aussehen sollte. Wenn Sie gute, frische grüne Bohnen kaufen, müssen Sie sie nicht irgendwie kunstvoll anordnen. Legen Sie sie einfach auf einen schönen Teller.«*
>
> WOLFGANG PUCK
> Österreichisch-amerikanischer Starkoch und Gastronom
> (8. Juli 1949)

Durch Ihren Drang, sich um andere Menschen zu kümmern, fühlen Sie sich beruflich zu Heil- und Pflegeberufen hingezogen. Sie können jeden und alles wieder gesund pflegen.

> *»Fürsorge ist die Grundlage der Pflege.«*
>
> JEAN WATSON
> Amerikanische Pflegewissenschaftlerin und Entwicklerin des Pflegekonzepts der transpersonalen Zuwendung
> (1940)

---

[5] Jeder Klientin mit Jupiter im Krebs sage ich: »Sie sind handwerklich so geschickt, dass Sie tatsächlich unter die Motorhaube schauen, wenn Ihr Auto ein Problem hat.« Die Antwort ist regelmäßig: »Oh, ich mache eigentlich nicht viel am Auto. Kleinere Sachen vielleicht, Ölwechsel oder so.« Ölwechsel? Wenn an meinem Auto irgendetwas getan werden muss, ist mein einziges Werkzeug das Mobiltelefon.

Allerdings kommt für Sie die Familie immer an erster Stelle. Ihr Erfolg im Leben beruht hauptsächlich auf Ihrem Bedürfnis, die Familie zu versorgen. (Können wir zum Nachtisch zu Ihnen nach Hause gehen?)

Sich um andere Menschen zu sorgen, ist für Sie geradezu ein Reflex. Bei bewölktem Himmel erinnern Sie die Leute daran, einen Regenschirm mitzunehmen, und wenn es draußen kalt ist, fragen Sie: »Bist du nicht ein bisschen zu dünn angezogen?« Sie bieten ständig Wolldecken, Pullover und Handschuhe an und schicken Gäste mit eingepackten Essensresten und Broten für unterwegs nach Hause.

Das alles ist für Sie ganz selbstverständlich. Überhaupt keine Mühe. Genauso beim Kochen: Wenn Sie gefragt werden, wie Sie das hingekriegt haben, sagen Sie einfach: »Ach, ich habe nur genommen, was gerade im Kühlschrank war, und ein bisschen Spinat und Käse dazugegeben.«

Sie können sich nicht vorstellen, dass mein Kühlschrank nichts weiter enthält als Sprudelwasser, Senf, Ketchup und Erdnussbutter. (Und die Erdnussbutter auch nur, weil ich mich, Gott sei Dank, zum Einkaufen aufgerafft habe.)

Die Entenmuschel

Warum die Entenmuschel? Nicht, weil Sie das Meer mögen. Das stimmt zwar – Sie leben gerne an der Küste, gehen segeln, arbeiten auf See oder hängen einfach am Hafen herum. Sogar lange Vollbäder gehören zu dieser Vorliebe! Aber nein, Sie sind deswegen eine Entenmuschel, weil Sie so hartnäckig an allem *festhalten*! Sie klammern sich an, als ginge es um Ihr Leben.

Erstens können Sie nichts wegwerfen. Sie sind der Typ, der Essensreste aufhebt.[6]

---

[6] Das erinnert mich an den Mann, der sagte: »Als ich klein war, gab es bei uns immer nur Reste zu essen, nie das ursprüngliche Gericht.«

Sie bewahren Schraubgläser, Gummiringe, Schnurenden und einzelne Schrauben auf, außerdem diese weißen Plastikverpackungen von Speiseeis, große Kaffeedosen, alte Lampen, jeglichen Stoffrest, Kleider, die nicht mehr passen (aber die Knöpfe sind schön!), Wolle, gelesene Zeitschriften, Geburtstagskarten, Fotos, Negative, Schulzeugnisse, Jahrbücher, Quittungen, Briefe, Schlüssel, altes Besteck, Töpfe und Pfannen (auch, wenn Sie sich neue kaufen), Kessel und Schüsseln – und die Sammlerstücke habe ich noch gar nicht erwähnt. Sie *lieben* Sammlerstücke! Warum? Weil Sie die Vergangenheit nicht loslassen können.

Sie sind sentimental. In Ihren Kisten, Truhen und Schubladen finden sich alte Mieder, Pferdewettscheine, Theaterprogramme und Liebesbriefe – lauter Zeug aus den Zwanziger-, Dreißiger-, Vierziger- und Fünfzigerjahren (ganz zu schweigen von der Uhr aus dem 18. Jahrhundert – eine echte Antiquität!). Ihre Schränke, Kammern, Keller und Garagen sind *vollgestopft*!

Und was tun Sie noch, um die Vergangenheit zu bewahren? Sie im Bild festhalten natürlich. Fast alle Krebsgeborenen besitzen in ihrem Leben mindestens zwei Kameras (vermutlich aber noch mehr).

»Dass unsere Jungs jetzt in die Fremde ziehen und vielleicht nie wiederkommen, hat jedem Vater und jeder Mutter den Wert der Fotografie demonstriert.«

LOUIS FABIAN BACHRACH
Amerikanischer Fotograf
(Bachrach entstammt einer Familie von Fotografen;
sein Vater porträtierte Präsident Abraham Lincoln,
sein Sohn Senator John F. Kennedy.)
(16. Juli 1881–24. Juli 1963)

Weil Sie ununterbrochen andere Menschen nähren, sich um sie kümmern und ihnen ein Zuhause bieten, ist es durchaus sinnvoll für Sie, Vorräte anzulegen und vorzusorgen. Schließlich sind Sie der Nestbauer des Tierkreises. Aber nicht nur deswegen heben Sie alles auf, was Ihnen in die Hände fällt – »nur zur Sicherheit« oder weil »man es bestimmt noch mal gebrauchen kann« –, sondern Sie tun das auch, weil Sie sehr sparsam sind.

Sie halten Ihr Geld zusammen und sparen beizeiten für die Not.[7] Und nicht nur das, Sie schließen auch Lebensversicherungen ab, kaufen Sonderangebote und ergattern Großhandelspreise. Sie kennen alle guten Secondhandläden und Markenoutlets in Ihrer Gegend. Und Sie haben den Garagenflohmarkt *erfunden*.

»Reich ist der, dessen Vergnügungen billig sind.«
HENRY DAVID THOREAU
Amerikanischer Schriftsteller und Naturkundler
Walden
(12. Juli 1817 – 6. Mai 1862)

Ich halte mich von Garagenflohmärkten für gewöhnlich fern. Sie deprimieren mich. Außerdem fühle ich mich dort immer wie ein Eindringling, als ob ich in den persönlichen Sachen eines anderen Menschen herumstochern würde. Und ich hasse es, nach Preisen zu fragen, zu handeln und zu feilschen. Unsichere Geschäfte sind mir viel zu anstrengend. (Das liegt daran, dass mein Aszendent Waage ist.) Wie gerate ich dann überhaupt jemals auf einen Garagenflohmarkt, fragen Sie? Ich gerate dorthin, wenn ich mit meinem Freund Crazy Bob, einem Krebsgeborenen, an einem vorbeifahre und er unbedingt anhalten muss. Das ist jedes Mal sehr peinlich. Wenn er etwas für zwölf Dollar sieht (zum Beispiel einen dieser George-Foreman-Grills), hält er es hoch und schreit quer über den Hof: »Ich gebe Ihnen fünfzig Cent dafür!«

---

[7] Wenn Sie jeden Tag ein bisschen Geld zurücklegen, werden Sie überrascht sein, wie wenig Sie am Ende des Jahres haben.

Ihre Entenmuschelnatur macht Sie zum hartnäckigsten aller Tierkreiszeichen. Ein Krebs gibt niemals auf. Haben Sie sich einmal etwas in den Kopf gesetzt, dann bleiben Sie um jeden Preis dabei. Dank Ihrer unverbesserlichen Sturheit werden Sie oft unterschätzt. Zu Anfang treten Sie kaum in Erscheinung und werden leicht übersehen, aber mit den Jahren zahlt sich Ihre Hartnäckigkeit dann aus. In den Aufsichtsräten großer Unternehmen sitzen viele Krebse, und zwar wegen ihres Durchhaltevermögens. Und natürlich kann auch Ihr Sinn für Humor ein Faktor für Ihren Langzeiterfolg sein.

Wer zuletzt lacht, lacht schließlich am besten ...

Der Krebs

Der Krebs ist natürlich das ideale Symbol für den Krebs, also für Sie, weil Sie sich in einem Panzer verbergen, um sich vor den Widrigkeiten des Lebens, langweiligen Gästen und schlechten Kunstwerken zu schützen. Ihre tief verwurzelten Kümmererinstinkte helfen Ihnen dabei, sich selbst zu beschützen. (Denken Sie zum Beispiel an die Anweisungen der Flugbegleiter für den Notfall: Eltern sollen zuerst sich selbst eine Sauerstoffmaske aufsetzen, dann erst ihrem Kind. Wenn nämlich Vater oder Mutter ohnmächtig werden, bekommt niemand eine!) Sie wissen, dass Sie auf sich aufpassen müssen, weil Sie sonst für niemanden von Nutzen sind.

Auch Ihr Nestbautrieb, der Drang, sich und Ihrer Familie ein schönes Zuhause zu schaffen, wird vom Krebs symbolisiert. In einer vertrauten Umgebung, besonders zu Hause, sind Sie einfach am entspanntesten (und kreativsten). In Ihrem Panzer fühlen Sie sich geborgen, und bei Problemen verkriechen Sie sich!

Ebenfalls wie ein Krebs nähern Sie sich immer von der Seite und stellen sich einer Situation selten direkt. Dazu sind Sie viel zu diplomatisch (manchmal sogar ein bisschen verschlagen). Sie riskieren keine Zurückweisungen. Wenn Sie jemanden ins Kino einladen möchten, fragen Sie nicht einfach: »Hey, möchtest du mit mir ins Kino gehen?« Stattdessen erkundigen Sie sich nebenbei: »Hast du heute Abend schon was vor?« Sie fragen selten ganz unverblümt nach etwas.[8] Wie der Krebs bevorzugen Sie den Krebsgang, um sich Problemen zu nähern.

Ebenfalls wie den Krebs zieht es Sie ans Wasser. Viele von Ihnen haben beruflich mit Häfen, Seen, Flüssen und dem Meer zu tun. Sie hätten gerne ein eigenes Boot, egal wie groß. Am oder auf dem Wasser zu sein, beruhigt Sie einfach.

»Das Leben an Land ist mir nicht unangenehm. Aber das Leben auf See ist besser.«
SIR FRANCIS DRAKE
Britischer Freibeuter und Vizeadmiral der englischen Flotte gegen
die spanische Armada
(1540 – 27. Januar 1596)

Das Element Wasser steht außerdem für das Unbewusste, das sehr stark mit Ihrem Sternzeichen zusammenhängt. Ihre unbewussten Gefühle beherrschen Sie viel mehr, als Sie annehmen. Viel von Ihnen ist eben unter einem Krabbenpanzer verborgen. Deshalb sind Sie manchmal handlungsunfähig. Sie erstarren, weil Sie erst warten müssen, bis Ihr Intellekt zu Ihren Gefühlen aufgeschlossen hat.

Wenn Sie jemanden kennenlernen, reden Sie hemmungslos über alles Mögliche, weil Sie ein »Gefühl« für Ihren Gesprächspartner bekommen möchten. Sie wissen, dass Sie Ihrem Bauchgefühl vertrauen können. (Ja, ja, der Krebsmagen …)

---

[8] Wenn Ihr Aszendent Löwe oder Skorpion ist, sieht die Sache allerdings anders aus. (»Achtung!«)

»Hier mein Geheimnis. Es ist ganz einfach: man sieht nur mit dem Herzen gut. Das Wesentliche ist für die Augen unsichtbar.«

ANTOINE DE SAINT-EXUPÉRY
Französischer Schriftsteller und Pilot
Der kleine Prinz
(29. Juni 1900 – 31. Juli 1944)

Jetzt werde ich mir gleich selbst widersprechen; schließlich ist jeder Mensch in sich widersprüchlich ... Es stimmt zwar, dass Sie vorsichtig, behutsam und eher indirekt an das Leben herangehen, aber trotzdem ist Ihr Sternzeichen ein Kardinalzeichen.[9] Das ist der wagemutige und tollkühne Teil von Ihnen!

»Seid gegrüßt, und Tod unseren Feinden.«

DAN AYKROYD
Kanadischer Komiker, Schauspieler und Sänger
Blues Brothers, Ghostbusters
(1. Juli 1952)

Das ist ein bisschen widersprüchlich, denn Sie schützen sich zwar selbst in einem Krebspanzer, haben aber keine Hemmungen, in das Leben anderer Menschen einzugreifen. Sie zögern nicht, etwas in Gang zu setzen, dass die anderen nur so staunen. Sie sind ehrgeizig. Sie wollen den Erfolg! Weil Erfolg Geld

---

[9] Jedes Sternzeichen ist entweder ein kardinales, ein fixes oder ein veränderliches Zeichen. Kardinalzeichengeborene sind aktive Tatmenschen. Sie legen los! (Widder, Krebs, Waage und Steinbock sind Kardinalzeichen.) Fixe Zeichen sorgen für Stabilität, Traditionsbewusstsein und Durchsetzungsvermögen. Wer in einem davon (Stier, Löwe, Skorpion und Wassermann) geboren ist, liebt den großen Auftritt! Veränderliche Sternzeichen (Zwillinge, Jungfrau, Schütze und Fische) bringen Gestaltwandler und gute Kommunikatoren hervor.

bedeutet, und Geld wiederum bedeutet Sicherheit, Schutz und Geborgenheit, besonders für Ihr Heim und Ihre Familie.

Ich will mit meiner Voreingenommenheit nicht hinter dem Berg halten (jeder Astrologe ist voreingenommen, obwohl er es immer abstreiten wird). Wenn ich ein wichtiges Projekt vorhätte, hätte ich gerne viele Krebsgeborene in meinem Team. Sie haben gesunden Menschenverstand und Sinn fürs Praktische. In der wirklichen Welt sind das unverzichtbare Eigenschaften. Ihr wunderbarer Sinn für Humor sorgt dafür, dass man entspannt an alles herangeht. (Man sollte nie die lustige Seite des Lebens vergessen.) Am wichtigsten aber sind die Geschicklichkeit und Intelligenz, mit der Sie alles anpacken und es auch zu Ende bringen, weil Sie konkurrenzlos hartnäckig und entschlossen sind. Sie lassen einen nie im Stich. Jeder wäre glücklich, Sie an seiner Seite zu haben!

(Crazy Bob hat mich bestochen, damit ich das schreibe.)

Der verliebte Krebs

»Eine Frau muss eine Köchin in der Küche und eine Hure im Schlafzimmer sein.«

JERRY HALL
Amerikanisches Model, Schauspielerin und langjährige Lebensgefährtin von Mick Jagger von den Rolling Stones
(2. Juli 1956)

Sie sind ein Romantiker und extrem sentimental veranlagt. Sie bewahren Andenken und Erinnerungsstücke an jeden besonderen Augenblick auf, den Sie jemals mit Ihrem oder Ihrer Liebsten geteilt haben. (Selbst, wenn die Beziehung inzwischen zu Ende ist.)

Ihrem Liebesleben kommt zugute, dass Ihr Sternzeichen Sie zu einem der liebenswertesten Menschen im Tierkreis macht. Man kommt leicht mit Ihnen ins Gespräch, und weil Sie so empfindsam sind, nehmen Sie auch viel Rücksicht auf die Gefühle anderer Menschen.

Wenn Sie verliebt sind, zeigen sich alle Ihre warmen Krebs-Eigenschaften. Sie kümmern sich um Ihren Partner. Sie kochen, lassen das Badewasser ein und reparieren seine Sachen. Sie helfen ihm, wo Sie nur können. Sie sind liebevoll, solidarisch, zärtlich und voller Sorge.[10] Natürlich sorgt die Entenmuschel in Ihnen dafür, dass Sie klammern! Sie können sehr besitzergreifend sein.

---

[10] Wenn zwei Krebsgeborene einander umarmen, erkennt man das immer daran, dass sie sich gegenseitig den Rücken klopfen und streicheln. Krebse umarmen am besten.

»Menschen, die sich lieben, erledigen gern Dinge für den jeweils anderen. Sie betrachten das nicht als Belastung.«

ANN LANDERS
(Pseudonym von Esther »Eppie« Lederer)
Amerikanische Ratgeberkolumnistin
(4. Juli 1918 – 22. Juni 2002)

Die meisten astrologischen Werke bezeichnen Krebse als treu. Das sind Sie auch – bis zu einem gewissen Punkt. Ich weiß, dass auch viele von Ihnen vom Weg abweichen! Sie gehen allerdings nicht auf die Pirsch, das ist nicht Ihr Stil. Denken Sie an den Krebs – Sie sind nicht direkt, sondern warten darauf, dass Ihr Gegenüber auf Sie zukommt. Und wenn das passiert, finden Sie es sehr schwierig, die Person zurückzuweisen, selbst wenn Sie in einer festen Beziehung leben. Sie möchten keine Gefühle verletzen. Es fühlt sich fast an, als würden Sie Ihr Gegenüber »verlassen«, obwohl Sie ja nie mit der Person zusammen waren. Sie werden von Ihren Gefühlen gesteuert, nicht von Ihrem Intellekt. Trotz eines Seitensprungs werden Sie immer noch besitzergreifend an Ihrem Partner hängen. (Was dem einen recht ist, ist dem einen recht.)

»Auf jeder Party gibt es zwei Arten von Gästen: Die einen wollen gehen, die anderen nicht. Leider sind sie meistens miteinander verheiratet.«

ANN LANDERS
(Pseudonym von Esther »Eppie« Lederer)
Amerikanische Ratgeberkolumnistin
(4. Juli 1918 – 22. Juni 2002)

Der Seitensprung eines Krebsgeborenen ist kein One-Night-Stand, sondern eine zweite dauerhafte Beziehung. Schließlich spielen Sie gerne »Vater, Mutter, Kind«. Wenn der Partner eines Krebsgeborenen hinter seine Untreue kommt, stellt sich nicht selten heraus, dass der Seitensprung schon zwölf Jahre dauert! Manchmal wissen alle drei Beteiligten sogar voneinander. (»Noch einer, und es reicht für eine Partie Bridge.«)

Wenn es um den Ausdruck Ihrer Leidenschaft geht, sind Sie nicht, was Sie scheinen. Sie sehen so respektabel aus! Küche, Kirche und Kinder. Eine Perlenkette für den klassischen Look. Man kann Sie jederzeit seinen Eltern vorstellen. Aber im Schlafzimmer – sind Sie unersättlich.

Trotzdem ist Ihr Herangehen an Liebesdinge überraschend lässig. Oh ja, Sie wollen Liebe. Sie brauchen Liebe. Sie fordern Liebe. Aber Sie gehen ziemlich entspannt damit um, nicht wahr? Es ist durchaus drin, dass Sie mehrere Liebhaber gleichzeitig haben, ohne ein Problem darin zu sehen. Ich meine, es sind doch alle zufrieden, oder? Sie sind zu allen ganz wundervoll – keine Frage. Sie sind ja kein Monster, sondern *kümmern* sich um sie alle!

Sie sind ein praktischer Romantiker. Sie lassen Ihren Liebsten oder Ihre Liebste nie im Stich, sondern sind extrem loyal – auch wenn das nicht immer im Rahmen der gesellschaftlich akzeptierten Treue bleibt. Natürlich ist es etwas ganz anderes, wenn umgekehrt jemand Ihnen untreu wird. (Natürlich.)

Jetzt kommen wir zu einem klassischen Krebs-Phänomen. Sie sind berüchtigt dafür, an der falschen Beziehung zu lange festzuhalten. (Den Schreckensseufzer habe ich gehört.) Ein offensichtlicher Grund dafür ist, dass Sie nicht loslassen können. Ihre Entenmuschelnatur lässt das nicht zu.

Es gibt aber noch einen anderen Grund. Sie sind immer so mitfühlend, dass Sie »verstehen«, warum Ihr Partner sich wie ein Arschloch verhält. Sie »wissen«, warum er oder sie das getan hat. Ob zu viel Alkohol oder Anfälle von Brutalität, Sie spielen es immer herunter: »Hey, er hat gerade seinen Job verloren, jetzt leckt er eben seine Wunden und meint es nicht so.« Ihr Einfühlungsvermögen lässt Sie über schlechtes Benehmen hinwegsehen.

Sie müssen sich klarmachen, dass eine Beziehung, die Sie einengt, auch Ihren Partner einengt. Erteilen Sie sich selbst die Genehmigung zu gehen. *Jetzt gleich!*

Krebsgeborene sind überschwängliche, sehr emotionale Liebhaber. Sie sind voller Zuneigung und wollen Ihren Partner ausgiebig befriedigen. Sie wissen, wie man es anstellt, dass sich jemand wirklich angebetet und wie etwas ganz Besonderes fühlt. Übrigens – Sie spielen gerne mit Essen. Denken Sie an Schlagsahne, Honig und Scotch.[11]

Aber Sie neigen zum Bemuttern! Sie müssen unbedingt immer wissen, wo sich Ihre andere Hälfte gerade befindet. (Sie brauchen dieses warme Gefühl in der Magengegend.) Wie toll Sie auch sind und aussehen, Sie können sehr unsicher sein. Wenn Ihr Partner ein Mobiltelefon hat, legen Sie ihn damit elektronisch an die Leine.

Der richtige Partner wird das allerdings hinnehmen, weil Sie eine gute Partie sind. Wer sonst kann ein so einladendes, warmes Heim bieten? Wer sonst kocht so gut, pflegt einen und bringt einen auch noch zum Lachen? Wer sonst steht einem mit Hilfe und Liebe zur Seite, wenn man in der Klemme sitzt?

Sie sind alles, was man im Leben braucht.

»Alle Ehepaare sollten die Kunst des Streitens genauso erlernen wie die Liebeskunst. Ein guter Streit ist objektiv und ehrlich – nie bösartig oder grausam. Ein guter Streit ist gesund und konstruktiv und bringt das Prinzip der Gleichberechtigung in die Partnerschaft.«

ANN LANDERS
(Pseudonym von Esther »Eppie« Lederer)
Amerikanische Ratgeberkolumnistin
(4. Juli 1918 – 22. Juni 2002)

---

[11] Ich habe sehr interessante Geschichten über die Wirkung von eisgekühlter Coca-Cola gehört – das Gefühl ist anscheinend unschlagbar.

Der Krebs als Vorgesetzter

»Lächerliche Jachten, Privatflugzeuge und Riesenlimousinen lassen einen das Leben auch nicht mehr genießen und vermitteln den Angestellten die völlig falsche Botschaft.«

SIR RICHARD BRANSON
Britischer Industrieller und Gründer der Virgin Group
(18. Juli 1950)

Obwohl Sie nicht unbedingt der Boss sein müssen, wie vielleicht ein Widder, Löwe oder Skorpion, sind Sie weit lieber Vorgesetzter als Untergebener. Sie kennen sich aus, haben Erfahrung, gesunden Menschenverstand und können mit Menschen umgehen. Also sollten Sie natürlich der Chef sein!

Ich habe schon viel über Ihr Einfühlungsvermögen geschrieben, und das stimmt auch alles. Trotzdem sind Sie ehrgeizig. Und hartnäckig. Sie sind absolut bereit, für Ihre Ziele alles zu geben. Denken Sie an Julius Cäsar, John D. Rockefeller, Nelson Mandela, Sir Edmund Hillary, Tom Cruise, Sylvester Stallone, Harrison Ford, Gerald Ford und Frida Kahlo! Diese Leute sind (oder waren) keine Weicheier!

Aber Sie neigen zur Knickrigkeit. Geben Sie's zu. Sie ermahnen Ihre Angestellten zur Sparsamkeit und halten die Budgets möglichst klein, wobei Sie selbst mit gutem Beispiel vorangehen. Natürlich sind Ihre Vorgesetzten von Ihrem wirtschaftlichen Managementstil beeindruckt.

Sie belohnen Treue und haben etwas gegen Personalfluktuation. Natürlich kündigen Sie niemandem gerne, außer wenn es sein muss, und Sie sehen es genauso ungern, wenn jemand von selbst kündigt. Sie können eben nicht loslassen!

Der Krebs als Angestellter

»Das Blöde an Hightechgeräten ist, dass man am Ende doch eine Schere braucht.«

DAVID HOCKNEY
Britischer Maler, Grafiker und Fotograf
(9. Juli 1937)

Sie sind ein ganz ausgezeichneter Angestellter, weil Sie immer am Ball bleiben! Sie sind zuverlässig, gewissenhaft und arbeiten hart, und Sie bringen zu Ende, was Sie anfangen. Sie widersprechen Ihrem Chef nicht, auch wenn Sie nicht mit ihm übereinstimmen, und sind überraschend kooperativ. Weil Sie lange bei einem Job bleiben, sammeln Sie viel Erfahrung und werden unvermeidlich zu einem wertvollen Bestandteil jedes Teams und jeder Organisation.

»Die Feder ist mächtiger als das Schwert, und man kann auch viel leichter damit schreiben.«

MARTY FELDMAN
Britischer Komiker, Schauspieler und Autor
Frankenstein Junior, Mel Brooks' letzte Verrücktheit: Silent Movie
(8. Juli 1934 – 2. Dezember 1982)

Sie sind von Natur aus geschickt und voller Ideen. Sie können nicht nur Sachen reparieren, sondern sehen als einer der Ersten, wie man ein Problem praktisch anpackt. (»Wäre es nicht einfacher, die Luftballons erst in der Turnhalle aufzublasen, anstatt sie aufgeblasen dorthin zu transportieren?«)

Außerdem sind Sie kostenbewusst. Sie hassen Verschwendung von Material und Geld. Wenn Sie sich an ein Budget halten oder Arbeitsmaterialien kaufen müssen, sparen Sie, wo Sie können. (Chefs sehen das gerne.) Außerdem sind Sie ernsthaft um die Umwelt besorgt.

> *»Umweltschutz war schon immer ein wichtiger Teil meines Lebens. Wenn man an einem wirklich idyllischen Ort aufwächst und mitbekommt, dass er in Gefahr ist, möchte man etwas dagegen tun.«*
>
> KATE »KT« TUNSTALL
> Schottische Sängerin
> »Suddenly I See«, »Hold On«
> (23. Juni 1975)

Ihr freundlicher Plauderton sorgt für Harmonie und gute Zusammenarbeit unter Ihren Kollegen. Sie sind ein Gewinn für jeden Arbeitgeber!

Der Krebs als Elternteil

*»Jede einzelne Entscheidung darüber, welche Drehbücher
ich annehme, was ich an Stoffen in die Welt setze, treffe
ich wegen meiner Kinder.«*

MERYL STREEP
Amerikanische Schauspielerin
Kramer gegen Kramer, Jenseits von Afrika, Der Teufel trägt Prada
(22. Juni 1949)

Nur wenige Sternzeichen prädestinieren einen so sehr für die
Elternrolle. Andere zu nähren, ist eine der stärksten und wunder-
vollsten Eigenschaften, die Sie haben. Sie wurden für diesen Job
geboren. Sie lieben es, jemanden zu knuddeln, zu liebkosen und
zu umsorgen, der Sie braucht. Sie fühlen sich in der Elternrolle
wie ein Fisch im Wasser, denn jetzt gibt es einen noch besseren
und edleren Grund, ihr Nest zu polstern – Ihre Kinder brauchen
Sie!

Deswegen opfern sich Krebs-Eltern für ihre Kinder auf. Sie
verzichten auf schöne Kleider, Schuhe und Möbel, damit ihre
Kinder eine gute Ausbildung bekommen, ins Ferienlager fahren
können oder die Werkzeuge und Musikinstrumente erhalten, die
sie brauchen.

Sie zögern nie, solche Opfer zu bringen, teilweise, weil Sie
sehr langfristig denken. Sie sind hartnäckig, wissen Sie noch?
Ihnen liegt viel daran, dass heute, morgen und auch noch über-
morgen alles gut läuft. Ihre Kinder spüren das und fühlen sich
bei Ihnen sicher und gut aufgehoben. Zweifellos.

Natürlich bieten Sie ein gemütliches Zuhause und sorgen
dafür, dass Ihr Kind wohlschmeckende, nahrhafte Mahlzeiten

bekommt. Sie nehmen die Elternrolle ernst, werden aber auch spielend damit fertig. Sie finden sie ganz natürlich, weil Sie sowieso gerne kochen oder gärtnern (andere Hausarbeit hassen Sie), und das schafft zu Hause Stabilität.

Ganz ohne Frage ist die Küche das Herz des Hauses. Jedes Haus, dessen Küche überquillt, ist vital, lebhaft und voller Energie. Und Krebsgeborene haben das einfach drauf!

> *»Es geht um die Bedeutung der Familie am Esstisch. Es geht um die Vorfreude, wenn man wusste, dass Mutter in der Küche gerade unser Lieblingsessen kochte. Ich wünschte, mehr Menschen würden das tun und sich an die Lebensfreude erinnern.«*
>
> PAUL PRUDHOMME
> Amerikanischer Starkoch, berühmt für seine Cajun-Küche
> (13. Juni 1940)

Krebs-Eltern können einen allerdings auch ersticken mit ihrer Fürsorge. (Ja, Sie sind gemeint.) Davor sollten Sie sich hüten! Wenn Sie Ihre Kinder allzu sehr umsorgen und bemuttern – natürlich nur aus Liebe –, vermitteln Sie ihnen womöglich das Gefühl, dem Ernst des Lebens alleine nicht gewachsen zu sein. Selbst wenn Sie sie mit Worten ermutigen, werden sie Ihre Besorgnis spüren und annehmen, dass sie berechtigt sei. Natürlich werden sie mit der Zeit dann merken, dass das eben einfach Ihre Art ist. Aber was, wenn Ihren Sprösslingen das erst mit vierzig aufgeht?

Wenn Ihre Kinder größer werden, fällt es Ihnen oft schwer, sie loszulassen. Ihre wachsende Unabhängigkeit kommt Ihnen wie ein Verlust vor. Es tut weh, wenn sie ausziehen. Aber damit müssen Sie sich abfinden. Vielleicht kommen ja bald die ersten Enkelchen!

Elternschaft ist nichts für Weichlinge.

Der Krebs als Kind

»Ein Kind wird jede Aufgabe sofort begeistert für Sie erle-
digen, wenn Sie zur Zubettgehzeit danach fragen.«

RED SKELTON
Amerikanischer Komiker, Radiomoderator und Schauspieler
(18. Juli 1913 – 17. September 1997)

Ein Krebs-Kind braucht viele Umarmungen. Das kann man gar
nicht oft genug sagen. Dieses Kind ist sehr empfindsam und
braucht das Gefühl beschützt zu werden – und es muss auch
wirklich emotional und psychisch geschützt werden, bis es sich
seinen eigenen kleinen Krebspanzer zugelegt hat. Es braucht
Körperkontakt und Geborgenheit. Ein sicheres Zuhause ist sehr
wichtig.

Teil ihrer Bemühungen, sich eine vertraute und heimelige
Umgebung zu schaffen, ist die Anhänglichkeit an bestimmte
Dinge. (Dieses Kind wird einmal ein Erwachsener, der nicht
loslassen kann. Sie haben eine kleine Entenmuschel vor sich.)
Nehmen Sie diesem Kind also niemals sein Fläschchen, seinen
Schnuller, die blaue Babydecke, den Teddybären oder irgendetwas anderes weg, woran es hängt und womit es sich tröstet.
Ich garantiere Ihnen, dass jugendliche Krebsgeborene entsetzt
sein werden, wenn man ihre versiffte Jeansjacke, die stinken-
den Sneakers oder sonst ein Lieblingskleidungsstück aussortiert.
Diese Kinder hängen sehr an bestimmten Dingen, weil sie ihnen
etwas bedeuten. (Ich kenne mehr als einen erwachsenen männlichen Krebs, der ganz oben im Regal in seinem Hobbykeller
immer noch den Teddybären aus Kindertagen sitzen hat.)

Als Erwachsene hängen diese Kinder sehr sentimental an

Erinnerungsstücken aus ihrer Kindheit; respektieren Sie dieses Bedürfnis, indem Sie solche Sachen aufheben. (Schwierig für Jungfrau- oder Skorpion-Eltern, ich weiß.)

Versuchen Sie, über die lahmen Witze der kleinen Krebse zu lachen, wenn sie mit vier oder fünf Jahren die ersten tastenden Schritte in Sachen Humor unternehmen. Sie probieren ihren Sinn fürs Komische aus, weil sie wissen, dass sie ihn haben, aber noch nicht genau wissen, wie er funktioniert. Später einmal werden sie Sie beim Essen furchtbar zum Lachen bringen! Krebsgeborene sind ganz wundervolle Tischgenossen.

Zwingen Sie Ihr Krebs-Kind nicht dazu, etwas aufzuessen, was es nicht mag. Es hat eine starke Beziehung zum Essen; viele Krebsgeborene werden große Köche. Machen Sie diese Faszination nicht kaputt, sondern fördern Sie das Interesse und die Freude Ihres Kindes in diesem Bereich. Ich kenne eine krebsgeborene Frau, die als Kind gezwungen wurde, Haferbrei zu essen. Sie war ihren Eltern gegenüber sehr (sogar ungewöhnlich) gehorsam, aber beim Begräbnis ihres Vaters kniete sie am Sarg nieder und schüttete heimlich etwas Hafermehl hinein. Sie hatte nicht vergessen.

Lassen Sie Ihr Krebs-Kind unbedingt beim Kochen und im Garten helfen, geben Sie ihm mechanisches Spielzeug, ein kleines Teeservice, ein Kinderkochgeschirr, und natürlich Puppen und Stofftiere, die es umsorgen kann. Aber kritisieren Sie es nicht. Dieses Kind ist sehr empfindsam und leicht verletzt.

»Wie alt wären Sie, wenn Sie nicht wüssten, wie alt Sie sind?«
LEROY »SATCHEL« PAIGE
Amerikanischer Baseballspieler; mit zweiundvierzig Jahren
der älteste Major-League-Neuling aller Zeiten
(7. Juli 1906 – 8. Juni 1982)

Wie ein Krebs glücklicher wird

»Ich finde es gesünder, die Welt durch ein Fenster als im Spiegel zu betrachten. Sonst sieht man ja nur sich selbst und was hinter einem liegt.«

BILL WITHERS
Amerikanischer Sänger
»Just the Two of Us«, »Ain't No Sunshine«
(4. Juli 1938)

Nur wenige Menschen würden glauben, wie intensiv (und im Verborgenen) Sie auf emotionale Verletzungen reagieren, die Ihnen zugefügt werden. Versteckte Beleidigungen, die andere Leute einfach abschütteln, tun Ihnen wirklich weh. Sie bekommen oft zu hören, dass Sie leicht beleidigt seien. Aber so sind Sie nun einmal; Sie reagieren auf andere Menschen immer sehr sensibel. So wie ich es sehe, entspringt das Leid für ein empfindsames Krebs-Wesen aus zwei Quellen:

1. Ihrer Empfindlichkeit gegenüber kleinen Beleidigungen
2. Ihrer Unfähigkeit, schmerzliche Situationen hinter sich zu lassen

Umgang mit kleinen Beleidigungen

Die meisten Menschen wissen nicht, dass die zwölf Zeichen sich im Tierkreis auf sechs Ebenen oder Achsen befinden; jede Achse hat ein Sternzeichen an jedem Ende.

Widder – Waage
Stier – Skorpion

Zwillinge – Schütze
Krebs – Steinbock
Löwe – Wassermann
Jungfrau – Fische

Sie sind ein Krebs; Ihr Gegenzeichen ist also der Steinbock. Dennoch oder gerade deswegen haben Sie viel mit dem Steinbock gemeinsam (zum Beispiel Ihren Familiensinn), weil Sie beide auf den Enden derselben Achse sitzen. Klar, oder?

Krebs und Steinbock sind Ausdrucksformen derselben Energie. Eine astrologische Erkenntnis lautet, dass man für ein bedeutungsvolleres Leben versuchen sollte, sich seinem Gegenzeichen anzunähern. So wachsen wir über unsere Grenzen hinaus. Für Sie ist es demnach klug, sich abzuschauen, wie der Steinbock an das Leben herangeht, ebenso wie es für den Steinbock klug ist, sich den Lebensstil des Krebses näher anzusehen.

Das Lebensmotto des Steinbocks lautet: »Ohne Fleiß kein Preis.« Selbst ein kurzer Blick in das Steinbock-Kapitel (oder auch nur auf die Zitate) wird Ihnen einen Lebensstil und Wertekanon zeigen, der von Ihrem eigenen sehr verschieden ist. Besonders schön ist das Eingangszitat des Kapitels von Khalil Gibran:

Brich nun auf und zögere nicht; vorwärts zu gehen heißt, der Vollkommenheit zu folgen. Geh und fürchte dich nicht vor den Dornen und den harten Steinen auf dem Pfade des Lebens.

Waaas? Steinböcke sind Stoiker! Ihre Haltung ist: »Alles kein Grund zu flennen!« Das kommt Ihnen vielleicht kalt und gefühllos vor, aber, hey, es ist eben das andere Extrem zu Ihrer Einstellung. Irgendwo in der Mitte liegt das Ideal – und zwar für beide.

Ihre Überreaktionen, besonders auf kleine Beleidigungen, vergällen Ihnen nur die Lebensfreude. Der einzige Mensch, der darunter leidet, sind Sie selbst. Ihre Reaktion verstärkt Ihr Leiden nur noch. Dabei können Sie diese Reaktion *beeinflussen*!

Ist Ihnen schon einmal aufgefallen, wie sehr Ihre Reaktion davon abhängt, wie beschäftigt Sie sind? Wenn Sie Wichtigeres im Kopf haben, übergehen Sie eine gedankenlose Bemerkung viel leichter, als wenn Sie Zeit haben und so richtig darüber brüten können!

Natürlich weiß ich auch, dass es nicht leicht ist, sich selbst dazu zu bringen, unter der Rücksichtslosigkeit anderer Menschen nicht zu leiden. Aber es ist ein Anfang. Vielleicht gehen Sie sogar einen Schritt weiter und machen sich klar, was für traurige Dummköpfe diese Leute doch sind. (Deppen, allesamt.)

Um Ihres Seelenfriedens willen – und damit letztlich auch um Ihrer Produktivität und Effektivität willen – sollten Sie versuchen, Kleinigkeiten nicht so wichtig zu nehmen. Das ist alles eine Frage der Perspektive.

Wie stark Sie sich verletzt fühlen, hängt auch davon ab, inwieweit Sie über den Tellerrand Ihrer eigenen Welt hinausblicken. Wenn Sie an die Probleme Ihrer Lieben oder der Notleidenden in Ihrer Stadt oder einem anderen Land denken, sehen Ihre eigenen Probleme plötzlich viel kleiner aus. Machen Sie sich klar, wie sehr andere Menschen leiden, und Sie werden sich besser fühlen. Wer schon einmal in Darfur, im Tschad oder in Haiti war, merkt sofort, wie gut er es doch zu Hause hat.

Leiden ist relativ. Entdecken Sie Ihr Mitgefühl für andere Menschen, und Ihre eigenen Probleme werden schrumpfen. Dieses Bewusstsein entsteht nicht über Nacht, man muss es pflegen. Eine solche Aufmerksamkeit für die Nöte anderer Menschen sorgt für die richtige Perspektive.

Umgang mit schmerzlichen Situationen

Leiden ist Teil des Lebens. Niemand entgeht ihm. Glauben Sie nicht, dass Reichtum oder Berühmtheit einen Menschen glücklich macht. Wäre es so, müssten alle Reichen und Berühmten ja glücklich sein, aber viele von ihnen bringen sich um oder führen ein ziemlich elendes Leben. Niemand kann leben, ohne zu leiden.

Wissen Sie noch, dass Sie eine Entenmuschel sind? Sie klammern sich fest! Auch am Schmerz halten Sie hartnäckig fest. Sie spielen die Ereignisse, die Sie verletzt haben, wieder und wieder im Geiste durch und weigern sich loszulassen. Sie fühlen sich verletzt, und Sie tun nicht so, als sei es schlimm, weil es wirklich schlimm *ist*. Wenn jemand Sie beleidigt oder verraten hat, dann lassen Sie ihn nicht so leicht davonkommen!

Die Illusion dabei ist, dass der andere nicht davonkommt, solange Sie leiden. (Moment mal!) In Wahrheit hat dieser andere vielleicht längst vergessen, was er gesagt hat, oder er hat es gar nicht gemerkt. Vielleicht ist er sogar tot. Warum halten Sie also noch daran fest?

Wenn Sie an Ihrem Leiden festhalten, ist es, als hielten Sie einen heißen Kochtopf in den Händen. Sie verbrennen sich zwar die Finger, wollen den Topf aber partout nicht fallen lassen. Nur zu oft nehmen Sie diesen Schmerz lieber in Kauf, als die betreffende Beleidigung oder Erinnerung zu vergessen. Einfach loszulassen, scheint die Wichtigkeit des Ereignisses zu schmälern.

Ich hatte schon krebsgeborene Klienten, die sich bitter über einen Partner beklagten. Sie litten sehr und weinten manchmal. Und sehr oft ging es dabei um Ereignisse, die *Jahre* zurücklagen.

»Die meisten Menschen sind Gefangene, weil sie entweder nur an die Zukunft denken oder in der Vergangenheit leben. Sie sind nie in der Gegenwart, wo doch alles beginnt.«

CARLOS SANTANA
Mexikanisch-amerikanischer Leadgitarrist der Rockband Santana
»Samba Pa Ti«, »Oye Come Va«
(20. Juli 1947)

Sie können selbst bestimmen, wie glücklich Sie sind. Das Leiden loszulassen, heißt keineswegs, die Taten eines anderen oder Ihre eigenen einfach abzutun. Es hat nichts mit der Vergangenheit zu tun, aber alles mit der Gegenwart und auf jeden Fall mit der Zukunft.

Wie viele Jahre haben Sie zu leben – achtzig vielleicht? Wahrscheinlich weniger. Niemand weiß, wie alt er wird und wann er stirbt. Warum also unglücklich sein? Wie schwer auch Ihre Lage sein mag, Sie können sich doch wenigstens so gut wie möglich fühlen.

Der Sinn des Lebens ist es, glücklich zu sein.

Zum Glück ist nichts von Dauer – auch nicht das Leiden. Nichts bleibt, wie es ist. Vergessen Sie nie, dass Ihr Leiden *weniger wird,* und sei es nur, weil immer mehr Zeit vergeht. Aber diesen Vorgang können Sie beschleunigen, indem Sie bewusst loslassen.

Das Ende allen Steigens ist Fallen.
Das Ende allen Sparens ist Ausgeben.
Das Ende allen Lebens ist Sterben.
Das Ende aller Begegnung ist Abschied.
FERNÖSTLICHE WEISHEIT

Denken Sie an eine treffende Beobachtung vom anderen Ende Ihrer Achse. Der amerikanische Biochemiker Kary Mullis, ein Steinbock, sagt: »In Ihrem Gehirn gibt es einen Bereich für das ›melancholische Gedenken an zerbrochene Beziehungen‹. Im Laufe des Lebens wächst er immer weiter und zwingt Sie am Ende wider besseres Wissen zum Hören von Countrymusik.«

Krebs
Ihr 40-Jahre-Horoskop

1985–2025

Warum wir in die Vergangenheit gehen

Ich möchte, dass Sie den Voraussagen vertrauen, und es gibt nur einen Weg, dies zu erreichen. Um mir glauben zu können, müssen Sie zunächst überprüfen, was ich behaupte. Deshalb beginne ich mit kurzen Rückblicken in die letzten fünfundzwanzig Jahre. Wenn Sie sich darin wiedererkennen, werden Sie auch meinen Aussagen über die kommenden fünfzehn Jahre Glauben schenken können. Schließlich geht es um eine einzige ununterbrochene Reihe von Ereignissen – Ihr Leben.

Die Aussagen über die Vergangenheit gelten im Allgemeinen erst ab dem Zeitpunkt, an dem Sie zu Hause ausgezogen sind oder Ihr Leben »selbst in die Hand genommen« und Ihre eigenen Entscheidungen getroffen haben. Denn in der Zeit davor wurden wichtige Ereignisse in Ihrem Leben noch von anderen bestimmt, vermutlich Ihren Eltern.

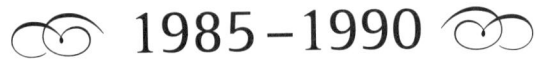 1985–1990

In diesem Zeitraum stellten viele von Ihnen infrage, was Sie mit Ihrem Leben anfangen sollten. Einige von Ihnen hatten mehr Verantwortung für Kinder. (Erbschaften und Hilfe von anderen Menschen kamen sehr gelegen.) Im Jahr 1986 lief es gut für Reisen und höhere Bildung, desgleichen für das Verlagswesen und die Medien. Sie hatten sich etwas vorgenommen und arbeiteten hart daran. Die Früchte dieser Arbeit konnten Sie ab 1987 ernten. Einflussreiche Menschen und Ihre eigenen Leistungen steigerten Ihre Reputation. Sie bekamen jetzt endlich die Anerkennung, die Sie verdienten!

Um 1988 wurden Sie beliebter; Ihr Engagement in Vereinen, Gruppen und Berufsverbänden hielt Sie beschäftigt. Sie lernten viele neue Menschen kennen. Vielleicht belastete das Ihre Partnerschaften und engen Freundschaften, die um 1989 bestanden oder begannen. Schwierige Situation, keine Frage. Einige Beziehungen gaben den Geist auf, aber im August 1989 kam der Glück bringende Jupiter zum ersten Mal seit Ende der Siebzigerjahre wieder in Ihr Sternzeichen. Halleluja! Ihr Selbstvertrauen stieg, und Sie fühlten sich, als könnte nichts mehr schiefgehen, was eine große Hilfe in einer Zeit bedrohter Partnerschaften war.

1991–1996

Nur gut, dass Sie die Gelegenheit hatten, Ihr Einkommen zu steigern, weil Schwierigkeiten in Partnerschaften Sie einige Dinge kosteten, darunter auch die praktische Unterstützung, die Sie vorher genossen.

In den Jahren 1992/93 war Ihr Selbstbewusstsein wieder gestärkt. Sie sahen wieder eine Zukunft vor sich! Das Jahr 1993 war auch eine sehr gute Zeit für die Renovierung Ihres Hauses, die Verbesserung Ihres Familienlebens und möglicherweise für den Kauf von Immobilien. Was auch immer geschah, Ihr eigenes und Ihr Familienleben wurden bereichert.

Im Jahr 1994 schien dann der Verlust, den Sie zuvor erlitten hatten, zum Glück überwunden und war jetzt weniger wichtig. Sie standen wieder auf Ihren eigenen Füßen. Tatsächlich sah alles so gut aus, dass Sie eine Ferienreise planen konnten! Auf jeden Fall war 1994/95 sehr gut geeignet für höhere Bildung, das Verlagswesen, die Medien und Urlaubsreisen, und es war der richtige Zeitpunkt, um sich zu verlieben. Aufregende neue Romanzen winkten! Außerdem hatten Sie Gelegenheit, Ihre kreativen Talente einzusetzen. Das Leben war schön.

Im Jahr 1995 ergaben sich Gelegenheiten für eine berufliche Verbesserung. Entweder traten Sie einen besseren Job an oder holten mehr aus dem heraus, den Sie bereits hatten. Kein Wunder, dass es 1996 bei Ihnen aufwärtsging. In diesem Jahr liefen Beziehungen und Partnerschaften ausgezeichnet. Einige von Ihnen banden sich zu diesem Zeitpunkt dauerhaft.

Es war auch eine Zeit der Ernte, und Ihr Ruf verbesserte sich. Sie fühlten sich siegreich, nachdem Sie seit 1983 geschuftet hatten. Puh!

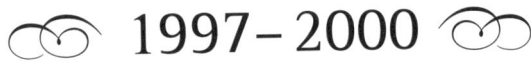

1997–2000

Weiterhin lief alles gut für Sie. Es stellte sich heraus, was für Sie funktionierte und was nicht. Erbschaften, Versicherungsauszahlungen, Steuerrückerstattungen oder direkte Zuwendungen von anderen Menschen kamen Ihnen sehr gelegen. Sie profitierten von der Unterstützung durch andere Menschen. Hey – die haben wirklich an Sie geglaubt!

Im Jahr 1998 war im Großen und Ganzen ein tolles Jahr. Vergnügungsreisen und Gelegenheiten in der höheren Bildung, der Medizin, der Rechtspflege, dem Verlagswesen und den Medien boten sich an. Ihre Leistungen wurden anerkannt und brachten Ihnen Lob und Beifall. Sie fühlten sich stolz, und auch andere Menschen sahen Ihren Erfolg.

Das führte natürlich zu einem Anstieg Ihrer Beliebtheit. (Nichts ist so erfolgreich wie der Erfolg. Und der wiederum führt oft zur Übertreibung!) »Spring rein! Das Wasser ist toll!«

Zur Jahrtausendwende waren Sie damit beschäftigt, alle glücklich zu machen, weiter in verschiedenen Gruppen mitzuarbeiten und gleichzeitig noch ein bisschen Zeit und Energie für sich selbst zu behalten! Schließlich mussten Sie auch mal an sich denken! Es war schwierig, mit Ihrem Erfolg und Ihrer Beliebtheit richtig umzugehen. (Es besteht immer die Gefahr, sich selbst zu verraten.)

∽ 2001–2005 ∾

Warum auch immer (je nach Ihrer privaten Lebenssituation), aber Sie wussten, dass Sie sich während dieser Lebensphase einschränken und von vielem würden trennen müssen. Das fiel Ihnen nicht leicht! Viele Krebsgeborene wurden von äußeren Ereignissen überrannt und mussten Besitztümer, Häuser, Arbeitsplätze und selbst Beziehungen beenden. (Argh!) Sie haben das nicht widerstandslos getan, außer wenn Sie irgendwo den Skorpion im Horoskop haben.

Zum Glück trat im Sommer 2001 der finanzielle Glücksbringer Jupiter in Ihr Zeichen und blieb die nächsten zwölf Monate über dort. Das war eine große Hilfe für Sie, weil Sie sich dadurch glücklicher und optimistischer fühlten. Trotzdem ist es nie einfach für Sie, sich von etwas zu trennen, besonders wenn es um einen Partner geht. Auch die Trennung von Ihrem Zuhause und Ihren Plänen war nicht einfach. All die Hoffnungen und Erwartungen!

2003 verdienten dann viele von Ihnen besser oder kamen sich zumindest reicher vor, weil sich ihr Besitz vermehrt hatte. Vielleicht haben Sie sich ein paar Spielsachen geleistet? Möglicherweise haben Sie zu Hause etwas verändert, wodurch Sie sich wohlhabender vorkamen. Das war auf jeden Fall 2005 so. In diesem Zeitfenster lohnte es sich für Sie, in Immobilien zu investieren.

Etwa 2005 verbesserte sich auch Ihr Familienleben in jeder Hinsicht entscheidend. In Ihrem Zuhause und Ihrer Familie gab es jetzt mehr Anlass zur Freude – und vielleicht auch freudige Anlässe, nämlich Familienzuwachs durch Geburt, Adoption oder Heirat. In dieser Zeit haben Sie viel gewonnen, auch wenn Sie so viel aufgeben mussten!

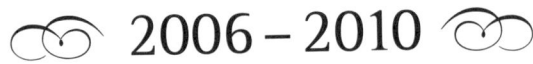 2006 – 2010

Wenn Sie auf 2005/06 zurückschauen, erkennen Sie einen bedeutsamen Wandel in Ihrem Leben. Nach einer Zeit des Verlusts und der Trennungen lenkten Sie Ihr Leben in eine andere Richtung und erfanden sich neu. 2006 sah es im Bereich Ferien und Reisen sehr gut aus, und genauso, was Liebesaffären, Romantik, Sport, Spiel mit Kindern und Möglichkeiten in Kunst und Unterhaltung anging.

Nach dieser schönen kleinen Belohnung war es kein Wunder, dass Sie jetzt bereit waren, sich an die Arbeit zu machen und Ihre Jobsituation zu verbessern, wozu sich 2007 die Gelegenheit bot. Damals bekamen Sie entweder einen besseren Arbeitsplatz, verbesserten sich in Ihrem bestehenden, oder Ihr mieser Chef wurde unerwartet nach Sibirien versetzt.

In den Jahren 2008/09 lagen dann größere Veränderungen in der Luft. Umzüge und Arbeitsplatzwechsel standen plötzlich ins Haus – ohne Vorankündigung –, und das führte auch zu Veränderungen zu Hause. Zum Glück sah es während dieser Umwälzungen aber für Partnerschaften und enge Freundschaften auf einmal ausgezeichnet aus. (Immerhin etwas!)

In solchen Zeiten merkt man immer, dass man geben muss, um etwas zu bekommen. Sie sind anderen Menschen (auch Ihrem Partner) gegenüber ungewöhnlich fürsorglich, solidarisch und loyal. Als Sie jetzt angeschlagen waren und Unterstützung brauchten, bekamen Sie sie auch. Das Universum gewährte Ihnen ein paar Bonuspunkte.

Die Nachbeben des Wohnungs- und Jobwechsels dauerten auch 2009/10 noch an, aber auch die Unterstützung durch andere Menschen. Im Jahr 2010 sah es dann wieder gut aus, was

Vergnügungsreisen und Gelegenheiten im Verlagswesen, in den Medien, der Medizin oder der Rechtspflege anging.

Einige von Ihnen fingen an, für ein fremdes oder in einem fremden Land zu arbeiten oder gewannen neue Freunde mit exotischem kulturellen Hintergrund (ob romantisch motiviert oder nicht).

Viele von Ihnen wandten sich jetzt einem größeren Renovierungsprojekt zu. Auf der Agenda stand nun die Schaffung einer soliden Basis für sich selbst in Ihrer Welt. (»Ich hätte gerne eine schöne Wohnung am Wasser, mit vier Badezimmern und Fußbodenheizung, einem tollen Gartengrill und einer großen Terrasse mit Zugang zu meinem eigenen Anlegesteg.«)

 2011–2014

Schon seit 2003 waren Sie damit beschäftigt, sich selbst neu zu erfinden. Zuerst bastelten Sie nur an Ihrem Image herum, experimentierten mit verschiedenen Frisuren, Kleidungsstilen und generell allem, was Ihr Aussehen veränderte. Dieser neue Look kam vielleicht unbewusst zustande, vielleicht war er aber auch gewollt, und zwar im Hinblick auf Ihre Berufs- oder Wohnsituation.

Jetzt ist die Endphase dieser Umstellung gekommen! Sie legen nun letzte Hand an das Endprodukt. Was immer Sie jetzt tun, soll Ihre Art zu kommunizieren und mit anderen Menschen umzugehen, verfeinern und aufpolieren. Das Leben wird Sie dazu in eine andere alltägliche Umgebung werfen, möglicherweise durch Arbeitsplatzwechsel, Umzug oder beides. Sie befinden sich ganz klar noch immer in einem ungefestigten Zustand.

Zum Glück zieht 2011 der Glück und Geld bringende Jupiter quer durch Ihr Horoskop und bringt Ihnen alle möglichen guten Gelegenheiten, außerdem günstige Ereignisse und Kontakte mit besonders wichtigen Menschen. Das hilft Ihrer Reputation sehr! Eine so positive Gesamtsituation hat sich seit 2000 nicht mehr ergeben.

Im Jahr 2012 gehen Sie noch ernsthafter daran, endlich irgendwo Wurzeln zu schlagen. Sie sind ein Nestbauer, und zum ersten Mal seit den frühen Achtzigerjahren sind Sie entschlossen, sich ein dauerhaftes Zuhause zu schaffen, eins, in dem Sie sich wirklich wohlfühlen. (Häusliche Geborgenheit ist Ihnen sehr wichtig.)

Deshalb werden viele von Ihnen auch größere Umbauten oder Reparaturen in Angriff nehmen (zum Beispiel das Dach instand setzen oder den Keller ausbauen). Auch größere Veränderungen in der Familie sind möglich.

Währenddessen steigt Ihre Beliebtheit, was Gäste ins Haus bringt. Ihre Freundschaft ist gesucht! Viele von Ihnen schließen sich jetzt Vereinen, Gruppen, Kursen oder sonstigen Gemeinschaften an. (An irgendetwas muss es ja liegen, dass Sie plötzlich mit allen so gut auskommen.)

Während Sie sich einrichten und Ihr neues Zuhause genießen, werden viele von Ihnen tiefere Aspekte der eigenen Persönlichkeit entdecken. Sie werden sich über das Leben und Ihre Werte Gedanken machen. Vielleicht treffen Sie auf einen prägenden Lehrer oder werden selbst einer. Die Jahre 2013/14 sind jedenfalls eine spirituell sehr wichtige Zeit für Sie.

Bravo! Im Sommer 2013 ist der finanzielle Glücksbringer Jupiter wieder zurück in Ihrem Sternzeichen! Das ist eine tolle Nachricht. »Ich liebe mich!« (Zum letzten Mal geschah das 2001/02.) Jupiter ist der größte Planet; er ist so groß, dass alle anderen Planeten des Sonnensystems in ihn hineinpassen würden. Er steht für Wachstum, Vermehrung, Reichtum und Weisheit, außerdem für Glück! Natürlich freut man sich da, wenn er im eigenen Sternzeichen steht!

Während dieser Zeit werden Ihr Selbstvertrauen und Ihre Zuversicht wachsen. Sie werden größeres Vertrauen in sich selbst und Ihre Fähigkeiten haben, und zwar, weil andere Menschen Ihnen mehr zutrauen. Aufgrund dieses positiven Images wird aber auch mehr von Ihnen erwartet. Ihre Umwelt hält Sie für einen Leistungsträger. Das ist ein ungeheuer positiver Einfluss für Sie und verhilft Ihnen zu ungeahnten Möglichkeiten. Nehmen Sie an, was immer sich bietet. Sie werden die Erwartungen erfüllen können, und zwar glänzend!

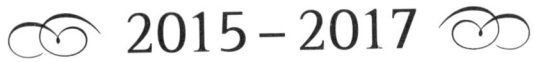

2015–2017

Sie konzentrieren sich jetzt ganz auf die Arbeit und das Geld-verdienen. 2015/16 ist dafür die ideale Zeit; Sie können jetzt Ihr Einkommen steigern. Yeah! Einige von Ihnen ergattern einen besseren Arbeitsplatz, für andere ist es einfach eine Gehaltser-höhung oder ein Nebenverdienst. Was auch immer – Ihre Ein-nahmen und Ihr Besitz werden zunehmen. Natürlich kann das Gefühl von Reichtum, das Sie haben, auch daher kommen, dass Sie sich Dinge anschaffen (obwohl Sie ja dafür bezahlen müs-sen). Trotzdem fühlen Sie sich einfach gut mit einem tollen Auto oder einem schönen, elegant eingerichteten Haus.

Ironischerweise fühlen Sie sich bei alledem möglicherweise immer noch unsicher, was Sie eigentlich werden wollen, wenn Sie einmal erwachsen sind. Gleichzeitig ergibt sich vielleicht eine größere Verantwortung für Kinder, eventuell durch Familienzu-wachs oder Kinder, die wieder zu Hause einziehen.

Erst 2017 sehen Sie eine mögliche Richtung für sich. Haben Sie die einmal gefunden, machen Sie sich sofort an die Arbeit. Sie schuften richtig! Außerdem sind Sie jetzt ungewöhnlich enthusiastisch.

Sie sind mit kürzeren Reisen, Kontaktpflege und Geschäften ausgelastet. Einige von Ihnen werden auch mehr schreiben, lesen und lernen als sonst. Möglicherweise treten Lehren, Schauspie-lern, Trainieren oder sogar Fahren mehr in den Vordergrund.

Um Ihr häusliches Leben machen Sie sich keine Sorgen mehr. Dort ist alles geregelt. Sie versuchen jetzt, anderen Menschen zu zeigen, was Sie können.

2018 – 2020

Seit Herbst 2017 und fast im ganzen Jahr 2018 ergeben sich ausgezeichnete Gelegenheiten im Immobilienhandel! Jetzt ist die richtige Zeit zum Hauskauf, aber auch für Immobilienanlagen oder den Umbau oder die Vergrößerung Ihres gegenwärtigen Hauses. Was auch immer Sie mit Ihrem Haus anstellen – sein Wert wird steigen und damit auch der zukünftige Gewinn, falls Sie es jemals verkaufen wollen.

Weil zu Hause alles so gut läuft, sind die Beziehungen zu den Familienangehörigen natürlich besser denn je. (Selbst zu Ihrem Schwager – und das will was heißen.) Familientreffen, gemeinsame Feiern und der gewöhnliche Alltag laufen glücklich und zur Freude aller ab. Und, ja – Sie schuften immer noch wie verrückt. Das war ja schon immer so.

Auftritt Ferienreise. Eine Flucht aus dem Alltag mit viel Spaß! Weißer Sand, türkisblaues Wasser, leckere Drinks mit kleinen rosa Schirmchen drin. (»Bitte hier entlang.«)

Irgendwann 2018/19 gönnen Sie sich dann den wohlverdienten Urlaub! Ganz sicher. Jetzt ist auch die richtige Zeit für Liebe, Romantik, Partys und alles, was Spaß macht. Der Hotelbranche, den Künsten, der Unterhaltungsindustrie und dem Entertainmentsektor geht es jetzt besonders gut. Nutzen Sie es aus! Sie haben dafür gearbeitet, und Sie verdienen es.

Nachdem Sie erholt, romantisch gestimmt (oh, là, là) und froh wieder zurückgekommen sind, überrascht es Sie nicht, dass sich Ihre harte Arbeit jetzt endlich auszahlt!

Ende 2019 werden Sie einen besseren Arbeitsplatz, bessere Aufgaben, einen besseren Chef oder bessere Arbeitsbedingungen bekommen – das Zauberwort heißt jedenfalls »besser«. »Am allerbesten« wäre natürlich noch schöner, aber gegen »besser« haben wir auch nichts.

Mit Ihren beruflichen Aussichten verbessern sich auch Ihre gesundheitlichen. Das kommt nicht unerwartet, weil Beruf und Gesundheit ja oft zusammenhängen, besonders wenn Sie Seiltänzer sind.[12]

Genießen Sie Ihr Glück!

Kein Wunder also, dass sich 2020 Ihre Partnerschaften und engen Bindungen ganz wunderbar entwickeln. Ein bestimmtes Ereignis wird Ihnen zeigen, dass Sie die richtige Paarbeziehung haben. Sie fühlen sich sehr geborgen und empfinden größeren Respekt für Partner und enge Freunde.

Andere werden in diesem Zeitraum in ein enges Verhältnis, eine Ehe oder auch Geschäftsbeziehung mit einem älteren und erfahreneren Partner treten.

Das ist alles ganz wunderbar, aber Sie haben es sich schließlich auch verdient. Sie haben sich selbst neu erfunden, Ihr häusliches Leben geregelt, gearbeitet wie besessen, Urlaub gemacht und mit den Kindern gespielt und vielleicht sogar die Liebe Ihres Lebens getroffen. So lässt es sich leben!

Und deswegen fangen Sie jetzt gerade erst an. Ta-dah! (Trommelwirbel.)

---

[12] Dabei fällt mir ein: Falls Sie anfangs damit keinen Erfolg haben – Fallschirmspringen ist keine Alternative für Sie.

2021–2022

In den letzten fünfzehn Jahren saßen Sie sozusagen *unter* dem Tisch und versuchten, sich selbst und Ihre Fähigkeiten zu beweisen. Jetzt springen Sie *auf* den Tisch! Sie treten nun sehr viel stärker in den Vordergrund und rufen der Welt zu: »Ich bin dabei! Ich spiele mit!« Sie nutzen Ihre Fähigkeiten!

Sehr wahrscheinlich hat Ihre harte Arbeit in der jüngsten Vergangenheit Ihnen gezeigt, wie berechtigt Ihr Selbstvertrauen ist. Jetzt folgen Beförderungen und positive Rückmeldungen von anderen Menschen.

Seien Sie aber vorsichtig an diesem bedeutsamen Wendepunkt Ihres Lebens. Während Sie Ihren Erfolg genießen, werden Sie sich wahrscheinlich auch von Dingen trennen müssen, die nicht mehr funktionieren.

Für bestehende Partnerschaften ist diese Zeit sehr schwierig. Ihre Partner fühlen sich oft bedroht, weil Sie jetzt Stärke zeigen und das genießen! Vielleicht waren Sie ihnen früher lieber? Aber Sie werden nicht mehr wie früher! Oh nein, Sie sind jetzt aus den alten Grenzen ausgebrochen und kehren nicht mehr zurück. Das heißt, Partnerschaften, die nichts mehr bringen, werden wahrscheinlich etwa 2020/21 enden. Solche, die überleben, werden sich verändern.

Deshalb werden viele von Ihnen 2022 feststellen, dass die finanzielle, praktische, emotionale und psychische Unterstützung durch andere Menschen entweder zurückgeht oder ganz fehlt. Das wirft Sie natürlich auf Ihre eigenen Reserven zurück, aber Sie sind gerade jetzt so stark wie nie! Im Jahr 2021 profitieren Sie zum Beispiel von Geschenken, Zuwendungen und Erbschaften. Für einige von Ihnen bedeutet das einen vorteilhaften Vergleich nach einem Scheidungsverfahren.

Im Jahr 2022 haben Sie gute Gelegenheiten zum Reisen und im Verlagswesen, den Medien, der Medizin und dem Rechtswesen. Viele von Ihnen gehen dann noch einmal zur Schule oder verreisen oder beides, weil jetzt die richtige Zeit ist, den eigenen Horizont zu erweitern.

2023 – 2025

Das Jahr 2023 bietet eine Mischung, und zwar eine interessante! Erstens zieht der Geld bringende Jupiter zum ersten Mal seit 2011/12 wieder durch Ihr Sternzeichen. Yeah! Dagegen kann man nichts haben! *C'est bon!* Immer, wenn Sie Jupiter in Ihrem Horoskop haben, kommt er Ihnen beruflich, karrieremäßig, in Ihrem Status und sozial zugute. (»Ich bin toll!«) Küsschen und Umarmung.

In solchen Zeiträumen ergeben sich typischerweise Beförderungen oder öffentliche Anerkennungen von Leistungen und größerer Respekt der Kollegen. Es ist einfach nur toll, wenn Sie wissen, was ich meine. Positive Entwicklungen mag jeder.

Viele Menschen werden berufsbedingt mehr Gelegenheiten zum Reisen oder mehr als sonst mit fremden Ländern und Kulturen zu tun haben. Andere werden sich auf ein neues, von Jupiter dominiertes Feld begeben – zum Beispiel höhere Bildung, Medizin, Heilberufe, die Rechtspflege oder die Tourismusbranche.

So viel dazu.

Jetzt zum gemischten Teil. (Wer hat schon wieder alle Rosinen rausgepickt?) Das tut jetzt ein bisschen weh. In den letzten paar Jahren sind Ihre Partnerschaften völlig den Bach runtergegangen. Viele von Ihnen kämpfen immer noch um gemeinsamen Besitz – wem gehört was, wer schuldet wem wie viel? *C'est la vie.*

Unterstützung aus anderen Quellen – ob staatliche Leistungen, Zuwendungen von Partnern, Rückerstattungen, Versicherungsauszahlungen, Steuerrückzahlungen – gibt es kaum. (Blöd, was?)

Aber 2024/25 sehen Sie dann endlich Licht am Ende des Tunnels, und zwar nicht, weil ein Zug kommt. Ein Glück! Die Zumutungen durch andere Menschen sind jetzt nicht mehr wichtig. In den nächsten Jahren bereiten Sie sich definitiv auf etwas Bestimmtes vor. Sie machen sich für Ihren großen Soloauftritt fertig. (Ihre Stunde im Rampenlicht schlägt 2027.)

Spielen Sie also dieses Blatt so gut wie möglich aus. Tun Sie, was Sie können, um sich auf den großen Moment im Jahr 2027 vorzubereiten, der nicht mehr lange auf sich warten lässt. Üben Sie, lassen Sie sich ausbilden, unternehmen Sie Bildungsreisen. Das Jahr 2024 ist ein guter Zeitraum, um sich Gruppen und Vereinen, Verbänden und Gewerkschaften anzuschließen und Ihre Kontakte zu pflegen.

Wichtig daran ist, dass all diese Kontaktpflege nicht ohne Einfluss auf Sie bleibt. Sie fühlen sich geliebt und gebraucht und glauben, dass das, was Sie tun, wichtig ist. Und deshalb ändern sich Ihre Ziele zum wirklich Großartigen hin. Oh ja!

Nur noch zwei Jahre bis zum Gipfelpunkt Ihrer Leistungen!

»Das effizienteste technologische Gerät, das der Mensch je erfunden hat, ist das Buch.«

NORTHROP FRYE
Kanadischer Literaturkritiker und -theoretiker
(14. Juli 1912 – 23. Januar 1991)

Berühmte Krebse

22. Juni 1906	Billy Wilder
22. Juni 1949	Meryl Streep
22. Juni 1953	Cyndi Lauper
22. Juni 1964	Dan Brown
23. Juni 1894	Alfred Kinsey
23. Juni 1894	Edward, Duke of Windsor
23. Juni 1929	June Carter Cash
23. Juni 1972	Zinedine Zidane
23. Juni 1975	Kate »KT« Tunstall
23. Juni 1975	Markus Zusak
24. Juni 1930	Claude Chabrol
24. Juni 1947	Mick Fleetwood
24. Juni 1987	Lionel Messi
25. Juni 1903	George Orwell
25. Juni 1945	Carly Simon
25. Juni 1963	George Michael
26. Juni 1956	Chris Isaak
26. Juni 1959	Leander Haußmann
26. Juni 1981	Paolo Cannavaro
27. Juni 1816	Friedrich Gottlob Keller
27. Juni 1955	Isabelle Adjani
27. Juni 1985	Nico Rosberg
28. Juni 1491	Heinrich VIII.
28. Juni 1909	Eric Ambler
28. Juni 1912	Carl Friedrich von Weizsäcker
28. Juni 1926	Mel Brooks
28. Juni 1946	Gilda Radner
28. Juni 1948	Kathy Bates
28. Juni 1966	John Cusack

29. Juni 1900	Antoine de Saint-Exupéry
29. Juni 1946	Gitte Haenning
29. Juni 1963	Anne-Sophie Mutter
30. Juni 1966	Mike Tyson
30. Juni 1975	Ralf Schumacher
30. Juni 1986	Allegra Versace
1. Juli 1952	Dan Aykroyd
1. Juli 1961	Prinzessin Diana
1. Juli 1977	Liv Tyler
2. Juli 1877	Hermann Hesse
2. Juli 1956	Jerry Hall
2. Juli 1970	Detlef D! Soost
3. Juli 1883	Franz Kafka
3. Juli 1935	Charles Brauer
3. Juli 1962	Tom Cruise
4. Juli 1918	Ann Landers
4. Juli 1927	Gina Lollobrigida
4. Juli 1938	Bill Withers
4. Juli 1943	Heide Simonis
4. Juli 1947	Jean Sasson
5. Juli 1889	Jean Cocteau
5. Juli 1911	Georges Pompidou
5. Juli 1950	Huey Lewis
6. Juli 1907	Frida Kahlo
6. Juli 1925	Bill Haley
6. Juli 1935	Dalai Lama
6. Juli 1946	George W. Bush
6. Juli 1946	Sylvester Stallone
6. Juli 1951	Geoffrey Rush
7. Juli 1887	Marc Chagall
7. Juli 1906	Leroy »Satchel« Paige
7. Juli 1922	Pierre Cardin
7. Juli 1970	Erik Zabel
8. Juli 1839	John D. Rockefeller

8. Juli 1926	Elisabeth Kübler-Ross
8. Juli 1934	Marty Feldman
8. Juli 1949	Wolfgang Puck
8. Juli 1951	Anjelica Huston
8. Juli 1958	Kevin Bacon
9. Juli 1901	Barbara Cartland
9. Juli 1937	David Hockney
9. Juli 1945	Dean Koontz
9. Juli 1956	Tom Hanks
10. Juli 1871	Marcel Proust
10. Juli 1934	Alfred Biolek
10. Juli 1980	Jessica Simpson
11. Juli 1906	Herbert Wehner
11. Juli 1920	Yul Brynner
11. Juli 1934	Giorgio Armani
12. Juli 1817	Henry David Thoreau
12. Juli 1908	Milton Berle
12. Juli 1937	Bill Cosby
12. Juli 1957	Götz Alsmann
13. Juli 1940	Paul Prudhomme
13. Juli 1942	Harrison Ford
13. Juli 1955	Christian Tramitz
13. Juli 1956	Günther Jauch
13. Juli 1957	Cameron Crowe
14. Juli 1862	Gustav Klimt
14. Juli 1912	Northrop Frye
14. Juli 1913	Gerald Ford
14. Juli 1918	Ingmar Bergman
14. Juli 1939	Karel Gott
14. Juli 1979	Axel Teichmann
15. Juli 1946	Linda Ronstadt
15. Juli 1963	Brigitte Nielsen
15. Juli 1976	Diane Kruger
16. Juli 1881	Louis Fabian Bachrach

16. Juli 1911	Ginger Rogers
16. Juli 1967	Will Ferrell
17. Juli 1920	Juan Antonio Samaranch
17. Juli 1935	Donald Sutherland
17. Juli 1947	Camilla, Duchess of Cornwall
17. Juli 1952	David Hasselhoff
17. Juli 1954	Angela Merkel
18. Juli 1811	William Makepeace Thackeray
18. Juli 1913	Red Skelton
18. Juli 1918	Nelson Mandela
18. Juli 1941	Frank Farian
18. Juli 1950	Richard Branson
19. Juli 1834	Edgar Degas
19. Juli 1898	Herbert Marcuse
19. Juli 1947	Brian May
19. Juli 1956	Juliane Werding
20. Juli 1919	Edmund Hillary
20. Juli 1947	Carlos Santana
20. Juli 1980	Gisele Bündchen
21. Juli 1899	Ernest Hemingway
21. Juli 1948	Cat Stevens
21. Juli 1951	Robin Williams
21. Juli 1977	Danny Ecker
21. Juli 1978	Josh Hartnett
22. Juli 1849	Emma Lazarus
22. Juli 1946	Danny Glover
22. Juli 1946	Mireille Mathieu
22. Juli 1974	Franka Potente
23. Juli 1899	Gustav Heinemann
23. Juli 1938	Götz George
23. Juli 1961	Woody Harrelson
23. Juli 1985	Anna Maria Mühe
23. Juli 1989	Daniel Radcliffe

Löwe

24. Juli – 23. August

Löwe

(24. Juli – 23. August)

»ICH WILL.«

»Erfahrung ist nicht das, was dir zustößt; sondern was du aus dem machst, was dir zustößt.«

ALDOUS HUXLEY
Britischer Schriftsteller
Schöne neue Welt
(26. Juli 1894 – 22. November 1963)

»Houston, hier Tranquility Base. Der Adler ist gelandet.«

NEIL ARMSTRONG
Amerikanischer Pilot, Astronaut und erster Mensch auf dem Mond
(5. August 1930)

Element	Feuer
Herrscherplanet	Sonne
Qualität	Fix
Gegenzeichen	Wassermann
Symbol	Mähne oder Schwanz des Löwen oder Sonnenstrahlen
Glückssteine	Rubin, Peridotit, Topas und Onyx[1]
Blumen	Ringelblume und Sonnenblume
Farbe	Orange
Körperteile	Herz und Rücken

WAS SIE LIEBEN Filme, Komplimente, das Theater, Sport, Unterrichten, Hilfe anbieten, Menschen unterhalten, verwöhnt werden, Aufmerksamkeit, eine prachtvolle Umgebung. Sie tragen oft Kleidung mit Animal Prints, auffälligen Modeschmuck und kämmen sich das Haar (ohne Scheitel) aus der Stirn. Sie erwarten Respekt.

WAS SIE VERABSCHEUEN Geiz, Kleinlichkeit, Unehrlichkeit, Mutlosigkeit, Nervensägen und Menschen, die Sie ankeifen, verspotten oder ignorieren.

WO SIE GLÄNZEN Sie sind großzügig, prinzipientreu, ehrlich, warmherzig, offen, energisch, positiv, mutig, geistreich und intelligent. Sie zahlen immer die Rechnung.

WER IST SCHON VOLLKOMMEN? Sie sind arrogant, stolz, extravagant, aufdringlich, egozentrisch, herablassend, starrsinnig, belehrend und kompromisslos.

---

[1] Verschiedene Quellen führen für die einzelnen Sternzeichen unterschiedliche Steine auf. (Ist denn dieser Welt nichts mehr heilig?)

Das Wesen des Löwen[2]

Um ein Sternzeichen gründlich zu verstehen, muss man den Planeten betrachten, der es beherrscht, denn er gibt uns viele Hinweise! Der Löwe wird von der Sonne beherrscht. Wenn man sich ansieht, wofür die Sonne in der Astrologie steht, bekommt man rasch ein Gefühl für den Archetyp des Löwen.

Zuerst eine wichtige Begriffsunterscheidung: Das Sternzeichen jedes Menschen ist eigentlich sein Sonnenzeichen. Wenn Sie ein Zwillingsgeborener sind, heißt das, bei Ihnen steht die Sonne in den Zwillingen. Sind Sie Stier, steht die Sonne bei Ihnen im Stier. Wenn Sie ein Löwe sind, haben Sie die Sonne im Sternzeichen des Löwen. (Und im Horoskop jedes Menschen stehen auch der Mond, der Merkur, die Venus und so weiter in einem bestimmten Zeichen. So funktioniert die Astrologie.) Wenn Sie also von Ihrem Sternzeichen sprechen, meinen Sie damit dasjenige, in dem die Sonne steht. Alles klar?

Also hat jeder Mensch ein Sonnenzeichen, *aber nur das Sternzeichen Löwe wird von der Sonne beherrscht.* Großer Unterschied!

Ja, die glorreiche Sonne! (Kein Wunder, dass Sie so heiß sind!) Zuerst einmal scheint sie für jeden und alles. Sie badet uns in ihrem strahlenden Licht. Darum stehen Löwen immer im Rampenlicht, ob sie wollen oder nicht.

---

[2] Niemand kann auf ein einziges Sternzeichen reduziert werden, denn jedes Horoskop enthält mehrere Planeten. Daher beschreibt dieser Abschnitt nur den Archetyp des Löwen – die Eigenschaften, die sein Wesen ausmachen. Auch viele, die unter einem anderen Sternzeichen geboren sind, haben Löwe-Eigenschaften. Die Darstellung eines einzelnen Zeichens ist daher keine exakte Beschreibung einer bestimmten Person, sondern vielmehr die Beschreibung der Eigenschaften des Zeichens.

In ihrem Buch Bittersweet *schildert die Schauspielerin Susan Strasberg, wie sie einmal mit Marilyn Monroe (die Aszendent Löwe war) in Manhattan die Straße entlangging. Plötzlich wandte sich Marilyn ihr zu und fragte: »Soll ich sie mal spielen?« Marylin schüttelte den Kopf und bewegte die Schultern, während sie weiterging. Auf einmal riefen die Passanten: »Da ist Marilyn Monroe!«, und sie belagerten sie mit Autogrammwünschen.*

Löwegeborene können ihre Starqualitäten kontrollieren. Sie können ein Restaurant entweder völlig unbeachtet betreten oder einen Auftritt hinlegen, bei dem sich alle Anwesenden die Hälse nach Ihnen verrenken.

Diese Starqualitäten bedeuten aber leider auch, dass sich alle Löwegeborenen ständig beobachtet fühlen. Deshalb achten Löwen immer auf ihr Auftreten und ihre Erscheinung, ob sie einen Raum, ein Restaurant, eine Bar oder ein Klassenzimmer betreten – sogar die Küche am frühen Morgen, wenn sie dabei jemand sehen kann. Sie glauben einfach grundsätzlich, dass Ihnen jeder zuschaut, auch wenn es gar nicht der Fall ist. (Ein bisschen kläglich eigentlich.)

Was aber folgt daraus, wenn Sie glauben, dass Sie überall auffallen? Sie legen Wert auf Ihr Äußeres! Sie denken viel über Ihre Kleidung nach. In grauen, ausgebeulten Sachen fühlen Sie sich unwohl. Wenn Sie sich wegen Ihres Übergewichts schämen, kann Sie das so viel Kraft kosten, dass Ihr Berufs- und Beziehungsleben darunter leidet. (»Ich hasse mich!«) Löwen, die zugenommen haben, sagen Verabredungen ab, weil sie ihren Anblick selbst nicht ertragen können und keine abfälligen Blicke von Mitmenschen riskieren wollen. Der Löwe ist schließlich das Symbol der Könige! Und je schneller die anderen das erkennen, desto einfacher wird das Leben für alle. (»Steht meine Kutsche bereit?«)

»Manche Menschen haben Geld, und andere sind reich.«

GABRIELLE »COCO« CHANEL
Französische Modedesignerin und
Begründerin des Modekonzerns Chanel
(19. August 1883 – 10. Januar 1971)

Sie kleiden sich gerne gepflegt und haben eine ausgesuchte Garderobe. Sie haben nie genug anzuziehen. (Ist Ihnen schon aufgefallen, dass Sie ohne ein Kleidungsstück, das Sie gerade gekauft haben, nicht mehr auskommen können und es dauernd tragen? Sie fragen sich, was Sie eigentlich bisher angezogen haben!) Sie gehen gerne shoppen, weil es für Sie ein Ausdruck von Freiheit ist, Geld für Dinge auszugeben, die Ihnen gefallen. Weil Sie glauben, andauernd aufzufallen, ziehen Sie sich nicht nur sorgfältig, sondern tatsächlich auffällig an. Löwen schmücken sich gerne mit großen Einzelstücken, mögen Leder, Pelz, Capes und Samt und fügen Ihrer Garderobe oft noch andere dramatische Accessoires hinzu.

»Tief drinnen bin ich ein äußerst oberflächlicher Mensch.«

ANDY WARHOL
Amerikanischer Künstler, Grafiker und Filmemacher
(6. August 1928 – 22. Januar 1987)

Einen Löwen erkenne ich schon von Weitem an der Metallic-Handtasche, dem Schal oder Sweatshirt mit Animal Print oder dem lässig aus der Stirn gekämmten Haar. Sie kleiden sich sportlich und leger. (Das Sternzeichen Löwe beherrscht Sport, Freizeitparks, Golfplätze und Urlaubsreisen, ebenso das Showgeschäft und die Welt der Unterhaltung.) Ein Löwe schließt nie den obersten Hemdknopf. Zu spießig, zu konservativ, zu einengend! Weil der Löwe aber königlich ist, kann er manchmal sehr prachtliebend in seiner Kleidung sein. (Denken Sie an Coco Chanel, Yves Saint-Laurent und Jennifer Lopez.)

Löwen *lieben den großen Auftritt*! Sie wenden viel Geld für Ihr äußeres Erscheinungsbild auf, besonders für die Frisur – Ihre Löwenmähne. Sie lieben auffällige Sonnenbrillen (wie die berühmte Löwegeborene Jacqueline Kennedy Onassis) und große Handtaschen. Sie geben gerne die große Diva, aber immer geschmackvoll.

Schüchterne Löwen leider sehr darunter, immer ins Rampenlicht zu geraten, haben aber ebenfalls das Bedürfnis aufzufallen, sogar, wenn sie es gar nicht mögen. (Pech gehabt!) Einerseits haben schüchterne Löwen Tagträume, in denen sie als Superhelden heroische Taten vollbringen – ihr Augenblick in der Sonne! Wenn man ihn aber andererseits in die Enge treibt, entzieht sich der schüchterne Löwe, indem er alle Einladungen ablehnt. Er erträgt den Druck nicht, den er in der Gesellschaft anderer Menschen spürt. Trotzdem möchte jeder Löwegeborene insgeheim ein Star sein!

Stellen Sie es sich so vor, dass auf diese Menschen die Sonne »scheint« wie ein Scheinwerfer. Deshalb wählen viele Löwen Berufe, in denen sie im Mittelpunkt der Aufmerksamkeit stehen. Sie werden Schauspieler, Lehrer, Trainer oder etwas Ähnliches – alles, was ihnen ermöglicht, sich vor andere Leute zu stellen und etwas vorzuführen oder zu erklären. Behalten Sie immer im Hinterkopf, dass Ihr Herrscherplanet, die Sonne, blendend hell auf Sie herableuchtet!

Die Sonne hat aber noch eine andere Eigenschaft. Sie strahlt ungeheure Energiemengen *nach außen*. Deshalb strahlen auch Löwegeborene so viel Begeisterung und Ermutigung und Wärme aus.

Sie sind wie die Sonne. Das wird ganz deutlich, wenn man sich ansieht, wie gut Sie im Unterrichten, Unterhalten oder Unterstützen sind. Sie wollen Vorbild sein! Sie fühlen sich fast dazu verpflichtet.

»Wenn in einem Raum nur Stille herrscht, versuche ich, ihn so schnell wie möglich auszufüllen.«

MATTHEW PERRY
Amerikanischer Schauspieler
Friends (TV-Serie)
(19. August 1969)

Meine Löwe-Tante Betty[3] war für mich der erste Mensch, den ich das habe sagen hören. Wenn in einem Gespräch eine Pause eintrat, meinte sie zu mir, fühle sie sich immer gedrängt, etwas zu sagen. (Ich war damals noch klein und wusste nichts von den Eigenschaften des Löwen.)

Wir wissen alle, dass die Sonne die Quelle allen Lebens auf der Erde ist. Ohne Sonne gäbe es weder Pflanzen noch Tiere. Dieser fördernde, stützende Antrieb ist die Haupteigenschaft des Löwen. Er ist ein Geber! Er gibt Zeit, Energie, Geld, Besitztümer und sein Wissen.

---

[3] Meine Tante Betty war mit Onkel Jack, einem Widder, verheiratet. Bei ihnen ging es immer hoch her! Als Kind habe ich sie unheimlich gerne besucht.

Drei Eigenschaften des Löwen

Bei näherer Betrachtung Ihres Herrscherplaneten, der Sonne, erkennt man rasch drei wichtige Eigenschaften Ihres Tierkreiszeichens:

1. Kreativität
2. Wärme, Ausstrahlung und Großzügigkeit
3. Führungsfähigkeit und Bedürfnis nach Anerkennung

Kreativität

Natürlich hat jedes Sternzeichen auch seine Kreativität. Aber für den Löwen ist Kreativität eine der Hauptkräfte seines Lebens, einer der Gründe des Daseins. Löwen wollen nicht nur etwas erschaffen – sie *müssen* etwas erschaffen; sei es ein Ereignis, eine Situation, ein Schauspiel, ein Film, eine Party oder eine Erfahrung.[4] In der Astrologie steht alles im Leben unter einem bestimmten Zeichen. (Die Astrologie klassifiziert die gesamte Welt auf diese Weise – nach den Herrschaftsbereichen der Planeten und Sternzeichen.) Wenn wir uns anschauen, welchen Bereich der Löwe beherrscht, sehen wir sofort, wie kreativ die Löwegeborenen sind!

---

[4] Im Film *Wag the Dog – Wenn der Schwanz mit dem Hund wedelt* spielt Dustin Hoffman, ein Löwegeborener, den erfolgreichen Hollywoodproduzenten Stanley Motss. Diese Figur basierte auf Robert Evans, dem ehemaligen Paten von Hollywood. Evans hat den Mond im Löwen, und weder ich noch eine seiner sieben Ehefrauen wären überrascht, wenn der Löwe auch sein Aszendent wäre (die Uhrzeit seiner Geburt ist allerdings unbekannt). Hoffman übernahm für die Rolle Evans' Arbeitsstil, Benehmen, Eigenarten, Kleidungsstil, Frisur und Aussehen, bis hin zu der typischen großen Brille mit viereckigen Gläsern. Der echte Evans soll erklärt haben: »Ich bin in diesem Film einfach großartig!«

>>*Nehmen Sie eine Kamera und drehen Sie irgendetwas, egal, was für ein Quatsch es ist und ob Sie Ihre Freunde und Ihre Schwester als Darsteller einspannen müssen. Schreiben Sie Ihren Namen als Regisseur darauf. Damit sind Sie Regisseur. Alles Weitere ist nur eine Frage von Budget- und Gagenverhandlungen.*<<

JAMES CAMERON
Kanadischer Filmregisseur, Produzent und Drehbuchautor
Titanic, Avatar
(16. August 1954)

Was beherrscht der Löwe?

Der Löwe beherrscht die Künste – Theater, Showgeschäft und die Unterhaltungsindustrie, dazu auch den Profisport. Immer, wenn Sie von einer Veranstaltung, einer Person oder wovon auch immer unterhalten werden, dann ist das ein Löwe-Erlebnis. Wenn Sie Geld ausgeben, um auszugehen, dann treten Sie in den Bereich des Löwen und befinden sich in der Löwe-Welt der Partys, gesellschaftlichen Ereignisse, Kinos, Theater, Themenparks, Stadien, Arenen und Golfplätze.

Der Löwe ist auch der Herrscher des Hotel- und Gaststättengewerbes. Er beherrscht nicht das Essen an sich, sondern die Vorstellung, anderen Menschen das Erlebnis des Ausgehens zu ermöglichen. Daher beherrscht er Restaurants[5], Hotels und Resorts. Alles vom MGM-Grand-Hotel in Las Vegas bis zu einer kleinen Bed-and-Breakfast-Pension im ländlichen Hinterland gehört dem Löwen. Alles von Disney World bis zu einem winzigen Neun-Loch-Golfplatz gehört dem Löwen. Der Löwe versucht unentwegt, eine Situation zu schaffen, in der er andere Menschen beeindrucken und unterhalten kann. Der Löwe möchte

---

[5] Auch der Mond beherrscht Restaurants, und zwar in Hinsicht auf das Essen. Der Löwe hingegen herrscht über den Aspekt des Ausgehens und Gesehenwerdens. Deshalb haben Löwe- und Krebsgeborene oft Restaurantbesuche als Hobby.

etwas erschaffen! Er bringt ständig Ideen hervor, die zu Events werden, um andere Menschen zu beeindrucken und zu erfreuen.

Deshalb fallen auch alle Kunstwerke in seinen Bereich, die Kreativität. Was aber ist das kreativste aller Werke? Ein menschliches Wesen! »Es kann laufen! Es kann sprechen!« Daher beherrscht der Löwe auch die Kinder. Jeder, der mit Kindern arbeitet oder sie unterrichtet, hat einen Löwe-Beruf, genau wie auch alle Menschen, die schauspielern, Regie führen und beim Film oder am Theater arbeiten (ob als Platzanweiser oder als Schauspielstar).

Wenn man bedenkt, dass alles Kreative in der Welt unter der Herrschaft des Löwen steht, dann folgt daraus natürlich, dass Löwen kreative Menschen sind! (Ach was!)

»Um unersetzbar zu sein, muss man immer anders sein.«
GABRIELLE »COCO« CHANEL
Französische Modedesignerin und
Begründerin des Modekonzerns Chanel
(19. August 1883 – 10. Januar 1971)

Was auch immer sie beruflich tun, Löwegeborene erledigen es mit Stil, Dramatik und Theatralik. Zwar arbeiten viele Löwen in den entsprechenden Berufsfeldern, also im Entertainment oder dem Gastgewerbe, als Lehrer, Künstler oder Sportler, aber es gibt natürlich unter ihnen auch Taxifahrer, Klempner, Wissenschaftler und Köche. Was Sie von Ihren jeweiligen Kollegen unterscheidet, ist Ihr Flair, Ihre Kreativität und Ihre Begeisterung. Sie machen die Arbeit zum Ereignis!

Wärme, Ausstrahlung und Großzügigkeit

Löwegeborene verfügen über eine natürliche Wärme und Ausstrahlung. So wie die Sonne, so spenden auch sie Wärme. Deshalb sind Löwen so großzügige Menschen. Sie strahlen so viel Begeisterung aus, dass sie schon wieder tyrannisch wirken. (»Ihr amüsiert euch doch alle gut, ODER?«)

Löwen sind großherzig und haben ein unvergessliches Lächeln. (Denken Sie an Sandra Bullock, Ben Affleck, Halle Berry, Jennifer Lopez, Martin Sheen, Maureen O'Hara, Barack Obama und Loni Anderson.)

Sie lieben es, zu unterhalten und unterhalten zu werden. (Jeder möchte am selben Tisch wie Sie sitzen.) Sie tun alles, um allen etwas zu bieten, und Sie geben viel zu viel Geld dabei aus. Löwen denken sich nichts dabei, wenn sie Geld borgen und Schulden machen, um anderen etwas bieten zu können. Der Löwe bezahlt immer die Rechnung. Sie bestellen teuren Wein und gutes Essen für alle, selbst wenn Sie es sich nicht leisten können. Ganz besonders gilt das, wenn Ihre Gäste sich so etwas normalerweise auch nicht leisten können. Achtung: Dabei wollen Sie nicht etwa Eindruck schinden, obwohl es vielleicht so aussieht. (Das großzügige Wesen des Löwen wird in diesem Punkt oft missverstanden.) *Sie wollen wirklich, dass andere Spaß haben und sich freuen können!* Ein Löwe verschuldet sich, um alle glücklich zu machen! (Seltsam, aber wahr.) Er hält es für seinen Lebenszweck, andere aufzumuntern.

Einer der Gründe für diesen Drang des Löwen zur Großzügigkeit liegt in einer typischen Löwe-Eigenschaft verborgen: Löwegeborene müssen immer »etwas produzieren«; jeder Löwe ist beständig damit beschäftigt, anderen eine Freude zu machen. (Stellen Sie es sich so vor, dass jeder Löwe innerlich etwas von dem großen Filmboss Cecil B. DeMille hat.) Es liegt in seinem Wesen, ständig etwas Neuem auf die Welt zu helfen.

Aber das hat auch seine Nachteile. Weil Löwen immer alles vorausplanen (sei es eine Dinnerparty, die Oscarverleihung oder eine Geburtstagsfeier), erwarten sie von den Teilnehmern, dass sie ihre vorgesehenen Rollen spielen. (Oh ja!) Gibt er ein formelles Abendessen um acht Uhr, dann wird der Löwe entsetzt sein (aber es nicht zeigen), wenn einer der Eingeladenen, ein Krebs, noch drei Kumpels mitbringt und die Sitzordnung ruiniert, die der löwegeborene Gastgeber so sorgfältig geplant hat. Löwen wirken immer spontan, *sind es aber in Wirklichkeit nicht.* Sie sind kreativ, haben gerne Spaß und agieren theatralisch, sind aber überraschend bedächtig. Sie haben gerne eine Menükarte oder ein Programm vor sich, einen Plan dessen, was zu erwarten ist. Die einzigen Überraschungen, die Sie mögen, sind solche, die Sie für andere planen.

Das Bedürfnis des Löwen, unvergessliche Momente zu schaffen, bringt es unweigerlich mit sich, dass er Ideen, Informationen, Geld, Erfahrungen, Essen und Geschenke freimütig zur Verfügung stellt und sogar Kleidung, Autos und Häuser verleiht.

Erscheinen mehrere Löwen gleichzeitig auf einem Schauplatz, ist es ein ungeheurer Anschub für die Energie und die Begeisterung dort. Hat man mehrere Löwen in einem Publikum, kann sich der Entertainer begeisterten Beifalls gewiss sein, weil die Löwen seinen Unterhaltungsbemühungen positiv gegenüberstehen. *Sie können sich in den Entertainer hineinversetzen!* (»Ich bin begeistert! Was für ein tolles Publikum! Da sitzen Sean Penn, Madonna, Arnold Schwarzenegger, Kevin Spacey, Dustin Hoffman und Mick Jagger, und sie lachen über meine Witze! *Ich bin fantastisch!*«)

Raten Sie mal, wessen Badezimmerspiegel mit Lippenstiftküssen übersät ist?

»Ich will nicht leben. Ich will lieben und gelegentlich leben.«
ZELDA FITZGERALD
Amerikanische Schriftstellerin und Ikone der Roaring Twenties;
verheiratet mit dem Schriftsteller F. Scott Fitzgerald
Ein Walzer für mich
(24. Juli 1900 – 10. März 1948)

Löwen geben immer ein gutes Trinkgeld, besonders wenn der Service entsprechend ist. Sie sympathisieren mit jedem, der sich Mühe gibt, um anderen ein schönes Erlebnis zu bereiten, denn darum dreht es sich im Leben, so glaubt der Löwe.

Diese Wärme und Ausstrahlung sind eine große Unterstützung. Löwen sind sehr loyal. Sie sind keine Schönwetterfreunde, es gehört zu Ihrem Wesen, anderen zur Seite zu stehen. Löwen sind nicht nur tolle Schauspieler, sondern auch großartige Lehrer. Sie lieben es, Ihr Wissen vorzutragen, weil Sie gerne vor Publikum stehen und etwas mit ihm *teilen*.

Denken Sie immer daran, dass der Herrscherplanet das Wesentliche eines Sternzeichen verkörpert. Weil der Herrscher des Löwen die Sonne ist, können Sie sich einen Löwegeborenen als jemanden vorstellen, der Energie in die Welt hinaussendet und hofft, damit kleine Samen zum Aufgehen zu bringen. Die Samen können Menschen oder Ideen oder einfach Augenblicke sein. Der Löwe möchte etwas zum Wachsen bringen! Sie sind derjenige, der Luftballons mit auf die Party bringt, weil Sie wissen, wie man allen anderen Spaß und Unterhaltung bietet.

Aber der Löwe macht sich auch selbst etwas vor. Er hält sich für einen gewitzten Menschenkenner. Von wegen! In Wirklichkeit sind Löwen nämlich leichtgläubig und naiv. Sie vertrauen leicht, weil Sie selbst immer vertrauenswürdig und loyal sind. Mit Schmeicheleien kann man Sie ziemlich leicht herumkriegen. Mitunter halten Sie sich für verschlagen und listig, aber in Wirklichkeit kann man in einem Löwen lesen wie in einem offenen Buch. (Sie sind wirklich verloren!)

»Wir zahlen ihm zu viel, aber er ist es wert.«

SAMUEL GOLDWYN
Amerikanischer Filmproduzent und
Mitbegründer des Filmstudios Metro-Goldwyn-Mayer
(17. August 1879 – 31. Januar 1974)

Führungsfähigkeit und Bedürfnis nach Anerkennung

Der Löwe ist das ausgewogenste und vollständigste aller Tierkreiszeichen. (Meinetwegen sollen die anderen Sternzeichen nur protestieren.) Ich wiederhole: *Ihr Sternzeichen ist das ausgewogenste im ganzen Tierkreis.* Einer der Gründe dafür ist, dass Sie die Energie der Sonne ungedämpft ausdrücken. (Alle anderen Sternzeichen drücken die Sonne durch einen Steinbock-Filter, einen Jungfrau-Filter oder einen Zwillinge-Filter aus. Ist klar, oder?)

Stellen wir uns die Sonne vor. Sie spendet Wachstumsenergie und strahlt Wärme aus, aber sie *erleuchtet* auch. Und zwar alle – die Reichen und die Armen gleichermaßen, ohne Unterschied. Die Sonne spendet ihre Lebenskraft, ihre Wärme und ihr Licht völlig vorurteilsfrei. Und genauso schließen auch Sie (obwohl der Löwe ein »königliches« Symbol ist) unbefangen Freundschaft mit Menschen jeder Herkunft und aus allen Schichten. Zwar verfallen Sie leicht in einen Starkult (»Oh mein Gott, ich habe gerade Bruce Willis gesehen!«), aber Sie denken sich nichts dabei, enge Freunde aus allen sozialen Milieus zu haben. Löwen sind keine Snobs, sie sehen nur so aus! Sie sind vielleicht arrogant, eitel und überheblich, aber Sie sind kein Snob. Löwen mögen alle Klassen.

Weil der Löwe von der Sonne beherrscht wird, wird er natürlich gerne *gesehen.* Das ist zu erwarten, wenn man bedenkt, dass der Löwe die Unterhaltungsindustrie und das Gastgewerbe beherrscht. Ein wichtiger Grund, warum Menschen zum Spaßhaben ausgehen, ist das Sehen und Gesehenwerden. Das ist das Schmieröl im Sozialgetriebe!

»Drama ist Leben, aus dem die langweiligen Passagen raus-geschnitten wurden.«

SIR ALFRED HITCHCOCK
Britischer Filmregisseur und Produzent
Das Fenster zum Hof, Psycho, Die Vögel
(13. August 1899 – 29. April 1980)

Das Anerkennungsbedürfnis des Löwen bestimmt oft seine Berufswahl. Am liebsten möchten sie täglich anerkannt und gelobt werden. Für Lob haben sie wirklich etwas übrig. (Einem Löwen kann man nie zu viele Komplimente machen. Sogar wenn man ihn mit Schmeicheleien überschüttet und er es merkt, freut er sich immer noch, dass man sich die Mühe gemacht hat.) Löwen möchten für ihre Arbeit gelobt werden und natürlich für ihre exzellenten Leistungen. Sie sind stolz auf ihre Fähigkeit, Sie zu unterhalten und zu erfreuen, und vor allem möchten sie für ihre Großzügigkeit anerkannt werden.

Dieses Anerkennungsbedürfnis ist kein Zeichen von Ober-flächlichkeit. Warum sollte man etwas schreiben, wenn es nie-mand liest? Warum sollte man einen Film drehen, den sich niemand anschaut? Warum sollte man eine Vorstellung geben, wenn niemand zusieht? Dem Löwen geht es mit seiner Krea-tivität und seiner Wärme und Ausstrahlung immer darum, auf andere Menschen zuzugehen und eine Reaktion zu erhalten. Es muss etwas zurückkommen. Das Licht muss reflektiert werden. Ohne eine Belohnung durch Anerkennung und Bestätigung heißt es beim Löwen sonst schnell: »Ach, wofür das alles?«

Der Anerkennungsdrang des Löwen hat noch einen anderen Grund. Der Löwe ist das Zeichen des Königtums. Deshalb haben alle Löwen etwas Edles an sich. Schüchterne Löwen (und sogar auch angeberische Löwen) haben eine natürliche innere Würde. Und weil der Löwe das Zeichen des Adels ist, stellen sich Löwen gerne ans Steuer! Löwen sind geborene Manager und Chefs. Sie erkennen schnell die größeren Zusammenhänge, weil sie es verstehen, den aktuellen Augenblick in Szene zu setzen. Ein Löwe sieht sofort, warum ein Restaurant, ein Theaterstück oder ein Event läuft oder nicht. Er weiß, was das Publikum will.

Sehen Sie, wie leicht es ist, wenn man erfasst hat, wofür der Herrscherplanet eines Sternzeichens steht? Von da aus kann man dann weitergehen und verschiedene Beispiele dafür finden, wie dieser Planet wirkt und warum Sie so sind, wie Sie sind.

»Elementar, mein lieber Watson.«[6]

---

[6] Dieser Satz kommt in den Geschichten von Arthur Conan Doyle gar nicht vor, sondern wird erst in den Sherlock-Holmes-Verfilmungen gebraucht. Doyle schrieb: »Ein simpler Taschenspielertrick, mein lieber Watson, glauben Sie mir.« Doyle war übrigens ein Zwilling mit Saturn im Löwen.

Der verliebte Löwe

»Das Geheimnis einer glücklichen Ehe ist, den richtigen Partner zu finden. Du weißt, dass es der Richtige ist, wenn du ständig bei ihm sein willst.«

JULIA CHILD
Amerikanische Köchin und Kochbuchautorin
(15. August 1912 – 13. August 2004)

Der Löwe ist *das* romantische Sternzeichen. Was würde man auch sonst von einem Zeichen erwarten, das Kunst, Theater, Literatur, Musik, Filme und alles Dramatische und Übertriebene beherrscht? Wenn da die Romantik nicht hineingehört, was dann?

Löwen nehmen ihre Liebesaffären seeehr ernst! Ihr romantisches Feuer verbrennt sie völlig. Der Löwe liebt es, verliebt zu sein! Eine Klientin, deren Aszendent Löwe war, erzählte mir einmal, dass sie und ihr Psychotherapeut ineinander verliebt seien. Ich war zwar nicht überrascht, dass sie in ihren Therapeuten verschossen war, wohl aber, dass er ihre Avancen angeblich erwiderte. Ich fragte: »Und er hat Ihnen ausdrücklich gesagt, dass er Sie liebt?«

Sie lachte selbstbewusst und erklärte, er wiederhole zwar dauernd, dass er *nicht* in sie verliebt sei, aber sie *wisse* einfach, dass er auf diese Weise nur seine wahren Gefühle verbergen wolle. Je mehr sie mir erzählte, desto klarer wurde mir, dass der Therapeut in Wirklichkeit alles nur Mögliche getan hatte, um der Klientin klarzumachen, dass er sie nicht liebte, aber sie sich einfach weigerte, es zu glauben! Damals begann ich zu vermuten – und fand es später oft bestätigt –, dass Menschen mit Aszendent Löwe einfach immer glauben, andere Leute seien in sie verliebt.

»Ich liebe Zurückhaltung, sie darf nur nicht zu weit gehen.«
MAE WEST
Amerikanische Schauspielerin und Sexsymbol
Sie tat ihm unrecht, Myra Breckinridge
(17. August 1893 – 22. November 1980)

Der verliebte Löwe will angebetet werden. Besser gesagt: Er *braucht* Anbetung. Täglich. Nicht nur mit Worten, sondern mit Taten. Einem Löwen muss man seine Anbetung mit Blumen, Wein (am besten Champagner, dadurch wird ein festlicher Anlass daraus!), Theaterkarten, Kinobesuchen und kleinen (auch großen!) Geschenken demonstrieren, um zu zeigen, wie sehr man ihn mag.

Eine andere Löwe-Klientin fütterte ihren Freund mit durch. Sie bezahlte alle seine Rechnungen. Aber jedes Mal, wenn sie nach Hause kam, wurde sie mit Kerzen (sogar vor der Haustür), Musik, Drinks und Kanapees begrüßt. Jeden Tag so romantisch empfangen zu werden, war genau die Art besonderer Aufmerksamkeit, die ihr Löwe-Bedürfnis nach Anbetung und Anerkennung befriedigte. Natürlich kochte er auch. (Er wusste wirklich, was ihr gefiel.)

Aber Vorsicht! Löwen hassen Geizkragen. Sie sind selbst sehr großzügig, schenken gerne und machen anderen eine Freude. Sie lieben es, andere ins Kino, zum Essen und ins Theater einzuladen. Wenn ein Löwe die Sparsamkeit seines Gegenübers als Geiz auslegt, dann ist er davon alles andere als beeindruckt.

Löwegeborene sind heiße Liebhaber! Sie mögen Sex. (In einigen astrologischen Texten heißt es, der Löwe sei das Sternzeichen mit dem meisten Sex-Appeal.) Sie sind nicht irgendwie pervers, aber Sie haben gerne Spaß. Weibliche Löwegeborene sind begeistert von sexy Unterwäsche. Löwen geben immer einen Haufen Geld für schöne Bettwäsche und gutes Bettzeug aus, weil sie die Wichtigkeit des Schauplatzes beim Sex verstehen. Sie wissen, wie man eine romantische Atmosphäre schafft.

Eine gute Freundin von mir ist Löwe. Nach ihrer Scheidung flog sie nach Los Angeles und gab etwa dreitausend Dollar für Unterwäsche aus. Ihr Optimismus zahlte sich aus! Praktisch ohne Zeitverlust hatte sie eine Affäre mit einem Typen, der sie zu einem wilden, leidenschaftlichen Wochenende in den Skiort Whistler mitnahm. (Sie blieben die ganze Zeit im Hotelzimmer.) Am ersten Abend legte sie einen atemberaubenden Auftritt in einem Negligé aus ihrer Wundertüte hin, und es wurde ziemlich wild im Bett. Dann ging sie duschen und kam im nächsten Ensemble zurück. Mehr Leidenschaft! Ein drittes Outfit, noch mehr Leidenschaft! Später zog sie sich noch ein weiteres Mal um. Während eines Tages und zweier Nächte hatte sie sechs große Auftritte in sechs verschiedenen bezaubernden Unterwäschekreationen. (Der Mann war ziemlich erstaunt, hat sich aber sicher nicht beklagt.) Ha! So verhält sich der klassische Löwe.

»Zu viel des Guten kann wunderbar sein.«

MAE WEST
Amerikanische Schauspielerin und Sexsymbol
Sie tat ihm unrecht, Myra Breckinridge
(17. August 1893 – 22. November 1980)

Löwen sind impulsiv und dramatisch. Ich erinnere mich an die Geschichte einer Löwe-Frau, die gerade mit ihrem Freund Schluss machte. Bei ihrem letzten Date endeten sie irgendwie zusammen mit einem anderen Paar in einem Club. Sie wollte nicht mit dem Mann tanzen, von dem sie sich gerade trennte, also tanzte sie allein. Bald kam ein Fremder dazu, und aus dem gemeinsamen Tanz wurde etwas Magisches.

Wieder zurück an ihrem Tisch, wollte sie dem Unbekannten gerne ihre Telefonnummer geben, also ging sie zur Toilette, um ihm auf dem Rückweg an ihren Tisch unauffällig einen Zettel zustecken zu können. Als sie im Toilettenraum gerade ihre Nummer auf einen Zettel schrieb, sprang plötzlich die Tür auf, und der Tänzer platzte herein! Sofort lagen sie einander in den Armen. Während der Umarmung aber wurde die Tür des Damen-WCs erneut aufgerissen, und wer war es diesmal? Der Mann des anderen Paars an ihrem Tisch! Er behielt die Fassung und erklärte: »Ich muss unbedingt deine Nummer haben!« Überrumpelt (Löwen sind überraschend naiv) gab sie sie ihm ebenfalls!

Die Episode hatte ein interessantes Nachspiel: Durch einen seltsamen Zufall riefen beide Männer sie etwa acht Wochen später am selben Abend und zur selben Zeit an. Und wieder war der Tänzer der Erste, und wieder unterbrach der andere Mann – er bat die Vermittlung tatsächlich, das lange Telefongespräch zu unterbrechen! Diese Art Drama ist genau nach dem Geschmack eines Löwen. Sein Liebesleben ist der Stoff, aus dem Drehbücher gemacht werden.

Sie können Ihren Löwe-Liebhaber mit Lob, mit wohlüberlegten romantischen Gesten und ständiger Anbetung richtig glücklich machen. Wenn Sie glauben, Sie halten das nicht durch – dann suchen Sie sich lieber jemand anderen. Allerdings werden Sie vielleicht nie wieder eine Hauptrolle in einem so romantischen Film spielen können. Denken Sie gut nach, bevor Sie aufgeben.

Der Löwe als Vorgesetzter

»Ich mag keine Jasager um mich herum. Ich will, dass mir jeder die Wahrheit sagt – auch wenn es ihn den Job kostet.«

SAMUEL GOLDWYN
Amerikanischer Filmproduzent und
Mitbegründer des Filmstudios Metro-Goldwyn-Mayer
(17. August 1879 – 31. Januar 1974)

Löwen sind die geborenen Vorgesetzten, denn wer ist schließlich der König des Dschungels? Der Löwe natürlich!

Es gibt drei Gründe, warum Löwen tolle Chefs sind:

- Sie gewinnen schnell einen Überblick und sehen, worauf es ankommt.
- Sie inspirieren andere mit ihrem charismatischen Führungsstil.
- Sie wissen instinktiv, wie man das Beste aus einem Menschen herausholt.

Zunächst einmal gewinnen Löwegeborene schneller als andere Menschen einen Überblick. Sie sehen sofort, worauf es ankommt und was geändert werden muss. Das bedeutet, dass sie immer sofort wissen, was anliegt.[7] Zum Glück sind alle Löwen große Organisationstalente.

---

[7] Hier spreche ich direkt von Herzen zu Ihnen. Ist es nicht frustrierend, wenn Sie in einer sich plötzlich verändernden Situation sofort sehen, was als Erstes zu tun ist – und niemand begreift das? Das kann einen wahnsinnig machen!

»Ich bin manchmal ein Fuchs und manchmal ein Löwe. Das ganze Geheimnis des Regierens besteht in dem Wissen, wann man der eine und wann der andere sein muss.«

NAPOLEON BONAPARTE
Französischer General und Kaiser von Frankreich
(1804 bis 1814; 20. März 1815 bis 22. Juni 1815)
(15. August 1769 – 5. Mai 1821)

Gutes Management heißt, Aufgaben an andere Menschen zu delegieren, und der Löwe weiß, wie man das anfängt. Er weiß, wie man andere Menschen begeistert! Er hat sogar ein geradezu magisches Talent dafür.

Löwen nehmen diese Rolle hauptsächlich deshalb so selbstverständlich an, weil der Löwe das Symbol der Könige ist. Jeder Löwe glaubt, dass Adel verpflichtet. Ein Löwe will respektiert werden und strahlt eine Würde aus, die diesen Respekt hervorruft.

Löwen sind charismatische Anführer. Barack Obama, Bill Clinton, Simón Bolívar, Benito Mussolini, Arnold Schwarzenegger, Elizabeth Bowes-Lyon (Queen Mum), Cecil B. DeMille, Napoleon Bonaparte, Henry Ford, Fidel Castro und T. E. Lawrence (Lawrence von Arabien) sind oder waren Löwen.

Außerdem sind Löwen sehr gut darin, die Fähigkeiten und Talente der Menschen um sie herum zu erkennen. Sie sehen das kreative Potenzial der anderen. Ein Löwe-Chef weiß, dass er den Soldaten in den Krieg und den Buchhalter in die Bank schicken muss, während weniger effektive Chefs den Soldaten in die Bank und den Buchhalter in den Krieg schicken.

Ein Löwe weiß, wie man das Beste aus seinen Mitarbeitern herausholt. Löwe-Regisseure, -Lehrer und -Manager erzielen Resultate, die andere nicht erreichen. (Hören Sie nur, wie der Löwe-Schauspieler seinem Löwe-Regisseur erklärt: »Mein Hamlet ist deshalb der beste, den die Bühne je gesehen hat, weil Sie Gott sind!«)

Angestellte arbeiten gerne für einen Löwe-Chef. Weil der Löwe selbst gerne Lob hört, kennt er den Wert von Anerkennung und Ermutigung. Außerdem sind Löwen immer großzügig. Sie sind keine knickrigen Chefs. Sie wissen, was sie mit einem guten Gehalt und Bonuszahlungen erreichen. Löwen sind ausgezeichnete Geschäftsführer und Vorsitzende, die ihren Untergebenen zeigen, wie sehr sie sie schätzen.

Ein weiterer Grund, warum man gern für einen Löwen arbeitet: Weil er selbst so hart arbeitet! Löwen sind imstande, sich buchstäblich zu Tode zu schuften (unheimlich, aber wahr). Sie haben überall ihre Finger drin, keine Einzelheit ist zu unbedeutend. Sind sie einmal von einem Produkt oder Event begeistert, dann geben sie *alles* dafür – weil schließlich ihr Name draufsteht!

Achtung: Kritik fasst ein Löwe-Chef als Verrat auf.

Der Löwe als Angestellter

Löwe-Angestellte haben eine gute und eine schlechte Seite. Die gute ist, dass Löwen immer loyal sind und schnell den größeren Zusammenhang erkennen und wissen, was zu tun ist. Außerdem sind sie nicht faul! Verstehen Sie mich nicht falsch: Das Raubtier Löwe ist eine große Katze, die sehr wohl weiß, wie man entspannt und sich pflegt. Aber wenn es Arbeit zu tun gibt, sind Löwen extrem produktiv. Tatsächlich können sich Löwen, großzügig, wie sie sind, sogar zu Tode schuften. (Ich sage das nicht leichtfertig.)

»Du kannst mich anschreien, mich um Mitternacht zu einem Dreh rufen, mich stundenlang warten lassen – solange das Ergebnis auf der Leinwand perfekt ist.«
ARNOLD SCHWARZENEGGER
Österreichisch-amerikanischer Bodybuilder, Schauspieler und Politiker
Kindergarten Cop, Terminator
(30. Juli 1947)

Löwe-Angestellte sind voller Ideen und Begeisterung. Der Nachteil ist, dass sie schnell aufgeben, wenn sie nicht anerkannt und ermutigt werden. Löwen geben alles, aber sie wollen dafür gelobt werden! Wenn sie nicht genügend Anerkennung bekommen, gehen sie. Falls sie wegen des Geldes bleiben, werden sie auf jeden Fall sehr schwierige Mitarbeiter.

Ein weiterer Nachteil ist, dass Löwen als geborene Chefs gegen schlechte Führung aufbegehren. Sie hassen es, für jemanden zu arbeiten, der nicht weiß, wie man die Dinge anfängt. Das frustriert sie furchtbar! Schließlich sind Löwen nicht nur tolle Organisatoren, sondern selbst tolle Chefs!

Douglas McGregor von der Sloane School of Management am renommierten MIT (Massachusetts Institute of Technology) entwickelte in den Sechzigerjahren ein System, das zwei unterschiedliche Haltungen zur Motivierung von Mitarbeitern definierte. Jeder Chef folgt demnach entweder der Theorie X oder der Theorie Y.

Theorie X besagt, dass alle Menschen von Natur aus faul sind. Reicht man ihnen den kleinen Finger, nehmen sie die ganze Hand. Ist die Katze aus dem Haus, tanzen die Mäuse auf dem Tisch. Diese Art Chef neigt dazu, jede Kleinigkeit selbst zu beaufsichtigen und die Mitarbeiter keine Sekunde aus den Augen zu lassen.

Im Gegensatz dazu geht Theorie Y davon aus, dass alle Menschen bei ausreichender Motivation immer hart arbeiten. (Man bedenke nur, wie viel Arbeit Menschen bereit sind in ihr Tennisspiel oder ins Bergsteigen zu stecken.) Theorie Y postuliert, dass Untergebene besser arbeiten, wenn man ihnen genügend Freiraum gibt, ihre Arbeit selbst zu organisieren.

Löwen arbeiten unter einem Anhänger der Y-Theorie entschieden besser. Das kommt daher, dass jeder Löwe im Herzen selbst ein Chef ist, die Möglichkeit braucht, sich seine Arbeit selbst einzuteilen, und nachher gelobt werden möchte.

(Lohn brauchen sie allerdings auch, weil Löwen ihr Geld ziemlich schnell durchbringen, indem sie ständig Leute einladen und beschenken.)

»Ein Idealist ist jemand, der anderen hilft, reich zu werden.«

HENRY FORD
Amerikanischer Unternehmer und Gründer der Ford Motor Company
(»Vater der Fließbandtechnik«)
(30. Juli 1863 – 7. April 1947)

Der Löwe als Elternteil

*»Seit ich das Baby habe, kann ich keine Gewalt oder Trau-
rigkeit mehr tolerieren.«*

LISA KUDROW
Amerikanische Schauspielerin
Friends (TV-Serie)
(30. Juli 1963)

Löwegeborene sind großartige Eltern. Das liegt zum Teil daran,
dass der Löwe auch das Zeichen der Kinder beherrscht, und
darum mögen Löwen Kinder! Lassen Sie mich klarstellen: Ein
Löwe findet es nicht notwendigerweise toll, für anderer Leute
Kinder den Babysitter zu spielen, aber er hat ganz allgemein viel
für Kinder übrig. Grausamkeit oder Gleichgültigkeit gegenüber
Kindern empört Löwen, und gegenüber den eigenen Kindern sind
sie extrem nachgiebig.

Merken Sie sich aber eins: Kritisieren Sie nie die Kinder eines
Löwen! Selbst wenn ein Löwe sich kritisch über seine eigenen
Kinder äußert, ist er beleidigt, wenn jemand anders dasselbe tut.
(Denken Sie an seinen angeborenen Stolz.)

Ein Löwe möchte gerne, dass seine Kinder eine gute Ausbildung bekommen, besonders im musischen Bereich. Er zahlt
für Klavier-, Gitarren-, Schauspiel-, Schlagzeug- und Tanzun-
terricht und nimmt seine Kinder zu Theatervorstellungen und
Paraden, ins Kino und in Freizeitparks mit. Löwe-Eltern wollen, dass ihre Kinder Spaß haben! Noch mehr aber wünschen
sie sich, dass ihre Kinder den kreativen Prozess hinter der
Unterhaltungsindustrie allgemein verstehen. Ihre Kinder sollen
begreifen, dass die schöpferische Tätigkeit ein wichtiger Teil

des Lebens selbst ist. Shakespeare hat in *Wie es euch gefällt* ganz richtig gesagt:

> *Die ganze Welt ist Bühne*
> *Und alle Fraun und Männer bloße Spieler.*
> *Sie treten auf und gehen wieder ab,*
> *Sein Leben lang spielt einer manche Rollen*
> *Durch sieben Akte hin ...*

Als Löwegeborener bereiten Sie Ihren Kindern besonders gerne unvergessliche Momente wie aus einem Disney-Film. Sie sind Romantiker! Ich kenne eine alleinerziehende (und arme) Löwe-Mutter, die einmal zu Weihnachten Geld von Verwandten bekam, um den Kindern Kleidung zu kaufen. Stattdessen ging sie mit ihnen in einen Spielzeugladen und verkündete, jeder könne sich aussuchen, was er wolle. (Natürlich jeweils nur ein Stück.) Sie erklärte mir: »Ich wollte, dass meine Kinder dieses tolle Gefühl erleben, in ein Spielzeuggeschäft zu gehen und sich alles kaufen zu können, was sie wollen.« Das ist typisch Löwe: extravagant, unvernünftig und absolut theatralisch – fast schon angeberisch.

Sie sind vielleicht nicht die am praktischsten veranlagten aller Eltern, haben aber eine gute Chance auf die Auszeichnung als spannendste und lustigste Eltern!

»Gesundes Essen kann das Gewissen beruhigen, aber Oreo-Kekse schmecken so verdammt viel besser.«

ROBERT REDFORD
Amerikanischer Schauspieler, Filmregisseur, Umweltschützer und
Gründer des Sundance Film Festivals
Der Clou, Die Unbestechlichen, Der Pferdeflüsterer
(18. August 1936)

Der Löwe als Kind

»Ein Erwachsener ist ein Kind mit vielen Schichten darüber.«
WOODY HARRELSON
Amerikanischer Schauspieler
Natural Born Killers, Larry Flynt – Die nackte Wahrheit
(23. Juli 1961)

Ein Löwe-Kind aufzuziehen, ist einfach. Es hat schon früh Ausstrahlung und Wärme, und sein gewinnendes Wesen bringt ihm viele Sympathien. Selbst als kleine Kinder verkörpern sie schon die Würde und edle Ausstrahlung, die ihr Löwe-Status ihnen verleiht. Sie neigen weniger als andere Kinder zu Tobsuchtsanfällen. Zu so etwas lassen sie sich einfach nicht herab.

Außerdem möchten sie aufgrund ihres großzügigen Naturells gerne mit Familie und Eltern gut auskommen. Sowie ein Löwe-Kind selbst Geld verdient, bringt es den Eltern und Geschwistern Geschenke mit. So ausgeprägt ist die Großzügigkeit des Löwen. *Das ist sein Lebensstil.*

Man muss allerdings immer bedenken, dass Löwe-Kinder ständig Lob brauchen! Es sind kreative Kinder, die von Anerkennung und Ermutigung ungeheuer profitieren. Kleine Löwen sind dankbar für Tanzstunden, Klavier- und Gitarrenunterricht und gute Sportgeräte, weil der Löwe schließlich die Künste und den Sport beherrscht.

Goethes Ratschlag »Korrektur tut viel, aber Ermutigung tut mehr« gilt für alle Kinder, besonders aber für Löwen.

Harsche Kritik untergräbt das Selbstwertgefühl des edlen kleinen Löwen. Seien Sie damit lieber vorsichtig.

Ein Löwe-Kind ist glücklicher, wenn seine Familie sein Bedürfnis unterstützt, andere zu unterhalten. Eine Löwe-Klientin erzählte mir einmal, wie sehr sie sich als Kind immer darauf freute, ihre Freunde jeden Sonntag zum Abendbrot einladen zu dürfen. Das war eine wichtige Erinnerung für sie. Sie gab große Kindergeburtstage und als Teenager dann Partys, bei denen ihre Mutter für Speisen und Getränke sorgte. (Sind Mütter nicht toll?)

Vergessen Sie nie, dass Ihr Löwe-Kind im Innersten nach Publikum verlangt, selbst wenn es schüchtern ist. Jede Ermutigung, diese Seite seines Wesens auszuleben, kommt ihm zugute! So stärken Sie das Selbstvertrauen des jungen Löwen und helfen dem Kind zu entdecken, wie der Löwe bei bewunderndem Applaus aufblühen kann.

> *»Ich führe ein einfaches Leben. Ich meine, Sie müssen nur einen Trommelwirbel spielen und meinen Namen ansagen, und schon komme ich raus und singe.«*
>
> TONY BENNETT
> Amerikanischer Sänger und Entertainer
> »I Left My Heart in San Francisco«
> (3. August 1926)

Das Löwe-Kind, aus dem später einmal ein erwachsener Löwe-Gastgeber werden wird, braucht schon früh zahlreiche Gelegenheiten zum Üben, um sein Talent als Entertainer zu erproben. Vergessen Sie das nicht!

Wie ein Löwe glücklicher wird

Der Löwe steht für alles Königliche und Edle. Löwen sind außerdem geborene Führer und Chefs. Deshalb erwarten sie immer eine bevorzugte Behandlung. (Und bekommen sie gewöhnlich auch!) Man kann sich mühelos vorstellen, dass ein Löwe leicht an seinem Stolz und seiner Arroganz scheitert. (»Ich bin der König! Verneiget euch vor mir, gemeines Volk!«)

Mit dem Stolz ist es so eine Sache. Es gibt guten und schlechten Stolz. Den guten könnte man als göttlichen Stolz beschreiben. Um nämlich irgendetwas zu erreichen, brauchen wir Selbstvertrauen und müssen auf unsere Fähigkeiten stolz sein. Wir müssen an uns selbst glauben, besonders, wenn es um eine überaus schwierige Leistung geht. Wenn Sie auf Ihre Fähigkeiten vertrauen, aber gar keine haben, dann ist das Arroganz. Wenn Sie zu Recht auf Ihre Fähigkeiten vertrauen, dann ist das Selbstvertrauen. Das ist ein wichtiger Unterschied.

Natürlich wird der Stolz in der guten alten Bibel zu den Todsünden gerechnet, aber er klingt nicht ganz so schlimm wie Hass, Gier oder Neid, oder?

»Wann ich merkte, dass ich Gott war? Nun, ich betete und merkte plötzlich, dass ich zu mir selbst sprach.«

PETER O'TOOLE
Irischer Schauspieler
Lawrence von Arabien, Der Löwe im Winter
(2. August 1932)

Natürlich hat der Stolz auch seine Nachteile! Die vier wichtigsten möchte ich hier aufzählen:

Erstens trennt der Stolz Sie von Ihren Mitmenschen. Wenn Sie sich Ihrer Umgebung überlegen fühlen, folgt daraus, dass Sie die anderen für unterlegen halten, und natürlich bekommen die anderen das mit. (»Was macht wohl das gemeine Volk heute Abend?«) Sie schaffen eine Distanz zwischen sich und anderen Menschen, anstatt Vertrauen zu erwecken. Das ist nicht die ideale Art von Stolz.

Der zweite Nachteil einer stolzen Lebenshaltung ist, dass man nur schwer etwas dazulernt. Wenn Sie glauben, schon alles zu wissen, sind Sie nicht sehr empfänglich für neue Sichtweisen oder Informationen. (»Da war ich schon. Das kenne ich schon. Das habe ich schon.«) Kennen Sie die Geschichte über den Harvardprofessor, der nach Japan zu einem Zenmeister reiste? Er wurde in einen einfachen, fast unmöblierten Raum geführt, in dem der Meister ihn schweigend erwartete. Der Professor setzte sich zu ihm und begann sofort zu reden. Begeistert führte er seine Theorien aus und sprach über das Wesen des Zens, wie er es sah.

Der Meister, immer noch schweigend, schenkte dem Professor aus einer eisernen Teekanne ein. Er goss immer mehr in die Tasse, während der Professor unaufhörlich weiterredete. Schließlich lief die Tasse über, und der Tee ergoss sich über den Tisch. Der Professor sah die Bescherung und rief: »Halt! Die Tasse ist doch voll! Es passt nichts mehr hinein!« Der Meister stellte die Teekanne wieder ab und schwieg noch immer. Der Empfang war beendet. Man kann nur hoffen, dass der Professor die Botschaft verstanden hat! Sein Geist war so voll, dass nichts Neues mehr hineinpasste. Dazu kann Stolz führen.

Ein dritter Nachteil ist, dass man sich leicht *lächerlich* macht, wenn man zu stolz ist. Möchte ein Löwe jemals lächerlich wirken? Nein! Sie möchten talentiert, fähig, großzügig, liebevoll, geistreich, intelligent und vor allem bescheiden wirken, und zwar auf eine einnehmende Weise.

Der vierte Nachteil ist nicht so augenfällig, aber sehr konkret. Wenn Ihr Geist von Stolz vernebelt ist, entgeht Ihnen ganz einfach eine Menge. Sie tragen die Nase hoch, lehnen Einladungen ab und halten sich abseits. Sich über das gemeine Volk zu erheben bedeutet auch, sich viele großartige Erlebnisse entgehen zu lassen!

Stolz ist wirklich nichts Tolles. Jedes Mal, wenn er sich zeigt, hinterlässt er eine negative Spur in Ihrem Leben. Was können Sie dagegen tun?

Erstens können Sie sich in Realismus üben. Sind Sie wirklich etwas so Besonderes? Sind die anderen Löwegeborenen, die Sie kennen, etwas Besonderes? Könnten Sie unbedenklich in den Spiegel der bösen Stiefmutter schauen? (»Spieglein, Spieglein an der Wand, wer ist die Schönste im ganzen Land?«) *Machen Sie sich nichts vor!* Selbst Napoleon Bonaparte, Kaiser und Löwegeborener, sagte einmal: »Ein Thron ist nur eine mit Samt bezogene Sitzbank.«

Zweitens verrät Ihnen der gesunde Menschenverstand (und Sie sind doch intelligent), dass wir uns alle mehr oder weniger gleichen. Wir alle wollen glücklich sein. Niemand möchte leiden. Was uns glücklich macht, unterscheidet sich je nach kulturellem Hintergrund, aber was soll's? Wir sind alle mehr oder weniger aus dem gleichen Holz geschnitzt. (Okay, okay, bei Ihnen ist es Mahagoni.) Sehen Sie sich einfach als Teil der Menschheit.

Dankbarkeit ist das Gefühl, das Sie am meisten üben sollten. Seien Sie dankbar für Ihre Persönlichkeit. Klar sind Sie etwas Besonderes – *aber alle anderen auch!*

»Wenn das Spiel zu Ende ist, kommen König und Bauer wieder zurück in den gleichen Kasten.«
ITALIENISCHES SPRICHWORT

In Ihrem großen, warmen Herzen wissen Sie das auch schon. Gestehen Sie jedem Menschen seinen einzigartigen Platz in der Welt zu, und leben Sie danach. Sie müssen sich deswegen nicht demütigen, sondern nur realistisch denken.

»Oh großer Geist, dessen Stimme ich im Wind höre, ich komme zu dir als eins deiner vielen Kinder. Ich brauche deine Stärke und deine Weisheit. Mache mich stark, nicht um meinem Bruder überlegen zu sein, sondern um meinen größten Feind zu besiegen: mich selbst.«

CHIEF DAN GEORGE
Kanadischer Schauspieler und
Häuptling des Indianerstammes Tsleil-Waututh
(24. Juli 1899 – 23. September 1981)

Löwe
Ihr 40-Jahre-Horoskop

1985–2025

Warum wir in die Vergangenheit gehen

Ich möchte, dass Sie den Voraussagen vertrauen, und es gibt nur einen Weg, dies zu erreichen. Um mir glauben zu können, müssen Sie zunächst überprüfen, was ich behaupte. Deshalb beginne ich mit kurzen Rückblicken in die letzten fünfundzwanzig Jahre. Wenn Sie sich darin wiedererkennen, werden Sie auch meinen Aussagen über die kommenden fünfzehn Jahre Glauben schenken können. Schließlich geht es um eine einzige ununterbrochene Reihe von Ereignissen – Ihr Leben.

Die Aussagen über die Vergangenheit gelten im Allgemeinen erst ab dem Zeitpunkt, an dem Sie zu Hause ausgezogen sind oder Ihr Leben »selbst in die Hand genommen« und Ihre eigenen Entscheidungen getroffen haben. Denn in der Zeit davor wurden wichtige Ereignisse in Ihrem Leben noch von anderen bestimmt, vermutlich Ihren Eltern.

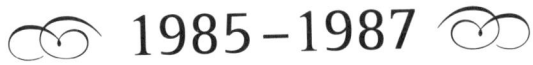 1985–1987

Für Partnerschaften war es ein gutes Jahr. Schwierigkeiten mit Kindern und größere Verantwortung für sie können einige Löwe-Eltern geplagt haben. Allerdings ergaben sich Gelegenheiten für interessante Reisen, und in den Bereichen Verlagswesen, Medien, Medizin, Rechtspflege und höhere Bildung sah es sehr gut aus.

Im Jahr 1987 traten Sie in eine sehr günstige Phase ein. Bestimmte wichtige Ereignisse stärkten Ihr Selbstvertrauen. Eltern, Lehrer, Chefs und VIPs erwiesen Ihnen wieder mehr Respekt. Sie standen als Gewinner da! Im Großen und Ganzen sah Ihr Leben ziemlich positiv aus.

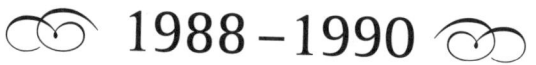 1988 – 1990

Ungefähr zu dieser Zeit begannen Sie, so richtig zu schuften, weil Sie zeigen wollten, was Sie können. Manchmal überwältigte es Sie fast. Sie hatten Zweifel, ob Sie würden durchhalten können. Aber Sie schafften es, und zwar auch deswegen, weil Sie damals sehr populär waren. Andere Menschen waren bereit, Ihnen zu helfen. Außerdem ergaben sich viele günstige Gelegenheiten durch einflussreiche Menschen. Chefs, Eltern, Lehrer und VIPs waren bereit, Sie zu unterstützen.

Durch Ihre harte Arbeit und kürzliche glückliche Zufälle (zumindest wünschten Ihnen andere Menschen Glück) entdeckten viele von Ihnen damals ihre Spiritualität. Ich will nicht direkt behaupten, dass Sie Gott gefunden hätten, aber zumindest die Nachbarschaft, in der er wohnt.

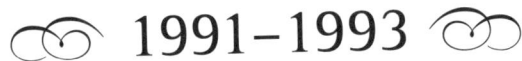 # 1991–1993

In diesem Zeitraum waren Sie in vieler Hinsicht glücklich. Was auch immer (besonders 1991) geschah, steigerte Ihr Selbstvertrauen und Ihre Haltung enorm. In Ihrem Privatleben ergaben sich viele Bekanntschaften und günstige Gelegenheiten. Sie waren der Star!

Das Leben besteht allerdings aus sich überschneidenden Zyklen. Während sich all diese positiven Dinge abspielten, gingen Partnerschaften und enge Freundschaften den Bach runter. Es war ein klassischer Zeitpunkt für das Zerbrechen einer wichtigen Beziehung. Wenn damals eine Partnerschaft nicht endete, musste sie sich auf jeden Fall stark verändern, um zu überdauern.

Dieser Zeitraum war definitiv ein Wendepunkt in Ihrem Leben. Er stellte den Höhepunkt einer Entwicklung dar. Sie hatten seit etwa vierzehn Jahren daran gearbeitet herauszufinden, wer Sie waren, welche Werte Ihnen wichtig waren, wo Sie leben wollten und was Sie tun wollten. Jetzt richteten Sie Ihr Zielfernrohr gen Himmel. Sie begannen, sich ernsthafte Gedanken um Ihre Karriere und Ihren Platz in der Welt zu machen.

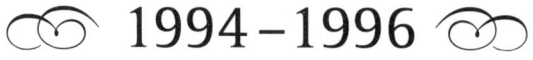 1994–1996

Ihr Privatleben wurde damals vielfältiger; die Schicksalsgötter sahen freundlich auf Ihr Haus und Ihre Familie herab. Ihr Familienleben wurde glücklicher! Viele von Ihnen bekamen ganz wörtlich Familienzuwachs durch Geburt, Adoption oder Heirat, vielleicht auch aus einem anderen Grund. Ihr Privatleben bot damals viel Anlass zur Freude, obwohl leider gleichzeitig die finanzielle und praktische Unterstützung durch andere Menschen austrocknete. (Waaas?)

(Wenn ich an den Entzug von Unterstützung denke, fällt mir immer die Geschichte eines Collegestudenten ein, die ich vor einigen Jahren gelesen habe. Er schickte seinem Vater ein Telegramm: »Kein Geld. Kein Spaß. Dein Sohn.« Der Vater schrieb zurück: »Ein Pech. Mein Mitgefühl. Dein Vater.«)

Obwohl die Unterstützung durch andere Menschen also ausblieb, war dies trotzdem eine großartige Zeit für Ferienreisen und Romantik. Auch Ihre berufliche Situation verbesserte sich bald. (Gott sei gedankt!)

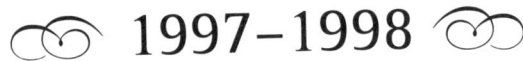 1997–1998

In Ihrem Berufsleben ging es weiter aufwärts. Gleichzeitig verbesserte sich auch Ihre Gesundheit. Sie fühlten sich ermutigt, Ihren Weg in der Welt zu gehen. Einige von Ihnen belegten Kurse oder bildeten sich weiter, um das Beste aus einer Situation zu machen, die sich bald zu Ihrem Vorteil entwickeln sollte.

Auch der Bereich Partnerschaften und enge Freundschaften sah jetzt positiver aus. Berufliche oder private Beziehungen, die jetzt eingegangen wurden, entwickelten sich besonders gut. Endlich kamen Ihnen auch die Ressourcen anderer Menschen wieder zugute. Das Blatt hatte sich gewendet! (Gott sei erneut gedankt!)

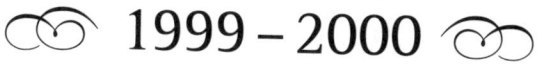 1999 – 2000

In diesem Zeitraum fühlten Sie sich besonders stark. Er war ein Höhepunkt, der Ihnen deutlich zeigte, was funktionierte und was nicht. Viele von Ihnen wurden befördert, traten eine bessere Stelle an oder erhielten Anerkennung und Belohnung für ihre Mühen.

Erfolge im Bereich Reisen, Verlagswesen und höhere Bildung sowie in der Medizin und der Rechtspflege führten dazu, dass Sie sich durch vermehrte günstige Gelegenheiten noch besser fühlten. Sie ließen wirklich nichts anbrennen!

Im Jahr 2000 und Anfang 2001 nahm Ihr Selbstvertrauen zu (aus diversen persönlichen Gründen), und Sie standen richtig gut da! Auch andere Menschen sahen es so. Sie hatten Ihr Leben im Griff, und für einige von Ihnen drückte sich das in wunderbaren Urlaubsreisen oder romantischen Momenten im Sinne von Angekommensein aus. (»Ich bin jemand!«)

In diesem Zeitraum entwickelten sich berufliche wie private Partnerschaften sehr positiv. (Ahh – ist die Liebe nicht schön?)

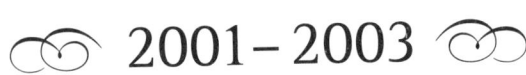

2001 – 2003

Ihre Beliebtheit nahm ständig zu. Sie erweiterten Ihren Horizont und trafen neue Menschen, möglicherweise in Gruppen, Vereinen und Organisationen. Sie knüpften neue Kontakte, gewannen neue Bekannte und Freunde.

Außerdem steckten Sie Ihre Ziele jetzt höher! Sie scheuten nicht vor großen Projekten zurück. Sie glaubten jetzt, zu Größerem imstande zu sein, als Sie sich früher vorzustellen gewagt hatten. Sie waren wie eine unermüdliche kleine Lokomotive. (»Ich kann es schaffen. Ich kann es schaffen.«)

Die Anforderungen an Ihre soziale und berufliche Teamfähigkeit wuchsen so stark, dass Sie Schwierigkeiten hatten, Ihr Privatleben, Ihre Integrität und Ihre Unabhängigkeit zu wahren und trotzdem noch erfolgreich mit anderen Menschen zusammenzuarbeiten. Eine heikle Situation.

In diesem Zeitraum verbesserten Sie außerdem Ihre Lernfähigkeit. Sie begegneten Menschen, die Ihnen etwas beibrachten. Umgekehrt können Sie auch selbst als Lehrer gewirkt haben. (Diese Rolle spielen Sie ohnehin oft.)

Im Jahr 2003 lachten Sie vor Freude! Sie sahen jetzt, wie viel Sie wirklich erreichen konnten. (»Verdammt, ich bin der Größte!«)

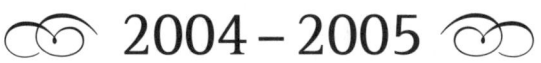 2004 – 2005

In den letzten Jahren waren Sie so erfolgreich, dass Sie jetzt allmählich erlebten, worauf schon das I Ging[8] zu Recht hinweist: Wenn man den Gipfel erreicht und nicht stehen bleibt, geht es nur noch abwärts. Jetzt folgte ein Zeitabschnitt (etwa zwei oder drei Jahre), in dem Sie vieles wieder ablegten, was Sie seit etwa 1989/90 erreicht hatten. Sie trennten sich von Menschen, Orten, Beziehungen und Besitztümern. Sie sortierten alles aus, was nicht länger wichtig war. Einige von Ihnen zogen um, andere wechselten den Arbeitsplatz, wandten sich einem anderen Partner zu oder wanderten sogar aus!

Aber es war trotzdem eigentlich keine Periode des Verlusts, sondern mehr der Umorganisierung Ihres Lebens. Viele von Ihnen steigerten damals sogar ihr Einkommen. Ka-ching!

---

[8] Das I Ging, das älteste Weisheitsbuch Chinas, trägt auch den Namen »Buch der Wandlungen«; im Westen findet es häufig als Orakelbuch Verwendung.

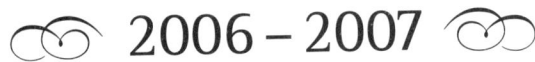 2006 – 2007

Jetzt änderten sich die Dinge ernsthaft. Sie fühlten sich aus bestimmten Gründen auf einmal älter. Vielleicht knirschten die Gelenke, oder Sie sahen plötzlich Falten im Badezimmerspiegel (machen Sie sich nichts vor – die waren in Ihrem Gesicht!).

Sie hatten das Gefühl, dass etwas Wichtiges und Neues begann, und es stimmte! Etwa 2006 startete für Sie ein neuer Dreißigjahreszyklus, in dessen Verlauf Sie sich selbst völlig neu erfinden würden.

Zum Glück verbesserte sich Ihr häusliches Leben während dieser ernsten Zeit! Sie fühlten sich reicher und waren mit Ihrer familiären Situation zufriedener. Sie mochten Ihr Haus. Vielleicht zogen Sie in ein größeres oder bauten an; jedenfalls fühlten Sie sich reicher! Diese Zeit war sehr günstig für Immobiliengeschäfte, ob Sie nun ein Haus für sich selbst kauften oder mit Grundstücken spekulierten.

Die Familie bot Ihnen vermehrt Grund zur Freude. Sie kauften Luftballons und gaben Partys.

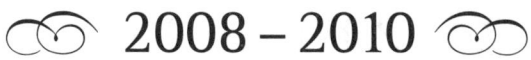

2008 – 2010

In diesem Zeitraum machten viele Löwen die düstere Erfahrung finanzieller Verluste. Aus irgendwelchen Gründen büßten Sie Ihr Einkommen entweder ganz ein oder verdienten weniger. Sie mussten mehr arbeiten, um dasselbe oder sogar weniger zu verdienen. (Waaas?)

Wie vorauszusehen, taten sich viele von Ihnen daraufhin nach anderen Einkommensquellen um. Einige mussten natürlich ihren extravaganten Lebensstil zurückschrauben. Löwegeborene gelten zwar als extravagant (geben Sie's ruhig zu, das sind Sie auch), aber Sie wissen, wie man mit wenig Geld auskommt. Sie haben Durchhaltevermögen! Ebenso fällt es Ihnen leicht, auf ein bestimmtes Ziel hin zu sparen, wenn Sie nur genügend motiviert sind – das ist das Geheimnis.

In dieser Lebensphase haben Sie jedenfalls viel über Geld nachgedacht, deshalb beinhalteten meine Voraussagen für Ihr Sternzeichen in dieser Zeit immer den Ratschlag, sich vor allem aus den Schulden herauszuarbeiten. Wenn man schuldenfrei ist, kann man viel leichter pleite sein.

Die gute Nachricht war, dass es im Bereich Beziehungen ganz prima lief! Persönliche Partnerschaften wurden für Sie eine Quelle der Freude. Natürlich gibt es immer Spannungen und Enttäuschungen, aber im Großen und Ganzen waren Ihnen Freundschaften und Partnerschaften in dieser Zeit eine Stütze.

2010 brach dann endlich wieder die Sonne durch die Wolken, und Sie hatten die Dinge wieder im Griff. Möglichkeiten für Karrieresprünge und Gelegenheiten, Ihren guten Ruf zu verbessern, boten sich auf einmal zahlreich. Sie wurden wieder geliebt und angebetet! Ein Glück.

2011–2013

Gegenwärtig treten Sie in eine Phase beträchtlicher Veränderungen in Ihrem Leben ein, und alles ist im Fluss. Sie erinnern sich bestimmt noch, dass Sie zwischen 2003 und 2005 vieles aufgeben mussten – Besitztümer, Orte, sogar Freundschaften. (»Tschüss! Schreib mir, wenn du Arbeit gefunden hast!«)

Etwa 2005/06 begann dann eine neue Lebensphase, ein dreißigjähriger Zyklus. Zu Anfang ging es für Sie darum, sich neu zu erfinden. Das wird 2013/14 deutlich werden, wenn Sie auf 2003 zurückschauen und selbst sehen, wie dramatisch sich Ihr Leben verändert hat. (»Meine Güte! Kaum zu glauben!«)

Zurzeit, also genau jetzt, sind Sie noch dabei, sich neu zu definieren. Es geht dabei hauptsächlich um die letzten Feinheiten. Sie verfeinern Ihre Denkprozesse, Ihren Kommunikationsstil, Ihre Sprechweise und sogar die Art, wie Sie zuhören. Das bedeutet gleichzeitig, dass Ihre tägliche Umgebung sich verändert. Vielleicht wird das Badezimmer, das Sie täglich benutzen, ein anderes sein, oder der Wagen, den Sie täglich fahren, die Menschen, mit denen Sie jeden Tag zu tun haben, oder der Arbeitsplatz, an dem Sie Tag für Tag sitzen. Irgendetwas in Ihrer Alltagsumgebung wird sich verändern.

Es liegt nahe, dass diese Veränderung durch einen Umzug oder einen Arbeitsplatzwechsel oder beides hervorgerufen wird. Klar, oder? Einige von Ihnen werden etwas aufgeben, um etwas Neues anfangen zu können. Andere werden einfach neue Bekanntschaften, neue Orte und neue Aktivitäten zu ihren bestehenden hinzufügen. Aber es wird sich etwas ändern!

Und jetzt kommt der Teil, in dem Ihr Löwe-Glück wieder durchschlägt. Könnte es sein, dass Sie die Sonne immer auf Ihrer

Seite haben? (Sie werden »I'm Walking on Sunshine« oder »You Are the Sunshine of My Life« vor sich hin summen.) Kitschig, aber vielleicht auch nicht. Wie sonst kommt es, dass gerade, wenn Sie diese mühsame Zeitspanne durchlaufen (und Veränderungen machen immer Mühe), der Glücksbringer Jupiter ganz oben in Ihrem Horoskop steht und Ihnen wunderbare Gelegenheiten zum Vorwärtskommen in der Welt bietet? Sie haben es wieder einmal hingekriegt! Mit anderen Worten, gerade wenn für Sie Veränderungen anstehen, klopft auch schon die Gelegenheit an der Tür. Viel mehr Glück kann man nicht haben! (Sie werden mit Hufeisen überschüttet.)

Außerdem führt dieses Glück zu mehr Beliebtheit in Ihrem Sternzeichen, besonders 2012/13. Neue Gesichter, neue Organisationen und neue Interessen werden in Ihrem Leben erscheinen. Menschen mit anderem Hintergrund und aus anderen Kulturen werden in Ihre Welt treten. Daraus kann in manchen Fällen eine romantische Beziehung werden. Andere Kontakte sind das Ergebnis von Reisen und Zusammenarbeit mit Menschen, denen Sie normalerweise nicht begegnet wären. Diese Kontakte werden etwas auslösen oder Sie ermutigen, Ihre Ziele für die Zukunft zu erweitern. Sie werden mehr für sich erwarten, weil Sie erkennen, was alles möglich ist. »Ich kann es schaffen!«

Kein Wunder, dass bei all diesen Erfahrungen Ihre Fähigkeiten, mehr über sich selbst und den Umgang mit anderen Menschen und Ihrer Umwelt zu erfahren, zunehmen werden. Sie werden weiser, erfahrener und – wir wagen das Wort – demütiger werden. (Die Demut kommt wohl mit der Weisheit.)

Sehr beeindruckend!

❦ 2014 – 2015 ❦

All diese wichtigen Veränderungen werden sich auf verschiedene Gebiete Ihres Lebens auswirken, und nicht nur das, sie werden Sie auch zwingen, eine der grundlegendsten Fragen überhaupt zu lösen, nämlich die nach Ihrem Wohnort. Innerhalb dieses Zeitfensters sind Sie entschlossen, sich ein Zuhause zu schaffen, in dem Sie glücklich sein können. Schließlich sind Sie ein König, und Ihr Haus ist Ihr Schloss.

Sie möchten sich in Ihrem Heim wohl- und sicher fühlen. Und Sie möchten, dass es Ihrer Familie und Ihren Lieben ebenso geht. Deshalb werden einige von Ihnen abermals umziehen, während diejenigen, die schon ein schönes Zuhause gefunden haben, größere Renovierungen durchführen werden, zum Beispiel das Dach reparieren, den Keller ausbauen oder größere Umbauten. Sie werden alles nur Mögliche tun, um Ihre häusliche Basis zu sichern.

So wie sich Ihr Heim verändert, kann sich auch Ihre Familie verändern. Möglich sind Geburten, Todesfälle, Scheidungen oder neue Bekanntschaften. Um Ihnen eine Vorstellung zu geben, was Sie erwartet: Das letzte Mal haben Sie eine ähnliche Phase zwischen 1983 und 1986 erlebt. Ältere Löwen können sich daran orientieren, was sie damals getan haben, um ihr Zuhause zu sichern, und wie sich damals ihre Familie verändert hat.

Wieder einmal hat der Löwe das Glückshufeisen! Im Jahr 2015 tritt zum ersten Mal seit 2003 der Geld bringende Jupiter wieder in Ihr Zeichen. Was auch immer passiert, Sie freuen sich! Alles, was Ihnen jetzt begegnet, wird letztlich Ihr Selbstvertrauen stärken. Sie werden spüren, dass Sie trotz aller Probleme zu Hause und in Ihrer Familie gesegnet sind! Der Welt drehen Sie den Rücken zu.

Auch um Ihre Gesundheit steht es gut, teilweise, weil Sie sich so optimistisch fühlen. Gerade beginnt für Sie ein zwölfjähriger Wachstumszyklus. Viele von Ihnen werden mehr als sonst reisen. Andere werden neue Studien beginnen. Was auch immer geschieht, Sie bekommen das Gefühl größerer Freiheit. Yeah!

In diesem Zeitraum fühlen Sie sich Ihrer wahren Identität sehr nahe. Erfolg macht Ihnen keine Angst.

∽ 2016 – 2017 ∾

Klasse! Sie schwimmen wieder im Geld. Vielleicht fliegen Sie nicht nach Los Angeles, um dreitausend Dollar für Unterwäsche auszugeben, aber Sie könnten es. Zum ersten Mal seit mehr als einem Jahrzehnt steigt Ihr Einkommen wieder. Diejenigen von Ihnen, die keine Einkommenssteigerung feststellen können, werden stattdessen den Job wechseln. Einige Löwen, die besonders viel Glück haben, werden natürlich beides schaffen – einen neuen Job und mehr Geld. Toll!

Außerdem werden Sie mehr Verantwortung für Kinder übernehmen. Einige von Ihnen könnten Eltern werden, andere Großeltern. Manchen wird auch klar werden, dass man niemals jemandem sein Auto leihen sollte, den man selbst geboren hat. Oder Sie entdecken entsetzt, dass Ihre Tochter offensichtlich die Stiletto-Oberschule besucht.

Obwohl Sie in den letzten Jahren so erfolgreich waren (oder vielleicht gerade deshalb) und Ihr Einkommen steigern konnten, fragen Sie sich insgeheim, was Sie wirklich mit Ihrem Leben anfangen wollen. Vielleicht haben Sie das Gefühl, schon alles gesehen zu haben. Oder Sie starten gerade etwas Neues und merken nach einem vielversprechenden Anfang, dass es doch nicht das Richtige war. Sie möchten etwas anderes.

Wie immer im Leben eines Löwen gibt es auch jetzt romantische Ereignisse. Einige von Ihnen werden eine Liebesaffäre mit jemandem haben, der älter ist als Sie oder zu dem ein großer Altersunterschied besteht, in welche Richtung auch immer. Die Erfahrung wird jedenfalls sehr lehrreich sein.

Was das Berufsleben angeht, so arbeiten Sie jetzt sehr hart für alles, was Sie erreichen. Es kommt aber noch härter!

Fürchten Sie sich nicht! Im Jahr 2017 wird eine Bewegung am Himmel Ihren Optimismus und Ihr Selbstvertrauen stärken. Viele von Ihnen werden eine Ausbildung machen oder sich in der Erwachsenenbildung engagieren. Andere werden mit Schreiben, Veröffentlichen, Lehren, Schauspielern oder sogar als Berufskraftfahrer Erfolg haben.

Das Jahr 2017 ist auch ein gutes Jahr, um sich mit Verwandten und Geschwistern zu beschäftigen. Vielleicht bekommen Sie sogar Geld von ihnen! (Meine Lieblingsfarbe ist das Grün der Hundertdollarnote. Zugegeben, die Fünfziger sind auch ganz nett.)

∞ 2018 – 2020 ∞

Aha! Jetzt kommt eine wundervolle Zeit für Immobilienge-schäfte.

Jetzt sollten Sie kaufen oder verkaufen oder etwas unter-nehmen, um Ihr Haus aufzuwerten. Dabei kann jetzt nichts schiefgehen. Einige von Ihnen werden sich nette Sachen für ihr Zuhause anschaffen und sich dadurch reicher fühlen. Andere werden etwas tun, wonach sich ihr Haus größer anfühlt, und wieder andere werden wirklich in ein größeres Haus ziehen oder mehr Land erwerben.

Genau wie sich Ihre physische Umgebung vergrößert und schöner und wohlhabender wirkt, verbessert sich auch Ihre fami-liäre Situation. Familienmitglieder sind eine Quelle der Freude und erweisen sich als großzügig untereinander. Vielleicht ver-reisen Sie zu dieser Zeit mit Ihrer Familie. Natürlich kann eine »Verbesserung« innerhalb der Familie auch bedeuten, dass sie sich vergrößert! Sehr gut möglich, dass jetzt durch Geburt, Heirat oder Adoption neue Mitglieder hinzukommen.

Während dieser Veränderungen in Ihrem Privatleben arbeiten Sie sehr hart in Ihrem Beruf oder an einer wichtigen Aufgabe. Von 2018 bis 2020 investieren Sie sehr viel Kraft, vielleicht sogar so viel, dass Ihnen die Sache über den Kopf zu wachsen scheint. Machen Sie sich keine Sorgen. Genau wie Sie die Phase harter Arbeit Ende der Achtzigerjahre überlebt haben, werden Sie auch diese hier überstehen.

Etwa 2019/20 können Sie mit einer tollen Urlaubsreise rech-nen. Yeah! Sie werden keine Probleme haben, das vor sich selbst zu rechtfertigen; Sie wissen, dass Sie sie verdient haben! (Arbeit ist der Fluch der trinkenden Klasse.)

In diesem Zeitraum sieht es auch für Romanzen und Liebesaffären rosig aus. Obwohl viele dieser sozialen Engagements eher
unverbindlich bleiben, werden einige von Ihnen die Liebe ihres
Lebens finden. (Schweig still, mein klopfend Herz!)

Als typischer Löwe ziehen Sie eine Sache durch, wenn Sie
einmal dabei sind. Im Jahr 2020 ergeben sich für Sie wunderbare
Gelegenheiten, Ihre berufliche Situation zu verbessern, einen
neuen Job zu finden oder Ihre Arbeitsbedingungen zu verbessern (»Ich habe jetzt ein Eckbüro!«). Vielleicht ändert sich auch
nur Ihre Arbeitseinstellung. Was auch immer geschieht, es steigert Ihre Freude an und Zufriedenheit mit der Arbeit. Mit Arbeit
meine ich hier Ihre tägliche Tätigkeit, möglicherweise auch eine
unbezahlte – vielleicht ist es ein Beruf, vielleicht auch nur die
Hausarbeit.

Auf jeden Fall schuften Sie immer noch wie besessen! Sie
arbeiten hart, weil Sie spüren, dass große Belohnungen auf Sie
warten.

∽ 2021–2022 ∾

All die harte Arbeit zahlt sich jetzt aus. Seit 2005 haben Sie sich auf Ihr Privatleben und Ihr Inneres konzentriert. Sie haben viele Veränderungen durchlebt, Dinge hinter sich gelassen und neue Richtungen eingeschlagen; dazu gehörten auch Arbeitsplatzwechsel und Umzüge. Etwa zwischen 2014 und 2016 haben Sie dann Ihre häusliche Basis gesichert. Seit damals haben Sie hart gearbeitet, um sich zu beweisen. Aber alle diese Aktivitäten drehten sich hauptsächlich um persönliche und innere Probleme oder solche, die mit Ihrem häuslichen Leben zu tun hatten.

Jetzt aber springen Sie auf die Bühne des Lebens und erklären: »Ich bin da! Frische Pferde und Whisky für meine Männer!« Die nächsten fünfzehn Jahre werden sich nämlich sehr viel mehr um Ihre äußere Welt drehen – um Ihr Ansehen, Ihre Karriere und Ihre Fähigkeit, sich einen Namen zu machen.

Der Hauptgrund dafür, dass Sie endlich aus einer überwiegend inneren Welt (die letzten fünfzehn Jahre) in eine überwiegend äußere Welt (die nächsten fünfzehn Jahre) wechseln können, ist Ihr gesteigertes Selbstbewusstsein! (Sie verspeisen zum Frühstück Rasierklingen.) Diese neue Begeisterung und Selbstgewissheit fühlen sich zwar gut an, gefährden aber manche Partnerschaft. (Ja, Sie haben sich verändert.)

Als Ergebnis bekommen Sie vielleicht Probleme in Beziehungen und engen Freundschaften. Diejenigen, die nichts mehr bringen oder nicht mehr wichtig sind, werden jetzt abgehakt. (»Bye-bye, Baby.«) Das heißt nicht, dass alle ernsthaften Beziehungen enden. Im Gegenteil! Dauerhafte Beziehungen werden sich allerdings anpassen, um überleben zu können.

Versüßt wird Ihnen diese Entwicklung vom Reichtum anderer

Menschen, von dem Sie jetzt profitieren können. Viele von Ihnen werden Erbschaften, Steuerrückzahlungen, Geschenke, Leihgaben oder Stipendien erhalten oder auch indirekt von Bonuszahlungen und dem gestiegenen Wohlstand von Partnern und Familienmitgliedern profitieren. »Der Rubel rollt.«

Etwa 2022 sieht es im Bereich Reise sehr gut aus. Einige von Ihnen werden noch einmal zur Schule gehen oder eine Ausbildung machen, weil alles, was mit höherer Bildung zu tun hat, jetzt unter einem guten Stern steht. Andere werden Menschen aus anderen Ländern treffen und romantische oder geschäftliche Beziehungen mit ihnen eingehen. Durch Ihre Reisen oder den Kontakt mit Menschen aus anderen Kulturen wird sich Ihre Weltsicht ändern. Sie werden Vorurteile und irrige Annahmen überwinden, weil Sie dazulernen!

Auch im Bereich Verlagswesen und für alle, die in den Medien, der Medizin oder der Rechtspflege arbeiten, sieht es sehr gut aus. Seit 2019/20 haben sich frühe Löwegeborene ernsthafte Gedanken um berufliche Selbstständigkeit gemacht. Im Verlauf dieses Jahrzehnts werden sich sehr viele weitere Löwen beruflich auf eigene Füße stellen. Jetzt steht nämlich zum ersten Mal in Ihrem Leben der unberechenbare Uranus ganz oben in Ihrem Horoskop. Ich wiederhole: Das ist noch nie in Ihrem Leben geschehen (zumindest in Ihrem Leben als Erwachsener), weil Uranus vierundachtzig Jahre für einen Umlauf um die Sonne braucht.

Ganz unvermeidlich bringt Uranus radikale Veränderungen im Bereich Beruf und Arbeitsleben. Außerdem verändert er Ihre Identität, Ihre Reputation oder Ihren sozialen Status dramatisch. Vielleicht kommen Ihnen Autoritätsgestalten auf einmal repressiv vor. (So so.) Viele von Ihnen werden rebellieren und ihren Brotjob aufgeben!

Zum Glück bringt derselbe Einfluss auch plötzliche Gelegenheiten, auf verschiedenen Feldern zu arbeiten, besonders in der Luftfahrt, in der Computertechnologie, beim Rundfunk und bei gemeinnützigen Organisationen.

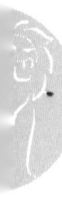

Uranus verlangt Veränderungen – Veränderungen zum Besseren. Aber oft verharren Menschen lieber in einer Situation, die sie nicht mögen, als die Unsicherheit eines Ausbruchs zu riskieren. Die Angst zu verlieren ist zu groß. Es ist wichtig, dass Sie jetzt den Mut zum Absprung aufbringen, denn wenn Sie nicht von selbst springen, wird Uranus Sie dazu zwingen! (Schluck.)

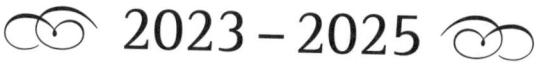 2023 – 2025

Ihre Glückssterne kommen wieder einmal ins Spiel. (Ehrlich gesagt war mir, bevor ich diese Langzeitübersicht erstellt habe, nicht bewusst, wie viel Glück Sie jedes Mal haben würden, wenn Sie in prekäre Situationen geraten. Es ist fast, als würde das Universum Ihnen immer, wenn es Ihnen mit der rechten Hand etwas wegnimmt, mit der linken etwas zustecken. Seltsam, aber wunderbar.)

Zu dieser Zeit schwindet die – praktische, emotionale und geistige – Unterstützung durch andere Menschen. Vielleicht bringt eine Partnerschaft nicht mehr die praktische Unterstützung, die Sie bisher genossen haben. Sie haben Schwierigkeit, einen Kredit zu bekommen. Es sieht so aus, als seien Ihnen die Ressourcen anderer Menschen einfach nicht mehr so zugänglich wie zuvor. Das wirft Sie natürlich auf Ihre eigenen Reserven zurück, was durchaus ein Reifeprozess sein kann, aus dem Sie gestärkt hervorgehen.

Aber wieder einmal kommt noch rechtzeitig die Kavallerie! Während einerseits die Unterstützung durch andere Menschen (darunter auch Partner) zurückgeht, tritt andererseits der finanzielle Glücksbringer Jupiter in Ihr Zeichen, genau wie schon 2011, 2000 und 1988. Die Rettung naht!

Wenn Jupiter ganz oben in Ihrem Horoskop steht –, er bleibt jeweils etwa achtzehn Monate –, werden Sie natürlich versuchen, in der Welt voranzukommen. Ihr Ehrgeiz wird auf positive Weise geweckt. Sie sind begeistert und trauen sich viel zu. Ihre Begeisterung steigt noch, wenn Sie entdecken, dass alles, was Sie für möglich halten, Wirklichkeit wird! Wichtige Menschen und Gelegenheiten sind Ihnen plötzlich zugänglich.

Rechnen Sie mit einer Beförderung oder öffentlichen Anerkennung Ihrer Leistung, vielleicht mit Ruhm und auf jeden Fall mit Lob und Zustimmung. Jupiters Besuch sorgt dafür, dass Sie sich bei Ihrer Tätigkeit gut und außergewöhnlich selbstsicher fühlen. Sie glauben an sich und die Möglichkeiten des Lebens.

Dieser wundervolle Schub wirkt dem Austrocknen äußerer Unterstützung entgegen (es geht dabei nicht um Ihr eigenes Einkommen, sondern um die Zuwendungen von anderen Menschen). Er bietet Ihnen außerdem die Gelegenheit, sich auf ein Feld zu verlegen, das mit Jupiter zu tun hat, wie etwa Reisen, Heilberufe, die Rechtspflege, das Verlagswesen und die höhere Bildung.

Außerdem haben Sie jetzt genügend Selbstvertrauen, um den Schritt in die Selbstständigkeit zu wagen, falls Sie das wollen. Ebenso genießen Löwen 2024/25 größere Beliebtheit bei anderen Menschen. Sie ziehen Nutzen aus Freundschaften. Gruppen, Vereine und Organisationen bringen Ihnen jetzt viel Freude, Begeisterung und Aktivität. Der Kontakt zu anderen Menschen erweitert Ihre Zielsetzungen und stärkt Ihre Entschlusskraft.

Dieser Einfluss ist sehr stark und wirkt auf verschlungenen Pfaden. Wenn das, was Sie tun, auch das Leben anderer Menschen und nicht nur Ihr eigenes verbessert, wird der Nutzen größer und anhaltender sein. Wenn es allerdings nur für Ihr eigenes Leben etwas bringt, wird er geringer ausfallen und kürzer andauern. Mit anderen Worten: Was Sie austeilen, wird vielfach zu Ihnen zurückkommen.

Wie man in den Wald hineinruft, so schallt es heraus.

»Dies sind die Abenteuer des Raumschiffs Enterprise, das fünf Jahre lang unterwegs ist, um neue Welten zu erforschen (...) Dabei dringt die Enterprise in Galaxien vor, die nie ein Mensch zuvor gesehen hat.«
(Aus: *Raumschiff Enterprise*)

GENE RODDENBERRY
Drehbuchautor und Produzent; Erfinder von *Star Trek*
(19. August 1921 – 24. Oktober 1991)

Berühmte Löwen

24. Juli 1899	Chief Dan George
24. Juli 1900	Zelda Fitzgerald
24. Juli 1969	Jennifer Lopez
25. Juli 1905	Elias Canetti
25. Juli 1929	Joseph Jackson
25. Juli 1957	Steve Podborski
25. Juli 1967	Magdalena Forsberg
26. Juli 1856	George Bernard Shaw
26. Juli 1875	Carl Jung
26. Juli 1894	Aldous Huxley
26. Juli 1942	Hannelore Elsner
26. Juli 1945	Mick Jagger
26. Juli 1945	Helen Mirren
26. Juli 1956	Dorothy Hamill
26. Juli 1959	Kevin Spacey
26. Juli 1964	Sandra Bullock
26. Juli 1973	Kate Beckinsale
27. Juli 1909	Hilde Domin
27. Juli 1938	Christina Björk
27. Juli 1977	Jonathan Rhys-Meyers
28. Juli 1866	Beatrix Potter
28. Juli 1929	Jacqueline Kennedy Onassis
28. Juli 1954	Hugo Chávez
28. Juli 1980	Heiko Butscher
29. Juli 1883	Benito Mussolini
29. Juli 1905	Dag Hammarskjöld
29. Juli 1981	Fernando Alonso
30. Juli 1818	Emily Brontë
30. Juli 1863	Henry Ford

30. Juli 1947	Arnold Schwarzenegger
30. Juli 1948	Jean Reno
30. Juli 1958	Kate Bush
30. Juli 1961	Laurence Fishburne
30. Juli 1963	Lisa Kudrow
30. Juli 1964	Jürgen Klinsmann
30. Juli 1974	Hilary Swank
31. Juli 1914	Louis de Funès
31. Juli 1944	Geraldine Chaplin
31. Juli 1952	Faye Kellerman
31. Juli 1962	Wesley Snipes
31. Juli 1965	Joanne K. Rowling
1. August 1936	Yves Saint Laurent
1. August 1974	Enie van de Meiklokjes
1. August 1984	Bastian Schweinsteiger
1. August 1986	Jörn Schlönvoigt
2. August 1932	Peter O'Toole
2. August 1942	Isabel Allende
2. August 1950	Mathieu Carriere
2. August 1977	Edward Furlong
3. August 1924	Leon Uris
3. August 1926	Tony Bennett
3. August 1940	Martin Sheen
3. August 1941	Martha Stewart
3. August 1963	James Hetfield
4. August 1900	Elizabeth Bowes-Lyon (Queen Mum)
4. August 1901	Louis Armstrong
4. August 1955	Billy Bob Thornton
4. August 1961	Barack Obama
4. August 1968	Marcus Schenkenberg
4. August 1981	Florian Silbereisen
5. August 1930	Neil Armstrong
5. August 1945	Loni Anderson

5. August 1956	Anja Kruse
5. August 1956	Maureen McCormick
5. August 1984	Helene Fischer
6. August 1911	Lucille Ball
6. August 1928	Andy Warhol
6. August 1972	Geri Halliwell
7. August 193	Heinz Rudolf Unger
7. August 1938	David Duchovny
7. August 1975	Charlize Theron
8. August 1879	Emiliano Zapata
8. August 1937	Dustin Hoffman
8. August 1953	Nigel Mansell
8. August 1981	Roger Federer
9. August 1928	Gerd Ruge
9. August 1957	Melanie Griffith
9. August 1963	Whitney Houston
9. August 1968	Gillian Anderson
9. August 1968	Eric Bana
9. August 1972	Juanes
10. August 1814	Henri Nestlé
10. August 1878	Alfred Döblin
10. August 1960	Antonio Banderas
10. August 1978	Oli.P
11. August 1917	Inge Aicher-Scholl
11. August 1947	Diether Krebs
11. August 1953	Hulk Hogan
11. August 1954	Joe Jackson
12. August 1881	Cecil B. DeMille
12. August 1939	George Hamilton
12. August 1949	Mark Knopfler
12. August 1950	Iris Berben
12. August 1975	Casey Affleck
13. August 1899	Alfred Hitchcock
13. August 1926	Fidel Castro

13. August 1930	Dr. Peter Hoffmann
13. August 1971	Heike Makatsch
14. August 1947	Danielle Steel
14. August 1950	Gary Larson
14. August 1959	Earvin »Magic« Johnson
14. August 1966	Halle Berry
15. August 1769	Napoleon Bonaparte
15. August 1912	Julia Child
15. August 1940	Gudrun Ensslin
15. August 1953	Wolfgang Hohlbein
15. August 1972	Ben Affleck
16. August 1920	Charles Bukowski
16. August 1954	James Cameron
16. August 1958	Madonna
17. August 1893	Mae West
17. August 1920	Maureen O'Hara
17. August 1941	Fritz Wepper
17. August 1960	Sean Penn
17. August 1979	Samuel Goldwyn
18. August 1936	Robert Redford
18. August 1957	Harald Schmidt
18. August 1958	Madeleine Stowe
18. August 1969	Edward Norton
18. August 1969	Christian Slater
19. August 1883	Coco Chanel
19. August 1921	Gene Roddenberry
19. August 1946	Bill Clinton
19. August 1963	Joey Tempest
19. August 1969	Matthew Perry
20. August 1928	Luciano de Crescenzo
20. August 1946	Hans Meiser
20. August 1979	Jamie Cullum
21. August 1938	Kenny Rogers
21. August 1949	Richard Gere

21. August 1956	Kim Cattrall
21. August 1989	Hayden Panettiere
22. August 1902	Leni Riefenstahl
22. August 1944	Peter Hofmann
22. August 1988	Pedro Nunes
23. August 1912	Gene Kelly
23. August 1949	Rick Springfield
23. August 1959	Edwyn Collins

Jungfrau

24. August – 23. September

Jungfrau

(24. August – 23. September)

»ICH ANALYSIERE.«

»›Kommt näher an den Abgrund‹, sagte er.
Sie sagten: ›Wir haben Angst.‹
›Kommt an den Abgrund‹, sagte er.
Sie kamen.
Er stieß sie – und sie flogen.«

GUILLAUME APOLLINAIRE
Französischer Lyriker und Dramatiker
Die elftausend Ruten
(26. August 1880 – 9. November 1918)

»Es ist schon komisch: Wenn wir mit Gott reden, nennen
wir es Gebet, aber wenn Gott mit uns redet, nennen wir es
Schizophrenie.«

LILY TOMLIN
Amerikanische Schauspielerin, Komikerin und Produzentin
Die unglaubliche Geschichte der Mrs. K.
(1. September 1939)

Element	Erde
Herrscherplanet	Merkur
Qualität	Veränderlich
Gegenzeichen	Fische
Symbol	Ein »m« mit einem geschlossenen Bogen am Ende (repräsentiert die Fortpflanzungsorgane)
Glückssteine	Saphir, Achat und Peridot[1]
Blumen	Azalee und Lavendel
Farben	Marineblau und neutrale Farben
Körperteile	Nervensystem und Verdauungsorgane

WAS SIE LIEBEN Haustiere, Pflanzen, Bücher, Sauberkeit, Seife, Kochen, Geschäftigkeit, anderen Menschen helfen, Picknick, Ordnung schaffen, Vitamine und Selbsthilfebücher. Sie sind sexy und ziemlich heiß im Bett.

WAS SIE VERABSCHEUEN Ineffizienz, Verschwendung, Grobheit, Kritik, Hilflosigkeit, Abhängigkeit und Faulheit.

WO SIE GLÄNZEN Sie sind altruistisch, aufrichtig, analytisch, hilfsbereit, zuverlässig, genau, humorvoll und klug. Und Sie wissen so ungeheuer viel über ungeheuer viel!

WER IST SCHON VOLLKOMMEN? Sie sind kritisch, prüde, kleingläubig, skeptisch, pingelig, hypochondrisch, zynisch und abgebrüht.

---

[1] In verschiedenen Quellen stößt man auf unterschiedliche Angaben für die Edelsteine der Tierkreiszeichen. Das gilt auch für die Blumen. Also aufgepasst!

Das Wesen der Jungfrau[2]

Ach, die wunderbar kluge Jungfrau! Sie sind wirklich eines der Gehirntiere unter den Sternzeichen. Sie sind so schlau, dass Ihr Körper eigentlich nur als Träger für Ihr Gehirn dient.

Wenn man sich etwas genauer informieren will, wofür ein Sternzeichen steht, muss man sich an seinem Herrscherplaneten orientieren. Ihr Herrscherplanet ist der Merkur. In der Astrologie beherrscht er sowohl die Zwillinge wie auch die Jungfrau. Diese beiden Sternzeichen unterscheiden sich aber beträchtlich voneinander. Wie kann das sein? Wie können sie denselben Herrscher haben?

Der Gott Merkur wurde in der Antike sehr verehrt. Die Griechen nannten ihn Hermes, die Römer Mercurius, abgeleitet vom lateinischen *merx* (»Ware«, »Gewinn«). Merkur galt nicht nur als Götterbote[3], sondern war auch für Handel und Gewinn zuständig. Hermes wie auch Mercurius waren für ihre Listigkeit bekannt!

Der Merkur, der die Jungfrau beherrscht, ist allerdings eher mit dem ägyptischen Gott Thoth zu vergleichen. Die Ägypter behaupteten, Thoth (oder seine Freundin) habe die Schrift erfunden; daher war er der Gott der Schreiberzunft. Kein Wunder, dass so viele große Schriftsteller Jungfrauen sind: Leo Tolstoj, H. G.

---

[2] Niemand kann auf ein einziges Sternzeichen reduziert werden, denn jedes Horoskop enthält mehrere Planeten. Daher beschreibt dieser Abschnitt nur den Archetyp der Jungfrau – die Eigenschaften, die sein Wesen ausmachen. Auch viele, die unter einem anderen Sternzeichen geboren sind, haben Jungfrau-Eigenschaften. Die Darstellung eines einzelnen Zeichens ist daher keine exakte Beschreibung einer bestimmten Person, sondern vielmehr die Beschreibung der Eigenschaften des Zeichens.
[3] Die am 3. August 2004 gestartete Merkursonde der NASA trägt den treffenden Namen *MESSENGER* (»Bote«). (Diese Typen wissen eben Bescheid!)

Wells, Johann Wolfgang von Goethe, A.S.Byatt, Paulo Coelho und Stephen King, um nur einige zu nennen.

Merkur beherrscht den Intellekt, den Geist und das Nervensystem, außerdem Ideen, Wörter, Gedanken, Gespräche, Studien, Lesen, Schreiben und Drucken, Bücher, Landkarten und Zeitungen. Er beherrscht das Konzept, etwas von A nach B zu bringen, also auch Wörter und Ideen, ob jetzt gesprochen oder geschrieben, und natürlich Transport und Verkehr. Daher beherrscht Merkur auch die Auslieferung von Gegenständen – Pakete und Päckchen – und folglich auch die Post und Paketdienste. Auch Güter und Dienstleistungen werden von A nach B geliefert, und Merkur herrscht auch über Groß- und Einzelhandel, Dienstleistungsgewerbe und den gesamten Handel überhaupt.

Daraus folgt wiederum, dass auch alle Formen des Bodenverkehrs in Merkurs Domäne liegen: Autos, Lkws, Züge, Busse, Taxis, Fahrräder, Motorräder, Motorroller und Sprungstöcke. Bei Merkur geht es immer um Ideen, Wörter, Dinge und Menschen *in Bewegung*!

Merkur steht nicht nur für »Geschäft«, sondern auch für »Geschäftigkeit.«

»Ich war mal der schnellste Telegrammbote in Fresno. Mein Spitzname war ›Speed‹. Irgendwann habe ich dann gesagt: ›Ihr könnt den Spitznamen zurückhaben, diese Raserei bringt mich um.‹ Aber ich schreibe immer noch sehr schnell – das liegt in meiner Natur als ungeduldiger Armenier. Ich will unbedingt wissen, wie meine Geschichten enden, und je schneller ich schreibe, desto eher erfahre ich es.«

WILLIAM SAROYAN
Armenisch-amerikanischer Schriftsteller und Dramatiker
Ein Leben lang
(31. August 1908 – 18. Mai 1981)

Bis ins kleinste Detail!

Weil Sie vom geschäftigen, informationssüchtigen Merkur geprägt sind, verlassen Sie sich völlig auf Ihren Intellekt, um Ihre Welt zu kontrollieren. Zuerst einmal entgeht Ihnen nichts. Sie kümmern sich um jede Einzelheit, Sie übersehen nichts. Ihnen fällt auf, wenn ein unbekannter Passant zwei verschiedene Socken trägt. Sie merken sich nicht nur alles, sondern Sie merken es sich auch für immer!

Irgendwo tief im Gehirn haben Sie nämlich einen riesigen Karteischrank. Sie kennen mehr triviale Fakten als alle anderen Tierkreiszeichen zusammengenommen.

Dass Sie alle Informationen wie ein Schwamm aufsaugen, ist eigentlich komisch, da Sie sich dafür gar nicht anstrengen müssen. Sie haben eine natürliche Neigung, alles um sich herum zu analysieren – welche Menschen da sind, welche Kleidung sie tragen, was sie vorhaben, wohin sie gehen und was sie gesagt haben. Sie sind wie ein großes Aufnahmegerät, das ständig Daten speichert.

> »Ich bin eine ständig schussbereite Kamera, ich bin zwar passiv und denke nicht nach, nehme aber ständig auf.«
> CHRISTOPHER ISHERWOOD
> Britisch-amerikanischer Schriftsteller
> *Der Einzelgänger*
> (26. August 1904 – 4. Januar 1986)

Alle diese Informationen können Sie auch gut gebrauchen, weil Jungfraugeborene zu den unabhängigsten und selbstgenügsamsten Menschen im Tierkreis gehören. Denken Sie nur daran, wie sehr Greta Garbo (18. September 1905 – 15. April 1990) um den Schutz ihrer Privatsphäre bemüht war – »Ich möchte allein sein.«[4]

Sie drängen nicht und wirken sehr bescheiden, kontrollieren aber Ihre Umgebung durch diese unheimliche Fähigkeit, alles zu bemerken. Wenn Sie jemandem begegnen, kontrollieren Sie die Unterhaltung auf subtile Weise mit Ihren Fragen und Bemerkungen. Nach einem zwanzigminütigen Gespräch mit einem Zufallsbekannten wissen Sie *alles* über ihn und er *nichts* über Sie. Das hat nichts mit Machtstreben zu tun, sondern dient Ihnen zum Überleben. Mit Ihren Fragen, Bemerkungen und Kommentaren halten Sie andere Menschen auf Abstand. Diese Fähigkeit dient Ihrem *Schutz*. Sie schaffen sich eine Pufferzone und kommen mit der Welt zurecht, indem Sie Ihr Gehirn und Ihre unglaubliche *Beobachtungsgabe* einsetzen.

»*Sobald du dir vertraust, so bald weißt du zu leben.*« –
Mephisto   (Aus: *Faust I*)

JOHANN WOLFGANG VON GOETHE
Deutscher Dichter, Dramatiker und Staatsmann
Faust, Die Leiden des jungen Werther
(28. August 1749 – 22. März 1832)

Weil Sie so intelligent, flexibel und analytisch denken, sprechen Sie auch genauso gewandt. Jungfrauen sind die besten Stimmenimitatoren des Tierkreises! Mit ihren Fähigkeiten können sie andere Menschen stundenlang unterhalten! Denken Sie nur an diese wortgewandten Jungfrauen: Peter Sellers, Adam Sandler, Bill Murray, Anne Bancroft, Peter Falk und Paul Reubens. Wer würde nicht gerne mit ihnen zu Abend essen und sich an ihrem geistreichen Geplauder freuen?

---

[4] Greta Garbo sagt dies in dem Film *Menschen im Hotel* (1932) in der Rolle der Grusinskaya. Der berühmte Satz ist an ihr hängen geblieben, obwohl sie ihn privat so nie geäußert hat.

»Als ich noch jünger war und eine Stand-up-Vorstellung gab, brauchte ich zwei Wochen, um mich davon zu erholen. Manchmal habe ich sogar vor lauter Lampenfieber gestottert.«

ADAM SANDLER
Amerikanischer Schauspieler, Komiker und Drehbuchautor
Die Wutprobe, Little Nicky – Satan Junior
(9. September 1966)

Merkur ist der kleinste Planet, und er bewegt sich sehr schnell – er umkreist die Sonne in nur achtundachtzig Tagen. Deshalb haben Sie einen so beweglichen, schnell reagierenden Geist. Stellen Sie sich die Geschwindigkeit des Merkurs vor! Seine geringe Größe symbolisiert die Tatsache, dass nichts so klein oder unwichtig ist, dass es Ihnen entginge. Ich stelle mir Jungfrauen wie Sherlock Holmes vor; dessen Schöpfer, Sir Arthur Conan Doyle, war allerdings ein Zwilling. (Aber die Zwillinge werden auch von Merkur beherrscht! Und wer weiß – vielleicht war Conan Doyles Aszendent ja Jungfrau.)

Vier wichtige Eigenschaften der Jungfrau

Über Ihr Sternzeichen, das Sie so extrem intelligent macht, gibt es so viel zu sagen! Um die Jungfrau besser zu verstehen, habe ich Ihre wunderbaren Eigenschaften aber in vier große Kategorien zusammengefasst:

1. Hang zur Perfektion
2. Anspruchsvolle Intelligenz
3. Wunsch zu dienen und nützlich zu sein
4. Bewusstsein für Gesundheit und Hygiene

Hang zur Perfektion

Kein Sternzeichen treibt es so sehr wie Sie zur Vollkommenheit! Weil Sie unter einem Erdzeichen geboren wurden, ist die Vollkommenheit, die Sie anstreben, konkret und real.

»Wir versuchen, die besten Leute zu beschäftigen, die wir finden können, wir geben die bestmögliche Zeitung heraus, und wir halten sie auf dem höchstmöglichen Niveau.«

CONRAD BLACK
Kanadischer Pressemagnat und Zeitungsverleger
(25. August 1944)

Erstens verlangt es Sie nach einer perfekt organisierten Umgebung. Sie wollen alles an seinem Platz oder ganz weggeräumt haben. Sie möchten, dass benötigtes Werkzeug stets zur Hand ist, Sie ordnen Ihre Bücher nach Sachgebieten und Ihre CDs alphabetisch. Sie gehen davon aus, dass Sie sich selbst und anderen Menschen das Leben erleichtern, wenn Sie Ordnung aus dem Chaos schaffen.

> *»Wahrscheinlich sind Tagebücher so langweilig, weil wir jeden Tag nur hin und her schwanken zwischen unserer Nagelpflege und Spekulationen über die kosmische Ordnung.«*
>
> ANN BEATTIE
> Amerikanische Schriftstellerin
> *Gefährliche Freundin*
> (8. September 1947)

Wir alle möchten uns in unserer Haut wohlfühlen, und die Menschen jedes Sternzeichens wählen jeweils einen anderen Weg, um dieses Gefühl von Selbstachtung und innerem Stolz zu erreichen. Ihre Fähigkeit, Ordnung aus dem Chaos zu schaffen, damit Ihre Welt besser funktioniert, gibt Ihnen das Gefühl, eine sinnvolle Leistung zu vollbringen.

> *»Es gibt nichts, was man nicht schaffen kann, wenn man es sich wirklich in den Kopf setzt. Alles ist möglich.«*
>
> RICK HANSEN
> Kanadischer Behindertensportler und
> mehrfacher Paralympics-Goldmedaillengewinner
> (26. August 1957)

Candy Spelling (20. September 1945), Witwe des verstorbenen Fernsehproduzenten Aaron Spelling und Mutter der Schauspielerin Tori Spelling, hat in ihrem Haus einen Raum eigens für das Einpacken von Geschenken vorgesehen. (Na ja, es ist eben ein großes Haus.) An der Wand hängt eine große Auswahl von Geschenkpapieren bereit, und alles, was man an Zubehör braucht, um Geschenke wunderschön einzupacken, wartet dort auf sie. Der Traum einer Jungfrau!

Eine Jungfraugeborene, die ihr Geld damit verdient, anderen Menschen zu raten, wie man sein Leben besser organisiert, ist Shirley Conran (21. September 1932), Autorin des Bestsellers Superwoman. Everywoman's Book of Household Management. *Hier ein Auszug aus einem Interview, das Becky Pugh für den* Telegraph *mit ihr geführt hat:*

»›Gerümpel stört mich gar nicht‹, versicherte Conran mir, ›solange es an dem Platz ist, wo es hingehört.‹ Das war kein Witz. In ihrem winzigen Ankleidezimmer stehen reihenweise Schuhe und Kleidungsstücke in allen Farben stramm. Schmuck und Accessoires sind in den schmalen Schubladen zweier Aktenschränke untergebracht; die Ohrringe sortiert in Eiswürfelschalen. Ein Schrank im Schlafzimmer beherbergt ordentliche Stapel von Geschenkpapier, Schleifenband, Kartons und möglichen Geschenken, die sie das ganze Jahr über bevorratet. Ich bekam regelrecht Stielaugen.«

Das soll nicht heißen, dass alle Jungfraugeborenen so wundervoll organisiert sind und bei ihnen immer perfekt aufgeräumt ist. Jedes Sternzeichen hat seine Ausreißer. Es gibt auch schlampige Jungfrauen, aber die sind wirklich die Ausnahme. (Oder depressiv.)

Wenn Sie dieses Kapitel lesen, ist wahrscheinlich die Jungfrau entweder Ihr Sternzeichen oder Ihr Aszendent. Aber es gibt in jedem Sternzeichen Menschen, bei denen der Saturn in der Jungfrau steht.

Was heißt das? In jedem Horoskop sind *alle* Planeten vertreten. Irgendwo hat jeder also auch den Saturn in seinem Horoskop, und der Saturn zeigt uns, in welchem Bereich wir *Defizite* haben und noch viel lernen müssen. Es ist der Bereich, in dem wir *nicht* gut zurechtkommen. Mit anderen Worten: Menschen mit dem Saturn in der Jungfrau wollen unbedingt so sein wie solche mit der Sonne in der Jungfrau! Auch sie wünschen sich ein gutes Gedächtnis und einen herausragenden Ordnungssinn, sodass sie wie durch Zauberei immer wissen, wo alles ist.

Aber sie kriegen es nicht hin.

Stattdessen ersticken Menschen mit dem Saturn in der Jungfrau unter riesigen Stapeln von Zeitungen, Zeitschriften, Ausschnitten und Büchern. Ihre Schreibtische im Büro sind ein regelrechter *Hügel* aus Akten. Sie finden niemals, was sie suchen. Und wo, glauben Sie, bewahren sie zu Hause ihren Reisepass auf? Sie haben keine Ahnung (nur eine vage Hoffnung)!

Eine gute Freundin von mir hat den Saturn in der Jungfrau. Eines Tages im September erzählte sie mir: »Ich habe jetzt endlich den Gartenschlauch wiedergefunden! Was für ein Umstand!« Ich fragte: »Wieso Umstand?« Sie erwiderte: »Als der Sommer anfing, habe ich ihn gekauft, und dann konnte ich ihn den ganzen Sommer lang nicht wiederfinden, dabei habe ich überall gesucht.« Ich fragte: »War er im Schuppen?« (Sie hat eines dieser Gartenhäuschen aus Profilblech, voller Gerümpel natürlich.) »Nein.« Sie atmete tief durch. »Und du wirst es nicht glauben, wenn ich es dir erzähle.« Sie senkte verschwörerisch die Stimme: »Er lag auf dem Küchentisch.«

Was soll man da noch sagen?

So hört es sich an, wenn jemand wie eine Jungfrau sein möchte und es nicht kann. Überall Gerümpel!

Ihr Drang nach Vollkommenheit und Ihre Motivation, Ordnung zu schaffen, bringen Ihnen Neid und Bewunderung ein. Ihre Gäste genießen es, wie wunderbar Ihr Zuhause funktioniert.

Dieser Drang nach Vollkommenheit beeinflusst alles, was Sie tun. Er ist Ihr wichtigster Antrieb im Leben. Bei allem, was Sie sehen, fragen Sie sich, was man daran verbessern könnte. Deshalb sind die besten professionellen Kritiker der Welt Jungfrauen: Literaturkritiker, Kunstkritiker, Filmkritiker, Architekturkritiker – alles, was Sie wollen. Sie sind intelligent, denken analytisch, registrieren alles und wissen, wie man aus den gewonnenen Informationen die richtigen Schlüsse zieht. (Und während Sie das tun, zupfen Sie noch einen Fussel von der Jacke Ihres Gegenübers.)

Jungfrauen sind fantastische Herausgeber, Lektoren, Inspekteure, Qualitätskontrolleure, Prüfer, Forscher und Analytiker jeder Fachrichtung.

Ironischerweise hat Ihr Vollkommenheitsdrang einen netten Nebeneffekt – er macht Sie bescheiden. Wer wüsste besser als Sie, wie unmöglich Vollkommenheit ist? Nur sehr wenige Jungfrauen sind arrogant. Sie haben eine sanfte, bescheidene Art an sich, die überall gut ankommt. Prahlerei ist nicht Ihre Sache. Wie der prominente Jungfraugeborene Peter Falk zeigen Sie Ihre Fähigkeiten mit einem Achselzucken, als ob Sie sich nicht allzu ernst nähmen.

»Colin gehört zu den Namen, die man aus Spaß seinem Goldfisch gibt.«

COLIN FIRTH
Britischer Schauspieler
Bridget Jones – Schokolade zum Frühstück, The King's Speech
(10. September 1960)

(Oh, wunderbarer Colin. Weißt du, wie viele deiner Verehrerinnen dich nur zu gerne zu ihrem Haustier machen würden?)

Leider führt Ihr Vollkommenheitsdrang auch dazu, dass Sie sich ständig Sorgen machen. Jeden Morgen noch vor dem Aufstehen fassen Sie den Entschluss, Ihre Welt in Ordnung zu bringen. »Heute ist der entscheidende Tag!«

Unter der Dusche gehen Sie dann alle Gewohnheiten durch, die Sie aufgeben wollen, weil sie schädlich sind, und alles, was Sie tun wollen, weil es Ihnen guttut. Alle, die mit Ihnen zusammenwohnen, sind genervt, weil sie nicht einmal ihren Kaffee austrinken können, ohne von Ihrer täglichen Aufgabenliste und Fragen nach möglicher Karies und eventuellen schlechten Schulnoten geplagt zu werden.

Listen mögen Sie überhaupt! Sie geben Ihnen ein Gefühl der Macht, weil Sie glauben, damit Ihre Welt unter Kontrolle zu haben. Und Sie gehen tatsächlich nach diesen Listen vor. Wenn Jungfraugeborene alte Papiere durchgehen, stoßen sie oft auf Listen, die sie vor Jahren gemacht haben, und sind jedes Mal überrascht, wie viel davon sie inzwischen erledigt haben.

Deshalb entwickeln Sie Routinen und Gewohnheiten, an die Sie sich halten. Wenn Sie auf eine neue Methode stoßen, die Ihnen Ihrer Meinung nach das Leben erleichtern kann, übernehmen Sie sie sofort. Und das zurecht! Denn das ist sehr schlau.

Ich kenne eine Jungfraugeborene, die es sich zur Regel gemacht hat, sofort alles stehen und liegen zu lassen und mit der Suche zu beginnen, wenn sie etwas verloren hat. Auch wenn sie auf dem Weg zu einer wichtigen Besprechung entdeckt, dass sie einen Lederhandschuh verloren hat, fängt sie sofort an, das Auto zu durchsuchen, ohne auf die Proteste der Mitfahrer zu achten, sie solle doch später danach schauen. *So lautet ihre Regel.* Sie sagt, dass man alles, was man verliert, sofort in dem Moment suchen soll, in dem man es bemerkt, da die Spur dann noch heiß ist.

Jungfrauen lieben ihre Routinen.

Anspruchsvolle Intelligenz

Natürlich sind Menschen aller Sternzeichen intelligent. Die Intelligenz eines Menschen hängt mit der Stellung des Merkurs in seinem Horoskop zusammen. Trotzdem gibt es einfach unheimlich viele intelligente Jungfraugeborene.

»Es gibt nur eine wichtige Zeit, und die ist JETZT! Der jetzige Augenblick ist die einzige Zeit, auf die wir Einfluss nehmen können.«

LEO TOLSTOJ
Russischer Schriftsteller und Sozialreformer
Krieg und Frieden, Anna Karenina
(9. September 1928 – 20. November 1910)

Um es genauer auszudrücken (Sie lieben Genauigkeit): Die Jungfrau-Intelligenz ist eine bewertende Intelligenz. Sie wissen, wie man Informationen verarbeitet. Sie verstehen die Einzelheiten von Schilderung, Komposition, Beleuchtung, Situation, Schauplatz und Beziehung und wägen sie gegeneinander ab. Sie wissen, wie man dieses von jenem unterscheidet, und nehmen subtile Nuancen und winzige Unterschiede wahr.

Wie gesagt, diese anspruchsvolle Intelligenz gepaart mit Ihrem Streben nach Vollkommenheit macht Sie zu einem ausgezeichneten Kritiker! Wenn es ums Kritisieren geht, können Sie sehr objektiv und distanziert und daher verletzend sein. Erinnern Sie sich lieber immer wieder daran, dass zu denjenigen, die keine ungeschminkten Urteile hören wollen, Familienangehörige, Freunde, Bekannte und Fremde gehören. Alles klar?

Mit dieser scharfen Intelligenz treffen Sie auch alle Ihre Entscheidungen. Ich weiß, es klingt nicht schlecht, aber es gibt auch Entscheidungen, die nach Spontaneität, Leidenschaft, Kreativität und – manchmal – auch Tollkühnheit verlangen; was ist mit denen?

Genau deshalb zögern nämlich so viele Jungfraugeborene, eine sichere Festanstellung aufzugeben, auch wenn sich ihnen eine einmalige Gelegenheit für etwas wirklich Großes bietet!

»Aber wenn nun ...« Für Sie muss alles *sinnvoll* sein. Sie mögen kein Risiko. Deshalb wird Ihr scharfer Intellekt immer Ihre Entscheidungsprozesse bestimmen.

> *»Man braucht zwanzig Jahre, um einen guten Ruf aufzubauen, und nur fünf Minuten, um ihn zu ruinieren.«*
>
> WARREN BUFFETT
> Amerikanischer Großinvestor und Unternehmer,
> der sich für wohltätige Zwecke einsetzt
> (30. August 1930)

Wunsch zu dienen und nützlich zu sein

Viele von Ihnen kennen die Jungfrau als Sternzeichen des Dienens. Sie finden Vergnügen daran, jemandem in genau der Weise nützlich zu sein, die er braucht. Das kann eine Kleinigkeit sein, wie eine Tasse Tee mit genau der richtigen Portion Sahne darin (Sahne für den Tee, Milch für den Kaffee) und eine Scheibe Toast mit genau der richtigen Menge Marmelade darauf, wenn Sie jemandem Frühstück bereiten, aber genauso befriedigt es Sie, Ihrer Gemeinde, Ihrer Stadt oder Ihrem Land zu dienen.

> *»Man muss in Reinheit und mit Liebe seiner Berufung zu dienen gerecht werden.«*
>
> LEO TOLSTOJ
> Russischer Schriftsteller und Sozialreformer
> *Krieg und Frieden, Anna Karenina*
> (9. September 1928 – 20. November 1910)

Wir alle tun so etwas, um uns selbst respektieren zu können. Manche Menschen suchen dabei den Sieg, andere Reichtum, Ruhm, Ansehen und so weiter. In gewissem Maß streben wir natürlich alle nach diesen Dingen. Wie immer, wenn ich den Archetyp eines Sternzeichens beschreibe, geht es aber hier darum, was den unter diesem Zeichen Geborenen am wichtigsten ist, und die treibende Kraft für die Jungfrau ist *der Drang nach persönlicher Befriedigung durch intelligente Nützlichkeit.*

Für Sie sind Taten einfach wichtiger als Worte.

»Es ist eine Freude, für geliebte Menschen zu arbeiten.«[5]
SPRICHWORT

Sie sind wunderbar darin, Menschen zu beherbergen, und zwar aus vielen Gründen. Erstens, ist es nicht eine offensichtliche Demonstration Ihrer Intelligenz und Aufmerksamkeit? Wie können Sie jemanden zufriedenstellen, wenn Sie nicht zuvor beobachtet und sich gemerkt hätten, was er möchte oder braucht? Ihre Gäste werden sich geschmeichelt fühlen, dass Sie sich an Ihre Vorlieben, Kleidergrößen, Lieblingsseifen, -weine, -gerichte, -farben oder was auch immer erinnern. Guter Service ist keine Kleinigkeit!

Es geht allerdings dabei um noch mehr. Sie mögen es, *gebraucht* zu werden. Sie möchten anderen Menschen gerne nützlich sein. Wenn Sie eine notwendige Aufgabe *erfüllen,* haben Sie ein warmes Gefühl im Bauch. Es genügt Ihnen schon, auf elegante Art und Weise (und vermutlich besser als jeder andere) zu tun, was nötig ist, um große Selbstzufriedenheit zu erfahren.

»Ein unnütz Leben ist ein früher Tod.«
JOHANN WOLFGANG VON GOETHE
Deutscher Dichter, Dramatiker und Staatsmann
Faust, Die Leiden des jungen Werther
(28. August 1749 – 22. März 1832)

---

[5] Diesen Spruch habe ich von einem wunderschönen Zierteller im Sommerhaus meiner Schwiegereltern in Spirit Lake, Iowa.

Ich verreise oft zusammen mit einer Jungfrau-Freundin. Wenn wir im Hotel ankommen, holt sie immer eine Auswahl von Kräutertees, exotischen Kaffeesorten und Knabbernüssen hervor und versorgt mich mit Probefläschchen luxuriöser Shampoos, Lotionen und anderer Kosmetika, die besser sind als die vom Hotel bereitgestellten. Das ist ihre Art, unserer Reise eine zusätzliche besondere Note zu geben.

Und wenn etwas schiefgeht, wissen Jungfrauen immer, wie man überlebt! Sie haben eine Schneeschaufel im Kofferraum, zusammen mit den Starterkabeln und Schneeketten, und ihre Taschenlampen funktionieren tatsächlich! (Und sie haben Reservebatterien dabei.) Außerdem haben sie für jede Gelegenheit das passende Werkzeug.

Einmal habe ich einem jungfraugeborenen Bekannten ein Buch gezeigt, dessen Rücken sich gelöst hatte. Es war ein schönes Buch über Tibet, und ich wollte es gerne behalten. Er meinte nur: »Kein Problem«, und öffnete eine Schranktür. In einem der Fächer standen vier oder fünf Kosmetikköfferchen aus den Fünfzigerjahren – die Sorte mit Reißverschluss und einem kleinen Griff auf dem Deckel, die aussieht wie eine Proviantbox. »Die gibt es auf Garagenflohmärkten für fünfzig Cent«, erklärte er, zog eines davon hervor und fuhr fort: »In dem hier sind alle meine Papierkleber.«

Ich staunte nur noch: Waaas? Ich habe schon Mühe, überhaupt Klebstoff zu finden, ganz zu schweigen von einer Auswahl verschiedener Papierkleber! Das ist typisch Jungfrau.

Bewusstsein für Gesundheit und Hygiene

»Iss nie mehr, als du tragen kannst.«

MISS PIGGY
Figur aus der *Muppet Show*

Jedes Sternzeichen beherrscht einen Körperteil, der Widder zum Beispiel den Kopf, der Stier die Kehle, die Zwillinge Lungen und Hände und so weiter. Das Sternzeichen Jungfrau herrscht über Nervensystem und Verdauungsorgane. Deshalb sind Sie ungewöhnlich ernährungs- und hygienebewusst.

Jungfrauen waschen sich ziemlich oft die Hände. Das ist keine sinnlose Zwangshandlung, Sie wissen einfach gut über Bakterien und ihre Übertragungswege Bescheid. Sie beherzigen eine der einfachsten Regeln, um gesund zu bleiben, und waschen sich täglich regelmäßig die Hände.

(Okay, ich kenne einen Jungfraugeborenen, der sich nicht nur dauernd die Hände wäscht, sondern beim Verlassen des WCs den Türknauf nur mit einem Papierhandtuch anfasst. Er geht wirklich kein Risiko ein!)

Jungfrauen experimentieren ständig mit ihrer Ernährung. Sie probieren es mit vegetarischer und makrobiotischer Kost, richten sich nach ihrer Blutgruppe oder versuchen etwas anderes, was gerade im Trend liegt oder sinnvoll erscheint. Verdauung ist für Jungfrauen sehr wichtig.

»Ich mache eine Tranquilizer-Diät – Ich habe zwar noch kein Pfund abgenommen, aber das stört mich nicht mehr.«
UNBEKANNT

Jungfrauen, die unter Stress stehen oder sich zu viele Sorgen machen (und ihre Zahl ist Legion), leiden möglicherweise unter einem nervösen Magen. Sie befassen sich intensiv mit ihrem Verdauungsprozess. Deshalb nehmen sie Vitamine ein, trinken Lebertran und essen Seetang. Sie mixen sich Softdrinks aus Eiweißpulver und Konzentrat der Acerolakirsche (natürlich entsäuert). Ich sage immer, wenn ich mit einem Stock werfen und dabei möglichst viele Jungfrauen treffen wollte, würde ich es in einem Reformhaus tun. Dieser Laden wird sehr wahrscheinlich von Jungfrauen geführt, und das Personal und natürlich viele Kunden sind ebenfalls Jungfraugeborene.

> *»In einem Supermarkt könnte ich Stunden verbringen. Lebensmittel begeistern mich. Sie machen mich ganz verrückt. Ich kann sie stundenlang in meinem Einkaufwagen verstauen und umsortieren, damit alles hineinpasst und nichts zerdrückt wird. Da bin ich wirklich pingelig.«*
>
> CAMERON DIAZ
> Amerikanische Schauspielerin
> *Die Maske, Verrückt nach Mary, 3 Engel für Charlie*
> (30. August 1972)

Jungfrauen geben viel Geld für Gesundheitsprodukte und Medikamente aus. Sie verbrauchen oder benutzen sie zwar nicht unbedingt, aber sie vorrätig zu haben, ist so ähnlich, wie eine Liste zu schreiben. Sie fühlen sich einfach gut, wenn sie das Neueste auf dem Markt schon zu Hause haben, und deswegen kaufen sie es. Manchmal probieren sie es sogar. Sehr oft allerdings bleibt die Verpackung ungeöffnet. (Aber Sie haben das Zeug für alle Fälle vorrätig!)

Die Jungfrau ist das Sternzeichen, das am meisten für »Wellness« steht. Sie glauben, dass ein Gramm Vorsorge ein Pfund Heilmittel aufwiegt. Lachen Sie nie über den Gesundheitswahn einer Jungfrau! Jungfraugeborene wirken jünger, als sie sind, und achten auf sich selbst!

Das heißt nicht, dass sie immun gegen Junkfood oder Wein und Käse wären. Aber wenn sie diesem Drang nachgeben, wissen sie, was sie tun. Sie machen sich nichts vor. Ich kenne eine Jungfraugeborene, die zu ihrem Proteinshake immer eine Zigarette raucht. Ihre Erklärung: »Wir alle haben unsere Widersprüche.«

In meiner Erläuterung zu den Aszendenten (Seite 20) können Sie nachlesen, dass der Aszendent Ihre äußere Erscheinung bestimmt. Man braucht kaum zu erwähnen, dass Menschen mit Aszendent Jungfrau zu den am jüngsten wirkenden überhaupt gehören! Raquel Welch hat Aszendent Jungfrau, bei Lucille Ball war es genauso. Dieses jugendliche Äußere bis ins hohe Alter kommt hauptsächlich von der typischen Mäßigkeit aller Jungfrauen. Sie übertreiben nichts und tun alles in Maßen. Sie essen bewusst, achten auf Hygiene und ganz allgemein auf sich selbst! Deshalb sehen Jungfraugeborene auch mit sechzig, siebzig, achtzig und neunzig Jahren noch wunderbar jung aus.

Diese anspruchsvolle Intelligenz zahlt sich wirklich aus!

Die verliebte Jungfrau

»Der Kuss ist ein herrlicher Trick der Natur, um dich am Sprechen zu hindern, wenn Worte überflüssig werden.«

INGRID BERGMAN
Schwedische Schauspielerin
Casablanca, Wem die Stunde schlägt, Anastasia
(29. August 1915 – 29. August 1982)

Zu allererst verabschieden wir uns mal von der Vorstellung, dass Jungfraugeborene irgendwie jungfräulich wären. Von wegen! Ihr Sternzeichen ist ein Erdzeichen, und das sorgt dafür, dass Sie sinnlich, berührungsfreudig und voller Leidenschaft sind! Die Symbolik der Jungfrau bezieht sich vielmehr auf die Fähigkeit der in diesem Zeichen Geborenen, unabhängig und selbstgenügsam zu leben, wozu auch die emotionale Unabhängigkeit gehört.

»Gib deinen Gefühlen nicht zu sehr nach. Ein allzu empfindsames Herz ist ein unglücklicher Besitz in dieser unsicheren Welt.«

JOHANN WOLFGANG VON GOETHE
Deutscher Dichter, Dramatiker und Staatsmann
Faust, Die Leiden des jungen Werther
(28. August 1749 – 22. März 1832)

Natürlich möchten Sie sich genauso gerne wie jeder andere in die Arme eines anderen Menschen kuscheln, keine Frage. Aber denken Sie an Ihren anspruchsvollen Intellekt! Sie treffen Ihre Entscheidungen mit dem Gehirn, nicht mit dem Herzen. Das bedeutet, dass Sie sich von Ihren Gefühlen nicht überwältigen lassen, weil Sie ihnen nicht trauen. Das macht Ihnen ein bisschen Angst. Schließlich – wer steuert dann noch? Wohin wird das führen? In einem Moment liegen Sie noch mit jemandem im Bett, und im nächsten tanzen Sie eng aneinandergeschmiegt.

»Nachdem du am Morgen deine Seiten geschrieben und am Nachmittag deine Korrespondenz erledigt hast, kommt ein Moment, in dem du nichts mehr zu tun hast. Es kommt die Stunde des Tages, in der du dich langweilst. Das ist die richtige Zeit für Sex.«

H. G. WELLS[6]
Britischer Schriftsteller und Pionier der Science-Fiction-Literatur
Die Zeitmaschine, Der Krieg der Welten
(21. September 1866 – 13. August 1946)

Einer der wichtigsten Faktoren in Ihrem Umgang mit Herzensdingen ist Ihr Drang zur Vollkommenheit. Tief drinnen suchen Sie jemanden, der perfekt ist. (»Was denn sonst?«) Wenn Sie allerdings jemanden finden würden, der Ihren Ansprüchen genügte, würden Sie sofort anfangen, nach seinen Fehlern Ausschau zu halten.

Sie fragen sich schon beim ersten Date, ob Ihr Gegenüber derjenige ist, mit dem Sie das Sorgerecht für Ihre ungeborenen Kinder teilen möchten.

Diese typische Jungfrau-Eigenschaft erinnert an die Geschichte von John, der sich den Rasenmäher seines Nachbarn ausleihen möchte. Während er seine Einfahrt hinunter und über die Straße geht, stellt er sich vor, was passieren wird. Was ist, wenn er den

---

[6] H. G. Wells war zwar verheiratet, hatte aber eine Reihe von Affären mit berühmten Frauen, von denen zwei ebenfalls Jungfrauen waren: die amerikanische Frauenrechtlerin Margaret Sanger (14. September 1879 – 6. September 1966) und die australische Schriftstellerin Elizabeth von Arnim (31. August 1866 – 9. Februar 1941).

Rasenmäher zu lange behält und der Nachbar böse wird? Und wie war es damals, als der Nachbar Johns Schneeschaufel monatelang nicht zurückgegeben hat? Während John so im Geist hin- und herüberlegt, regt er sich immer mehr darüber auf, was alles schiefgehen könnte. Er klingelt an der Tür des Nachbarhauses, und als der Nachbar öffnet, sieht John ihn nur an und knurrt: »Du kannst deinen verdammten Rasenmäher behalten!«

Ein bisschen wie in dieser Anekdote verhalten sich Jungfraugeborene bei der Begegnung mit einem potenziellen Sexpartner. Noch bevor das Date vorüber ist, laufen in ihrem Geist ganze Drehbücher mit allem ab, was möglicherweise schiefgehen könnte. Außerdem wird das Gegenüber ununterbrochen kritisch beäugt. Das führt dazu, dass Jungfrauen vor einer Beziehung oft zurückschrecken. Für sie sind Beziehungen oft *nicht der Mühe wert*.

Es kommt aber noch etwas anderes hinzu. Ihr ausgeprägtes Talent zur Kritik kommt Ihnen im Berufsleben zugute – schlägt aber im Liebesleben auf Sie zurück. Und wie!

Wenn Sie vor jemandem bestehen möchten, dann richten Sie Ihren kritischen Blick nämlich auf sich selbst – und finden immer einen Fehler. Sie sind unwürdig. Sie sind nicht schön genug, stattlich genug, reich genug, groß genug, schlank genug oder was auch immer. Sie halten den Druck nicht aus! Auch wenn Sie Ihre Fehler bei den ersten Verabredungen überspielen können, werden Sie schließlich auffliegen und Ihr Gesicht verlieren! Argh.

Im Endeffekt vollziehen Sie dann eine Wendung um hundertachtzig Grad. Statt nach dem perfekten Partner zu suchen, entscheiden Sie unterbewusst, dass jemand anderer – der keineswegs vollkommen ist – der Richtige für Sie wäre. Weniger Druck. (Puh!) Deshalb verabreden Sie sich oft mit Leuten, die »unter« Ihnen stehen. Das hat zwei Gründe: Erstens fühlen Sie sich dann weniger bedroht. Wie kann *so jemand* Sie kritisieren? Hallo?

Der zweite Grund ist Ihr Drang nach Verbesserung. Es ist klassischer Jungfrau-Stil, aus einem Schweineohr ein Seidentäschchen nähen zu wollen. Eine Jungfrau-Freundin hat mir einmal gesagt: »Gib mir einen Abteilungsleiter, und in drei Jahren gebe ich dir einen stellvertretenden Vorstandsvorsitzenden zurück.«

Jungfraugeborene findet man manchmal in Langzeitbeziehungen ohne jede Verbindlichkeit. (Vielleicht wartet und hofft ja der Partner.) Die Jungfrau hält sich alle Optionen offen, obwohl sie gar keine anderen Beziehungen hat. Sie möchte nur ungestört herumziehen und den Sex genießen. Jungfrauen mögen Sex!

Viele bescheidene, sanfte Jungfrauen stehen in Wirklichkeit auf Bondage. (Augenbinden machen besonderen Spaß.) Um mich darüber zu informieren, habe ich einen jungfraugeborenen Freund gefragt, ob er schon einmal Fesselspiele probiert habe. »Ja klar«, erwiderte er nonchalant. »Meine Freundin hat mich immer im Schaukelstuhl festgebunden, mit Isolierband an den Handgelenken und Fußknöcheln.« Ich machte große Augen, nickte aber nur höflich. »War lustig«, fügte er hinzu.

»Ich würde ihn nicht Sklave nennen. Ich peitsche ihn nicht aus, wenn er etwas falsch macht. Nur wenn er etwas richtig macht.«

SHANNON ELIZABETH
Amerikanische Schauspielerin und Pokerspielerin
American Pie
(7. September 1973)

Sie leben oft als Single, weil es Ihnen einfacher erscheint. Es gibt weniger Komplikationen, und Sie können Ihre Alltagsroutinen durchziehen. Niemand bringt das Bad in Unordnung oder lässt überall sein Zeug herumliegen. (Vergessen Sie nie, wie gut sich eine Jungfrau fühlt, wenn um sie herum Ordnung herrscht.)

Jetzt passen Sie gut auf! Wenn jemand einen wirklich guten Eindruck bei Ihnen hinterlassen will, dann muss er nur etwas für

Sie *erledigen*! Er muss Ihnen einen dringend nötigen Gefallen tun!

(Hier ein Tipp für alle, die eine Jungfrau umwerben: Wenn es etwas zu reparieren gibt, dann reparieren Sie es für sie. Das ist eine Sprache, die sie versteht. Kapiert?)

Hier eine romantische Geschichte für weibliche Jungfraugeborene: Mary wohnt in einem alten Haus, und der Wäschetrockner im Keller funktioniert nicht mehr. Einen neuen kann sie sich nicht leisten, also muss sie ihre Kleidung jetzt auf einem hölzernen Trockengestell und auf Wäscheleinen trocknen, die im Keller gespannt sind, und sie hasst das. Auftritt ihres neuen Geliebten, des künftigen Mr. Perfekt.

Eines Tages kommt Mary nach Hause und bemerkt einen großen Pappkarton im Garten. Im Keller stößt sie dann unverhofft auf was wohl? Einen neuen Wäschetrockner, den ihr jemand dorthin gestellt und auch sofort den alten entsorgt hat! Und das i-Tüpfelchen: Über der Waschmaschine hat der Unbekannte gleich noch ein Wandregal für Waschpulver und Bleichmittel angebracht. Auf dem Trockner findet sie einen Zettel: »Habe den Karton im Garten stehen gelassen, weil Jimmy ihn vielleicht gerne zum Spielen möchte; hoffe, das ist dir recht?«

Volltreffer! Von diesem Moment an ist Mary wie Wachs in seinen Händen. Wer sich solche Mühe gibt, um ihre Wünsche zu erfüllen, und dann einfach zur Tat schreitet, nur um ihr zu helfen und ihr das Leben zu erleichtern, ist automatisch Mr. Perfekt!

Ich selbst bin keine Jungfraugeborene, habe aber die Venus in der Jungfrau. Das bedeutet, ich habe viel für Jungfraugeborene und ihre Aktivitäten übrig (ich kaufe ziemlich viele Vitaminprä-parate), und wenn es um die Liebe geht, werde ich sehr »jung-fräulich«. Jemand hat einmal zu mir gesagt: »Wenn ich gewusst hätte, dass es bei dir als Vorspiel zählt, die Küchenschränke zu streichen, hätte ich das schon längst erledigt!«

Um ihre Zuneigung zu zeigen, werden Jungfraugeborene Sie bedienen. Sie reichen Ihnen Tee, Kaffee, Drinks und Gesund-heitsnahrung. Sie waschen Ihre Wäsche, reparieren Ihren Wagen und helfen Ihnen beim Umzug. Nach einer Weile fällt Ihnen auf, wie schwierig das Leben ohne diese patente Jungfrau doch wäre!

Was ist an ein bisschen Isolierband und einem Schaukelstuhl schon so schlimm?

Die Jungfrau als Vorgesetzter

>*»Jedes Mal, wenn Sie einem wichtigen Menschen gegen-
übersitzen, stellen Sie ihn sich in langen roten Unterhosen
vor. So habe ich es bei Geschäften immer gemacht.«*
>
> JOSEPH P. KENNEDY
> Amerikanischer Geschäftsmann, Politiker und Diplomat
> (6. September 1888 – 18. November 1969)

Ein dummer Vorgesetzter ist etwas Schreckliches; es sollte verboten werden, dass dumme Menschen Chef werden können. Zum
Glück sind Sie ja intelligent, und diese Eigenschaft bringt schon
viel, wenn es darum geht, Mitarbeiter effektiv anzuleiten.

Ihre größte Einzelqualität als Chef ist wohl, dass Sie keine
Angst haben, sich die Hände schmutzig machen. (Seltsame Meta-
pher, wenn man bedenkt, wie oft Sie sich die Hände waschen.)
Die Jungfrau ist sich für keine Arbeit zu schade. Sie tun, was
notwendig ist. Ihre Mitarbeiter wissen das, respektieren Sie dafür
und werden sich ebenfalls für keine Arbeit zu schade sein.

Sie sind immer fair, können sich gut verständlich machen,
sind sehr praktisch gesinnt und wissen, wie man sein Ziel am
schnellsten erreicht.

Ihre Achillesferse muss ich nicht erst erwähnen! Sie sind oft
zu kritisch und erwarten zu viel von anderen Menschen. Denken Sie immer daran, dass Ihre Mitarbeiter auch nur mit Wasser
kochen, genau wie Sie selbst. *Wir alle sind fehlbare Sterbliche.*

Außerdem hat nicht jeder Ihren Blick für Einzelheiten. Manche übersehen sie ganz! Und bevor Sie jemanden für das kritisieren, was er nicht *sieht*, überlegen Sie, was Sie selbst vielleicht
nicht *fühlen*, weil Sie aus einem anderen Holz geschnitzt sind.

Stellen Sie es sich so vor: Wenn Sie Reis wären, dann wären Ihre Mitarbeiter vielleicht Kartoffeln oder Brot. Natürlich fällt einer Kartoffel ein winziges Körnchen Reis nicht besonders auf, es liegt nicht in ihrem Wesen, auch wenn das Körnchen für Sie ganz offensichtlich ist. Üben Sie Nachsicht!

Das fällt Ihnen leicht, weil Sie im Grunde umgänglich und freundlich sind. Wegen Ihrer Empfindsamkeit achten Sie auch die Gefühle anderer Menschen.

Eine Ihrer großen Stärken ist, dass Sie kein überentwickeltes Ego haben. Sie haben es nicht nötig, wie ein Gefängniswärter mit verspiegelter Sonnenbrille herumzustolzieren. (Ich hatte als Studentin einmal einen Teilzeitjob bei jemandem, der tatsächlich so herumlief, und er war *wirklich* Gefängniswärter gewesen.)

Dieses fehlende Ego kann allerdings für Chefs und Manager ein bisschen problematisch werden. Sie sind nicht machtgierig und arbeiten für die Sache, nicht, um möglichst gut dazustehen. Möglicherweise zögern Sie sogar, eine Beförderung anzunehmen, wenn Sie dadurch mehr Mitarbeiter unterstellt bekommen.

Ihre Bereitschaft zu harter Arbeit, egal welcher, und Ihre Empathie machen Sie trotzdem zu einem effektiven Chef. Ihre Mitarbeiter haben sogar Glück, für eine Jungfrau zu arbeiten, weil Sie eine so tolle Einstellung zur Arbeit haben.

Die Jungfrau als Angestellter

»Kaffee, Tee oder Milch?«

Ein Jungfrau-Angestellter ist ein echter Traum. Dafür gibt es viele Gründe. Zunächst einmal sind Sie vernünftig, intelligent, aufmerksam und achten auf Ihre Umgebung, und hey, es ist für jeden Arbeitgeber ein großes Plus, der Dummheit aus dem Weg zu gehen!

Weil die Jungfrau das Sternzeichen der Dienstbarkeit ist, finden Sie wirklich Spaß daran, gut und sorgfältig zu arbeiten und das abzuliefern, was gewünscht wird. Ihr Arbeitgeber *liebt* Sie! (Außer wenn er mitbekommen hat, wie gut Sie ihn hinter seinem Rücken imitieren.)

Jungfraugeborene haben die vorbildliche Eigenschaft, auch eklige Aufgaben gerne zu übernehmen. Ein siebzehnjähriger Jungfraugeborener aus meiner Bekanntschaft arbeitete einmal als Hilfskellner im Sheraton-Landmark-Hotel in Vancouver, als es dort noch das Drehrestaurant im zweiundvierzigsten Stock gab. (Die Angestellten warfen gerne Rollen von Toilettenpapier aus dem Fenster, das dann als lange Fahne im Wind flatterte.) Es war seine erste Arbeitsstelle. Eines Abends bat ihn einer der Gäste, ein alter Mann, der nicht mehr richtig gehen konnte, ihm zur Toilette zu helfen. Gerade als der alte Mann die Toilettentür erreichte, machte er sich in die Hose. Der Hilfskellner, mit weißem Hemd und schwarzer Krawatte, half ihm ganz selbstverständlich, sich zu säubern – keine angenehme Tätigkeit. Dann half er ihm in den Aufzug und hinunter auf die Straße, wo er ihm ein Taxi rief. Er erzählte mir, dass der Taxifahrer protestierte, als er den Braten roch, aber der Hilfskellner achtete gar nicht darauf, setzte den alten Mann hinein und sagte dem Fahrer, er solle ihn nach Hause bringen.

Ich bewunderte diesen Jugendlichen. Viele Menschen hätten sich nicht die Mühe gemacht, dem alten Mann in so einer unangenehmen Lage zu helfen. Wetten?

Jungfraugeborene machen gerne Überstunden, aber eine Ihrer Spezialitäten ist es vorauszuahnen, was andere Menschen brauchen. Sie sind pünktlich, zuverlässig und effizient! Weil Sie es genießen, sich nützlich zu fühlen, und gerne gute Arbeit liefern, sind Sie natürlich ein absolut wunderbarer Angestellter.

Und vergessen wir nicht, dass einige der größten Forscher Jungfrauen sind. Außerdem können Sie gut mit Behinderten umgehen und als Physiotherapeut arbeiten. Sie helfen gerne und fühlen sich gerne gebraucht.

Wenn die Personalabteilung je dahinterkommt, was für ein gutes Geschäft sie mit Ihrer Einstellung gemacht hat, rekrutiert sie ab jetzt nur noch Jungfrauen.

Die Jungfrau als Elternteil

*»Wenn du deine Kinder liebst, wenn du sie vom ersten Tag
an liebst, dann fängt auch dein Leben in ihnen und mit
ihnen neu an, und so bereicherst du die Welt.«*

WILLIAM SAROYAN
Armenisch-amerikanischer Schriftsteller und Dramatiker
Ein Leben lang
(31. August 1908 – 18. Mai 1981)

Das Wundervolle an Jungfrau-Eltern ist, dass sie ihren Kindern
ein Gefühl von Sicherheit vermitteln, denn sie geben ihnen eine
reguläre Routine vor. Kinder brauchen das. Kinder brauchen
Grenzen und einen konstanten Rhythmus. Jungfrau-Eltern sind
zuverlässig, bringen das Essen zur gewohnten Zeit auf den Tisch
und schicken die Kinder immer zur gleichen Zeit ins Bett. Diese
Art Ordnung tut Kindern gut. Sie fühlen sich sicherer und wissen, was sie zu erwarten haben.

Jungfrau-Eltern kümmern sich außerdem intensiv um Hygie-
ne und Gesundheit. Nur sehr wenige von ihnen geben ihren
Kindern so weit nach, sie Junkfood essen zu lassen. Kinder von
Jungfraugeborenen bekommen Proteinshakes und frisches Obst
zum Frühstück. Vielleicht wachsen sie sogar mit vegetarischer
Kost auf.

Als ich einmal Frühstück für den vierjährigen Sohn einer
Jungfrau-Freundin machte, die mich besuchte, arbeitete sich der
Kleine eifrig durch das Essen, dann meinte er plötzlich: »Wow!
Das hier schmeckt gut. Wie heißt das?«

»Schinken«, erwiderte ich.

Jungfrau-Eltern müssen immer auf ihren Hang zum Kritisieren aufpassen. Sie selbst sehen das natürlich nicht als Kritik, sondern als konstruktiven Rat. Ständiger, ununterbrochener, gut gemeinter Rat. (Ha!) Aber das impliziert auch, das Kind mache nur Fehler. Wollen Sie Ihrem Kind dieses Gefühl vermitteln?

Jungfrau-Eltern müssen also lernen, ihre Zunge im Zaum zu halten. Ihre Kinder werden nie vollkommen sein, denn niemand ist vollkommen, auch Sie nicht. Seien Sie nicht so streng!

Jungfrau-Eltern zeigen manchmal ihre Zuneigung nur zögernd, obwohl sie ihre Kinder von ganzem Herzen lieben. Ihre Kinder wissen natürlich, dass Sie sie lieben, weil Sie sie so umsorgen, aber sie brauchen trotzdem auch Umarmungen und Gesten der Zuneigung – wie jeder Mensch und sogar der Haushund.

Denken Sie daran, dass der überwiegende Teil der Kritik, die Sie dauernd anbringen, überhaupt nichts ändert – wirklich nicht –, sondern nur als Gemecker ankommt. (Und niemand hört so schlecht wie jemand, der Kopfhörer trägt.)

Ihre große Stärke als Elternteil ist es, ein gutes Beispiel zu geben. Ihre Kinder richten sich nicht danach, was Sie sagen, sondern danach, was Sie ihnen vorleben.

»Liebe beginnt mit der Fürsorge derer, die dir am nächsten sind – derer, die in deinem Haus leben.«

MUTTER TERESA
Aus Mazedonien stammende katholische Ordensschwester,
Gründerin des Ordens »Missionarinnen der Nächstenliebe« und
Friedensnobelpreisträgerin (1979)
(26. August 1910 – 5. September 1997)

Die Jungfrau als Kind

»Du musst nur wenige Dinge in deinem Leben richtig machen, solange du nicht zu viele Dinge falsch machst.«

WARREN BUFFETT
Amerikanischer Großinvestor und Unternehmer,
der sich für wohltätige Zwecke einsetzt
(30. August 1930)

Viele Jungfrauen sind als Kinder kleine Komiker. Ihre erstaunliche Fähigkeit, andere Menschen zu imitieren, haben sie schon von Geburt an! Sie brauchen eine verständnisvolle Umgebung, damit sie dieses Talent ausbauen und damit experimentieren können. Jawohl, sie brauchen Ermutigung, um sich zu präsentieren, und außerdem einen sicheren Freiraum, in dem sie Fehler machen dürfen.

Wenn Sie ein Jungfrau-Kind kritisieren, seien Sie sehr vorsichtig. Ob Sie es glauben oder nicht, dieser kleine Mensch ist bereits selbstkritisch! Stellen Sie sich ein kleines Kind vor, das nach Vollkommenheit strebt. Wenn man ein Kind ist, gehört es dazu, dass die ersten Versuche bei allem, was man tut, meist fehlschlagen, ob es jetzt darum geht, Laufen, Sprechen, eine neue Sportart oder ein Instrument zu lernen. Merken Sie, wie hart es ist, ein Jungfrau-Kind zu sein?

Ein solches Kind entmutigt sich leicht selbst und neigt zum Aufgeben! So seltsam es klingt, schon kleine Jungfrau-Kinder machen sich zu viele Sorgen – über die Schule, über die Lehrer, über Spielplatztyrannen aus der Nachbarschaft. Im Grunde ist das Jungfrau-Kind sanftmütig und möchte seine Ruhe haben. Es ist glücklich, wenn es sich einfügen kann.

Aber am wichtigsten für Jungfrau-Kinder ist, dass sie sich *nützlich* fühlen. Sie brauchen das Gefühl, Ihnen eine große Hilfe zu sein. Überlegen Sie sich also Aufgaben, die das Kind gut erledigen kann. Dadurch gewinnt es Selbstvertrauen und Zufriedenheit. Es ist so stolz, wenn es Ihnen richtig helfen und sich zu Hause nützlich machen kann!

Jungfrau-Kinder sollte man nicht unbedingt mit den schlimmsten Nachrichten über den Zustand der Welt belasten. Wenn Sie sich als Eltern Sorgen über die gesellschaftliche Entwicklung machen, verschonen Sie Ihr Jungfrau-Kind lieber damit. Es macht sich sowieso schon dauernd Sorgen und nimmt so etwas sehr ernst.

Auf jeden Fall braucht das Jungfrau-Kind eine gute Bildung, schließlich hat es einen scharfen, wachen Verstand und lernt sehr schnell! Deshalb kann die Schule eine sehr positive Erfahrung werden. Wenn die Lehrer allerdings zu kritisch oder die Mitschüler zu aufdringlich sind, zieht es sich zurück und verliert den Anschluss. Jungfrau-Kinder interessieren sich sehr häufig für Mathematik und Naturwissenschaften. Fördern Sie dieses Interesse mit den entsprechenden Büchern und Lernmaterialien. Jungfrauen sind intelligente Kinder!

Das Jungfrau-Kind möchte eine sichere, regelmäßige Alltagsroutine und hat gerne alles am gewohnten Platz. Sorgen Sie dafür, dass Zahnbürste, Schlafanzug und Essen, das es sich selbst nehmen kann, immer dort sind, wo es sie erwartet. Es fühlt sich geborgen, wenn alles vertraut ist und immer gleich bleibt. Es mag Routine.

Dieses sanftmütige Kind wirkt oft erstaunlich selbstgenügsam, sogar zurückgezogen und abgehoben. Trotzdem brauchen Jungfrau-Kinder genauso viele Umarmungen wie andere auch. Geizen Sie nicht damit, sondern bieten Sie ihm jede Menge Gesten der Zuneigung an.

Beachten Sie bitte: Jungfrau-Kinder sind oft wählerische Esser. Na und? Machen Sie keine große Sache daraus. Sie müssen nicht alles mögen. Vielleicht essen sie jahrelang keine Eier, keinen Brokkoli oder keine Brotkruste. Regen Sie sich darüber nicht auf, denn Jungfrau-Kinder haben nun einmal einen empfindlichen Magen. Nicht vergessen: Die Jungfrau beherrscht die Verdauungsorgane.

Während der Mahlzeiten sollte nicht kritisiert werden, es sollten keine Familien- und Schulprobleme diskutiert werden, und vor allem sollte das Jungfrau-Kind nicht gezwungen werden, Speisen zu essen, die es nicht mag! (Ich glaube ohnehin, dass es nur eine Machtdemonstration ist, Kinder zum Essen zu zwingen – sie sollen sehen, wer das Sagen hat. Ich rate dringend davon ab.) Mahlzeiten sollten fröhliche Zeiten sein. Sorgen Sie dafür, auch wenn bloß vor dem Fernseher gegessen wird.

Der Witz ist natürlich, dass Ihr Jungfrau-Kind, wenn es erwachsen ist, viel mehr über gute Ernährung wissen wird als Sie selbst! Es ist sehr empfindlich, was Essen angeht. Machen Sie sich darüber keine Sorgen.

»Die Angst vor dem Versagen ist mein stärkster Motor.«

JERRY BRUCKHEIMER
Amerikanischer Film- und Fernsehproduzent
Armageddon, Fluch der Karibik, CSI (TV-Serie)
(21. September 1945)

Wie eine Jungfrau glücklicher wird

*»Das Training eines ganzen Lebens für gerade mal zehn
Sekunden.«*

JESSE OWENS
Amerikanischer Leichtathlet und
viermaliger Goldmedaillengewinner (1939)
(12. September 1913 – 31. März 1980)

Ihr Jungfrau-Drang nach Vollkommenheit hat die Bumerang-
eigenschaft, Sie auf Ihre Unvollkommenheiten aufmerksam zu
machen. Könnte ich der Welt raten, wie man richtig mit einer
Jungfrau spricht, würde ich sagen: »Kritisiert sie nie! Das tut sie
schon selbst zur Genüge.«

Sie wissen, wie leicht es Ihnen fällt, andere Menschen kritisch
zu beurteilen, und wenn Sie in den Spiegel schauen, sehen Sie
natürlich auch nicht Ihre eigenen schönen Augen, Ihren durch-
trainierten Körper oder Ihren ebenmäßigen Teint, sondern einen
Mitesser, Fettwülste, Falten und Ringe unter den Augen. Oder Sie
hassen Ihre Haare, Ihre Nase oder Ihre Taille. Mist!

Zusätzlich sind Sie noch jemand, der sich andauernd Sorgen
macht. Sie versuchen ständig, Ihre Umgebung zu verbessern und
die Anforderungen anderer Menschen zu erfüllen – dabei jonglieren Sie schon mit so vielen Bällen gleichzeitig! Oh je! Abends
ist es Ihr letzter Gedanke vor dem Einschlafen und morgens der
erste nach dem Aufwachen. Für Sie ist es sehr schwierig, sich
einfach zurückzulehnen und zu entspannen.

Ganz kurz könnte man es so zusammenfassen: Sie fühlen sich
minderwertig. Sie sind so voller Selbstzweifel, besonders in jüngeren Jahren, dass Sie alles, was Sie sagen, mit einer Quellenan-

gabe versehen. Statt einfach Ihre Meinung zu äußern, erklären Sie: »Laut wissenschaftlichen Studien ...« Oder Sie berufen sich auf ein Buch oder eine andere Quelle, als ob Ihre eigene Meinung nicht genug Gewicht hätte und durch etwas Gedrucktes abgesichert werden müsste. Sie brauchen immer einen Experten im Hintergrund. (Kommt Ihnen das bekannt vor?)

Was können Sie tun, um diese ständige automatische Selbstkritik zum Schweigen zu bringen? Schließlich ist sie eine kostspielige Angelegenheit – sie kostet Sie Ihr Selbstwertgefühl. Und Sie sind ein wertvoller Mensch, weil jeder Mensch wertvoll ist.

Zur Liebe gehören auch Ihre Fähigkeiten, sich um andere Menschen zu kümmern und Gefühle für sie zu entwickeln. Diese Fähigkeiten kommen nicht von selbst, es handelt sich vielmehr um eine *Energie*. Und diese Energie entspringt in Ihnen selbst. Alles fängt mit Ihnen an.

Die gute Nachricht (die eine Menge Leute noch gar nicht kennen) lautet, dass man lernen kann, diese Energie – ob man sie nun Liebe oder Mitgefühl nennt, sie hat viele Namen – zu entwickeln. Doch, doch! Sie können es lernen. Und Sie sind schließlich jemand, der schnell und leicht lernt!

Es gibt sogar Übungen, die Sie machen können, um diese Energie in Ihrem Herzen zu entwickeln. (Ich sage »in Ihrem Herzen«, weil es besser klingt als »in Ihrer linken Achselhöhle«.)

Ein bekannter spiritueller Lehrer schlug die folgende Methode vor. (Sie brauchen nur dreißig Sekunden dafür, und das lediglich einmal pro Tag. Liebe in dreißig Sekunden? Ziemlich effizient, oder?)

Und so wird's gemacht:

Setzen Sie sich irgendwo ruhig hin, am besten allein (ich habe es allerdings auch schon in einer Menschenmenge geschafft).

Jetzt stellen Sie sich vor, wie Sie selbst zu Ihrer Rechten sitzen. Da sind Sie ja. (Ich stelle mir mich selbst immer in genau derselben Kleidung vor, die ich gerade trage.) Da sind Sie, und

Sie möchten gerne glücklich sein. Sie wollen natürlich nicht unglücklich sein, und es ist Ihr gutes Recht, glücklich zu sein!

Jetzt stellen Sie sich eine große Menschengruppe zu Ihrer Linken vor. Alle diese Menschen leiden sehr. Vielleicht sind sie Opfer von Kriegen, schrecklichen Naturkatastrophen oder Verkehrsunfällen, vielleicht auch hungernde Kinder. Wenn Sie jemanden persönlich kennen, der leidet, dann setzen Sie ihn dazu.

Sie selbst sitzen in der Mitte. Sie sind ein allmächtiger Richter mit gottgleicher Macht. Sie wissen, dass die Person zu Ihrer Rechten (also Sie selbst) gerne glücklich werden und nicht leiden möchte, aber Sie wissen auch, dass die große Gruppe zu Ihrer Linken gerne von ihrem schrecklichen Schmerz und Leid befreit werden möchte.

Sie, in der Mitte, haben die Macht zu wählen, wem Sie helfen wollen. Für welche Seite entscheiden Sie sich?

Zum Glück sind Jungfrauen intelligent. Außerdem wissen Sie es zu schätzen, wenn Sie etwas für andere Menschen tun können. Deshalb wählen Sie die Gruppe zu Ihrer Linken, und zwar anstatt Ihrer selbst. Und wenn Sie diese Wahl treffen, wird eine Nanosekunde lang die Energie in Ihrem Herzen einen gewaltigen Anschub erhalten. Ich garantiere dafür.[7] Wenn Sie sich jeden Tag dreißig Sekunden Zeit für diese Übung nehmen, werden Sie jedes Mal diesen winzigen Energieschub in Ihrem Herzen spüren, auch wenn Sie vorher schon wissen, wie Sie sich entscheiden. Und

---

[7] 1981 habe ich den Dalai Lama bei einem Vortrag im Hyatt-Regency-Hotel von Vancouver diese Übung erklären hören. Kurz darauf sollte er noch bei einem ökumenischen Gottesdienst in der Christ Church Cathedral sprechen. Ich kam zu früh in der Kathedrale an und wartete in einer der Kirchenbänke. Ungefähr fünfzehn Meter von mir entfernt stand ein Tisch mit einem schönen Blumenarrangement darauf. Während ich wartete, probierte ich die Übung aus, von der ich gerade gehört hatte. Ich setzte mich also selbst zu meiner Rechten und eine große Gruppe von Verbrennungsopfern zu meiner Linken, dazu noch meinen Bruder, der gerade im Sterben lag. Dabei schaute ich die ganze Zeit das Blumenbouquet an. In genau dem Augenblick, als ich mich für die Gruppe entschied, wirkte es für eine Nanosekunde plötzlich sehr viel größer und farbenprächtiger. Zweifellos. Es war nur ein winziger Augenblick, aber ich habe es *gesehen*. Ich glaube, dass meine Sinne sich erweitert haben müssen, als ich ganz kurz diese größere Energie – die Fähigkeit der Liebe – anzapfte.

ganz langsam wird sich diese Energie anhäufen, und mit ihr die Liebe – Liebe zu sich selbst und dann auch für andere Menschen.

Sie müssen sich das alles während der Übung *bildlich* vorstellen. Es geht nicht nur um das abstrakte Konzept oder den Gedanken, sondern darum, dass Sie es wirklich *tun*. Schließlich sind wir Verben und keine Nomen, wir sind zum Tun gemacht.

Jedes Mal, wenn Sie diese Wahl treffen und die Gruppe der Leidenden sich selbst vorziehen, gewinnen Sie ein bisschen von der Energie dazu, aus der die Liebe entsteht.

Versuchen Sie es – was haben Sie schon zu verlieren?

»Mir ist ein kompetenter Extremist lieber als ein inkompetenter Gemäßigter.«

LEON JAWORSKI
Amerikanischer Sonderstaatsanwalt in der Watergate-Affäre
(19. September 1905 – 9. Dezember 1982)

Jungfrau
Ihr 40-Jahre-Horoskop

1985–2025

Warum wir in die Vergangenheit gehen

Ich möchte, dass Sie den Voraussagen vertrauen, und es gibt nur einen Weg, dies zu erreichen. Um mir glauben zu können, müssen Sie zunächst überprüfen, was ich behaupte. Deshalb beginne ich mit kurzen Rückblicken in die letzten fünfundzwanzig Jahre. Wenn Sie sich darin wiedererkennen, werden Sie auch meinen Aussagen über die kommenden fünfzehn Jahre Glauben schenken können. Schließlich geht es um eine einzige ununterbrochene Reihe von Ereignissen – Ihr Leben.

Die Aussagen über die Vergangenheit gelten im Allgemeinen erst ab dem Zeitpunkt, an dem Sie zu Hause ausgezogen sind oder Ihr Leben »selbst in die Hand genommen« und Ihre eigenen Entscheidungen getroffen haben. Denn in der Zeit davor wurden wichtige Ereignisse in Ihrem Leben noch von anderen bestimmt, vermutlich Ihren Eltern.

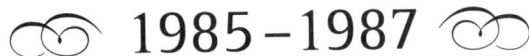 1985–1987

In dieser Zeit war bei Ihnen alles im Fluss, Arbeitsplatzwechsel und Umzüge standen an. Die gute Nachricht war, dass viele von Ihnen damals sowohl ihre Gesundheit wie ihre Arbeitssituation verbessern konnten. Das Gleiche galt für Partnerschaften und Beziehungen.

Viele von Ihnen profitierten damals durch Erbschaften, Geschenke, direkte Zuwendungen oder indirekt vom Reichtum Ihrer Partner, die Boni oder bessere Gehälter bekamen. Klasse!

⤫ 1988–1990 ⤫

Arbeitsplatzwechsel und Umzüge hielten Sie weiterhin auf Trab. Es war schwierig, sich auf irgendetwas zu verlassen. Schließlich konzentrierten Sie sich nur noch darauf, für sich einen sicheren Hafen in der Welt zu schaffen. Sie brauchten ein verlässliches Heim. Dazu gehörten unvermeidlich Reparaturen, Umzüge, Kauf und Verkauf und was sonst noch nötig war, bis Sie sich geborgen fühlen konnten. Sie schliffen Fußböden ab, strichen Wände und ruhten nicht, bis Ihre Bude astrein aussah.

Im Bereich Reisen sah es damals sehr gut aus, ebenso in der höheren Bildung und im Verlagswesen. Sie lernten viel und leisteten Bedeutendes. Einige von Ihnen unternahmen vielleicht die beste Reise Ihres Lebens!

Bald schon ging es aufwärts mit Ihrem Arbeitsplatz, Ihrer Karriere und Ihrer Reputation. Die Leute waren begeistert von Ihnen! Etwas ernüchternd wirkte die gestiegene Verantwortung für Kinder, aber Sie zögerten nicht, sie zu übernehmen. Und, na klar, Ihre Beliebtheit nahm bald rasant zu!

∽ 1991–1993 ∾

In diesem Zeitraum arbeiteten Sie wie besessen, um zu zeigen, was Sie können. Und Sie schafften es! Das Jahr 1992 war besonders erfolgreich für Sie! Lob, Anerkennung, Erfolg und Spaß landeten in Ihrem Schoß. Sie hatten ja auch hart dafür gearbeitet – also hatten Sie es sich verdient.

Auch die Gelegenheiten, zu Geld zu kommen, häuften sich. Yeah! Im Bereich Partnerschaften sah es allerdings zunehmend problematisch aus. Oh je. Das galt sowohl für persönliche wie geschäftliche Beziehungen.

Was das Großgedruckte gibt, nimmt das Kleingedruckte wieder hinweg.

1994–1996

Nur gut, dass Sie damals ziemlich optimistisch waren, weil Sie nur schwer mit anderen Menschen auskamen, besonders mit denen, die für Ihr Leben wichtig waren. Enge Freundschaften und Partnerschaften litten darunter. Das lag teilweise daran, dass Sie Ihr Leben in die Hand nahmen. Wenn das geschieht, stört es das Gleichgewicht jeder Beziehung.

Schon seit den frühen Achtzigerjahren hatten Sie in gewisser Weise auf diesen Augenblick hingearbeitet. Und jetzt war die Zeit zum Abheben gekommen! In den vergangenen vierzehn Jahren hatten Sie an Ihrer Identität, Ihren Werten, Ihrem Wohnort und Ihrem Beruf gearbeitet; Sie übten und bewiesen sich. Jetzt traten Sie wirklich in die Welt hinaus. (»Und nun zu unserem nächsten Kandidaten ...«)

Auch wenn Partnerschaften und Freundschaften endeten oder große Umwälzungen durchmachten, lief es in der Familie ziemlich gut. Einige von Ihnen zogen in größere Wohnungen um, andere erweiterten die Familie durch Geburt, Heirat, Adoption oder sonstigen Zuwachs. Einige von Ihnen hatten die Gelegenheit zu einer wunderbaren Ferienreise.

In dieser Zeit begannen auch viele romantische Episoden und Liebesaffären. (Zeit der Zärtlichkeit!)

ᨳ 1997–1998 ᨳ

Mit wachsendem Selbstvertrauen mochten Sie sich selbst lieber und fühlten sich wohler in Ihrer Haut. Sie fühlten sich stärker – bei der Arbeit und durch die Gelegenheiten, die sich Ihnen boten. Sogar Ihre Gesundheit verbesserte sich!

Der Nachteil war, dass die Unterstützung durch andere Menschen – finanziell, praktisch, psychisch oder emotional – geringer wurde. Das warf Sie auf Ihre eigenen Reserven zurück. Zum Glück kamen Sie damit zurecht.

Zur gleichen Zeit begann sich ein anderer, ungewöhnlicher Einfluss bemerkbar zu machen. Uranus, der Planet der Erdbeben und Vulkane, des Dynamits und der unvorhersehbaren Ereignisse, begann eine langsame Reise durch den Teil Ihres Horoskops, der sich auf Gesundheit und Beruf bezieht. (Und auf kleine Haustiere.) Von diesem Zeitpunkt an bis etwa in die Jahre 2004/05 hinein erlebten Sie plötzliche Veränderungen im Beruf und in Ihrer Gesundheit (und mit Kleintieren in Ihrer Obhut).

1999 – 2000

In diesem Zeitraum erfuhren Sie Unterstützung von anderen Menschen, die Ihnen Chancen in der höheren Bildung, der Medizin, dem Rechtswesen, dem Verlagswesen und den Medien für schöne Reisen eröffneten! Hurra!

Es ging aufregend zu bei Ihnen! Einige von Ihnen verliebten sich oder hatten zumindest eine Affäre mit jemandem aus einer anderen Kultur. (»Sie hat den ganzen Krebs gegessen! Mit der Schale!«) Im Wesentlichen war dies eine Zeit, in der Sie mit Hilfe von Lehrern, Reisen oder aufregenden Ereignissen Ihren Horizont erweiterten. Einige von Ihnen befassten sich mit neuen Religionen oder Philosophien.

Das Aufregende an dieser Zeit war das Gefühl der Vorfreude. Sie spürten, dass etwas Wichtiges auf Sie zukam. Und Sie waren fast angekommen!

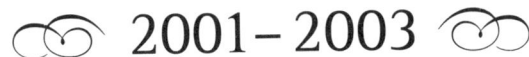

2001 – 2003

Endlich! Jetzt fielen Ihnen die Früchte in den Schoß. Sie waren stolz auf Ihre Leistungen. Ein Schulabschluss, eine Beförderung oder eine Chance, sich selbstständig zu machen, war ein aufregendes Erlebnis. Andere von Ihnen heirateten, kauften ihr erstes Haus oder verwirklichten sich ihren Traum. (»Ich Glückspilz!«)

Dies war eine gute Zeit der Ernte für Sie. Sie waren stolz auf Ihre Leistungen, aber jetzt stellte sich, wie bei jeder Ernte, auch heraus, welche Saat nicht aufgegangen war. Hoffentlich sind Sie darüber hinweggekommen – es war nicht die richtige Zeit, um über Fehlschlägen zu brüten. (Aber wer brütet nicht über Fehlschlägen?) Die Geier kreisen, und wie ein chinesisches Sprichwort sagt: »Einem schiefen Zaun gibt jeder noch einen Tritt.«

2004 – 2005

Das Jahr 2004 war ein Wendepunkt zum Besseren. Ihr Selbstvertrauen stieg enorm! Sie fühlten sich wieder wohler in Ihrer Haut. Die Menschen beachteten Sie; es fiel Ihnen leicht, wichtige Leute auf sich aufmerksam zu machen, und es ergaben sich viele günstige Gelegenheiten.

Im Jahr 2005 hatten viele von Ihnen sich einen besseren Arbeitsplatz gesichert oder ihr Einkommen gesteigert. (Für einige trat dieser finanzielle Vorteil erst im Jahr 2006 ein.)

Zu dieser Zeit setzte ein himmlischer Einfluss ein, der bis etwa 2011 andauern sollte. Er betraf vor allem Partnerschaften und enge Freundschaften. Einige von Ihnen, die allein beziehungsweise als Single lebten, trafen plötzlich jemanden, für den sie entbrannten! Vielleicht bestand ein Altersunterschied. Irgendetwas war anders und ungewöhnlich, denn für Sie bedeutete es eine Anstrengung, zu dieser Person aufzuschließen. Im Endeffekt wurde Ihr Leben dadurch aufregender. Sie fühlten sich jünger, wilder und lebendiger!

Bald wuchsen auch die Möglichkeiten, Ihr Einkommen zu erhöhen. (Geld ist einfach praktisch, wenn man sich etwas kaufen möchte, und es versüßt auch die Verzweiflung.)

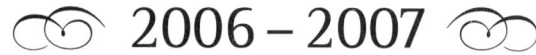 2006 – 2007

Eine merkwürdige Veränderung vollzog sich. Sie gingen Ihren Besitzstand durch und trennten sich von vielem. Sie stellten Schränke, Schubladen, Garagen, Dachböden, Abstellräume und Spinde auf den Kopf und misteten aus. Wenn eine Jungfrau dabei erst einmal in Schwung kommt, ist sie sehr gründlich. Wahrscheinlich haben Sie Ihren ganzen Haushalt neu organisiert. Ha!

Einige von Ihnen gingen so weit, auch Freunde, Jobs und Beziehungen aufzugeben. (Sie organisierten ihr ganzes Leben neu.)

2008 – 2010

Jetzt kam eine wichtige Zeit in Ihrem Leben, einer dieser Wendepunkte, an denen sich alles ändert. Ihr Leben stellte sich um, und während Sie auf einem Gebiet Dinge aufgaben, gewannen Sie auf einem anderen dazu. Zum Beispiel verbesserten sich Ihr Wohnumfeld und das Familienleben. Viele von Ihnen zogen in eine größere oder bessere Wohnung. Darauf folgten Spaß und Aufregung! Romantik, Liebesaffären, Urlaubsreisen, Sport, Kunst und die Beschäftigung mit Kindern bereiteten Ihnen Freude. Für viele von Ihnen war jetzt die Zeit zum Feiern!

Und diese glückliche Zeit wurde bald von einer wunderbaren Gelegenheit gekrönt, Gesundheit und Arbeitsplatzsituation zu verbessern. Eigentlich verbesserte sich alles in Ihrem Leben, ausgerechnet nachdem Sie kurz zuvor so viel verloren hatten. Wer soll daraus schon schlau werden?

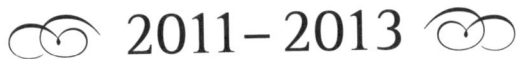

2011–2013

Zurzeit herrschen zwei interessante Einflüsse, die einander gegenseitig stützen, und zwar zu Ihrem Vorteil. Erstens beginnt jetzt für Sie eine zwei- oder dreijährige Zeitspanne, in der Sie Ihre Grundwerte infrage stellen. Sie fragen sich, was Ihr Leben eigentlich zu bedeuten hat. Worauf kommt es mir wirklich an? Worauf setze ich? Sie wollen jetzt schließlich keine falsche Entscheidung treffen, die Ihnen später leidtut.

Generell konzentrieren sich Menschen, die ihre Werte und Prioritäten neu bestimmen, oft auf den äußerlichen Ausdruck dieses Vorgangs – Geldverdienen. In den nächsten Jahren werden Sie auf jeden Fall darüber nachdenken, wie Sie Ihr Geld verdienen, wie Sie mehr verdienen können und ob Ihre Art, Geld zu verdienen, eine ehrenhafte Sache ist. Wenn Sie schon in Rente sind und die tägliche Lohnschufterei hinter sich haben, fragen Sie sich, wie Sie Ihre Ressourcen und Besitztümer am besten nutzen können. Aber die Grundfrage ist trotzdem: Worauf kommt es wirklich an?

Zum Glück verschafft der andere der beiden oben erwähnten Einflüsse Ihnen Gelegenheit zu verreisen, wieder zur Schule zu gehen, andere Kulturen zu entdecken, mehr über andere Religionen zu erfahren und sich anderen Glaubensformen zu öffnen. Es ist ein günstiges Zusammentreffen, dass sich Ihnen gerade zu einer Zeit, in der Sie über Ihre grundlegenden Werte nachdenken, so viele Möglichkeiten öffnen, verschiedene Lebensweisen kennenzulernen, entweder durch Reisen oder durch Studien. Bonus für Sie!

Andere werden diesen Einfluss für Fortschritte im Verlagswesen, den Medien, der Medizin oder dem Rechtswesen nutzen.

Einige von Ihnen werden sich in jemanden aus einer anderen Kultur oder dem Ausland verlieben. (So macht es richtig Spaß, eine neue Sprache zu lernen.)

Manchmal sind wir auf einen Erfolg vorbereitet, ein anderes Mal aber erwischt er uns wieder unerwartet und schleift uns einfach mit. Das passiert sehr wahrscheinlich 2012. Dieses Jahr ist voller wunderbarer Möglichkeiten. Auf einmal haben Sie richtig Glück! Sie ziehen günstige Gelegenheiten und wichtige Menschen an, und auch Materielles fällt Ihnen wahrscheinlich leicht zu. Es ist, als säße Ihnen eine gute Fee auf der Schulter. Falls Sie noch immer nach Ihren Werten suchen, könnte diese Glückssträhne helfen, Ihre Entscheidung herauszukristallisieren.

Im Jahr 2013 genießen Sie erhöhte Popularität. Jetzt ist die Zeit zum Kontaktknüpfen da! Treten Sie Vereinen, Gruppen und Organisationen bei. In diesem Jahr sollten Sie nicht allein bleiben. Bilden Sie Teams, denn Partnerschaften aller Art, persönliche wie geschäftliche, kommen Ihnen jetzt besonders zugute.

Bleiben Sie aber wach und aufmerksam, denn von 2014 bis 2016 steht Ihnen eine Zeit der Unsicherheit bevor.

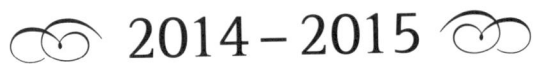

2014–2015

Jetzt folgt eindeutig eine Zeitspanne, in der alles in Bewegung ist und sich verändert, einschließlich Adresse und Arbeitsplatz. Ganz eindeutig. Die Einzelheiten sind ungewiss, aber seien Sie vorbereitet. Viele Klienten, denen ich einen Umzug oder einen Jobwechsel ankündige, halten das für unmöglich. Meiner Erfahrung nach tritt es dann in neunzig Prozent der Fälle doch ein. (Und diejenigen, die es am heftigsten abstreiten, sind am meisten schockiert.)

Dies ist Ihr Zeitfenster für Veränderungen. Einige von Ihnen ziehen vielleicht sogar mehrmals um, ein ziemliches Hin und Her. Das liegt daran, dass Sie sich erst 2016/17 dauerhaft niederlassen werden. Im vorliegenden Zeitraum probieren Sie noch herum. Das Gleiche gilt eventuell für Ihren Job; es kann sein, dass Sie ihn mehrfach wechseln.

Ein netter Ausgleich für diese hektische Unstabilität ist Ihre gestiegene Beliebtheit. Aber es kommt noch besser: Andere Menschen suchen nicht nur Ihre Gesellschaft, sie wollen Ihnen sogar helfen! Ja, sie helfen Ihnen auch beim Umzug. (Sie tragen allerdings nur die Möbel, nicht die Leichen im Keller.) Tun Sie sich daher mit anderen Menschen zusammen, treten Sie Gruppen, Vereinen und Organisationen bei. Partnerschaften und Teams aller Art kommen Ihnen jetzt zugute.

Zusätzlich sind Sie optimistischer, was Sie in Zukunft schaffen können. Auf einmal streben Sie voller Selbstvertrauen große Ziele an! Es gibt keine Grenzen!

Vielleicht erleben Sie deshalb auch jetzt eine kurze Zeitspanne (etwa ein Jahr), in der Sie sich mit spirituellen und mystischen Vorstellungen und Denkweisen befassen. Man könnte sagen, Sie seien ein Suchender.

»*Ich bin nicht so tough; ich bin nicht so schlau. Ich brauche das Leben, das mir sagt, wer ich bin, und mir immer wieder meine Seele offenbart. In einer Höhle könnte ich sie nicht sehen.*«

RICHARD GERE
Amerikanischer Schauspieler und Produzent
American Gigolo, Ein Offizier und Gentleman, Pretty Woman
(31. August 1949)

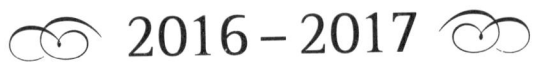

2016 – 2017

Als ob Sie eine Bestätigung dafür bekommen sollen, dass Zeiten der Suche zu etwas Bedeutsamem führen können, wird 2016 zu einem richtigen Bonusjahr für Sie! Einflussreiche Menschen, gute Gelegenheiten und jede Menge Spaß und Vergnügen stehen Ihnen bevor. Ein Glück! Es wurde auch Zeit! Der Hauptgrund, warum jetzt alles so gut läuft, ist der finanzielle Glücksbringer Jupiter, der zum ersten Mal seit 2003 wieder in der Jungfrau steht. Ta-dah! Man muss gar nicht erwähnen (aber ich tue es trotzdem), dass Ende 2016 Ihr Selbstvertrauen mächtig gestiegen sein wird. Eine Reihe kleiner Erfolgserlebnisse kann für das Ego Wunder wirken!

Zurück an der Heimatfront: Sie meinen es jetzt ernst mit der Absicherung Ihrer häuslichen Basis. (»Ich muss es schaffen!«) Vielleicht ziehen Sie wieder um. Vielleicht verkaufen Sie Ihr Haus und kaufen ein neues, vielleicht kaufen Sie auch Ihr erstes Haus. Wenn Sie in Ihrem Heim bleiben, aber auch, wenn Sie wieder umziehen, führen Sie größere Renovierungen oder Umbauten durch; vielleicht reparieren Sie das Dach oder bauen den Keller aus.

Jetzt ergeben sich wahrscheinlich Gelegenheiten für Reisen. Für Sie beginnt ein neuer zwölfjähriger Wachstumszyklus. Da wir gerade von Wachstum sprechen: Möglicherweise legen Sie jetzt, wo es Ihnen so gut geht, auch an Gewicht zu. Sie ziehen das Fleisch auf den Knochen buchstäblich an. (Also lassen Sie den Nachschlag beim Dessert lieber weg.) Hinweis: Düstere Kalorienwarnungen gelten grundsätzlich nicht für dunkle Schokolade.

Auch für das Familienleben ist diese Zeit sehr bedeutsam, besonders in Hinsicht auf die Eltern. (Aus meinen Eltern ist übrigens tatsächlich etwas Anständiges geworden. Wie steht's mit Ihren?)

Alle diese positiven Entwicklungen führen letztlich zu dem, was wirklich zählt – genau, das grüne Zeug. Schöne grüne Scheinchen. Moos. Kröten. Pinkepinke. Moneten. Zaster. Abhängig davon, ob Sie früher oder später im Sternzeichen Jungfrau geboren sind, wird Ihr Einkommen 2017 oder 2018 kräftig steigen.

Klasse!

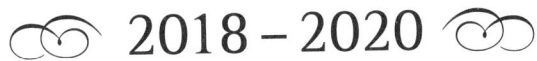

2018 – 2020

In den nächsten Jahren ergibt sich wahrscheinlich eine gesteigerte Verantwortung für Kinder. Einige von Ihnen werden Unterricht in einer Technik nehmen oder sie sich selbst beibringen, die mit Schauspiel, den darstellenden Künsten oder der Musik zu tun hat. In diesem Zeitraum können Ihnen Disziplin und Übung helfen, Ihre Kreativität auszubauen. (Immer fleißig die Arpeggios üben.) Dazu brauchen Sie im Moment keine große Aufforderung, weil Sie gerade sehr optimistisch gestimmt sind. Ihre Zukunft sieht großartig aus! Sie glauben an sich selbst.

Trotz dieses Zukunftsoptimismus fragen Sie sich insgeheim, was Sie einmal werden wollen, wenn Sie erwachsen sind. Sie stellen sich verschiedene Laufbahnen und mögliche Erfolge vor, die Sie dort erreichen könnten.

Eine gute Nachricht ist, dass mit dem Jahr 2019 ein hervorragender Zeitraum für Immobiliengeschäfte beginnt. Hoffentlich haben Sie in den letzten beiden Jahren etwas gespart oder sich einen besseren Arbeitsplatz gesucht, um einen Kredit aufnehmen zu können, denn jetzt ist Grunderwerb angesagt. (»Kaufen Sie unbedingt Land«, riet schon Mark Twain. »Es wird nicht mehr hergestellt.«)

Vielleicht kaufen Sie sich jetzt ein Eigenheim oder ein Grundstück oder Immobilien als Wertanlage. Was auch immer Sie jetzt in diesem Bereich anfangen, wird Ihnen fast mit Sicherheit in Zukunft Gewinn einbringen.

Unter demselben Vorzeichen (ein richtig tolles Vorzeichen) wird Ihnen alles, was mit der Familie zu tun hat, Freude und vielleicht sogar Reichtum bringen. Sie laden sich gerne Angehörige nach Hause ein. Ihr Familienleben wird glücklicher, und Ihre

Familie wächst vielleicht sogar, entweder durch Heirat, Geburt, Adoption oder Besucher, die einfach nicht mehr abreisen wollen. (Das ist natürlich hart.) Sie sind ja selbst schuld, wenn Sie ein so guter Gastgeber sind!

Dies ist die beste Zeit für größere Anschaffungen oder Veränderungen an Ihrem Zuhause, mit denen Sie sich reicher, wohlhabender und in Ihrem Heim einfach besser fühlen. (»Geradezu ein Palast!«) Haus und Familie werden Ihnen größere Freude bereiten.

Ist Ihnen schon aufgefallen, wie sofort auch vieles andere möglich erscheint, wenn zu Hause alles in Ordnung ist? Deshalb ist 2020 so gut für eine Ferienreise geeignet, außerdem für eine Beschäftigung mit Kunst (prima – Sie haben geübt!), Sport, der Unterhaltungsbranche, dem Showgeschäft und allem, was mit dem Hotel- und Gastgewerbe zu tun hat.

Und 2020 ist einfach klasse für alles Romantische. Ta-dah! Spiel und Spaß warten auf Sie. (Ist das vielleicht Ihre »Agenda zwanzig-zwanzig«?) Ob aus einer Romanze eine ernsthafte Beziehung wird, hängt ganz von Ihnen ab.

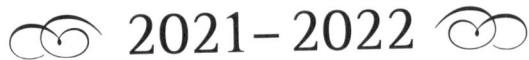

2021–2022

In diesem Zeitraum geschieht etwas Seltsames: Sowohl Jupiter, der für Reichtum, Glück, Überfluss und Wachstum steht, als auch Saturn, der Planet der Hindernisse, Grenzen, Restriktionen und des ernsthaften Lernens, stehen im selben Zeichen. Wenn wir uns diese doppelte Ladung ansehen, lesen wir daraus, dass Sie härter arbeiten werden als je zuvor, und zwar die nächsten zwei oder drei Jahre lang. Sie investieren so viel Kraft, dass Sie sich manchmal überlastet fühlen. Trotzdem werden Sie letztlich Ihr Ziel erreichen.

Aber zur gleichen Zeit wirkt sich der Glück bringende Jupiter äußerst vorteilhaft auf alles aus, was mit Ihrem Berufsleben zu tun hat. Vielleicht bekommen Sie ein schöneres Büro, einen besseren Job oder wenigstens bessere Aufgaben. Möglicherweise verbessert sich das Arbeitsklima, oder Ihr bösartiger Chef wird auf die Orkney-Inseln versetzt. Vielleicht bewirkt dieser Einfluss aber auch einfach, dass sich Ihre Arbeitseinstellung ändert. Was auch immer die Ursache ist, Sie werden jedenfalls Ihre Arbeit erfüllender und befriedigender finden als je zuvor. Hoffentlich wird sie auch besser bezahlt!

Auch Ihre Gesundheit verbessert sich (mit wenigen Ausnahmen), während das Glück am Arbeitsplatz anhält. Insgesamt werden Sie sich optimistischer und leichter fühlen. Allerdings könnte Ihr Körper unter steifen Gelenken leiden, und vielleicht ist auch ein Besuch beim Zahnarzt fällig. (Hey, wenn Sie dem Leben die Zähne zeigen wollen, sollten Sie gut vorbereitet sein.)

In den Jahren 2022/23 sieht es im Bereich Partnerschaften besonders rosig aus. Bestehende Beziehungen werden sich intensivieren, persönliche werden intimer, geschäftliche solider. Selbst Ihr Auftreten in der Öffentlichkeit wird positiver und erfolgreicher.

Sie spüren, dass sich Ihr Leben einem Höhepunkt nähert. Irgendetwas kulminiert. Sie wissen, dass weitere harte Arbeit Ihre Erfolge besser bekannt machen und Ihnen mehr Anerkennung verschaffen wird.

Ist das nicht toll?!

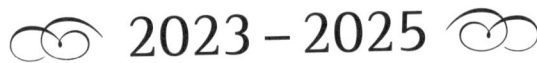 2023 – 2025

Jetzt beginnt eine Zeit, in der es Ihnen sehr gut geht. Das liegt teilweise an Ihrer harten Arbeit, aber auch an der vermehrten Anerkennung, die Sie im vergangenen Jahr erhalten haben und auch in diesem Jahr bekommen werden.

Vielleicht kommen Ihnen deshalb um 2023 herum Geschenke, Erbschaften, Geld, Gefälligkeiten und Boni besonders zugute. Wie auch immer das geschieht, Sie profitieren jedenfalls von den Ressourcen und dem Reichtum anderer Menschen. Darauf können Sie sich verlassen! Einige von Ihnen werden auch indirekt profitieren, indem ihr Partner sich finanziell verbessert. Jedenfalls können Sie auf dem ganzen Weg zur Bank lachen.

Und, jawohl, Sie arbeiten weiter hart. Schon vor 2024 kündigen sich allerdings Veränderungen an. Partnerschaften und enge Freundschaften werden in problematisches Fahrwasser geraten. Beziehungen, die sich überlebt haben, werden wahrscheinlich enden. Die anderen werden überdauern, aber unter veränderten Bedingungen.

Das Jahr 2024 bringt dann große Umwälzungen in Ihrem Leben. Das kommt daher, dass Sie in den letzten vierzehn Jahren damit beschäftigt waren, sich Ihre *innere* Welt zu erschaffen: Ihre Identität, Ihre Werte, Ihr Heim und schließlich Ihren Beruf. In diesem Jahr nun treten Sie stärker in die Welt hinaus. Trotz aller Partnerschaftsprobleme geht es voran mit Ihnen! Vielleicht ernten Sie besondere Anerkennung oder Lob.

Jetzt beginnt ein Zeitraum von vierzehn Jahren, in dem Sie sich Ihre *äußere* Welt aufbauen. Sie konzentrieren sich jetzt auf Ihre Karriere, Ihr Ansehen und Ihre Rolle in der Gemeinde, in der Stadt und vielleicht sogar im Staat.

Ihr gestiegener Ehrgeiz und Ihr Wille, die Dinge in die Hand zu nehmen, sind zwei Gründe für die Partnerschaftsprobleme. Es stimmt zwar, dass nach dem Ende der Schachpartie Könige und Bauern in dieselbe Schachtel zurückgelegt werden, aber bei Beziehungen ist es anders. Sie wollen nirgends hin *zurück*, sondern ab 2024 geht es für Sie nur noch vorwärts!

Dieses Jahr ist auch sehr günstig für Reisen und höhere Bildung. Nutzen Sie jede Gelegenheit, um sich weiterzubilden und Ihren Horizont zu erweitern. Auch im Verlagswesen, den Medien, der Medizin und in der Rechtspflege ergeben sich jetzt gute Möglichkeiten. Eine sehr aufregende Zeit für Sie! (Zuletzt haben Sie so etwas um 1994 erlebt.)

Im Jahr 2025 läuft alles großartig für Sie! Sie werden von wichtigen Menschen bemerkt und können Gelegenheiten in vielen Bereichen wahrnehmen. Jetzt ist Ihre beste Chance seit mehr als einem Jahrzehnt, Ihr Ansehen zu steigern und sich einen Namen zu machen. Die meisten von Ihnen werden das tun, manche werden diese wichtige Zeit auch für einen Berufswechsel nutzen, und zwar womöglich in ein Gebiet, das mit Reisen, dem Ausland oder der Medizin zu tun hat. Auch im Rechtswesen ergeben sich Chancen. Wenn Sie den Beruf wechseln, erreichen Sie möglicherweise nicht den Grad an Erfolg, den dieses Jahr verspricht; stattdessen können Sie aber endlich den Beruf ausüben, den Sie schon immer wollten. Es läuft auf jeden Fall gut!

»Ich lebe gern. Ich bin manchmal völlig verzweifelt, fürchterlich unglücklich und von Leid gequält gewesen, aber ich habe dennoch immer das sichere Gefühl gehabt, dass schon allein am Leben zu sein eine großartige Sache ist.«

DAME AGATHA CHRISTIE
Britische Kriminalschriftstellerin;
Erfinderin von Hercule Poirot und Miss Marple
Die Mausefalle, Mord im Orientexpress, 16 Uhr 50 ab Paddington
(15. September 1890 – 12. Januar 1976)

Berühmte Jungfrauen

24. August 1899	Jorge Luis Borges
24. August 1929	Yasser Arafat
24. August 1947	Paulo Coelho
25. August 1912	Erich Honecker
25. August 1918	Leonard Bernstein
25. August 1938	Frederick Forsyth
25. August 1944	Conrad Black
25. August 1949	Gene Simmons
25. August 1954	Elvis Costello
25. August 1961	Billy Ray Cyrus
25. August 1970	Claudia Schiffer
25. August 1987	Amy Macdonald
26. August 1880	Guillaume Apollinaire
26. August 1904	Christopher Isherwood
26. August 1910	Mutter Teresa
26. August 1957	Rick Hansen
26. August 1980	Macaulay Culkin
27. August 1770	Friedrich Hegel
27. August 1908	Lyndon B. Johnson
27. August 1985	Daniel Küblböck
28. August 1749	Johann Wolfgang von Goethe
28. August 1969	Jack Black
28. August 1969	Jason Priestley
29. August 1915	Ingrid Bergman
29. August 1958	Michael Jackson
29. August 1973	Thomas Tuchel
30. August 1797	Mary Shelley
30. August 1930	Warren Buffett
30. August 1955	Helge Schneider

30. August 1972	Cameron Diaz
31. August 12	Caligula
31. August 1879	Alma Mahler-Werfel
31. August 1908	William Saroyan
31. August 1970	Rania von Jordanien
1. September 1939	Lily Tomlin
1. September 1946	Barry Gibb
1. September 1947	Batya Gur
1. September 1957	Gloria Estefan
1. September 1989	Bill und Tom Kaulitz
2. September 1955	Claus Kleber
2. September 1964	Keanu Reeves
2. September 1972	Nicolette Krebitz
3. September 1875	Ferdinand Porsche
3. September 1965	Charlie Sheen
4. September 1888	Oskar Schlemmer
4. September 1939	Erwin Teufel
4. September 1981	Beyoncé Knowles
5. September 1847	Jesse James
5. September 1935	Dieter Hallervorden
5. September 1940	Raquel Welch
5. September 1946	Freddie Mercury
6. September 1888	Joseph P. Kennedy
6. September 1958	Amelie Fried
6. September 1962	Alice Sebold
7. September 1860	Grandma Moses
7. September 1936	Buddy Holly
7. September 1949	Gloria Gaynor
7. September 1973	Shannon Elizabeth
8. September 1841	Antonín Dvořák
8. September 1925	Peter Sellers
8. September 1930	Mario Adorf
8. September 1947	Ann Beattie
8. September 1971	David Arquette

9. September 1828	Leo Tolstoj
9. September 1960	Hugh Grant
9. September 1963	Markus Wasmeier
9. September 1966	Adam Sandler
9. September 1975	Michael Bublé
10. September 1938	Karl Lagerfeld
10. September 1945	José Feliciano
10. September 1960	Colin Firth
10. September 1968	Guy Ritchie
11. September 1885	D. H. Lawrence
11. September 1899	Jimmie Davis
11. September 1945	Franz Beckenbauer
12. September 1888	Maurice Chevalier
12. September 1913	Jesse Owens
12. September 1943	Michael Ondaatje
12. September 1944	Barry White
12. September 1981	Jennifer Hudson
13. September 1869	Paul Daimler
13. September 1916	Roald Dahl
13. September 1971	Goran Ivanisevic
13. September 1971	Stella McCartney
14. September 1849	Ivan Pavlov
14. September 1961	Martina Gedeck
14. September 1983	Amy Winehouse
15. September 1890	Agatha Christie
15. September 1935	Petra Schürmann
15. September 1977	Sophie Dahl
16. September 1924	Lauren Bacall
16. September 1925	B. B. King
16. September 1927	Peter Falk
16. September 1952	Mickey Rourke
16. September 1956	David Copperfield
16. September 1981	Alexis Bledel
17. September 1910	František Hrubín

17. September 1931	Anne Bancroft
17. September 1962	Baz Luhrmann
18. September 1905	Greta Garbo
18. September 1942	Wolfgang Schäuble
18. September 1958	Max Goldt
18. September 1971	Lance Armstrong
18. September 1971	Anna Netrebko
19. September 1905	Leon Jaworski
19. September 1911	William Golding
19. September 1948	Jeremy Irons
19. September 1974	Jimmy Fallon
20. September 1908	Alexander Mitscherlich
20. September 1948	George R. R. Martin
20. September 1975	Juan Pablo Montoya
21. September 1866	H. G. Wells
21. September 1934	Leonard Cohen
21. September 1945	Jerry Bruckheimer
21. September 1947	Stephen King
21. September 1950	Bill Murray
21. September 1953	Lars Saabye Christensen
22. September 1951	Wolfgang Petry
22. September 1958	Andrea Bocelli
22. September 1960	Joan Jett
22. September 1975	Christian Ulmen
23. September 1920	Mickey Rooney
23. September 1926	John Coltrane
23. September 1930	Ray Charles
23. September 1943	Julio Iglesias
23. September 1949	Bruce Springsteen

Waage

24. September – 23. Oktober

Waage

(24. September – 23. Oktober)

»ICH GLEICHE AUS.«

»Die erste Tasse Tee nach der Ankunft in einem Landhaus ist etwas, das ich im Allgemeinen besonders genieße. Ich liebe die knisternden Scheite im Kamin, das gedämpfte Licht, den Duft von Toast mit Butter, die Atmosphäre der Ruhe und Gemütlichkeit.«

P. G. WODEHOUSE
Britischer Schriftsteller
Wo bleibt Jeeves?, In alter Frische
(15. Oktober 1881 – 14. Februar 1975)

»Time flies like an arrow. Fruit flies like a banana.«[1]

GROUCHO MARX
Amerikanischer Schauspieler, Entertainer und
Mitglied der Komikergruppe Marx Brothers
Die Marx Brothers im Krieg
(2. Oktober 1890 – 19. August 1977)

---

[1] Diese (unübersetzbare) Äußerung spielt mit der Doppelbedeutung der englischen Wörter *flies* (»fliegen« und »Fliegen«) und *like* (»wie« und »mögen«). Liest man den ersten Satz als »Die Zeit fliegt wie ein Pfeil«, nimmt man den zweiten unwillkürlich als »Obst fliegt wie eine Banane« wahr. Liest man hingegen den zweiten Satz korrekt als »Fruchtfliegen mögen eine Banane«, versteht man den ersten als »Zeitfliegen mögen einen Pfeil.« (Anm. d. R.)

Element	Luft
Herrscherplanet	Venus
Qualität	Kardinal
Gegenzeichen	Widder
Symbol	Waagschalen oder die untergehende Sonne bei der Tagundnachtgleiche im Herbst
Glückssteine	Saphir, Diamant und Jade[2]
Blumen	Orchidee, Fingerhut und Akelei
Farben	Blau, Pastelltöne und Altrosa
Körperteil	Niere

WAS SIE LIEBEN Kultivierte Schönheit, attraktiv gestaltete Räume, Feinschmeckerlokale, Bücher, Musik, Freizeit und Luxus, gute Unterhaltung und Innenarchitektur; Sie kaufen gerne Haushaltswäsche und schöne Kleidung. Sie wissen nicht nur, wie man anderen richtig eine Freude macht, Sie sind auch richtig gut im Bett!

WAS SIE VERABSCHEUEN Hässliche Orte, Gestank, Lärm, Streit, Heuchelei, Unfairness, Gebrüll, Gewalt und Elend. Und Sie verabscheuen einen schlechten Tisch im Restaurant.

WO SIE GLÄNZEN Sie sind diplomatisch, charmant, versöhnlich, ausgeglichen, logisch, gut informiert, elegant, freundlich, gerecht und weise. Sie können jeden Raum besser aussehen lassen und haben ein fantastisches Auge. (Und einen hübschen Hintern.)

WER IST SCHON VOLLKOMMEN? Sie sind träge, unzufrieden, eitel, schieben Dinge vor sich her, sind wankelmütig und halten sich aus allem heraus. Sie brauchen eine Ewigkeit, um die Fliesen fürs Bad auszusuchen. (»Jetzt nimm doch einfach irgendwas! Sie sind ja nicht in Stein gemeißelt – oder, na ja, eigentlich doch.«)

---

[2] Diese Angaben sind nicht in Stein gemeißelt. Verschiedene astrologische Quellen sind sich bezüglich Steinen und Blumen nicht einig. (Wem können wir in dieser Welt schon trauen?)

Das Wesen der Waage[3]

Um sich schnell mit den Haupteigenschaften Ihres Sternzeichens vertraut zu machen, müssen Sie sich die astrologische Bedeutung Ihres Herrscherplaneten ansehen. Bei Ihnen ist es Venus, der Planet der Schönheit! Viele Menschen assoziieren Venus mit Liebe und Romantik. Das ist nicht unbedingt falsch, aber unvollständig.

Astrologisch gesehen beherrscht Venus die Beziehung – nicht nur menschliche Beziehungen, sondern jede Relation, also die zwischen Hell und Dunkel, zwischen Farben, zwischen zwei Geraden, zwischen verschiedenen Geweben und Bestandteilen von Dingen und auch die eines Wortes zum anderen.

Es heißt, ein schönes Gesicht sei immer symmetrisch. Wenn Sie auf einem Porträtfoto eine Gesichtshälfte abdecken, werden Sie überrascht feststellen, wie verschieden die beiden Hälften aussehen (besonders bei einem Polaroid von Quasimodo). Ein schönes Gesicht beinhaltet also immer eine besondere »Beziehung«. Klar, oder?

Die Venus hat nichts mit Emotionen und Gefühlen zu tun. Wenn es Ihnen um Gefühle geht, dann denken Sie an *Peterchens Mondfahrt*, denn der Mond ist der Planet[4], der unsere Emotionen beherrscht. Venus steht zugegebenermaßen für unsere Vorurteile. (Aber wer fühlt sich nicht zu Schönheit hingezogen?)

---

[3] Niemand kann auf ein einziges Sternzeichen reduziert werden, denn jedes Horoskop enthält mehrere Planeten. Daher beschreibt dieser Abschnitt nur den Archetyp der Waage – die Eigenschaften, die sein Wesen ausmachen. Auch viele, die unter einem anderen Sternzeichen geboren sind, haben Waage-Eigenschaften. Die Darstellung eines einzelnen Zeichens ist daher keine exakte Beschreibung einer bestimmten Person, sondern vielmehr die Beschreibung der Eigenschaften des Zeichens.
[4] Astrologen rechnen Sonne und Mond zu den Planeten, ein weiterer Grund, warum man sich über uns lustig macht.

Mehr als jedes andere Sternzeichen werden Waagegeborene vom Aussehen ihrer Umgebung beeinflusst. Für Sie ist es wichtig, welche Aussicht Sie aus Ihrem Fenster haben. Sie fühlen sich anders, wenn der tägliche Ausblick auf einen Busparkplatz geht oder Sie einen sanften grünen Hang vor sich haben, der sich zu einem See hinabsenkt. Was Ihre Augen wahrnehmen, beeinflusst Ihre Vitalität, Ihre Gesundheit und Ihr Wohlbefinden.

Was Sie sehen, ist *wichtig*! Welche Farben haben Ihre Wände? Hängen dort Kunstwerke? Wie ist Ihr Zimmer möbliert? Ansprechend oder langweilig? Sieht Ihr Auto schön aus, oder ist es ein Rosthaufen? Wenn Sie in den Spiegel schauen, gefällt Ihnen dann, was Sie sehen? Wie sieht Ihre Küche aus? Kochen Sie gerne darin? Mögen Sie Ihre Handtücher? Freuen Sie sich abends darauf, ins Bett zu gehen?

Für einen Waagegeborenen sind das ernsthafte Fragen.

»Es ist ein köstlicher Moment, wohlig in die Bettstatt geschmiegt mit dem Gefühl, sanft in den Schlaf zu entgleiten ... die Glieder sind gerade so müde, dass sie den Körper in angenehmer Pose verharren lassen; des Tages Mühe ist vorüber.«

LEIGH HUNT
Englischer Dichter, Essayist und Literaturkritiker
Die Liebesmär von Rimini
(19. Oktober 1784 – 28. August 1859)

Für Sie ist die Fassade Ihrer Welt ungeheuer wichtig. Wenn Sie im Elend leben müssten, würden Sie krank werden. Deshalb legen Sie Wert auf gute Tischtücher, ausgesuchte Bettwäsche, schöne Kissen auf bequemen Sofas, anspruchsvolle Wanddekoration und gebundene Bücher in Regalen, die auf Perserteppichen stehen.

»Geh und beschmutze nie wieder meine Handtücher!«

GROUCHO MARX
Amerikanischer Schauspieler, Entertainer und
Mitglied der Komikergruppe Marx Brothers
Die Marx Brothers im Krieg
(2. Oktober 1890–19. August 1977)

Alle Waagen sind geborene Innenarchitekten. Sie schaffen mühelos eine schöne Umgebung, weil Sie selbst eine brauchen!

Nur Waagegeborene wissen, dass es mindestens elf Nuancen von Marineblau gibt. Ihre Fähigkeit, Farbschattierungen und andere visuelle Feinheiten zu erkennen, ist bemerkenswert![5]

»Meine Kleidung ist überwiegend schwarz, meine Wohnung ist überwiegend weiß.«

FRAN DRESCHER
Amerikanische Schauspielerin, Produzentin und Autorin
Die Nanny (TV-Serie)
(30. September 1957)

Wenn Sie reich sind, werden Sie etwas Spektakuläres mit Ihrem Haus anstellen. Wenn Sie pleite sind, können Sie Ihr Zimmer immer noch mit Pflanzen, Postern und Körben ansprechend und einladend gestalten. Sie knausern beim täglichen Einkauf, um sich eine schöne Wandfarbe oder ein bestimmtes Möbelstück leisten zu können. Sie müssen sich überwinden, Geld für

---

[5] Eine der denkwürdigsten Zeilen in dem Film *The Big Lebowski* der Coen-Brüder lautet: »Der Teppich hat das Zimmer erst richtig gemütlich gemacht.« Ethan Coen (21. September 1957) wurde kurz vor der Waage geboren und hat den Jupiter in der Waage. Er macht sich hier über Waage-Empfindsamkeit lustig! Aber Jeff Bridges (der die Rolle des Jeffrey Lebowski spielt) hat keinen Planeten in der Waage (außer Neptun, aber das gilt für fast alle in den Vierzigerjahren Geborene). Deshalb wirkt der Satz aus seinem Mund nicht glaubwürdig.

Gebrauchsgegenstände wie Scheren, Hämmer oder Rechen auszugeben, finden aber nichts dabei, es in Sektgläser und Blumensträuße zu investieren. (Jeder Waagegeborene weiß, dass man
sich das Staubwischen spart, wenn man Schnittblumen aufstellt.)

Ihre Sehnsucht nach einer schönen Umgebung schließt auch
den Klang ein, und deshalb lieben Sie Musik! Sie besänftigt und
entrückt Sie, und Sie setzen sie ein, um die gewünschte Stimmung zu schaffen.

Berühmte musikalische Waagen:

Glenn Gould	25. September, 1932, † 1982
George Gershwin	26. September, 1898, † 1937
Olivia Newton-John	26. September 1948
Shaun Cassidy	27. September 1958
Jerry Lee Lewis	27. September 1935
Julie Andrews	1. Oktober 1935
Sting	2. Oktober 1951
Chubby Checker	3. Oktober 1941
Stevie Ray Vaughan	3. Oktober, 1954, † 1990
Tommy Lee	3. Oktober 1962
Steve Miller	5. Oktober 1943
Bob Geldof	5. Oktober 1951
John Lennon	9. Oktober, 1940, † 1980
Sean Lennon	9. Oktober 1975
Giuseppe Verdi	10. Oktober, 1813, † 1901
Thelonious Monk	10. Oktober, 1917, † 1982
James »Midge« Ure	10. Oktober 1953
Tanya Tucker	10. Oktober 1958
Luciano Pavarotti	12. Oktober, 1935, † 2007
Hugh Jackman	12. Oktober 1965
Yves Montand	13. Oktober, 1921, † 1991
Nana Mouskouri	13. Oktober 1934

Paul Simon	13. Oktober 1941
Usher Raymond	14. Oktober 1978
Chuck Berry	18. Oktober 1926
Tom Petty	20. Oktober 1950
Dizzy Gillespie	21. Oktober, 1917, † 1993
Franz Liszt	22. Oktober, 1811, † 1886

Die Waage beherrscht außerdem Haute Couture und Mode. Sie wissen, welche Farbe gerade in ist, laufen aber nicht dem letzten Trend nach. Trotzdem wirkt Ihre Kleidung immer sorgfältig ausgesucht und farblich abgestimmt. Wenn Sie mitten in der Nacht aus einem brennenden Gebäude fliehen und sich schnell ein paar Klamotten überwerfen müssten, wären Sie danach der Einzige auf der Straße, der »gut gekleidet« wirkt.

> *»Es ist sehr wichtig, auch beim Sport die richtige Kleidung zu tragen. Sich nur ein altes T-Shirt oder Sweatshirt über-zuwerfen, ist nicht sehr inspirierend beim Training.«*
> CHERYL TIEGS
> Amerikanisches Model und Schauspielerin
> *The Brown Bunny*
> (25. September 1947)

Wenn zwei Waagen miteinander ausgehen, einigen sie sich oft darauf, auf einen richtig guten Tisch zu warten. Sie genießen es, wenn Sie sich in schöner Umgebung gepflegt unterhalten kön-nen – ein erfülltes Leben in genussreicher Muße!

Die Schalen der Waage

Das Symbol der Waage ist die Schalenwaage, die andeutet, dass sich in Ihnen ein ständiges Bemühen um Ausgewogenheit abspielt. Vielleicht glauben Sie, dass die Waagschalen Sie zum ausgeglichensten Sternzeichen machen, aber da muss ich Sie leider enttäuschen. Sie bedeuten vielmehr, dass Sie ständig um Gleichgewicht und Harmonie *bemüht* sind.

Die Waage der Gerechtigkeit symbolisiert, dass Ihr Sternzeichen auch über Anwälte und das Rechtssystem herrscht: über die Beziehungen zwischen Wörtern, die Rechte des Einzelnen gegenüber der Gesellschaft oder gegenüber anderen Menschen.

Außerdem neigen Waagegeborene zu Wortreichtum und umständlicher Rhetorik. Sie brauchen zwanzig Wörter, wo andere mit fünf auskommen. Statt »Nein« sagen Sie »Glaube ich kaum« oder »Das bezweifele ich sehr«.

Sie wägen Ihre Worte sorgfältig ab und nehmen sich Zeit, bis Sie das treffende gefunden haben (deshalb sind viele von Ihnen große Schriftsteller). Wenn die Waage über Gesetz, Rhetorik und Mode herrscht – was folgt daraus? Eine kleine Wette gefällig?

In einem großen Hotel finden gleichzeitig zwei Tagungen statt. Ein Saal ist voller Anwälte, in dem anderen sitzen Ingenieure. In welchem Saal tragen die Sprecher wohl stilvolle Hosenträger? Und in welchem stößt man am ehesten auf Schuhe von Christian Louboutin?

Eben.

Leider machen diese Waage-Eigentümlichkeiten (Beruf Anwalt plus Eleganz in Kleidung, Auto und Schmuck) Sie zur Zielscheibe von Witzen wie diesem:

Ein Anwalt will gerade in sein BMW-Cabrio steigen, als ein Sattelschlepper den Wagen streift. Die Polizei ist sofort zur Stelle. Der Beamte sieht sich ungläubig an, wie der Anwalt über seine zerschmetterte Autotür klagt, und meint: »Wie kann man nur so materialistisch sein! Der Lkw hat Ihnen den Arm abgerissen, und Sie jammern wegen der blöden Tür?« Der Anwalt schaut entsetzt an sich herunter und schreit: »Meine Rolex!«

Nahezu alle guten Anwälte haben irgendeinen Planeten in der Waage – die Sonne, den Mond, Merkur oder Venus oder vielleicht ist ihr Aszendent Waage. Der langjährige kanadische Premierminister Pierre Trudeau (18. Oktober 1919 – 28. September 2000) war eine doppelte Waage, das heißt, er war eine Waagegeborener mit Aszendent Waage.[6] Die Medien ließen sich ständig über die Eleganz und Auffälligkeit seiner Kleidung aus. Wer könnte seine Wildlederjacke im Trapperstil vergessen? Und er trug immer eine Rose im Knopfloch.

---

[6] Wenn Sie wissen, zu welcher Uhrzeit Sie geboren wurden, können Sie Ihren Aszendenten mit der Tabelle auf Seite 23 bestimmen.

Vier Eigenschaften,
an denen man eine Waage erkennt

Die Waage ist ein vielschichtiges und komplexes Sternzeichen, aber mit diesen vier Begriffen können wir sie besser einordnen:

1. Die Wippe
2. Zögern
3. Widersprüche
4. Soziales Bewusstsein

Die Wippe

Auf einem Spielplatz kann man schaukeln, rutschen oder allein im Sandkasten spielen. Aber wenn man sich auf die Wippe setzt, braucht man einen Partner am anderen Ende des Balkens. Genauso ergeht es Ihnen. (Idealerweise ist dieser Partner romantisch gestimmt und gut angezogen. Sie mögen seinen Möbel- und Musikgeschmack, und er zahlt alle Rechnungen.)

»Lesen bereitet doppelte Freude, wenn man mit jemandem zusammenlebt, mit dem man die Freude an Büchern teilen kann.«

KATHERINE MANSFIELD
Neuseeländisch-britische Schriftstellerin
Das Gartenfest, Das Puppenhaus, Die Fliege
(14. Oktober 1888 – 9. Januar 1923)

Aber nicht alles im Leben ist ideal. Ob Sie mit jemandem zusammenleben oder nicht – Sie brauchen einen Gefährten. Solo funktionieren Sie einfach nicht. Wenn Sie ins Kino, Restaurant oder Konzert, zu einer anderen Veranstaltung oder bloß einkaufen gehen, haben Sie gerne Gesellschaft. Selbst wenn Sie zu Hause sitzen und arbeiten, finden Sie es nett, jemanden in der Wohnung zu wissen.

Natürlich leben viele Waagen allein. Vielleicht sagen Sie sich sogar selbst, wie toll Sie es finden. Aber wenn Sie es sich aussuchen könnten, würden Sie lieber mit jemandem gemeinsam fernsehen, zu Abend essen oder einen Ausflug machen. Das meine ich mit der Wippe.

Das muss man immer bedenken, denn Ihr Bedürfnis nach Gesellschaft prägt Ihr Verhalten. Erstens versuchen Sie, sich bei anderen Menschen beliebt zu machen. Sie sind höflich und rücksichtsvoll und ein ausgezeichneter Zuhörer. Sie respektieren die Privatsphäre Ihrer Mitmenschen und wissen, wie man sie unterhält und fröhlich stimmt, denn so jemanden hat man gerne um sich! (Ziemlich oberflächlich, was?)

Waagegeborene sind die charmantesten, geistreichsten und nettesten Menschen überhaupt. Sie sind der *Nachtisch*!

Und Sie sind nicht nur charmant, sondern auch attraktiv und gut aussehend. (Das liegt an der Venus.) Schon von Geburt an haben Sie gelernt, wie man anderen Menschen mit Erscheinung, Persönlichkeit und Lebensstil gefällt. Ihre Gesellschaft ist richtig begehrt!

»Moooment mal! Das klingt ja, als sei ich bloß ein aufgeputzter Köder!« (Stimmt. Ich entschuldige mich, denn in Ihnen steckt noch viel mehr.)

Denken Sie wieder an die Waagschalen. Sie sind um Ausgleich bemüht. Sie vermeiden Spannungen, Konflikte und lautstarke Auseinandersetzungen. »Wer möchte das nicht?«, fragen Sie jetzt. Aber viele Menschen suchen tatsächlich Abenteuer und leidenschaftliche Intensität. Ihnen ist ein guter Tisch in einem netten Restaurant lieber. Sie bevorzugen stilvollen Komfort. (Für Sie ist die freie Natur dort, wo der Wagen steht.)

Deshalb brauchen Sie andere Menschen um sich, denn dann fühlen Sie sich *verbunden* und einfach wohler.

Zögern

Ihr ständiges Zögern gehört natürlich eigentlich in die Kategorie »Wippe«, aber nach vielem Hin- und Herüberlegen habe ich mich schließlich entschieden, ihm einen eigenen Abschnitt zu widmen, um es ausführlicher darstellen zu können. Ich hoffe, das ist in Ordnung. Natürlich ist das Zögern ein Aspekt des »Wippe«-Phänomens, also wäre es in dieser Kategorie gut aufgehoben. Andererseits besteht die Gefahr, dass es dort zum Beispiel von der Partnerschaftsfrage in den Schatten gestellt wird, die unbedingt in den »Wippe«-Teil gehört. Und, hey – wenn es um Partnerschaften geht, sind Sie schließlich nicht zögerlich! Außer manchmal. Sie wünschen sich einen Lebenspartner, das ist bekannt. Natürlich. Die Frage ist nur, welchen? Und wie ist das, wenn Sie eine Beziehung eingehen und dann auf einmal nicht mehr so sicher sind, ob es der oder die Richtige ... argh, das ist eine Situation, die ich hasse. Sie auch? Dann ist es auch noch so ein Krampf, darüber zu reden (niemand will es hören!).

Man kann auch von Unentschlossenheit sprechen, aber ich ziehe »Zögern« vor, weil »Unentschlossenheit« fast nach einer Behinderung klingt. Und wer würde es wagen, die folgenden Waagegeborenen behindert zu nennen?

Lech Wałęsa   29. September 1943
Jimmy Carter   1. Oktober 1924
Mahatma Gandhi   2. Oktober 1869 – 30. Januar 1948
Niels Bohr   7. Oktober 1885 – 18. November 1962
Eleanor Roosevelt   11. Oktober 1884 – 7. November 1962
Margaret Thatcher   13. Oktober 1925

Dwight D. Eisenhower   14. Oktober 1890 – 28. März 1969
Friedrich Nietzsche   15. Oktober 1844 – 25. August 1900
Arthur Schlesinger   15. Oktober 1917 – 28. Februar 2007
Pierre Trudeau   18. Oktober 1919 – 28. September 2000

Geben Sie's zu: Sie zögern Entscheidungen hinaus. Und das hat vier Gründe:

1. Sie möchten niemanden verärgern.
2. Als intelligenter Mensch sehen Sie einfach mehrere Aspekte in jeder Situation. Was anderen einfach erscheinen mag, wird dadurch für Sie komplex.
3. Sie wollen sich nicht falsch entscheiden! (Trommelwirbel. Auftritt von links, hinkend: der Fehler.)
4. Was so unentschlossen wirkt, ist in Wirklichkeit Ihr Bedürfnis, alles erst durchzusprechen, bevor Sie sich entscheiden. Sie fragen alle möglichen Leute um Rat, denn wenn Sie Ihre Gedanken ausformulieren, sehen Sie das Problem klarer.[7] Die Antworten nutzen Sie dann einfach als zusätzlichen Input – auf den Rat selbst kommt es Ihnen gar nicht an.

> *Sonam, eine Freundin von mir, führte früher einen netten Laden in Kitsilano, dem Hippieviertel von Vancouver. Sie verkaufte Bücher, Korbwaren, Kleider, Kartenspiele, Schmuck und eine faszinierende Auswahl von Krimskrams. Ein richtiger Waage-Laden!*
>
> *Um unentschlossenen Kundinnen zu helfen, hatte sie einen kleinen Trick.*

---

[7] Wissen Sie, wie das ist, wenn man seine Ängste als vages Grummeln in den Tiefen des eigenen Gehirns wahrnimmt? Wenn ich meine Ängste dann laut ausspreche, kann ich sie manchmal selbst nicht mehr ernst nehmen.

»Ich nahm dann immer«, erzählte sie mir, »den Ring in die eine und das Armband in die andere Hand, versteckte sie hinter dem Rücken und fragte: ›Links oder rechts?‹

Dann streckte ich die Hand aus, für die sich die Kundin entschieden hatte, und öffnete sie. Wenn sie sich freute – prima! Wenn sie enttäuscht aussah, öffnete ich die andere Hand und sagte: ›Und hier ist Ihre Wahl!‹«

Sich nicht zu entscheiden, ist auch eine Entscheidung.

Zögern führt zu Widersprüchen und Einschränkungen

Bei Ihrer Suche nach Ausgeglichenheit stoßen Sie auf Widersprüche. Die Harmonie, nach der Sie streben, ist nicht immer harmonisch! Denken Sie an folgende Begriffspaare:

- Harmonie oder Streit
- Perfektion oder Laissez-faire
- Unentschlossenheit oder Impulsivität

Harmonie oder Streit

Sie lieben entspannte Heiterkeit. Sie möchten es allen recht machen und mit jedem gut auskommen. Und doch können Sie so vehement für eine Sache eintreten, dass Sie andere erstaunt und mit offenem Mund zurücklassen. (Waaas?)

Ist das eine Überraschung? Die Waage ist das Sternzeichen des Gesetzes. Die dynamischsten, überzeugendsten und erfolgreichsten Anwälte und Richter haben die Waage in ihrem Horoskop. Sie können so überzeugend werden, dass es fast unheimlich ist.

Das erschreckt Sie oft selbst, weil Sie ja Ruhe und Frieden wollen, aber angesichts von Dummheit und Ungerechtigkeit packt Sie einfach die Empörung. Nachher sagen Sie sich dann, Sie hätten lieber schweigen sollen, aber wenn Sie schweigend zusehen, büßen Sie Ihre Selbstachtung ein. Sie haben es wirklich nicht leicht!

Perfektion oder Laissez-faire

Einerseits geben Sie sich große Mühe, Ihre Wohnung attraktiv zu gestalten. Dann lassen Sie plötzlich den Abwasch zum Berg anwachsen und sich selbst gehen; auf einmal hängen Sie tagsüber im Schlafanzug herum,[8] überall sind Bücher und Zeitschriften verstreut, und alles geht den Bach runter! (Sie wissen schon, was ich meine.)[9] Dann reißen Sie sich eines Tages schlagartig zusammen und bringen alles wieder tadellos in Ordnung.

Sollten Sie je das Pech haben, von einer Überschwemmung oder einem Brand betroffen zu sein, werden Sie unermüdlich schuften, bis Ihr Haus wieder im alten Glanz erstrahlt, und wenn Sie umziehen, schaffen Sie sich sofort ein funktionsfähiges Zuhause.

»Meine Güte, das sieht ja schon richtig toll aus! Wann bist du eingezogen?«

»Heute Morgen. Aber ich bin noch nicht fertig; ich hatte noch eine Verabredung zum Mittagessen mit ein paar Freunden.«

Ebenfalls ziemlich bizarr ist Ihr Verhalten in Gelddingen. Sie sparen und führen genau Buch. Dann schlagen Sie plötzlich über die Stränge! Von übertriebener Sorgfalt schalten Sie auf übertriebene Sorglosigkeit um. Das liegt daran, dass es Ihnen nicht um Sicherheit geht, sondern darum, das Leben zu genießen!

Auch Ihre Schlafgewohnheiten sind ziemlich seltsam. Die meisten von Ihnen sind Nachteulen und schlafen weniger als der Durchschnittsmensch. Für Sie gibt es nur Arbeit und Spaß

---

[8] Laut eines Artikels in der *New York Times* trägt Anne Rice (4. Oktober 1941) zum Schreiben stets einen Flanellbademantel mit blau-rosa Blumenmuster. Sie hat Dutzende davon vorrätig, alle originalverpackt.

[9] Mein Sohn, ein Single, hat oft solche Phasen. Einer dieser Putzstreiks ist gerade im Gang, während ich dies schreibe. Er sagt, dass er demnächst nur noch mit Watthose und Gasmaske in die Küche vordringen kann. Wenn das so weitergeht, müssen seine Schwester und ich bald eingreifen.

in endloser Folge, dann brechen Sie plötzlich zusammen und schlafen stundenlang. Sie glauben an Ihr Recht auf Freizeit. Waagegeborene sind gut im Trödeln. (Trotz der missbilligenden Blicke von Steinbock-Mitmenschen, die sich fragen, ob Sie vor Sonnenuntergang noch in die Kleider kommen.)

»Ich liebe es, nicht zu arbeiten und stattdessen zu reisen. Ich arbeite vielleicht die Hälfte des Jahres, nicht mehr.«

CATHERINE DENEUVE
Französische Schauspielerin
Belle de Jour – Schöne des Tages
(22. Oktober 1943)

Unentschlossenheit oder Impulsivität

Sie wissen selbst, dass Sie unentschlossen sind. Das ist bei Waagen immer so. Trotzdem ist Ihr Sternzeichen ein Kardinalzeichen (neben Widder, Krebs und Steinbock). Das bedeutet, dass Sie manchmal auch überraschend schnelle und harte Entscheidungen treffen! (Ja, ich meine Sie!) Plötzlich laden Sie Menschen ein oder veranstalten eine Party. Und Sie denken wirklich schnell.

Meiner Meinung nach stecken in der Waage mehr Widersprüche als in allen anderen Sternzeichen.

1981 fuhr ich nach Portland in Oregon, um den Vortrag eines großartigen Lehrers zu hören. Am Ende hob jemand die Hand und fragte: »Was soll man tun, wenn man sich in jemanden verliebt, die Beziehung aber völlig unangebracht ist?«

Der Lehrer sah ihn an und erwiderte:

»Wenn Sie diszipliniert handeln, werden Sie nichts bedauern.

Wenn Sie also etwas tun und es nicht bedauern, dann haben Sie diszipliniert gehandelt.

Wenn Sie es aber bedauern, haben Sie nicht diszipliniert gehandelt.

Und wenn Sie etwas unterlassen und es nicht bedauern, dann haben Sie ebenfalls diszipliniert gehandelt.

Und wenn Sie etwas unterlassen und es bedauern, dann haben Sie nicht diszipliniert gehandelt.«

Ich wusste, dass der Lehrer nach dem Vortrag auf seinem Weg vom Podium direkt an mir vorbeikommen würde, weil ich in der ersten Reihe saß. Ich wollte gerne niederknien, um ihm meinen Respekt zu zeigen, aber ich hatte Angst, die anderen Zuhörer würden mit den Augen rollen und denken: »Meine Güte, wie peinlich!«

Dann dachte ich daran, was er gerade über diszipliniertes Handeln gesagt hatte. Ich fragte mich: »Werde ich es bedauern, wenn ich in der Öffentlichkeit niederknie?« Vielleicht ja, musste ich mir eingestehen.

Dann überlegte ich: »Werde ich es bedauern, wenn ich es nicht tue?« Und sofort wusste ich, dass ich es ziemlich sicher bedauern würde! Wenn nun nie wieder eine Gelegenheit käme, diesem Menschen meine Dankbarkeit und meinen Respekt zu zeigen? Also kniete ich nieder.

Weniger als ein Jahr später wurde dieser wunderbare Lehrer bei einem Autounfall getötet.

Ungefähr zehn Jahre danach lief ich auf Saltspring Island in British Columbia zufällig in denselben Mann hinein, der damals die Frage gestellt hatte. Ich sprach ihn sofort an: »Ich bin so froh, dass Sie damals in Portland gefragt haben!«

Er erwiderte: »Was denn?«

»Wissen Sie noch – am Ende des Vortrags haben Sie gefragt, was man tun soll, wenn man sich in jemanden verliebt, aber die Beziehung völlig unangebracht ist.«

»Ach, das.« Langsam dämmerte die Erinnerung in ihm auf. »Was hat er denn geantwortet?«

Soziales Bewusstsein

»Ich suche immer noch nach dem modernen Gegenstück der Quäker, die deshalb erfolgreich ihre Geschäfte betrieben und Geld machten, weil sie ihre Leute anständig behandelten (...) und für das Geld, das sie nahmen, ehrlichen Gegenwert boten und niemanden belogen. Ihr Geschäftscredo scheint leider längst vergessen zu sein.«

DAME ANITA RODDICK
Englische Geschäftsfrau und
Gründerin des Kosmetikunternehmens Body Shop
(23. Oktober 1942 – 10. September 2007)

Vor einigen Jahren schrieb mir ein empörter Waagegeborener: »Wir haben mehr im Kopf als bloß schöne Tischdecken und Luxusrestaurants!« Er hatte natürlich völlig recht.

Waagen sind energische Aktivisten und leidenschaftliche Freiheitskämpfer, die sich für die Rechte ihrer Mitmenschen einsetzen. Wegen Ihres angeborenen Gerechtigkeitssinnes und Ihres Rednertalents, weil Sie intelligent sind und viele von Ihnen eine juristische Ausbildung haben (obwohl das keine Voraussetzung ist), sind Sie unglaublich gut darin, die Bürgerrechte der Menschen zu verteidigen!

Auf jeden Fall unterzeichnen Sie Petitionen, schreiben E-Mails, gehen zu Protestkundgebungen und unterstützen viele Aktionen gegen die Ungerechtigkeit in der Welt. Wegen Ihrer Neigung zum Rechtswesen sind Sie oft in die Politik Ihrer Kommune oder Stadt, Ihres Landes oder sogar der Welt involviert.

Schauen Sie sich folgende Waagen an, die dafür gearbeitet haben oder immer noch dafür arbeiten, dass es anderen besser geht:

Brigitte Bardot (28. September 1934). Französische Tierrechtlerin und ehemalige Schauspielerin, Model und Sängerin.

Lech Wałęsa (29. September 1943). Charismatischer polnischer Politiker und Friedensnobelpreisträger (1983). Von Beruf Elektriker, war er von 1980 bis 1990 Vorsitzender der Gewerkschaft Solidarność und von 1990 bis 1995 Staatspräsident Polens. Er organisierte den politischen Wandel Polens von einem realsozialistischen zu einem demokratisch-marktwirtschaftlichen System.

Jimmy Carter (1. Oktober 1924). Amerikanischer Politiker und 39. Präsident der Vereinigten Staaten (1977 bis 1981). Er engagierte sich im Bereich der Menschenrechte und bekam dafür 2002 den Friedensnobelpreis.

Mahatma Gandhi (2. Oktober 1869–30. Januar 1948). Indischer Rechtsanwalt und politischer sowie geistiger Führer der indischen Unabhängigkeitsbewegung, die 1947 mit dem von ihm entwickelten Konzept des gewaltfreien Widerstandes das Ende der britischen Kolonialherrschaft in Indien herbeiführte.

Susan Sarandon (4. Oktober 1946). Amerikanische Schauspielerin, bekannt für ihr soziales Engagement und ihren politischen Aktivismus.

Bob Geldof (5. Oktober 1951). Irischer Sänger, Songschreiber, Autor, der sich gegen die Armut in Afrika einsetzt.

Desmond Tutu (7. Oktober 1931). Südafrikanischer anglikanischer Erzbischof, der für seinen Einsatz gegen die Apartheid 1984 den Friedensnobelpreis bekam.

Jesse Jackson (8. Oktober 1941). Amerikanischer Politiker, Bürgerrechtler und Baptistenpastor.

James »Midge« Ure (10. Oktober 1953). Britischer Gitarrist, Sänger und Songwriter. Zusammen mit Bob Geldof gründete er 1984 das Hilfsprojekt Band Aid gegen den Hunger in Afrika und organisierte die Benefizkonzerte Live Aid und Live 8.

Sir George Williams (11. Oktober 1821–1905). Englischer Gründer des YMCA (in Deutschland Christlicher Verein Junger Menschen – CVJM).

Eleanor Roosevelt (11. Oktober 1884 – 7. November 1962). Amerikanische Menschenrechtsaktivistin und Diplomatin sowie Ehefrau des US-Präsidenten Franklin D. Roosevelt.

Tim Robbins (16. Oktober 1958). Amerikanischer Schauspieler, Filmregisseur, Drehbuchautor und Produzent, der sich politisch engagiert und an Friedensdemonstrationen teilnimmt.

Pierre Trudeau (18. Oktober 1919 – 28. September 2000). Schillernde Persönlichkeit und Premierminister Kanadas, der es als eine seiner größten Aufgaben betrachtete, die englischsprachigen und französischsprachigen Teile Kanadas miteinander zu versöhnen; so initiierte er unter anderem zweisprachige Schulen. Auf ihn geht der Grundrechtekatalog in der kanadischen Verfassung zurück. 1984 wurde Trudeau mit dem Albert-Einstein-Friedenspreis geehrt.

Deepak Chopra (22. Oktober 1946). Indischer Arzt und Autor von Büchern über Spiritualität, alternative Medizin und Ayurveda, früherer Leiter der transzendentalen Meditationsbewegung.

Anita Roddick (23. Oktober 1942 – 10. September 2007). Gründerin und langjährige Leiterin des englischen Kosmetikhandelsunternehmens Body Shop. Sie setzte sich unter anderem für zahlreiche Umwelt- und Tierschutzprojekte sowie für den fairen Handel mit der Dritten Welt ein.

»Ein Mann muss bereit sein, für Gerechtigkeit zu sterben. Der Tod ist eine unvermeidbare Realität, und täglich sterben Menschen. Nur ihre guten Taten leben ewig.«

JESSE JACKSON
Amerikanischer Politiker, Bürgerrechtler und Baptistenpastor
(8. Oktober 1941)

Die verliebte Waage

»Als einmal eine Rose nach mir benannt wurde, fühlte ich mich sehr geschmeichelt. Aber ich war weniger erfreut, als ich las, wie sie in einem Katalog beschrieben wurde: Eignet sich nicht fürs Beet (Bett), macht sich aber gut an der Wand.«

ELEANOR ROOSEVELT
Amerikanische Politikerin und Menschenrechtsaktivistin;
verheiratet mit US-Präsident Franklin D. Roosevelt
(11. Oktober 1884 – 7. November 1962)

Alle Waagen sind kultiviert. Sie haben einen ausgeprägten Geschmack für Schönheit und Kunst und strahlen sanfte Freundlichkeit aus. Alles das kommt ins Spiel, wenn Sie jemanden umwerben oder selbst umworben werden. Sie sind ein unglaublicher Romantiker!

Natürlich legen Sie viel Wert auf das Ambiente Ihrer romantischen Anlässe. Sie wählen ein wunderbares Restaurant aus, einen lauschigen Park oder ein Luxushotel. Wenn das Date bei Ihnen zu Hause stattfinden soll, dann sorgen Sie für sanfte Beleuchtung, Kerzen, dezenten Jazz im Hintergrund und weiche Kissen auf den Polstermöbeln. Champagner und Erdbeeren in Schokolade stehen auf einem Silbertablett bereit. Jedes Detail stimmt – die Gläser, das Geschirr, die Servietten, die Blumenarrangements, das Licht und die Musik. (Seufz.)

Sie liiieben diese Atmosphäre!

Diese Umstände machen Sie sich gerne, denn eine magische Umgebung zu schaffen (besonders für sich und Ihren Liebsten oder Ihre Liebste) macht Ihnen viel Spaß! Weil Sie so einfühlsam auf Ihre Umgebung reagieren, sind Sie ein Meister darin, wie man das richtige Ambiente für ein romantisches Tête-à-tête schafft. Und wer hätte einen besseren Geschmack, was Beleuchtung, Farben, Stoffe und Düfte angeht?

Nun zur nackten Wahrheit: Waagegeborene erheben Sex zu einer Kunstform. Sie sind der einfühlsamste, rücksichtsvollste und großzügigste Liebhaber überhaupt und wissen, wie Sie Ihren Partner oder Ihre Partnerin befriedigen.

Außerdem können viele von Ihnen auch noch großartig kochen! Roger Moore, der im Abendanzug den James Bond gibt, ist die Verkörperung des einfühlsamen Charmes, den der Waagegeborene als Vorspiel zu allem bietet, was dann noch folgen soll.

Waagegeborene sind gebildet, beredsam, charmant und unterhaltsam. Und sie können zuhören! Jeder, der sich in eine Waage verliebt, wird glauben, im Himmel zu sein. Sie vermeiden alles Unschöne, Grobe oder Platte. Sie möchten in angenehmer Atmosphäre niveauvoll plaudern.

Waagen beider Geschlechter sind ungewöhnlich attraktiv; sie haben fein geschnittene Gesichter und elegante Bewegungen. Sie sind verführerisch und immer gut angezogen!

Ihr romantischer Stil ist ein Klischee, das oft im Kino aufgenommen wird. Hollywood ist vielleicht das Geschäft der Löwegeborenen, aber die romantischen Liebesgeschichten, die in den Filmen erzählt werden, basieren auf dem Know-how der Waagen.

Denken Sie nur an diese verführerischen Waagegeborenen:

Marcello Mastroianni   28. September 1924 – 19. Dezember 1996
Hugh Jackman   12. Oktober 1968
Yves Montand   13. Oktober 1921 – 9. November 1991
Roger Moore   14. Oktober 1927
Ralph Lauren   14. Oktober 1939
Brigitte Bardot   28. September 1934

Dita Von Teese   28. September 1972
Angie Dickinson   30. September 1931
Britt Ekland   6. Oktober 1942
Catherine Deneuve   22. Oktober 1943

Was für eine Liste! Man ist regelrecht geblendet, oder? Die Männer sehen so gut aus, dass man sie schön nennen könnte. Die Frauen sind üppig und sanft. Alle haben diesen anmutigen Komm-zu-mir-Blick. Wow!

Und jetzt kommt das Erstaunliche: Waagen sind auf der Suche nach einem Partner! Das scheint fast zu schön, um wahr zu sein, weil Sie so ein guter Fang sind!

Aber so einfach ist das Leben dann doch nicht. Sie sind zwar eine gute Partie (und das sind Sie wirklich, glauben Sie mir), aber Ihr Problem damit ist, dass Sie so sehr nach jemandem auf dem anderen Ende der Wippe verlangen, dass Sie zu viele Kompromisse eingehen, um ihn zu bekommen. Waagen laufen immer Gefahr, Gleichgültigkeit zu übersehen und Missbrauch zu verzeihen, um ihre Beziehung nicht zu gefährden. Sie hassen es, mit jemandem Schluss zu machen. Das liegt daran, dass Ihr Herrscherplanet Venus die Dinge zusammen- und nicht auseinanderbringen möchte. Außerdem haben Sie eine Abneigung gegen Konflikte und Streitigkeiten. (Ja natürlich, Sie können ganz ausgezeichnet argumentieren und debattieren, aber Sie mögen keine Kämpfe.)

Deshalb finden Sie sich mit vielem ab, solange der Frieden gewahrt bleibt, zum Beispiel jahrelang mit einer oberflächlichen Beziehung, die aber sicher ist. Sie ist berechenbar, man begegnet sich höflich, alles ist in Ordnung. (Schal gewordene Waage-Beziehungen werden oft in Filmen dargestellt.)

Die Sache mit der Trägheit

Ja, die Sache mit der Trägheit. Sie müssen sich wirklich aufraffen, um sich morgens auf den Weg zur Arbeit zu machen; sind Sie dann dort, machen Sie Überstunden, weil Sie sich nicht losreißen können. Sie »bleiben« überhaupt viel. Diese Eigenschaft ist es, die Sie in stagnierenden Beziehungen hält.

Deshalb halten Waagen auch dann an einer Beziehung fest, wenn Sie nicht treu sind. (Versuchen tun Sie es ja.) Sich endgültig zu trennen, wäre zu schmerzlich, fast wie eine Amputation.

Viele von Ihnen heiraten mehrmals, weil die erste Ehe oft sehr jung eingegangen wird. Und Sie heiraten dann wieder, weil Sie einfach jemanden am anderen Ende der Wippe brauchen.

> *»Ich bin der einzige Mann der Welt, der eine Blanko-Heiratsgenehmigung hat.«*
>
> MICKEY ROONEY
> Amerikanischer Schauspieler und Entertainer,
> der achtmal verheiratet war
> *Musik ist unsere Welt, Der schwarze Hengst*
> (23. September 1920)

Manche von Ihnen heiraten jung und bleiben dann auch treu, während andere eheliche Treue für eine Verschwendung halten.

> *»Es ist besser, treulos zu sein als ungewollt treu.«*
>
> BRIGITTE BARDOT
> Französische Schauspielerin und Tierrechtlerin
> *... und immer lockt das Weib, Viva Maria!*
> (28. September 1934)

Welche Ironie, denn trotz des ganzen Glamours, der Sie umgibt, wollen Sie letztlich vom Leben eigentlich eine vertraute Freundschaft mit Ihrem oder Ihrer Liebsten. Sie genießen es, Ihr Leben mit jemandem zu teilen! Sie möchten jemanden, den Sie nachts aufwecken und mit dem Sie einen Kaffee trinken können, egal, wie übernächtigt Sie beide sind. Sie möchten Ihr Leben mit jemandem teilen, den Sie lieben. In dieser Hinsicht ist die Waage, glaube ich, tatsächlich das romantischste aller Sternzeichen.

»Wir haben so viel Zeit miteinander verbracht, weil wir es so wollten. Ich bin nie mit Freundinnen ausgegangen, auch nicht in der Schulzeit. Und Paul ist auch nie zu Männerabenden gegangen.«

LINDA MCCARTNEY[10]
Amerikanische Fotografin, Musikerin und Tierrechtlerin;
verheiratet mit Paul McCartney von den Beatles
(24. September 1941–17. April 1998)

---

[10] Linda McCartneys Aszendent ist späte Jungfrau, fast schon Waage, damit vereinte sie die Eigenschaften beider Zeichen in sich.

Die Waage als Vorgesetzter

Der Waage-Chef ist taktvoll, diplomatisch, fair und gut angezogen. Das sind Eigenschaften, die Waagen wertschätzen und auch selbst demonstrieren. Wenn Sie also einen begründeten Einwand gegen irgendetwas vorzubringen haben, werden Sie immer Gehör finden.

Im Grunde gehen Waagen ziemlich entspannt mit einer Autoritätsposition um. Das kommt daher, dass der Waage-Chef beliebt sein möchte und aus diesem Grund nicht so leicht etwas sagt, das niemand hören will. Allerdings lässt er sich nicht herumschubsen, auch wenn er eine Menge durchgehen lässt. Was er nicht toleriert, ist Uneinigkeit im Team. Keine Bürofehden also! Waage-Vorgesetzte wollen, dass alle ihre Mitarbeiter miteinander auskommen und ihre Umgebung respektieren. Schlampigkeit dulden sie nicht. (Auch wenn sie hin und wieder die Dinge schleifen und sich selbst gehen lassen.) Ein kluger Mitarbeiter mit einem Waage-Chef achtet auf sein Äußeres.

Wenn Sie die geforderte Leistung bringen, sich höflich benehmen, Ordnung halten und keine Probleme machen, wird Ihnen der Waage-Chef viel Freiraum lassen. Er mag niemanden, der Wellen macht oder sich nicht benehmen kann.

Wenn Sie eine Waage als direkten Vorgesetzten haben, wird Sie vielleicht seine Entscheidungspolitik nerven. Er braucht einfach zu lange dafür, oder er entscheidet sich um, oder er schiebt es ewig vor sich her. Waagen sind große Verschieber. Damit müssen Sie sich abfinden.

Ein bisschen seltsam ist, dass Waagen nicht gerne über Geld reden. Wenn Sie eine Lohnerhöhung brauchen oder ein Budget diskutieren wollen, versteckt sich der Waage-Chef womöglich

hinter ausgefeilten diplomatischen Phrasen, sodass Sie nachher im Flur stehen und sich fragen: »Was hat er jetzt eigentlich
gemeint?« Und das Geld haben Sie natürlich nicht bekommen.
Wenn Sie um Geld bitten, tun Sie es schriftlich, dann hat der
Waage-Chef Zeit zum Nachdenken.

Waage-Chefs sind ganz wunderbar, wenn es um Bürofeiern,
Einladungen zum Mittagessen oder Boni wie Pizza zum Feierabend geht, weil es zum Wesen der Waage gehört, dass sie gerne
Gastgeber ist. Außerdem mag der Waage-Chef ein gutes Mittagessen und braucht einfach immer eine Begleitung dazu. (Bonus!)

Überdies wird sich der Waage-Vorgesetzte sehr um eine angenehme Arbeitsplatzgestaltung bemühen, von der Sie profitieren.
(Außer natürlich, wenn sein Büro im Penthouse liegt und Ihres
im Keller.) Waage-Chefs sind sich immer bewusst, in welcher
Umgebung ihre Angestellten arbeiten.

Weibliche Waagen sind etwas schwierigere Vorgesetzte als
männliche, weil waagegeborene Frauen ehrgeiziger sind als
männliche Waagen. Trotzdem ist die Waage ein freundliches und
friedliches Sternzeichen und nicht auf Konflikte aus.

Die Waage als Angestellter

Der Waage-Angestellte ist angenehm im Umgang, weil er mit allen gut auskommt. Er möchte keinen großen Wind machen und ist gerne von freundlichen Menschen umgeben. Er weiß, wie man andere Menschen zufriedenstellt. Deshalb läuft die Waage als Servicekraft, Pressesprecher oder Eventmanager zu großer Form auf. Waagen haben einen großartigen Geschmack. Wenn es um die Dekoration für eine Feier oder das Bürodesign geht, holen Sie unbedingt ihren Rat ein.

Denken Sie auch daran, wenn es um den Arbeitsplatz der Waage selbst geht. In einem düsteren, hässlichen Büro ist der Waage-Angestellte selten produktiv! Er braucht gute Beleuchtung, Tageslicht, geschmackvolle Möbel und vor allem gute Luft.

Weil jede Waage im Herzen ein kämpferischer Anwalt ist, wird sich der Waage-Angestellte mit sinnlosen Anweisungen oder dummen Konzepten nicht einfach abfinden. Machen Sie also Ihre Hausaufgaben, und gewinnen Sie einen Überblick, bevor Sie ihm seine Arbeit zuteilen. Trotzdem wird er immer versuchen, seinen Chef zufriedenzustellen.

Wenn es um Personalpolitik geht, finden Sie den Waage-Angestellten wahrscheinlich mitten im Gefecht. Waagen reden mit jedem, haben immer den Finger am Puls und sind im Grunde passionierte Politiker!

Das führt zu einem Paradox: Waage-Chefs hassen Bürofehden, aber Waage-Angestellte schüren sie womöglich begeistert, und zwar unter dem Vorwand, alle miteinander versöhnen zu wollen. Das ist ein glattes Parkett!

Nach meinen Beobachtungen kommt es nicht darauf an, wie gut man in seinem Job ist – wenn einen die Firmenleitung nicht mag, wird man auf jeden Fall gefeuert. Und selbst wenn man schlechte Arbeit abliefert, behält man seinen Arbeitsplatz gewöhnlich (solange man nicht stiehlt), wenn man beim Management einen Stein im Brett hat. Deshalb werden Waagen nur selten gekündigt: Sie wissen, wie man sich beliebt macht. Waagen *sind* einfach beliebt. (Dagegen ist auch nichts zu sagen.)

Die Waage als Elternteil

Waage-Eltern gehören mit zu den besten im ganzen Tierkreis! Denn Waagen sind fröhliche, entspannte Menschen. Natürlich spielen sie gerne mit Kindern und nehmen sie in schöne Parks und gute Restaurants mit, weil Waage-Eltern sowieso dorthin gehen. Waage-Eltern gehen mit ihren Kindern zum Schwimmen, Skifahren, ins Kino und ins Theater.

Aber noch wichtiger ist, dass Waagen intelligent und fair sind. Deshalb sind Waage-Mütter und -Väter immer gerecht in ihren Erwartungen und Urteilen. Sie mögen weder Streitigkeiten noch Ärger und geben sich Mühe, dass zu Hause alle glücklich sind und eine gute Atmosphäre in der Familie herrscht.

Klar, dass die Kinder von Waage-Eltern immer gut angezogen sind und das schönste Zimmer haben, das die Eltern sich leisten können. Allgemein wachsen solche Kinder in angenehmer Umgebung auf, umgeben von schönen Dingen.

Weil Waagen immer eine künstlerische Ader haben, bieten sie ihren Kindern Gelegenheit zur Kreativität – Töpferkurse, Schauspielunterricht, Tanz-Workshops, Fotografie.

Waage-Eltern lassen ihren Kindern viel durchgehen. Sie bringen große Opfer, um den Kindern schöne Dinge zu kaufen, weil sie glauben, dass die Kinder in ihre Entwicklung davon profitieren.

Ein weiteres großes Plus der Waage-Eltern ist, dass sie selten grob, schlecht gelaunt oder zu fordernd sind. Weil sie einen harmonischen Haushalt möchten, sind sie gewöhnlich sehr vernünftig und taugen gut als Vorbild.

Ihre Neigung zu Politik äußert sich in Familienratssitzungen oder Abstimmungen im Familienkreis, wenn Entscheidungen anstehen. Jeder darf seine Meinung sagen.

Die Waage als Kind

»In jeder Kindheit gibt es einen Augenblick, in dem sich die Tür öffnet und die Zukunft einlässt.«

DEEPAK CHOPRA
Indischer Arzt und Autor
Die sieben geistigen Gesetze des Erfolgs
(22. Oktober 1946)

Das Waage-Kind ist sehr empfindsam, und das sollten Sie von Anfang an berücksichtigen. Es braucht vor allem eine harmonische und angenehme Umgebung. Das erfordert nicht viel Geld. Lassen Sie das Kind aber über seine Zimmereinrichtung mitbestimmen. Als meine Tochter drei Jahre alt war, brachte ich ein Tapeten-Musterbuch mit nach Hause und ließ sie die Tapete für ihr Kinderzimmer selbst aussuchen. Ich wusste zwar, dass der Raum danach womöglich wie ein Badezimmer oder eine Küche aussehen könnte, aber nichtsdestotrotz vertraute ich ihr. Zu meiner Freude (und Erleichterung) wählte sie ein schönes Blumenmuster, an das ich mich heute noch erinnere.[11]

Denken Sie immer daran, dass Ihr Waage-Kind zu Hause von zwei Faktoren beeinflusst wird: 1. der physischen Umgebung, also den Farben, Gerüchen, Möbeln und so weiter, und 2. der emotionalen Umgebung, also Spannungen und Konflikten oder Liebe und Fröhlichkeit in der Familie.

Jetzt werden Sie natürlich sagen: »Das gilt aber doch für alle Kinder!« Das stimmt auch, aber ich versichere Ihnen, dass es für Waage-Kinder noch zehnmal mehr gilt. Ihre Lebendigkeit, ihre

---

[11] Mit der Waage als Aszendent war ich in diesem Fall der Waage-Elternteil.

Entwicklung und ihr Selbstvertrauen hängen enorm von ihrer unmittelbaren Umgebung ab.

Das Sternzeichen Waage beherrscht die Nieren. Deshalb sollten Waage-Kinder immer viel trinken – wirklich viel.

Die Schlafgewohnheiten können sehr stark variieren. Manche Waage-Kinder sind Nachteulen und brauchen viel weniger Schlaf, als Sie denken. Meine Eltern haben schon aufgegeben, mir die Schlafenszeit vorzuschreiben, als ich zwölf war. Danach war ich immer die Letzte, die zu Bett ging. Ich war sehr dankbar dafür und bin heute noch ein Nachtmensch.

Ebenfalls immer bedenken sollten Eltern, wie wichtig für ihr Waage-Kind die Kleidung ist! Selbst wenn sie noch klein sind, wissen sie schon genau, was sie tragen möchten. Sie können sehr stolz auf ihre Kleidung sein. Das ist keine Eitelkeit! Kleidungsstücke und ihre Schönheit sind geradezu die Domäne der Waage. Selbst wenn Sie sich nicht für Kleidung »interessieren« – die Geschichte zeigt, dass in allen möglichen Kulturen und Ländern der Kleidungsstil sehr wichtig genommen wird. Kleider machen Leute!

Das Wichtigste, was Sie für Ihr Waage-Kind tun können, ist aber, Geschrei, Streit und Konflikte im Haus möglichst zu vermeiden. Natürlich braucht Ihr Waage-Kind genauso viele liebevolle Umarmungen wie jedes andere, aber Sie sollten sich bewusst sein, dass es viel stärker als andere Kinder traumatisiert wird, wenn es einen Streit der Eltern mit anhören muss.

Und schließlich, wenn Sie sich dafür stark genug fühlen: Lassen Sie Ihre Kinder bei der Gestaltung Ihrer Wohnung mitentscheiden. (Nur wenn die Kinder es möchten, natürlich.) Ich wette, sie lechzen danach, endlich mitgestalten zu können! (Die ersten Versuche werden vielleicht nicht so toll aussehen, aber aller Anfang ist schwer.)

Wie eine Waage glücklicher wird

»Niemand kann dafür sorgen, dass du dich minderwertig fühlst, wenn du es nicht willst.«

ELEANOR ROOSEVELT
Amerikanische Politikerin und Menschenrechtsaktivistin;
verheiratet mit US-Präsident Franklin D. Roosevelt
(11. Oktober 1884 –7. November 1962)

Niemand hat nur ein einziges Sternzeichen. So funktioniert die Astrologie nicht. Wir sind in Wirklichkeit komplizierte Cocktails aus verschiedenen Sternzeichen. Wenn Sie allerdings Ihre Sonne in der Waage oder den Aszendenten Waage haben, dann denken Sie immer daran, dass Sie kein Einzelgänger sind. Um es deutlich zu sagen: Sie brauchen Gesellschaft.

Wenn Sie allein sind, weil Sie die Liebe Ihres Lebens oder den perfekten Partner nicht gefunden haben, dann vergessen Sie nicht, dass wir in einer unvollkommenen Welt voller unvollkommener Menschen leben, darunter auch Sie und ich. Wenn Sie das Festessen nicht haben können, sind Sie dann auch mit einem Teller Suppe zufrieden, oder hungern Sie lieber?

Jetzt gehen Sie bestimmt in Abwehrhaltung. »Ich soll also Kompromisse machen. Ich soll meine Ansprüche runterschrauben!«

Das schlage ich gar nicht vor. Vielmehr sollten Sie Ihre Ansprüche verbessern. Urteilen Sie nicht vorschnell darüber, wer es verdient, in Ihrer Gesellschaft zu sein. Gehen Sie einfach aus, und seien Sie freundlich zu den Menschen! Reden Sie mit denen, die täglich Ihren Weg kreuzen, nett und warmherzig, und seien Sie bereit für neue Freundschaften. Es muss ja keine Liebesbeziehung werden, und Sie müssen auch nicht zusammenziehen. Aber vielleicht ergibt es sich irgendwann.

Waagen, die das Wippe-Prinzip missachten, werden unglücklich! Lassen Sie andere Menschen in Ihr Leben! Verabreden Sie sich zum Brunch, zum Kaffee, zum Abendessen. Laden Sie ruhig Leute zu sich nach Hause ein. Die Medien versetzen uns in Angst und Schrecken, was dann passieren kann, aber in der Hauptsache besteht die Bevölkerung doch aus Leuten wie Ihnen selbst, die im Grunde nett sind. Das ist keine Naivität, sondern die Wahrheit. Gehen Sie mal vor die Tür, und schauen Sie nach. Haben Sie erst einmal einen guten Freund, wird es Ihnen gleich viel besser gehen! Natürlich wird er oder sie nicht vollkommen sein, aber wer ist das schon?

Außerdem können Sie nicht ignorieren, dass Ihre Umgebung Sie stark beeinflusst. Akzeptieren Sie das, und leben Sie damit. Kaufen Sie frische Blumen, so oft es geht. Polieren Sie Ihre Möbel. Halten Sie Ordnung zu Hause und am Arbeitsplatz. Unterschätzen Sie nicht – ich wiederhole: nicht –, wie viel glücklicher und stärker Sie dadurch werden.

Geben Sie sich Mühe, Schönheit um sich zu sammeln. Das ist kein allzu hochgestecktes Ziel, und es muss auch nicht gleich wie in *Schöner wohnen* aussehen. Ich rede hier vom ganz normalen Alltag. Eine hübsche Seifenschale ist immer drin, und auch Ihre Salz- und Pfefferstreuer müssen nicht hässlich sein. Machen Sie Ihre Möbel mit Kissen, Tüchern, Vorhängen und Draperien schöner und bequemer – was auch immer Ihnen einfällt. Kaufen Sie Teppichläufer, Zimmerpflanzen, Körbe, Stehlampen, Tischlampen, schöne Bilder oder Poster – solange sie Ihnen nur gefallen!

Die Teller, die täglich auf Ihrem Tisch stehen, sollten Ihr Auge erfreuen. Wenn sie langweilig aussehen, kaufen Sie sich neue! Wie oft besteht unser Geschirr aus einem Sammelsurium nicht zusammenpassender Tassen und Teller, die sich über die Jahre in der Küche angehäuft haben? Werden Sie sie los! Kaufen Sie sich ein vollständiges Service, das Ihnen wirklich gefällt. Alltagsgeschirr kostet übrigens gar nicht so viel. (Am schwierigsten ist immer, sich von dem zu trennen, das man schon hat.) Das Gleiche gilt übrigens für das Besteck.

Vielleicht sind Sie schon eine aufgeklärte Waage, die in einer freundlich gestalteten Wohnung lebt. Toll! Dann ziehen Sie los, und gehen Sie in Museen, Kunstgalerien und schöne Gebäude. Gönnen Sie sich Essen in guten Restaurants, und spazieren Sie durch Parks und Gärten. Wenn Sie es sich leisten können, verreisen Sie. Sie beziehen Ihre Energie aus Ihrer Umgebung. Wenn Sie in Routine versinken, selbst in einer netten Routine, dann werden Sie mürrisch. Tun Sie sich das nicht an!

Vergessen Sie nie das Wichtigste: Ihren Geist. Was tun Sie, um ihn zu stimulieren? Ihr Sternzeichen ist ein Luftzeichen, was bedeutet, dass Sie ein Intellektueller sind. Sie mögen anregende Ideen, und vor allem brauchen Sie lebhafte Unterhaltungen, in denen Sie diese Ideen austauschen können! Wenn nötig, belegen Sie einen Kurs, lernen Sie eine Fremdsprache oder Blumenstecken oder Weinkunde. (Ich selbst bin eine Sudoku-Süchtige.)

Kurz gesagt: Was Sie brauchen, ist eine anregende Unterhaltung bei gutem Essen in netter Gesellschaft und stilvoller Umgebung!

Wir alle haben unsere Widersprüche

Ich glaube, dass die Waage mehr als jedes andere Sternzeichen die Fähigkeit hat, zwei entgegengesetzte Anschauungen gleichzeitig zu hegen. Denken Sie an die Waagschalen der Justitia. Wie sonst könnte ein guter Waage-Anwalt einen Mandanten verteidigen, von dem er weiß, dass er schuldig ist?

Die Wippe soll eine Erinnerung dafür sein, dass Sie Gesellschaft in Ihrem Leben brauchen. Jetzt kommt der Haken: Wegen dieses Bedürfnisses geben Sie oft Ihre Persönlichkeit auf, nur um Ihre Beziehung nicht zu gefährden. Ist dieser Preis nicht vielleicht zu hoch?

»Der Prüfstein für eine erstrangige Intelligenz ist die Fähigkeit, zwei entgegengesetzte Ideen zugleich im Kopf zu haben.«

F. SCOTT FITZGERALD
Amerikanischer Schriftsteller
Der große Gatsby, Die Schönen und Verdammten
(24. September 1896 – 21. Dezember 1940)

Als ich heiratete, war ich noch keine dreißig und verschmolz geistig geradezu mit meinem Mann. Ich hörte sogar auf, Gedichte zu lesen und Musik zu hören, weil er dafür nichts übrig hatte. Ich tat nur noch, was »wir« taten. Ich brauchte zehn Jahre, um aufzuwachen und mich selbst wiederzufinden.

Waagegeborene sind die klassischen Kandidaten dafür, in einer Beziehung »aufzugehen«, weil Waagen den Trost der Verbundenheit brauchen. Seien Sie vorsichtig! Waagen zögern immer zu lange, eine schlechte Beziehung zu beenden, weil sie dem Partner das nicht »antun« wollen und weil sie Angst vor dem Alleinsein haben.

Stellen Sie sich der Wahrheit! Das Leben ist kurz (und dick). Die Zeit ist das Leben. Sie werden geboren, die Zeit fliegt dahin, und dann sterben Sie. Wenn Sie Ihre Zeit in einer Beziehung verbringen, die Sie nicht glücklich macht, ist das Verschwendung. Und denken Sie an Ihren Hang zur Trägheit. Sie finden es nur allzu leicht, Veränderungen um jeden Preis zu vermeiden.

Wachen Sie auf und sehen Sie der Realität ins Auge. Der bekannte Mythenforscher Joseph Campbell, der Aszendent Waage war, sagte einmal: »Die Leute sagen, dass wir alle nach einem Sinn des Lebens suchen. Ich glaube nicht, daß es das ist, was wir wirklich suchen. Ich glaube, was wir suchen, ist eine Erfahrung des Lebendigseins.« Amen.

Waage
Ihr 40-Jahre-Horoskop

1985–2025

Warum wir in die Vergangenheit gehen

Ich möchte, dass Sie den Voraussagen vertrauen, und es gibt nur einen Weg, dies zu erreichen. Um mir glauben zu können, müssen Sie zunächst überprüfen, was ich behaupte. Deshalb beginne ich mit kurzen Rückblicken in die letzten fünfundzwanzig Jahre. Wenn Sie sich darin wiedererkennen, werden Sie auch meinen Aussagen über die kommenden fünfzehn Jahre Glauben schenken können. Schließlich geht es um eine einzige ununterbrochene Reihe von Ereignissen – Ihr Leben.

Die Aussagen über die Vergangenheit gelten im Allgemeinen erst ab dem Zeitpunkt, an dem Sie zu Hause ausgezogen sind oder Ihr Leben »selbst in die Hand genommen« und Ihre eigenen Entscheidungen getroffen haben. Denn in der Zeit davor wurden wichtige Ereignisse in Ihrem Leben noch von anderen bestimmt, vermutlich Ihren Eltern.

 # 1985–1990

Seit 1980 waren Sie auf einem völlig neuen Weg und hatten sich davor von vielem getrennt. Im Jahr 1985 sah das Leben schon viel besser aus! Dieser Zeitpunkt (plus oder minus ein oder zwei Jahre) war wunderbar für Reisen, Liebesaffären und Romantik – alles, was Spaß macht. Im Jahr 1986 bekamen Sie eine Gelegenheit für die Verbesserung Ihrer Gesundheit und Ihrer beruflichen Situation, was gut war, denn von 1987 bis 1990 durchliefen Sie eine Achterbahnfahrt aus Berufswechseln, Umzügen und allgemeiner Instabilität. Aber Sie haben überlebt! (Das wissen wir beide, weil Sie gerade diesen Text lesen.)

1991–1996

In den Jahren 1991/92 konzentrierten Sie sich darauf, ein Zuhause für sich zu finden. Nach all den Veränderungen mussten Sie dringend zur Ruhe kommen! Zum Glück war 1990 ein gutes Jahr für Ihre Karriere und Ihr Ansehen. Im Jahr 1991 waren Sie sehr stolz auf das Erreichte. Andere vielleicht auch!

In den Jahren 1992/93 kam gestiegene Verantwortung für Kinder auf Sie zu. Entweder traten kleine Kinder in Ihr Leben, oder ältere zogen wieder ein! Zum Glück war 1993 ein sehr gutes Jahr, weil Jupiter in Ihrem Sternzeichen stand. Sie fühlten sich vom Leben insgesamt ermutigt und waren sehr optimistisch. Im Jahr 1994 begann das Geld für Sie zu fließen (ein Glück). Von da an konnten viele von Ihnen sich aufraffen und gewannen an Selbstvertrauen. Wie auch immer, 1996 arbeiteten Sie jedenfalls wie verrückt!

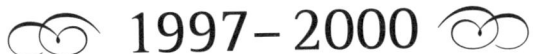 1997– 2000

Das Jahr 1997 war eines dieser netten Jahre, in denen ständig Liebe, Romantik, Freude an Kindern und Ferienreisen – alles, was Spaß macht – Ihren Weg kreuzten! Einige von Ihnen bekamen Familienzuwachs durch Geburt, Adoption oder Heirat. Der ernsthaftere Aspekt war, dass Partnerschaften entweder endeten oder sich stark veränderten. Einige enge Freundschaften überlebten ebenfalls nicht. Im Jahr 1998 ergaben sich dann wunderbare berufliche Möglichkeiten und eine Chance, Ihren Job in jeder Hinsicht zu verbessern. Im Jahr 1999 waren Romantik, Partnerschaften und Liebe glücklich wieder auferstanden! (Heißa!)

Seit 1996 (ein in mancher Hinsicht problematisches Jahr) waren Sie stärker, konzentrierter und entschlossener geworden. Um die Jahrtausendwende schwand eine bestimmte Art von Unterstützung durch andere Menschen oder trocknete ganz aus, aber das konnte Sie nicht aufhalten.

2001 – 2005

In diesem Zeitraum hatten Sie tolle Reisemöglichkeiten. Diejenigen von Ihnen, die keine Reisen machten, belegten Weiterbildungskurse oder hatten anderweitig mit höherer Bildung zu tun. Auch für das Verlagswesen, die Medien, die Medizin und die Rechtspflege war das eine sehr gute Zeit. Im Jahr 2002 sah alles prima für Sie aus, weil der Glück und Geld bringende Jupiter das ganze Jahr ganz oben in Ihrem Horoskop stand! Hier war Ihre Chance, Ihr Ansehen zu steigern.

Im Jahr 2004 zogen Sie das große Los. In dieser Phase erreichten Sie ein Ziel, das Ihnen sehr wichtig war. Eine Beförderung, ein Abschluss, ein Haus, eine Hochzeit, eine Geburt – irgendetwas hat Sie 2005 sehr stolz gemacht. Das Leben war auf einmal schön! Jupiter war zum ersten Mal seit zwölf Jahren wieder in Ihrem Sternzeichen, und das brachte alle möglichen Menschen und die Liebe in Ihr Leben.

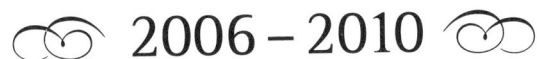

2006 – 2010

Vielleicht wegen Ihres kürzlichen Erfolgs und Glücks wurde Ihre Zeit jetzt von einer Menge Menschen und Anlässe beansprucht. Sie mussten lernen, damit umzugehen, um Ihre eigene Privatsphäre, Unabhängigkeit und Integrität zu schützen. Das fällt einer Waage, die gerne gefallen möchte, nicht leicht! Eine schöne Reise 2007 kam gerade richtig, genau wie die mit Geschwistern und Verwandten verbrachte Zeit.

Im Jahr 2008 erfuhr Ihr Familienleben eine starke Bereicherung. Jetzt war der richtige Zeitpunkt für Immobiliengeschäfte, eine Familienerweiterung oder den Ausbau Ihres Hauses.

Das Jahr 2009 hat besonders viel Spaß gemacht! Es war eine gute Zeit für Romantik, Partys, Kino, Theater, Sport und Unterhaltung allgemein. Kinder wurden zu einer Quelle der Freude. Sie hatten sehr schöne Möglichkeiten, sich künstlerisch auszudrücken. Sie waren glücklich!

Trotzdem begann jetzt ein Zeitfenster von zwei Jahren, in dem Sie sich von Orten, Menschen und Besitztümern trennen mussten. Für einige von Ihnen bedeutete das Einschränkungen, für andere einen Umzug oder sogar Auswanderung in ein anderes Land.

2011–2013

Sie alle befinden sich jetzt mitten im Tumult dieser großen Veränderung. Während ich dies schreibe, bekomme ich schon Post von Waagegeborenen, die wissen wollen, worin diese Veränderung denn bestehen werde. Darauf kann ich guten Gewissens natürlich nur eine Antwort geben: Ich weiß es nicht.

Was ich weiß, ist, dass Sie jetzt einen ähnlichen Zyklus wie von 1980 bis 1983 durchlaufen. Nicht alle werden umziehen oder den Beruf wechseln. Für einige wird es vielleicht eine große Veränderung in ihrer Beziehung sein, ohne dass sich Wohnort oder Arbeitsplatz ändern. Die Einzelheiten sind für jeden von Ihnen ganz individuell, aber auf jeden Fall wird dieser Zeitraum ein Wendepunkt in Ihrem Leben, das steht fest.

Das letzte und das gegenwärtige Jahr sind aus einem bestimmten Grund eine Zeit des Umschwungs, an die Sie noch lange zurückdenken werden, obwohl ich nicht weiß, worin dieser Grund in Ihrem Leben genau besteht. Wenn ich auf die entsprechende Phase in meinem eigenen Leben zurückblicke, sehe ich, dass ich damals an die Universität zurückkehrte, was wiederum eine ganze Reihe neuer Türen öffnete.

Ein sehr netter Aspekt des Jahres 2011 sind die Geschenke, Erbschaften, Steuererstattungen und Zuwendungen von anderen Menschen, die Ihnen zukommen werden! Einige von Ihnen werden auch indirekt durch ihren Partner profitieren, der sein Einkommen steigern oder einen Bonus erhalten wird oder etwas in der Art. Es wird ein gutes Jahr für Sie!

Außerdem ist jetzt eine Zeit, in der Menschen Ihnen den Gebrauch ihrer Besitztümer gestatten – des Ferienhauses, des Wagens, des Boots oder der Motorsäge –, je nachdem, was Sie brauchen. Auch wenn Sie eine Hypothek oder einen Kredit aufnehmen wollen, dann tun Sie es jetzt – Hilfe von anderen bekommen Sie nun leicht. Ka-ching!

Dieses Glück hält noch bis ins Jahr 2012 an. Vielleicht wegen der finanziellen Gewinne haben Sie für 2013 große Reisepläne. Sie kommen herum in der Welt! Es werden keine kurzen Ausflüge, sondern lange Reisen, die ins Ausland führen, und zwar für längere Zeit. Eine echte Luftveränderung!

Wer nicht verreist, sollte seine Möglichkeiten im Verlagswesen, den Medien und der höheren Bildung ausnutzen. Vielleicht gehen Sie noch einmal zur Schule oder machen einen Uni-Abschluss. Vielleicht bringen Sie endlich Ihr Buch heraus. Sie erweitern Ihren Horizont und blicken über den Tellerrand hinaus. Dadurch erleben Sie Abenteuer und lernen viel dazu!

Und nicht nur das. 2013 ist auch deswegen so aufregend und spannend, weil Sie spüren, dass etwas Wichtiges bevorsteht. Sie wissen, dass es etwas Gutes sein wird – etwas, worauf Sie lange hingearbeitet haben. Sie fühlen sich, als würden Sie sich gerade für den Ball ankleiden. (Das ist der Teil, den Sie wirklich mögen.)

2014 – 2015

Das ist ein einmalig tolles Jahr für alle Waagen! Jetzt stehen Sie im Rampenlicht. Was immer Sie angestrebt haben – Sie haben es jetzt erreicht. Beförderungen, Lob, Anerkennung, Beifall und Unterstützung von allen Menschen Ihrer Umgebung sind Ihnen gewiss. Dies ist das beste Jahr seit mehr als einem Jahrzehnt, um Ihr Ansehen zu stärken. Sie kommen vielleicht ganz groß raus! Womöglich finden Sie Ihren Namen buchstäblich als Leuchtreklame wieder, auf jeden Fall aber ernten Sie verstärkten Respekt und mehr Anerkennung von Ihren Kollegen. Unnötig zu sagen, dass jetzt die richtige Zeit ist, um eine Lohnerhöhung, eine Beförderung oder sonst etwas zu erbitten, wofür es auf Ihr Ansehen bei anderen Menschen ankommt, besonders bei Vorgesetzten.

Trotz oder vielleicht gerade wegen all dieser Erfolge durchleben Sie jetzt eine Krise bezüglich Ihres persönlichen Wertesystems. Wenn der Erfolg zum Beispiel sehr plötzlich kommt, fragen Sie sich vielleicht, warum er nicht so erfüllend ist, wie Sie sich vorgestellt haben. (»Wo bleibt das Feuerwerk?«)

Vielleicht stellen Sie wegen Ihres gestiegenen Ansehens Ihre Werte aber auch auf andere Weise infrage: Sie kommen zu dem Schluss, dass Sie bis jetzt alles falsch gesehen haben und nun endlich anfangen zu kapieren! Der Gedankenprozess kann in beide Richtungen laufen. Eines ist allerdings sicher: Sie werden tief in sich hineinhorchen, um ein Wertesystem zu finden, dem Sie vertrauen können.

Sie möchten in Ihrem Leben schließlich nicht aufs falsche Pferd setzen. Sie wollen wissen, worauf es ankommt, damit Sie sich auf die richtigen Ziele konzentrieren können. Wenn Sie dafür eine Entscheidung treffen müssen, werden Sie bestimmt vorher ängstlich zögern, das tun Sie ja immer. (Lesen Sie sich ruhig den betreffenden Abschnitt auf Seite 428ff. noch einmal durch oder auch die Anekdote über diszipliniertes Handeln, um späteres Bedauern zu vermeiden.)

Auf einer etwas alltäglicheren Ebene werden viele von Ihnen jetzt den Arbeitsplatz wechseln oder Ihren Broterwerb infrage stellen. Zusammengefasst kann man sagen, dass Sie einerseits sehr erfolgreich und angesehen sind, besonders bei Eltern, Lehrern, Chefs und wichtigen Leuten, sich aber andererseits trotz Ihrer ausgezeichneten Reputation fragen, womit Sie Ihr Geld verdienen sollten und was Sie überhaupt mit Ihrem Leben anstellen wollen.

Ihr gestiegenes Ansehen macht Sie 2015 auf jeden Fall beliebter und steigert Ihre Popularität auf den höchsten Wert seit über zehn Jahren. Jeder möchte Sie sehen! Jetzt ist die richtige Zeit, um sich Vereinen, Organisationen und Verbänden anzuschließen. Sie profitieren jetzt stark von Gruppenaktivitäten. Deshalb sollten Sie auch mehr auf Teamarbeit setzen. (Das ist immer richtig.)

Um 2015 kommt auch eine gute Zeit, um Partnerschaften zu beginnen, sowohl geschäftliche wie private. Sie werden nicht nur die Zusammenarbeit mit anderen Menschen und Gruppenaktivitäten genießen, sondern auch vom Fachwissen der anderen profitieren. Teilen Sie Ihre Zukunftsträume, um zu hören, was die anderen dazu sagen. Holen Sie sich ein paar Rückmeldungen. Das rate ich nicht nur so nebenbei, sondern die Gedanken und Ansichten der anderen werden Ihnen wirklich nutzen! Vielleicht bekommen Sie auch ein paar interessante Kontakte vermittelt. Manchmal sind wir als Einzelkämpfer am besten, aber das gilt für Sie nicht in diesem Jahr. Werfen Sie sich in Schale, und sammeln Sie Ihre Truppen um sich!

∽ 2016 – 2017 ∽

Ihr Leben nimmt jetzt eine interessante Wendung, weil Sie sich in einem Zeitfenster von zwei oder drei Jahren befinden, das Ihnen wahrscheinlich einen Umzug, einen Arbeitsplatzwechsel oder beides bescheren wird. Eine große Sache! Um die Voraussage zu testen, können Sie etwa dreißig Jahre zurückdenken (plus oder minus ein Jahr). Sind Sie um 1986 vielleicht umgezogen? Haben Sie Ihren Arbeitsplatz gewechselt? (Das ist natürlich nur relevant, wenn Sie damals schon Ihre eigenen Entscheidungen getroffen haben und nicht mehr von Ihren Eltern abhängig waren und bei ihnen gewohnt haben. Ich habe allerdings viele Fälle erlebt, in denen sich auch ein von den Eltern veranlasster Umzug im Horoskop eines Kindes fand.)

Außerdem gehen noch andere Dinge vor sich, die zu einem subtilen (oder weniger subtilen) Umschwung in Ihren Ansichten führen. Vielleicht geschieht etwas, das Sie zu einer neuen Religion oder einer Form von Spiritualität führt, möglicherweise auch in Bereiche geheimnisvollen, esoterischen und verborgenen Wissens. (»Hallo? Hier spricht Harry Houdinis Mutter. Ich wollte fragen, ob er vielleicht bei Ihnen ist?«)

Zum Glück strahlen die Glückssterne über Ihnen, wenn Sie umziehen oder einen neuen Job antreten! Warum? Weil zwischen September 2016 und Oktober 2017 der finanzielle Glücksbringer Jupiter in der Waage steht! (»Ich Glückspilz!«)

Jupiter war seit 2005 nicht mehr in Ihrem Sternzeichen. (Tralala, tralala, endlich ist der wieder da!) Machen Sie unbedingt das Beste daraus! In dem Jahr, das Jupiter in der Waage verbringt, werden Sie haufenweise günstige Gelegenheiten haben, die sich Ihnen unerklärlicherweise bieten. Mächtige und wichtige

Leute werden plötzlich nach Ihnen fragen. Sie werden große und kleine Erfolgserlebnisse haben, die Ihr Selbstvertrauen stärken. Das geschieht ganz zweifellos, denn am Ende dieses Einjahreszeitraums wird Ihr Selbstvertrauen beträchtlich gestiegen sein! Sie treten der Welt viel selbstbewusster und gelassener gegenüber.

Daher steht fest, dass innerhalb dieser Zeitspanne etwas Positives geschehen wird, das Ihnen diese innere Stärke verleiht. (Ein bisschen Geld ist natürlich auch nett.)

2018 – 2020

Es ist nur logisch, dass Sie nach diesem Schub an Selbstvertrauen, Glück, guten Gelegenheiten und hilfreichen Kontakten Ihr Einkommen erhöhen können. Das steht Ihnen 2018 bevor.

In diesem Jahr werden Sie nicht nur Ihr Einkommen steigern, sondern generell Ihren Besitz vermehren. Viele von Ihnen werden auch größere Anschaffungen tätigen. Weil Sie sich in diesem Jahr so sehr auf Umsatz und Besitz konzentrieren, lernen Sie, das Beste aus Ihren finanziellen Möglichkeiten zu machen. Oder, um es anders auszudrücken: Sie machen die bestmöglichen Geschäfte. Auch für Investitionen ist dieses Jahr sehr gut geeignet.

Um 2019 sind Sie dann so weit, dass Sie alles tun für eine solide häusliche Basis. Sie möchten sich in Ihrem Haus wirklich wohlfühlen. Natürlich soll es auch so schön wie möglich sein. Es muss nicht riesig sein, etwas Kleines genügt auch, aber es muss ein Juwel sein. (Man hat ja seine Ansprüche.)

Jetzt ist die richtige Zeit für den Kauf von Häusern, Grund und Boden oder einer Eigentumswohnung, denn Sie wollen Ihren Standort sichern. Diejenigen von Ihnen, die in diesem oder dem nächsten Jahr nicht umziehen, werden ihr Haus aus- oder umbauen.

Ja doch, ich weiß noch, dass viele von Ihnen in den vergangenen zwei Jahren bereits umgezogen sind. (Was soll das werden? Reise nach Jerusalem?) Die Veränderungen zwischen 2015 und 2018 sollten Sie in eine neue und anregende Umgebung bringen, denn Sie sind schon seit 2010/11 auf einem neuen Weg, der Ihren Platz in der Welt völlig neu definiert hat. In diesem Jahr nun ist dieser Vorgang weitgehend abgeschlossen. (»Zieh mich raus, zieh mich raus, ich bin schon längst ausgebacken!«)

Trotzdem mussten Sie in den letzten paar Jahren einige Entwicklungen durchmachen, die hauptsächlich Ihre Art zu kommunizieren und zu denken betrafen. Einige von Ihnen zogen sogar an Orte um, wo eine andere Sprache gesprochen wird. (Etwa nach Süddeutschland.)

Ihre Konzentration auf Ihr Zuhause in diesem und in den nächsten Jahren ist dagegen etwas ganz anderes. Jetzt wollen Sie Wurzeln schlagen! Diejenigen, die ihren gegenwärtigen Wohnort mögen, werden dort bleiben. Sie ziehen nicht noch einmal um, aber sie werden größere Reparaturen durchführen. Vielleicht unternehmen Sie in den nächsten Jahren auch etwas, um Ihr Familienleben zu stabilisieren; auch hier kann es zu größeren, grundlegenden Veränderungen kommen.

Gute Nachrichten! Dieses Zeitfenster (2020/21) ist das Beste für Immobiliengeschäfte seit 2008/09. Berücksichtigen Sie das unbedingt![12] Jetzt ist die richtige Zeit für Investitionen in Ihr eigenes Haus und größere Umbauten und auch für Immobilienanlagen; natürlich auch für den Kauf eines Eigenheims. Was auch immer Sie jetzt in Immobilien investieren – sei es in Ihr eigenes Zuhause, ein Spekulationsobjekt oder ein neues Objekt zu Ihrem eigenen Gebrauch –, wird Ihnen in Zukunft Nutzen und Gewinn bringen. Auch Anschaffungen für den Haushalt oder für Familienmitglieder werden Ihnen jetzt und zukünftig zugutekommen.

In dieser Zeit werden Sie viel Freude an Ihrer Familie haben. Weil alles so gut läuft, werden einige von Ihnen Familienzuwachs durch Heirat, Adoption oder Geburt erleben.

Es trifft sich wirklich gut, dass Sie in einer Zeit, in der Sie Ihr Heim absichern möchten, tatsächlich die Mittel dafür bekommen. Klasse, oder?

---

[12] Wie mein Freund Pat immer sagt: »Wenn du angeln gehst, dann da, wo die Fische sind.«

2021–2023

Alle zwölf Jahre wird, so könnte man sagen, das große Los unter den Sternzeichen gezogen, und diesmal sind Sie der Gewinner! Während dieser Lebensphase sollten Sie unbedingt einen wunderbaren Urlaub planen. (Was immer Sie sich leisten können.) Egal, wie hart Sie arbeiten oder was Sie gerade am Laufen haben, jetzt geht es Ihnen hauptsächlich um Vergnügen und Spaß! Sie gehen auf Partys, reisen an schöne Orte, genießen das Spielen mit Kindern und werden mehr mit Sport zu tun haben als zuvor. (Bei vielen von Ihnen wird auch der Bier- und Weinkonsum steigen.)

Man muss nicht dazusagen, dass all diese Spaßaktivitäten vielen von Ihnen Romantik und Liebe bringen werden. (Denken Sie sich Ihren Teil!) Jetzt ist eine wunderbare Zeit, um sich zu verlieben! Sie fühlen sich sehr wohl in Ihrer Haut und müssen nicht vortäuschen, jemand anders zu sein. Dieses Selbstvertrauen teilt sich auch anderen Menschen mit. Viele von Ihnen werden einem neuen Beziehungspartner begegnen. Wer bereits in einer Beziehung ist, wird sie neu beleben und schöner, entspannter und erotischer gestalten. (Es ist wie beim Radfahren, oder? Nur die Lenkergriffe sind größer.)

Alle Geschäfte im Bereich der Unterhaltung, des Showbusiness und des Gastgewerbes laufen jetzt besonders gut, desgleichen Geschäfte oder Berufe, die mit dem Unterrichten von Kindern oder mit Sport zu tun haben.

Jetzt ist die klassische Zeit, um Kinder zu bekommen oder Ihre Familie auf andere Art zu erweitern. Sie genießen alles, was Spaß, Vergnügen und Zerstreuung bringt. Einiges davon geht fast sicher auf das Konto von Kindern, die Ihnen jetzt viel Freude bereiten. Möglicherweise übernehmen viele von Ihnen gesteigerte Verantwortung für Kinder, entweder für die eigenen, für die Enkel oder für Kinder von Freunden. Einige von Ihnen übernehmen vielleicht einen Job im Bereich Kindererziehung oder –versorgung.

Achtung: Dies könnte eines der besten Zeitfenster für Finanzspekulationen sein. Das klingt vielleicht seltsam, weil Sie gerade so in Partystimmung sind, aber die Sterne ermutigen Sie, jetzt zu »spielen« – und vom astrologischen Standpunkt aus sind Investitionsgeschäfte auch ein Spiel, nämlich mit Geld. Diese Zeit des »Spielens« eignet sich daher ausgezeichnet für spekulative Investitionen! Das ist etwas ganz anderes, als Geld zu verdienen oder zu erben. (Das sind die drei Einnahmequellen, wie sie die Astrologie unterscheidet.)

Dem ganzen Spaß folgen rasch wunderbare Gelegenheiten für eine berufliche Verbesserung. Viele von Ihnen werden den Arbeitsplatz wechseln, einen besseren Job, einen besseren Chef oder bessere Arbeitsbedingungen bekommen. Wenn Sie nicht arbeiten, freuen Sie sich auf eine bessere Gesundheit! Alles ist gut.

Partnerschaften, enge Freundschaften und Dauerbeziehungen erhalten in dieser Zeit ebenfalls einen starken Anschub. In den Jahren 2022/23 werden alle Zweifel zerstreut, die Sie an einer Partnerschaft hatten. Sie fühlen sich in Ihren engen Freundschaften gut aufgehoben. Diejenigen, die Ihnen am wichtigsten sind, haben immer Zeit für Sie. Super! Sie erfahren jetzt mehr über ernsthafte Partnerschaften und auch darüber, was Sie selbst wirklich wollen und welche Rolle Sie in diesen Partnerschaften spielen. Diese Zeit wird von wertvollen Erkenntnissen und Einsichten darüber bestimmt, wie Sie wirklich zu den Menschen stehen, die Ihnen am nächsten sind.

Nicht nur Partnerschaften sind Ihnen jetzt eine große Hilfe, sondern auch Geschenke, Zuwendungen, Erbschaften und alle möglichen finanziellen und praktischen Hilfen von anderen

Menschen fließen Ihnen reichlich zu. Das Jahr 2023 ist ein guter Zeitraum für die Aufnahme von Krediten, Hypotheken oder Privatdarlehen.

Unter uns – es ist auch ein sehr leidenschaftliches Jahr für die Verliebten. (Oh, là, là!) Auf einmal haben Sie lauter interessanten Stoff für Ihr Tagebuch, aber keine Zeit zu schreiben. (Ist doch so, oder?)

Die Freiberufler und Selbstständigen unter Ihnen können 2023 leichter an Geld kommen. Auch die Spendensammler unter den Waagen finden jetzt offenere Ohren als sonst. Sie schöpfen mit vollen Händen!

Aber im Geheimen, wenn Sie abends allein im Bett liegen und nachdenken, fragen Sie sich immer noch, was Sie einmal werden wollen, wenn Sie erwachsen sind. Diese Frage hat nichts mit dem Alter zu tun, sondern ist einfach eine Standortbestimmung im Leben.

Im Grunde versuchen Sie jetzt herauszufinden, wie Sie die Zeit am besten nutzen können, die Ihnen noch bleibt – das kann viel oder wenig sein. Wie lang auch immer, es ist Ihr Leben! Was möchten Sie am liebsten damit anfangen? Partnerschaften und enge Freundschaften kommen Ihnen jetzt sehr zugute. Es ist die richtige Zeit, um andere um Unterstützung und Rat zu bitten.

2024 – 2025

Einige von Ihnen bekommen immer noch finanzielle Zuwendungen, Erbschaften und Geschenke anderer Menschen. In dieser Hinsicht haben Sie in letzter Zeit Glück gehabt. Das ist auch gut so, denn der Himmel weiß, dass Sie ab jetzt sehr hart arbeiten. Sie sind in einem Zeitfenster von zwei oder drei Jahren, in dem Sie sich fast zu Tode schuften! Manchmal arbeiten Sie so hart, dass Sie meinen, aufgeben zu müssen. Geben Sie diesem Gefühl nicht nach. Wie überlastet Sie sich auch fühlen mögen, Sie werden es ganz prima schaffen! Denken Sie daran, sich genügend auszuruhen. Ihre Schlafenszeiten geraten immer außer Kontrolle, wenn Sie hart arbeiten. (Na und?)

Viele von Ihnen werden jetzt wahrscheinlich mehr reisen als sonst, weil sich dafür viele Gelegenheiten bieten. Einige davon sind geschäftlich, andere hoffentlich zum Vergnügen. Die gute Nachricht ist, dass Sie jetzt viele Möglichkeiten bekommen, Ihren Horizont zu erweitern. Einige von Ihnen gehen noch einmal zur Schule, andere ziehen vielleicht in ein fremdes Land mit einer anderen Kultur. Vielleicht lernen Sie eine Fremdsprache!

Auch im Verlagswesen, den Medien, der Medizin und der Rechtspflege bieten sich Ihnen jetzt schöne Gelegenheiten. Schriftsteller haben jetzt die beste Chance, veröffentlicht zu werden. Wenn Sie im höheren Bildungswesen arbeiten, könnten Sie einen besseren Job, eine Beförderung oder eine bessere Arbeitsumgebung bekommen. (Das gilt sowohl für Studenten wie Dozenten.)

Um diese Zeit schauen Sie erwartungsvoll auf das Kommende. Im Jahr 2025 zieht der Geld und Glück bringende Jupiter seinen Weg ganz oben durch Ihr Horoskop und verschafft Ihnen noch mehr günstige Gelegenheiten. (Toll!) Jetzt steigern Sie Ihr Ansehen und Ihren guten Namen in den Augen der Umwelt. Das liegt daran, dass der wohlwollende Einfluss des Jupiters so deutlich sichtbar ist. Sie fallen auf! Und zwar besonders wichtigen Menschen und Autoritätspersonen, die Sie positiv wahrnehmen. Jetzt ist die klassische Zeit für eine Beförderung, Lob, eine Lohnerhöhung und überhaupt alles, was Ihr Ansehen in der Öffentlichkeit steigert.

Manche Waagen profitieren vom Durchzug des Jupiters auf andere Weise. Es könnte Ihre Chance sein, sich in einem von Jupiter beherrschten Bereich – Verlagswesen, Touristik, höherer Bildung (Universitäten und Hochschulen) oder sogar Medizin und Rechtspflege – zu etablieren. Wer in eines dieser Berufsfelder wechselt, wird eher keine Beförderung bekommen, aber endlich das tun, was er wirklich möchte.

In dieser Lebensphase sind Sie sehr positiv gestimmt, auch wenn Sie so hart arbeiten. Einer der Gründe, warum Sie sich so gut fühlen: Sie wissen, was Sie können, und haben keine Angst, es der Welt zu zeigen!

»Wir werden uns wahrscheinlich wundern, welche Menschen wir im Himmel antreffen. Gott hat eine Schwäche für Sünder. Seine Ansprüche sind ziemlich niedrig.«

DESMOND TUTU
Südafrikanischer anglikanischer Erzbischof
und Friedensnobelpreisträger (1984)
(7. Oktober 1931)

Berühmte Waagen

24. September 1896	F. Scott Fitzgerald
24. September 1941	Linda McCartney
24. September 1946	Uschi Obermaier
25. September 1897	William Faulkner
25. September 1932	Glenn Gould
25. September 1944	Michael Douglas
25. September 1947	Cheryl Tiegs
25. September 1952	Christopher Reeve
25. September 1955	Karl-Heinz Rummenigge
25. September 1955	Zucchero
25. September 1961	Heather Locklear
25. September 1968	Will Smith
25. September 1969	Catherine Zeta-Jones
26. September 1898	George Gershwin
26. September 1948	Olivia Newton-John
26. September 1956	Linda Hamilton
26. September 1976	Michael Ballack
27. September 1958	Shawn Cassidy
27. September 1966	Jovanotti
27. September 1972	Gwyneth Paltrow
27. September 1984	Avril Lavigne
28. September 1905	Max Schmeling
28. September 1924	Marcello Mastroianni
28. September 1934	Brigitte Bardot
28. September 1941	Edmund Stoiber
28. September 1960	Jennifer Rush
28. September 1972	Dita Von Teese
28. September 1978	Bushido
28. September 1987	Hilary Duff

29. September 1931	Anita Ekberg
29. September 1935	Jerry Lee Lewis
29. September 1942	Madeline Kahn
29. September 1943	Lech Wałe₍sa
29. September 1951	Jutta Ditfurth
30. September 1931	Angie Dickinson
30. September 1956	Désirée Nick
30. September 1957	Fran Drescher
1. Oktober 1924	Jimmy Carter
1. Oktober 1935	Julie Andrews
1. Oktober 1949	André Rieu
1. Oktober 1972	Aleksandra Bechtel
2. Oktober 1869	Mahatma Gandhi
2. Oktober 1890	Groucho Marx
2. Oktober 1904	Graham Greene
2. Oktober 1945	Don McLean
2. Oktober 1948	Donna Karan
2. Oktober 1949	Annie Leibovitz
2. Oktober 1951	Sting
2. Oktober 1971	Xavier Naidoo
3. Oktober 1941	Chubby Checker
3. Oktober 1954	Stevie Ray Vaughan
3. Oktober 1962	Tommy Lee
3. Oktober 1964	Clive Owen
3. Oktober 1969	Gwen Stefani
3. Oktober 1978	Gerald Asamoah
4. Oktober 1895	Buster Keaton
4. Oktober 1923	Charlton Heston
4. Oktober 1937	Jackie Collins
4. Oktober 1941	Anne Rice
4. Oktober 1946	Susan Sarandon
4. Oktober 1976	Alicia Silverstone
5. Oktober 1943	Steve Miller
5. Oktober 1951	Bob Geldof

5. Oktober 1952	Harold Faltermeyer
5. Oktober 1963	Charlotte Link
5. Oktober 1967	Guy Pearce
5. Oktober 1975	Kate Winslet
6. Oktober 1887	Le Corbusier
6. Oktober 1942	Britt Ekland
6. Oktober 1954	Helmut Zierl
7. Oktober 1885	Niels Bohr
7. Oktober 1900	Heinrich Himmler
7. Oktober 1927	R. D. Laing
7. Oktober 1931	Desmond Tutu
7. Oktober 1951	John Mellencamp
7. Oktober 1952	Wladimir W. Putin
8. Oktober 1895	Juan Perón
8. Oktober 1941	Jesse Jackson
8. Oktober 1943	Chevy Chase
8. Oktober 1970	Matt Damon
9. Oktober 1907	Jacques Tati
9. Oktober 1940	John Lennon
9. Oktober 1975	Sean Lennon
10. Oktober 1813	Giuseppe Verdi
10. Oktober 1917	Thelonious Monk
10. Oktober 1930	Harold Pinter
10. Oktober 1953	James »Midge« Ure
10. Oktober 1958	Tanya Tucker
11. Oktober 1884	Eleanor Roosevelt
11. Oktober 1925	Elmore Leonard
11. Oktober 1937	Bobby Charlton
11. Oktober 1955	Friedrich Merz
11. Oktober 1966	Luke Perry
12. Oktober 1913	Josefine Hawelka
12. Oktober 1935	Luciano Pavarotti
12. Oktober 1965	Hugh Jackman
13. Oktober 1921	Yves Montand

13. Oktober 1925	Margaret Thatcher
13. Oktober 1934	Nana Mouskouri
13. Oktober 1941	Paul Simon
13. Oktober 1967	Javier Sotomayor
14. Oktober 1888	Katherine Mansfield
14. Oktober 1890	Dwight D. Eisenhower
14. Oktober 1894	e. e. cummings
14. Oktober 1906	Hannah Arendt
14. Oktober 1927	Roger Moore
14. Oktober 1939	Ralph Lauren
14. Oktober 1940	Cliff Richard
14. Oktober 1977	Bianca Beauchamp
14. Oktober 1978	Usher Raymond
15. Oktober 1844	Friedrich Nietzsche
15. Oktober 1881	P. G. Wodehouse
15. Oktober 1917	Arthur Schlesinger
15. Oktober 1920	Mario Puzo
15. Oktober 1948	Chris de Burgh
15. Oktober 1988	Mesut Özil
16. Oktober 1752	Adolph Freiherr Knigge
16. Oktober 1886	David Ben-Gurion
16. Oktober 1927	Günter Grass
16. Oktober 1958	Tim Robbins
16. Oktober 1961	Marc Levy
17. Oktober 1915	Arthur Miller
17. Oktober 1938	Evel Knievel
17. Oktober 1968	Ziggy Marley
17. Oktober 1972	Eminem
17. Oktober 1972	Wyclef Jean
17. Oktober 1979	Kimi Räikkönen
18. Oktober 1926	Chuck Berry
18. Oktober 1926	Klaus Kinski
18. Oktober 1939	Lee Harvey Oswald
18. Oktober 1960	Jean-Claude Van Damme

18. Oktober 1965	Curtis Stigers
18. Oktober 1987	Zac Efron
19. Oktober 1784	Leigh Hunt
19. Oktober 1931	John le Carré
19. Oktober 1962	Evander Holyfield
19. Oktober 1969	Dieter Thoma
19. Oktober 1975	Hilde Gerg
20. Oktober 1882	Béla Lugosi
20. Oktober 1950	Tom Petty
20. Oktober 1959	Akif Pirincci
20. Oktober 1971	Dannii Minogue
21. Oktober 1833	Alfred Nobel
21. Oktober 1917	Dizzy Gillespie
21. Oktober 1926	Leo Kirch
21. Oktober 1949	Benjamin Netanjahu
22. Oktober 1811	Franz Liszt
22. Oktober 1919	Doris Lessing
22. Oktober 1938	Claus Hipp
22. Oktober 1942	Annette Funicello
22. Oktober 1943	Catherine Deneuve
22. Oktober 1946	Deepak Chopra
22. Oktober 1969	Helmut Lotti
23. Oktober 1931	Diana Dors
23. Oktober 1942	Michael Crichton
23. Oktober 1942	Anita Roddick
23. Oktober 1954	Ang Lee

Skorpion

24. Oktober – 22. November

Skorpion

(24. Oktober – 22. November)

»ICH BEGEHRE.«

»Es ist ganz einfach, erfolgreich zu sein. Wisse, was du tust, tue es mit Liebe, und glaube an das, was du tust.«

WILL ROGERS
Amerikanischer Cowboy, Komiker und Schauspieler
Jahrmarktsrummel
(4. November 1879 – 15. August 1935)

»Glück hat einen schlechten Ruf. Die Leute sagen, es sollte nicht zum Lebensziel gemacht werden. Aber genau das sollte es.«

RICHARD DREYFUSS
Amerikanischer Schauspieler
Unheimliche Begegnung der dritten Art, Der Untermieter
(29. Oktober 1947)

Element	Wasser
Herrscherplanet	Pluto
Qualität	Fix
Gegenzeichen	Stier
Symbol	Der Skorpion, der Adler oder die Schlange
Glückssteine	Opal, blutroter Karneol und Granat[1]
Blumen	Geranie und Rhododendron
Farben	Rot und Schwarz
Körperteile	Geschlechtsorgane

WAS SIE LIEBEN Halloween, Kunst, Dichtung, Ihr Zuhause, Gesellschaft, das gute Leben, Geheimnisse aufklären, Boxen, Lösungen finden, Respekt, Stärke, Siege und das Überwinden von Hindernissen. Ihr Sternzeichen ist das erotischste und leidenschaftlichste im Tierkreis. Denken Sie eigentlich auch noch an etwas anderes als an Sex?

WAS SIE VERABSCHEUEN Persönliche Fragen, Verrat, Mittelmäßigkeit, halbe Sachen, Kontrollverlust, Rückgratlosigkeit, Einschränkungen und Begrenzungen. Und Kleinlichkeit finden Sie einfach so, so – kleinlich eben!

WO SIE GLÄNZEN Sie sind einfallsreich, gebildet, lebhaft, heroisch, instinktiv, zäh, vertrauenswürdig, unerschrocken und aufrichtig. Sie schaffen einfach alles! Ihre Entschlossenheit ist phänomenal (geradezu beängstigend).

WER IST SCHON VOLLKOMMEN? Sie sind misstrauisch, nachtragend, eifersüchtig, rachsüchtig, fanatisch, unvernünftig und missgünstig. Sie würden einen guten Kriminellen abgeben.

---

[1] Verschiedene Quellen nennen unterschiedliche Steine für die Sternzeichen. (Glücklicherweise haben Sie eine gesunde Skepsis.)

Das Wesen des Skorpions[2]

Wenn es jemals ein Sternzeichen gab, das die in ihm Geborenen dazu treibt, den Dingen auf den Grund zu gehen, dann den Skorpion! Beachten Sie, dass Sie das Wesen Ihres Sternzeichens am besten ergründen, wenn Sie sich seinen Herrscherplaneten vornehmen, den Pluto.[3] Sehen Sie sich an, wofür er in der Astrologie steht, dann wissen Sie auch, was den Skorpion bestimmt.

Bei den Römern war Pluto der Gott der Unterwelt und von allem Verborgenen. Bei den Griechen hieß er Hades.[4] In der Astrologie beherrscht Pluto alles Geheimnisvolle.

Alle Mysterien des Lebens.

Wenn wir den Begriff des »Geheimen« auf unsere Alltagswelt anwenden, kommt einem vielleicht als Erstes die Kriminalität in den Sinn. Natürlich beherrscht Pluto die Mafia, die Cosa Nostra, die Unterwelt, das organisierte Verbrechen, kriminelle Banden aller Nationen, Entführungen und Gewalt.

Aber halt! In derselben Kiste haben wir auch die Polizei – das

---

[2] Niemand kann auf ein einziges Sternzeichen reduziert werden, denn jedes Horoskop enthält mehrere Planeten. Daher beschreibt dieser Abschnitt nur den Archetyp des Skorpions – die Eigenschaften, die sein Wesen ausmachen. Auch viele, die unter einem anderen Sternzeichen geboren sind, haben Skorpion-Eigenschaften. Die Darstellung eines einzelnen Zeichens ist daher keine exakte Beschreibung einer bestimmten Person, sondern vielmehr die Beschreibung der Eigenschaften des Zeichens.

[3] Am 24. August 2006 entschied die Internationale Astronomische Union (IAU), Pluto vom Planeten zum Zwergplaneten umzudefinieren. (Soweit ich weiß, waren die meisten Mitglieder gar nicht mehr anwesend, als am letzten Tag einer zehntägigen Konferenz in Prag darüber abgestimmt wurde. Ich glaube, man hat diesen Tagesordnungspunkt absichtlich so spät eingeschoben.) Laut *BBC News* hat Dr. Alan Stern (der Leiter der NASA-Mission New Horizons zum Pluto war bei der Abstimmung in Prag nicht anwesend) der Presse mitgeteilt, es gebe unter gleichgesinnten Astronomen eine Unterschriftenaktion, um Pluto seinen Planetenstatus zurückzugeben. Im Internet gibt es Autoaufkleber »Hupen Sie, wenn Pluto ein Planet bleiben soll«, und in E-Mails wurde die IAU als »Irrelevante Astronomische Union« bezeichnet. Was mich angeht, so ist Pluto weiterhin ein Planet.

[4] In der christlichen Theologie wurde aus dem Hades später die Hölle.

FBI, die CIA, den BND, den KGB, die Stasi, den Mossad und so weiter. Mit anderen Worten, sämtliche Polizeikräfte, Kriminalbeamte, Wachtmeister, Sheriffs, Konstabler, Gendarmen und Militärpolizisten gehören zur Domäne des Plutos. Das ist so eine Räuber-und-Gendarm-Geschichte. (Geht Ihnen langsam auf, dass wir hier nicht in der Welt des *Ladies' Home Journal* sind?)

Pluto steht für Geheimnisse, Verschleierung, Verbrechen, Spionage und Detektivarbeit. Deshalb können Skorpione sowohl große Verbrecher wie auch große Polizisten werden. Klar! Um der Polizei zu entkommen, muss man wie ein Polizist denken können. Um einen Verbrecher zu fassen, muss man wie ein Verbrecher denken können.

Skorpiongeborene findet man oft in Tätowierstudios, Stripteaselokalen, Rockerkneipen, vampiresken Nachtclubs und ähnlich zwielichtigen Orten, wo Dinge passieren, von denen man lieber nichts erfahren möchte.

»Ein Mann ist nicht das, was er vorgibt zu sein, sondern das, was er verbirgt.«

ALBERT CAMUS
Französischer Schriftsteller, Philosoph und
Literaturnobelpreisträger (1957)
Der Fremde, Die Pest
(7. November 1913 – 4. Januar 1960)

Aber Verbrechen und Polizei sind nicht das einzig Verborgene in unserer Gesellschaft. Auch Abwasserleitungen, die Kanalisation und die Müllentsorgung gehören ins Reich des Plutos, denn auch diese Dinge sind verborgen! Die Kanalisation verläuft tief unter den Straßen. Wir denken normalerweise nicht an sie, und wir möchten sie bestimmt nicht sehen oder riechen. Die Abwasserrohre in Gebäuden werden in der Wand versteckt. Besonders gut verbergen wir die Toilette – oft sprechen wir nicht einmal das Wort aus, sondern benutzen verhüllende Ausdrücke wie »ich gehe mir kurz die Hände waschen«, wenn wir sie benutzen wollen.

Auch der Müll wird verborgen. Die Mülleimer stehen versteckt unter der Spüle, natürlich mit einem Deckel, der den Inhalt verbirgt. Sowie sie voll sind, schleppen wir sie sofort hinaus und stopfen den Inhalt in die Mülltonnen oder einen Container. Dieses Zeug ist so widerlich, man muss es sofort loswerden!

Außer Müll beherrscht der Pluto auch alle anderen Überreste vergangener Zeiten. Darum fallen auch Archäologie und Anthropologie in die Domäne des Skorpions. (Das sitzt ihm einfach in den Knochen.[5])

Natürlich gehört auch alles, was mit Schlüsseln, Schlössern, Sicherheitssystemen, Alarmanlagen, Tresoren und Sperrgebieten zu tun hat, zum Skorpion.

Auch Juwelen, Diamanten und Edelsteine sind in den Tiefen der Erde verborgen und damit im Reich des Plutos. Ebenso fällt alles, was mit Schmuck zu tun hat – Schmuckherstellung und -verkauf, Edelsteinhandel, Schmuckschätzung –, dem Skorpion zu.

Ein klassisches Skorpion-Szenario liegt also vor, wenn Diebe (Skorpion) die Türschlösser (Skorpion) und einen Tresor (Skorpion) aufbrechen, um Diamanten und Juwelen (Skorpion) zu stehlen (Skorpion), woraufhin die Polizei (Skorpion) das Verbrechen (Skorpion) aufzuklären versucht.

Lustig, oder? Und schon wissen Sie eine ganze Menge über Ihr Sternzeichen, einfach indem Sie sich Ihren Herrscherplaneten Pluto und seine astrologische Bedeutung angesehen haben.

Vor Jahren hatte ich mein Büro in einem älteren Gebäude in der Granville Street in Vancouver. Der Aufzug hielt genau vor meiner Tür. Die einzigen anderen Büros auf meiner Etage gehörten einigen Juwelieren und einem Diamantenhändler. (Weil

---

[5] Das Kalauer-Gen habe ich von meinem Vater geerbt.

die Astrologie die mysteriöse Beschäftigung mit »verborgenem Wissen« ist, nannte ich das Stockwerk die Skorpion-Etage.) Eines Tages kam ich aus meinem Büro und sah einen Polizisten in Uniform, der auf den Aufzug wartete. Ich sprach ihn spontan an: »Hallo, ich bin Astrologin. Vielleicht interessiert es Sie, falls Sie gerade bei einem Juwelier waren, dass in der Astrologie Juweliere und Polizisten vom selben Sternzeichen beherrscht werden, dem Skorpion.« Er sah mich schweigend an. Die Aufzugstüren öffneten sich. Er trat in den Lift, drehte sich zu mir um und sagte ruhig, als sich die Türen zwischen uns schlossen: »Ich bin Skorpion.«

Ta-dah! Jetzt kommen wir zu einem der größten Geheimnisse überhaupt, das zwar verborgen, aber dennoch deutlich sichtbar ist. Wir selbst! Alle Lebewesen! Wir sehen so unkompliziert aus, weil wir unter einer Hülle aus Haut, Fell, Federn oder Schuppen verborgen sind. Wenn man diese Hülle abreißt – arrrgh! –, kommen aber plötzlich Blut, Innereien, Fleisch, Knochen und Organe zum Vorschein. Igitt!

Deshalb beherrscht der Skorpion auch alles Fleischliche – Fleisch und Blut sozusagen.[6] Deshalb sind Metzger, Tierpräparator, Leichenbestatter oder Gehirnchirurg klassische Skorpion-Berufe. Das ist im Grunde alles dieselbe Tätigkeit – man nimmt ein Messer und schneidet ins Fleisch. Der Metzger tut es wegen des Schnitzels, der Gehirnchirurg wegen eines Tumors.

Darum fällt auch die gesamte Medizin in den Bereich des Skorpions.

Auch der feinstoffliche Körper – das Un- und Unterbewusste – wird vom Pluto beherrscht, dem also auch Psychologie, Psychotherapie und Psychiatrie angehören. Sigmund Freud (dessen Sternzeichen Stier war) hatte den Skorpion als Aszendenten und

---

[6] Skorpiongeborene bevorzugen Kunstwerke, in denen Tiere oder Menschen dargestellt werden. Fleisch und Blut. Gemälde mit Sonnenuntergängen oder Landschaften gefallen ihnen weniger. Es muss etwas Fleischliches im Bild sein – ein Pferdekopf oder eine menschliche Hand.

zusätzlich Jupiter im Skorpion. (»Hm, hast du Anna schon von deinem ersten sexuellen Erlebnis erzählt?«)

Das größte aller Geheimnisse ist natürlich der Tod. Und, jawohl, der Pluto beherrscht den Tod. Wenn Sie also Lebensversicherungen verkaufen, in einem Leichenschauhaus arbeiten, einen Leichenwagen fahren oder Friedhofsverwalter sind, dann haben Sie einen Skorpion-Beruf.

Wenn Sie einen Stock werfen und damit möglichst viele Skorpione auf einmal treffen wollen, dann versuchen Sie es auf einem Polizeirevier oder in einem Krankenhaus. Man kann unmöglich in der Medizin oder bei der Polizei arbeiten, wenn man nicht irgendwo in seinem Horoskop den Skorpion hat. Zumindest muss Pluto eine starke Position haben.

Viele Skorpiongeborene haben ein sehr eindringliches Aussehen, aber nicht alle. Die Schauspieler Henry Winkler und John Candy sind zum Beispiel eher onkelhafte Typen. Allerdings haben Skorpione oft vorspringende Brauen (wie Martin Scorsese) oder sinnliche, volle Lippen (wie Julia Roberts). Sie haben auf jeden Fall einen intensiven Blick. Clint Eastwood ist ein verspielter Zwilling, aber sein Aszendent Skorpion macht ihn tough. Ist Ihnen schon aufgefallen, dass all seine Intensität von den Augen ausgeht?

Jetzt wissen Sie also, warum Sie sich zur Medizin oder zum Tod hingezogen fühlen, zu Schmuck, Geheimnissen, Tätowierungen, Bodypiercings und Krimiserien mit vielen Gerichtsmedizinern oder auch zur Archäologie, Anthropologie – oder zur Kanalisation. Oder Sie wissen, warum Sie in der Kläranlage von Saskatoon arbeiten.[7]

Aber keine Sorge – Pluto herrscht auch noch über andere

---

[7] Das erinnert mich an die Geschichte von zwei älteren Damen aus Kansas, die eine Busreise durch Kanada unternahmen und dabei auch durch die Provinz Saskatchewan kamen. Als sie unterwegs ausstiegen und jemanden fragten, wo sie gerade seien, erhielten sie die Antwort: »Saskatoon, Saskatchewan.« Daraufhin sagte die eine entsetzt zur anderen: »Oh nein, hier sprechen sie gar kein Englisch mehr!«

Bereiche, etwa über Laser, Magneten und Atomspaltung. Viele
Physiker und andere Naturwissenschaftler haben einen starken Skorpion-Anteil in ihrem Horoskop. (Denken Sie an Marie
Curie.) Ihr forschender Geist gräbt immer tiefer und sucht nach
der Wahrheit; sie wollen Lösungen und Antworten!

»Die Kraft der Zellteilung und der Kernspaltung, die Muster von Fingerabdrücken ... einfache Gedanken und Beobachtung der Natur um uns herum führen uns jenseits des
Unbekannten. Die Hinweise auf das große Mysterium sind
überall im Außen und tief in unserem Inneren zu finden.«

BRYANT H. MCGILL
Amerikanischer Herausgeber und Autor
McGill English Dictionary of Rhyme
(7. November 1969)

Drei wichtige Hinweise zum Skorpion

Um ein tieferes (alles Tiefe liegt Ihnen schließlich) Verständnis für das Wesen Ihres Sternzeichens zu bekommen, können Sie die folgenden Hinweise betrachten. (Über die Geheimnisse wissen Sie ja schon Bescheid.)

1. Machtstreben
2. Neigung zu Extremen
3. Streben nach Verwandlung

Machtstreben

Ihr Herrscherplanet Pluto wurde erst 1930 entdeckt. Das bedeutet, dass zuvor Tausende Jahre lang der Planet Mars sowohl den Widder als auch den Skorpion beherrschte. Deshalb ähneln Widder und Skorpion einander auch überraschend stark. Viele Menschen wissen das gar nicht, besonders die leichtgläubigen Löwen.[8]

Menschen beider Sternzeichen sind tollkühn und wagemutig und gehen keinem Kampf aus dem Weg.[9] Beide sind wachsam und stets bereit zu Angriff oder Verteidigung, weil sowohl Skorpione wie Widder Krieger sind! Dem Widder geht es allerdings ums Gewinnen. Er liebt den süßen Geschmack des Sieges! Für den Skorpion geht es um etwas anderes. Der britische Feldherr, der Napoleon schlug, sagte: »Eine gewonnene Schlacht ist fast

---

[8] Ich darf Löwe-Witze machen, weil ich selber einer bin. Für ein bisschen Aufmerksamkeit tun wir alles. (Eigentlich jämmerlich.)
[9] Ich habe überrascht festgestellt, wie viele meiner skorpiongeborenen Klientinnen Boxen als Ausgleichssport betreiben. Sie lieben es einfach, auf den Sack zu hauen!

genauso traurig wie eine verlorene.« Das ist komplexes Denken. Und kein Sternzeichen ist komplexer als Ihres. Sie gewinnen eigentlich eher deshalb, weil Verlieren für Sie nicht infrage kommt.

Der Widder ist das Großmaul mit den geballten Fäusten, das seine Herausforderung lautstark vorbringt: »Ach ja? Wollen wir mal kurz rausgehen? Los, du Feigling!«

Dafür sind Sie sich zu schade. Ein Skorpion steht einfach nur ruhig da und atmet – wie Darth Vader. Worte erübrigen sich.

Den Unterschied zwischen Widder und Skorpion kann man vielleicht so beschreiben, dass der Widder Sie niedersticht und dann ruft: »Gewonnen!« Der Skorpion sticht Sie nieder, näht dann Ihre Wunde und sagt: »Jetzt geht es Ihnen bestimmt besser!«

Wenn Sie einen Widder ernsthaft beleidigen, wird er Ihnen reflexhaft eine reinhauen. Wenn Sie einen Skorpion ernsthaft beleidigen, wird er zunächst gar nicht reagieren. Er wird Sie nur anstarren. Zehn Jahre später, wenn Sie es am wenigsten erwarten, taucht er dann mit einer Uzi auf und bläst Ihnen das Licht aus. Ein Skorpion vergisst nie.

Wenn Sie an die machtvollen Herrschaftsbereiche des Plutos denken – Verbrechen, Tod, Gewalt, Chirurgie, Sex, Kernspaltung –, muss man nicht extra dazusagen, dass Pluto eine sehr intensive Energie ausstrahlt! »Baut diese Brücke!« »Tragt jenen Berg ab!« Wer den Skorpion als Aszendenten hat, strahlt so viel Kraft aus, dass er alle anderen Menschen einfach umhaut. Solche Leute können oft nicht gleichberechtigt mit anderen zusammenarbeiten. Sie arbeiten am besten mit einer Gruppe. Sie nehmen sich das Megafon und koordinieren ein ganzes Stadion voller Menschen!

Der Skorpion ist von einem gnadenlosen, unaufhörlichen Machtstreben geprägt. Hier einige Beispiele für Personen, die eine so starke Skorpion-Energie ausstrahlten, dass ihnen die Menschen bis zum guten oder schlechten Ende folgten: Napoleon hatte den Skorpion als Aszendenten. General Patton war Skorpion. General Eisenhower hatte den Mond im Skorpion. Feldmarschall Rommel, der Wüstenfuchs, war Skorpion. Hermann Göring hatte den Mond im Skorpion. Joseph Goebbels war genauso Skorpion wie Leo Trotzki, Martin Luther und Indira Gandhi. Der große Pazifist, der die Unabhängigkeit für Indien errang, Mahatma Gandhi, hatte den Skorpion als Aszendenten.

Der Skorpion gibt nie auf. Er schafft es, oder er stirbt bei dem Versuch, ohne Wenn und Aber. Sie meinen es ernst! Sie sind wie eine gespannte Feder und müssen sich ständig zurückhalten. Dem Skorpion wohnt eine Art disziplinierter Zurückhaltung inne, und diese kontrollierte Energie spüren Ihre Mitmenschen. Sie ist sowohl sexy wie beängstigend.

>>*Wir wissen, was Menschen passiert, die sich an ausgefahrene Wege halten. Sie werden überfahren.*<<

ANEURIN BEVAN
Britischer Politiker und Begründer des
staatlichen Gesundheitswesens in Großbritannien
(15. November 1897–6. Juli 1960)

Die Ironie dabei ist, dass Sie die Energie, die von Ihnen ausgeht, oft gar nicht wahrnehmen. Fast jedes Mal, wenn ich einer Klientin mit Aszendent Skorpion begreiflich machen wollte, was für eine überwältigende Ausstrahlung sie hat, sah sie mich überrascht an: »Wer, ich?« Zweimal erwiderte ich wörtlich: »Ja, Sie strahlen Kraft aus! Eines Tages wird man Sie die Drachenlady nennen!« Und beide Male meinten die überraschten Frauen daraufhin: »Das tun die Leute jetzt schon!«

Skorpione sind Helden des Alltags. Sie sind für Mut und Tapferkeit berühmt und übernehmen die Aufgaben, vor denen die anderen kapitulieren – Brandbekämpfung, Unfallrettung, Geiselbefreiung, Verhaftungen, Terrorbekämpfung, Leichenbestattung, Müllentsorgung. Als Skorpion können Sie das. Das heißt nicht, dass Sie es mögen, sondern, dass Sie Realist sind. Sie wissen, dass jemand den Job machen muss, also machen Sie ihn.

Ich verneige mich vor Ihnen.

Phffft! Das ist Ihnen völlig egal. Skorpione brauchen keinen Beifall. Sie wollen die Macht und den Freiraum, um Ihre Aufgabe zu erledigen. Sie wollen unbehindert arbeiten können; Fesseln mögen Sie nur als Sexspielzeug. (»Ich hoffe, du hast die Handschellenschlüssel nicht schon wieder vergessen!«)

Ihre intensive Ausstrahlung, Energie, Tapferkeit und Ausdauer machen Sie zu den Helden des Tierkreises. Sie sind die Typen, die einmal die Welt retten werden – wenn Sie sie nicht vorher zerstören.

»Alle Fehler, die ich jemals in meinem Leben gemacht habe, passierten, als ich Nein sagen wollte, aber dann doch Ja gesagt habe.«

MOSS HART
Amerikanischer Drehbuchautor und Dramatiker
Freut euch des Lebens, Der Ehrengast
(15. November 1897 – 6. Juli 1960)

Neigung zu Extremen

Auweia! Heiliger oder Sünder? Der Skorpion ist das Sternzeichen der Extreme. Wenn Sie jemanden kennenlernen, lieben oder hassen Sie ihn. Bei Ihnen gibt es kein Wischiwaschi, Sie sind entschlossen und haben zu allem eine ausgeprägte Meinung, deshalb nehmen Sie auch keine Ratschläge von anderen Menschen an. (Hallo?)

Das heißt nicht, dass Sie nicht skeptisch wären, denn das sind Sie. Sie bestehen immer darauf, sich selbst ein Bild von allem zu machen, und nutzen Ihren eigenen Scharfsinn, weil Sie anderen Menschen nicht trauen.

Dafür gibt es einen guten Grund: Sie sind extrem intelligent und dazu noch von durchdringendem Scharfsinn. (Einen Betrüger erkennen Sie auf einen Kilometer Entfernung.) Sie wissen, wenn Ihnen jemand nicht die Wahrheit sagt oder sein eigenes Süppchen kocht. Das verraten Ihnen nicht nur Ihre aufmerksamen Beobachtungen, sondern auch Ihr sechster Sinn. Es ist fast unheimlich. Sie wissen es einfach.

»Die Intuition sagt dem Denken, wo es als Nächstes nachschauen soll.«

JONAS SALK
Amerikanischer Arzt und Immunologe;
entwickelte einen Impfstoff gegen Kinderlähmung
(28. Oktober 1914 – 23. Juni 1995)

Das ist einer der Gründe, warum es Sie zu okkultem, mysteriösem, verborgenem Wissen hinzieht. Sie haben *The Da Vinci Code – Sakrileg* im Kino gesehen, auch wenn der Film Sie enttäuscht hat. Sie haben *Interview mit einem Vampir* gelesen.

Besessenheit und Zwangsverhalten sind typisch für Skorpione.[10] Sie gehen bis zum Äußersten, wenn Sie etwas wirklich wollen. Wenn Sie etwas absolut nicht wollen, gehen Sie ihm absolut aus dem Weg. (»Ich bin dann mal weg!«)

Die Zurückhaltung des Skorpions ist erstaunlich. Manchmal spricht der Skorpion nicht einmal mit Ihnen! Er steht einfach nur schweigend da. Waagen (die gerne gefallen möchten) und freundliche Krebse sind entsetzt darüber. Das ist dem Skorpion

---

[10] Das soll nicht heißen, dass Skorpione unter Zwangsneurosen leiden. Zwangsneurosen sind psychische Störungen, die mit dem hier beschriebenen Verhalten nichts zu tun haben.

allerdings völlig egal. Wenn andere Menschen nervös werden, amüsiert ihn das eher.

Die Neigung des Skorpions, bis zum Äußersten zu gehen, zeigt sich besonders an Halloween. Meine skorpiongeborene Tochter hatte schon mindestens drei Wochen vor dem 31. Oktober alle ihre Fenster mit Dämonen und Spinnweben dekoriert und dreizehn Kürbislaternen auf ihrer Eingangstreppe aufgestellt. Als Halloween dann kam, waren alle Kürbisse verfault.

Der Skorpion beherrscht Sexualität, Prostitution und Kriminalität. Ist Ihnen schon einmal aufgefallen, wie sehr Halloweenkostüme von diesen Themenbereichen inspiriert sind? Halloween ist ein Skorpion-Fest! Die Menschen *verbergen* sich hinter Masken und befassen sich mit Blut, Geistern, Tod, Knochen, Dämonen und Vampiren, mit Spinnen, Insekten und Schlangen (die ebenfalls der Pluto beherrscht). Meine Tochter nennt ihre Intuition immer »meinen Spinnensinn«.

Selbst Ihre Kleidung ist extrem! Ihre Lieblingsfarben sind Schwarz und Schwarz, manchmal tragen Sie aber auch Schwarz. Leder und hohe Stiefel finden Sie cool. Das können schwere Kampfstiefel sein (die übrigens erstaunlich praktisch sind) oder auch diese heißen Overknee-Stilettos aus Lackleder ...

Die Neigung des Skorpions zu Extremen bedeutet, dass aus Ihnen sowohl ein Marquis de Sade als auch eine Mutter Teresa werden kann.[11] Ihre Schwarz-Weiß-Reaktion auf andere Menschen, Ihr Impuls, Gutes oder Böses zu tun, wird von den Beispielen Martin Luther und Charles Manson (beides Skorpione) oder Mahatma Gandhi (Aszendent Skorpion) und Josef Stalin (Skorpiongeborener) illustriert. Ihr extremes Verhalten bringt Ihnen manchmal Ruhm und Erfolg und reißt Sie anschließend in den Abgrund, wie es Richard Burton mit seinem Talent und seiner Alkoholsucht erging.   ·

---

[11] Der Marquis de Sade war eine Waage mit Merkur und Venus im Skorpion; Mutter Teresa hatte zwar keine Planeten im Skorpion, könnte ihn aber als Aszendenten gehabt haben, was angesichts ihrer intensiven Beschäftigung mit dem Tod nicht überraschend wäre.

Ihre Skorpion-Extreme zeigen sich auch in Ihrem gnadenlosen Machtstreben und einer gleichzeitigen Verspieltheit.[12] Trotz Ihrer stahlharten Schale sind Sie nicht nur verspielt, sondern sogar weichherzig. Sie opfern sich gerne für eine gute Sache auf. Sie sind enorm altruistisch. Sie sind großzügig, aber auf unauffällige Art und Weise. Sie machen keine große Sache aus Ihren guten Taten. Sie brauchen keine öffentliche Anerkennung, um sich anständig zu verhalten.

Und warum?

Weil Pluto der Planet ist, der die Massen beherrscht. Daher ist es ein wesentlicher Aspekt der plutonischen Energie, der Gesellschaft und den Mitmenschen zu nutzen. Das ist Ihr Ding.

»Ah ja.« (Sanft übers Kinn streichend.)

Streben nach Verwandlung

Bei Pluto dreht sich alles um Verwandlung: Geburt, Reife und Tod, dann die Erneuerung – wie der Phönix, der sich aus der Asche erhebt. Pluto möchte das Alte niederreißen und besser wieder aufbauen. Deshalb hat der Skorpion das Potenzial, die Welt zu retten!

Anders ausgedrückt: Die transformative Kraft des Skorpions nimmt etwas Bestehendes und verbessert es. Deswegen beherrscht der Pluto die Restaurierung von Möbeln, Fußböden, Häusern und Gemälden, die Reparatur beschädigter Gegenstände und das Recyceln von Müll. (Skorpione sind große Mülltrenner!)

Im Gegensatz zum Widder, der gerne ganz neu anfängt, nimmt der Skorpion lieber etwas, das schon existiert, und gestaltet es neu. Der Widder schneidet sich ein neues Stück Stoff zum Nähen zu. Der Skorpion ist eher ein Änderungsschneider. Der Widder baut ein neues Haus, der Skorpion renoviert ein altes.

---

[12] Der skorpiongeborene John Cleese (27. Oktober 1939) sagte: »Wenn Sie kreative Ergebnisse wollen, geben Sie Ihren Mitarbeitern Zeit zum Spielen.« Er sagte außerdem: »Wer lacht, lernt am besten.«

Verbesserung und Reformierung sind natürliche Impulse des Skorpions. Deshalb versuchen Sie ständig, ein besserer Mensch zu werden! Sie wissen, dass Leben mehr bedeutet, als nur die Miete zu zahlen, ein Dach über dem Kopf zu haben und sich und Ihre Familie zu ernähren. Sie möchten, wenn Sie eines Tages sterben, eine entwickelte Persönlichkeit sein – warum sich sonst die ganze Mühe mit dem Leben machen?

Sie haben die Fähigkeit, aus einfach allem – einem Gegenstand, einer Person, einer Firma, einer Stadt, einem Land oder dem ganzen Planeten – etwas Besseres zu machen, indem Sie das Schädliche entfernen und Nützliches hinzufügen. Ganz einfach.

Dieser Art Vollkommenheit gilt Ihr ganzes Streben.

»Auch Potenzial hat ein Ablaufdatum.«

MARGARET ATWOOD
Kanadische Schriftstellerin
Der Report der Magd, Der blinde Mörder
(18. November 1939)

Der verliebte Skorpion

Falls Sie bis hierher alles gelesen haben, anstatt gleich zu diesem Abschnitt vorzublättern (und warum sollte man das tun? Besonders als Skorpion? Gestehen Sie! Diese Seite hier enthält Ihre DNS!) – aber ich schweife ab.

Falls Sie also auch die Seiten vor dieser hier gelesen haben, wissen Sie, unter welch einem leidenschaftlichen Sternzeichen Sie geboren wurden! Falls Sie sich allerdings direkt aufs Eingemachte gestürzt haben – dann sind Sie jetzt so was von aufgeflogen! Auf jeden Fall zeigt es, wie leidenschaftlich Sie sind!

Der Skorpion beherrscht die Extreme in jedem Menschen – schwarz oder weiß, Heiliger oder Sünder. Er beherrscht Sex, Tod und Geld. Er beherrscht Unterwäsche, alles Verborgene und alles Fleischliche! Und seine Körperteile sind die Genitalien. (Korrektur: Es war nicht das Eingemachte, auf das Sie sich gestürzt haben.)

Wir nehmen hier kein Blatt vor den Mund!

Sie sind leidenschaftlich. Das steht fest. Aber wissen Sie auch, was Sie antreibt? Es sind Ihre Erwartungen.

Sie erwarten so viel vom Sex! Es reicht Ihnen nicht, einfach mit jemandem zusammmen zu sein (wie einer Waage). Sie sind nicht damit zufrieden, angebetet und geliebt zu werden (wie ein Löwe). Sie sind nicht mit der prickelnden Aufregung einer neuen Entdeckung zufrieden (wie ein Zwilling). Ihnen reicht nicht die süße Sicherheit von Prestige, Geld und Macht (wie dem Steinbock).

Nein! Sie wollen viel, viel mehr. Sie möchten buchstäblich mit Ihrem Liebhaber verschmelzen. Sie möchten eins mit ihm werden. Romantik und Sex sollen überwältigend, wahnsinnig und transzendent sein! (Hier Einblendung von Tschaikowskis Ouvertüre 1812 – der Teil mit den Kanonen.)

Kennen Sie den ausgezeichneten Film *Like Water for Chocolate?* Das Ende beschreibt genau, was Sie sich wünschen.

Die große Frage ist natürlich: Gibt es das überhaupt?

Sie kennen viele Wege, die Aufmerksamkeit eines Menschen zu erregen. Sie haben das Wort *verführerisch* geradezu erfunden. Falls Sie es noch nicht wissen (und Sie sollten es wissen): Ihr Herrscherplanet Pluto beherrscht auch den Magnetismus. So albern es klingen mag – Sie haben die Fähigkeit, Personen und Situationen magnetisch anzuziehen.

Eine meiner Skorpion-Klientinnen arbeitete beim Fernsehen. Sie hatte in Los Angeles zu tun und traf dort einen erfolgreichen Regisseur von »großen« Werbespots. Sie erzählte mir, wie sie einander ansahen und der Funke sofort übersprang. Als sie nach Kanada zurückkehrte, baute sie einen kleinen Schrein für ihn auf. (Ich fand, es klang ein bisschen nach Voodoo. Vielleicht kommt es Ihnen ganz natürlich vor.) Jeden Tag schrieb sie seinen Namen auf einen Zettel, faltete ihn zusammen und versiegelte ihn mit einem besonderen Siegel. (So etwas könnte ich mir nie ausdenken.) Sie legte den Zettel auf den Schrein, auf dem Kerzen, eine Schale Wasser und Räucherwerk standen. Und nach fünf Tagen – weniger als eine Woche! – rief er sie unter dem Vorwand, Drehorte für neue Werbespots besichtigen zu wollen, tatsächlich an.

Natürlich flog er zu ihr, und sie hatten eine wilde, leidenschaftliche, unvergessliche Affäre.

Ich habe nie vergessen, mit welch ruhiger Überzeugung sie ganz einfach wusste, dass sie ihn *herbeirufen* konnte. *Unheimlich.*

Und diese Fähigkeit haben Sie auch.

»Ich habe diesem Priester gesagt: ›Soll ich wirklich glauben, dass Gott ernsthaft böse sein wird, wenn ich losgehe und eine Affäre habe? Okay, du sollst nicht töten ... stehlen ..., aber du sollst nicht ehebrechen? Wenn es keiner merkt, wo liegt dann das Problem?‹ Er war süß. Er meinte, dass die Gebote für Kerle geschrieben worden seien, die in der Wüste leben.«

DIANA DORS
Britische Schauspielerin und Sexsymbol
Keine Schonzeit für Blondinen
(23. Oktober 1931– 4. Mai 1984)

Sie sind nicht nur ein sexueller Magnet, sondern auch ein wunderbarer Liebhaber! Ihre Verspieltheit führt zu Rollenspielen, wenn der Partner mitmacht. Weil der Skorpion alles »Verborgene« beherrscht, gehört dazu auch die Unterwäsche, sie ist schließlich unter unserer Oberbekleidung verborgen. Raten Sie mal, wer ein großer Fan von Schnürmiedern, Korsetts, Strumpfhaltern, sexy High Heels, Spitzenwäsche und diesem ganzen tollen Vampzubehör ist?

Als ich darüber nachgedacht habe, sah ich sofort im Horoskop der ungeheuer erotischen Dita Von Teese nach. Hm! Sie ist kein Skorpion. (Überraschung.) Sie ist eine Jungfrau, was sich in ihrer speziellen »unschuldigen« Schönheit zeigt. Aber dann sah ich es. Direkt neben ihrer Sonne (in der Jungfrau) steht Pluto. Aha! Das erklärt, warum sie von verführerischer Unterwäsche so fasziniert ist und andere so leicht damit verführt. (Seufz.)

Sie mögen also Rollenspiele, aber Sie brauchen keine sexy Klamotten, um in Stimmung zu kommen. Sie vertrauen auf Ihre Fähigkeit zum Flirten und Verführen, egal, was Sie gerade tragen. Sie wissen, dass Sie das Zeug dazu haben.

Da fällt mir eine Geschichte von zwei Polizisten ein, einem Mann und einer Frau. (Ich kannte nur den Mann.) Ihre Sternzeichen weiß ich zwar nicht, aber es muss eine Menge Skorpion im Spiel sein, besonders weil einer von beiden später als Undercover-Ermittler arbeitete. Eines Nachts traf der männliche Polizist auf Streife seine Kollegin, die gerade dienstfrei hatte. Eins kam zum anderen, und bald waren sie auf den Vordersitzen des Streifenwagens heftig zugange. Die Situation wurde heißer, Kleidungsstücke fielen, und sie wechselten hastig auf den Rücksitz des Wagens. Erst nachdem sie zu einem befriedigenden Abschluss gekommen waren, fiel ihnen auf, dass sie jetzt festsaßen – denn in einem Streifenwagen verriegeln sich die Hintertüren automatisch! Das Funkgerät war natürlich im vorderen Abteil, und sie konnten es nicht erreichen, weil die Fahrerkabine durch ein Gitter vom Rücksitz getrennt war. Sie saßen wirklich in der Tinte und konnten nur noch abwarten, dass man sie finden würde. Was wäre wohl schlimmer? Von einem Kollegen gerettet oder von einem Passanten entdeckt zu werden? Irgendwann erging dann eine Suchmeldung nach dem Streifenbeamten im Dienst, der anscheinend verschwunden war. (Ich weiß, dass er seine Socken noch anhatte.)

Ein Wort der Warnung: Von allen Sternzeichen fallen Skorpione am leichtesten auf äußere Schönheit herein. Wenn Sie einem tollen Kerl oder einer heißen Frau begegnen, dann werden Sie Wachs in seinen oder ihren Händen. Achtung, nicht den Kopf verlieren! Denken Sie daran.

Eine andere Klientin erzählte mir von ihrem Freund, einem Steinbock. Alle Erdzeichen sind leidenschaftlich. Besonders Steinböcke sind sehr sexuell geprägt, und sie haben es gerne oft. Das erwähnte ich ihr gegenüber, und sie meinte: »Klar, stimmt schon. Aber er ist nicht *heiß*, wissen Sie?«

Eine bedeutsame Unterscheidung. Ich erinnere mich noch heute daran.

Kein anderes Sternzeichen macht seine Träger so eifersüchtig und besitzergreifend. (Oh ja!) Sie können der Eifersucht wirklich extrem zum Opfer fallen. Eifersucht macht Sie schlaflos, nimmt

Ihnen den Appetit und treibt Sie schließlich dazu, etwas zu tun oder zu sagen, das Sie später bereuen. Diese Eifersucht hat zum Teil mit Macht zu tun. Wer bestimmt hier? Werden Sie ausgebootet, nimmt man Sie nicht ernst, werden Sie nicht respektiert? Wie bitte? Falls dem nämlich so sein sollte – »Und tschüss!«

Mit so einem plötzlichen Abgang können Skorpione ihre Partner wirklich überraschen. (Erinnern Sie Ihren Partner bei der Gelegenheit doch auch daran, dass Ihr Zeichen den Müll beherrscht. Mehr müssen Sie gar nicht sagen.) Wenn Sie mit jemandem Schluss gemacht haben, dann streichen Sie ihn komplett aus Ihrem Leben. Ist die Tür einmal zugeschlagen, dann war es das für Sie auch – endgültig.

Sie öffnen diese Tür höchstens dann wieder, wenn Sie heißen Sex brauchen. Schließlich mögen Sie Sex als Freizeitgestaltung und sind auch der Erste, der es zugibt.

»Die Männer, die ich geliebt habe, gefielen mir nicht, und die, die mir gefielen, habe ich nie geliebt.«

FANNY BRICE
Amerikanische Komikerin, Sängerin und Schauspielerin;
der Film Funny Girl basiert auf ihrer Lebensgeschichte
Der große Ziegfeld
(29. Oktober 1891–29. Mai 1951)

Sie sind außerdem leidenschaftlich treu und Ihrer wahren Liebe bedingungslos ergeben. Für sie gehen Sie über glühende Kohlen und kriechen über zerbrochenes Glas. Ihr gegenüber sind Sie extrem großzügig und immer von verspielter Aufmerksamkeit.

Ihr Partner oder Ihre Partnerin tut allerdings gut daran, Sie nicht zu betrügen. Grooßer Fehler! Der Rausschmiss folgt dann so schnell, dass er oder sie nicht einmal mehr die Tür schlagen hört.

Der Skorpion als Vorgesetzter

»Sage den Menschen nie, wie sie etwas tun müssen. Sage ihnen, was sie tun müssen, und sie werden dich mit ihrem Einfallsreichtum überraschen.«

GEORGE S. PATTON JR.
Amerikanischer General der US-Armee im Zweiten Weltkrieg
(11. November 1885 – 21. Dezember 1945)

Sie sind ein starker Chef, weil Sie einen eisernen Willen, Disziplin und Zähigkeit haben. Sie arbeiten extrem hart und lassen sich nicht ablenken, was wiederum Ihre Mitarbeiter zu Loyalität inspiriert. Sie sind ein erfahrener Menschenkenner und wissen genau, wie weit man die Leute treiben kann. (Und das ist viel weiter, als die meisten gehen würden!)

Ihre Mitarbeiter sind nicht nur loyal Ihnen gegenüber, sondern vertrauen auch auf Ihre Problemlösungskompetenz. Der Skorpion-Vorgesetzte vermittelt den Eindruck, als ob er oder sie auch das Unmögliche schafft und jedes Hindernis überwindet. (Kein Wunder, dass Skorpion-Generäle ihre Truppen so oft zum Sieg führen.)

Allerdings gewinnt der Skorpion-Chef nicht unbedingt Beliebtheitswettbewerbe. Ihre Angestellten respektieren Sie und arbeiten hart für Sie, mögen Sie aber nicht unbedingt. Warum? Wenn Sie sich nicht verbindlich und taktvoll geben (und das können Sie sehr gut!), sind Sie oft kurz angebunden, taktlos und diktatorisch. »Wer, ich?« Geben Sie's zu – Sie wissen, dass es stimmt.

Aber Sie sorgen auf jeden Fall dafür, dass die Arbeit erledigt wird. Skorpion-Chefs erzielen immer Resultate.

Schon bevor Sie den Mund öffnen, können Sie Ihre Mitmenschen mit einem Blick zum Zuhören zwingen. (»Hallo, Darth.«) Es heißt sogar, dass ein Skorpion-Arzt seinen Patienten anstarren und ihm befehlen könne, er solle sich selbst heilen – und es funktioniere! So kraftvoll ist der Blick eines Skorpions. (Denken Sie an *Dirty Harry.*)

Der wichtigste Punkt für Sie, um ein effektives Team von Mitarbeitern zu gewinnen – Sie müssen sie mögen. Schließlich sehen Sie alle Menschen immer nur schwarz oder weiß. Entweder mögen Sie jemanden oder nicht. Wenn Sie jemanden nicht leiden können, muss man kaum erwähnen, dass er nicht mehr lange Ihr Mitarbeiter sein wird und der Countdown für ihn schon läuft. (Oh ja.)

Übrigens sind Sie ein großartiger Manager, denn Management bedeutet, Arbeit durch Aufgabenverteilung zu erledigen. Und das können Sie.

Der Skorpion als Angestellter

»Führe mich, folge mir, oder geh mir aus dem Weg.«
GEORGE S. PATTON JR.
Amerikanischer General der US-Armee im Zweiten Weltkrieg
(11. November 1885 – 21. Dezember 1945)

Eigentlich seltsam – obwohl Sie einen starken Willen haben und sehr entschlossen und kraftvoll handeln, können Sie gut Anweisungen befolgen. (Das ist Ihr Respekt vor der militärischen Mentalität.) Sie verstehen, wie das System funktioniert. Das liegt zum Teil daran, dass Sie schon immer auf die Lobeshymnen verzichten konnten, die andere Leute brauchen. Schulterklopfen ist bei Ihnen nicht nötig. Was Sie aber brauchen, um einen Job zu erledigen, ist der nötige Freiraum und das richtige Werkzeug. Wenn Sie irgendwie eingeschränkt werden, sind Sie frustriert!

Ihr größtes Talent ist Ihre Improvisationsgabe. Sie sehen schnell, wie man ein Ding durch ein anderes ersetzen oder ein vorhandenes neuen Verwendungen zuführen kann. Wenn etwas kaputtgeht, sehen Sie sofort, ob es noch repariert werden kann, anstatt gleich ein neues anzuschaffen.

Sie haben Grundkenntnisse in Mechanik, Naturwissenschaften und Logik. Sie begreifen, wie etwas funktioniert. Sie sind ein wunderbarer Problemlöser, und Sie wissen, wie man ein System wieder zum Laufen bringt.

Sie sind Ihrem Unternehmen oder Chef gegenüber sehr loyal. Sie müssen Ihren Chef allerdings respektieren können. Wenn er schwach oder unentschlossen ist, verachten Sie ihn. (Außerdem sind Sie frustriert, weil Sie nicht an seinem Platz sitzen!) Skorpion-Angestellte treibt man schnell in die innere Kündigung. Sie möchten gerne im Gewinnerteam arbeiten, keine Zeit verschwenden und gute Arbeit leisten. Genau wie der Skorpion-Chef gehen Sie gnadenlos und sehr ernsthaft an die Arbeit. Wenn Sie nichts leisten – was sollen Sie dann hier? Man könnte auch anderswo eine ruhige Kugel schieben!

Sie sind käuflich. Sie mögen Geld. Und Sie wissen auch, dass Sie im Grunde dafür arbeiten. Deswegen erwarten Sie auch gute Bezahlung und Extras wie Uhren, Schmuck, Eintrittskarten und einen Schinken oder Truthahn, wenn es angebracht ist. Sie gewinnen gerne Preise – und bekommen Sie normalerweise auch, weil Sie sie mit harter Arbeit und Improvisationsgabe verdient haben!

»Ich versuche, immer besser zu werden, neue Wege zu finden, mich auszudrücken, ständig nach Wahrheit und Originalität Ausschau zu halten.«

BURT LANCASTER
Amerikanischer Schauspieler und Produzent
*Elmer Gantry, Der Gefangene von Alcatraz,
Archie und Harry – Sie können's nicht lassen*
(2. November 1913 – 20. Oktober 1994)

Der Skorpion als Elternteil

Sie lieben Ihre Kinder sehr und wollen das Beste für sie. Trotzdem geben Sie die Befehle und niemand anderer! Dem Skorpion geht es um Kontrolle. Sie wollen nicht nur Selbstkontrolle, sondern auch Ihre Umgebung und Mitmenschen kontrollieren, besonders solche, die mit Ihnen zusammenwohnen, und vor allem diejenigen, die Sie selbst geboren haben!

Skorpion-Eltern sind große Anhänger von Vorschriften und Regeln. Ihre Kinder haben Ausgangsbeschränkungen, ein festes Taschengeld und Richtlinien, wie sie ihre Zimmer sauber zu halten haben und was sie essen dürfen.

Das Gute daran ist, dass Ihre Kinder sich sicher fühlen, weil Sie in einem wohlgeordneten Haushalt aufwachsen, in dem kaum etwas Unerwartetes passiert. (Außer, wenn Ihnen eine Sicherung durchbrennt.) Ihre Kinder werden Sie nachahmen und Ihnen ähnlich werden, weil sie kaum Gelegenheit bekommen, für sich selbst zu entscheiden und ihre eigenen Grenzen und Regeln zu finden.

Mit anderen Worten: Als Kind im Haus eines Skorpions lebt es sich ein bisschen wie beim Militär. Alles ist vorgeschrieben, die Regeln und Vorschriften sind klar. Aber was kommt nach dem Ende des Wehrdienstes? Dann fangen die Probleme an.

Skorpion-Mütter und -Väter müssen sich immer vor Eifersucht hüten. Sie sind eifersüchtig, wenn Sie glauben, Ihr Kind ziehe Ihren Ehepartner, das Kindermädchen oder den Babysitter Ihnen vor. (Denken Sie daran, dass Sie emotional sehr besitzergreifend sind.) Das ist natürlich eine unbegründete Befürchtung, denn wegen Ihrer Respekt einflößenden Stärke und Entschlossenheit sind Sie »alles« für Ihre Kinder. Ihre Sprösslinge können sich ein Leben ohne Sie gar nicht vorstellen.

Der Skorpion als Kind

Das Skorpion-Kind ist äußerst eigensinnig. Das ist nicht grundsätzlich schlecht. (Aber sehr problematisch für einen Skorpion-Elternteil, der genauso eigensinnig ist!) Wenn Sie ein Skorpion-Kind aufziehen, glauben Sie nicht, seinen Willen brechen zu müssen. Das hätte katastrophale Folgen. Es ist seine Willenskraft, die dem Skorpion-Erwachsenen später seine Erfolge bringt. Warum sollten Sie diese wunderbare Eigenschaft in der Kindheit sabotieren wollen?

Lernen Sie stattdessen, sich dieses Eigensinns zu bedienen. Das Skorpion-Kind ist bereit, Anweisungen zu folgen und Grenzen, Regeln und Vorschriften zu respektieren. Es sieht durchaus einen Sinn dahinter, allerdings nur, wenn es einen gibt. Ihre Vorschriften müssen also *vernünftig* sein. Wenn Sie willkürliche Befehle erteilen, wird das Kind einen Weg finden, das System zu unterlaufen.

Das Skorpion-Kind ist schon in jungen Jahren erstaunlich reif, als ob es den Lauf der Welt bereits verstünde. Solange es sich von seiner Umgebung fair und vernünftig behandelt fühlt, ist es sehr kooperativ. Spannungen treten nur dann auf, wenn das Kind mit etwas, das ihm sehr viel Spaß macht, nicht aufhören will. Das ist dann der klassische Zusammenstoß zweier starker Willen. Trotzdem wird man es mit strenger Logik immer ansprechen können.

Skorpion-Kinder mögen eine gut organisierte Umgebung. Sie sind ziemlich ordentlich. Das ist keine Pingeligkeit, sie wollen nur alles funktionsfähig halten.

Die Eltern des Skorpion-Kindes sollten sich auf Komplikationen einstellen, wenn das Kind lernt, auf die Toilette zu gehen.

Weil Pluto, der Herrscherplanet des Skorpions, auch die Abwasserentsorgung, Kläranlagen und so weiter beherrscht, ist er auch Herrscher über die menschlichen Ausscheidungen. Skorpion-Kinder brauchen oft lange, bis sie sich an die Toilette gewöhnt haben, weil sie ihre Kontrolle über diesen Vorgang nicht aufgeben wollen. Und selbst wenn sie es schließlich gelernt haben, bleiben sie ungebührlich fasziniert von allem, was mit der Toilette zusammenhängt. (»Wohin fließt das?«)

Man muss nicht eigens betonen, dass mit etwa fünf Jahren die lebenslange Faszination des Skorpions von Fäkalausdrücken beginnt. Diese Kinder brüllen vor Lachen, wenn jemand *Arsch* sagt, und verwenden solche Wörter selbst andauernd.

Die meisten machen als Jugendliche eine Phase durch, in der sie ausschließlich schwarze Kleidung tragen, sich tätowieren und piercen lassen, den Punk- oder Gothic-Look übernehmen, Totenkopfschmuck und -gürtelschnallen tragen, und nicht zu vergessen die Kampfstiefel und das schwarze Leder. Skorpion-Kinder mögen Insekten, Schlangen, Leguane und überhaupt alle Reptilien.

Halloween ist ihnen praktisch heilig; dieses Fest darf nicht ignoriert werden. Wenn Sie aber Ihrem Skorpion-Kind alle seine Leder-, Gothic- Skelett- und Punkrock-Exzesse durchgehen lassen, dann wird es sich am Ende womöglich ziemlich gut machen. (Wer hätte das gedacht?)

Man braucht nur ein bisschen Geduld und viel Liebe.

Wie ein Skorpion glücklicher wird

Ihre Leidenschaftlichkeit ist Ihre Stärke, aber auch Ihre Achillesferse. Sie kann dafür sorgen, dass Sie von Gefühlen überwältigt werden, besonders, wenn Sie eifersüchtig sind. (Kein Sternzeichen lässt die in ihm Geborenen stärker vor Eifersucht brennen.) Wenn Sie leiden, dann leiden Sie extrem! Sie schreien, Sie werfen mit Gegenständen. Sie wollen sich selbst oder andere Menschen verletzen. Ganz schön beängstigend. (Sogar für Sie selbst.)

Man würde Ihnen daher raten wollen, sich an den gemäßigten Mittelweg zu halten und Extreme zu vermeiden. Klingt doch vernünftig, oder? Es ist aber unrealistisch, denn, seien wir ehrlich, so sind Sie einfach nicht.

Vor Jahren hörte ich einmal einen weisen Lehrer über drei Wege zur Erleuchtung sprechen. Er sagte, der erste Weg, bei dem man schädliche Handlungen vermeidet, sei wie ein *Fußmarsch* zur Erleuchtung. Der zweite Weg, bei dem man nicht nur schädliche Handlungen vermeidet, sondern auch Gutes für andere Menschen tut, sei wie eine *Zugfahrt* zur Erleuchtung. Der dritte Weg, der (so würde ich es ausdrücken) darin besteht, sich mutig mit dem zu befassen, was das Leben einem auftischt, und es zu verwandeln, sei wie ein *Raketenflug* zur Erleuchtung.

Sie sind diese Rakete.

Sie haben eine ungewöhnlich intensive Konzentrationsfähigkeit. Ihr Geist ist wie ein Laser. (Denken Sie nur an Ihren Drang, alles auseinanderzunehmen, um zu verstehen, wie es funktioniert.) Das heißt, Sie schaffen das Unmögliche relativ leicht, wenn Sie sich einmal entschlossen haben, dass Sie es schaffen können! Die schlechte Nachricht ist natürlich, dass Sie sehr schnell in enorme Schwierigkeiten geraten können, wenn Sie vom Kurs abweichen!

Sie haben eine Gabe – aber sie ist nicht nur machtvoll, sondern auch gefährlich.

Wir wissen also jetzt zwei Dinge: Sie haben mit Ihrer ungeheuren Konzentrationsfähigkeit ein starkes Werkzeug zur Verfügung. Und Sie müssen sehr vorsichtig sein, wie Sie dieses messerscharfe Werkzeug verwenden.

Es gibt viele Möglichkeiten, um diese Fähigkeit zu Ihrem Nutzen einzusetzen, aber die einfachste ist, einfach *im Hier und Jetzt* zu sein.[13] Das bedeutet, Sie müssen sich ständig bewusst machen, was Sie gerade tun, denken und sagen. Ständig.

Seien Sie der Zuschauer. Seien Sie der Zuschauer, der dem Zuschauer zuschaut. Leben Sie so oft wie nur möglich in der Gegenwart.

Wenn Sie gerade ein Steak genießen, denken Sie nicht an Ihren Tischgenossen oder die Rechnung. Denken Sie weder an das, was vor dem Essen geschehen ist, noch an das, was folgen wird. *Schmecken Sie einfach das Fleisch.*

Was auch immer geschieht und welche »Verluste« Ihnen auch zustoßen – Ihnen bleibt immer der gegenwärtige Moment. Dieser Augenblick, genau jetzt. Wenn Sie sich auf ihn konzentrieren, kontrollieren Sie ihn zumindest. (Für Sie ist es wichtig, die Kontrolle zu haben.)

Vielleicht dauert die Kontrolle nur einen Moment lang, aber dieser Moment ist ja *alles*, schließlich kann man nicht in die Zukunft springen, oder? Es gibt nur den gegenwärtigen Augenblick. Nach ihm kommt nicht der nächste – sondern dieser! Ihr Leben ist eine lange Reihe »gegenwärtiger Momente«. Wenn man es recht bedenkt, muss man sich überhaupt immer nur mit dem gegenwärtigen Moment befassen, und das ist durchaus zu schaf-

---

[13] Richard Alpert (6. April 1931), Autor des Buches *Sei jetzt hier*, hat Pluto in Konjunktion zu seinem Aszendenten Krebs.

fen. Es sind ja nur sechzig Sekunden! Das ist natürlich leichter gesagt als getan. In Wirklichkeit sind wir kaum je in der Gegenwart, sondern immer in der Vergangenheit oder der Zukunft. Ihr Schmerz ist hauptsächlich eine Erinnerung an die Vergangenheit oder die Furcht vor der Zukunft.

Hier eine kleine Übung, die Ihnen helfen kann, den gegenwärtigen Moment zu erfassen. Sie geht ganz einfach. Zählen Sie elf Atemzüge (Ein- und Ausatmen sind ein Atemzug). Sie müssen nur elf Atemzüge zählen. Sie haben nichts zu verlieren – es dauert nur eine Minute. Eine einzige Minute. *Phffft!*

Diese simple Einminutenübung ist in Wirklichkeit sehr kraftvoll, denn sie trennt das Vergangene vom Zukünftigen. Mit anderen Worten, sie hilft, die Emotionen zu neutralisieren, die Sie mit sich herumtragen. Und, ja, sie hilft Ihnen, im Hier und Jetzt zu sein – im gegenwärtigen Moment.

Diese Übung hilft Ihnen, sich zu beruhigen. Wenn Sie Ihre Aufregung bezähmen, können Sie besser erkennen, wie sie zustande kommt. Jedes Mal, wenn Sie Ihre Welt elf Atemzüge lang anhalten, sind Sie einen Schritt näher daran, Ihre gegenwärtige Realität zu akzeptieren. Und wenn Sie die mit Ihrer Skorpion-Entschlossenheit erst einmal ungeschminkt bewertet haben, werden Sie sich ganz einfach dazu entschließen, sie zu verbessern. Warum? Weil es *Ihr Ding ist*!

Alle Skorpiongeborenen treibt es ständig dazu, ihr Leben zu verbessern. (Das liegt an Pluto.) Ihr Herrscherplanet Pluto möchte ständig alles zum Besseren ändern, und Ihnen geht es genauso!

Sie haben gar keine Wahl. Sie werden immer versuchen, Ihr Leben zu verbessern, weil es Ihr Wesen ist. Das Einzige, was sich mit der Zeit ändert, ist Ihre Definition von »verbessern«.

Setzen Sie die Atemübung als Bremsmechanismus ein. Niemand will, dass der Zug entgleist. Skorpiongeborene sind die willensstärksten Menschen im Tierkreis, keine Frage. Wenn Sie sich erst einmal von Ihrem Schmerz abgewandt haben, wird die Erleichterung sehr schnell kommen! Der Schlüssel zu Ihrem Glück ist Ihre eigene enorme Willenskraft.

»Ich hatte Träume und Albträume, aber für meine Träume habe ich meine Albträume besiegt.«

JONAS SALK
Amerikanischer Arzt und Immunologe;
entwickelte einen Impfstoff gegen Kinderlähmung
(28. Oktober 1914 – 23. Juni 1995)

Skorpion
Ihr 40-Jahre-Horoskop

1985–2025

Warum wir in die Vergangenheit gehen

Ich möchte, dass Sie den Voraussagen vertrauen, und es gibt nur einen Weg, dies zu erreichen. Um mir glauben zu können, müssen Sie zunächst überprüfen, was ich behaupte. Deshalb beginne ich mit kurzen Rückblicken in die letzten fünfundzwanzig Jahre. Wenn Sie sich darin wiedererkennen, werden Sie auch meinen Aussagen über die kommenden fünfzehn Jahre Glauben schenken können. Schließlich geht es um eine einzige ununterbrochene Reihe von Ereignissen – Ihr Leben.

Die Aussagen über die Vergangenheit gelten im Allgemeinen erst ab dem Zeitpunkt, an dem Sie zu Hause ausgezogen sind oder Ihr Leben »selbst in die Hand genommen« und Ihre eigenen Entscheidungen getroffen haben. Denn in der Zeit davor wurden wichtige Ereignisse in Ihrem Leben noch von anderen bestimmt, vermutlich Ihren Eltern.

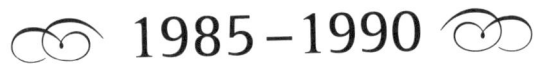 1985–1990

Um diese Zeit herum war alles noch sehr neu für Sie. In den Bereichen Immobilien, Familienleben und häusliches Umfeld sah es allerdings sehr gut aus. Bald kamen Liebe und Romantik dazu. Das Jahr 1986 war voller Spaß und Ferien! Danach hatten Sie eine Chance, sich erst beruflich, dann im Bereich Partnerschaften und Beziehungen zu verbessern, und schließlich erhielten Sie auch noch Geld und Geschenke von Partnern, Erbschaften, Darlehen, Versicherungssummen oder Steuerrückerstattungen. Klasse!

In den Jahren 1989/90 hatten Sie dann mit Umzug und Arbeitsplatzwechsel zu tun. Aber es machte Ihnen nichts aus, weil es auf den Gebieten Reise, Bildung, Verlagswesen, Medien und sogar Medizin und Rechtspflege sehr gut für Sie aussah. (Vergessen wir nicht, wie gerne Sie reisen und lernen.)

⌘ 1991–1996 ⌘

Anfang der Neunzigerjahre hatte die Sicherung Ihrer häuslichen Basis Priorität für Sie. Zum Glück ergaben sich damals berufliche Möglichkeiten, die Ihre Reputation stärkten. Alle hielten sehr viel von Ihnen, weshalb Sie 1992/93 sehr populär waren. (Es ist schön, gemocht zu werden.)

Im Jahr 1994 hatten Sie mit verstärkter Verantwortung für Kinder zu tun. Andererseits war diese Zeit für Sie in vielerlei Hinsicht auch sehr lohnend. Der Geld bringende Jupiter stand damals in Ihrem Sternzeichen und brachte Ihnen Selbstvertrauen und Wohlbefinden. In den Jahren 1995/96 fühlten Sie sich von gestiegenen Einnahmen ermutigt. Bald darauf schufteten Sie wie besessen, um allen zu zeigen, was Sie können. *Keuch, keuch, keuch.* »Ich schaffe das. Ich schaffe das.«

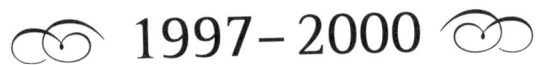

1997–2000

Alles, was mit Familie, Immobilien und Ihrem Zuhause zu tun hatte, außerdem Ihre Beziehungen zu Familienmitgliedern, verbesserte sich enorm um 1997. Jetzt war die richtige Zeit für Immobiliengeschäfte und Renovierungen. Sie waren zu Hause glücklicher, die Familienmitglieder waren gegenüber einander großzügiger. Das war auch gut so, denn Sie schufteten immer noch wie verrückt!

Neue romantische Affären und erholsame Ferienreisen hielten Sie 1998/99 auf Trab. Das Leben war schön. Kinder erweiterten Ihren Horizont und brachten Ihnen viel Freude. Viele von Ihnen genossen Partys, Urlaubsreisen und Fluchten aus dem Alltag. Im Jahr 1999 sah es dann beruflich viiiel besser für Sie aus! Sie bekamen endlich die Atempause, die Sie brauchten. Partnerschaften gerieten entweder in eine Krise oder wurden dauerhaft. (Es handelte sich um eine ernsthafte Veränderung – entweder zum Besseren oder Schlechteren.) Im Jahr 2000 fühlten Sie sich zu einer Bindung ermutigt. Geschäftliche Partnerschaften und persönliche Beziehungen entwickelten sich gut. Sie standen gut da.

2001–2005

Seltsamerweise verloren Sie damals eine bestimmte praktische oder emotionale Unterstützung, während Sie gleichzeitig auf Hilfe von anderen Menschen zählen konnten. Ein gemischtes Sortiment! (Wie gewonnen, so zerronnen.) Im Jahr 2002 erweiterten Sie Ihren Horizont in den Bereichen Reise, höhere Bildung oder Verlagswesen, Medien, Medizin und Rechtspflege. In den Bereichen höhere Bildung und Unterricht sah es sehr gut für Sie aus (obwohl Sie immer noch auf sich selbst und Ihre eigenen Ressourcen angewiesen waren).

Um 2003[14] änderte sich viel. Sie hatten jetzt viel Glück. Ihr Ansehen steigerte sich enorm. Und 2005 nahmen Sie dann die Dinge wirklich in die Hand. Ihre Mitmenschen glaubten, Sie wüssten, was Sie taten. Sie spürten, was Sie alles fertigbringen konnten und dass der Erfolg nicht mehr weit sein konnte. Auch auf persönlicher Ebene war es eine erfüllende Zeit, Sie erforschten Ihre Innenwelt und wurden definitiv stärker!

---

[14] Alle Jahreszahlen, die ich angebe, sind grundsätzlich als zwei- oder sogar dreijähriges Zeitfenster zu verstehen und hängen von Ihrem genauen Geburtsdatum ab.

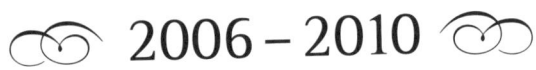 2006 – 2010

Jetzt begann eine sehr wichtige Zeit in Ihrem Leben. Sie sahen, was funktionierte und was nicht. Im Jahr 2006 stand der Glücksbringer Jupiter in Ihrem Sternzeichen, verlieh Ihnen Selbstbewusstsein und gab Ihnen die Stärke, alles loszulassen, was in Ihrem Leben keine Bedeutung mehr hatte. »Ich schaffe das!«

Gleichzeitig waren viele von Ihnen enorm stolz auf ihre Leistungen. Jetzt kamen Schul- und Studienabschlüsse, Beförderungen, Erfolge und Anerkennung. Etwas bestätigte Ihnen, wer Sie wirklich waren und was Sie alles erreichen konnten.

Dieser Erfolg führte bald zu einer Einkommenssteigerung, besonders 2007. Alles sah großartig aus! Im Jahr 2008 wuchs Ihr Optimismus, und Sie waren so populär, dass es für Sie darauf ankam zu lernen, wie man in einer Gruppe mit anderen Menschen zusammenarbeitet und trotzdem seine eigene Unabhängigkeit und Integrität wahrt. Nicht immer leicht.

Im Jahr 2009 wurde Ihr Familienleben bereichert. Jetzt war eine ausgezeichnete Zeit für Immobiliengeschäfte. Einige von Ihnen machten Anschaffungen für den Haushalt und fühlten sich dadurch reicher und glücklicher. Auch Ihren Angehörigen konnten Sie eine Freude machen. Dies war eine glückliche Zeit in Ihrem Privat- und Familienleben. Einige Familien erhielten damals Zuwachs durch Heirat, Geburt, Adoption oder Angehörige, die zu ihnen zogen. Oh je. Vielleicht haben Sie deshalb Urlaub genommen? Es war nämlich auch eine tolle Zeit für Reisen, außerdem für die Beschäftigung mit Kunst, Sport und allen möglichen kreativen Tätigkeiten, sei es Schreiben, Schauspiel, Fotografie, Arbeit im Showbusiness oder irgendwo im Gastgewerbe.

Und viele von Ihnen fanden die Liebe ihres Lebens.

2011–2013

Zurzeit erleben Sie den Beginn einer großen Veränderung und lassen vieles von dem hinter sich, was Sie seit 1999 aufgebaut haben. Die gegenwärtige Lebensphase bringt Ihnen den Abschied von Partnerschaften und engen Freunden. Außerdem werden Sie vertraute Orte, Tätigkeiten, Wohnungen und Lieblingsplätze hinter sich lassen. Nicht alle von Ihnen und nicht alles auf einmal, aber einiges davon wird den meisten von Ihnen passieren. Das liegt daran, dass Sie sich jetzt von allem trennen müssen, was für Ihr Leben nicht mehr relevant ist, unter anderem auch Menschen, Orte und Besitztümer, ebenso wie Ideen, Vorurteile und Ideologien.

Zum Glück (außer für diejenigen mit starken Krebsplaneten im Horoskop) fällt es Ihnen erstaunlich leicht! Sich von etwas zu trennen ist wirklich einfach für Sie. Das heißt nicht, dass Sie nicht an Menschen, Orten und Besitztümern hängen würden. Im Gegenteil! Es heißt einfach, dass es Ihr natürlicher Stil ist, etwas loszuwerden und zu entsorgen, denn Ihr Herrscherplanet Pluto steht für Chirurgie, Abfallentsorgung, die Verbesserung durch Entfernen. Sie können das also relativ unbesorgt tun, in vielen Fällen sogar mit Erleichterung!

In den Jahren 2011/12 verbessern Sie sich beruflich und gesundheitlich. Sie bekommen einen besseren Arbeitsplatz oder bessere Arbeitsbedingungen, bessere Aufgaben oder einen besseren Chef. Yeah! Das stärkt nicht nur Sie, sondern auch Ihre Gesundheit. Das ist toll! Es stellt Sie auf eine solide Basis, auch wenn andere Bereiche Ihres Lebens sich gerade stark verändern.

Denken Sie immer daran, dass in diesem ganzen Jahrzehnt Ihr Familienleben und Ihr Zuhause ziemlich durcheinander und unklar aussehen. Sie sind sich nicht immer sicher, worauf Sie hinauswollen. Sie sind sich unsicher, wo Sie wohnen möchten oder wie Sie sich in Immobiliengeschäften verhalten sollen. Das Gleiche gilt für Beziehungen innerhalb der Familie. (Für im Oktober geborene Skorpione trat diese Phase schon Ende der Neunzigerjahre und zur Jahrtausendwende in den Vordergrund. Für die zwischen dem 1. und 12. November Geborenen war der entsprechende Zeitraum 2002 bis 2006, und für die später geborenen Skorpione war sie am ausgeprägtesten von 2006 bis 2011.)

Ab 2012 sieht es dann im Bereich Beziehungen und Partnerschaften wieder besser aus! Yeah-Yeah! (Es ist schön, wenn einem jemand den Rücken stärkt.) Auch Ihr Umgang mit der Öffentlichkeit verbessert sich. Wer eine feste Beziehung beginnt, besonders im Jahr 2012, wird sich dabei vermutlich an einen reicheren, älteren oder erfahreneren Partner binden.

Denken Sie an Zsa Zsa Gabors Rat: »Ehemänner sind wie ein Herdfeuer. Sie gehen aus, wenn man sich nicht um sie kümmert.«

Im Jahr 2013 versorgt Sie das Universum dann mit Gaben und Geschenken, als wollte es ausgleichen, was Sie aufgegeben haben! Erbschaften, Steuerrückerstattungen, Gefälligkeiten, Leihgaben und der indirekte Nutzen gestiegenen Reichtums Ihres Partners sind nur einige der Möglichkeiten, die Ihnen zugutekommen.

Achtung: Auch wenn Sie gerade vieles aufgeben, ist jetzt die richtige Zeit, einen Kredit oder eine Hypothek aufzunehmen. Das Geld könnte nützlich sein! Vergessen Sie nie, dass Sie die Kraft haben, Dinge magnetisch anzuziehen – selbst etwas so Handfestes wie Geld. (Eigentlich ist Geld aber gar nicht so handfest, oder?)

⮾ 2014 – 2015 ⮿

Das Jahr 2014 wird eine große Veränderung in Ihrem Leben einleiten. Natürlich waren die vergangenen drei Jahre insgesamt eine Zeit der Vorbereitung darauf. Jetzt betreten Sie einen völlig neuen Schauplatz. Die Veränderung kann so dramatisch sein, dass sich sogar Ihre Alltagsgarderobe verändert. Wenn Sie sich vorher in maßgeschneiderte Kostüme gehüllt haben, sind es jetzt vielleicht Sweatshirt und Gummistiefel. Oder umgekehrt. (»Soll ich für die Tropen packen?«)

Sie befinden sich jetzt am Anfang eines neuen Dreißigjahreszyklus, etwa so wie zwischen 1983 und 1987. (»Ach du meine Güte! Genau wie damals!«) Interessanterweise ergeben sich jetzt, wo Sie gerade sozusagen eine neue Reise beginnen, indem Sie sich neu erfinden, für Sie alle möglichen Gelegenheiten zum Reisen und außerdem in der höheren Bildung, dem Verlagswesen und den Medien! Ist das nicht cool? (Rechnen Sie ebenso mit Möglichkeiten in der Medizin und der Rechtspflege.)

Und wieder lächelt Ihnen Fortuna! Gerade jetzt, wo ein Bereich Ihres Lebens noch sehr ungesichert ist (Sie haben ganz neues Gelände betreten), segelt der Glücksbringer Jupiter zum ersten Mal seit 2002 durch Ihr Horoskop und eröffnet Ihnen Möglichkeiten, Ihren guten Namen und Ihre Reputation zu stärken. (Klasse!) Wahrscheinlich verreisen Sie geschäftlich.

In vielerlei Hinsicht ist es merkwürdig, weil andere Einflüsse auf den Beginn von etwas Neuem hindeuten, während Jupiter bedeutet, dass sich etwas Bestehendes weiterentwickelt und verstärkt, besonders im Bereich der Öffentlichkeit und Ihres Ansehens. (Das sind die Geheimnisse des Lebens ...)

Deshalb jedenfalls ist 2015/16 für Sie eine ungeheuer erfolgreiche Zeit, was Ihre Kraft und auf jeden Fall Ihr Selbstvertrauen betrifft. Irgendetwas sieht extrem rosig aus, auch wenn Sie sich in einer völlig neuen Umgebung, Wohnung oder beruflichen Situation wiederfinden.

Eine mögliche Erklärung für diese Kombination aus Neuheit und fortgesetztem Erfolg wäre, dass in den letzten drei Jahren der Drang in Ihnen gewachsen ist, sich beruflich selbstständig zu machen. (Und diejenigen, die keine eigene Firma gründen, ändern auf jeden Fall ihre Arbeitseinstellung.) Es ist, als ob Sie eine neue Beziehung zu Ihrer Arbeit eingingen. Wie immer die aussieht, sie ist frei von öder Routine und gibt Ihnen mehr Entscheidungsfreiheit und Kontrolle über Ihr Leben. (Zumindest können Sie sich jetzt aussuchen, was Sie zur Arbeit anziehen.)

2016 – 2018

In diesem Zeitraum werden Sie sehr beliebt sein! Aus welchem Grund auch immer – viele von Ihnen treten jetzt Vereinen, Gruppen, Verbänden oder Gewerkschaften bei. Gruppensituationen kommen Ihrem Sozialleben zugute. Sie sind mittendrin, genießen neue Kontakte und die Gesellschaft anderer Menschen. Das alles tut Ihnen richtig gut.

Diese Begeisterung lässt Sie Ihre Ziele höherstecken und ermutigt Sie, sich mehr vorzunehmen oder mehr von sich zu erwarten, als hätten Sie nur auf das positive Feedback gewartet, um Ihr Ziel anzusteuern.

Auch hier sehe ich für viele von Ihnen wieder berufliche Selbstständigkeit als Ergebnis dieses Gewinns an Selbstvertrauen. Ihr Herrscherplanet Pluto symbolisiert auch alle Bereiche der Massenproduktion. Mit anderen Worten: Wenn Sie auf Pluto-Art Geld verdienen, dann durch kleine, häufig wiederholte Gewinne. (Etwa, wenn Sie einen preiswerten Artikel sehr oft verkaufen.)

Trotz dieser rosigen Erfolgsaussichten treten Sie gleichzeitig in ein Zeitfenster von zwei oder drei Jahren ein, in dem Sie sehr hart für Ihr Einkommen arbeiten müssen. (Erfolg kann sehr anstrengend sein!) Sie fragen sich außerdem tief in Ihrem Inneren, worum es Ihnen im Leben eigentlich geht und worauf es wirklich ankommt. Ruhm? Geld? Persönliche Beziehungen? Familie? Haus und Landbesitz? Oder ist der Sinn für Sie etwas ganz anderes?

Was Sie aber sicher wissen, ist, dass Sie nicht auf das falsche Pferd wetten wollen. Sie wollen nicht mit fünfundachtzig in den Spiegel schauen und sich eingestehen müssen: »Mensch, du hast es wirklich vermasselt!« So weit darf es nicht kommen.

(Andererseits ist, laut Woody Allen, »niemand so sexy wie eine vom Glauben abgefallene Katholikin.«)

Aber wieder kommt der Glück bringende Jupiter rechtzeitig zu Hilfe, während Sie über den Sinn des Lebens rätseln. Im Oktober 2017 tritt der Geldbringer in den Skorpion und bleibt dort bis November 2018. Freuen Sie sich darauf!

»Ich konnte nicht auf den Erfolg warten. Darum habe ich ohne ihn weitergemacht.«

JONATHAN WINTERS
Amerikanischer Schauspieler und Komiker
Eine total, total verrückte Welt
(11. November 1925)

Mit Jupiter in Ihrem Sternzeichen ergeben sich 2018 viele günstige Gelegenheiten für Sie. (Zum letzten Mal stand er 2006 im Skorpion. Erinnern Sie sich daran, was damals geschehen ist.) Das stärkt definitiv Ihr Selbstvertrauen!

Ende 2018 stehen Sie mit viel Selbstbewusstsein da – ganz ohne Frage. Falls nötig, finden Sie den Mut zu weiteren Veränderungen – und wahrscheinlich ist es nötig. Wie es der Skorpion Jonathan Winters formuliert: »Nichts ist unmöglich. Einige Dinge sind nur unwahrscheinlicher als andere.«

2019 – 2020

Jetzt rollt der Rubel! Sie verdienen besser oder haben einen besseren Arbeitsplatz. Diejenigen von Ihnen, die sich selbstständig gemacht haben, nehmen einen ordentlichen Schluck aus der Erfolgspulle! *Gluck, gluck, gluck.* »Ich wusste, dass ich es schaffe!«

Das könnte gar nicht gelegener kommen, weil innerhalb der nächsten zwei Jahre viele von Ihnen Wohnung, Arbeitsplatz oder beides wechseln werden. Etwas wird geschehen, was Ihre tägliche Umgebung verändert.

Warum? Weil Sie seit 2012/13 etwas völlig Neues begonnen haben. Damals haben Sie angefangen, sich selbst neu zu erfinden, und fanden sich anschließend auf völlig neuem Gebiet wieder, und deshalb haben Sie auch angefangen, Ihre Grundwerte infrage zu stellen. In diesem und den beiden Folgejahren legen Sie letzte Hand an Ihr neues Ich. Ihre Erfahrungen verfeinern und polieren Ihre Gedanken, Ihre Sprache und Ihr Auftreten. Sogar die Art, wie Sie zuhören! Dafür wird das Leben Sie in eine völlig neue Alltagswelt versetzen. Betrachten Sie das als Weckruf.

Für einige wird der Weckruf so dramatisch ausfallen, dass in der neuen Umgebung nicht einmal Deutsch gesprochen wird! (»*¿Donde está el baño?*«)

Stellen Sie sich diesen Zeitraum als einen Übergangszustand vor. Alles ist möglich. Für Skorpione unter sechzig ist ein Wohnort- oder Berufswechsel fast unvermeidlich. (Selbst wenn Sie nicht daran glauben.) Auch für ältere Skorpione, besonders Rentner, ist das Thema Umzug nicht unbedingt vom Tisch. Einige geben vielleicht das Stadthaus auf und ziehen ganz ins Chalet oder ins Sommerhaus. Auf jeden Fall verändert sich Ihre tägliche Umgebung.

Was immer 2020 geschieht, es gefällt Ihnen sehr. In diesem Jahr sind Sie sehr optimistisch gestimmt. Sie fühlen sich besser und glauben an Ihr Glück! Natürlich hat diese gehobene Grundstimmung einen konkreten Anlass. Denkbar wäre zum Beispiel, dass es Ihnen an Ihrem neuen Wohnort oder Arbeitsplatz wirklich gefällt. Es wäre nur natürlich, optimistisch zu werden, wenn man aus einem Zustand der Unsicherheit plötzlich erlöst wird.

Jetzt ist auch eine großartige Zeit für Autoren, Schauspieler, Lehrer und alle Beschäftigten in Verkauf und Marketing, dazu für Berufskraftfahrer. Die genannten Berufe stehen um 2020 unter einem besonders günstigen Stern.

2021–2023

Fast automatisch folgt aus der Unsicherheit hinsichtlich Wohnort und Arbeitsplatz, die Sie in den letzten Jahren erlebt haben, dass Sie sich in den nächsten Jahren auf die Festigung Ihrer häuslichen Basis konzentrieren werden. (Ach nee!) Sie wollen ein verlässliches Zuhause! Sie wollen Sicherheit!

Wenn Sie in den letzten Jahren in eine Wohnung gezogen sind, die Ihnen gefällt, dann werden Sie dieses Zuhause in den kommenden Jahren ausbauen. Es geht nicht nur um neue Gardinen oder passende Handtücher, sondern um größere Umbauten. Wenn Sie kürzlich Wohneigentum erworben haben, dann renovieren Sie, bauen den Keller oder das Dach aus oder etwas anderes in dieser Größenordnung.

Diejenigen von Ihnen, denen es nach einem kürzlichen Umzug in der neuen Wohnung nicht gefällt, werden in den nächsten beiden Jahren fieberhaft arbeiten, um sich einen neuen Umzug leisten zu können, oder eine günstigere Wohnung suchen. Vielleicht steht also ein zweiter Umzug kurz bevor, möglicherweise auch ein größeres Immobiliengeschäft.

Ein weiterer Grund, warum einige von Ihnen wieder umziehen oder renovieren, ist möglicher Familienzuwachs durch Heirat, Adoption oder die Geburt von Kindern oder Enkeln. Oder Sie haben einen Schwager zu Gast, der einfach nicht mehr abreisen will – aber das ist unwahrscheinlich, Sie sind schließlich ein entschlossener Skorpion und niemand, der sich überrennen lässt. Skorpione sind freundlich, großzügig und verhalten sich anständig, aber sie lassen sich nicht so einfach bequatschen oder rumkriegen. Sie haben keine einzige leichtgläubige Faser im Körper.

Die Jahre 2021/22 sind ausgezeichnet für Immobiliengeschäfte geeignet. Jetzt ist die richtige Zeit, ein Eigenheim zu kaufen oder in Immobilien zu investieren. In der Familie geht es warm und freundlich zu. Das Familienleben verbessert sich definitiv, und die Angehörigen sind großzügiger untereinander. Insgesamt fühlen Sie sich zu Hause sehr wohl.

Etwa 2022 nehmen Sie sich die Zeit für eine längere Reise, obwohl Sie vielleicht immer noch renovieren oder für Ihr neues Haus arbeiten. Es geht nicht nur um ein Wochenende in Las Vegas, sondern einen richtigen Urlaub. (Sie wissen, dass Sie einen brauchen, wenn Sie anfangen, Ihrem Passbild zu ähneln.)

»Doch still, was schimmert durch das Fenster dort?« Das Jahr 2022 eignet sich nicht nur wunderbar für Urlaubsreisen, sondern auch für Liebe, Romantik, Partys, Sport, aufregende Veranstaltungen und Spiele mit Kindern. Einige von Ihnen treffen die Liebe ihres Lebens! (Schweig still, mein klopfend Herz.)

Das liegt teilweise daran, dass Sie jetzt so entspannt sind. Seit 2013 haben Sie Ihre Rolle in der Welt neu definiert. Jetzt haben Sie eine Vorstellung, wer Sie eigentlich sind und wo Ihr Zuhause ist. Die Grundlage steht also fest, und jetzt können Sie das Leben genießen!

Es kommt allerdings noch etwas dazu. Vor ungefähr drei oder vier Jahren hat der wilde, unberechenbare Uranus Ihr Gegenzeichen, den Stier, erreicht. Uranus wird noch bis 2025 in Opposition zum Skorpion stehen. Das rührt einiges auf! Manche von Ihnen werden vielleicht aus einer bestehenden Partnerschaft katapultiert. (»Ich muss mich selbst finden!«) Andere beginnen vielleicht eine ungewöhnliche Beziehung mit jemandem, der aus einer anderen Kultur stammt oder einen völlig anderen Lebenshintergrund hat. Uranus braucht etwa sieben Jahre, um den Stier zu durchqueren. Von 2018 bis 2020 betrifft sein Einfluss Skorpione, die im Oktober geboren wurden, von 2020 bis 2022 solche, die in den ersten zehn Novembertagen auf die Welt kamen, und alle später geborenen Skorpione spüren die Auswirkungen am stärksten von 2022 bis 2025.

Eins ist sicher: Was immer Sie erleben, während Uranus in Opposition zu Ihrem Sternzeichen steht, es wird eine völlig neue Erfahrung sein, weil diese Konstellation zum letzten Mal in den später Dreißiger- und frühen Vierzigerjahren des letzten Jahrhunderts auftrat.

Diejenigen Paare, die nur noch wegen der Kinder oder einer ähnlichen emotionalen Abhängigkeit oder auch aus finanziellen Gründen zusammen sind, erleben jetzt einen Ausbruch der unterdrückten Spannungen! Selbst feste Beziehungen, die diesen Sturm überstehen, müssen sich verändern, um beiden Partnern mehr Freiheit zu gewähren.

Das ist ein bisschen kompliziert. Sie haben inzwischen einen Lebensstil gefunden, der Ihnen gefällt und Sicherheit gibt. Sie haben Ihre Routine und mögen sie. Das geht uns allen so. Das Bekannte und Sichere wird oft der Freiheit und Individualität vorgezogen. Uranus denkt da anders! Wie alt Sie auch sein mögen, Sie fühlen sich jetzt wie in der Midlife-Crisis. Sie durchleben Veränderungen, nach denen Sie sich letztlich jünger, freier und neugieriger auf das Leben fühlen. Dieser Zeitraum von sieben Jahren ist ein Ausbruch in die Freiheit. »Vive la liberté!«

Vielleicht sind Sie deshalb 2023 so viel zufriedener an Ihrem Arbeitsplatz. Vielleicht haben Sie einen anderen Arbeitsplatz oder eine andere Arbeitseinstellung, oder es gab eine Veränderung an Ihrem gegenwärtigen Arbeitsplatz. Vielleicht gefällt Ihnen Ihr Gehalt, oder Sie mögen Ihren Chef, oder Sie haben ein schönes Büro. Was auch immer es ist – es macht Sie glücklich. (Glücklich ist immer gut.)

⁓ 2024 – 2025 ⁓

Es gibt gute und schlechte Nachrichten. Fangen wir mit den schlechten an, weil sie eigentlich gar nicht so schlecht sind. In dieser Lebensphase scheinen Sie ein bisschen unentschlossen zu sein, was Sie eigentlich mit sich anfangen wollen. In meinen Zeitungskolumnen schreibe ich immer, dass Sie sich fragen, was Sie einmal werden wollen, wenn Sie erwachsen sind. Es geht nicht darum, dass Sie Ihre Grundwerte infrage stellen, sondern Sie suchen vielmehr eine sinnvolle und befriedigende Art, sich auszudrücken, die Ihnen womöglich auch noch Geld einbringt! (Genau!)

Sie wollen endlich Ihr Ding machen – etwas, das Ihnen das Gefühl gibt, etwas zu leisten, und es gleichzeitig wert ist, getan zu werden. Deshalb stellen Sie Ihre gegenwärtige Tätigkeit gnadenlos infrage. (»Will ich das wirklich?«)

Die gute Nachricht ist, dass Jupiter jetzt in die obere Hälfte Ihres Horoskops tritt, und das bedeutet, dass Ihr Glück immer offensichtlicher wird! Schon 2024 entstehen womöglich neue Partnerschaften, besonders mit Menschen, die reicher, älter oder erfahrener sind als Sie. Bestehende Partnerschaften gestalten sich befriedigender und sicherer. Dies ist ein großartiges Jahr, um eine neue Beziehung – geschäftlich wie privat – zu beginnen.

Auch 2025 profitieren Sie weiter von Partnerschaften, aber jetzt auf eine konkrete, finanzielle, unmittelbar vorteilhafte Weise. Ihr Partner verdient jetzt mehr, und das kommt Ihnen indirekt zugute. Oder vielleicht erhalten Sie auch Geld, Geschenke, Gefälligkeiten und Leihgaben von anderen Menschen. Auch für Kredite und Hypotheken ist 2025 ein großartiges Jahr. Vielleicht erben Sie. Mit anderen Worten: Sie profitieren vom Reichtum und den Ressourcen anderer Menschen! Ka-ching!

Daran ist wirklich nichts auszusetzen!

»Mein ganzes Leben lang haben Leute mir gesagt, dass ich es nicht schaffen würde.«

TED TURNER
Amerikanischer Medienunternehmer
(19. November 1938)

Berühmte Skorpione

24. Oktober 1904	Moss Hart
24. Oktober 1947	Kevin Kline
24. Oktober 1953	Christoph Daum
24. Oktober 1960	Christoph Schlingensief
25. Oktober 1919	Beate Uhse
25. Oktober 1950	Chris Norman
25. Oktober 1984	Katy Perry
25. Oktober 1987	Fabian Hambüchen
26. Oktober 1916	François Mitterand
26. Oktober 1942	Bob Hoskins
26. Oktober 1947	Hillary R. Clinton
26. Oktober 1967	Keith Urban
27. Oktober 1939	John Cleese
27. Oktober 1963	Farin Urlaub
27. Oktober 1984	Kelly Osbourne
28. Oktober 1914	Jonas Salk
28. Oktober 1930	Bernie Ecclestone
28. Oktober 1943	Cornelia Froboess
28. Oktober 1955	Bill Gates
28. Oktober 1963	Eros Ramazzotti
28. Oktober 1967	André Eisermann
28. Oktober 1967	Julia Roberts
28. Oktober 1974	Joaquin Phoenix
29. Oktober 1891	Fanny Brice
29. Oktober 1897	Joseph Goebbels
29. Oktober 1947	Richard Dreyfuss
29. Oktober 1960	Dieter Nuhr
29. Oktober 1971	Winona Ryder
30. Oktober 1932	Louis Malle

30. Oktober 1945	Henry Winkler
30. Oktober 1960	Diego Maradona
30. Oktober 1973	Adam Copeland
31. Oktober 1920	Fritz Walter
31. Oktober 1936	Michael Landon
31. Oktober 1961	Peter Jackson
1. November 1957	Lyle Lovett
1. November 1963	Katja Riemann
1. November 1966	Barbara Becker
2. November 1913	Burt Lancaster
2. November 1957	Hera Lind
2. November 1961	k. d. lang
3. November 1921	Charles Bronson
3. November 1942	Martin Cruz Smith
3. November 1949	Anna Wintour
4. November 1879	Will Rogers
4. November 1960	Frl. Menke
4. November 1969	Matthew McConaughey
4. November 1972	Luís Figo
5. November 1940	Elke Sommer
5. November 1941	Art Garfunkel
5. November 1959	Bryan Adams
6. November 1946	Sally Field
6. November 1962	Georg Uecker
6. November 1970	Ethan Hawke
7. November 1867	Marie Curie
7. November 1879	Leo Trotzki
7. November 1913	Albert Camus
7. November 1943	Joni Mitchell
7. November 1969	Bryant H. McGill
8. November 1847	Bram Stoker
8. November 1935	Alain Delon
8. November 1966	Gordon Ramsay
9. November 1939	Björn Engholm

9. November 1958	Eva Herman
9. November 1968	Axel Schulz
9. November 1984	Delta Goodrem
10. November 1483	Martin Luther
10. November 1925	Richard Burton
10. November 1977	Brittany Murphy
11. November 1885	George Patton jr.
11. November 1922	Kurt Vonnegut
11. November 1925	Jonathan Winters
11. November 1929	Hans Magnus Enzensberger
11. November 1962	Demi Moore
11. November 1964	Calista Flockhart
11. November 1974	Leonardo DiCaprio
12. November 1866	Sun Yat-sen
12. November 1923	Loriot
12. November 1929	Michael Ende
12. November 1929	Grace Kelly
12. November 1934	Charles Manson
12. November 1976	Judith Holofernes
12. November 1978	Alexandra Maria Lara
12. November 1982	Anne Hathaway
13. November 1949	Whoopi Goldberg
13. November 1954	Chris Noth
13. November 1969	Gerard Butler
13. November 1984	Lucas Barrios
14. November 1932	Gunter Sachs
14. November 1948	Charles, Prince of Wales
14. November 1979	Mavie Hörbiger
15. November 1738	William Herschel
15. November 1887	Georgia O'Keeffe
15. November 1891	Erwin Rommel
15. November 1897	Aneurin Bevan
15. November 1936	Wolf Biermann
15. November 1945	Anni-Frid Lyngstad

16. November 1967	Lisa Bonet
16. November 1973	Maggie Gyllenhaal
16. November 1983	Britta Steffen
17. November 1942	Martin Scorsese
17. November 1944	Danny DeVito
17. November 1966	Jeff Buckley
17. November 1983	Christopher Paolini
18. November 1928	Micky Maus
18. November 1939	Margaret Atwood
18. November 1942	Linda Evans
18. November 1960	Kim Wilde
18. November 1974	Chloë Sevigny
19. November 1900	Anna Seghers
19. November 1917	Indira Gandhi
19. November 1933	Larry King
19. November 1938	Ted Turner
19. November 1942	Calvin Klein
19. November 1961	Meg Ryan
19. November 1962	Jodie Foster
20. November 1937	René Kollo
20. November 1956	Bo Derek
20. November 1956	Olli Dittrich
21. November 1945	Goldie Hawn
21. November 1965	Björk
21. November 1968	Inka Bause
22. November 1913	Benjamin Britten
22. November 1940	Terry Gilliam
22. November 1943	Billie Jean King
22. November 1958	Jamie Lee Curtis
22. November 1967	Boris Becker

Schütze

23. November – 21. Dezember

Schütze

(23. November – 21. Dezember)

»ICH SEHE.«

»Habt keine Angst, dass heute die Welt untergeht. In Australien ist es immer schon morgen.«

CHARLES M. SCHULZ
Amerikanischer Comiczeichner
Die Peanuts (Charlie Brown)
(26. November 1922 – 12. Februar 2000)

»Ich glaube nicht an die Astrologie; ich bin Schütze, und Schützen sind sehr skeptisch.«

SIR ARTHUR C. CLARKE
Britischer Science-Fiction-Schriftsteller und technischer Visionär
2001: Odyssee im Weltraum
(17. Dezember 1917 – 19. März 2008)

Element	Feuer
Herrscherplanet	Jupiter
Qualität	Veränderlich
Gegenzeichen	Zwillinge
Symbol	Ein Kentaur mit Pfeil und Bogen
Glückssteine	Türkis, Amethyst und Topas[1]
Blumen	Löwenzahn und Weinrose
Farben	Violett und Blau
Körperteile	Oberschenkel und Hüften

WAS SIE LIEBEN Tiere, Reisen, Freiluftaktivitäten, Herausforderungen, tiefe Weisheiten, Mythologie und Forschung. Sie gehen gerne Risiken ein und halten sich Ihre Optionen offen. Außerdem mögen Sie Alkohol, Glücksspiel und wilde Partys. (Ich meine wirklich wilde.)

WAS SIE VERABSCHEUEN Einschränkung, Banalität, Hausarbeit, besitzergreifende Menschen, Befehle, Apathie, Ungerechtigkeit, Tierquälerei. Außerdem mögen Sie keine affektierten Snobs und unbequeme förmliche Kleidung.

WO SIE GLÄNZEN Sie sind offen für Neues, philosophisch, weise, positiv eingestellt, fröhlich, reif, tolerant, begabt und großzügig. Außerdem sind Sie athletisch und ökologisch gesinnt, und Sie sehen toll aus in Goretex.

WER IST SCHON VOLLKOMMEN? Sie sind schluderig, ungeduldig, voreilig, oberflächlich, vergesslich, überoptimistisch, salopp und indiskret. Außerdem trinkt hier jemand zu viel.

---

[1] Glückssteine? Blumen? Farben? Diese Angaben variieren in unterschiedlichen astrologischen Quellen. Das nur zu Ihrer Information.

Das Wesen des Schützen[2]

Der schnellste Weg, um das Wesen des Schützen zu verstehen, führt über die astrologische Bedeutung seines Herrscherplaneten. Das ist beim Schützen der Jupiter, wie ihn die Römer nannten, die ihn als Schutzgottheit ihrer Stadt ansahen. Bei den Griechen hieß derselbe Gott Zeus. (Du bist der Chef, Baby!)

Als Oberhaupt aller Götter wurde Jupiter als bärtiger älterer Mann dargestellt, stets nackt und mit einem Donnerkeil in der Faust, denn er war auch Himmelskönig und konnte Blitz und Donner schicken. Sein Vater war Saturn, Merkur und Mars waren seine Kinder, Neptun und Pluto seine Brüder. Jupiter herrschte nicht nur über die Götterfamilie, sondern auch über das Gesetz auf Erden. (Er hatte sich abgesichert.)

Jupiter hatte außerdem auch die Weinfeste unter sich, und er hatte jede Menge Liebesaffären! (»Beim Jupiter! Was Sie nicht sagen.«)

In unserem Sonnensystem ist Jupiter der größte Planet. Er ist so ungeheuer groß, dass man alle anderen Planeten in ihm unterbringen könnte und immer noch Platz für ein Sesamkorn und das Herz eines Hollywoodproduzenten bliebe.[3]

Damit Sie eine Vorstellung von den Größenverhältnissen bekommen: Jupiter hat einen Durchmesser von 150 000 Kilo-

---

[2] Niemand kann auf ein einziges Sternzeichen reduziert werden, denn jedes Horoskop enthält mehrere Planeten. Daher beschreibt dieser Abschnitt nur den Archetyp des Schützen – die Eigenschaften, die sein Wesen ausmachen. Auch viele, die unter einem anderen Sternzeichen geboren sind, haben Schütze-Eigenschaften. Die Darstellung eines einzelnen Zeichens ist daher keine exakte Beschreibung einer bestimmten Person, sondern vielmehr die Beschreibung der Eigenschaften des Zeichens.

[3] Das habe ich von Fred Allen. Der Schauspieler hat gesagt: »Wenn Sie alle Ernsthaftigkeit Hollywoods nehmen und sie im Bauchnabel eines Glühwürmchens platzieren, bleibt immer noch Platz für drei Kümmelkörner und das Herz eines Produzenten.«

metern, die Erde dagegen nur von 12 000 Kilometern. Deshalb verbindet die Astrologie Jupiter mit Wachstum, Expansion, Vergrößerung, Zuwachs und Exzess. »Exzess? Klingelt da was bei Ihnen?«

Jupiter herrscht außerdem über Glück und Geld. Er steht für Erfolg, Überfluss, Fröhlichkeit, Freude und Großzügigkeit. Ich nenne ihn oft den »finanziellen Glücksbringer« Jupiter, weil er auch den Reichtum repräsentiert. Jupiter ist alles, was man sich nur wünschen kann – Erfolg, Glück, Reichtum und Fröhlichkeit. Hurra!

Kein Wunder, dass die in diesem Sternzeichen Geborenen so locker, fröhlich und optimistisch sind!

»Ich bin Optimist. Alles andere scheint nicht sinnvoll zu sein.«

SIR WINSTON CHURCHILL
Britischer Staatsmann und zweimaliger Premierminister
(1940 bis 1945; 1951 bis 1955)
(30. November 1874 – 24. Januar 1965)

»Ich konzentriere mich immer auf die optimistische Seite des Lebens, aber ich bin realistisch genug zu wissen, dass das Leben eine sehr komplexe Angelegenheit ist.«

WALT DISNEY
Amerikanischer Filmproduzent und Trickfilmzeichner;
Erfinder von Mickey Mouse und Donald Duck
(5. Dezember 1901 – 15. Dezember 1966)

Auf die Größe kommt es an

Die enorme Größe des Jupiters ist der Schlüssel zum Verständnis des Schützen. Sie machen alles im großen Maßstab. Sie geben großzügig Geld für sich selbst aus und sind auch großzügig gegenüber anderen Menschen. Sie haben stets große Ideen und brüten über großen Plänen. Sie lieben Geld und sind ständig auf der Suche nach Reichtum. Sie wollen das Geld übrigens gar nicht um seiner selbst willen, sondern sozusagen als Fahrkarte – es ist Ihr *ticket to ride*!

Die Expansion, für die Jupiter steht, spiegelt sich in Ihrem Freiheitsdrang. Sie drängen immer nach außen und rebellieren gegen die Grenzen in Ihrem Leben. Man kann Sie nicht zurückhalten oder einsperren. Das würde Sie kaputtmachen. Für Sie ist persönliche Freiheit eine Überlebensvoraussetzung.

Ihr Drang, Ihre Welt zu erweitern, begann schon als kleines Kind, und zwar sowohl buchstäblich wie übertragen. Sie neigten immer dazu, in die große, aufregende Welt da draußen vorzustoßen, von der Sie wussten, dass sie nur auf Sie wartete!

Einmal um die ganze Welt ...

Sie sind der Globetrotter des Tierkreises. Sie wurden schon mit der Wanderlust im Blut geboren. Sagen Sie zu einem Astrologen »Reisen«, und er wird automatisch »Schütze« antworten!

Menschen mit anderen Sternzeichen verreisen mal eben und buchen fünf Tage in Las Vegas oder eine Woche in Paris und eine in Rom. Sie dagegen packen Ihre Taschen und gehen nach Asien, Afrika oder Südamerika. Sie verreisen übers Frühjahr oder den Winter oder gleich für ein ganzes Jahr. Sie sind immer in Bewegung und suchen Abenteuer und Erfahrungen.

Genau wie Ihr Herrscherplanet Jupiter wollen Sie Ihren Horizont erweitern. Sie wollen aus Ihrem kleinen Reagenzglas hinauswachsen. Sie wollen mehr. Sie wollten schon immer mehr, *weil es mehr gibt*!

Aber halt! Es gibt noch einen anderen Grund für Ihre Reiselust. Sie wollen *frisch bleiben*. Sie möchten neue Orte, neue Gesichter, neue Städte und neue Kulturen erleben, weil Sie sich dann lebendig und wach fühlen! Sie fürchten immer, in eine schläfrige Routine zu verfallen, in der Sie Ihre Umgebung nicht mehr bewusst wahrnehmen.

»Ich habe den Sachsen das Angeln beigebracht, seitdem heißen sie Angelsachsen. Ich bin der König aller Angler. Ich bin Artus, Erfinder des Eukalyptusbonbons am Stiel. (...) Der hier Geräusche macht, heißt Petzi. Wir durchreiten das Land Länge mal Breite mal Höhe, um Gastritter zu finden, die an meinen Hof Camelot kommen wollen. Bitte melde mich deinem Herrn und Meister.«

AUS MONTY PYTHONS *RITTER DER KOKOSNUSS*
(eine 1975 gedrehte Filmkomödie mit Graham Chapman, John Cleese, Terry Gilliam, Eric Idle, Terry Jones und Michael Palin)

Natürlich, Camelot und die heilige Suche!

Reisen ist für Sie wesentlich, weil Sie der Suchende sind. Sie suchen den Heiligen Gral. Sie wollen Antworten auf alle großen Fragen. Sie wollen wissen, wie das Leben funktioniert. (Ja, wir wissen schon, dass Douglas Adams die Antwort auf die endgültige Frage nach dem Leben, dem Universum und dem ganzen Rest gefunden hat. Sie lautet 42.)

Tatsächlich können Sie nicht nur im physischen Sinn reisen. Natürlich verreisen Sie gerne mit Flugzeugen, Zügen, Bussen, Autos oder per Anhalter und zu Fuß. (Sie sind ein großer Wanderfreund.)

Aber Sie reisen auch durch Ideen, Konzepte, Philosophien, Religionen, Kulturen und verschiedene Erfahrungswelten, darunter auch unterschiedliche Berufe und Lebensweisen.

Sie möchten über das Vorhandene hinausgehen.

> »Man kann die Grenzen des Möglichen nur entdecken,
> wenn man über sie hinaus ins Unmögliche geht.«
>
> SIR ARTHUR C. CLARKE
> Britischer Science-Fiction-Schriftsteller und technischer Visionär
> *2001: Odyssee im Weltraum*
> (17. Dezember 1917–19. März 2008)

Die Zuständigkeitsbereiche des Jupiters

Außer Reichtum und Ausdehnung beherrscht Jupiter auch das Rechtswesen, die Universitäten und allgemein die Einrichtungen der höheren Bildung, außerdem Museen, Kunstgalerien und alle Orte, an denen Wissen und Kunst gehütet werden.

Jupiter steht außerdem für Religion und gesellschaftliche Regeln, ob es jetzt religiöse Traditionen, staatliche Gesetze oder soziale Verhaltensregeln sind.

Weiter herrscht er über die Heilkunde und die Medizin als Heilberuf.[4]

Auch das Verlagswesen, Bibliotheken und alles, was mit der Bewahrung und Verbreitung von Wissen zu tun hat, gehören zum Bereich des Jupiters. Das schließt natürlich auch die Medien mit ein.[5] Jupiter steht allgemein für die Lehre und Verbreitung von Informationen durch höhere Bildung, Verlagswesen und Bibliotheken.

Das ist alles sehr kopflastig. (Ihr Schützen seid schlau.)

Schon allein diese Betrachtung, wofür Jupiter in der Astrologie steht, gibt Ihnen eine ganz gute Vorstellung vom Wesen des Schützen. Aber bis jetzt ging es eben nur um Ihren Herrscherplaneten. Wie steht es mit dem Kentauren, dem Symbol des Schützen?

---

[4] Pluto, der Herrscherplanet des Skorpions, beherrscht alles Fleischliche und damit die Chirurgie, der Jupiter dagegen die Aspekte Heilung und Wachstum.
[5] Im engeren Sinn beherrscht Uranus die Radiowellen und Pluto die Massenwirkung des Fernsehens.

Der Kentaur

Ein Kentaur, das Symbol Ihres Sternzeichens, ist halb Mensch und halb Pferd. Die menschliche Hälfte trägt Pfeil und Bogen. Pfeile in den Himmel zu schießen, ist eine der Eigenschaften, die von Jupiter beherrscht werden, wie Sie sicher wissen.[6] Diese Pfeile repräsentieren Ihre hohen Ideale und Ihr Streben nach weiterem Wissen. Man könnte sagen, dieser Teil von Ihnen habe »den Kopf in den Wolken«.

Der Pferdeanteil des Kentauren steht allerdings mit vier Hufen fest auf dem Boden. Wie idealistisch Sie auch sein mögen und welch großartige Visionen Sie auch haben mögen (und die haben Sie) – Sie sind auch ein Praktiker. Sie sind nicht nur praktisch gesinnt, sondern lieben auch die Erde! Sie fühlen sich allen Teilen der Natur verbunden, besonders aber dem Tierreich.

Ich ♥ Tiere

Menschen aller Tierkreiszeichen sind Tierfreunde, aber Schützen engagieren sich besonders leidenschaftlich für Tiere und ihr Wohl.

Wie es Ihr Herrscher – der große Jupiter – erfordert, mögen Sie eher die großen Tiere wie Hunde und Pferde, obwohl ich einen Schützen gekannt habe, der als Haustier ein Silberfischchen hielt.

Tierquälerei empört Sie ganz besonders. Das geht natürlich Menschen aller Tierkreiszeichen so, und sie empfinden auch alle Mitleid mit Tieren. Schützen allerdings stehen dem Tierreich näher als alle anderen. Seltsam, aber wahr.

---

[6] Nächsten Mittwoch schreiben wir eine Klassenarbeit über dieses Thema.

Das Podium

Ich glaube, das Podium ist ein ausgezeichnetes Symbol für den Schützen. Die Vielzahl an Sprechern, die es benutzen, illustriert die vielfältigen Manifestationen Ihres Sternzeichens.

In seiner höchsten Ausprägung ist der Schütze hinter dem Podium der Guru, der Erlöser, derjenige, der der Menschheit Antworten auf ihre Fragen gibt.

Danach folgt der religiöse Führer oder das Staatsoberhaupt, jedenfalls jemand, der großen Respekt im Land genießt. Auf der Ebene darunter findet sich vielleicht der Richter oder Beamte, möglicherweise auch der General. Danach könnte man dann Professoren oder Wissenschaftler einordnen, dann Lehrer, Schauspieler und Entertainer, und danach wiederum Verkäufer und Händler.

Aber im Grunde sind das alles Ausprägungen des Schützen als verschlagener Überredungskünstler. Jetzt schrecken viele von Ihnen vielleicht zurück, schließlich ist Ihr Sternzeichen ja für seine Ehrlichkeit bekannt! Aber, hey! – ein Schütze kann Ihnen auch die Brooklyn Bridge verkaufen. Und danach kommt er wieder und verkauft Ihnen eine Versicherung dafür. Das Podium steht als Symbol für Ihr Potenzial für alle oben genannten Berufe, denn eins steht fest – *Sie können die Menschen mit Ihren Worten blenden!*

»Das Leben ist eine Herausforderung, stelle dich ihr! Das Leben ist ein Traum, verwirkliche ihn! Das Leben ist ein Spiel, spiele es! Das Leben ist Liebe, genieße sie!«

SATHYA SAI BABA
Indischer Guru und spiritueller Lehrer
(23. November 1926 – 24. April 2011)

Die persönliche Freiheit

Menschen mehrerer Sternzeichen haben ein besonders ausgeprägtes Freiheitsbedürfnis, zum Beispiel Widder, Zwillinge und
Wassermann. Für den Schützen bedeutet Freiheit jedoch etwas
anderes als bloß Handlungs- und Bewegungsfreiheit. Sie brauchen *absolute* Freiheit.

So drückt sich Ihre Freiheit zum Beispiel in Ihrer Kleidung aus.
Sie verachten Regeln. Sie kleiden sich lieber bequem als stilvoll
und mögen lässige Klamotten, die »funktionieren«.

Kleiden sich andere Menschen förmlich, erscheinen Sie erst
recht in abgeschnittenen Jeans und einem T-Shirt. Oder Sie kommen in Wanderschuhen, Gummistiefeln oder gleich barfuß. Das
befriedigt Ihren Drang nach Aufmerksamkeit und zeigt der Welt,
dass Sie die Dinge nicht allzu ernst nehmen. Sie sind kein affek-
tierter Snob.

Sie leben für den Augenblick, sind stets bereit für Erlebnisse
und Erfahrungen und lassen sich nicht davon einschränken, ob
Sie in den Augen anderer Menschen die sozialen Regeln erfüllen.
Phffft!

*»Je mehr ich mich selbst mag, desto weniger will ich vor-
geben, jemand anderes zu sein.«*
JAMIE LEE CURTIS
Amerikanische Schauspielerin und Kinderbuchautorin
Die Glücksritter, Ein Fisch namens Wanda, True Lies – Wahre Lügen
(22. November 1958)

Von traditionellen Feiertagen allerdings sind Sie absolut begeistert! An jedem beliebigen Arbeitsplatz erkennt man den Schütze-
Angestellten daran, dass er für Weihnachten, Ostern, den Valentinstag oder Halloween dekoriert – je nachdem, welcher Feiertag
ihm heilig ist. Eine tolle Ausrede für eine Büroparty!

Vielleicht klingt es ein bisschen seltsam, aber Ihr Freiheits-drang bedeutet auch, dass Sie ein echtes Zuhause wollen, mög-lichst sogar zwei – eins auf dem Land und eins in der Stadt. Warum? Ihr Zuhause ist Ihre *Basis*. Das heißt, dass Sie auf Welt-reise gehen können und trotzdem immer wissen, wo Sie hin-gehören. Sie haben ein Heim, in das Sie zurückkehren können. (Außerdem macht es die Menschen misstrauisch, wenn man keine feste Adresse hat, wie Sie irgendwann feststellen mussten.)

Sie sind ungeheuer gut darin, Kontakte in allen Schichten zu knüpfen und aufrechtzuerhalten. Sie telefonieren, mailen, schreiben Briefe oder schicken regelmäßig Postkarten, um sich Ihre Freunde in aller Welt warmzuhalten (und sicher sein zu kön-nen, dass immer ein Platz zum Übernachten für Sie frei ist).

»Freundschaft ist eins der greifbarsten Dinge in einer Welt, die immer weniger Halt bietet.«

KENNETH BRANAGH
Nordirischer Schauspieler und Filmregisseur
Viel Lärm um nichts, Kommissar Wallander
(10. Dezember 1960)

Vier Persönlichkeiten des Schützen

In Ihrem Sternzeichen finden sich vier klassische Persönlichkeiten. Kein Schütze hat einen eindeutigen Charakter, sondern es ist wahrscheinlich, dass sich in Ihnen Züge aller vier finden.

1. Genussfreudiger Hedonist
2. Naturliebhaber
3. Philosoph und Lehrer
4. Geschäftsmann und Finanzier

Genussfreudiger Hedonist

»Dekadenz ist herrlich.«

JACK L. CHALKER
Amerikanischer Science-Fiction-Autor
Das Netz der Chozen, Der Seelenreiter
(17. Dezember 1944 – 11. Februar 2001)

Zu Ihrer Lebensweise gehört harte Arbeit, nämlich Partys. Sie lieben es, selbst welche zu geben, und Sie sind weiß Gott geistreich. (Das Wort »jovial« leitet sich vom lateinischen *Iovialis* »zu Jupiter gehörend« ab.) Sie haben wirklich gerne Gäste im Hause, und Sie sind ein wunderbarer Gastgeber, der keine Ausgaben scheut, um seinen Gästen etwas zu bieten! (Ehrlich gesagt sind Sie sogar regelrecht extravagant.) Es gefällt Ihnen, die Menge zu unterhalten, und Sie freuen sich, wenn auch Prominente und VIPs kommen.

Aber Sie feiern nicht nur zu Hause, sondern buchstäblich überall! Das liegt daran, dass Sie eine risikofreudige und erlebnishungrige Persönlichkeit haben. Sie wollen dort sein, wo etwas los ist! Mitunter sind Sie ziemlich tollkühn. (Sie wissen schon, was gemeint ist.) Sie laden ständig jemanden zu einem Drink ein und werden als leichtlebig und großzügig wahrgenommen.

Kein Wunder, dass andere Menschen Ihre Gegenwart suchen, weil Sie ein Promoter *par excellence* sind. Sie können die Menschen für alles begeistern, vor allem für sich selbst. Diese Eigenschaft, kombiniert mit Ihrem atemlosen Enthusiasmus und Ihrer optimistischen Lebenseinstellung, zieht die Menschen wie magnetisch zu Ihnen hin. Alle wollen Spaß haben, indem sie sich an Ihre Rockschöße hängen.

»Ich bin kein großer Trinker. Manchmal kann ich stundenlang keinen Tropfen Alkohol anrühren.«

SIR NOËL COWARD
Britischer Schauspieler, Schriftsteller und Komponist
Charlie staubt Millionen ab
(16. Dezember 1899 – 26. März 1973)

Deshalb übertreiben es so viele von Ihnen mit Alkohol und Drogen. Sie treiben es bis zum Exzess, denn anscheinend bemerken Sie nicht, wann die Befriedigung einsetzt.

»Ich bin ein gewaltiger Alkoholiker und gewaltig suchtkrank, und ich wollte meine Kinder nie dasselbe tun sehen.«

OZZY OSBOURNE
Britischer Rockmusiker und Reality-TV-Star
»Dreamer«, The Osbournes (TV-Serie)
(3. Dezember 1948)

Ihr Freiheitsdrang und Ihr Verlangen nach Spaß prädestinieren Sie zum Spieler, teilweise auch deshalb, weil Sie tatsächlich
Glück im Spiel haben! Schützen gewinnen oft Preise. Außerdem
sind Sie der größte Optimist im Tierkreis! Alle Schützen glauben,
dass hinter der nächsten Ecke noch etwas Besseres wartet. Deshalb spielen Sie immer noch eine Karte aus und setzen Ihr Geld
auf den nächsten Wurf.

Schützen strömen zuhauf nach Las Vegas und Reno, nicht
nur, um selbst zu spielen, sondern auch, um dort in den Kasinos
zu arbeiten, unter anderem als Croupiers. Sie zocken deshalb so
gerne, weil das Ihre Lebensweise ist. Ihr ganzes Leben ist ein
Glücksspiel – wo Sie wohnen, wo Sie arbeiten, wen Sie kennen.
Die unendlichen Möglichkeiten des nächsten Augenblicks, die
nur ein Fingerschnippen entfernt sind, faszinieren Sie.

Wenn Sie nach Hause kämen und Ihr Haus abgebrannt vor-
fänden, wären Sie natürlich entsetzt und schockiert, aber trotzdem würde ein kleiner Teil von Ihnen ganz hinten im Gehirn
anfangen zu denken: *Was kommt jetzt?*

*»Irgendwie ist es wie ein Glücksspiel: Man zieht los, um eine
Nacht lang zu trinken, und man hat keine Ahnung, wo man am
nächsten Morgen landen wird. Es kann toll werden, es kann
auch ein Desaster werden. Es ist, als würde man würfeln.«*
JIM MORRISON
Amerikanischer Sänger und Frontmann der Rockband The Doors
»Riders on the Storm«, »Light My Fire«
(8. Dezember 1943 – 3. Juli 1971)

Der Kitzel des Glücksspiels beschäftigt alle vier Schütze-Charak-
tere und ist damit integraler Bestandteil der Schütze-Psyche. Der
Freiluftbegeisterte spielt vielleicht, indem er sich den K2 oder
den West Coast Trail vornimmt. Der Berufssportler setzt andauernd sein Leben und seine Karriere aufs Spiel.

Ein Wissenschaftler setzt vielleicht auf eine neue Theorie, ein Universitätsprofessor oder ein Richter setzen vielleicht auf eine Publikation im Selbstverlag oder die Entscheidung für eine von zwei Streitparteien. Und der erfolgreiche Geschäftsmann setzt ständig alles auf eine Karte! J. Paul Getty, schützegeborener Milliardär, hatte folgendes Erfolgsrezept: »Stehe früh auf, arbeite hart, finde Öl.« Nichts ist vorhersagbar.

»Wer sollte mich schlagen? Ich wurde vom Blitz getroffen, hatte zwei Rückenoperationen und bin zweimal geschieden.«

LEE TREVINO
Amerikanischer Profigolfer
(1. Dezember 1939)

Außerdem lieben Sie Geld! Sie sind fast skrupellos in Ihrer Extravaganz, aber Sie lieben das Geld nicht um seiner selbst willen, sondern als Eintrittskarte zur Freiheit.

Hier haben wir also jemanden, der das Leben liebt, oft Glück hat und außerdem risikofreudig und optimistisch ist. Natürlich setzen Sie alles auf eine Karte. Wer würde das nicht?

Es ist Ihr ständiger Test, ob Sie noch an die Kraft des positiven Denkens glauben.

»Ein Champion hat Angst vor dem Verlieren. Alle anderen haben Angst vor dem Gewinnen.«

BILLIE JEAN KING
Amerikanische Rekord-Tennisspielerin
(22. November 1943)

Naturliebhaber

Über allem anderen – der Himmel.

Jupiter ist der Himmelskönig. Kein Wunder, dass Sie den Himmel über sich spüren wollen. Alle Schützen zieht es nach draußen an die frische Luft; sie sind sogar allesamt ein bisschen klaustrophobisch. Sie würden es als Parkwächter in einer unterirdischen Tiefgarage mit einem engen Kabuff als Arbeitsplatz keinen Tag aushalten!

Ich hatte zwei verschiedene männliche Klienten (beides Schützen), die mir erzählten, dass sie nicht in überdachten Einkaufspassagen einkaufen können. Einer meinte, er habe die »Einkaufszentrumskrankheit«, der andere, er werde »passagenkrank«. Beide meinten es völlig ernst und gingen davon aus, es gebe eine solche Krankheit tatsächlich – und auf den Schützen trifft es ja auch zu! Selbstverständlich wird man im Vorweihnachtsgetümmel eines Kaufhauses keinen Schützegeborenen finden. Oh nein!

Ich wiederhole – Sie wollen den Himmel über sich sehen. Sie sind ein Freiluftmensch! Alle Schützen haben funktionale Kleidung mit Schuhen und Stiefeln für jedes Wetter. Sie sind der absolute Goretex-Experte.

Jedes Sternzeichen beherrscht einen bestimmten Körperteil. Im Falle des Schützen sind das die Oberschenkel, wo die größten Muskeln des Körpers sitzen. Deshalb mögen Sie Aktivitäten, bei denen diese Muskeln besonders gefordert werden, wie Wandern, Radfahren, Laufen, Joggen und Bergsteigen. Kombinieren Sie das mit Ihrem Abenteuergeist und Ihrer Neigung zu Reisen und neuen Situationen, und es passt wunderbar zusammen.

Sie sind jemand, mit dem man gerne auf einer einsamen Insel stranden würde. Sie wüssten dann, wie man ein Feuer in Gang bekommt und sich Bettdecken aus Laub macht oder was auch immer. (»Ich verlasse das Haus nie ohne meinen batteriebetriebenen Römertopf!«) Genau wie Steinböcken machen Ihnen Entbehrungen nichts aus. Weil viele von Ihnen campen, wandern oder bergsteigen gehen, sind Sie auf eine karge Lebensweise eingestellt, obwohl Sie nichts gegen den Komfort Ihres Zuhauses haben.

(Falls Sie hier ein gewisses Unverständnis herauslesen, dann liegt es daran, dass ich nur nach draußen gehe, um zum Auto zu kommen.)

Natürlich haben wir alle unsere Widersprüche. Ja, Ihre Kleidung ist lässig und bequem. Aber beim Radfahren legen Sie Wert auf das Outfit! Wenn mir siebzehn Radfahrer in bunten, hautengen Profitrikots einer italienischen Designermarke entgegenkommen, denke ich automatisch »Schützen«.

Auch bei der Bergsteigerausrüstung machen Sie keine Kompromisse. Ihre Outdoorausstattung ist überhaupt immer auf dem letzten Stand.

Wenn zum Radfahren, Bergsteigen, Joggen, Wandern, Rudern und Reiten Zeit und Raum fehlen, gehen Sie zur Not auch ins Fitnessstudio, aber nicht gerne. Ich kenne einen Schützen, der begeistert Rad fährt, aber zu Hause auch einen speziellen Trainingsraum für sein Standfahrrad eingerichtet hat. Vor dem Fahrrad steht ein Fernseher und daneben ein Ventilator, der ihm Fahrtwind ins Gesicht bläst. (Natürlich.)

Philosoph und Lehrer

Sie werden ganz automatisch zum Philosophen und Lehrer, denn Sie sind von Natur aus ein Suchender, der immer die Antworten auf die großen Fragen des Universums wissen will. Außerdem beherrscht Ihr Planet Jupiter schließlich die höhere Bildung, Universitäten und Hochschulen und dazu das Verlagswesen. Jupiter beherrscht auch die Jurisprudenz und die Theorie und Philosophie der Gesetzgebung.

»Wie lautet ein anderes Wort für Thesaurus?«

STEVEN WRIGHT
Amerikanischer Schauspieler, Schriftsteller und Komiker
Coffee and Cigarettes
(6. Dezember 1955)

Gerechtigkeit und Ehre sind Ihnen wichtig. Viele von Ihnen arbeiten im Rechtswesen, in der akademischen Welt oder in Verlagen. Einige von Ihnen sind Politiker. Es gefällt Ihnen, wahrgenommen zu werden, vor allem aber sind Sie gerne in einer Position, in der Sie Ideen verbreiten können, die Sie für wichtig halten.

Viele Schützen führen einen Kreuzzug gegen Ungerechtigkeit. Viele von Ihnen machen auf Missstände aufmerksam. Die Wahrheit geht Ihnen über alles, und Ihr Sternzeichen macht Sie zum offensten – um nicht zu sagen taktlosesten – Menschen im Tierkreis. Sie wollen niemanden beleidigen, aber Sie äußern sich so ungeschminkt, dass der Angesprochene trotzdem schockiert ist. (»Kauf lieber das blaue Kleid, das macht dich nicht so fett.«)

Sie lernen gerne, Sie reisen gerne, und Sie schätzen die Gesellschaft geistreicher Freunde. Sie diskutieren gerne, und wegen Ihrer Beredsamkeit wird Ihre Meinung gerne angehört.

Es gibt keinen Bereich des Lebens, den Sie nicht erkunden wollen. Viele von Ihnen sind überraschend ernährungsbewusst und probieren gerne neue Ernährungsweisen aus. Vielleicht werden Sie Vegetarier, wo Sie doch so tierlieb sind. Ich kenne einige Schützen, die nicht nur kein Fleisch essen, sondern auch kein Leder tragen – auch nicht an den Schuhen!

Ihre offenen, toleranten Ansichten zusammen mit Ihrer humorvollen Lebenssicht machen Sie auf jeden Fall zu einem unterhaltsamen Redner und Autor. Sie sind der Professor, der mit dem Fahrrad zur Uni radelt, um in seinem Elfenbeinturm neue Theorien zu entwickeln. Sie kennen die Regel – schreib oder stirb.

»Zweifle nie daran, dass eine kleine Gruppe umsichtiger, engagierter Bürger die Welt verändern kann; tatsächlich haben Veränderungen noch niemals anders stattgefunden.«

MARGARET MEAD
Amerikanische Anthropologin und Ethnologin
(16. Dezember 1901–15. November 1978)

Geschäftsmann und Finanzier

»Ich mag unternehmerische Menschen; ich mag Menschen, die Risiken eingehen.«

BILLIE JEAN KING
Amerikanische Rekord-Tennisspielerin
(22. November 1943)

Die Risikofreude des Schützen, kombiniert mit Ihrem intuitiven Gespür für Geld – das Sie lieben –, treibt viele von Ihnen in die Geschäftswelt. Wie feinsinnig Ihre Ausbildung auch gewesen sein mag – Sie sind immer auch bauernschlau und geschäftstüchtig. Sie sind schließlich weit herumgekommen und kennen Menschen aus allen Schichten!

Außerdem vertrauen Sie auf Ihr Glück, wenn es ums Geldverdienen geht. Zusammen mit Ihrer Fähigkeit, sich selbst gut zu verkaufen, prädestiniert Sie das zum erfolgreichen Geschäftsmann!

»Wenn du der Bank hundert Dollar schuldest, dann ist es dein Problem. Wenn ich der Bank hundert Millionen schulde, dann ist es das Problem der Bank.«

J. PAUL GETTY
Amerikanischer Industrieller und Gründer der Getty Oil Company
(15. Dezember 1892 – 6. Juni 1976)

Ich mache oft Witze über die Neigung des Schützen, auf Rezepte für den schnellen Reichtum hereinzufallen. Sie kennen allerdings viele Methoden, um Geld zu machen. Ihr Selbstvertrauen und Ihr Glaube an sich selbst nebst Ihrer Ausrichtung auf die Zukunft fördern Ihren geschäftlichen Erfolg!

Sie haben erkannt, dass Geld Energie ist. Um Geld zu verdienen, muss man zuerst welches ausgeben. J. Paul Getty hat gesagt: »Geld ist wie Mist. Man muss es verteilen, sonst stinkt es.«

Wie in vielen anderen Dingen haben Sie auch geschäftlich Glück. Sie ziehen das Geld geradezu an! Das kann natürlich an Ihrer zur Schau gestellten Extravaganz liegen, aber auch an Ihrem Selbstvertrauen und Wagemut. Das Wort »Niederlage« gehört einfach nicht zum Wortschatz eines Schützen.[7]

Ein weiterer Grund, warum so viele von Ihnen erfolgreiche Geschäftsleute sind: Schützen sind *Macher*. Sie sind zukunftsorientiert und visionär. Wenn Sie eine Entscheidung gefällt haben, handeln Sie, und zwar schnell. Außerdem sind Sie gut organisiert, weil Sie schon vor langer Zeit gelernt haben, dass Ihnen das mehr Freiheit gibt!

Für Schützen liegt es nahe, in die Wirtschaft zu gehen, wenn man bedenkt, dass ihr Herrscherplanet Jupiter für Reichtum, Glück, Weisheit, Vertrauen und Erfolg zuständig ist.

Der philanthropische Milliardär Andrew Carnegie (25. November 1835 – 11. August 1919) war ein Schütze, der glaubte, Teamarbeit sei die Fähigkeit, für ein gemeinsames Ziel zusammenzuarbeiten. Trotzdem erteilte er den berühmten Ratschlag: »Sammle alle deine Eier in einem Korb, und dann pass gut auf ihn auf.«

Obwohl er als Befürworter von Teamarbeit bekannt war, wusste er auch, dass der frühe Vogel den Wurm fängt, oder, wie er es ausdrückte: »Der Erste bekommt die Auster, der Zweite die Schale.«

---

[7] Eines der traurigsten Beispiele in der amerikanischen Geschichte für dieses überzogene Selbstvertrauen war General Custers Niederlage am Little Bighorn 1876. Custer hatte sowohl Sonne wie Mond im Schützen.

Carnegie war einer der reichsten Männer der Welt und widmete die letzten zwanzig Jahre seines Lebens der Wohltätigkeit. Er stiftete ungeheure Summen für Universitäten und Bildungseinrichtungen, am bekanntesten aber wurde er für die Einrichtung der Carnegie-Bibliotheken in den USA, Kanada und Großbritannien, mit denen er jedem den Zugang zu einer freien öffentlichen Bibliothek ermöglichen wollte. Natürlich liegen einem Schützen Bibliotheken immer am Herzen, weil sich hier Verlagswesen und höhere Bildung verbinden und sie seinen Impuls befriedigen, Wissen zu verbreiten.

Andrew Carnegies persönliches Motto lautete:

- Das erste Drittel seines Lebens widme man der bestmöglichen Ausbildung,
- im zweiten Drittel verdiene man so viel Geld wie möglich,
- und im letzten Drittel gebe man es für wohltätige Zwecke aus.

Der Schwachpunkt in diesem Plan ist natürlich, dass er ein langes Leben voraussetzt. Wenn Sie gerne etwas für benachteiligte Menschen oder eine gute Sache tun möchten, ist es wohl besser, nicht erst damit anzufangen, wenn Ihr Leben zu zwei Dritteln verstrichen ist. (Oder?)

Der verliebte Schütze

»Ich halte Sex für eine schöne Sache zwischen zwei Menschen. Zwischen fünf ist er fantastisch.«

WOODY ALLEN
Amerikanischer Filmregisseur, Autor, Schauspieler und Musiker
Der Stadtneurotiker, Manhattan, Vicky Cristina Barcelona
(1. Dezember 1935)

Sie können sehr romantisch sein. Sie schreiben Gedichte, schenken Blumensträuße, senden Liebesbriefe und kümmern sich – alles, was man nur will. Von einem Schützen umworben zu werden, kann sehr erfüllend sein, denn Sie sind soooo hartnäckig! Besonders gut verstehen Sie es, dem oder der Liebsten das Gefühl zu geben, etwas ganz Besonderes zu sein! Und weil Sie das können, wird er oder sie Sie anbeten.

Ihr Partner fühlt sich geradezu übermenschlich – attraktiver, lebhafter und begehrenswerter – einfach durch das, was Sie sagen und tun. Das ist ein ziemlich starker Liebestrank!

Aber Ihr Freiheitsdrang bricht sich immer wieder Bahn. Vor einer dauerhaften Bindung schrecken Sie zurück. (Wenn Sie glauben, an der Einkaufszentrumskrankheit zu leiden, warten Sie mal, bis die Altarkrankheit Sie packt!) Sie sind sehr, sehr vorsichtig! Ihre Erkennungsmelodie ist der Freiheitschor von Giuseppe Verdi.

Trotzdem haben Sie eine Menge enger Freunde, weil Sie so häufig auf Partys abhängen, dass Sie keine Probleme haben, Saufkumpane zu finden.

Vielen von Ihnen ist auch die Rolle des ahnungslosen Frauenhelden in der klassischen Hollywoodkomödie vertraut, der die »Liebe seines Lebens« sucht und sich dabei seiner besten Freundin anvertraut (die natürlich in ihn verliebt ist)! Shakespeare hat sich dieses Plots oft bedient. Irgendwann kommt dann das unvermeidliche Aha-Erlebnis, wenn Ihnen klar wird, dass Ihre beste Freundin diejenige ist, in die Sie wirklich verliebt sind. Das ist ein klassisches Schütze-Szenario. (Funktioniert bei Frauen natürlich auch mit dem besten Freund.)

Wahrscheinlicher ist allerdings, dass Sie sich in den oder die völlig Falsche verlieben. (Autsch.) Das hängt wohl mit Ihrer Vorliebe für Herausforderungen und hohe Einsätze zusammen. Wenn Sie etwas Unerreichbares sehen, dann müssen Sie es bekommen. Wenn jemand nicht zur Verfügung steht (zum Beispiel, weil er oder sie bereits verheiratet ist), treten Sie ganz lässig an die Bar und geben Ihre Bestellung auf.

Sie verlieben sich ohne Weiteres in völlig unpassende Partner, vielleicht in jemanden aus einer ganz anderen Gesellschaftsschicht oder Kultur. Das macht Sie nur noch mehr an! Sie vertrauen unerschütterlich darauf, dass Sie alle Hindernisse überwinden können.

Das erinnert mich an die Schlussszene des wunderbaren Films *Manche mögen's heiß.* Jack Lemmon, in Frauenkleidern, spielt »Daphne«, die vom vielfach geschiedenen Ölmagnaten Osgood (dargestellt von Joe E. Brown) umworben wird. Osgood ist davon *überzeugt,* dass er Daphne liebt.

Daphne: Osgood, ich will ehrlich mit dir sein. Wir beide können überhaupt nicht heiraten.
Osgood: Warum nicht?
Daphne: Warum? Also erst mal bin ich nicht naturblond.
Osgood: Das macht nichts.
Daphne: Zweitens rauche ich. Ich qualme den ganzen Tag.
Osgood: Ist mir gleich.
Daphne: Ich habe eine dunkle Vergangenheit. Ich lebe seit drei Jahren mit einem Saxofonspieler zusammen.
Osgood: Ich vergebe dir.

Daphne: Ich kann niemals Kinder kriegen.

Osgood (unerschütterlich): Wir adoptieren welche.

Jerry-Daphne: Verstehst du denn nicht, Osgood? (Er reißt sich entnervt die Perücke vom Kopf und spricht mit Männerstimme weiter.) Ich bin ein Mann.

Osgood (unbeeindruckt und weiterhin verliebt): Na und ... niemand ist vollkommen.

Deshalb verläuft die erste Ehe für viele von Ihnen so katastrophal.

Trotzdem haben Sie keine Probleme, neue Bekanntschaften zu schließen, denn Sie sind charmant, freundlich, geistreich und ziemlich aggressiv bei der Verfolgung Ihrer Ziele. Sie sind der klassische Las-Vegas-Tourist, der sich nichts entgehen lässt. (Was in Vegas passiert, bleibt in Vegas.)

Die Liebe packt Sie womöglich während eines Marathonrennens, bei einem Ruderwettbewerb, beim Bergsteigen oder auf dem Tennisplatz. Vielleicht feuern Sie gerade Ihr Team an, und plötzlich – ta-dah! – steht da Ihre wahre Liebe.

Natürlich begegnen viele Schützen ihrem oder ihrer Liebsten auch auf Reisen. Sie heiraten sogar jemanden, der eine andere Muttersprache hat! *Das* ist mal ein riskantes Spiel. Wieder andere treffen ihre Lebenspartner im Beruf oder an der Universität. Bei Schützen beginnt eine Beziehung meistens als Freundschaft. Zu Anfang geben Sie sich ziemlich lässig.

»Mit Liebe meine ich natürlich die romantische Liebe – die Liebe zwischen Mann und Frau, und weniger die zwischen Mutter und Kind oder einem Jungen und seinem Hund oder zwischen zwei Oberkellnern.«

WOODY ALLEN
Amerikanischer Filmregisseur, Autor, Schauspieler und Musiker
Der Stadtneurotiker, Manhattan, Vicky Cristina Barcelona
(1. Dezember 1935)

Wenn Sie sich schließlich fürs Leben binden, bleiben Sie auch treu – *aber auf Ihre Weise.* Beide Geschlechter neigen zu gelegentlichen Seitensprüngen, weil – na ja, so was passiert nun mal. (»Es hatte nichts zu bedeuten.«) Außerdem haben Sie ein Sternzeichen, das sehr körperlich ist – und impulsiv! Trotzdem sind Sie von Ihrem Standpunkt aus Ihrem Liebsten immer treu, denn er bleibt der Einzige in Ihrem Herzen. Es ist eine idealistische Treue. Die kleinen Vorfälle zwischendurch sind nur Snacks. Was ist schon dabei?

Beim Sex sind Sie leidenschaftlich und sehr physisch. Aber Sie können keine Gefühle für jemanden vortäuschen, für den Sie nichts mehr empfinden. Lieber verzichten Sie ganz, als sich zu verstellen. Manchmal können Sie damit leben, weil Sie auf lange Sicht Ihren Partner trotz aller Leidenschaft eher als besten Freund begreifen.

»Ich war der Beste, den ich je hatte.«

WOODY ALLEN
Amerikanischer Filmregisseur, Autor, Schauspieler und Musiker
Der Stadtneurotiker, Manhattan, Vicky Cristina Barcelona
(1. Dezember 1935)

Aber Ihr Partner muss stets Ihre Freiheit respektieren. Sie gehen gerne abends mit Freunden aus, und wenn Sie nach Hause kommen, erklären Sie nicht detailliert, was Sie getan haben. Also müssen Sie einen Partner finden, der es akzeptiert – nicht jeder kann das. Ein Schütze wäre natürlich eine gute Wahl.

Letztlich müssen Sie akzeptieren, dass absolute Freiheit und eine feste Bindung nur mit Kompromissen vereinbar sind. Entweder schaffen Sie es oder nicht. Beides hat Vor- und Nachteile. Irgendwann müssen Sie sich entscheiden. Manchmal ist es einer der schwersten Entschlüsse überhaupt für einen Schützen. Denken Sie dabei an den Kommentar von Margaret Mead:

»*Eins der ältesten menschlichen Bedürfnisse ist es, jeman-*
den zu haben, der sich Sorgen macht, wenn man nachts
nicht nach Hause kommt.«

MARGARET MEAD
Amerikanische Anthropologin und Ethnologin
(16. Dezember 1901–15. November 1978)

Der Schütze als Vorgesetzter

»Jede revolutionäre Idee scheint drei Reaktionsstufen her-
vorzurufen, die man mit drei Sätzen zusammenfassen kann:
1. Es ist völlig unmöglich. 2. Es ist zwar möglich, aber lohnt
sich nicht. 3. Ich habe es schon immer für eine gute Idee
gehalten.«

SIR ARTHUR C. CLARKE
Britischer Science-Fiction-Schriftsteller und technischer Visionär
2001: Odyssee im Weltraum
(17. Dezember 1917–19. März 2008)

Der Schütze-Chef ist voller großartiger Ideen, und das möchte er
auch anerkannt sehen! Im persönlichen Umgang ist er freundlich,
lässig und begeistert. Lassen Sie sich davon nicht irreführen, denn
er hat auch seine Ansprüche. Die Arbeitsbedingungen kümmern
ihn nicht besonders, weil er denkt, dass man schon ein paar Unbequemlichkeiten in Kauf nehmen kann, wenn man seine Arbeit
macht. Schließlich ist nichts leicht. Fairerweise muss man sagen,
dass dieser Vorgesetzte aber auch bereit ist, dieselben Unbequemlichkeiten auf sich zu nehmen. Der Schütze-Chef ist immer fair.

Das Auffälligste an ihm ist, dass er etwa die Hälfte der Zeit
gar nicht da ist! Er verreist gerne, ist ständig außer Haus und
ansonsten auf Konferenzen oder in Meetings. Wenn Sie ihn sprechen wollen, müssen Sie ihn abfangen!

Das große Talent des Schütze-Chefs ist seine Fähigkeit, die
Truppen hinter sich zu sammeln und alle Mitarbeiter zu motivieren. Wenn die Aktien schlecht stehen, stärkt dieser Chef Ihren
Glauben! Schützen haben ein unglaubliches Talent, ihre Mitarbeiter zu inspirieren. Jeder will in ihrem Team spielen.

Beachten Sie unbedingt, wie wichtig Ehrlichkeit und Direkt-heit für den Schütze-Chef sind. Unlautere Mitarbeiter – beson-ders Diebe und Lügner – fliegen sofort. Keine Diskussionen, da ist die Tür. Unterschätzen Sie nie die Intelligenz und das Wissen Ihres Schütze-Chefs. Er vertieft sich sehr gerne in alle möglichen Wissensgebiete und bohrt so lange, bis er alles verstanden hat. Und vergessen Sie nie, dass dieser Chef *gemocht werden will*! Es wäre taktisch geschickt, wenn Sie über seine Witze lachen. (Schlaue Mitarbeiter tun es sowieso.)

»Bei der Tour 1967 habe ich die ganze Zeit Witze erzählt, und keiner hat gelacht. Als ich im nächsten Jahr das Open gewann und dieselben Witze erzählte, lachten sich alle kaputt.«

LEE TREVINO
Amerikanischer Profigolfer
(1. Dezember 1939)

Der Schütze als Angestellter

»Ich habe die Theorie, dass es sich am Ende auszahlt, wenn man jederzeit hundert Prozent gibt.«

LARRY BIRD
Amerikanischer NBA-Basketballspieler
(7. Dezember 1956)

Der Schütze-Angestellte bringt eine wunderbare Eigenschaft mit – sein positives Denken. Es ist großartig, mit solchen Menschen zusammenzuarbeiten! Sie ziehen einen nicht runter, sondern motivieren ihre gesamte Umgebung.

Als Bonus kommt noch dazu, dass er wirklich sehr hart arbeitet! Nicht nur das, sondern er beklagt sich auch nur selten über Unbequemlichkeiten am Arbeitsplatz. Er ist sehr anpassungsfähig und bleibt immer fröhlich und freundlich. Man hat ihn gerne um sich.

Allerdings muss man einem Schütze-Angestellten die Freiheit lassen, an den Feiertagen zu dekorieren. Er muss einfach Ballons, Poster, Banner oder was auch immer zum Valentinstag oder zu Weihnachten aufhängen, außerdem noch, wenn jemand Geburtstag hat oder irgendeine Weltmeisterschaft stattfindet. Schützen ist jede Ausrede für eine Party oder Feier recht! Und warum nicht? Das alles bringt jede Menge Spaß.

Hören Sie gut zu, wenn er eine Idee vorträgt, denn er weiß, wie man den Umsatz steigert! Ich hatte einmal eine wunderbare Schütze-Mitarbeiterin, die permanent Vorschläge hatte, wie man mehr Geld einnehmen könnte. Ich lehnte sie allerdings immer ab, weil mir Geldverdienen nicht das Wichtigste ist, und außerdem befürchtete ich insgeheim, eines Tages mein Gesicht auf

Kaffeetassen und T-Shirts wiederzufinden. (Sie hat tatsächlich von Fernsehshows und Vorträgen auf Kreuzfahrtschiffen gesprochen.) Einer ihrer Vorschläge war allerdings ausgezeichnet, und ich habe ihn auch befolgt: Sie riet mir zu einer eigenen Webseite. Vielen Dank, Bev! Ihre wundervolle Idee hat vielen Menschen Nutzen gebracht.[8]

Vergessen Sie nicht, dass Schützen geborene Geldmacher sind! Außerdem sind sie große Kommunikatoren und können jede Idee überzeugend verkaufen oder darstellen! Und mit dem Geld umgehen können sie auch noch.

Ein Rat: Dieser Angestellte braucht Anregung durch frische Luft und Aktivitäten im Freien. Man darf ihn nicht einsperren. Geben Sie ihm jede nur mögliche Gelegenheit, nach draußen zu kommen und sich die Beine zu vertreten, etwa bei Boten- oder Einkaufsgängen. Er hasst es, sich wie im Gefängnis zu fühlen!

»Ich bin verrückt nach meinem Lauftraining. Laufen hilft mir, den Kopf freizubekommen; besonders, wenn ich im Stress bin, fühle ich mich nach dem Laufen wieder richtig gut.«

KATIE HOLMES
Amerikanische Schauspielerin
Batman Begins, Dawson's Creek (TV-Serie)
(18. Dezember 1978)

---

[8] Sämtliche Einnahmen aus meiner Webseite kommen wohltätigen Zwecken zugute.

Der Schütze als Elternteil

»Volle Klassenzimmer und Unterricht, der einen halben Tag lang dauert, sind eine tragische Verschwendung unseres größten nationalen Schatzes – der Fantasie unserer Kinder.«

WALT DISNEY
Amerikanischer Filmproduzent und Trickfilmzeichner;
Erfinder von Mickey Mouse und Donald Duck
(5. Dezember 1901–15. Dezember 1966)

Schütze-Eltern haben so viele wunderbare Eigenschaften, dass ich kaum weiß, wo ich anfangen soll. Am wichtigsten ist vielleicht, dass Schütze-Eltern so optimistisch ins Leben blicken. Die Wahrscheinlichkeit für eine positive Stimmung in der Familie ist also hoch.

Das Wichtigste, was Schütze-Eltern ihren Kindern beibringen, ist der Glaube an eine positive Zukunft, weil ein Schütze immer erwartet, dass mit der Zeit alles besser wird. Er sieht hoffnungsvoll in die Zukunft und ist daher nie sehr lange niedergeschlagen und kennt kaum Selbstmitleid. Diese positive Einstellung ist ein sehr gutes Vorbild für Kinder!

Schütze-Eltern legen außerordentlich viel Wert auf eine gute Ausbildung für ihre Kinder. Das liegt daran, dass der gesamte Bereich der höheren Bildung – Universitäten, Hochschulen, Weiterbildung, Bibliotheken und Verlagswesen – unter der Herrschaft des Jupiters steht, der auch den Schützen beherrscht. Schützen sind Philosophen und haben eine Neigung zur klassischen Bildung.

Sie sehen es gerne, wenn ihre Kinder Gräzistik oder Latinistik studieren. *»Et tu, Papa?«*

Dasselbe gilt natürlich für Sport. Schützen legen ganz allgemein viel Wert auf Freiluftaktivitäten, besonders aber auf sportliche! Das sind die Eltern, die um vier Uhr morgens aufstehen, um die Vereisungsanlage in der Eislaufhalle anzuwerfen, und auch bei Regen zu den Fußballspielen ihrer Kinder erscheinen. Und sie haben immer etwas zu essen und zu trinken dabei. Lecker!

Niemand weiß besser als Schütze-Eltern, wie sehr tägliche Freiluftaktivitäten ihren Kindern zugutekommen. Wenn die Kinder dann lieber zu Hause bleiben und Videospiele oder Fernsehen konsumieren wollen, sind sie ziemlich frustriert. (Grrr.)

Ein weiteres großes Plus von Schütze-Eltern ist ihre Bereitschaft, sich auf Haustiere einzulassen. Alle Kinder wollen Haustiere! Die Schwierigkeit ist aber meistens, Mama und Papa dazu zu überreden, denn sie müssen es nicht nur anschaffen, sondern am Ende auch unweigerlich versorgen und sich darum kümmern. Dazu sind Schützen bei ihrer angeborenen Tierliebe aber nur zu gerne bereit!

Eigentlich ist es sogar gut, wenn Schütze-Eltern ihren Kindern Haustiere zubilligen, denn sie sind oft nicht da, besonders der Vater. Schütze-Väter sind ständig auf Geschäfts-, Vergnügungs- oder Abenteuerreisen. Bei der Schütze-Mutter ist es nicht ganz so ausgeprägt, aber auch sie ist oft genug abwesend.

Wenn möglich, nehmen die Eltern ihre Kinder natürlich mit auf Reisen.

Das kann so weit gehen, dass sie auf einer Jacht um die Welt segeln und die Kinder selbst unterrichten.

Viele Schützen kriegen einfach nicht genug von Partys, weil Schützen alles übertreiben. (Sie wissen schon, was ich meine.) Aber ihre Kinder finden jedenfalls leicht Anschluss! Bill Wilson (26. November 1895 – 24. Januar 1971), Mitbegründer der Anonymen Alkoholiker, war Schütze.

> *»Trocken zu werden hat mein Leben von Grund auf verändert. Jetzt ist meine Wahrnehmung klarer, und ich weiß, was ich kann und was nicht. Ich bin erfolgreicher als jemals zuvor. Mir geht es gut, und ich bin auch dann guten Mutes, wenn ich es früher nicht war. All das kommt meines Erachtens davon, dass ich nüchtern geworden bin.«*

JAMIE LEE CURTIS
Amerikanische Schauspielerin und Kinderbuchautorin
Die Glücksritter, Ein Fisch namens Wanda, True Lies – Wahre Lügen
(22. November 1958)

Ihre Kinder werden Ethik, Moral und Anstand lernen, weil Sie selbst ein ausgezeichnetes Werteverständnis haben und Ihre Kinder zu Toleranz, Offenheit und Vorurteilslosigkeit erziehen. (Es gibt natürlich Ausnahmen, denn die gibt es immer.)

Ihre Kinder haben Glück, weil Sie sie in der Schule unterstützen, im Sport anfeuern und ihnen Haustiere kaufen – und dazu noch ausgezeichnete Werte vermitteln, sodass sie nicht in Angst vor der Gesellschaft aufwachsen, sondern gespannt sind, mehr von der Welt zu entdecken.

Sie geben Ihren Kindern den Mut mit, dem Leben und der Zukunft begeistert gegenüberzutreten!

> *»Alle unsere Träume können wahr werden, wenn wir den Mut haben, sie in die Tat umzusetzen.«*

WALT DISNEY
Amerikanischer Filmproduzent und Trickfilmzeichner;
Erfinder von Mickey Mouse und Donald Duck
(5. Dezember 1901–15. Dezember 1966)

Der Schütze als Kind

»Schon als Kind verspürte ich dieses instinktive Verlangen nach Ausdehnung und Wachstum. Für mich ist die Aufgabe und Pflicht eines wahren Menschen die aufrichtige und ehrliche Entwicklung seines eigenen Potenzials.«

BRUCE LEE
Amerikanischer Schauspieler und Kampfkünstler;
Ikone des Martial-Arts-Films
Die Todesfaust des Cheng Li, Todesgrüße aus Shanghai
(27. November 1940 – 20. Juli 1973)

Ein Schütze-Kind aufzuziehen, ist das reine Vergnügen, denn dieses Kind ist umgänglich, freundlich, optimistisch und auf naive Weise fröhlich. Es glaubt, dass die meisten Menschen im Grunde anständig sind und das Leben im Grunde schön ist, dass Erwachsene alles wissen und immer das Richtige tun. Es ist sehr vertrauensselig.

Dieses Vertrauen ist zwar charmant und nett, aber Ihre Aufgabe als Eltern ist es, dem Schütze-Kind eine etwas realistischere Weltsicht beizubringen, ohne es zu verängstigen. Sie müssen ihm klarmachen, dass das Leben schwierig sein kann und Erwachsene auch nicht immer recht haben.

Sie müssen Ihr Kind immer im Auge behalten, denn Schützen »verreisen« gerne, und zwar schon als Kind, indem sie auf Abenteuersuche gehen. Dieses Kind muss einfach jeden Tag nach draußen – spielen im Park oder Sport treiben. Schütze-Kinder lieben die Freiheit unter freiem Himmel.

Diese Kinder freuen sich ungeheuer über ihr erstes Fahrrad (»Ich bin dann mal draußen!«), aber nicht so sehr wie über ihr erstes Haustier. Schütze-Kinder *brauchen* einfach Haustiere (und zwar mehrere). Sie sind vernarrt in die Menagerie aus Vögeln, Fischen, Katzen, Hunden, Kaninchen und vielleicht ein paar Meerschweinchen oder einem Leguan, die sich um sie ansammelt. Einige, die wirklich Glück haben, bekommen sogar ein eigenes Pferd oder Pony.

Haben Sie Geduld, wenn das Schütze-Kind eingeschult wird, denn zu Anfang wird es vielleicht Schwierigkeiten haben. Das liegt einfach daran, dass es sich in einer unbekannten Umgebung eingesperrt fühlt und innerlich verkrampft. Schule ist irgendwie unheimlich, und das Schütze-Kind mag sie nicht besonders. Hat es dann aber Freunde gefunden, sich im Schulsport engagiert und verstanden, was und warum man in der Schule lernt, also nach einem oder zwei Jahren, wird es sich wieder wohlfühlen. Aus dem Sechs- oder Siebenjährigen, der in der Schule nicht so richtig mitkommt, wird womöglich ein Student, der mit fünfundzwanzig seinen Doktor macht. Denken Sie daran, dass Schützen gerne lernen, aber nicht unter Zwang und vor allem nicht drinnen.

Am wichtigsten bei der Erziehung eines Schütze-Kindes ist es, seinen angeborenen Glauben zu stärken, dass man vom Leben das wiederbekommt, was man hineinsteckt. Und es stimmt ja auch – so ist das Leben wirklich! *Wenn du Gänseblümchen säst, bekommst du Gänseblümchen, wenn du Zwiebeln pflanzt, erntest du Zwiebeln.* Dieses Kind glaubt fest an eine gute Zukunft, in der es am glücklichsten wird, wenn es sich anständig und gut verhält. Und damit hat es recht!

Schütze-Kinder sind eigentlich sehr weise.

»Wenn du etwas für unmöglich hältst, dann machst du es für dich unmöglich ... So, wie du denkst, so wirst du.«

BRUCE LEE
Amerikanischer Schauspieler und Kampfkünstler;
Ikone des Martial-Arts-Films
Die Todesfaust des Cheng Li, Todesgrüße aus Shanghai
(27. November 1940 – 20. Juli 1973)

Wie ein Schütze glücklicher wird

»Erfolg ist die Fähigkeit, von einem Misserfolg zum nächsten zu gehen, ohne an Begeisterung nachzulassen.«
SIR WINSTON CHURCHILL
Britischer Staatsmann und zweimaliger Premierminister
(1940 bis 1945; 1951 bis 1955)
(30. November 1874 – 24. Januar 1965)

Schützegeborene sind fast alle gut gelaunt, forsch und glücklich. Zumindest wirken sie so, und oft fühlen sie sich dazu verpflichtet. Viele von Ihnen haben diese umgängliche Haltung nämlich schon sehr früh im Leben als Maske angenommen.

Sie haben den starken Drang, auf eigenen Füßen zu stehen und Ihre Entscheidungen selbst zu treffen. Das wussten Sie schon sehr früh, auch wenn Sie es damals noch nicht ausdrücken konnten. Wenn Sie dann gedrängt wurden zu erzählen, was Sie heute in der Schule gelernt oder getan hatten, hielten Sie sich die nervenden Frager vom Hals, indem Sie einfach so wenig wie möglich preisgaben. Je mehr diese Leute nämlich erfuhren, desto mehr fragten sie nach, und Sie mussten den Eltern und Lehrern, die Sie einfach nicht in Ruhe lassen wollten, immer mehr offenbaren.

Ihre Verteidigung dagegen war subtil und ziemlich schlau. Wenn Sie gefragt wurden, wohin Sie wollten, antworteten Sie: »Nach draußen.« Wenn Sie erzählen sollten, wie es in der Schule war, erwiderten Sie: »Gut.« Instinktiv hatten Sie schon als kleines Kind gelernt, dass Sie mit anderen Menschen umso weniger Ärger haben, je weniger diese über Sie wussten. Dadurch gewannen Sie mehr Entscheidungsfreiheit, konnten gehen, wohin Sie wollten, und tun, was Ihnen gefiel. Hurra!

Sie haben sich das wahrscheinlich nicht bewusst *überlegt*. Aber diese Art von abwehrenden und ausweichenden Antworten entwickelte sich mit der Zeit zu einer Maske.

Dagegen ist nichts zu sagen. Es ist eben Ihr Stil. Sie zeigen der Welt dieses fröhliche Gesicht, um zu überleben. (»Was sie nicht wissen, tut ihnen nicht weh.«)

Bedenklich ist allerdings, dass Sie diese Maske inzwischen *immer* tragen. (Fröstel.) Sie spielen der Welt vor, dass es Ihnen gut geht. Auf diese Weise mischt sich niemand ein und stellt zu viele Fragen. Wenn Sie im Supermarkt einen Freund treffen, sind Sie grundsätzlich gut gelaunt. Wahrscheinlich laden Sie ihn für demnächst zum Essen oder auf einen Drink ein. Wenn Sie jemand fragt, wie es Ihnen geht, grinsen Sie und sagen: »Klasse!«

Wenn Sie aus dem Laden raus und um die Ecke sind und sich unbeobachtet wissen – erst dann ziehen Sie ganz langsam die Faust aus der Tasche.

Sie haben gelernt, sich hinter einer Maske der Fröhlichkeit zu verbergen. Es fing schon an, als Sie klein waren, und einige von Ihnen haben es sogar wirklich getan, um Ihre hart arbeitenden oder sonst sehr beschäftigten Eltern nicht zu belasten. Sie hatten eben Ihre Gründe.

Das heißt aber auch, dass Sie, wenn es um Ihr Inneres und Ihre persönlichen Probleme geht, Ihren Schmerz nicht nur vor anderen Menschen verstecken, sondern auch vor sich selbst. (Das ist wie bei den Leuten, die glauben, dass die Kalorien nicht zählen, wenn man im Dunkeln isst.)

Diese Haltung hat Vor- und Nachteile. Der Vorteil ist, dass Sie sich nicht in Selbstmitleid suhlen und alles schlimmer machen, indem Sie es sich immer wieder vor Augen halten. (Das hilft nämlich nie, auch wenn wir es alle tun.) Der Nachteil ist, dass Sie der Ursache einer Verletzung nur noch mehr Macht über sich geben, wenn Sie sich weigern, ihr ins Gesicht zu sehen.

Ich habe keine Lösung für dieses Problem, ich möchte nur darauf hinweisen, dass Schützen für diese Haltung anfällig sind.

Sie sind ziemlich gut darin, nicht zu sehen, was sie nicht sehen wollen. (»Augen zu, und weg ist es!«)

Natürlich liegt das daran, dass Sie sich ein positives Leben wünschen. Passen Sie aber auf, dass Sie den Schmerz Ihrer Lieben und Ihren eigenen nicht verleugnen und sich und ihnen vorspielen, es sei doch alles in bester Ordnung.

Jetzt lasse ich mich auf einen Widerspruch ein. Ich stimme Ihnen zu, dass es eine gute Sache ist, wenn Sie Ihre positive Haltung schützen. Deshalb finde ich, Schützegeborene sollten öfter Nachrichtenabstinenz üben. Hören Sie auf, Zeitung zu lesen und fernzusehen. Ich zum Beispiel habe gar keinen Fernseher und zwar schon seit Jahrzehnten nicht mehr. Auch meine Kinder sind ohne Fernseher aufgewachsen und haben sich jeweils erst Jahre nach ihrem Auszug von zu Hause einen angeschafft.

Mir selbst war der Inhalt der Sendungen gar nicht so zuwider, sondern der gesamte Vorgang des Fernsehkonsums. *Fernsehen gibt einem die Illusion, selbst zu leben.* Man hat das Gefühl, man würde etwas erleben, aber in Wirklichkeit hockt man nur auf seinem Sofa. Das erwähne ich hier, weil ich immer sofort merke, wenn ich mit Fernsehkonsumenten spreche – sie haben mehr Angst vor der Gesellschaft! Sie bekommen einfach zu viele Morde, Entführungen, Raubüberfälle, Einbrüche und andere Verbrechen mit, die in Wirklichkeit nur einem winzigen Bruchteil der Menschen zustoßen. Wenn Sie wissen wollen, wie die Welt wirklich aussieht – öffnen Sie einfach die Haustür!

Sie müssen also aufpassen, dass Sie sich nicht vor Ihren Emotionen und denen Ihrer Lieben verbergen, um Schmerzen aus dem Weg zu gehen. Sie müssen diese Gefühle zulassen und sich ihnen stellen, weil sie zur Wirklichkeit gehören. Wenn man sich ihnen stellt und sie verarbeitet, kann man sie viel schneller überwinden und darüber hinauswachsen. Bedeutsame Gefühle zu ignorieren, schafft nur Unbehagen und Unwohlsein.

Vermeiden Sie bewusst negative Nachrichten aus den Medien. Körperliche Aktivitäten, Freiheit und Ihr eigener Glaube an ein besseres Morgen sind Ihre Rettung davor. *Es stimmt nämlich, dass wir das werden, was wir denken.*

Ihre positiven Einstellungen und Werte ziehen tatsächlich positive Energie auf Sie. Mit dieser göttlichen Segnung wurden Sie geboren; halten Sie daran fest, und lassen Sie sie nicht los.

> »*Sei immer du selbst, drücke dich aus, habe Vertrauen in dich; halte nicht Ausschau nach einer erfolgreichen Persönlichkeit, um sie zu kopieren.*«
>
> BRUCE LEE
> Amerikanischer Schauspieler und Kampfkünstler;
> Ikone des Martial-Arts-Films
> *Die Todesfaust des Cheng Li, Todesgrüße aus Shanghai*
> (27. November 1940 – 20. Juli 1973)

Schütze
Ihr 40-Jahre-Horoskop

1985 – 2025

Warum wir in die Vergangenheit gehen

Ich möchte, dass Sie den Voraussagen vertrauen, und es gibt nur einen Weg, dies zu erreichen. Um mir glauben zu können, müssen Sie zunächst überprüfen, was ich behaupte. Deshalb beginne ich mit kurzen Rückblicken in die letzten fünfundzwanzig Jahre. Wenn Sie sich darin wiedererkennen, werden Sie auch meinen Aussagen über die kommenden fünfzehn Jahre Glauben schenken können. Schließlich geht es um eine einzige ununterbrochene Reihe von Ereignissen – Ihr Leben.

Die Aussagen über die Vergangenheit gelten im Allgemeinen erst ab dem Zeitpunkt, an dem Sie zu Hause ausgezogen sind oder Ihr Leben »selbst in die Hand genommen« und Ihre eigenen Entscheidungen getroffen haben. Denn in der Zeit davor wurden wichtige Ereignisse in Ihrem Leben noch von anderen bestimmt, vermutlich Ihren Eltern.

ᘓ 1985 – 1990 ᘔ

Schon seit 1983 haben Sie sich bemüht, Ihr Leben von allem zu befreien, was nicht mehr relevant war. Das bedeutete Abschied von Menschen, Beziehungen, Möbeln, Wohnorten, Arbeitsplätzen – praktisch von allem. »Alles weg in sechzig Sekunden!« Dieses Zeitfenster erstreckte sich etwa von 1982/83 bis 1987.

Ab 1985/86 sah dann in den Bereichen Haushalt, Familie und Wohnung zum Glück alles viel besser aus. Jetzt war auch die richtige Zeit für Immobiliengeschäfte und ein gutes Jahr für Umzüge und eine bessere Wohnung. Viele von Ihnen erhielten in dieser Zeit Familienzuwachs.

Im Jahr 1987 gab es dann einen Aufschwung im Bereich Liebe, Urlaub und Kinder. Allerdings änderte sich Ihr Leben bald wieder dramatisch. Sie schlugen einen völlig neuen Weg ein. In den Jahren 1989/90 zogen Sie großen Nutzen aus Partnerschaften. Einige von Ihnen erbten Geld oder profitierten vom Reichtum anderer Menschen. Damals begannen Sie, ernsthaft über Ihre Grundwerte nachzudenken. *Worauf kam es wirklich an?*

1991–1996

Hier begann für Sie ein mehrjähriges Zeitfenster, in dem sich alles im Fluss befand. Zwischen 1991 und 1995 wechselten viele von Ihnen den Arbeitsplatz, den Wohnort oder beides. Jetzt war auch eine gute Zeit für Reisen, besonders Fernreisen – genau, was Sie mögen. (Schließlich soll es sich ja auch lohnen, wenn man irgendwohin fährt!) Um 1992/93 ergab sich eine schöne Gelegenheit, Ihr Ansehen bei anderen Menschen zu stärken. Einige von Ihnen wurden befördert, erhielten eine Lohnerhöhung oder bekamen einen besseren Arbeitsplatz. Sie waren gut angesehen, besonders bei wichtigen Menschen.

Ab dem Jahr 1994 waren Sie dann entschlossen, Ihre häusliche Basis zu sichern. Einige von Ihnen waren erst kürzlich umgezogen. Wenn es Ihnen in der neuen Wohnung gefiel, blieben Sie dort, andernfalls zogen Sie abermals um. Diejenigen, die blieben, verbesserten ihr Zuhause mit Renovierungen oder Umbauten, brachten den Keller oder das Dach in Ordnung – es war jedenfalls etwas deutlich Gewichtigeres als ein paar neue Handtücher. Sie brüteten große Pläne aus!

Das Jahr 1995 war ein entscheidendes Jahr für Ihr Sternzeichen. Um es genauer zu sagen – es war der Beginn von vierzehn Jahren Umwälzungen für den Schützen. Warum? Der gute alte Pluto trat 1995 in den Schützen und blieb dort bis 2009. Dieser Pluto-Transit war der erste seit über zweihundert Jahren und auf jeden Fall der erste in Ihrem Leben! Was hieß das nun?

Zuerst einmal gingen in diesem Zeitraum viele Partnerschaften in die Brüche. Es ist das Wesen des Plutos, sich von allem zu trennen, was im Leben nicht mehr relevant ist. Seine Energie zerstört etwas, um es anschließend wieder neu aufzubauen. Ein klassischer Vergleich dafür ist das Abbeizen eines Möbelstücks, um es anschließend neu zu lackieren, oder das Herausreißen einer Badezimmer- oder Kücheneinrichtung, wenn eine neue angeschafft wird. Die Energie des Plutos strebt nach einem *besseren* Ergebnis, aber vorher wird das Alte zerstört, um Platz für das Neue zu gewinnen. Um diese Zeit spürten diejenigen, die im November und in den ersten Dezembertagen Geburtstag haben, vermutlich einen drastischen Wandel.

Eine weitere dem Pluto zuzurechnende Veränderung war vermutlich ein plötzlicher Gewichtsverlust. Mit anderen Worten: Pluto nimmt, was man nicht wirklich braucht. Wenn Sie sich darauf vorbereiten, muss kein Drama daraus werden; das passiert nur, wenn Sie Widerstand leisten.

Sehr hilfreich für Sie war innerhalb dieses schwierigen Zeitraums der Besuch des Jupiters in Ihrem Sternzeichen von Dezember 1994 bis Januar 1996! Was für eine Erleichterung! Die negativen Effekte des Plutos wurden dadurch teilweise ausgeglichen. Es kam zwar immer noch zu drastischen, dramatischen Veränderungen, aber Jupiter verlieh Ihnen Optimismus, brachte Ihnen neue Möglichkeiten, ließ mächtige, hilfreiche Menschen auf Sie aufmerksam werden und erhöhte insgesamt Ihren Glücksquotienten. In den nächsten Jahren zog er weiter und half auch Ihrem Einkommen auf die Sprünge. Herrlich!

1997–2000

In diesem Zeitfenster spürten die im späten November und bis zum 2. Dezember geborenen Schützen die Wirkungen des Plutos am stärksten. Ein Pluto-Transit kann sogar Ihre Persönlichkeit verändern! Er macht Sie auf jeden Fall kontrollwütiger. Sie möchten einfach *alles* in Ihrer Umgebung kontrollieren, auch Ihre Beziehungen.

Pluto löste auch den Drang in Ihnen aus, sich selbst zu verbessern. Zu dieser Zeit fühlten sich viele von Ihnen stärker zum Okkulten hingezogen, zur dunklen Seite, auf jeden Fall zu den Mysterien und Geheimnissen des Lebens und zu verborgenem Wissen. (»Mein Schatz!«)

Deshalb versuchten diejenigen von Ihnen, die mit einer Beziehung *unzufrieden* waren, entweder sie um jeden Preis zu retten oder sie hinter sich zu lassen. (»Mach's gut, und danke für den Fisch.«)

Während Pluto in Ihrem Sternzeichen weiter Ihre Partnerschaften durcheinanderbrachte und für Veränderungen in Gewicht, Persönlichkeit, Garderobe und Beziehungen zur Umwelt sorgte, verbesserte sich zwischen 1997 und 1999 immerhin Ihre Wohnsituation. Viele von Ihnen zogen in größere Wohnungen oder schafften neue Möbel und Dekorationen an. Etwas sorgte dafür, dass Sie sich reicher und wohlhabender fühlten. Zu dieser Zeit vergrößerten viele von Ihnen auch Ihre Familie durch Heirat, Geburt oder Adoption. Natürlich war es auch ein ausgezeichneter Zeitpunkt für Immobiliengeschäfte, sowohl für Spekulationen als auch für den Erwerb eines Eigenheims.

In den Jahren 1998/99 erhielten die Bereiche Ferienreisen, Romantik, Liebe, Spiel mit Kindern und alles, was mit Kunst,

Unterhaltung, dem Showgeschäft und Sport zu tun hat, einen kräftigen Schub. (Hurra!)

In den Jahren 1999 und 2000 sah es beruflich für Sie dann besser aus. Viele von Ihnen bekamen einen besseren Arbeitsplatz, bessere Arbeitsbedingungen oder eine Gehaltserhöhung oder wurden endlich diesen unmöglichen Kollegen los. (Ein Glück.) Damals arbeiteten Sie hart, so hart sogar, dass Sie sich vom Leben manchmal überfordert fühlten!

Ich finde es ziemlich interessant, dass Pluto zweihundertfünfzig Jahre braucht, um alle zwölf Sternzeichen zu durchqueren. Das bedeutet, dass er für sechs Sternzeichen etwa hundertfünfundzwanzig Jahre benötigt und viele Menschen verbringen ihr ganzes Leben, ohne jemals einen Pluto-Transit zu erleben, wie Sie ihn von 1995 bis 2009 durchgemacht haben. (Wahnsinn.)

2001–2005

Auch dieser Zeitraum gehörte zu den entscheidenden in Ihrem Leben. Mitte der Achtzigerjahre hatten Sie einen völlig neuen Weg eingeschlagen; damals hatten Sie angefangen, sich ganz neu zu erfinden, wie Sie jetzt in der Rückschau sehen. Um 1994/95 waren Sie dann ein komplett anderer Mensch! Jetzt begann ein neuer Lebensabschnitt; Sie schauten in die Welt hinaus und fragten sich, wie Sie zu Macht und Einfluss kommen und Ihre Ziele erreichen könnten.

Ihr gestiegener persönlicher Ehrgeiz bedeutete eine große Belastung für Ihre Partnerschaften. (Argh!) Viele Partnerschaften überstanden es nicht, und diejenigen, die andauerten, veränderten sich stark. (Das ist nicht überraschend, denn eine Partnerschaft ist ein lebendes Gebilde, das mit den Individuen, die es bilden, wächst und sich verändert.)

Im Jahr 2002 profitierten Sie von Geschenken, Erbschaften, Steuerrückerstattungen, Versicherungsauszahlungen und indirekten Zuwendungen von Partnern. (Bei einigen von Ihnen war es erst 2003 der Fall.) Vielleicht lag es an Ihrer dadurch verbesserten Finanzlage, dass Sie 2003/04 verreisen oder Möglichkeiten in höherer Bildung nutzen konnten.

Es war eine ziemlich aufregende Zeit! Im Jahr 2004 hatten Sie die Unterstützung durch andere Menschen weitgehend oder ganz verloren. Beruflich und in Ihrem Umfeld sah aber alles gut für Sie aus. In den Jahren 2004/05 waren Sie sehr angesehen und machten auf die Menschen Ihrer Umgebung einen sehr positiven Eindruck.

Diese tolle PR machte viele von Ihnen beliebter. Viele Vereine, Gruppen, Organisationen und Freunde wollten Sie bei ihren Unternehmungen dabeihaben.

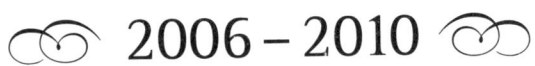

2006 – 2010

In dieser Lebensphase hatten Sie das deutliche Gefühl, sich auf etwas vorzubereiten. Es stand eindeutig etwas Wichtiges bevor. Viele von Ihnen konzentrierten sich auf ihre Weiterbildung oder Ausbildung oder verreisten, um ihren Horizont zu erweitern. Sie ahnten, dass etwas Gutes folgen würde, und so kam es auch. Im Dezember 2006 trat der finanzielle Glücksbringer Jupiter in Ihr Sternzeichen und blieb bis Januar 2008 dort. (Klasse!)

Die Segnungen durch Jupiter erfährt jedes Sternzeichen alle zwölf Jahre. Das bedeutet, dass 2007 für Sie ein Jahr vermehrter Möglichkeiten und gestiegener Beliebtheit war und Sie insgesamt einfach mehr Glück hatten. Wenn Jupiter in Ihrem Zeichen steht, wird das Leben leichter – außer in einer Hinsicht: Jupiter sorgt oft für Gewichtszunahme! Argh! (Ist es schon wieder Zeit, den Duschvorhang weiter zu machen?) Es liegt daran, dass er so viel Gutes auf Sie lenkt. (Wie dieses leckere Stück Käsekuchen zum Beispiel.)

Im Jahr 2008 nahmen Sie dann die Dinge wirklich in die Hand. Die nächsten paar Jahre waren eine entscheidende Zeitspanne für Sie. Einige von Ihnen machten ihren Abschluss, andere wechselten den Arbeitsplatz, wieder andere erreichten einen Karrierehöhepunkt. Dies war eine Zeit der Ernte für Sie; Sie sahen deutlich, was in Ihrem Leben funktionierte und was nicht. Gestiegene Einnahmen waren jetzt sehr gut möglich und entsprechend auch größere Anschaffungen.

In den Jahren 2009/10 hatten Sie wunderbare Möglichkeiten auf dem Immobilienmarkt, entweder zum Erwerb für den Eigengebrauch oder als Geldanlage. Zu Hause und im Bereich Familienleben lief alles blendend. Viele von Ihnen erweiterten um diese Zeit ihre Familie durch Heirat, Geburt oder Adoption.

Direkt im Gefolge dieser häuslichen Geborgenheit bekamen viele von Ihnen die Chance zu einer großen Urlaubsreise, und auch im Bereich Liebe kann es für viele gefunkt haben! In den Bereichen Romantik, Sport und Kunst sah es ebenfalls rosig aus.

Aber die wirklich gute Nachricht in diesem Zeitraum war natürlich, dass Pluto endlich den Schützen verlassen hatte! (Es ist wissenschaftlich bewiesen, dass Gebete helfen.) Der ganze Wahnsinn, den Sie von 1995 bis 2009 durchlitten hatten, war jetzt nur noch eine böse Erinnerung. Pluto wird in Ihrem ganzen Leben nicht mehr in Ihr Sternzeichen treten. Halleluja!

2011–2012

All diese guten Gelegenheiten ermöglichen es Ihnen, sich beruflich zu verbessern. Keine Frage. Deshalb erwarten Sie in diesem Bereich dieses Jahr große Chancen. Sie bekommen vielleicht einen besseren Arbeitsplatz, bessere Aufgaben, einen besseren Chef oder ein besseres Büro. Vielleicht alles gleichzeitig! (Warum nicht auf das große Los setzen?)

Nicht nur beruflich werden Sie sich 2011 (manche auch erst 2012) möglicherweise verbessern können, sondern auch gesundheitlich. Sie fühlen sich auf einmal viel lebendiger! Sehr wahrscheinlich wird ein Ereignis eintreten, das dieses Gefühl hervorruft. Vielleicht beginnen Sie mit Fitnesstraining, verbringen mehr Zeit im Freien oder schließen sich einem Sportverein an. Was auch immer, es kommt Ihnen definitiv zugute!

Weil Sie jetzt so ungeheuer beliebt sind, haben Sie jede Menge zu tun, alle Jonglierbälle in der Luft zu halten, indem Sie gleichzeitig alle Ansprüche an Sie erfüllen und trotzdem Ihre eigenen Bedürfnisse nicht vernachlässigen. Schließlich dürfen Sie sich nicht ausnutzen lassen. Sie zählen ebenfalls! Das ist sehr wichtig. (Deshalb lassen Sie andere Menschen manchmal nicht an sich heran.)

Während Sie also versuchen, Ihre Privatsphäre zu schützen und sich gesellschaftlich nicht zu verausgaben, sieht es im Bereich Partnerschaften jetzt viel besser aus! Möglicherweise bilden sich neue Partnerschaften, die zu Dauerbeziehungen werden können; dabei kann es sich sowohl um geschäftliche wie private Beziehungen handeln. Das Jahr 2012 ist ausgezeichnet geeignet, um Rat von Experten jeder Fachrichtung einzuholen, und zwar, weil Sie jetzt (und noch bis ins Jahr 2013 hinein) von anderen Menschen besonders profitieren.

༒ 2013 – 2015 ༒

In dieser Zeit beginnt die Wirkung von zwei großen Strömungen in Ihrem Leben. Man könnte sie einerseits als einander entgegengesetzt betrachten, aber andererseits können sie sich auch gegenseitig unterstützen.

Einer der beiden Einflüsse dauert bis 2016/17 an. In dieser etwa dreijährigen Zeitspanne trennen Sie sich von allem, was in Ihrem Leben nicht mehr relevant ist. Sie geben Arbeitsplätze, Menschen, Beziehungen und Besitztümer auf. Entweder freiwillig oder gezwungen schränken Sie sich ziemlich dramatisch ein, um nicht so viel mitschleppen zu müssen. Im Grunde geben Sie alles auf, was Sie nicht mehr brauchen. (Auch wenn Sie das im Moment nicht glauben mögen.) Das letzte Mal haben Sie Mitte der Achtzigerjahre eine entsprechende Phase durchlaufen. Sie werden gezwungen, Platz für eine völlig neue Welt zu schaffen, die etwa 2016 beginnt.

Der zweite Einfluss ist genau entgegengesetzt! Hier geht es um Zuwachs! In den Jahren 2013/14 werden Sie von Erbschaften, Geschenken, Zuwendungen, Stipendien, Krediten, Hypotheken und indirekt vom Reichtum anderer Menschen profitieren. Vielleicht überlässt Ihnen jemand leihweise seinen Besitz? (»Du kannst die Hütte den August über benutzen. Die Schlüssel für das Auto, Boot, Schneemobil, Motorrad ... liegen in der Keksdose oben auf dem Weinkühler.«) Oder Ihr Partner bekommt eine Lohnerhöhung oder einen Bonus. Auf jeden Fall ist jetzt die richtige Zeit, einen Kredit oder eine Hypothek aufzunehmen. Ka-ching!

Das heißt einerseits, dass Sie eine dreijährige Phase des Aufgebens durchmachen, aber in dieser gibt es ein achtzehnmonatiges Zeitfenster, in dem Sie enorme Gewinne einstreichen. (Was immer das bedeutet.) Die Aufgabe Ihrer jetzigen Wohnung und die Aufnahme eines Kredits, um sich ein neues Haus zu kaufen, wäre eine klassische Reaktion auf diese Planetenkonstellation. *Jetzt ist die richtige Zeit!*

(Normalerweise nimmt einem das Kleingedruckte ja wieder weg, was im Großgedruckten steht – aber nicht in diesem Fall. *Sie sind ein vom Glück begünstigter Schütze!*)

Im Jahr 2015 sieht es im Bereich Reisen einfach fantastisch aus. Wow! Dies ist eines der besten Reisejahre seit mehr als einem Jahrzehnt. (Nutzen Sie es.) Außerdem ist es ein sehr geeignetes Jahr für Weiterbildung, Hochschulstudium und überhaupt höhere Bildung. Sie bereiten sich auf eine wunderbare Zeitspanne in Ihrer Karriere vor, aber gleichzeitig verändern Sie sich stark, denn bis 2016 treten Sie in eine völlig neue Welt ein.

»Schatz, ich bin wieder zu Hause!«

2016 – 2017

Wir alle haben unsere entscheidenden Jahre. Dieses ist so eins für den Schützen. Mir fällt immer wieder auf, wie viel Glück Schützen ständig haben. Es steht so in den astrologischen Lehrbüchern, aber es ist wirklich unübersehbar, wenn ich mir Ihre Langzeitvorhersage vornehme.

In diesem Jahr betreten Sie eine völlig neue Szene, und zwar so neu, dass viele von Ihnen ihre Alltagsgarderobe ändern werden. In den vergangenen zwei oder drei Jahren haben Sie vieles aufgegeben – Menschen, Beziehungen, Arbeitsplätze, Wohnorte, was auch immer. Und zwar wahrscheinlich für diese Veränderung! Jetzt beginnt für Sie ein neuer dreißigjähriger Zyklus, in dessen ersten sieben Jahren Sie sich neu erfinden werden. Eine große Sache!

Warum spreche ich dann von Glück? Weil gerade jetzt, wenn Sie in diese völlig neue Welt eintreten, der Geld und Glück bringende Jupiter ganz oben durch Ihr Horoskop segelt, Ihnen jede Menge gute Gelegenheiten eröffnet und Ihren Ruf bei den Kollegen stärkt. Das könnte zu keiner besseren Zeit kommen! Es ist etwa so, als würde man bei Hofe eingeführt. Da stehen Sie in Ihren neuen Kleidern und fragen sich, wie es weitergehen soll, und schon flattern Ihnen die begehrten Einladungen von wichtigen Menschen ins Haus.

Es bedeutet sehr wahrscheinlich eine Gelegenheit zur beruflichen Verbesserung für viele von Ihnen. Alle werden mehr Respekt von anderen Menschen erfahren. Das Seltsame dabei ist, dass Sie gleichzeitig mit dem Beginn eines neuen Abschnitts den Höhepunkt einer Entwicklung erleben. Eine andere mögliche Interpretation wäre, dass Sie einen wunderbaren neuen Arbeitsplatz angeboten bekommen, der wiederum einen Umzug auslöst, oder von einer renommierten Universität akzeptiert werden oder irgendetwas anderes passiert, das zu einem Wohnortwechsel führt. Es sieht jedenfalls gut aus. Machen Sie das Beste daraus! Sie erleben jetzt eine Zeit des Fortschritts. Viele von Ihnen werden sich in Ihrer Tätigkeit ausweiten. Es ist eine klassische Zeit des »Vorankommens«, und auf gewisse Weise ist es eine komplett neue Welt für Sie.

Rechnen Sie mit Beförderungen, öffentlicher Anerkennung und dem gestiegenen Respekt Ihrer Kollegen. Einige von Ihnen werden sich beruflich in Richtung Medizin, Heilkunde, Rechtspflege oder Verlagswesen und Medien verändern. Vielleicht arbeiten Sie in einem fremdem oder für ein fremdes Land.

Im Jahr 2017 sind Sie ungeheuer beliebt! Jeder will Sie haben. Gruppen, Vereine, Organisationen und persönliche Freundschaften beanspruchen Ihre Zeit. Dieses Jahr ist auch sehr gut geeignet zum Nachdenken über langfristige Ziele. Wie können Sie Ihre Träume verwirklichen?

∽ 2018 – 2020 ∾

Zu Beginn dieses Zeitfensters denken Sie über den Sinn Ihrer Arbeit nach. Welche Erfolge Sie um 2016 auch immer hatten, jetzt hinterfragen Sie Ihre persönlichen Werte. *Worauf kommt es im Leben an?* Sie sind nicht der Typ, der nur für Geld arbeitet. (Das können Sie allerdings auch. Schließlich mögen Sie Geld. Aber Sie brauchen es als Mittel zum Zweck – hauptsächlich, um sich Ihre Entscheidungsfreiheit zu sichern.) Sie gehen ziemlich philosophisch an die Dinge heran.

Im Jahr 2018 werden bestimmte Ereignisse stattfinden, die Ihr Mitgefühl für andere Menschen wecken. Sie sind altruistischer gestimmt, entweder gegenüber bestimmten Individuen oder der Gesellschaft allgemein.

> *»Vor dem Einschlafen gehen wir die Ereignisse des Tages in Gedanken durch. Waren wir wütend, egoistisch, unehrlich oder ängstlich? Müssen wir uns bei jemandem entschuldigen? Haben wir etwas für uns behalten, was wir sofort mit jemandem besprechen sollten? Waren wir allen gegenüber freundlich und liebenswürdig? Was hätten wir besser machen können? Dachten wir meistens nur an uns selbst? Oder dachten wir daran, für andere etwas zu tun und sonst wie nützlich zu sein? Aber wir müssen aufpassen, dass wir nicht in Verzweiflung, Selbstvorwürfe oder krankhaftes Grübeln verfallen, denn das würde unser Nützlichsein für andere verringern.«*
>
> BILL WILSON
> Mitbegründer der Anonymen Alkoholiker
> (26. November 1895 – 24. Januar 1971)

Auf jeden Fall beginnt Ende 2018 ein neuer zwölfjähriger Wachstumszyklus für Sie. Im Grunde versuchen Sie herauszufinden, wer Sie als Mensch wirklich sind. Sie fühlen sich ermutigt, mit Ihren Talenten mehr an die Öffentlichkeit zu treten. Sie spüren, dass Sie jetzt kühner auftreten können, ohne ausgelacht zu werden.

Während des Jahres 2019 werden alle möglichen hilfreichen Menschen und Ressourcen wie durch Zauberhand auf Sie gelenkt. Ihre kürzliche Sinnsuche hat Ihre innere Welt und Ihre spirituellen Werte vertieft. *Sie können sich selbst besser leiden.*

Alle diese guten Entwicklungen fördern natürlich Ihre Beziehungen zu anderen Menschen. (Gewinner sind immer beliebt.)

Jetzt ist auch eine Zeit, in der viele von Ihnen einen völlig neuen Arbeitsplatz antreten, eine neue Einkommensquelle erschließen oder sich Nebeneinnahmen sichern. (Das ist absolut Ihr Stil.)

Und 2020 rollt dann der Rubel! Ihre Ideen zur Einkommenssteigerung von 2019 haben sich also ausgezahlt. (Geld ist einfach so praktisch, wenn man sich etwas anschaffen will, oder?) »Money, Money, Money!«

2021–2022

Sie haben jetzt ziemlich viel zu tun, weil sich in Ihrem Leben alles verändert. Einige von Ihnen wechseln den Wohnort, den Arbeitsplatz oder beides. Merken Sie sich das vor, denn zu Beginn eines solchen Zeitfensters ist man oft überzeugt, man werde weder umziehen noch woanders arbeiten – um es dann doch zu tun!

Zum Glück ist 2021 ein sehr positives Jahr für Sie. Sie fühlen sich gut. Das ist sehr wichtig, denn alles beginnt in Ihrem Kopf.

> *Am Anfang ist der Gedanke.*
> *Aus dem Gedanken entspringt das Wort.*
> *Aus dem Wort entspringt die Tat.*
> *Und schon bald wird aus der Tat Gewohnheit.*
> *Gewohnheit erhärtet sich allmählich zum Charakter.*
> *Achte darum sorgfältig auf deine Gedanken,*
> *und lass sie liebevoll und freundlich sein.*
>
> FERNÖSTLICHE WEISHEIT

Jetzt ist eine sehr gute Zeit für Immobiliengeschäfte. Sie werden entweder in ein größeres Haus ziehen oder Ihre gegenwärtige Wohnung aufmöbeln. Sie kaufen sich schöne Sachen für Ihr Heim und Ihre Familie, weil Sie sich aus irgendeinem Grund reicher und wohlhabender fühlen! Immobiliengeschäfte, die Sie jetzt tätigen, werden sich in der Zukunft für Sie auszahlen und zwar sowohl Käufe für den Eigenbedarf wie auch zu Anlagezwecken.

Dieses Gefühl des Reichtums und der Großzügigkeit im häuslichen Bereich überträgt sich auch auf Ihr Familienleben. Die

Familie wird zu einer Quelle der Freude für Sie! Jetzt ist die klassische Zeit, um sie durch Geburt, Adoption oder Heirat zu erweitern. Familientreffen werden zu freudigen Ereignissen.

In diesem Zeitfenster begegnen sich zwei starke, unabhängige astrologische Einflüsse: Einer drängt Sie zu einem Umzug, und ein zweiter sagt Ihnen, dass Sie von fast jedem Immobilienge- schäft profitieren werden. (Hm. Tolle Kombination, sollte man nicht ignorieren!) Die Bereiche Heim, Immobilien und Familien- geschäfte werden in dieser Zeit gewinnträchtig sein.

Im Jahr 2022 sieht es im Bereich Ferien und Reisen großartig aus! Sie möchten gerne mal raus und ein bisschen Spaß haben. Jetzt ist auch ein gutes Zeitfenster für Romantik, Liebesaffären und persönliche Kontakte. Weil der Einfluss zugunsten von Woh- nungs- und Arbeitsplatzwechseln immer noch wirkt, erscheint womöglich die Liebe Ihres Lebens und löst einen Umzug aus?

Dieses Jahr eignet sich auch sehr gut für Finanzspekulationen und alles, was mit Amateur- oder Profisport zu tun hat. Auch die Bereiche Showgeschäft, Unterhaltungsindustrie und Gastge- werbe sehen sehr gut aus.

Ach ja. Gute Zeiten machen doch am meisten Spaß.

2023 – 2025

In diesem Zeitraum konzentrieren Sie sich auf zwei Hauptschauplätze. Der erste ist der Bereich Heim, Familie und Immobilien. (Immer noch.) Obwohl viele von Ihnen in den letzten Jahren umgezogen sind, werden viele es wieder tun, ob Sie es glauben oder nicht! Sie sind zurzeit eben ein bisschen unstet. Wer mit seiner neuen Wohnung zufrieden ist, renoviert oder baut um, damit sein Haus zu einem soliden Ankerplatz wird. Andere werden mit dem letzten Umzug nicht zufrieden sein und daher wieder umziehen. Jetzt wäre auch eine günstige Zeit für Grunderwerb, denn dort, wohin Sie dann ziehen, werden Sie vermutlich lange bleiben.

Ihre Konzentration auf Heim und Familienleben ist jetzt so stark, dass auch Änderungen der Familienverhältnisse möglich sind, besonders solche, die die Eltern betreffen. Einige von Ihnen übernehmen in dieser Zeit gestiegene Verantwortung für Eltern oder ältere Verwandte.

Zum Glück ist der zweite für Sie jetzt besonders wichtige Bereich Ihr Berufsleben. Jetzt haben Sie die beste Chance seit zwölf Jahren, sich beruflich zu verbessern! Sie bekommen vielleicht einen besseren Arbeitsplatz oder eine bessere Aufgabe. Ihr bösartiger Chef wird möglicherweise nach Hell in Norwegen versetzt.

Einige von Ihnen sind vielleicht einfach wegen einer geänderten Arbeitseinstellung glücklicher in ihrem Job. Dank dieser neuen Haltung finden Sie Ihre Arbeit schöner und kommen leichter mit den Kollegen aus. Es gibt viele Möglichkeiten, sich beruflich zu verbessern, aber eins ist sicher – die Verbesserung kommt.

Für die Rentner unter Ihnen gilt dieser positive Einfluss immerhin für die täglichen Routinetätigkeiten. Sie machen Ihnen jetzt viel mehr Freude! Vielleicht bekommen Sie eine Maschine oder irgendein Gerät, das Ihnen dabei hilft.

Alle Schützen erfreuen sich 2023/24 besserer Gesundheit. Trotz der gestiegenen häuslichen Verantwortung sind Sie mit Ihrem Leben im Moment ziemlich zufrieden.

Bis Ende 2024 werden viele von Ihnen eine feste Bindung oder eine Ehe eingegangen sein, die ihnen sehr zugutekommt. Ihr neuer Partner könnte älter und wohlhabender, erfahrener oder sehr angesehen sein. Was auch immer der Grund ist – diese Beziehung bringt Ihnen jedenfalls Nutzen und wahrscheinlich finanziellen Gewinn. (Ein reicher Partner ist eine wunderbar arbeitssparende Einrichtung.)

Der Zeitraum 2024/25 ist außerdem ausgezeichnet geeignet, um andere Partnerschaften einzugehen, sowohl geschäftliche wie persönliche, weil Sie jetzt von anderen Menschen profitieren, auch von Experten und Ratgebern.

Eine der Ursachen für Ihre gestiegene Selbstgewissheit ist, dass die Zeit der Neuorientierung vorbei ist. Sie hatte 2015 begonnen und endete etwa 2024. Das heißt, Sie wissen jetzt viel besser, wer Sie sind. Und Sie wissen ganz sicher, wer Sie *nicht* sind! Sie müssen nur auf den Zeitraum 2013/14 zurückblicken und vergleichen, wie sehr Sie sich verändert haben! (Heiliges Kanonenrohr!)

Ihr Sternzeichen macht Sie sehr zukunftsorientiert. Sie sind kein Gefangener der Vergangenheit. Sie denken nach vorn und planen ständig neue Wege zu Erfolg und Aufregung. Deshalb empfiehlt es sich für Schützegeborene besonders, sich mit den möglichen Entwicklungen zu befassen, die in diesem Buch für sie vorgestellt werden. Ihre Wahl wird dadurch erleichtert, und Sie müssen nicht gegen den Strom schwimmen, sondern werden wie ein heißes Messer durch Butter schneiden.

»*Wenn du das Leben liebst, dann vergeude keine Zeit, denn das Leben ist aus Zeit gemacht.*«

BRUCE LEE
Amerikanischer Schauspieler und Kampfkünstler;
Ikone des Martial-Arts-Films
Die Todesfaust des Cheng Li, Todesgrüße aus Shanghai
(27. November 1940 – 20. Juli 1973)

Berühmte Schützen

23. November 1888	Harpo Marx
23. November 1926	Sathya Sai Baba
23. November 1982	Asafa Powell
24. November 1632	Baruch Spinoza
24. November 1864	Henri de Toulouse-Lautrec
24. November 1952	Ilja Richter
24. November 1961	Hartmut Engler
24. November 1961	Arundhati Roy
24. November 1978	Katherine Heigl
24. November 1984	Maria Riesch
25. November 1835	Andrew Carnegie
25. November 1915	Augusto Pinochet
25. November 1955	Erwin Grosche
25. November 1971	Christina Applegate
26. November 1895	Bill Wilson
26. November 1909	Eugene Ionesco
26. November 1922	Charles M. Schulz
26. November 1957	Matthias Reim
27. November 1921	Alexander Dubcˇek
27. November 1940	Bruce Lee
27. November 1942	Jimi Hendrix
28. November 1907	Alberto Moravia
28. November 1942	Manolo Blahnik
28. November 1960	John Galliano
28. November 1967	Anna Nicole Smith
29. November 1898	C. S. Lewis
29. November 1932	Jacques Chirac
29. November 1957	Jean-Philippe Toussaint
30. November 1835	Mark Twain

30. November 1874	Winston Churchill
30. November 1955	Billy Idol
30. November 1956	Heinz Rudolf Kunze
30. November 1965	Ben Stiller
1. Dezember 1935	Woody Allen
1. Dezember 1939	Lee Trevino
1. Dezember 1945	Bette Midler
2. Dezember 1859	Georges Seurat
2. Dezember 1909	Marion Gräfin Dönhoff
2. Dezember 1923	Maria Callas
2. Dezember 1925	Julie Harris
2. Dezember 1946	Gianni Versace
2. Dezember 1968	Lucy Liu
3. Dezember 1857	Joseph Conrad
3. Dezember 1930	Jean-Luc Godard
3. Dezember 1931	Franz Josef Degenhardt
3. Dezember 1942	Alice Schwarzer
3. Dezember 1948	Ozzy Osbourne
3. Dezember 1957	Anne B. Ragde
3. Dezember 1960	Julianne Moore
3. Dezember 1965	Katarina Witt
3. Dezember 1981	David Villa
3. Dezember 1985	Amanda Seyfried
4. Dezember 1933	Horst Buchholz
4. Dezember 1949	Jeff Bridges
4. Dezember 1974	Anke Huber
5. Dezember 1901	Walt Disney
5. Dezember 1932	Little Richard
5. Dezember 1946	José Carreras
6. Dezember 1942	Peter Handke
6. Dezember 1948	Marius Müller-Westernhagen
6. Dezember 1955	Steven Wright
7. Dezember 1956	Larry Bird
7. Dezember 1973	Damien Rice

7. Dezember 1987	Aaron Carter
8. Dezember 1886	Diego Rivera
8. Dezember 1926	Joachim Fest
8. Dezember 1936	David Carradine
8. Dezember 1943	Jim Morrison
8. Dezember 1953	Kim Basinger
8. Dezember 1955	Martin Semmelrogge
9. Dezember 1916	Kirk Douglas
9. Dezember 1934	Judi Dench
9. Dezember 1953	John Malkovich
9. Dezember 1964	Hape Kerkeling
9. Dezember 1970	Anna Gavalda
9. Dezember 1990	LaFee
10. Dezember 1830	Emily Dickinson
10. Dezember 1960	Kenneth Branagh
10. Dezember 1977	Andrea Henkel
11. Dezember 1918	Aleksandr Solzhenitsyn
11. Dezember 1924	Heinz Schenk
11. Dezember 1954	Jermaine Jackson
12. Dezember 1821	Gustave Flaubert
12. Dezember 1863	Edvard Munch
12. Dezember 1893	Edward G. Robinson
12. Dezember 1915	Frank Sinatra
12. Dezember 1940	Dionne Warwick
12. Dezember 1946	Emerson Fittipaldi
13. Dezember 1903	Carlos Montoya
13. Dezember 1925	Dick Van Dyke
13. Dezember 1929	Christopher Plummer
13. Dezember 1938	Heino
13. Dezember 1967	Jamie Foxx
14. Dezember 1546	Tycho Brahe
14. Dezember 1951	Mike Krüger
14. Dezember 1962	Bela B.
14. Dezember 1979	Michael Owen

15. Dezember 1832	Gustave Eiffel
15. Dezember 1892	J. Paul Getty
15. Dezember 1949	Don Johnson
16. Dezember 1770	Ludwig van Beethoven
16. Dezember 1775	Jane Austen
16. Dezember 1899	Noël Coward
16. Dezember 1901	Margaret Mead
16. Dezember 1938	Liv Ullmann
16. Dezember 1946	Benny Andersson
16. Dezember 1964	Heike Drechsler
16. Dezember 1967	Donovan Bailey
17. Dezember 1917	Arthur C. Clarke
17. Dezember 1930	Armin Mueller-Stahl
17. Dezember 1944	Jack L. Chalker
18. Dezember 1887	Josef Stalin
18. Dezember 1913	Willy Brandt
18. Dezember 1943	Keith Richards
18. Dezember 1963	Brad Pitt
18. Dezember 1978	Katie Holmes
18. Dezember 1980	Christina Aguilera
19. Dezember 1906	Leonid Breschnew
19. Dezember 1910	Jean Genet
19. Dezember 1915	Édith Piaf
19. Dezember 1980	Jake Gyllenhaal
20. Dezember 1926	Otto Graf Lambsdorff
20. Dezember 1946	Uri Geller
20. Dezember 1980	Ashley Cole
20. Dezember 1980	Martín Demichelis
21. Dezember 1917	Heinrich Böll
21. Dezember 1940	Frank Zappa
21. Dezember 1965	Anke Engelke
21. Dezember 1966	Kiefer Sutherland
21. Dezember 1973	Matías Jesús Almeyda

Steinbock

22. Dezember – 20. Januar

Steinbock

(22. Dezember – 20. Januar)

»ICH NUTZE.«

»Brich nun auf und zögere nicht; vorwärts zu gehen heißt, der Vollkommenheit zu folgen. Geh und fürchte dich nicht vor den Dornen und den harten Steinen auf dem Pfade des Lebens.«

KHALIL GIBRAN
Libanesisch-amerikanischer Künstler, Lyriker und Schriftsteller
Der Prophet
(6. Januar 1883 – 10. April 1931)

»Jeder will Cary Grant sein. Sogar ich will Cary Grant sein.«

CARY GRANT
Britisch-amerikanischer Schauspieler
Berüchtigt, Über den Dächern von Nizza
(18. Januar 1904 – 29. November 1986)

Element	Erde
Herrscherplanet	Saturn
Qualität	Kardinal
Gegenzeichen	Krebs
Symbol	Vorderleib eines Steinbocks mit dem Hinterleib eines Fisches
Glückssteine	Türkis, Onyx und grüner Turmalin[1]
Blume	Mohnblume
Farben	Dunkle Grün- und Brauntöne
Körperteile	Knochen, Zähne, Haut und Knie

WAS SIE LIEBEN Tradition, Lesen, Malerei, Musik, Pünktlichkeit, gute Manieren, Geld auf der Bank, ein solides Familienleben, Einfluss und Macht, Fakten, vertraute Dinge. Sie mögen Designerlabels, Statusautos, riesige Eckbüros und große Blumensträuße, die Ihnen an den Arbeitsplatz geliefert werden, zusammen mit einer Grußkarte, die deutlich sichtbar Ihre Tugenden preist.

WAS SIE VERABSCHEUEN Gebrochene Versprechen, Verschwendung, öffentliche Zuneigungsbekundungen, gedrängt werden, lächerlich gemacht werden, Faulheit und Widerspenstigkeit. Und Versagen in der Öffentlichkeit! (Das ist am schlimmsten.)

WO SIE GLÄNZEN Sie sind fleißig, entschlossen, unterhaltsam, tiefsinnig, verantwortungsvoll, geduldig, loyal und aufmerksam. Sie sehen immer gut aus – Sie passen dazu. Nicht zu auffällig, aber modisch. Man kann Sie überall vorzeigen.

WER IST SCHON VOLLKOMMEN? Sie sind streng, verschlossen, geizig, engstirnig, pessimistisch, abweisend und düster. Sie sorgen sich zu viel und denken immer: »Was werden die Leute sagen?«

---

[1] In anderen astrologischen Büchern können andere Steine, Blumen und Farben angegeben sein. Man sollte im Leben alles überprüfen.

Das Wesen des Steinbocks[2]

Der schnellste Weg zum Verständnis Ihres Sternzeichens führt über Ihren Herrscherplaneten. Der Steinbock wird vom Saturn beherrscht, also schauen wir uns den Saturn und seine Bedeutung in der Astrologie einmal an.

Schon im Alten Orient und bis zur Entdeckung des Uranus 1781 galt der Saturn als äußerster Planet. Er stellte damit die äußerste Grenze des Sonnensystems dar.

Deshalb beherrscht Saturn alles, was begrenzt, einschränkt, definiert und limitiert. Saturn steht für Grenzen – etwas endet, etwas anderes beginnt. Saturn herrscht über Dimensionen, Strukturen und Formen. Er ist nicht die letzte Grenze, sondern die letzte Barriere! Er *beinhaltet*.

In der Astrologie beherrscht der Saturn daher auch unsere Haut, denn die beinhaltet uns, dazu unsere Knochen und das Skelett, die unsere Form definieren: zwei Arme, zwei Beine, ein Kopf. Ohne Saturn stünden wir nicht aufrecht, sondern wären nur ein Haufen Matsch auf dem Fußboden!

Das ist also das Erste, was wir festhalten – Saturn definiert Form, Gestalt und Struktur.

Es sollte daher nicht überraschen, dass Saturn, der Herrscher der Struktur, auch Regierungen, Gerichte und alle hierarchischen Organisationen von multinationalen Konzernen über Militär, Polizei und Feuerwehr bis zu den Pfadfindern beherrscht.

---

[2] Niemand kann auf ein einziges Sternzeichen reduziert werden, denn jedes Horoskop enthält mehrere Planeten. Daher beschreibt dieser Abschnitt nur den Archetyp des Steinbocks – die Eigenschaften, die sein Wesen ausmachen. Auch viele, die unter einem anderen Sternzeichen geboren sind, haben Steinbock-Eigenschaften. Die Darstellung eines einzelnen Zeichens ist daher keine exakte Beschreibung einer bestimmten Person, sondern vielmehr die Beschreibung der Eigenschaften des Zeichens.

Halt – Auszeit! Hier müssen wir eine kleine Verwirrung vermeiden. Der Mars ist der Herrscher des Krieges und des Widders. Daher stehen Widder und Mars für das Militär – aber nur für den Kampf und die Kämpfer selbst, also die Soldaten, ihre Schlachten, ihre Siege und Niederlagen. »Keine Gefangenen!« Aber die *Organisation* dieser Soldaten – vom General hinunter bis zum Gefreiten – ist die Domäne des Saturns. Sehen Sie den Unterschied? Der Saturn beherrscht die *Struktur* jeder Organisation.

Genauso beherrscht Pluto, der Herrscherplanet des Skorpions, die Massenproduktion. Aber die *Organisation*, die nötig ist, um etwas herzustellen – diese Organisation ist Saturn. Es gibt immer einen Chef oder CEO, dann die Leute direkt unter ihm, danach die Leute unter diesen und so weiter. Diese Hierarchie ist Saturn.

Saturn (der Herrscher des Steinbocks) steht für die Struktur unserer biologischen Körper und für sämtliche Strukturen und Gebäude der Welt.

Toll!

Wer ist der Erste? Wer steht an der Spitze?

Stellen Sie sich hundert Menschen vor, die auf einer einsamen Insel gestrandet sind. Natürlich werden sie sich zuerst um Nahrung und Unterkunft kümmern. Binnen Tagen, Wochen oder Monaten wird sich allerdings ein Anführer herauskristallisieren. Das ist unvermeidlich. Sogar Hühner haben eine Hackordnung. Aber welche Faktoren werden bestimmen, wer auf unserer Insel der Anführer ist?

Ganz einfach.

Der Anführer ist immer jemand, der das *meiste* hat. Entweder hat er die meisten Gewehre, die meisten Boote, die meisten Soldaten, die meiste Nahrung, die meiste Erfahrung, den meisten Einfluss oder den am meisten geschätzten Titel, das meiste Geld oder (in einer Demokratie) die meisten Wählerstimmen – aber er ist auf jeden Fall derjenige, der das meiste hat.

Dieses Konzept, irgendetwas zu zählen, um zu bestimmen, wer das meiste hat, ist typisch für den Steinbock. Wer steht an der Spitze?

Deswegen ist es keinem Sternzeichen schneller klar, wer der Chef ist. (Sie wissen schon, wo der Bartel den Most holt!) Wie der Löwe schnell die größeren Zusammenhänge sieht, erkennen Sie schnell die Machtstrukturen in jedem sozialen Gefüge. Sie wissen, wer befiehlt und wer die Drecksarbeit machen muss. So wissen Sie, nach wem Sie sich richten müssen und wer sich nach Ihnen richten muss!

»Er ging in die Luft und kam nicht wieder runter.«

ALEXANDER WOOLLCOTT
Amerikanischer Literaturkritiker und Kolumnist von *The New Yorker*
(19. Januar 1887–23. Januar 1943)

Das Leben ist hart und endet mit dem Tod

Saturn beherrscht Grenzlinien und Grenzpunkte, also auch den Tod. Saturn ist Gevatter Tod, die Gestalt mit der Kapuze und der Sense. (Wir sind hier nicht bei den Teletubbies.)

Weil Saturn das Verstreichen der Zeit und gleichzeitig den Tod symbolisiert, sind Steinböcke die Einzigen im Tierkreis mit einer eigenwilligen Einstellung zum Phänomen der Zeit!

1. Es ist nicht ungewöhnlich für Steinböcke, dass sie Freundschaften, Affären und Ehen mit wesentlich älteren oder jüngeren Partnern eingehen. Ihr Liebster, Ihre Liebste, Ihre beste Freundin oder Ihr bester Freund könnte so alt sein wie Ihre Eltern oder Ihre Kinder.
2. Steinbockgeborene sind die langlebigsten Menschen im Tierkreis.
3. Steinböcke können leicht über ihr wahres Alter hinwegtäu-

schen. Steinbock-Babys und -Kinder wirken durch ihre Ernsthaftigkeit »alt«. Wenn sie ins Teenageralter kommen, sehen
sie auf jeden Fall älter aus! (Sie waren immer derjenige, der
das Bier gekauft hat.) Mit etwa fünfunddreißig kehrt sich das
dann seltsamerweise um, und der Steinbock wirkt plötzlich
jünger, als er ist! Jenseits der achtzig wirkt er dann zwanzig
Jahre jünger.

Sie sind alt, wenn Sie jung sind, und jung, wenn Sie alt sind.
Deshalb sollten Sie nie über Ihr Alter sprechen – eines Tages
gehen Sie vielleicht für fünfundzwanzig Jahre jünger durch!
(Einer Treppe können Sie natürlich nichts vormachen.)

Weil Saturn alle Hierarchien beherrscht, darunter die Regierung,
das Militär und die Polizei, steht er auch für Verpflichtungen
und Pflichten. Oh je! Beim Saturn geht es ums Sollen, nicht ums
Wollen.

Ich stelle ihn mir als einen strengen Großvater bei den Sied-
lern in der Prärie vor: »Geh auf dein Zimmer und ins Bett. Morgen stehst du früh auf und hast bis sechs Uhr das Holz gehackt.«
Niemand nennt den Saturn »Luftikus«. Wenn eine süße Sechsjäh-
rige erklärt: »Ich will Ballerina werden!«, knurrt er: »Lern lieber
Maschineschreiben.«

Wegen Saturns strenger Büßermentalität ist auch der Steinbock ein sehr ernsthaftes Sternzeichen. Sie verstehen nicht nur,
dass das Leben hart ist, sondern glauben auch an »Ohne Fleiß
kein Preis«. Sie wissen, dass Schicksalsschläge den Charakter bilden.

*»Das Leid brachte die stärksten Seelen hervor. Die mäch-
tigsten Charaktere sind mit Narben übersät.«*

KHALIL GIBRAN
Libanesisch-amerikanischer Künstler, Lyriker und Schriftsteller
Der Prophet
(6. Januar 1883 – 10. April 1931)

Hier müssen wir allerdings vorsichtig sein. Ja, der Steinbock ist ernsthaft. Aber das kann jedes Sternzeichen sein! Auch Löwen können sehr ernst werden, und umgekehrt können Steinböcke albern, fröhlich und lustig sein! (Denken Sie an Diane Keaton.) Dieser ernsthafte Aspekt des Steinbocks heißt nicht, dass die Steinbockgeborenen permanent ernsthaft sein müssten, sondern eher, dass sie verstehen, was es im Leben ernst zu nehmen gilt. Sie sind nicht naiv oder närrisch. Sie wissen, dass das Leben voller schwieriger Probleme ist. Wenn wir laufen lernen, fallen wir dabei oft hin.

> *»Gehe Risiken ein, habe keine Angst vor Fehlern. Nur so wächst du. Schmerz lässt deinen Mut wachsen. Man muss versagen können, um Mut zu üben.«*
>
> MARY TYLER MOORE
> Amerikanische Schauspielerin
> *Eine ganz normale Familie*
> (29. Dezember 1936)

Einer der Gründe für diese realistische Weltsicht ist oft eine schwierige Kindheit. Sie werden schon in jungen Jahren mit Einsamkeit, Verantwortung und dem ernüchternden Bewusstsein vertraut, dass das Leben keine Schüssel voller Kirschen, sondern eine voller Kerne ist! Möglicherweise sind Sie in Armut aufgewachsen, mussten sich um Geschwister oder Verwandte kümmern oder womöglich schon als Kind arbeiten. Sir John A. Macdonald (11. Januar 1815 – 6. Juni 1891), der erste kanadische Premierminister, sagte einmal: »Ich hatte keine Kindheit.«

Weil Sie die harten Fakten des Lebens instinktiv respektieren, sparen Sie beizeiten, um in der sprichwörtlichen Not Reserven zu haben. Sie legen auch rechtzeitig etwas für Ihr Alter zurück. Steinböcke planen das Ende immer voraus, was nur gut ist, wenn man ihre Langlebigkeit bedenkt!

»Ein gesparter Pfennig ist ein verdienter Pfennig.«
BENJAMIN FRANKLIN
Amerikanischer Verleger, Erfinder, Staatsmann und
einer der Gründerväter der Vereinigten Staaten
(17. Januar 1706–17. April 1790)

Ein gesparter Pfennig? Und ob! Steinböcke hassen Verschwendung. Sie heben nicht nur Essensreste auf, sondern essen sie tatsächlich auf!

Der Planet, dem die Zukunftsplanung untersteht, ist ebenfalls Saturn. Wann immer Saturn ins Bild kommt, werden alle Beteiligten ernst und praktisch. Wenn Sie shoppen gehen, kaufen Sie sich Artikel mit langer Lebensdauer. Saturn ist nicht leichtfertig. Saturn spart und bereitet sich auf eine unsichere Zukunft vor. (»Ich möchte nicht in der Gosse enden!«)

Wir haben alle unsere Widersprüche

Vielleicht ist es ein Beweis für den Humor des Universums, dass Steinbockgeborene einen seltsamen Widerspruch in sich haben. Sie sind konservative, respektable, gesetzestreue (obwohl auch Al Capone ein Steinbock war) und ziemlich ordentliche Menschen, aber sie verhalten sich äußerst seltsam, geradezu bizarr!

Ich habe eine gute Steinbock-Freundin, die sehr elegant und gesellschaftlich gewandt ist. (Sie könnte sogar Knigge beraten.) Eine Zeit lang wohnte sie nahe der University of British Columbia in Vancouver und entschied eines Frühlings, ihr Haus den Sommer über an einige russische Gastwissenschaftler zu vermieten, während sie selbst Freunde auf verschiedenen Inseln im Golf von Georgia besuchen wollte. Sie hatte einen erlebnisreichen Sommer geplant, der ihr auch finanziell nutzen würde. Ihre Reisepläne zerschlugen sich allerdings, und im Juli wusste sie plötzlich nicht, wohin. Sie war praktisch obdachlos! (Die größte

Angst jedes Steinbocks.) »Diese verdammten Russen« hatten sich bei ihr eingenistet!

Steinböcke verhalten sich nicht unbedingt dramatisch, nur manchmal seltsam und unerklärlich. Aber sie tun immer so, als sei alles ganz normal und in Ordnung, danke der Nachfrage.

Einer meiner Bekannten mietete einmal eine Souterrainwohnung von einer Steinbock-Frau. Sie renovierte gerade ihr Haus und hatte sich von Roy, einem Freund ihres Mieters, über das Wochenende einen kleinen Lieferwagen geborgt. Mein Freund erzählte, er habe, als er am Samstag um zwei Uhr morgens bei starkem Regen nach Hause kam, den Wagen in abenteuerlicher Schräglage auf einem großen Sandhaufen im Vorgarten vorgefunden, die Scheinwerfer zeigten in den Himmel, der Motor lief, und beide Türen standen weit offen! Alarmiert lief er ins Haus, aber niemand war da. Er ging wieder nach draußen, machte den Motor aus, zog den Schlüssel ab, schloss die Türen, deponierte die Autoschlüssel auf der Anrichte in der Küche und ging zu Bett. Am nächsten Tag war der Lieferwagen nicht mehr da. Seine Steinbock-Vermieterin sagte nichts. Sogar Roy konnte sich das nicht erklären.

Steinböcke können einen manchmal wirklich verblüffen.

Drei Eigenschaften des Steinbocks

Für ein tieferes Verständnis des Steinbocks über den Einfluss des Saturns hinaus folgen hier drei Eigenschaften, die für Ihr Sternzeichen wesentlich sind:

1. Respekt für den Status quo
2. Fixierung auf das Erreichen von Zielen
3. Bedürfnis, nützlich zu sein

Respekt für den Status quo[3]

Der Saturn steht für die Regierung; also respektiert der Steinbock die Krawattenträger. Die meisten Steinböcke sind konservative Menschen, die nicht abweichen. Sie ziehen sich wie alle anderen an, weil Sie nicht auffallen wollen. *Sie passen sich gerne an.* (Skandale finden Sie entsetzlich.)

Sie stehen für den marineblauen Nadelstreifenanzug, die Uniform des Arbeiters oder was immer in Ihrer gesellschaftlichen Gruppe anerkannt ist. Anders als Wassermänner oder Löwen wollen Sie in einer Menge nicht auffallen.

Ich hatte einmal eine Klientin mit Aszendent Steinbock, die mich in Victoria aufsuchte. Sie trug einen zweireihigen Tweedblazer, eine wollene Hose (mit Aufschlägen!) und elegante Halbschuhe, dazu eine klassische braune Lederhandtasche mit Schul-

---

[3] Als Status quo bezeichnet man den Normalzustand. Er kann sich daher je nach Ort und Kultur dramatisch unterscheiden. Im Film *Local Hero* (1983) gibt es ein schönes Beispiel dafür: Eine Punkerin mit grünem Irokesen, Lederjacke und zerrissenen Netzstrümpfen – die komplette Ausstattung – umwirbt hartnäckig einen jungen Mann, der einen seriösen braunen Anzug trägt. »Ich mag dich! Du bist so *anders*!«, sagt sie zu ihm.

terriemen. Sie sah aus, als sei sie gerade in der High Street von Oxford aus einem Taxi gestiegen.

Als ich ihr das Horoskop stellte, erzählte sie, dass sie zuvor fünf Jahre lang in Taos, New Mexico, gelebt hatte. Als ich erklärte, dass sie durch ihren Aszendenten das Bedürfnis habe, sich stets anzupassen und sich wie die Einheimischen zu kleiden, erwiderte sie, sie habe in Taos immer Jeansröcke und viel Türkisschmuck getragen. Am längsten habe sie aber als Buschpilotin auf den Bahamas gearbeitet und damals stets Kakikleidung und Militärwesten angehabt.

Ein klassischer Steinbock.

Obwohl Sie sich gerne anpassen, wollen Sie allerdings keineswegs übersehen werden! Sie verlangen Respekt und Bewunderung. Deshalb ist Ihre Garderobe stets aktuell und vom Feinsten. Wenn Sie beruflich einen Anzug tragen, wird es ein besonders eleganter sein. Ihr Wintermantel ist aus Kamelhaar, oder Sie tragen einen Caban. (Oder einen Burberry, falls Sie es sich leisten können.)

Sie legen viel Wert auf Tradition und möchten keine Kritik hören. Sie machen sich große Sorgen, dass andere Menschen Ihnen schlechten Geschmack oder schlechte Umgangsformen unterstellen könnten. Sie sind sehr empfindlich, was Ihr Bild in der Öffentlichkeit angeht.

Deshalb tragen Sie gerne Designerkleidung. Was als *crème de la crème* gelabelt ist, kann man unbedenklich anziehen. Wer könnte Sie dafür kritisieren? Damit sind Sie praktisch kugelfest! (Deshalb können Sie eine Louis-Vuitton-Tasche auch schon aus zehn Schritt Entfernung erkennen.)

Sie möchten wie jemand wirken, der regelmäßig seine Steuern zahlt, Sie benutzen Deodorant und zweimal täglich Zahnseide. Sie sind ein gesetzestreuer Bürger, der immer sein Bett macht.[4]

---

[4] Für Steinböcke ist ein gemachtes Bett sehr wichtig. Viele von Ihnen machen tatsächlich täglich ihr Bett. Sollte trotzdem ein überraschender Besuch einmal das ungemachte Bett zu Gesicht bekommen, finden Sie schnell eine erklärende Entschuldigung. Meine Mutter hat den Steinbock als Aszendenten, und ich habe immer den Verdacht gehabt, sie mache ihr Bett schon vor dem Aufstehen. (Es sieht sogar gemacht aus, wenn sie darin liegt.)

Steinböcke sind höflich. (»Treten Sie bitte vom Wagen zurück.«) Sie halten sich an Regeln und Vorschriften. Sie sind pünktlich und wirken gerne korrekt und wohlinformiert über alles Wichtige. (Darunter verstehen Sie das, worüber gerade alle Welt spricht.) *Sie möchten respektiert werden.*

»Es bedarf vieler guter Taten, um einen guten Ruf aufzubauen, aber nur einer einzigen schlechten, um ihn wieder zu verlieren.«

BENJAMIN FRANKLIN
Amerikanischer Verleger, Erfinder, Staatsmann und
einer der Gründerväter der Vereinigten Staaten
(17. Januar 1706 – 17. April 1790)

Ihr Verlangen nach Prestige und Respekt ist nicht überraschend, wenn man bedenkt, dass der Steinbock, Ihr Symbol, eine Bergziege ist. Deshalb sind so viele von Ihnen soziale Aufsteiger. Sie sind gerne in Gesellschaft der Reichen und Berühmten. Das ist nicht nur aufregend für den Moment der Begegnung, sondern man hat auch immer eine gute Geschichte zu erzählen.

Deshalb wollten Sie schon von klein auf jemand sein. Das ist Ihr Schicksal.

Alle Steinböcke interessieren sich für Politik, und viele werden politisch aktiv. Diejenigen, die nicht Berufspolitiker werden, engagieren sich in Gruppen und Organisationen auf lokaler Ebene. Das ist ihr Hobby. Sie »bringen sich ein«. Die meisten Steinböcke halten Hobbys, die man nur zum Vergnügen pflegt, für triviale Zeitverschwendung. Sie helfen in ihrer Freizeit lieber Organisationen, die sich gesellschaftlich nützlich machen – und sie *lieben* dieses Engagement!

Ihr wunderbares Organisationstalent verhilft Ihnen auch zu Popularität und Ansehen in Ihrer gesellschaftlichen Umgebung. Vielleicht engagieren Sie sich in der Kirchengemeinde, der

Schule Ihrer Kinder, in Sportvereinen oder für eine andere Sache, die den Aufwand wert ist. Sie sind der Mensch, der *etwas bewegt*.

Fixierung auf das Erreichen von Zielen

»Ich hatte nicht das Ziel, Millionär oder ein Hollywoodstar zu werden. Das war nicht mein Ziel. Mein Ziel war – das Ziel zu finden.«

JAMES EARL JONES
Amerikanischer Schauspieler
Der Prinz aus Zamunda, Conan der Barbar
(17. Januar 1931)

In einem Artikel las ich einmal von einer Studie, mit der bestimmt werden sollte, welcher astrologische Einzelfaktor entscheidend für den außergewöhnlichen Erfolg eines Menschen ist. Nach dem Studium vieler Horoskope kamen die Autoren zu dem Schluss, es müsse sich um den Mond im Steinbock handeln! Wenn Ihr Mond im Steinbock steht, dann *müssen* Sie Erfolg haben. Es ist nicht nur ein Wunsch oder Begehren. Leistungsstreben ist einfach Ihre reflexhafte Reaktion auf das Leben! George Washington und Napoleon Bonaparte hatten ebenso den Mond im Steinbock wie Arnold Schwarzenegger.

»Ich hatte immer dieses widerliche Bedürfnis, mehr als nur ein Mensch zu sein.«

DAVID BOWIE
Britischer Musiker, Sänger, Produzent, Schauspieler und Maler
»Heroes«, Absolute Beginners – Junge Helden
(8. Januar 1947)

Alle Steinböcke sind erfolgsorientiert und daher Perfektionisten. Ihr Schicksalsglaube, Ihr Wunsch, jemand zu sein, und Ihr Drang, sich nützlich zu machen, treiben Sie ständig an, Ihre Ziele zu erreichen. Weil Sie immer auf diese Ziele fixiert sind, ist alles andere nebensächlich.

Sie sind ungeheuer diszipliniert. Die Wörter »Saturn« und »Disziplin« sind in der Astrologie Synonyme. Sie versagen sich heute Vergnügungen, um morgen Erfolg zu haben. Sie sind ein Workaholic. Kein Aufwand ist Ihnen zu groß. Sie leisten Ihren Beitrag, machen Ihre Hausaufgaben und sind immer vorbereitet.

»Es ist nicht gut, wenn man einen lebenden Drachen übersieht, noch dazu, wenn man gleich neben ihm lebt.«
J. R. R. TOLKIEN
Britischer Schriftsteller und Philologe
Der Herr der Ringe
(3. Januar 1892 – 2. September 1973)

Ich finde es interessant, wie Ihre entschlossene Konzentration Sie dazu treibt, Ihr Leben in Bereiche einzuteilen. Die Menschen, mit denen Sie sich amüsieren, gehören hierhin, Familienmitglieder dorthin, Arbeitskollegen an den Arbeitsplatz. Diese Gruppen vermischen sich kaum. Es ist für einen Steinbock nicht ungewöhnlich, wenn nach fünfundzwanzig Jahren an einem Arbeitsplatz seine Kollegen noch nie seiner Familie begegnet sind. (Außer, wenn der Vater des Kollegen der Bürgermeister ist.)

Das hängt teilweise mit Ihrem Prestigestreben zusammen. Sie leisten sich Designerkleidung, um die Kollegen zu beeindrucken. Aber womöglich sieht es dafür zu Hause bei Ihnen sehr bescheiden aus? Das ist einer der Gründe, warum Sie Ihre Lebensbereiche strikt getrennt halten. Vielleicht haben Sie auch ein Haus mit einer beeindruckenden Adresse, aber für Möbel hat es dann nicht mehr gereicht. *Der äußere Schein ist alles!*

»Ich lebe in einer Art kontrollierter Wachsamkeit. Ich würde es nicht Angst nennen, aber es ist eine Wachsamkeit. Ich weiß, ich habe die Verantwortung, mich auf bestimmte Art zu verhalten, und das tue ich auch.«

MARY TYLER MOORE
Amerikanische Schauspielerin
Eine ganz normale Familie
(29. Dezember 1936)

Seien Sie versichert, dass Sie trotzdem nicht oberflächlicher sind als Menschen anderer Sternzeichen. Sie wollen nur, dass Ihr Leben etwas bewirkt! Sie möchten Leistung bringen und einen Beitrag leisten. Dafür haben Sie Ihren Masterplan.

Sie sind loyal, zuverlässig und arbeiten hart. Niemand ist hartnäckiger als Sie. Ihr Drang nach Status, Prestige und Ansehen ist unauflöslich mit Ihrem Erfolgs- und Leistungsstreben verbunden.

Mein Onkel Jack, ein Widder, ging in den Polizeidienst und kämpfte im Zweiten Weltkrieg. Danach wurde er Bahnpolizist bei der Canadian Pacific Railway. All das waren typische Widder-Entscheidungen. Aber weil sein Aszendent Steinbock war, behielt er diese Stelle dreißig Jahre lang. Ich weiß noch, wie er jeden Morgen, bevor er zur Arbeit ging, seine Schuhe und jedes Stück Metall an seiner Uniform polierte. Perfektionistisch, detailversessen und traditionsbewusst. Er wusste, wie wichtig ihm Macht und Ansehen waren.

Weil Sie so auf Ihre Ziele fixiert sind, akzeptieren Sie die Notwendigkeiten und Unbequemlichkeiten des Lebens als zwangsläufig. (»Alles kein Grund zu flennen!«)

Deshalb sind Sie einer der größten Leistungsträger und Macher im Tierkreis.

»Ich hatte schon mit fünf Jahren den Ehrgeiz, jemand zu sein.«

ETHEL MERMAN
Amerikanische Sängerin und Schauspielerin
(»First Lady of Musical Comedy«)
Rhythmus im Blut
(16. Januar 1908 – 15. Februar 1984)

Bedürfnis, nützlich zu sein

Allen Erdzeichengeborenen geht es um greifbare Ergebnisse, und alle sind bereit zu harter Arbeit. Aber Ihr Zeichen ist das *am meisten entwickelte* aller Erdzeichen (die anderen sind Stier und Jungfrau). Der Stier kann sich in den Vergnügungen des Lebens verlieren, die Jungfrau wird leicht durch die Sucht nach Wissen abgelenkt. Sie aber gleichen Sisyphus, der bis in alle Ewigkeit immer wieder seinen Stein den Hügel hinaufrollt. Sie arbeiten immer weiter.

»Die eigentliche Aufgabe des Menschen ist es zu leben, nicht nur zu existieren. Ich werde meine Tage nicht damit vergeuden, sie zu verlängern. Ich werde meine Zeit nutzen.«

JACK LONDON
Amerikanischer Schriftsteller und Journalist
Ruf der Wildnis, Der Seewolf
(12. Januar 1876 – 22. November 1916)

Außerdem sind Sie äußerst eigenständig. Meine Mutter, die den Steinbock als Aszendenten hatte, strich noch mit einundneunzig

Jahren ihr Wohnzimmer neu und riss die Tapete im Badezimmer herunter. (»Die obersten zwanzig Zentimeter musste ich dranlassen«, gab sie fast entschuldigend zu.)

Es verwundert nicht, dass die traditionsbewussten, konservativen Steinböcke gerne mit ihrem Ehepartner in einem Haus mit weißem Gartenzaun und den durchschnittlichen 1,36 Kindern leben. Sie arbeiten hart, um das Haus in Ordnung zu halten, besonders Fassade und Garten, die jeder sehen kann!

Am Arbeitsplatz bringen sie genauso viel Einsatz, besonders bei geistig fordernder Arbeit, denn Steinböcke hassen Langeweile!

Sie wollen, dass Ihr Leben zählt. Sie wissen, dass Leben mehr bedeutet, als nur für Essen und Obdach zu sorgen. Sie sind sehr familienbewusst. Sie sorgen für Ihre Familie, kümmern sich um kranke Angehörige und pflegen Ihre Eltern, wenn nötig. Sie drücken sich nie vor einer Verantwortung, selbst wenn sie überwältigend ist.

»Verschwende nicht deine Zeit, denn daraus ist das Leben gemacht.«

BENJAMIN FRANKLIN
Amerikanischer Verleger, Erfinder, Staatsmann und
einer der Gründerväter der Vereinigten Staaten
(17. Januar 1706–17. April 1790)

Genauso loyal und zuverlässig sind Sie auch gegenüber Ihrer Gemeinde. Viele Steinböcke wirken weit über die lokale politische Ebene hinaus. Denken Sie nur an folgende weltberühmte Steinböcke: Howard Hughes, Louis Pasteur, Sir John A. Macdonald, General Robert E. Lee, Sir Isaac Newton, Louis Braille, Charles Babbage, Albert Schweitzer, Jeanne d'Arc, Konrad Adenauer, Richard Nixon, Aristoteles Onassis, Martin Luther King und Benjamin Franklin.

Sie planen voraus, bereiten sich vor und haben die Geduld eines Hiob, wenn es gilt, auf eine günstige Gelegenheit zu warten.

Sir John A. Macdonald, Kanadas erster Premierminister, ist geradezu ein Lehrbeispiel für das Leben eines typischen Steinbocks. Macdonald gestand seinem Privatsekretär und Biografen Joseph Pope einmal, dass er gerne Schriftsteller geworden wäre, wenn er die Schule nicht so früh hätte verlassen müssen. In seiner Biografie fasst Pope zusammen, was für alle Steinböcke gilt, die ihr Potenzial voll ausnutzen:

»[Macdonald] ließ den Nachsatz aus, den er gut hätte hinzufügen können, dass das erfolgreiche Regieren mehrerer Millionen Menschen, die Stärkung eines Empires und die Schaffung eines großen Dominions den Besitz und die Anwendung von Fähigkeiten erfordern, die über jene zur Erlangung literarischen Ruhms weit hinausgehen.«[5]

»Die Stärkung eines Empires«, »das erfolgreiche Regieren mehrerer Millionen Menschen« – das sind die großen Ziele eines Steinbocks! Ganz ohne Frage bringen Steinböcke ihre Arbeit immer zu Ende.

Ihr Sternzeichen macht Sie zum verlässlichsten, fleißigsten, diszipliniertesten und stoischsten Menschen im Tierkreis. Angesichts von Problemen zeigen Sie einen Realitätssinn, den man nur Tapferkeit nennen kann. Sie akzeptieren Ihr Schicksal als gegeben. Das Leben ist nun mal, wie es ist.

---

[5] Joseph Pope: *Memoirs of the Right Honourable Sir John Alexander Macdonald.* Bd. I. Ottawa 1894.

Der verliebte Steinbock

Ihr Herrscherplanet Saturn beherrscht auch die Zeit, und das scheint der Grund dafür zu sein, warum Sie ein so besonderes Verhältnis zur Zeit haben. Sie treten ihr in ziemlich ungewöhnlicher Weise gegenüber, was ziemlich seltsam ist, denn ansonsten sind Sie ja die Verkörperung des Normalen. Aber wenn es um die Liebe geht, binden Sie sich oft an jemanden, der so alt ist wie Ihre Eltern oder Ihre Kinder. (Das kommt vor.)

Ihr Sternzeichen macht Sie sehr erdverbunden und leidenschaftlich! Sie mögen Sex. Und zwar häufig!

Weil Ihnen Respektabilität, der Status quo, Ihr Ansehen und das, was die Leute denken, so wichtig sind, ist der Geschlechtsverkehr für Sie oft eine Art Rebellion! Niemand beobachtet Sie dabei. Das Licht ist aus und die Tür abgeschlossen. »Yippie!«

Erinnern Sie sich daran, wie sehr Sie darauf achten, was andere Menschen von Ihnen halten? Erinnern Sie sich, wie viel Wert Sie darauf legen, stets erfolgreich, kontrolliert, unabhängig und respektabel zu wirken? Daher kommt Ihr kühles, distanziertes Auftreten, das der Welt sagt: »Mir geht es gut. Ich habe alles im Griff.« Dadurch wirken Sie regelrecht geheimnisvoll.

Im Privatleben sieht es ganz anders aus. Sie haben ein großes Bedürfnis nach Intimität! Aber diese Seite Ihres Wesens können Sie nie zeigen, weil Ihre Furcht vor Zurückweisung Ihren Wunsch nach Liebe und Zuneigung überwiegt. Argh.

Das ist einer der Gründe, warum Sie kaum je in der Öffentlichkeit Zuneigung zeigen. Es wäre Ihnen einfach zu riskant! Sie wollen sich nicht zum Narren machen. Sie möchten nichts sagen oder tun, was Sie später bedauern. Außerdem behalten Sie Ihr Gefühlsleben einfach lieber für sich.

Sie können sehr schüchtern sein, obwohl Sie sich Mühe geben, es nicht zu zeigen. Stattdessen verweigern Sie sich. Sie lehnen Einladungen ab oder kommen einfach nicht. Oder Sie rufen nicht an, weil Sie fürchten, sich lächerlich zu machen oder abgelehnt zu werden.

Ihre Mitmenschen sollten im Umgang mit Ihnen berücksichtigen, dass für Sie die Masse zählt. (Erinnern Sie sich? Sie gehen immer danach, wer das meiste hat.) Wenn Ihnen Ihr Liebster ein Geschenk macht, sollte es schon ein bisschen was kosten! Für Sie ist der Preis ein Maßstab der Zuneigung. Umgekehrt sind auch die Geschenke, die Sie Ihrem oder Ihrer Liebsten machen, so teuer wie nur möglich, um die Tiefe Ihrer Zuneigung zu zeigen.

Trotz Ihres braven Auftretens können Sie sehr promiskuitiv sein! Es ist nicht unter der Würde eines Steinbocks, für Sex zu bezahlen. Es geht schnell, leicht und folgenlos. Der Nachteil ist, dass man erwischt werden kann. (Schreck!)

Passen Sie auf, dass Sie sich nicht allzu sehr von Ruhm und Reichtum beeindrucken lassen, denn das könnte Sie in eine Beziehung führen, die Sie nicht erfüllt, obwohl Ihr Partner ein tolles Accessoire ist. (In diese Falle geraten Sie leicht.)

Genauso geht es dem Steinbock mit der Gefahr, nur wegen des Geldes zu heiraten. Achtung: *Sie werden für jeden Cent teuer bezahlen!*

Sie sind ein großartiger Gastgeber, Ihr Haus ist äußerst gepflegt, und Sie machen einen guten Eindruck auf Ihre Mitmenschen. Wer sich in Sie verliebt, kann nicht übersehen, dass Sie viele Streicheleinheiten brauchen! Genau wie Löwen möchten Sie täglich hören, wie wunderbar Sie sind. Ihr Partner wird bald merken, dass es sich auszahlt. Aber er muss vorsichtig sein und darf Ihnen nicht übertrieben schmeicheln. Das Lob, das er Ihnen ausspricht, sollte unbedingt zutreffend sein. Dann aber schmiegen Sie sich voller Freude und Dankbarkeit an ihn.

Sie erwarten von der Liebe emotionale Sicherheit. Außerdem mögen Sie das Gefühl, gebraucht zu werden, denn dann können Sie sich ja nützlich machen. Sie möchten so nützlich sein, dass Sie unentbehrlich werden. Ihr Partner kann ohne Sie nicht mehr leben! Das bringt Ihnen doppelten Nutzen: Sie fühlen sich überlegen und gleichzeitig sicher, weil Sie so gebraucht werden. (Menschen vieler anderer Sternzeichen würde es erschrecken, aber Sie fürchten sich nicht vor Verantwortung.)

Seien Sie allerdings vorsichtig, dass Sie sich nicht zum Märtyrer stilisieren. Ihr Drang, sich nützlich machen, kann in diese Richtung ausarten. Schlimmer noch, er lädt zum Selbstmitleid ein. (»Nach allem, was ich für dich getan habe ...«) Fangen Sie bloß nicht mit so etwas an, denn dadurch vertreiben Sie nur diejenigen, um deren Zuneigung es Ihnen geht. Sie wollen doch schließlich, dass sie Ihnen aus der Hand fressen.

Übrigens, die Knie gehören zu den Körperteilen, die vom Steinbock beherrscht werden. Sie stehen auf Röcke und Shorts, die mit Stiefeln oder Strümpfen kombiniert das Knie »umrahmen«, und zwar sowohl bei anderen als auch bei sich selbst. Netzstrümpfe, Strumpfhalter, Stilettos und generell Kleidung, die Bein und Knie betont, finden Steinböcke absolut sexy. Unwillkürlich fällt mir dabei das alte Trinklied »Knees up, Mother Brown« ein. Der Ausdruck *knees up* (»Hoch die Knie!«) steht in der Londoner Umgangssprache übrigens für »eine Party feiern«. (Sie schlimmer Finger!)

Sie haben den ausgeprägtesten sexuellen Appetit im ganzen Tierkreis, obwohl das kaum jemand vermuten würde, der Sie nicht persönlich kennt (räusper), denn Sie sehen so gar nicht danach aus. Das liegt an Ihrer Spießertarnung. Aber wenn dann erst einmal die Tür abgeschlossen und das Licht aus ist – kommt eine ganz andere Person zum Vorschein!

Der Steinbock als Vorgesetzter

Der Steinbock-Chef ist ein seltsames Phänomen. Die meisten Steinböcke sind gerne Chef, einige aber überhaupt nicht. Die Chancen stehen etwa fifty-fifty.

Steinbock-Chefs sind oft gnadenlose Antreiber. Sie arbeiten selbst extrem hart und nehmen viele Unannehmlichkeiten für Ihre Ziele in Kauf (»Ohne Fleiß kein Preis«). Leider erwarten sie das aber auch von allen ihren Mitarbeitern. (Ups.) Sie sind zwar streng, aber auch gerecht.

Steinböcke sind gute Organisatoren. Als Perfektionist kümmert sich der Steinbock-Chef um Einzelheiten und achtet auf Einhaltung der Routine, besonders der Pünktlichkeit. (Also nicht zu spät kommen!)

Steinbock-Chefs wollen nicht bloßgestellt werden, also weisen Sie sie nicht auf ihre Fehler hin. (Ganz schlecht.) Andererseits geht ihnen der Erfolg der Sache über alles, sie geizen nicht mit Lob.

Eine der großen Stärken des Steinbock-Vorgesetzten ist, dass er keine Angst vor der Einstellung von Mitarbeitern hat, die besser sind als er. (Davor schrecken nämlich viele Chefs zurück, besonders die mittelmäßigen.) Steinböcken geht es um Anerkennung, Prestige und die Reputation, ein Macher zu sein. Sie wissen, dass der schnellste Weg zum Erfolg über fähige Mitarbeiter führt.

Steinböcke sind einmalig darin, den Zeit- und Budgetrahmen eines Projekts einzuhalten. Ihre größte Stärke ist allerdings der Aufbau einer Hierarchie, die wie eine geölte Maschine funktioniert. Schließlich steht der Herrscherplanet Saturn für Organisation!

Außerdem legen Sie als Steinbock viel Wert darauf, dass Autoritäten respektiert werden. Wie umgänglich Sie als Chef auch den »Jungs« gegenübertreten, Sie lassen sie immer spüren, wer der Boss ist.

Wegen Ihres enormen Fleißes sind Sie das Vorbild für alle anderen, denn was immer Sie auch an Arbeitsleistung von ihnen verlangen – Sie selbst erbringen noch mehr.

Ihre Mitarbeiter wissen das und respektieren Ihre Arbeitsleistung. Sie schrecken auch vor schwierigen Entscheidungen nicht zurück und übernehmen die Verantwortung dafür, was oft nicht leicht ist. Sie drücken sich nie vor Ihren Pflichten und vor dem, was Ihnen bevorsteht. Sie haben Mumm!

Der Steinbock als Angestellter

Der Steinbock-Angestellte ist ein Gewinn für jedes Unternehmen, denn er ist von Natur aus pünktlich, höflich und respektvoll gegenüber Vorgesetzten. Außerdem fügt er sich gut in Hierarchien ein und arbeitet hart. Steinböcke mögen es, Teil eines gut funktionierenden Systems zu sein!

Steinböcke arbeiten unermüdlich, wenn die richtige Belohnung winkt. Sie lieben eindrucksvolle Titel, Gehaltserhöhungen, prestigeträchtige Büros und alles, was zeigt, wie wichtig sie sind.

Sie sind extrem loyal und fleißig, stiften keine Unruhe, beachten den Status quo und halten sich an die Vorschriften. (Zumindest tun sie so.) Von allen Angestellten sind sie wahrscheinlich am leichtesten zu führen, weil sie ihren Platz kennen.

Ein weiterer Grund, warum sie so leicht zu führen sind, ist allerdings, dass Steinböcke gerne als gehorsam, ordentlich und sorgfältig wahrgenommen werden. Sie sind stolz darauf, Angestellter des Monats zu sein. (»Das ist mein Bild da an der Wand.«)

Wenn sie auf eine chaotische Arbeitsumgebung treffen, werden Steinböcke schnell und ruhig Ordnung schaffen. Das ist ihr Wesen, und sie haben das Talent dazu. (Außerdem schaffen sie es normalerweise, ohne allzu viele Leute vor den Kopf zu stoßen.) Es ist eine Tatsache, dass alle Erdzeichengeborenen gute Angestellte abgeben, aber Steinböcke sind die besten.

Man muss nicht erwähnen (ich tue es aber trotzdem), dass der arbeitsame Steinbock nicht nur ein Gewinn für jedes Unternehmen ist, sondern auch an seinem Arbeitsplatz hängt. Steinböcke bekommen oft die Armbanduhr für fünfunddreißigjährige Betriebszugehörigkeit. (Zumindest früher, in der heutigen Zeit gibt es solche Treueprämien ja kaum noch.) Genau wie die im

Gegenzeichen Krebs Geborenen steigt der Steinbock oft bis in die Vorstandsetagen großer Konzerne auf. Man erkennt ihn oder sie leicht an den Anzügen und Kostümen von Escada, Hugo Boss und Prada.[6] Sie haben Montblanc-Füllfederhalter, Cartier-Uhren und Hermès-Aktentaschen. (Nicht zu vergessen die italienischen Schuhe.)

Steinböcke wollen erfolgreich und respektabel wirken.

---

[6] Eine Ausnahme ist Dolly Parton (19. Januar 1946), die einmal gesagt hat: »Sie glauben gar nicht, was es kostet, so billig auszusehen.«

Der Steinbock als Elternteil

Steinböcke wollen erfolgreiche Eltern sein. Warum? Weil sie in *allem* erfolgreich sein wollen. Das liegt an ihrem Perfektionismus. Sie wollen von anderen Eltern respektiert werden.

Alle Steinbock-Eltern haben schon einmal gefragt: »Warst du etwa in diesem Aufzug auf der Straße?« (Das kann heißen: »Warst du in diesem Aufzug in der Schule/in der Kirche/bei der Arbeit?«) Steinbock-Eltern gehen davon aus, dass ihr Kind sie in ihrer Gemeinde repräsentiert. Wenn es sich gut benimmt, gut angezogen ist und gute Noten bekommt, muss es heißen, dass der Steinbock ein guter Elternteil ist!

Denken Sie immer daran, dass Steinböcke respektiert werden wollen (und Angst vor öffentlicher Kritik haben). Diese Sucht nach Prestige und Respekt führt oft zu einer Situation, in der Steinbock-Eltern ihr Kind stellvertretend für sich sehen. Deshalb wollen sie, dass ihre Kinder ebenfalls einen ordentlichen, respektablen Lebensweg einschlagen.

»Der Wunsch meiner Mutter, aus ihrer armen Bauerntochter mehr zu machen, bestimmte mein ganzes Leben.«

FAYE DUNAWAY
Amerikanische Schauspielerin
Network, Bonnie und Clyde, Chinatown
(14. Januar 1941)

Der durchschnittliche Steinbock hält den Ausdruck »brotlose Kunst« für eine Tautologie. Weil es diesen Eltern um Sicherheit und Glück für ihre Kinder geht, fürchten sie oft, dass diese Ideen ausbrüten könnten, die womöglich jahrzehntelanges Scheitern bedeuten oder schlimmer noch: *Sex, drugs and rock'n'roll!*

Das klingt so, als seien Steinbock-Eltern ziemlich oberflächlich. Das stimmt überhaupt nicht! Steinböcke sind konservativ (wie war noch das Mantra?): verheiratet, Haus mit weißem Gartenzaun, 1,36 Kinder. Steinböcke stehen für traditionelle Familienwerte.

Steinbock-Eltern arbeiten sehr hart, damit die Familie gut funktioniert. Sie wollen ihre Kinder zu verantwortungsvollen Bürgern erziehen, die für sich selbst sorgen können, sich in die Gesellschaft einfügen, gute Manieren haben und sich an die Gesetze halten.

Steinbock-Eltern legen viel Wert auf Vorausplanung, Sparen für Notzeiten, Pflege von Werkzeugen und Besitztümern und Müllvermeidung. Das alles sind sehr lobenswerte Eigenschaften!

Steinböcke helfen ihren Kindern beim Lernen, schicken sie auf gute Schulen (besonders Privatschulen), fahren sie zum Training, drängen sie, Musikunterricht zu nehmen, und tun alles dafür, dass sie Erfolg haben.

Steinbock-Eltern stellen ihre eigenen Bedürfnisse zurück, um den Kindern eine bessere Ausbildung oder auch nur bessere Kleidung zu ermöglichen. Weil sie langfristig planen, gehen sie oft weniger auf das Kind ein, das sie vor sich haben, sondern sehen in ihm eher den zukünftigen Erwachsenen.

Vermutlich wäre unsere Gesellschaft viel sicherer, wenn alle Eltern Steinböcke wären!

Alle Steinbock-Eltern lesen ihren Kindern *Thomas, die kleine Lokomotive und seine Freunde* vor, die Geschichte von der kleinen Lok, die nie aufgab.

Der Steinbock als Kind

*»Sehr oft hat mich später die geliebte Tante gefragt, warum
ich niemals ein Wort darüber gesprochen habe, wie ich behandelt wurde. Kinder sagen wenig mehr als Tiere; denn
sie nehmen, was über sie verhängt wird, als ewiges Gesetz
hin.«*

RUDYARD KIPLING
Britischer Schriftsteller und Literaturnobelpreisträger (1907)
Das Dschungelbuch, Kim
(30. Dezember 1865 – 18. Januar 1936)

Für ein Steinbock-Kind ist das Leben nicht immer leicht. Es
möchte gerne seinen Eltern gehorchen, denn braves Verhalten
ist der leichteste Weg, um sich einzufügen. Es möchte sich allerdings nicht nur in seine eigene Familie einfügen, sondern auch
bei den Mitschülern, in der Wohngegend und in der Gemeinde.
Wenn seine Akzeptanz aus irgendeinem Grund bedroht wird
(Mutter ist Alkoholikerin, Vater ist arbeitslos, die Familie ist arm,
das Kind ist schlecht in der Schule oder beim Sport), leidet dieses
Kind unverhältnismäßig.

Für ein Steinbock-Kind sind echter Respekt und ehrliche
Wertschätzung ungeheuer wichtig. Es ist nicht ungewöhnlich für
Steinbock-Kinder, sich nicht ganz mit ihrer Familie identifizieren zu können und aus verschiedenen Gründen Selbstzweifel zu
hegen.

Andererseits sind Steinbock-Kinder überraschend stoisch. Sie
wirken unabhängig und sogar distanziert, aber das ist nur eine
schützende Maske. Diese Kinder brauchen sehr viel Zuneigung
und Umarmungen! Und Lob! Das Lob muss allerdings richtig

angebracht werden. Steinbock-Kinder lassen sich nicht zum Narren halten. Bloße Schmeichelei verfängt bei ihnen nicht wie bei Löwe-Kindern, sondern sie fühlen sich dann beleidigt! Es bewirkt sogar das Gegenteil der gewünschten Ermutigung, denn das Steinbock-Kind glaubt dann, es sei so unfähig, dass es mit falschem Lob angespornt werden müsse. Argh.

Der Steinbock beherrscht die Knie, also passen Sie bei Ihrem Kind besonders auf diesen Körperteil auf, insbesondere beim Sport!

Der kleine Steinbock macht sich gerne nützlich. Das heißt nicht nur, dass er seine Spielsachen selbst aufräumt. Er hilft auch Ihnen gerne beim Aufräumen, beim Abtrocknen, beim Einräumen der Spülmaschine oder beim Laubrechen. Wird er dann für gute Arbeit gelobt, freut er sich von Herzen.

Er ist stolz auf seine gute Arbeit!

Wie ein Steinbock glücklicher wird

Sie wollen den Respekt Ihrer Kollegen und die Chance, anderen zu zeigen, wie gut Sie etwas können, besonders, wenn Sie dadurch die Welt verändern. Das ist sehr wichtig für Sie.

Um diese ehrgeizigen Ziele zu erreichen, brauchen Sie natürlich Selbstvertrauen. Allerdings ist es geradezu von Geburt an Ihr Schicksal (und tatsächlich ist Saturn der Planet des Karmas), dass das Leben Ihnen Erfahrungen beschert, die an diesem Selbstvertrauen nagen.

Das erste dieser Erlebnisse war für viele Steinböcke (nicht alle), dass sie in eine Familie geboren wurden, mit der sie sich nicht wirklich identifizieren konnten. Sie haben sich das vielleicht nie eingestanden, aber Sie fühlten sich immer ein bisschen getrennt von den anderen Familienmitgliedern. Das heißt nicht, dass Sie herumliefen und »Ich sehe tote Menschen« murmelten, aber wahrscheinlich haben Sie Ihre Eltern schon mal gefragt, ob Sie vielleicht adoptiert seien.

Tief im Innersten glauben Sie, dass Sie in die falsche Familie hineingeboren wurden! Sie öffneten die Tür, traten ein, die Tür fiel zu, und *bumm!* Falsche Familie! Sie hatten es vermasselt! Natürlich machen Sie sich diesen Gedankengang nicht bewusst, sondern spüren ihn nur als generelles Unbehagen und Zweifel.

Und weil die erste Tür, die Sie je geöffnet haben, sich als die falsche herausgestellt hat, sind Sie Ihr Leben lang sehr vorsichtig, wenn es um das Öffnen neuer Türen geht.

Vielleicht ging es Ihnen als Kind so, dass Sie nach einem Besuch bei anderen Leuten bei der Rückkehr nach Hause das Gefühl hatten, nicht in der richtigen Familie zu sein. Das wiederum säte in Ihnen den Verdacht, bei Ihrer eigenen Geburt versagt zu haben. Sie hatten also schon früh und völlig grundlos das Gefühl, ein Versager zu sein. Sie hatten nicht einmal Ihre eigene Geburt richtig hinbekommen!

Und jetzt sitzen Sie hier mit dieser falschen Familie fest. Natürlich ist Ihr nächster Impuls, diese Familie zu retten! (Sie wollen sie dazu bringen, den Alkohol aufzugeben, mehr Geld zu verdienen, ein ordentliches Haus zu kaufen oder was immer Ihnen als die richtige Lösung erscheint.) Aber Sie können nichts ausrichten, weil Sie ja noch ein kleines Kind sind. Und das sehen Sie als Ihr zweites großes Versagen an.

Mit zehn Jahren haben Sie also schon zwei große Schläge hinter sich. Sie haben Ihre Geburt vermasselt (und was könnte grundlegender sein als das?) und konnten Ihre Familie nicht retten!

Das ist die Wurzel einer unterbewussten Angst und eines mangelnden Selbstvertrauens, mit dem alle Steinböcke zu kämpfen haben. Später drückt es sich als Erfolgsangst oder Versagensangst aus oder die Angst aufzufliegen: »Und wenn rauskommt, dass ich es gar nicht kann?« Der Steinbock verlangt ständig nach der Sicherheit, die ihm Akzeptanz und Respekt in der Gesellschaft, bei Freunden, in der Familie und am Arbeitsplatz geben.

Die Wahrheit ist, dass wir alle in unvollkommene Familien geboren werden![7] Ihre Selbstzweifel haben keinen anderen realen Grund als den, dass Sie ein schwacher Sterblicher sind – *wie alle anderen Menschen auch.* Der beste Weg, um Ihre Zweifel zu überwinden, dürfte eine Reihe kleiner Erfolge sein. Das ist wie beim Laufenlernen.

Eine Methode, mit der Sie sich Ihre kleinen Erfolge bewusst machen können, ist das Führen eines Tagebuchs. Schreiben Sie abends vor dem Schlafengehen auf, was Sie tagsüber getan haben. *Nichts ist zu unbedeutend dafür.* Nach einer schweren

---

[7] Der amerikanische Schriftsteller Horatio Alger (13. Januar 1832 – 18. Juli 1899) war ein Steinbock, der Geschichten über den Aufstieg vom Tellerwäscher zum Millionär schrieb, also über Menschen, die sich gegen große Widerstände Respekt erkämpften.

Operation sagte mir einer der Ärzte, ich könne während der Genesung nur zwei Dinge pro Tag erledigen. »Und wenn Sie duschen, ist das schon eins davon.« (Ich war entsetzt.)

Loben Sie sich selbst für alles, was Ihnen gelingt. Sie stehen auf, baden, ziehen sich an, essen, gehen vielleicht zur Arbeit und so weiter. Jeden Abend schreiben Sie das alles auf und sehen, was Sie geleistet haben.

Je nachdem, wer Sie sind und was Sie tun, fällt Ihre Liste mehr oder weniger beeindruckend aus. Auf jeden Fall muss Ihre Steinbock-Seele schwarz auf weiß vor sich sehen, wie viel Sie geschafft haben. Und das ist nicht wenig! Wenn Sie regelmäßig über einige Wochen Tagebuch führen, wird Ihr Selbstbewusstsein wachsen. Garantiert.

Vielleicht halten Sie das für eine sentimentale und ziemlich lahme Übung. Besonders, wenn Sie in Ihrem Beruf wirklich erfolgreich sind. Aber im Geheimen wissen Sie doch, dass es Ihnen an Selbstvertrauen fehlt.

Versuchen Sie's also! Es ist ja nur ein Trick. Andererseits ist alles ein Trick. Denn ein Trick ist immer etwas, womit man etwas zum Funktionieren bringt. Hier geht es darum, Selbstzweifel abzubauen und Ihr Selbstwertgefühl aufzubauen. Das können Sie sich nicht vortäuschen, und das Lob anderer Menschen ist vergänglich. Abends vor dem Einschlafen müssen Sie immer noch damit fertig werden, dass Sie im Dunkeln mit sich selbst allein sind.

Wenn Sie jeden Abend aufschreiben, was Sie tagsüber geleistet haben, wird sich Ihre Geisteshaltung um hundertachtzig Grad drehen – Sie konzentrieren sich nicht mehr darauf, was Sie *nicht* geschafft haben, sondern darauf, *was* Sie geschafft haben. Das wendet Ihre Geisteshaltung vom Negativen zum Positiven.

Ganz langsam gewöhnen Sie sich so daran, Ihre eigenen Leistungen wahrzunehmen, die gar nicht so gering sind, weil Sie ja immer ungeheuer hart arbeiten! Indem Sie sich alles, was Sie tun (und jede Tätigkeit ist eine Leistung), täglich vor Augen führen, werden Sie sich immer besser darauf konzentrieren können, was Sie am nächsten Tag vorhaben. Und diese Konzentration verdrängt langsam Ihre Angst. Warum?

Wir alle sind Gewohnheitstiere, und was immer wir tun, wird zur Gewohnheit. Was immer Sie heute getan haben, erhöht die Wahrscheinlichkeit, dass Sie es auch morgen tun werden. Was immer Sie heute nicht getan haben, erhöht die Wahrscheinlichkeit, dass Sie es auch morgen nicht tun werden.

Indem Sie sich auf Ihre Leistungen konzentrieren – wie geringfügig sie auch sein mögen –, wird sich Ihre Angst verringern, dass Ihnen die Zeit ausgeht. Zeit spielt keine so große Rolle (es sei denn, Sie arbeiten als Bombenentschärfer). Wir alle haben jeden Tag vierundzwanzig Stunden zur Verfügung. Die Reichen haben nicht mehr Zeit und die Armen nicht weniger. Wenn man es recht bedenkt, besitzen wir alle nur den gegenwärtigen Moment. Alles andere ist Hoffnung oder Erinnerung. (Einstein sagte: »Ich denke nie an die Zukunft, sie kommt früh genug.«)

Sie können viel Befriedigung daraus ziehen, die Verbesserungen in Ihrem Leben zu betrachten. Dabei haben Sie allen anderen Sternzeichen etwas voraus: Sie sind in großem Maße bereit, Verantwortung zu übernehmen. Sie tun gerne Ihre Pflicht.

Ist Ihnen schon einmal aufgefallen, dass zu verantwortungsvollem Handeln immer auch Zuneigung gehört? Die Ergebnisse Ihrer Arbeit und die betreffenden Menschen *bedeuten* Ihnen etwas. Das gilt natürlich auch umgekehrt; Verantwortungslosigkeit ist auch Abneigung.

Halten Sie sich selbst Ihr starkes Verantwortungsgefühl und die damit verbundene Zuneigung zugute.

Wenn Sie das tun, wird Ihr Selbstrespekt wachsen, das Bewusstsein für Ihr Verantwortungsgefühl wird zunehmen, und infolgedessen werden Sie ein selbstbewussterer und aufmerksamerer Mensch.

*»Verstecke deine Talente nicht. Du hast sie bekommen, um
sie zu nutzen. Was nützt eine Sonnenuhr im Schatten?«*

BENJAMIN FRANKLIN
Amerikanischer Verleger, Erfinder, Staatsmann und
einer der Gründerväter der Vereinigten Staaten
(17. Januar 1706 – 17. April 1790)

Steinbock
Ihr 40-Jahre-Horoskop

1985 – 2025

Warum wir in die Vergangenheit gehen

Ich möchte, dass Sie den Voraussagen vertrauen, und es gibt nur einen Weg, dies zu erreichen. Um mir glauben zu können, müssen Sie zunächst überprüfen, was ich behaupte. Deshalb beginne ich mit kurzen Rückblicken in die letzten fünfundzwanzig Jahre. Wenn Sie sich darin wiedererkennen, werden Sie auch meinen Aussagen über die kommenden fünfzehn Jahre Glauben schenken können. Schließlich geht es um eine einzige ununterbrochene Reihe von Ereignissen – Ihr Leben.

Die Aussagen über die Vergangenheit gelten im Allgemeinen erst ab dem Zeitpunkt, an dem Sie zu Hause ausgezogen sind oder Ihr Leben »selbst in die Hand genommen« und Ihre eigenen Entscheidungen getroffen haben. Denn in der Zeit davor wurden wichtige Ereignisse in Ihrem Leben noch von anderen bestimmt, vermutlich Ihren Eltern.

⚬ 1985 – 1990 ⚬

Diejenigen von Ihnen, die alt genug dafür sind, werden sich erinnern, dass es in den frühen Achtzigern wirklich gut für sie lief. Um 1985 konnten Sie mehr Geld ausgeben. Aus verschiedenen Gründen (je nach Ihrem individuellen Lebenslauf) traten Sie dann in ein Zeitfenster ein, das bis zum Ende der Achtzigerjahre reichte, in dem Sie sich von vielem trennen mussten. Beziehungen endeten, viele von Ihnen zogen um oder wechselten den Arbeitsplatz, einige verloren einen geliebten Menschen.

Das Jahr 1987 war eine Gelegenheit, sich zu Hause zu sammeln und das Familienleben zu genießen. In den Jahren 1987/88 erlebten Sie wahrscheinlich sogar Familienzuwachs in Form von Geburt, Adoption oder Heirat. Jetzt war auch eine sehr gute Zeit für Immobiliengeschäfte und Grunderwerb.

Bis 1989 hatten sich dann viele von Ihnen beruflich und gesundheitlich verbessert. Für einige, besonders die zu Anfang des Sternzeichens Geborenen, kann diese berufliche Verbesserung der Beginn eines ganz neuen Zyklus gewesen sein. Eins ist jedenfalls sicher: 1990 fing für alle Steinböcke ein neuer dreißigjähriger Zyklus an, in dem Sie sich in der Welt komplett neu definierten. Ächz!

Als Sie in diese völlig neue Richtung aufbrachen (so neu, dass viele von Ihnen sogar ihre Alltagsgarderobe änderten), gab es immerhin einen Lichtblick, und zwar ein Hoch im Bereich Beziehungen und Partnerschaften im Jahr 1990! Dieses Jahr war besonders gut geeignet, neue Partnerschaften einzugehen. Auch Ihr Verhältnis zur Öffentlichkeit verbesserte sich damals, obwohl Sie sich vielleicht unsicher fühlten, weil Sie sich auf unbekanntem Terrain bewegten. Hey – manchmal muss man einfach so tun, als könnte man es, bis man es kann.

1991–1996

Jetzt kam eine seltsame Kombination von Einflüssen zusammen. Gerade als Ihr Einkommen zurückging oder Sie sich fragten, womit Sie Ihren Lebensunterhalt verdienen sollten, und womöglich sogar Ihre grundlegenden Werte infrage stellten, etwa 1991, strömten Ihnen Geschenke, Bargeld, Spenden, Zuwendungen, Erbschaften, Steuerrückerstattungen, Stipendien, Kredite, Hypotheken oder praktische und finanzielle Hilfe durch andere Menschen zu. Das nennt man Timing! Als Sie sie am dringendsten brauchten, erhielten Sie Zugang zu den Ressourcen anderer Menschen.

Zweifellos deshalb eröffneten sich Ihnen 1992 so viele wunderbare Möglichkeiten, und deshalb konnten auch viele von Ihnen ihre Ausbildung fortsetzen, noch einmal zur Schule gehen oder eine notwendige Weiterbildung absolvieren. Dies war auch eine ausgezeichnete Zeit, um sich im Verlagswesen, den Medien, der Medizin und der Rechtspflege umzusehen.

Im Jahr 1993 sah dann alles gut für Sie aus! Damals zog der Glück bringende Jupiter ganz oben durch Ihr Horoskop. Er brachte Ihnen alle möglichen guten Gelegenheiten und half Ihrer Reputation auf die Sprünge. In diesem Jahr konnten Sie wirklich glänzen! Viele von Ihnen wurden befördert oder erhielten öffentliche Anerkennung. Sie genossen verstärkten Respekt in Ihrer Umgebung, Ihr Name strahlte hell!

Vielleicht war es dieser Erfolg, der erneut einen Wohnungs- und Arbeitsplatzwechsel bewirkte, der kurz darauf folgte. Schließlich, nach einer Zeit der Unsicherheit und des Wandels, entschlossen Sie sich um 1996, Ihre häusliche Basis abzusichern. Sie wollten ein bisschen Stabilität.

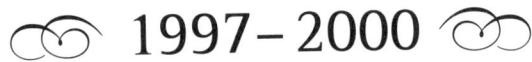 1997–2000

Damals waren Sie entschlossen, sich mit Ihrem Zuhause einen sicheren Ankerplatz in der Welt zu schaffen. Sie kauften entweder ein Haus, renovierten oder bauten um. Da war es gut, dass Ihr Einkommen 1997 vermutlich stieg. (Auf jeden Fall haben Sie damals mehr ausgegeben.)

Tatsächlich waren Sie damals insgesamt sehr positiv gestimmt, trotz der häuslichen Verantwortung. Dies führte zu einem viel glücklicheren Jahr 1999 im Bereich Privatleben und Familie. Um diese Zeit herum haben viele von Ihnen ihre Familie durch Geburt, Heirat oder Adoption erweitert. Zu Hause genossen Sie ein wunderbares Familienleben, hatten gerne Gäste und erfreuten sich an Familientreffen.

Etwa 1999 ging es in Ihrem Privatleben und zu Hause aufwärts. Jetzt war auch eine geeignete Zeit für Immobiliengeschäfte. Vielleicht haben Sie Ihr Haus aus- oder umgebaut, zumindest kamen Sie sich materiell reicher vor. Dieses Gefühl gestiegenen Reichtums und vermehrten Optimismus führte wahrscheinlich zu einer wunderbaren Urlaubsreise um die Jahrtausendwende. Sie wollten es richtig krachen lassen!

Jetzt war eine günstige Zeit für Familienzuwachs und Kinder, genauso wie für Sport, Kunst und alles Kreative.

Die Jahrtausendwende brachte Ihnen auch Glück im Bereich Romantik und Liebe. Alle drehten sich nach Ihnen um!

Obwohl Ihr Privatleben also ganz gut aussah, fragten Sie sich doch, was Sie mit dem Rest Ihres Lebens anfangen sollten. Sie spürten ein Bedürfnis nach Erfüllung oder wollten endlich Ergebnisse Ihrer Bemühungen sehen.

⌘ 2001–2005 ⌘

Jetzt fingen Sie an, wirklich hart zu arbeiten! Sie glauben an das Sprichwort »Ohne Fleiß kein Preis«, und damit haben Sie recht. Gerade, als Sie sich so richtig ins Zeug legten, bekamen Sie die Gelegenheit, sich beruflich zu verbessern – entweder bekamen Sie einen besseren Arbeitsplatz oder bessere Arbeitsbedingungen. Das war eine große Hilfe!

Bald folgten die Belohnungen, denn in den nächsten Jahren kamen Ihnen positive Entwicklungen in den Bereichen Partnerschaft und enge Freundschaften sowie die finanziellen Ressourcen anderer Menschen zugute. Einige von Ihnen erhielten Erbschaften, Steuerrückerstattungen oder Leihgaben. Was auch immer passierte, das Universum passte auf Sie auf.

Beziehungen und Partnerschaften gerieten damals allerdings in Probleme. Gefährdete Beziehungen endeten, alle anderen machten große Veränderungen durch. (Sie wissen schon, was gemeint ist.)

Im Jahr 2004 ergaben sich Gelegenheiten für Reisen und für viele von Ihnen auch zur Weiterbildung. Einige von Ihnen gingen ins Verlagswesen, in die Medien, die Medizin oder die Rechtspflege. Sie fühlten sich jedenfalls deutlich stärker, das steht fest.

Um 2005 durchlebten Sie eine sehr glückliche Zeit. Sie konnten Ihre persönliche Kraft steigern, oder vielleicht verstärkte sich Ihr Charisma. Es geschah etwas, das Sie in den Augen anderer Menschen viel besser dastehen ließ.

Das war auch gut so, denn jetzt stand eine Zeit bevor, in der Ihnen die Unterstützung anderer Menschen entzogen wurde. (Huch!)

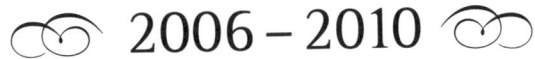

2006 – 2010

Nehmen wir uns einen Moment Zeit, um über einen großen Wandel zu sprechen, der jetzt nahte. Es geht um den mächtigen Pluto. Eigentlich ist er ja sehr klein, aber sein Einfluss ist riesengroß.

In diesem Zeitraum kam Pluto zum ersten Mal in Ihrem Leben in Ihr Sternzeichen. Genauer gesagt war es das erste Mal überhaupt für alle lebenden Menschen! Das letzte Mal stand Pluto nämlich von 1763 bis 1778 im Steinbock.

Im November 2008, über zweihundert Jahre später, kehrte Pluto in den Steinbock zurück und wird noch bis 2024 dortbleiben. Ihre Frage lautet jetzt natürlich: *Was bedeutet das für mich?*

Zuerst einmal heißt es, dass Sie einen Pluto-Transit durchmachen werden, das ist etwas völlig Unbekanntes für Sie, denn kein heute lebender Mensch hat den Pluto jemals im Steinbock erlebt. Pluto steht für eine brutale Erneuerung! Er repräsentiert das Niederreißen des Alten, damit Neues und Besseres aufgebaut werden kann. Weil Pluto den Müll und alles Abzustoßende und nicht länger Notwendige beherrscht, wird er Sie dazu bringen, sich von allem zu trennen, was *in Ihrem Leben* nicht länger gebraucht wird.

Zwischen 2009 und 2024 – je nachdem, wann Sie im Steinbock geboren wurden – werden Sie daher eine Phase erleben, in der Sie Schränke, Spinde, Abstellkammern, Keller und Garagen ausmisten und alles aussortieren, was Sie nicht mehr brauchen. Sie werden Sachen verschenken, wegwerfen, verkaufen, was auch immer. Das ist der einfache Teil.

Einige von Ihnen werden einen dramatischeren Wandel erleben, weil sie Arbeitsplätze, Wohnungen oder sogar ihr Heimatland aufgeben, um weiterzukommen. Jetzt am Alten festzuhalten, ist nichts als Zeitverschwendung.

Im persönlichen Bereich werden einige von Ihnen Beziehungen und Freundschaften aufgeben, die nichts mehr bedeuten.

Im persönlichsten Bereich werden Sie sich von Vorurteilen, Ideen, falschen Vorstellungen und Annahmen trennen, die nicht mehr angemessen sind, weil Sie Ihnen nichts mehr bringen. Zwischen 2009 und 2011 wird es vermutlich allen Steinböcken so gehen; diejenigen, deren Geburtstag im Dezember liegt, werden diesen Einfluss am stärksten spüren.

Immerhin eine gute Nachricht ist der Eintritt des finanziellen Glücksbringers Jupiter in Ihr Sternzeichen im Januar 2008, der Ihnen ausgezeichnete Gelegenheiten für Reisen sowie im Verlagswesen, den Medien, der Medizin und dem Rechtswesen bescherte. Er zog positive Einflüsse auf Sie, denn *das war Ihr Jahr!*

Diejenigen von Ihnen, die diese Gelegenheiten nutzten, steigerten 2009 vermutlich ihr Einkommen und ihre Kaufkraft. Jetzt spürten Sie, dass Sie zu einem lohnenden Ziel unterwegs waren. Endlich! Sie hatten ja schon seit 1994 darauf hingearbeitet.

2011–2013

In den Voraussagen für die kommenden vierzehn Jahre werde ich jeweils angeben, welche Steinbockgeborenen aufgrund ihres Geburtsdatums im jeweiligen Zeitraum besonders empfänglich für den Einfluss des Plutos sind. Zwischen 2011 und 2013 sind das diejenigen, die in den ersten drei Januartagen geboren wurden; ihnen stehen große Veränderungen bevor.

Wenn Sie es mit Pluto zu tun haben, müssen Sie bei allen Veränderungen in Ihrem Leben – ob beim Abstoßen des Alten und Irrelevanten oder beim Aufbauen des Neuen – immer auch *das Wohl Ihrer Mitmenschen im Blick haben.* Wenn Ihnen das gelingt, werden Sie beträchtlichen und lang anhaltenden Nutzen aus diesen Veränderungen ziehen; alle Verbesserungen, die nur Ihnen selbst gelten, werden kürzer anhalten und Ihnen weniger bringen.

Jedenfalls ist 2010/11 ein guter Zeitraum für Immobiliengeschäfte, die Erweiterung Ihres Zuhauses oder größere Anschaffungen für die Einrichtung. Auch das Familienleben wird sich wunderbar entwickeln! Vielleicht erweitert sich Ihre Familie sogar (2011 oder 2012) durch die Geburt von Babys, durch Heirat, Adoption oder was auch immer.

Trotz allem ist dies eine Zeit, in der Sie große Erfolge erringen, und zwar wirklich große! Die Art von Leistung, die Sie stolz macht.

Es kann sich dabei um einen Schulabschluss, eine Beförderung, Heirat, Geburt eines Kindes oder den Sprung in die berufliche Selbstständigkeit handeln – was auch immer es ist, Ihr Traum wird wahr, Ihr Wunsch erfüllt sich. Für einige könnte es ein großer Erfolg werden!

Deshalb stehen dann vielleicht 2012 Ferienreisen, Partys, Romantik, Liebe, Sport und alles, was Spaß macht, auf dem Plan. Hurra! Zeit zum Feiern! Schließlich haben Sie es sich verdient. Wenn Sie dann Ihren Spaß gehabt haben, kommen 2013 tolle Gelegenheiten für berufliche und gesundheitliche Verbesserungen. Viel besser kann es nicht werden.

Es wird Zeit, Ihre Glücksmomente alphabetisch zu ordnen.

∽ 2014 – 2015 ∾

Im Jahr 2014 erleben Sie eine dramatische Verbesserung im Bereich enge Freundschaften und Partnerschaften (sowohl geschäftlich wie privat). Aus losen Beziehungen werden vielleicht feste. Jetzt ist eine geeignete Zeit, um eine neue Partnerschaft zu beginnen oder zu heiraten.

Einige von Ihnen werden jetzt einen dramatischen Partnerwechsel erleben, weil Pluto alle diejenigen besonders stark beeinflusst, die in den ersten sechs Januartagen Geburtstag haben. Man muss allerdings immer im Auge behalten, dass sein Einfluss alle Steinböcke treffen kann.

Viele von Ihnen verändern jetzt zum Beispiel ihre tägliche Kleidung. Vielleicht tragen Sie ab jetzt Freizeitkleidung statt Maßanfertigungen – oder umgekehrt. Der Grund ist möglicherweise ein Arbeitsplatzwechsel oder ein Umzug in eine andere Klimazone. Hey – das klingt doch aufregend!

Viele von Ihnen spüren ein starkes Machtstreben. Passen Sie aber auf, dass Sie nicht skrupellos handeln. Das wird Ihnen später leidtun.

»Ein liebender Mensch lebt in einer liebenden Welt. Ein feindseliger Mensch lebt in einer feindseligen Welt. Jeder Mensch, der dir begegnet, ist dein Spiegel.«

KEN KEYES JR.
Amerikanischer Autor und Lebenshilfelehrer
Anleitung zum Glücklichsein
(19. Januar 1921 – 20. Dezember 1995)

Gleichzeitig haben Sie noch ein anderes Problem: Weil Sie so erfolgreich sind, wird Ihre Zeit jetzt von vielen anderen Menschen beansprucht. Wie können Sie alle diese Ansprüche befriedigen und gleichzeitig Ihre eigene Integrität und Unabhängigkeit wahren? Schließlich sind Sie kein Fußabtreter. Sie haben ein Privatleben, das respektiert und beschützt werden muss. Das ist ein kniffliger Balanceakt!

2016 – 2017

Pluto beeinflusst jetzt die zwischen dem 4. und 9. Januar Geborenen am stärksten.

Noch einmal: Sein Einfluss kann trotzdem jeden Steinbock treffen.

Tatsächlich stehen in diesem Zweijahreszeitraum allen Steinböcken Entscheidungen bevor, die zur Trennung von Menschen, Orten und Besitztümern führen. Jetzt beginnt eine Lebensphase, in der Sie sich von vielem verabschieden, was Sie seit 2003 aufgebaut haben. Sie müssen eine Auswahl treffen, auch unter Ihrem materiellen Besitz.

Am besten ist es, das zu akzeptieren und sich darauf vorzubereiten, denn es kommt unvermeidlich. Wenn Sie sich diesem Prozess widersetzen, gerät er womöglich außer Kontrolle und wird nur umso schwieriger zu handhaben.

Wenn daher die Zeit kommt weiterzuziehen – und das ist in einigen Bereichen der Fall –, dann akzeptieren Sie es, und vollziehen Sie den Wandel zu Ihren eigenen Bedingungen.

Im Jahr 2016 ergeben sich wunderbare Reisemöglichkeiten! Außerdem sieht es in den Bereichen höhere Bildung, Verlagswesen, Medien, Medizin und Rechtspflege sehr gut aus. Es ist durchaus möglich, dass diese Gelegenheiten oder das, was Sie auf Ihren Reisen dazulernen, bei Ihnen einen Umzug, einen Arbeitsplatzwechsel oder das Beenden einer Beziehung auslösen. (Das alles hängt irgendwie zusammen.)

Im Jahr 2017 bekommen Sie einen wunderbaren Bonus! Gerade jetzt, wo Sie sich von so vielem trennen müssen, ergeben sich fabelhafte berufliche Möglichkeiten. Das letzte Mal waren die Chancen dafür 2004/05 so gut und davor 1992/93.

Da steht Ihnen viel Gutes bevor! Einige von Ihnen wechseln vielleicht den Beruf in Richtung Rechtspflege, Heilkunde, fremde Länder oder Verlagswesen, Medien und höhere Bildung.

Sieht klasse für Sie aus!

>>*Du musst leidenschaftlich sein, du musst dich einer Sache verschreiben, du musst unerbittlich deine Ziele verfolgen. Nur dann wirst du Erfolg haben.*<<

STEVE GARVEY
Amerikanischer Geschäftsmann, Motivationstrainer und
ehemaliger Baseballspieler
(22. Dezember 1948)

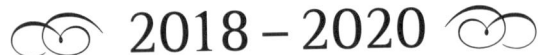

2018 – 2020

In diesem Zeitraum stehen den zwischen dem 7. und 16. Januar Geborenen die dramatischsten Veränderungen bevor.

Auf jeden Fall beginnt jetzt aber ein neuer dreißigjähriger Zyklus für alle Steinböcke. Die vergangenen Jahre, in denen Sie vieles aufgeben und verlassen, sich von Menschen verabschieden und Ihren Besitz gesundschrumpfen mussten, haben Sie auf diese aufregende neue Entwicklung vorbereitet!

Warum ist das aufregend? Weil Sie sich selbst zwischen 2018 und 2026 ganz neu erfinden werden!

Der Prozess beginnt 2018. In diesem Jahr sind Sie ungewöhnlich beliebt. Viele von Ihnen werden Vereinen, Gruppen und Organisationen beitreten. Andere werden Kurse belegen und dort neue Bekanntschaften schließen. Auf jeden Fall werden Sie mehr Kontakte zu anderen Menschen pflegen. Jetzt ist eine gute Zeit für neue Partnerschaften und Freundschaften. Ihre Mitmenschen stehen Ihnen mit Ratschlägen zur Seite. Sprechen Sie daher über Ihre Zukunftsträume. Schließlich beginnen Sie etwas völlig Neues, Unbekanntes und daher Beunruhigendes. Lassen Sie sich von anderen Menschen ruhig helfen, holen Sie sich ihre Unterstützung!

Im Dezember 2019 tritt der Geld bringende Jupiter zum ersten Mal seit zwölf Jahren in den Steinbock und bringt Ihnen wunderbare Gelegenheiten, dazu Glück und Freude. *Jupiter bleibt ein Jahr in Ihrem Sternzeichen.* Wann immer er dort ist, steigt Ihr Glücksquotient, gute Gelegenheiten und wichtige Menschen werden zu Ihnen hingezogen, Reisen ergeben sich, und alles geht irgendwie einfacher! Das letzte Mal erlebten Sie diesen Anschub 2008. Es ist ein Erlebnis, das Wohlbefinden und Selbstvertrauen stärkt.

Den Jupiter sieht jeder gerne in seinem Sternzeichen!

2021–2023

In diesen drei Jahren trifft der Einfluss des Plutos die Steinböcke mit Geburtstagen ab dem 14. Januar am stärksten. Pluto arbeitet auf eine umwälzende Veränderung zum Besseren hin, normalerweise durch die Entfernung von etwas, mit dem Sie »fertig« sind. Das könnte bedeuten, dass Sie eine Partnerschaft beenden oder sich von einem anderen Aspekt Ihres Lebens trennen, der Ihnen nicht mehr nützlich ist. Dazu gehört übrigens auch Gewichtsverlust. In den letzten Jahren haben viele Steinböcke plötzlich überschüssige Pfunde verloren, ohne sich groß anstrengen zu müssen.

Oh, wie der Rubel jetzt rollt! Im Jahr 2021 fühlen Sie sich besonders stark, weil das ganze vergangene Jahr Jupiter in Ihrem Sternzeichen stand. Das heißt, dass Sie jetzt mehr Selbstbewusstsein als in den letzten Jahren haben! *Sie haben die Dinge im Griff und wissen, was Sie tun müssen!*

In diesem Jahr ist der Bereich Beruf sehr wichtig. Und zu Ihrem Glück trifft der Geld bringende Jupiter jetzt eines Ihrer Geldhäuser, nämlich das Haus der Einkünfte, gerade wo Sie sich ernstlich nach neuer Arbeit umsehen. Ta-dah!

Das zieht definitiv gut bezahlte Arbeitsstellen oder eine Lohnerhöhung an und ist auch ein Zeichen, dass Sie möglicherweise dieses Jahr viel Geld ausgeben. Sie kaufen sich oder Ihren Lieben schöne Dinge. (Wenn Sie viel Geld ausgeben, müssen Sie es ja vorher verdient haben. Sieht also nicht schlecht aus.)

Der Zeitraum 2022/23 ist günstig für den Erwerb von Immobilien und den Ausbau Ihres Heims. Aus irgendeinem Grund kommen Sie sich reicher vor, was Ihr Privatleben angeht. Sie ziehen in ein größeres Haus, kaufen sich eine größere Wohnung oder bauen Ihr Haus um, sodass es Ihnen schöner und größer vorkommt.

Andere Ereignisse sorgen vielleicht für Veranstaltungen und Versammlungen in Ihrem Haus. (Gruppentreffen bei Ihnen zu Hause könnten ein guter Grund dafür sein, dass Sie Neuanschaffungen machen. Man muss ja den Schein wahren!) In den Jahren 2022/23 werden viele von Ihnen nicht nur ihr Heim vergrößern, sondern auch ihre Familie, und zwar durch Heirat, Geburt, Adoption oder etwas Ähnliches. Es scheint jedenfalls, dass Ihre Familie durch ein freudiges Ereignis wächst. (Das schließt die Möglichkeit aus, dass Ihr nervtötender Bruder sich auf Ihrem Sofa einnistet.)

Im Jahr 2023 sieht es im Bereich Romantik ausgezeichnet aus! Neue Liebesaffären können beginnen und bereits bestehende werden (wieder) heißer! Auch für den Sport ist dieses Jahr sehr gut geeignet, ob Sie nun aktiv werden oder nur zuschauen. *Und planen Sie für dieses Jahr auf jeden Fall einen Urlaub.* Auch im Bereich Kunst steht es günstig, denn Sie sind wirklich von der Muse geküsst! Das Gleiche gilt für Spiel mit Kindern und die Erweiterung Ihrer Familie durch Heirat oder Geburt. Insgesamt ist 2023 das richtige Jahr für Vergnügen, Spaß und Freude!

Mögen die Festlichkeiten beginnen!

2024 – 2025

Die richtig gute Nachricht ist, dass Pluto im Februar 2024 endlich Ihr Sternzeichen verlässt. Sie müssen sich nie wieder um ihn kümmern, denn er wird erst in zweihundertfünfzig Jahren wiederkommen. Wenn Sie jetzt auf Ihr Leben ab 2009 zurückschauen, werden Sie erkennen, welche dramatischen Veränderungen seitdem stattgefunden haben. Ein Pluto-Transit ist gnadenlos, jetzt aber ist er überstanden.

In vielerlei Hinsicht ist auch 2024 ein Jahr für Spaß, Freude und Vergnügen, Romantik und aufregende Ausflüge im Zusammenhang mit Sport, Theater und Kunst.

Andere Einflüsse machen allerdings einen Wohnungs- oder Arbeitsplatzwechsel zwischen 2024 und 2026 wahrscheinlich – entweder eines von beiden oder beides zusammen. Zum Glück verbessern sich Ihre Berufsaussichten im Laufe des Jahres 2024 dramatisch, und das könnte mit einem Arbeitsplatzwechsel zusammenhängen oder auch der Grund für Ihren Umzug sein. Jedenfalls sieht es im Bereich Arbeit richtig gut für Sie aus.

>*Ich habe mir das Versprechen gegeben, mich vom Trinken und allem fernzuhalten, was die Funktionsfähigkeit meines Kopfes und Körpers beeinträchtigen könnte. Und die Schleusen öffneten sich für mich – sowohl spirituell wie auch finanziell.*«

DENZEL WASHINGTON
Amerikanischer Schauspieler, Filmregisseur und Produzent
Glory, Malcolm X, Philadelphia, Hurricane
(28. Dezember 1954)

Ebenfalls ausgezeichnet steht es im Bereich Gesundheit. Im Zeitfenster von 2024/25 profitieren Sie gesundheitlich enorm; der
einzige mögliche Nachteil ist eine Gewichtszunahme. Die wäre
aber hauptsächlich auf zu viele Süßigkeiten und Nachtisch-
portionen zurückzuführen. Viele Steinböcke sind süchtig nach
Süßigkeiten,[8] was ein bisschen seltsam ist, denn Ihr Herrscher
Saturn regiert auch die Zähne.

Machen Sie aus der beruflichen Gelegenheit im Jahr 2024/25
das Beste, *denn Sie können es!* Sie bekommen entweder einen
besseren Job, bessere Aufgaben an Ihrem gegenwärtigen Arbeitsplatz oder auch eine Beförderung. Etwas läuft auf jeden Fall zu
Ihren Gunsten – eine tolle Sache! Holen Sie das meiste heraus!

---

[8] Meine Mutter (Aszendent Steinbock) liebt Süßigkeiten. Ich bin in einer Kleinstadt
aufgewachsen, und wir aßen noch dreimal täglich gemeinsam am Küchentisch. (Zur
Abendbrotzeit waren die Straßen wie leer gefegt.) Und, ja, wir hatten täglich zweimal
Nachtisch, einen zum Mittagessen und einen abends. Ich dachte immer, das wäre bei
allen Leuten so. Es standen auch immer Dosen mit selbst gebackenen Plätzchen und
meistens auch ein Kuchen zu Hause herum! Die Kuchen meiner Mutter liebte ich
ganz besonders. Es war einfach toll, wenn nach der Schule ein Stück frischer Bana-
nenkuchen mit Zuckerguss und ein Glas Milch auf mich warteten. Außerdem hatte
meine Mutter noch ein Süßigkeitenversteck in der Schublade mit den Geschirrtüchern.
Sie dachte, wir wüssten nichts davon. Trotzdem lagen dort vorsichtshalber nur große
weiße Pfefferminzdrops oder braun gestreifte Karamellstücke, die wir nicht mochten.
(Womöglich war das Absicht.)

Berühmte Steinböcke

22. Dezember 1858	Giacomo Puccini
22. Dezember 1948	Steve Garvey
22. Dezember 1949	Robin und Maurice Gibb
23. Dezember 1918	Helmut Schmidt
23. Dezember 1929	Chet Baker
23. Dezember 1933	Kaiser Akihito
23. Dezember 1967	Carla Bruni-Sarkozy
24. Dezember 1881	Juan Ramón Jiménez
24. Dezember 1905	Howard Hughes
24. Dezember 1922	Ava Gardner
24. Dezember 1927	Mary Higgins Clark
25. Dezember 1870	Helena Rubenstein
25. Dezember 1899	Humphrey Bogart
25. Dezember 1913	Henri Nannen
25. Dezember 1925	Carlos Castaneda
25. Dezember 1936	Ismail Merchant
25. Dezember 1943	Hanna Schygulla
25. Dezember 1954	Annie Lennox
25. Dezember 1961	Íngrid Betancourt
26. Dezember 1791	Charles Babbage
26. Dezember 1891	Henry Miller
26. Dezember 1893	Mao Zedong
26. Dezember 1964	Elizabeth Kostova
26. Dezember 1971	Jared Leto
27. Dezember 1571	Johannes Kepler
27. Dezember 1822	Louis Pasteur
27. Dezember 1901	Marlene Dietrich
27. Dezember 1948	Gérard Depardieu
27. Dezember 1978	Antje Buschschulte

28. Dezember 1925	Hildegard Knef
28. Dezember 1934	Maggie Smith
28. Dezember 1954	Denzel Washington
29. Dezember 1936	Mary Tyler Moore
29. Dezember 1937	Dieter-Thomas Heck
29. Dezember 1946	Marianne Faithfull
29. Dezember 1972	Jude Law
30. Dezember 1865	Rudyard Kipling
30. Dezember 1928	Bo Diddley
30. Dezember 1946	Berti Vogts
30. Dezember 1961	Douglas Coupland
30. Dezember 1965	Dieter Wendel
31. Dezember 1869	Henri Matisse
31. Dezember 1937	Anthony Hopkins
31. Dezember 1943	John Denver
31. Dezember 1943	Ben Kingsley
31. Dezember 1946	Diane von Fürstenberg
31. Dezember 1948	Donna Summer
1. Januar 1895	J. Edgar Hoover
1. Januar 1901	Willibald Pschyrembel
1. Januar 1919	J. D. Salinger
1. Januar 1981	Mladen Petri
2. Januar 1920	Isaac Asimov
2. Januar 1967	Tia Carrere
2. Januar 1968	Cuba Gooding, Jr.
2. Januar 1983	Kate Bosworth
3. Januar 1892	J. R. R. Tolkien
3. Januar 1950	Victoria Principal
3. Januar 1956	Mel Gibson
3. Januar 1960	Michael Schumacher
4. Januar 1643	Isaac Newton
4. Januar 1809	Louis Braille
4. Januar 1934	Hellmuth Karasek
4. Januar 1965	Julia Ormond

4. Januar 1974	Armin Zöggeler
5. Januar 1876	Konrad Adenauer
5. Januar 1938	Juan Carlos I.
5. Januar 1946	Diane Keaton
5. Januar 1982	Janica Kostelic
6. Januar 1412	Jeanne d'Arc
6. Januar 1883	Khalil Gibran
6. Januar 1931	E. L. Doctorow
6. Januar 1938	Adriano Celentano
7. Januar 1948	Kenny Loggins
7. Januar 1956	Uwe Ochsenknecht
7. Januar 1964	Nicolas Cage
7. Januar 1964	Christian Louboutin
8. Januar 1909	Willy Millowitsch
8. Januar 1935	Elvis Presley
8. Januar 1947	David Bowie
8. Januar 1986	David Silva
9. Januar 1913	Richard Nixon
9. Januar 1933	Wilbur Smith
9. Januar 1941	Joan Baez
9. Januar 1982	Catherine Mountbatten-Windsor, Duchess of Cambridge
10. Januar 1815	John A. Macdonald
10. Januar 1936	Robert Woodrow Wilson
10. Januar 1949	Linda Lovelace
10. Januar 1953	Guido Kratschmer
11. Januar 1945	Christine Kaufmann
11. Januar 1952	Diana Gabaldon
11. Januar 1971	Mary J. Blige
11. Januar 1977	Anni Friesinger-Postma
12. Januar 1876	Jack London
12. Januar 1893	Hermann Göring
12. Januar 1927	Ignatz Bubis
12. Januar 1951	Kirstie Alley

13. Januar 1334	Heinrich II.
13. Januar 1899	Karl Friedrich Bonhoeffer
13. Januar 1956	Inga Humpe
13. Januar 1977	Orlando Bloom
14. ? 83 v. Chr.	Marcus Antonius
14. Januar 1875	Albert Schweitzer
14. Januar 1931	Caterina Valente
14. Januar 1941	Faye Dunaway
14. Januar 1965	Désirée Nosbusch
14. Januar 1973	Giancarlo Fisichella
15. Januar 1906	Aristoteles Onassis
15. Januar 1926	Maria Schell
15. Januar 1929	Martin Luther King
15. Januar 1969	Meret Becker
16. Januar 1908	Ethel Merman
16. Januar 1931	Johannes Rau
16. Januar 1932	Dian Fossey
16. Januar 1948	Gregor Gysi
16. Januar 1974	Kate Moss
16. Januar 1976	Eva Habermann
17. Januar 1706	Benjamin Franklin
17. Januar 1899	Al Capone
17. Januar 1931	James Earl Jones
17. Januar 1962	Jim Carrey
17. Januar 1964	Michelle Obama
17. Januar 1971	Kid Rock
18. Januar 1882	A. A. Milne
18. Januar 1892	Oliver Hardy
18. Januar 1904	Cary Grant
18. Januar 1955	Kevin Costner
19. Januar 1809	Edgar Allen Poe
19. Januar 1887	Alexander Woollcott
19. Januar 1921	Ken Keyes jr.
19. Januar 1943	Janis Joplin

19. Januar 1946	Dolly Parton
20. Januar 1896	George Burns
20. Januar 1920	Federico Fellini
20. Januar 1930	Edwin »Buzz« Aldrin
20. Januar 1946	David Lynch

Wassermann

21. Januar – 19. Februar

Wassermann

(21. Januar – 19. Februar)

»ICH WEISS.«

»Mein Land ist die Welt, und meine Religion ist, Gutes zu tun.«

THOMAS PAINE
Britischer Publizist, radikaler Demokrat und
einer der Gründerväter der Vereinigten Staaten
Die Rechte des Menschen
(29. Januar 1736 – 8. Juni 1809)

»Wenn du dich bei einem Pokerspiel umschaust und nicht weißt, wer am Tisch der Trottel ist, dann bist du es.«

PAUL NEWMAN
Amerikanischer Schauspieler, Filmregisseur,
Rennfahrer und Unternehmer
Die Farbe des Geldes, Haie der Großstadt, Zwei Banditen
(26. Januar 1925 – 26. September 2008)

Element	Luft
Herrscherplanet	Uranus
Qualität	Fix
Gegenzeichen	Löwe
Symbol	Wasserträger, Luft-, Elektrizitäts- oder Schall-wellen
Glückssteine	Amethyst, Türkis und Bergkristall[1]
Blumen	Narzisse und Veilchen
Farben	Neonblau, Leuchtfarben und Schottenkaros
Körperteile	Knöchel

WAS SIE LIEBEN Technisches Spielzeug, Flugzeuge, neue Erfin-dungen, Bücher, Experimente, Reisen, Preise, Gleichberechti-gung, Kooperation in einer Gruppe, Freiheit und Wahrheit. Sie legen Wert auf Ihre Unabhängigkeit. Sie genießen es, exzentrisch aufzutreten. Sie wissen, dass die Menschen Sie mögen und Ihren scharfen Verstand bewundern.

WAS SIE VERABSCHEUEN Korruption, Streit, persönliche Bemer-kungen, Herablassung, Ausbeutung und Ungerechtigkeit. Sie hassen es, gedrängt, herumgeschubst oder in die Ecke getrieben zu werden. Für Dummheit haben Sie kein Verständnis.

WO SIE GLÄNZEN Sie sind fair, klug, wohltätig, erfinderisch, erfrischend, aufmerksam, wahrhaftig, fortschrittlich und freund-lich.

WER IST SCHON VOLLKOMMEN? Sie sind stur, pervers, geistesab-wesend, einsiedlerisch, überempfindlich, misstrauisch, umständ-lich und rebellisch.

---

[1] Verschiedene astrologische Quellen nennen andere Steine, Blumen und Farben.

Das Wesen des Wassermanns[2]

Bis zur Unendlichkeit und noch viel weiter![3]

Das Wassermann-Kapitel schreibe ich besonders gerne, denn der Wassermann beherrscht die Astrologie. Genauer gesagt steht er für alles, was mit dem Himmel zu tun hat – das unendliche Universum, Astronomie, Astrologie, Luftfahrt, Raketentechnologie, Raumfahrt und natürlich *Star Trek*! (»Lebe lang und in Frieden!«)

Aber hey – Sie sind mehr als nur ein Sternzeichen. Dass Sie ein Wassermanngeborener sind, macht nur einen Teil von Ihnen aus (insbesondere Ihre Knöchel). Weil ich aber den Rest Ihres persönlichen Horoskops, der von Ihrem Geburtstag und der genauen Geburtsstunde abhängt, nicht kenne, schauen wir uns erst einmal Ihr Sonnenzeichen an, den Wassermann, das alle zwischen dem 21. Januar und 19. Februar Geborenen haben.[4]

Am schnellsten verschaffen Sie sich einen Überblick über den Wassermann, wenn Sie sich seinen Herrscherplaneten vornehmen, nämlich den Uranus. Ich betone bei Uranus übrigens die erste Silbe – also Úranus – und nicht die zweiten – Uránus. (Das

---

[2] Niemand kann auf ein einziges Sternzeichen reduziert werden, denn jedes Horoskop enthält mehrere Planeten. Daher beschreibt dieser Abschnitt nur den Archetyp des Wassermanns – die Eigenschaften, die sein Wesen ausmachen. Auch viele, die unter einem anderen Sternzeichen geboren sind, haben Wassermann-Eigenschaften. Die Darstellung eines einzelnen Zeichens ist daher keine exakte Beschreibung einer bestimmten Person, sondern vielmehr die Beschreibung der Eigenschaften des Zeichens.

[3] Das ist das Motto von Captain Buzz Lightyear aus dem Film *Toy Story* (1995). Er ist so was von Wassermann!

[4] Diese Daten sind genau wie die in Zeitungshoroskopen Durchschnittsangaben. Die genauen Daten ändern sich jährlich. Wenn Sie also zu Beginn oder am Ende eines Sternzeichens geboren wurden, müssen Sie in Erfahrung bringen, wann genau in Ihrem Geburtsjahr der Übergang von einem Sternzeichen zum anderen stattfand. Wie macht man das? Konsultieren Sie einen guten Astrologen – wie mich.

würden Sie auch tun, wenn Sie diesen Namen ständig ausspre-
chen müssten.)

Klären wir zunächst ein verbreitetes Missverständnis über den
Wassermann auf – er ist ein Luftzeichen, *kein* Wasserzeichen!
Der Bezug zum Wasser geht auf die alten Babylonier zurück. Sie
wissen schon, das waren Hammurabi und diese Typen. Schlaue
Bande, besonders, was Zahlen anging. (Andererseits hatten sie
damals ja kaum Konkurrenz. Man konnte morgens aufwachen
und ausrufen: »Heureka! Ich habe an die Zahl sieben gedacht!«,
und schon war man berühmt.)

Es stimmt zwar, dass der Wassermann ein uraltes Symbol aus
der Zeit der Babylonier ist, aber sein Ursprung ist umstritten. Ich
halte diese Theorien aber nicht für wichtig. Wichtig ist, dass Sie
Ihre Wasserfixierung aufgeben. Hinfort damit! Ihr Zeichen ist
ein Luftzeichen, und daher gelangen Sie mit rationalen Überlegungen zu Ihren Entscheidungen. Sie sind ein Denker. Wassermanngeborene gehören zu den intelligentesten und brillantesten
Menschen im Tierkreis! Sie sind den anderen so weit voraus,
dass Sie an intellektueller Einsamkeit leiden. (»Seufz. Keiner zum
Reden da. Alle sind so dumm.«)

Der große Zusammenhang

Jahrhundertelang war es akzeptiertes Wissen in der Astrologie
wie in der Astronomie, dass der Saturn der äußerste Planet ist.
Im Jahr 1781 entdeckte dann der britische Astronom William
Herschel einen weiteren Planeten jenseits des Saturns. (Waaas?)
Diese Umwälzung der traditionellen Vorstellungen zerbrach das
starre Schema. (Das tut Uranus stets.)

Es ist seltsam, aber jedes Mal, wenn ein Planet entdeckt wird,
erfährt das, was er beherrscht, einen Aufmerksamkeitsschub auf
der Erde. In der Astrologie steht Uranus für Revolution, Rebellion gegen Autoritäten und den Status quo sowie den Einsatz für
Veränderungen zum Besseren.

Und richtig fielen zum Zeitpunkt der Entdeckung des Uranus die gekrönten Häupter Europas! Seine Auffindung fiel mit dem Amerikanischen Unabhängigkeitskrieg, der Französischen Revolution und der Industriellen Revolution zusammen. Nichts könnte passender sein.

Wassermänner sind Humanisten und Sozialreformer! Wenn es darum geht, Gleichgesinnte für eine Sache zu einen, um die Welt zu verbessern, sind sie in ihrem Element. Stellen Sie sich die Straßen von Paris 1789 vor – »*Liberté! Égalité! Fraternité!*«

Uranus ist der Antrieb hinter Greenpeace, Amnesty International und allen Gewerkschaften. Samuel Gompers, Gründer einer der ersten amerikanischen Arbeitergewerkschaften, war ein Wassermann.

> *»Zeig mir ein Land, in dem nicht gestreikt wird, und ich werde dir das Land zeigen, in dem es keine Freiheit gibt.«*
>
> SAMUEL GOMPERS
> Amerikanischer Gewerkschaftsführer und
> Gründer der Arbeitergewerkschaft American Federation of Labor
> (27. Januar 1850 – 13. Dezember 1924)

Ein weiterer berühmter Wassermann war US-Präsident Franklin Delano Roosevelt.

> *»Wenn ich in einer Fabrik arbeiten würde, würde ich sofort in eine Gewerkschaft eintreten.«*
>
> FRANKLIN DELANO ROOSEVELT
> Amerikanischer Politiker und
> 32. Präsident der Vereinigten Staaten (1933 bis 1945)
> (30. Januar 1882 – 12. April 1945)

Der amerikanische Gewerkschaftsführer Jimmy Hoffa (14. Februar 1913 – 30. Juli 1975[5]) war Vorsitzender der Teamsters Union. Er war sogar ein doppelter Wassermann, was bedeutet, dass er die Sonne und den Aszendenten gleichzeitig im Wassermann hatte.[6]

Der Planet Uranus beherrscht Erdbeben, Vulkane, Dynamit und alles Unvorhersehbare und Überraschende. Er repräsentiert einen rebellischen Ausbruch auf der Suche nach Freiheit und zur Überwindung von Unterdrückung. (»Vive la révolucion!«)

Wegen seines unberechenbaren, explosiven Wesens beherrscht der Uranus auch Erfindungen. Er ist das »Heureka!«-Prinzip. Denken Sie nur an die berühmte Gleichung $E=mc^2$ aus der Relativitätstheorie. Natürlich hatte Albert Einstein den Merkur (Denken) im Wassermann.

Uranus beherrscht darüber hinaus Elektrizität, Naturwissenschaft, Elektronik und Computer, außerdem Telegrafie, das Telefon, das Radio, Radiowellen generell und natürlich Raum- und Luftfahrt. Ich sehe sein Symbol, die beiden Wellen, eher als Luft- denn als Wasserwellen.

»Wir werden Elektrizität so billig machen, dass nur noch die Reichen Kerzen benutzen werden.«
THOMAS ALVA EDISON
Amerikanischer Unternehmer und Erfinder der Glühbirne
(11. Februar 1847–18. Oktober 1931)

Da Uranus für Ausbrüche aller Art steht, wird er auch zum Planeten der Rebellion gegen die Gesellschaft. Er steht für alles Unkonventionelle und Unorthodoxe und den Aufstand gegen

---

[5] Wann und unter welchen Umständen Hoffa tatsächlich starb, ist nicht bekannt. Er verschwand am 30. Juli 1975 vom Parkplatz eines Restaurants und tauchte nicht wieder auf. Sieben Jahre später wurde er offiziell für tot erklärt.
[6] Anmerkung für die fleißigen Leser, die auch das Kapitel über den Aszendenten gelesen haben.

den Status quo. Außerdem ist er das Symbol für Originalität und Individualismus. (Ihr originellen Typen seid doch alle gleich.)

Deshalb haben Sie so viele kühne, aufregende Eigenschaften!

Der Wassermann ist außerdem das Sternzeichen der Freundschaft und damit auch der gemeinsamen Anliegen. Wassermänner wollen einen ständig Petitionen unterschreiben lassen. Sie sind die besten Networker im Tierkreis![7] Deswegen sehen Sie mehr als die Menschen anderer Sternzeichen den Planeten als globales Dorf.

Uranus in seinem ureigenen Zeichen (1995–2004)

Ihr Herrscherplanet Uranus braucht vierundachtzig Jahre, um alle Sternzeichen zu durchlaufen. Das heißt, dass er etwa einmal pro Jahrhundert im Wassermann steht.

Weil es beim Wassermann um Vernetzung, Elektrizität, Technologie, Computer und Aufdecken von Missständen geht, außerdem um das Zusammentrommeln von Menschen für eine gute Sache, ist es nicht überraschend, was passierte, als er von 1995 bis 2004 zum letzten Mal in seinem Zeichen stand.

Der Planet wurde vernetzt!

Vor 1995 waren E-Mails und das Internet Randphänomene. Vergleichen Sie das mit der Lage im Jahr 2004! Die Entdeckerenergie des Uranus entlud sich in der drahtlosen und elektronischen Technologie und schuf ein Netzwerk zur Information, Bildung und zum Schutz der Menschenrechte. Freiheit! Gleichheit! Brüderlichkeit!

---

[7] Es ist nur typisch, dass der Wassermann Ashton Kutcher (7. Februar 1978) als erster Mensch mehr als eine Million Follower auf Twitter hatte.

Das Haarsträubende

Ihr Sternzeichen hat eine interessante kleine Schwäche. (Eigentlich haben Sie eine Menge interessanter kleiner Schwächen. Wassermänner sind Exzentriker. Sie sind der viereckige Pfahl im runden Loch. Deshalb nenne ich Sie »wild und verrückt«.)

Ihr Herrscherplanet Uranus beherrscht auch die Elektrizität. Jeder, der sich mit Akupunktur, Reiki oder einem ähnlichen Naturheilverfahren befasst, wird mir bestätigen, dass unser Körper ein elektrisches System hat. In gewisser Weise stehen wir alle unter Strom.

Für Wassermänner gilt das ganz besonders! Weil Ihr Zeichen für Elektrizität steht, verkörpern Sie erratische Ausbrüche elektrischer Energie! Deshalb können Sie Straßenlampen verlöschen lassen! (Das ist keineswegs übertrieben.) Bei vielen von Ihnen hält keine Armbanduhr länger als ein Jahr. Ihre Elektrogeräte, zum Beispiel der Föhn, gehen oft innerhalb von sechs Monaten kaputt.

Diese Hinneigung zur Elektrizität macht Sie auch so intuitiv. Es ist, als empfingen Sie Botschaften aus der Luft. Wer weiß, vielleicht tun Sie es ja wirklich. (Haben Sie schon mal mit Ihren Amalgamfüllungen Radio gehört?)

»Was ist die Antwort?« (Schweigen) »In dem Fall: Was ist die Frage?«

GERTRUDE STEIN
Amerikanische Schriftstellerin, Verlegerin und Kunstsammlerin
Autobiographie von Alice B. Toklas
(3. Februar 1874 – 27. Juli 1946)

Der Hang zur Berühmtheit

Sie haben ein merkwürdiges Verhältnis zum Ruhm. Viele Sternzeichen treiben die in ihnen Geborenen zu Ruhm und Prominenz, besonders Löwe und Steinbock. Das Ungewöhnliche am Wassermann ist, dass er tatsächlich das Sternzeichen des Ruhms *ist*. (Ungelogen.[8]) Deshalb werden so viele Wassermänner durch eine Entdeckung, Erfindung oder ein plötzliches Ereignis über Nacht berühmt.

Hier ein paar Fakten, die ich interessant finde:

Der britische Dichter Lord Byron (22. Januar 1788 – 19. April 1824) war ein klassischer Wassermann. Er gilt heute als erster »Star« (so wie unsere heutigen Rockstars). Der Erfolg seiner Dichtung, dazu seine Heldentaten im Ausland und zahlreiche Liebesaffären (mit Männern wie Frauen) hielten die Öffentlichkeit in Atem. (Und wie!) Er soll einmal gesagt haben: »Ich wachte eines Morgens auf und war berühmt.«

Seine Frau nannte es »Byronmania«.

Er war einer der Anführer der Carbonari. Das ist kein Pastagericht, sondern war eine revolutionäre italienische Geheimgesellschaft. Später focht Byron im griechischen Unabhängigkeitskrieg und wurde zum Helden. Wäre er nicht gestorben, hätte man ihn womöglich zum griechischen König gekrönt. Wer weiß?

Ein weiterer Grund für Ihren Hang zum Ruhm ist die Verbindung des Wassermanns mit Genies. (Ihr Wassermanngeborenen

---

[8] Bumm! Die zwanzigjährige Blitzerfolgsstory. (Manchmal stehen Sie auch einem berühmten Menschen nahe.)

seid eben einfach schlau.) Ihre Fähigkeit zum Querdenken bringt brillante, originelle Ideen hervor – nicht immer, aber manchmal schon.

Deshalb – ob nun durch eine Erfindung, eine geniale Idee oder einfach durch den Hang Ihres Sternzeichens zum Ruhm – werden Wassermänner oft berühmt!

Über den Wolken ...

Der Wassermann beherrscht den Himmel, und dort sind Sie am liebsten! Als Kinder wollten die meisten von Ihnen Astronaut oder Hubschrauberpilot werden. Hier ein paar Wassermänner, die ihren Traum verwirklicht haben: die amerikanischen Piloten Charles Lindbergh und Douglas »Wrong Way« Corrigan, der aus Versehen nach Irland statt nach Kalifornien flog; die Schauspieler Paul Newman und John Travolta; die Fernsehmoderatorin und -produzentin Oprah Winfrey sowie der Countrysänger Garth Brooks.

Natürlich sind nicht alle Wassermänner Piloten oder besitzen ein Flugzeug – aber sie lieben die Luftfahrt!

Außerdem bedauern sie die Tatsache, dass die ersten Siedler unsere Städte nicht näher an die Flughäfen herangebaut haben.

Drei wichtige Wesenszüge des Wassermanns

Neben den Erkenntnissen, die wir durch Ihren Herrscherplaneten Uranus gewonnen haben, lassen sich dem Wassermann die folgenden drei Wesenszügen zuordnen:

1. Bedürfnis nach Freiheit und Selbstausdruck
2. Hang zu sozialen Reformen
3. Gute Zusammenarbeit

Bedürfnis nach Freiheit und Selbstausdruck

Alle Wassermänner werden fünfzig Jahre vor ihrer Zeit geboren. Sie sind ein Bote der Zukunft. Sie denken fortschrittlich und visionär und sehen, wohin sich die Menschheit entwickelt. Für Sie ist die Welt tatsächlich ein globales Dorf.[9]

>»Wahre Originalität besteht nicht in einer neuen Methode, sondern in einer neuen Vision.«
>
> EDITH WHARTON
> Amerikanische Schriftstellerin
> *Zeit der Unschuld*
> (24. Januar 1862 – 11. August 1937)

---

[9] Der Begriff »globales Dorf« wird dem Medientheoretiker Marshall McLuhan zugeschrieben, dessen Sonne im Löwen stand, nur einen halben Grad von einer Opposition zum Uranus entfernt. Kein Wunder, dass die Technik-Zeitschrift *Wired* McLuhan zu ihrem »Schutzheiligen« ernannte.

Natürlich sind Menschen aller Sternzeichen intelligent. (Deshalb spricht man von der »Existenz von intelligentem Leben im Universum«.) Aber manche haben etwas mehr. Sehen Sie sich nur all diese Jungfrauen an, wie sie ihre Bananenshakes schlürfen und alles analysieren. Wahre Gehirntiere!

Ihre Intelligenz ist anders. Der Uranus beherrscht Explosionen. Deshalb sprengen alle Wassermänner die gewöhnlichen Denkschablonen. Ihre Ideen und Gedanken durchbrechen die akzeptierten Formen. Sie sind noch jenseits von jenseits! Sie grenzen an das verrückte Genie – oder gleich an die Verrücktheit!

Wolfgang Amadeus Mozart (27. Januar 1756 – 5. Dezember 1791), ein Wassermann, war ein Wunderkind, das schon mit fünf Jahren komponierte und mit neun Jahren vor den gekrönten Häuptern Europas auftrat. (Und es gab noch nicht mal Fernsehen damals.)

Kein Wunder, dass der Wassermann Matt Groening (15. Februar 1954), der Erfinder der *Simpsons,* so beunruhigend originell ist!

»Und wenn wir nun die falsche Religion erwischt haben? Dann wird Gott von Woche zu Woche nur wütender!« – Homer Simpson

»Wenn man im Leben etwas erreichen will, muss man etwas dafür tun. Darf ich um etwas Ruhe bitten? Jetzt kommen die Lottozahlen.« – Homer Simpson

»Auf den Alkohol – den Ursprung und die Lösung sämtlicher Lebensprobleme.« – Homer Simpson

MATT GROENING
Amerikanischer Comiczeichner
Die Simpsons, Futurama
(15. Februar 1954)

Sie haben einen starken persönlichen Freiheitsdrang. Sie wollen aber nicht nur Ihr eigenes Ding durchziehen, sondern Ihr Freiheitsdrang ist ausgereifter und weniger selbstsüchtig als das. Sie haben große Ideale und kümmern sich um Ihr Viertel, Ihre Stadt, Ihr Land oder Ihren Planeten. »Denke global, handle lokal.« Das ist Ihnen sehr wichtig. Wenn Sie für das Gute kämpfen, brauchen Sie dazu Ihre Freiheit! Für Sie ist die Sicherheit, um die es anderen hauptsächlich geht, nur eine Illusion.

> »Es gibt keine Sicherheit auf dieser Welt, nur günstige Gelegenheiten.«
>
> DOUGLAS MACARTHUR
> Amerikanischer General der US-Armee im
> Ersten und Zweiten Weltkrieg
> (26. Januar 1880 – 5. April 1964)

> »Sicherheit ist, wenn alles seinen Platz hat, wenn dir nichts mehr passieren kann; Sicherheit ist die Verleugnung des Lebens.«
>
> GERMAINE GREER
> Australische Autorin, Journalistin und Feministin
> Der weibliche Eunuch, Die ganze Frau
> (29. Januar 1939)

Natürlich wirken ausgeprägte Individualisten immer exzentrisch. (Gestehen Sie's nur ein – »normal« haben Sie einfach nicht drauf.) Sie sind oft ein bisschen zerstreut und unbeholfen. Sie rennen gegen Möbel. Der zerstreute Professor mit den nicht zusammenpassenden Socken ist ein archetypischer Wassermann. Die atemberaubende Marilyn Monroe wirkte mit ihren leicht unbeholfenen Bewegungen sehr attraktiv – und hatte den Mond im Wassermann.

Zu allem Überfluss zieht Ihre Mutter Ihnen auch noch komische Sachen an. Die meisten Wassermänner sehen seltsam und eigenwillig aus. Wenn alle anderen Krawatten tragen, wählen Sie eine Fliege. Der Hockeyguru Don Cherry (5. Februar 1934) treibt einen richtigen Kult um seine merkwürdige Garderobe. Aber den meisten Wassermännern ist es einfach nur egal, was sie tragen. Sie nehmen, was Spaß macht, gerade zur Hand ist und sich bequem trägt.

Eins aber steht fest – Sie lieben Karomuster.

Wenn ich einem hochgewachsenen, leicht exzentrisch wirkenden Menschen begegne, der auf entspannte Weise anziehend wirkt und ein Karohemd trägt, dann habe ich garantiert einen wilden und verrückten Wassermann vor mir. Wenn er dann aus seinem Hybridauto (oder von seinem Fahrrad) steigt, um mir eine Unterschrift oder einen Beitrag für *Brot für die Welt* abzuringen, hat er sich schon geoutet – als Wassermann.

»Ich halte das Leben nicht für absurd. Ich glaube, wir haben hier alle eine sehr große Bestimmung.«
NORMAN MAILER
Amerikanischer Schriftsteller
Die Nackten und die Toten, Gnadenlos
(30. Januar 1882 – 12. April 1945)

Hang zu sozialen Reformen

Schauen Sie immer auf die Eigenschaften Ihres Herrscherplaneten, um mehr über Ihr Zeichen zu erfahren. Die Entdeckung des Uranus zwang die Wissenschaft, über den Saturn hinauszudenken, und Saturn beherrschte den Status quo und die Obrigkeit. Ziehen Sie selbst den Schluss. Sie bekämpfen traditionelle, aber überholte Methoden, die nicht länger den aktuellen Gegebenheiten entsprechen.

>*»Wir haben die letzte Chance verpasst. Wenn wir nich*
>*bald ein größeres und gerechteres System entwickeln, steh*
>*Armageddon vor der Tür.«*
>
> DOUGLAS MACARTHU▪
> Amerikanischer General der US-Armee ir
> Ersten und Zweiten Weltkrie
> (26. Januar 1880 – 5. April 1964▪

Sie wollen vernetzen, und weil Ihr Zeichen auch die Informatik beherrscht, ist das Internet einfach das perfekte Werkzeug für alle Wassermänner! Networking über das Internet ist für Sie der klassische Weg, mit Ihrer Welt in Kontakt zu bleiben. Denken Sie bloß an die Wassermänner, die noch keine Computer hatten. Sie mussten ziemlich einfallsreich sein, um ihre Anliegen an die Öffentlichkeit zu bringen.

Die Schauspielerin Vanessa Redgrave (30. Januar 1937) schockierte beispielsweise das Publikum, als sie 1977 in ihrer Dankesrede für den Oscar eine politische Aussage zum Nahostkonflikt unterbrachte. Bei ihrem Abgang konnte sie sich des Beifalls ihres Mit-Wassermanns John Travolta (18. Februar 1954) gewiss sein.

Wassermann-Frauen sind Aktivistinnen und Feministinnen:
Edith Wharton　　24. Januar 1862 – 11. August 1937
Virginia Woolf　　25. Januar 1882 – 28. März 1941
Colette　　28. Januar 1873 – 3. August 1954
Germaine Greer　　29. Januar 1939
Oprah Winfrey　　29. Januar 1954
Vanessa Redgrave　　30. Januar 1937
Gertrude Stein　　3. Februar 1874 – 27. Juli 1946
Betty Friedan　　4. Februar 1921 – 4. Februar 2006
Mia Farrow　　9. Februar 1945
Toni Morrison　　18. Februar 1931
Yoko Ono　　18. Februar 1933

Im März 1969 nutzte Yoko Ono (18. Februar 1933) nach der Heirat mit John Lennon (dessen Mond im Wassermann stand) ihre Flitterwochen für ein »Bed-In« in der Präsidentensuite des Amsterdamer Hilton-Hotels, um gegen den Vietnamkrieg und für den Weltfrieden zu protestieren.[10]

Am 1. Dezember 1955 weigerte sich die Afroamerikanerin Rosa Parks (4. Februar 1913 – 24. Oktober 2005) aus Montgomery, Alabama, ihren Sitzplatz im Bus für einen weißen Fahrgast aufzugeben, und löste damit den *Montgomery Bus Boycott* aus, einen über ein Jahr andauernden Protest der schwarzen Bevölkerung. Der US-Kongress bezeichnete Rosa Parks später als »Mutter der modernen Bürgerrechtsbewegung«.

Die am selben Tag geborene Aktivistin und Feministin Betty Friedan (4. Februar 1921 – 4. Februar 2006) schockierte die Welt 1963 mit ihrem Buch *Der Weiblichkeitswahn oder Die Selbstbefreiung der Frau*. 1969 organisierte sie den *Women's Strike for Equality* (»Streik der Frauen für Gleichberechtigung«).

Reggaesänger Bob Marley (6. Februar 1945 – 11. Mai 1981) wurde zwei Tage vor einem politischen Konzert angeschossen. Als er trotzdem auftrat und gefragt wurde, warum er nicht abgesagt habe, meinte er: »Die Leute, die die Welt schlechter machen wollen, nehmen sich ja auch nicht frei.«

Schauspielerin Mia Farrow (9. Februar 1945) ist UNICEF-Botschafterin und hält häufig Vorträge über die Not der Bevölkerung in Darfur, Tschad und Zentralafrika. Das *Time Magazine* nannte sie 2008 als einen der einflussreichsten Menschen der Welt.

Der Autor Charles Dickens (7. Februar 1812 – 9. Juni 1870) setzte sich für Sozialreformen ein und lenkte die Aufmerksam-

---

[10] Lennons Song »The Ballad of John and Yoko« ist eine Schilderung dieser Woche: »Drove from Paris to the Amsterdam Hilton, talking in our bed for a week. The news people said: ›Hey, what you doin' in bed?‹ I said: ›We're only tryin' to get us some peace!‹« (»Von Paris ins Amsterdam Hilton gefahren, eine Woche im Bett geredet. Die Nachrichtenleute sagten: ›Hey, was macht ihr im Bett?‹ Ich sagte: ›Wir versuchen nur, ein bisschen Frieden zu kriegen!‹«)

keit der Öffentlichkeit auf die Probleme der Kinderarbeit und der Armut in London.

Countrysänger Garth Brooks (9. Februar 1962) gründete die Stiftung *Teammates for Kids,* die hilfsbedürftige Kinder unterstützt, und gibt häufig Benefizkonzerte.

Weltweit wird man, wo immer es soziale Ungerechtigkeit gibt, auch Wassermänner finden, die dagegen protestieren und für eine bessere Welt kämpfen. Freiheit! Gleichheit! Brüderlichkeit!

Gute Zusammenarbeit

Der Wassermann ist das Sternzeichen der Freundschaft. Aber warum? Freunde haben Menschen jedes Sternzeichens, und sie sind wichtig für Menschen jedes Sternzeichens. Heißt das, Wassermänner sind am besten als Freunde geeignet? Eigentlich nicht. Einige Wassermänner sind tolle Freunde – aber auch die findet man in jedem Sternzeichen. Den Wassermann verbindet man deswegen mit Freundschaft, weil die Freundschaft zu den Grundwerten der Wassermanngeborenen gehört.

Im Grunde sind Sie ein Rudeltier.

Sie können einen Raum voller Menschen bearbeiten, dann auf einen Stuhl springen, und alle Anwesenden werden tun, was Sie verlangen. Stellen Sie sich vor, wie temperamentvoll und mitreißend die Popsängerin Shakira (2. Februar 1977) vor einer Menge für eine gute Sache wirbt. Wer wird sich ihr anschließen?

Alle!

Sie sind ein Idealist, und Sie sorgen sich um den Zustand der Menschheit und der Menschen. Und weil Sie das tun, reagieren Ihre Mitmenschen entsprechend![11] Deshalb beherrscht Ihr Stern-

---

[11] In einem Artikel las ich, wie George Clooney sich bei den Dreharbeiten zum Film *Three Kings – Es ist schön, König zu sein* bei Regisseur David O. Russell für die Komparsen einsetzte. Ich dachte sofort: »Aha, ein Wassermann!« Seinem Geburtstag nach ist er zwar Stier, aber als ich sein Horoskop erstellte, sah ich, dass er den Jupiter im Wassermann hat. Geheimnis geklärt.

zeichen Vereine, Organisationen, Verbände und alle Versammlungen. Wer Ihnen begegnet, freut sich, in Ihrem Charme und
Ihrer Freundlichkeit baden zu können. Später sind sie dann allerdings enttäuscht, wenn sie sehen, dass Sie jedem Menschen, dem
Sie begegnen, *dieselbe freundliche Aufmerksamkeit* zuteilwerden
lassen! (Waaas?)

Einerseits ist diese »Gleichbehandlungsmethode« bewunderns-
wert. Andererseits ist es für diejenigen, die etwas Besonderes sein
möchten, ziemlich entnervend.

*»Mir ist es egal, ob man mich mag oder nicht ... ich möchte
nur als Mensch respektiert werden.«*
JACKIE ROBINSON
Amerikanischer Baseballspieler;
erster schwarzer Spieler in der Major League (1947)
(31. Januar 1919 – 24. Oktober 1972)

Nur sehr wenige Entdeckungen werden in der Einsamkeit gemacht. (Obwohl Dissertationsbetreuer das Gegenteil behaupten.)
Sie sind sehr demokratisch, wenn es darum geht, Ihr Wissen zu
teilen, damit der Fortschritt gefördert wird. Viele Naturwissenschaftler sind Wassermänner, haben, wie Einstein, den Merkur
im Wassermann oder aber den Wassermann als Aszendenten
(wie Thomas Jefferson und Tycho Brahe). Sie sind der geborene
Naturwissenschaftler, weil Sie ein kreativer Denker sind. Viele
Wassermänner sind sogar Erfinder! Sie sehen Möglichkeiten, die
anderen entgehen.[12]

Alle Computerfreaks aus den Anfangstagen von *Dungeons &
Dragons* bis zu den heutigen Spielern sind hartgesottene Wassermänner. Und sie sind nur zu bereit, sich jederzeit miteinan-

---

[12] Ich weiß noch, wie ich meinem Wassermann-Neffen (einem totalen Nerd) als Kind
beim Spielen zugesehen habe. Ich sagte zu seiner Mutter: »Oh mein Gott! Das ist ja ein
kleiner Wissenschaftler.« Und es war ernst gemeint.

der auszutauschen, bevor sie wieder hinter ihre Monitore ver-
schwinden.

> *»Wir hören nie mit Suchen, Versuchen, Untersuchen, For-*
> *schen, Erforschen, Durchforschen, Entdecken und Erfin-*
> *den, Prüfen und Überprüfen auf. Unsere Neugier ist uner-*
> *sättlich. Jede Antwort, die wir auf eine Frage gefunden*
> *haben, lässt sofort eine neue Frage entstehen. Und das ist*
> *der beste Trick, den unsere Art gefunden hat, um zu beste-*
> *hen.«*

DESMOND MORRIS
Britischer Zoologe, Verhaltensforscher und Autor
Der nackte Affe
(24. Januar 1928)

Der verliebte Wassermann

Wenn es um die Liebe geht, dürfen Sie nicht vergessen, dass Freiheit Ihr zweiter Vorname ist und Ihr Motto lautet: »Sperr mich nicht ein!«. Sie sind ein absoluter Individualist! Sie lassen sich nicht aufspießen und an die Wand hängen wie ein Schmetterling.

Weil Ihr Sternzeichen ein Luftzeichen ist und Ihnen große Intelligenz verleiht, suchen Sie als Erstes immer nach einer geistigen Verbindung. Ihr Gegenüber muss Sie nicht nur durch sein oder ihr Denken faszinieren, sondern muss intellektuell unabhängig sein! Sie wollen jemanden, der für sich selbst denkt. Sie möchten jemanden, der eigene Meinungen, Prinzipien, Ideale und möglichst auch eine Sache hat, für die er kämpft und die auch Ihnen etwas bedeutet. Dann wird es interessant für Sie!

Sie fühlen sich zu ausgeprägten Charakteren hingezogen – zu bizarren oder unkonventionellen Menschen. Sie haben etwas übrig für Leute, die den Mut haben, anders zu sein und eine eigene Meinung zu vertreten.

»Menschen haben das unverzichtbare Recht, sich selbst zu erfinden; wenn dieses Recht verweigert wird, nennt man das Gehirnwäsche.«

GERMAINE GREER
Australische Autorin, Journalistin und Feministin
Der weibliche Eunuch, Die ganze Frau
(29. Januar 1939)

Ich kenne einen charmanten Wassermann, der gerne von seinem ersten LSD-Trip erzählt. Er ritt dabei auf einem Kamel (es war in

Marokko) und trug eine Mönchsrobe aus purpurnem Samt. (Später wurde er in eine psychiatrische Klinik in Casablanca eingewiesen und musste von seiner Mutter herausgeholt werden, aber das ist eine andere Geschichte.) Er unterbricht seine Erzählungen ständig mit einem gezwungenen, gekünstelten (aber trotzdem lustigen) »Bu-ha-ha!«. Er ist ungeheuer amüsant und unglaublich beredsam. Er blendet die Menschen mit seinem Psychogeschwätz.

Aber zurück zu Ihnen. Wenn Sie einmal entschieden haben, dass jemand einen interessanten Geist hat, dann erkunden Sie als Nächstes, wie viele Grenzen Ihr potenzieller Partner zu überschreiten bereit ist. Sie lieben Tabubrüche.

Wassermann-Frauen haben oft Berufe, die traditionell als unweiblich gelten. Sie sind Klempnerinnen, Leuchtturmwärterinnen, Hubschrauberpilotinnen, Schneemobilmonteurinnen, Anstreicherinnen oder Schreinerinnen. Ich erinnere mich an einen Abendtermin mit einer Klientin, die den Wassermann als Aszendenten hatte. Es war Winter, und ich besuchte gerade meine Mutter in Victoria, British Columbia. Als ich der Klientin die Tür öffnete, war mir sofort klar, was für ein unabhängiger Geist da vor mir stand. Mein erster Gedanke war »Obdachlose«. Obwohl sie noch jung war (vielleicht etwa achtundzwanzig), trug sie eine dunkle Männerwollmütze in die Stirn gezogen und eine große karierte Holzfällerjacke. Sie wirkte massiv und maskulin, wie ein harter Kerl aus einer Goldgräbergeschichte.

Als sie eingetreten und ihre Holzfällerjacke ausgezogen hatte, sah ich erst, dass sie überhaupt nicht grobschlächtig war, sondern einfach sehr kurvenreich mit einer beachtlichen Oberweite. Als sie sich die Mütze herunterriss, fiel ihr eine atemberaubende blonde Mähne über den Rücken. Von einem Augenblick zum nächsten hatte sie sich von einer unsichtbaren Obdachlosen in eine Schönheit verwandelt! Mir blieb der Mund offen stehen.

Sie war sehr nett, und ich erfuhr später, dass sie bei der Küstenwache arbeitete. Sie konnte sich nicht zwischen einer Ausbil-

dung zur Hubschrauberpilotin und einem Medizinstudium entscheiden. Sie erzählte mir von ihrem extrem aktiven Sexleben.
(Hallo? Eine blonde Schönheit, die bei der Küstenwache arbeitet.
Was dachten Sie denn?) Aber sie betonte, dass sie ihrem Partner immer treu sei. Mit einem wunderbaren Lächeln erklärte sie:
»Ich bin Serienmonogamistin – ich habe immer nur einen Mann
gleichzeitig, auch wenn's nur übers Wochenende ist.«

Wassermann-Liebhaber sind Dynamit! Sie sind auf frei-
heitsliebende Weise unkonventionell und haben eine Liste von
Expartnern, die einen die Augenbrauen heben lässt. Die französische Schauspielerin Jeanne Moreau (23. Januar 1928) war
zweimal verheiratet und hatte außerdem Beziehungen mit drei
ihrer Regisseure: François Truffaut, Louis Malle (der die Schauspielerin Candice Bergen heiratete) und Tony Richardson (der
die atemberaubende Vanessa Redgrave verließ, um mit Moreau
zusammenzuleben). Außerdem hatte sie Affären mit Pierre Car-
din und dem griechischen Playboy Theodoros Roubanis. Zu ihren
engen Freunden zählten Henry Miller, Jean Cocteau, Jean Genet
und Marguerite Duras und inzwischen auch Sharon Stone. Eine
klassische Wassermann-Frau!

Aber Vorsicht! Die schönen Wassermänner sind vielleicht
nach einer Liebesnacht schon wieder weg! Die aber war es dann
auf jeden Fall wert.

Weil der Uranus für Rebellion gegen den Status quo steht,
findet er sich oft an prominenter Stelle in den Horoskopen von
Bisexuellen, Homosexuellen oder Lesben. Wassermänner experimentieren gerne und wollen jedermanns Freund sein! Selbst in
sogenannten traditionellen Beziehungen haben sie oft unorthodoxe Arrangements.

Natürlich experimentieren auch Sie gerne. (Ich empfehle, die Batterien im Sonderangebot zu kaufen.) Ich habe eine Wassermann-Freundin, die eine Beziehung zu einem männlichen Skorpion hatte, dessen Mond im Wassermann stand, also war es praktisch eine Doppel-Wassermann-Geschichte. An einem Wochenende tauchte er mit einer elektrischen Vorrichtung in ihrer Wohnung auf, die aus Kabeln und Saugnäpfen (!) bestand. Er erklärte, das sei ein Reizstromgerät für Arthritiker, die mit den harmlosen Stromstößen ihre Schmerzen lindern wollten.

Er schlug vor, er und sie sollten einige strategische Stellen an ihren Körpern damit verkabeln, sodass sich der Stromkreis schloss, wenn sie einander berührten. (Das ist so typisch Wassermann!)

Ich fragte: »Und – habt ihr das gemacht?«

Sie erwiderte: »Oh ja.«

»Hattest du Angst?«

»Ich war ein bisschen nervös«, gab sie zu. »Aber er sagte, es würde nicht wehtun. Wir wollten beide wissen, was passieren würde.«

»Und was passierte?« (Sie können sich meine unanständige Neugierde vorstellen.)

Sie seufzte. »Es klappte nicht so, wie wir gedacht hatten. Als wir uns küssten, klapperten unsere Zähne wie wild gegeneinander. Ein fehlgeschlagenes Experiment.«

Aber ein klassisches Wassermann-Experiment!

»Ich habe viele Arten von Sex ausprobiert. In der konventionellen Stellung bekomme ich Platzangst und in den anderen einen steifen Nacken oder Kiefersperre.«

TALLULAH BANKHEAD
Amerikanische Schauspielerin
Das Rettungsboot
(31. Januar 1902 – 12. Dezember 1968)

Eine kurze Warnung: Weil der Uranus so impulsiv ist, können Sie sich schlagartig verknallen und genauso schlagartig wieder damit aufhören. Deshalb sind Sie gut beraten, sich eine lange Verlobungszeit zu gönnen oder erst probeweise mit Ihrem Partner zusammenzuleben, bevor Sie heiraten. Außerdem haben Wassermänner oft Sex mit guten Freunden oder Freundinnen. Oder sie verwechseln eine nützliche Freundschaft mit Liebe. (Das ist alles ziemlich kompliziert.) Nicht, dass Sie eines Tages aufwachen und entdecken, dass Sie mit Ihrem Zimmergenossen verheiratet sind!

Jeder Ihrer Expartner kennt das ungläubige Erstaunen, das Sie auslösen, wenn Sie nach dem Ende der Beziehung sagen: »Wir können doch Freunde bleiben«, und es ernst meinen!

Bedenken Sie, dass nicht jeder noch Ihr Freund bleiben will, wenn eine stürmische Liebesbeziehung schließlich schal geworden ist – besonders wenn Sie derjenige waren, der seinen »Freiraum« einforderte und fremdging. Wachen Sie auf, und sehen Sie der Realität ins Auge! (Ja, ich weiß, das liegt Ihnen nicht so.)

Eine Wassermann-Frau aus meiner Bekanntschaft trennte sich von ihrem Mann, als sie in Toronto lebte. (Während der Ehe hatte sie übrigens ein Verhältnis mit dem Mann ihrer besten Freundin gehabt.) Nach der Scheidung gab sie im *Toronto Star* eine Anzeige auf, in der es hieß: »Frau in den Dreißigern sucht Beziehung, ist sich aber in Geschlechtsfragen etwas unsicher. Telefon etc.«

Sie erzählte mir, dass über hundert Frauen auf die Anzeige geantwortet hatten!

Ich fragte: »Was hast du getan?«

Sie erwiderte lässig: »Ich habe sie alle zu mir nach Hause zu einer kleinen Party mit Wein und Käse eingeladen.«

»Mein Gott! Du hast sie alle zusammen eingeladen?«

»Ja«, lächelte sie spitzbübisch.

»Und, was ist passiert? Blieb es bei der netten Wein-und-Käse-Party?«

»Oh nein«, lächelte sie. »Eine ist über Nacht geblieben. Das war sogar ganz witzig, weil ich zehn Jahre später bei einem Vortrag, den ich hielt, dieselbe Frau im Publikum wiedersah. Sie saß in der dritten Reihe und sah mich an. Nach dem Vortrag sprachen mich mehrere der Zuhörerinnen an, und sie war eine davon. Als ich ihr in die Augen sah, habe ich sie wiedererkannt! Was für eine kleine Welt.«

Kleine Welt? Für Sie ist sie nur ein globales Dorf!

Der Wassermann als Vorgesetzter

Der Wassermann-Chef ist Demokrat. Sein Gegenzeichen ist der Löwe – das Zeichen des Königtums und des Adels. Der Wassermann ist das genaue Gegenteil von *noblesse oblige*. Ihm geht es um normale Männer und Frauen, um Gemeinsamkeit und Gleichheit – Sie wissen schon.

Der Wassermann-Vorgesetzte ist fair – Wahrheit, Gerechtigkeit, gleiches Recht für alle, angemessene Bezahlung. Natürlich gibt es auch Ausnahmen; vielleicht ist Ihr Exemplar ein Tyrann, aber das ist wirklich untypisch.

Wassermann-Chefs berufen Meetings ein, bilden Komitees und veranstalten Umfragen. Sie freuen sich über Rückmeldungen der Angestellten und eine Zwei-Wege-Kommunikation anstatt einer Einbahnstraße von Anweisungen. Sie sind liberal und fortschrittlich.

Sie wollen die neueste Hightech-Ausrüstung für jeden Angestellten. Allerdings sehen sie sich nicht unbedingt als Vorbild für die Mitarbeiter. Sie setzen ihre Arbeitszeit gerne selbst fest, kommen vielleicht spät oder früh und gehen auch spät oder früh, wie es gerade passt. Wassermänner sind unberechenbar.

Das Beste an ihnen ist ihre Fairness und ihre Intelligenz. Denken Sie an Abraham Lincoln (12. Februar 1809 – 15. April 1865). Was für ein aufgeklärter Anführer! Während des Bürgerkriegs erwiderte er einigen Leuten, die den erfolgreichen General Ulysses S. Grant als Trunkenbold anschwärzten: »Welche Whiskymarke trinkt er? Ich will allen meinen Generälen ein Fass davon schicken!« Diese Chuzpe muss man einfach mögen.

Das Erfolgsgeheimnis des Wassermann-Chefs ist, dass es ihm wirklich gleichgültig ist, was andere Menschen von ihm halten.

Das verleiht ihm enorme Kraft! Er will einfach nur Ergebnisse. Es bereitet ihm sogar eine perverse Freude, gegen Traditionen und Managementregeln zu verstoßen.

> *»Zur Hölle noch mal, hier gibt es keine Regeln – wir versuchen, etwas zustande zu bringen.«*
>
> THOMAS ALVA EDISON
> Amerikanischer Unternehmer und Erfinder der Glühbirne
> (11. Februar 1847–18. Oktober 1931)

Ich würde gerne für einen Wassermann-Chef arbeiten, weil eine aufgeklärte, fortschrittliche Betriebsleitung über alles geht. Der einzige Grund, warum wir Gewerkschaften brauchen, sind schlechte Chefs, und die gibt es leider überall.

Der Wassermann als Angestellter

Über den Wassermann-Angestellten kann man Gutes und Schlechtes sagen. Die gute Seite ist, dass es niemanden gibt, der besser mit anderen Menschen klarkommt. Alle lieben Sie! Sie passen Ihren Stil mühelos an und verständigen sich mit Menschen aller Schichten. Sie können mit denen da oben und mit denen da unten zusammenarbeiten. Schließlich ist Zusammenarbeit ganz natürlich für Sie. In einer Gruppensituation sind Sie glücklich. Sie haben nichts gegen Meetings und Diskussionen (in angemessenem Rahmen).

Als Luftzeichengeborenem geht es Ihnen außerdem um Ideen. Sie sind intelligent und erfassen rasch, was getan werden muss und wie man es den Kollegen verständlich macht. Genau wie Ihr Gegenzeichen, der Löwe, sehen auch Sie schnell den größeren Zusammenhang.

Und der Nachteil? Sie werden leicht stur und rebellisch! Obwohl Sie sehr fleißig sind, wenn Ihnen die Aufgabe liegt, sind Sie auch ein Aufrührer. Ein Gewerkschaftsgründer. Stellen Sie sich vor, ein Wassermann-Angestellter muss für einen idiotischen Chef – gehen wir noch einen Schritt weiter – für einen dummen, idiotischen Chef arbeiten. (Grrr.) Der Wassermann-Angestellte wird nicht nur rebellieren, sondern sich auch verpflichtet fühlen, den Rest der Belegschaft zu retten. Meuterei bricht aus!

Es ist eigentlich seltsam, dass der Stier den Ruf hat, stur zu sein. Lassen Sie mich deutlich sagen, dass der Wassermann ihn da weit in den Schatten stellt. Es ist zwar eine andere Art Sturheit und auch anders motiviert, aber sie wirkt ganz genauso! Und natürlich ist dieser Wesenszug, kombiniert mit ein bisschen Rednergabe und Idealismus, das perfekte Rezept für eine klasse Rebellion!

»Alles Wachstum ist ein Sprung in die Dunkelheit, eine spontane Impulshandlung, die keinen Nutzen aus Erfahrung zieht.«

HENRY MILLER
Amerikanischer Schriftsteller und Maler
Wendekreis des Krebses, Stille Tage in Clichy
(26. Dezember 1891–7. Juni 1980)

Der Wassermann als Elternteil

Meine Wassermann-Schwester erzählte mir einmal, wie erstaunt sie war, als ihr dreijähriger Wassermann-Sohn eines Tages zu ihr aufblickte und sie fragte: »Warum schreist du mich an? Das mag ich nicht.«

Wassermann-Eltern rebellieren unweigerlich gegen die Art von Erziehung, die sie selbst als Kind erhalten haben. Instinktiv sind Wassermann-Eltern liberal und großzügig und lassen ihren Kindern viel durchgehen. Sie glauben, dass sie ihr Kind zu einer selbstständigen Persönlichkeit innerhalb der Gesellschaft erziehen müssen. Sie wollen kein Schaf hervorbringen, das nur der Herde folgt. Stattdessen wecken sie in ihren Kindern den Drang nach eigenen Gedanken und Entscheidungen.

Dieser Impuls, sich zurückzuhalten, um die Kinder ihren eigenen Weg finden zu lassen, kann manchmal dazu führen, dass sich das Kind mehr Führung wünscht. Und wenn man ihm seine Grenzen zeigen muss? Schließlich bringen Wassermann-Eltern nicht nur Wassermann-Kinder hervor. (Obwohl es sehr wahrscheinlich ist, dass sich auch in diesen Kindern Wassermann-Einflüsse finden.)

Wassermann-Eltern sind berühmt dafür, dass sie ihre Kinder alles »unter sich ausmachen lassen«. Sie mischen sich nicht gerne ein. Das hat Vor- und Nachteile, denn Kinder brauchen Regeln, Vorschriften, Richtlinien und Führung. (Hauptsächlich aber brauchen sie Liebe und Sicherheit. Wenn sie ein gutes Vorbild haben, dem sie nacheifern können, läuft normalerweise alles gut.)

Eine der großen Stärken von Wassermann-Eltern ist, dass sie Freundschaft mit ihren Kindern schließen können. Sie haben keine Angst, sich auf ihre Ebene zu begeben und dadurch ihre

Autorität zu verlieren, weil sie ganz tief drinnen sowieso keine Autorität respektieren.

Ganz ohne Frage werden Wassermann-Eltern ihre Kinder Fairness, Freundlichkeit und Respekt vor allen Schichten und Nationalitäten in der Gesellschaft lehren. Außerdem kaufen sie ihnen garantiert die neuesten Technikspielzeuge.

Ein netter Bonus!

Der Wassermann als Kind

Es gibt etwas, das sie über das Wassermann-Kind unbedingt wissen müssen. (Alle Eltern und Lehrer sollten es wissen.) Der Wassermann beherrscht die Elektrizität, und Wassermanngeborene können Straßenlampen auslöschen, obwohl ich auch nicht weiß, warum. Elektrogeräte und Armbanduhren versagen oft in ihrer Nähe.

Diese elektrische Energie scheint in Schach gehalten zu werden, wenn der Wassermann gemäß seinem eigenen Biorhythmus leben kann. Als Erwachsene können das viele Wassermänner tatsächlich, als Kinder aber oft nicht. Sie müssen sich an die Stundenpläne halten, die ihnen die Erwachsenen vorschreiben. Dann staut sich die elektrische Energie in ihnen auf und bricht schließlich als Hautausschlag, Ekzem oder Kopfschmerz aus.

Natürlich können Sie Ihr Wassermann-Kind nicht aus der Schule nehmen. Was kann man also gegen die Ausschläge und Kopfschmerzen unternehmen? Fragen Sie mich nicht, warum, aber hier scheint Gesang zu helfen. Die Kinder müssen keine Töne treffen oder den Text auswendig können, sondern es kommt auf den Atem an. Wenn Sie Ihre Kinder dazu anhalten, vor sich hin zu singen, ob laut oder leise – wer sollte etwas dagegen haben? *Und das Singen hilft ihnen.*

Eine andere Aktivität, mit der sie die aufgestaute Elektrizität erden können, ist das Spiel mit elektronischen Geräten. Dem Wassermann-Kind tut es gut, mit Computern, CD-Spielern, iPods, MP3-Playern und natürlich Videospielen umzugehen.

Außerdem dürfen Sie nicht vergessen, wie fragil die Unabhängigkeit Ihres Kindes ist! Für Wassermann-Kinder ist es ungeheuer wichtig, ihre Individualität ausdrücken zu können. Sie müssen das Gefühl haben, selbst entscheiden zu können – zum Beispiel was sie essen, und sogar, wann sie ins Bett gehen. Seien Sie da flexibel, und werden Sie auch am Esstisch nicht zum Tyrannen.

Ebenfalls wichtig für das Wassermann-Kind ist Freundschaft. Falls keine Nachbarskinder als Freunde zur Verfügung stehen, arrangieren Sie für Ihren kleinen Wassermann Verabredungen zum Spielen. Wassermann-Kinder müssen mit Freunden interagieren und sich in außerschulischen Aktivitäten, Gruppen und Vereinen engagieren können. Das wird schließlich einmal ihr Lebensstil, und sie müssen so früh wie möglich lernen, wie man das macht.

Weil der Wassermann alle Formen des Luftverkehrs beherrscht, nehmen Sie Ihr Wassermann-Kind mit zum Flughafen! Kaufen Sie ihm Spielzeugflugzeuge. Unterstützen Sie es, wenn es sich für Astronomie, Astrologie oder Raumfahrt interessiert.

Schon relativ früh kann das Wassermann-Kind Sie für eine Leidenschaft begeistern, die es gerade entwickelt. (Es hat die Rednergabe eines Gewerkschaftsführers!) Außerdem sind diese Kinder aufsässig. Helfen Sie ihnen, diese Eigenschaft positiv auszudrücken. Respektieren Sie ihre Individualität. (Ihre Kinder sind nicht Ihr Eigentum – es sind Menschen mit Rechten.)

Das Wassermann-Kind braucht die Gewissheit, dass es sich eigene Meinungen leisten kann. Als Erwachsener wird es sehr unabhängig sein – kein Herdenvieh. Sie können diese natürliche Entwicklung entweder behindern oder unterstützen. Ersteres bedeutet Gefahr. Wenn Sie das rebellische Wesen des Kindes aufstören, wird es womöglich auch gegen wertvolle Traditionen und die Gesetze der Gesellschaft rebellieren. Lassen Sie es seine Widerspenstigkeit im Kleinen austoben.

»Es ist gar nicht schlecht, wenn die Kinder von Zeit zu Zeit die Eltern höflich in ihre Schranken zurückweisen.«

COLETTE
Französische Schriftstellerin, Varietékünstlerin und Journalistin
Gigi
(28. Januar 1873 – 3. August 1954)

Wassermann-Kinder lieben Computer! Heutzutage lernen die meisten das Schreiben ihres Namens auf einer Tastatur und nicht mehr mit einem Stift. Ihre einzige Schwierigkeit ist, dass sie gerne Computerspiele spielen wollen, aber noch nicht lesen können! Wassermann-Kinder sind Technikfans. Geben Sie ihnen die Gelegenheit, so viel wie möglich darüber zu lernen.

Bringen Sie ihnen auch bei, wie man tippt.

Wie ein Wassermann glücklicher wird

Ihr Herrscherplanet Uranus steht für Explosionen und unvorhersehbare Ereignisse. Daher ist er auch mit Berühmtheit und plötzlichem Erfolg verbunden.[13] Kein Sternzeichen ist dafür mehr prädestiniert als Ihres. Aber jetzt kommt das Seltsame daran: Wassermanngeborene finden das gar nicht unbedingt toll! Es ist ein kosmischer Witz. Diejenigen, die am wahrscheinlichsten zu plötzlichem Erfolg gelangen, wollen ihm auch unbedingt aus dem Weg gehen.

Nicht, dass Sie sich verstecken würden. (»Achten Sie gar nicht auf den Mann da hinter der Gardine.«) Sie haben keine Angst vor öffentlicher Anerkennung. Was Sie fürchten, ist ein Verlust an persönlicher Freiheit und Unabhängigkeit. Solange Sie Ihren Freiraum haben, ist es kein Problem, aber wenn die Mitmenschen plötzlich Ansprüche erheben und Erwartungen an Sie stellen, möchten Sie ausbrechen!

Vielleicht sind Sie sich dessen gar nicht bewusst. Wie klar ist Ihnen zum Beispiel Ihr eigener Freiheitsdrang? Sie halten Ihre Freiheit und Unabhängigkeit vielleicht für selbstverständlich, *solange sie nicht bedroht ist.*

Wenn Sie sich dieser Dynamik nicht bewusst werden, werden Sie nicht verstehen, warum Sie ein Verhalten zeigen, das andere Menschen für selbstzerstörerisch halten. Mit anderen Worten, warum Sie sich selbst sabotieren.

Das klassische Wassermann-Szenario sieht so aus: Sie genießen Ihre Arbeit oder was immer Sie tun, und dann, kurz vor dem

---

[13] Manchmal ist es Ihr eigener Erfolg, manchmal werden Sie durch jemand anderen berühmt (vielleicht einen Angehörigen).

Erfolg oder dem Abschluss, brechen Sie plötzlich in eine ganz neue Richtung aus, weil es »Zeit für eine Veränderung« ist. Ihre Freunde fragen Sie anklagend, ob Sie verrückt seien. Das stärkt natürlich nur Ihren Entschluss. Sie bleiben dabei! Schließlich sind Sie Herr Ihres Schicksals und niemandem Rechenschaft schuldig!

Ihr Entschluss, etwas ganz Neues zu beginnen, ist als kühnes (vielleicht sogar tollkühnes) Abenteuer getarnt. (»Was nie ein Mensch zuvor gesehen hat.«)

Hier müssen Sie sich ehrlich fragen: Haben Sie Angst vor dem Erfolg? Fürchten Sie den Preis des Erfolgs?

Wenn Sie keinen Erfolg wollen, weil er Ihnen gar nicht so viel bedeutet, dann ist das in Ordnung. Viele Menschen stimmen darin mit Ihnen überein (besonders viele andere Wassermänner). Ob Sie also dieses bestimmte Ziel erreichen wollen oder es lieber für etwas anderes aufgeben, ist gar nicht das Problem. Die Frage ist vielmehr: Wissen Sie, was Sie da tun? Sind Sie sich der Gründe Ihrer Entscheidung bewusst? Wissen Sie, was Sie vermeiden? Wassermänner täuschen sich oft selbst über die Gründe, warum sie etwas wollen oder nicht wollen, weil sie einfach alles abwehren, was ihre Freiheit einschränken könnte.

In der Medizin wird neuerdings viel über die negativen Effekte der Selbsttäuschung diskutiert. Ich sprach einmal mit dem Chiropraktiker Dr. Don Grant aus Burnaby, British Columbia, darüber, den ich sehr bewundere und respektiere. Er erklärte mir, was es bedeutet, seinen Körper zu belügen.

»Seinen Körper belügen?«, fragte ich. »Was heißt das?«

Er erwiderte: »Waren Sie je in der Situation, dass jemand Sie um etwas gebeten hat und Sie zugestimmt haben, aber in Wirklichkeit gar nicht wollten?«

Schluck. Ich wusste sofort, was er meinte.

»Das heißt, seinen Körper zu belügen?«

»Ja«, sagte er. »Wenn wir uns zu etwas bereit erklären, das wir in Wirklichkeit gar nicht wollen, weiß unser Körper, dass wir lügen.«

Und was kümmert mich das? (»Ich gestehe! Ich habe gelogen! Ich habe euch alle hereingelegt! Die Nieren, die Lungen, vor allem die Bauchspeicheldrüse. Ich habe es getan, und ich bereue es nicht!«)

Laut Dr. Grant sorgen Sie, wenn Sie Ihren Körper belügen, für Unstimmigkeiten, die Ihren Körper zwingen, sich irgendwie anzupassen, um das Gleichgewicht wiederherzustellen. Nehmen diese Unstimmigkeiten überhand und der Körper kann sie nicht mehr ausgleichen, dann wird er anfangen, seine Funktionen einzustellen. (Hm, nicht so gut.)

Ihr Bauchgefühl sagt Ihnen, dass es stimmt. Jeder erinnert sich an Figuren in Filmen, die langsam immer auffälliger und neurotischer werden, weil sie permanent etwas ableugnen, was für den Zuschauer offensichtlich ist. *Wir kennen das Szenario.*

Das kann geschehen, wenn Sie sich zwingen, ein Ziel zu verfolgen, das Sie nicht wirklich anstreben. Oder umgekehrt, wenn Sie einem Erfolg aus dem Weg gehen (aus Furcht nämlich), aber ihn in Wirklichkeit gerne hätten.

Auf beide Weisen belügen Sie Ihren Körper, und das ist ungesund! Und bei Wassermanngeborenen ist dieses Verhalten wahrscheinlicher als bei allen anderen Sternzeichen. Ironischerweise wird es gerade dadurch ausgelöst, dass Sie das Beste für die größtmögliche Zahl an Menschen anstreben. Manchmal wächst Ihnen Ihr Engagement über den Kopf, und dann fühlen Sie sich zu Opfern verpflichtet.

Erinnern Sie sich lieber daran, dass Sie ohne Ihren Körper überhaupt niemandem nützlich sind! Sie brauchen Ihre Gesundheit, Ihre Lebenskraft und Ihre Energie, um Ihre Mission zu erfüllen – die Welt zu verbessern.

Zum Glück gibt es einen Bereich, in dem Sie dem Erfolg nicht aus dem Weg gehen. Sie wissen, wie sehr Sie Zusammenarbeit mit anderen Menschen schätzen. Sie wissen, dass Sie Freunde brauchen. In einem Artikel von David Brooks in der *New York Times* (1. April 2010) heißt es: »Laut einer Studie macht die

Zugehörigkeit zu einer Gruppe, die sich einmal monatlich trifft, genauso glücklich wie eine Verdoppelung des Einkommens.«

Klingt das nicht nach einem Erfolg?

Ein Lehrer, den ich sehr schätze, wurde bei einem Vortrag einmal von einer Zuhörerin gefragt: »Ich lebe allein und bin unglücklich darüber. Wie kann ich Freunde finden?«

Er sah sie an und entgegnete: »Seien Sie freundlich.«

Wassermann
Ihr 40-Jahre-Horoskop

1985 – 2025

Warum wir in die Vergangenheit gehen

Ich möchte, dass Sie den Voraussagen vertrauen, und es gibt nur einen Weg, dies zu erreichen. Um mir glauben zu können, müssen Sie zunächst überprüfen, was ich behaupte. Deshalb beginne ich mit kurzen Rückblicken in die letzten fünfundzwanzig Jahre. Wenn Sie sich darin wiedererkennen, werden Sie auch meinen Aussagen über die kommenden fünfzehn Jahre Glauben schenken können. Schließlich geht es um eine einzige ununterbrochene Reihe von Ereignissen – Ihr Leben.

Die Aussagen über die Vergangenheit gelten im Allgemeinen erst ab dem Zeitpunkt, an dem Sie zu Hause ausgezogen sind oder Ihr Leben »selbst in die Hand genommen« und Ihre eigenen Entscheidungen getroffen haben. Denn in der Zeit davor wurden wichtige Ereignisse in Ihrem Leben noch von anderen bestimmt, vermutlich Ihren Eltern.

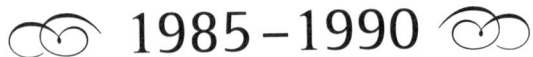 1985–1990

Mitte der Achtzigerjahre stand Ihr Lebensbarometer auf Erfolg! Einige von Ihnen haben vielleicht Ihren Abschluss gemacht, die erste Stelle angetreten oder geheiratet. Um 1985 geschah etwas, das Sie stolz machte. Sie waren zufrieden mit Ihren Leistungen, und das steigerte sich 1986 noch. (Yeah!) Bald verdienten Sie mehr oder vermehrten jedenfalls Ihren Besitz. Ihr Familienleben verbesserte sich um 1988. Aber 1989 kündigten sich große Veränderungen an, denn damals begannen Sie, sich von Menschen, Orten und Besitztümern zu trennen. Es war eine Zeit der Loslösungen und Abschiede. (Ach ja, das alles.)

⬙ 1991–1996 ⬙

Der wichtigste Grund, warum Sie sich Ende der Achtzigerjahre von so vielem trennten und verabschiedeten, war ein neuer Lebenszyklus, für den Sie Platz schaffen mussten, auch wenn Sie das gar nicht wussten. Deshalb fanden Sie sich 1991 auf einem völlig neuen Gebiet wieder! Die Veränderung kann so dramatisch gewesen sein, dass Sie sogar Ihre Alltagskleidung umstellten. (Aber das Leben war neu und frisch!)

Zum Glück kamen jetzt neue romantische Liebesgeschichten, Urlaubsreisen und große Veränderungen im Bereich Kinder Ihres Weges. Bald verbesserten Sie sich beruflich, und im Bereich Beziehungen sah es sehr gut für Sie aus. In den Jahren 1992/93 ermöglichten Ihnen Geschenke und Zuwendungen von anderen Menschen zu reisen, wieder zur Schule zu gehen oder sich im Verlagswesen, den Medien, der Medizin oder der Rechtspflege umzusehen.

Im Jahr 1994 erhielten dann viele von Ihnen eine Beförderung, einen besseren Job, Lob und Anerkennung oder steigerten auf andere Weise ihr Ansehen. Das führte natürlich zu erhöhter Beliebtheit, neuen Freundschaften und vielleicht wichtigen Mitgliedschaften in Vereinen, Gruppen oder Organisationen. (Sie sind ein Rudeltier, erinnern Sie sich?)

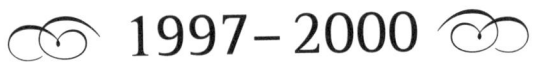 1997 – 2000

Im Jahr 1997 war alles wunderbar, denn der Geld und Glück bringende Jupiter stand in Ihrem Sternzeichen. (Hurra!) Jupiter verschaffte Ihnen Möglichkeiten und steigerte Ihr Selbstvertrauen. Außerdem begann jetzt ein zwölfjähriger Wachstumszyklus für Sie. Ihre Gesundheit war gut, und Sie waren glücklich. Aber hauptsächlich konnten Sie jetzt Quellen nutzen, die Ihnen zustattenkamen! Es ist immer schön, wenn Jupiter in Ihr Zeichen tritt, obwohl es nur alle zwölf Jahre geschieht.

Im Gefolge dieser positiven Entwicklung wechselten viele von Ihnen in den nächsten Jahren Wohnort, Arbeitsplatz oder beides. Zum Glück halfen Ihnen dabei wahrscheinlich die gesteigerten Einnahmen. Um die Jahrtausendwende konzentrierten Sie sich hauptsächlich auf die Sicherung Ihres Zuhauses. Sie hatten die Unsicherheit satt. Sie wollten mit einer stabilen häuslichen Basis ins neue Jahrtausend starten – etwas, worauf Sie sich verlassen konnten.

᧩ 2001–2005 ᧩

In den Jahren 2001/02 eröffneten sich Ihnen Gelegenheiten in den Bereichen Liebe, Romantik, Kinder, Urlaubsreisen und Sport, und Sie konnten Ihren Horizont durch alles erweitern, was mit dem Showgeschäft, der Unterhaltungsindustrie oder dem Hotel- und Gastgewerbe zu tun hat. Sie hatten viel Spaß! Bald verbesserten Sie sich beruflich, übernahmen mehr Verantwortung für Kinder, und Ihre Beziehungen wurden befriedigender und wichtiger.

Die gute Nachricht ist, dass Ihnen 2004 Gaben, Geschenke und Hilfe von anderen Menschen zuströmten. Jetzt war die geeignete Zeit, um einen Kredit oder eine Hypothek aufzunehmen. Das Jahr 2005 eignete sich besonders gut zum Reisen oder um etwas in den Bereichen Verlagswesen, Medien, Medizin und Rechtspflege zu unternehmen. Sie waren auf Lernen und Abenteuer aus und arbeiteten sehr hart. Keine Frage. Puh! »Pullt, Jungs. Pullt, dass die Riemen krachen!«

☽ 2006 – 2010 ☾

Obwohl jetzt eine Zeit harter Arbeit für Sie folgte, wagten viele von Ihnen den Sprung in die berufliche Selbstständigkeit, weil Ihr Herrscherplanet Uranus Ihre berufliche Situation durcheinanderbrachte. Deshalb waren Ihre Einkommensquellen in dieser Zeit möglicherweise unsicher und schwankend. (Ach du Schande!)

Zum Glück stand 2006 Jupiter ganz oben in Ihrem Horoskop und ließ Sie richtig gut aussehen. Beförderungen, Lohnerhöhungen, Anerkennung und Angebote von anderen Menschen gaben Ihnen einen kräftigen Schub. Was immer geschah, es steigerte definitiv Ihr Ansehen bei den Mitmenschen. (Ihr Badezimmerspiegel war voller Lippenstiftküsse!)

Einige von Ihnen allerdings nahmen statt der Beförderungen und Anerkennungen lieber die Gelegenheit wahr, sich beruflich in einem Feld zu etablieren, das mit Medizin, Heilkunde, Rechtspflege oder höherer Bildung, dem Verlagswesen oder vielleicht sogar der Reisebranche zu tun hatte.

Natürlich gibt es oft Ärger im Paradies. In dieser Zeit wurden Partnerschaften stark belastet. (Ächz.) Bereits angegriffene Partnerschaften lösten sich jetzt auf, die anderen hatten es von 2006 bis 2008 nicht leicht. (Autsch.) Zum Glück waren Sie 2007 sehr beliebt und konnten daher zu Ihren Freunden entkommen, um ein bisschen Sympathie und Zerstreuungen zu genießen. (»Frische Pferde und Whisky für meine Männer!«)

Im Jahr 2009 saßen Sie dann wieder im Sattel, weil der Glücksbringer Jupiter im Wassermann stand. Das hätte zu keiner besseren Zeit passieren können. (Puh!) Das Glück lächelte auf Sie herab, bescherte Ihnen vermehrt gute Gelegenheiten und gesteigertes Selbstbewusstsein und brachte Sie mit wichtigen

Menschen zusammen – gerade als Sie praktische Unterstützung oder Ratschläge von Partnern und anderen Menschen oder Quellen verloren hatten. (Aber diese mangelnde Unterstützung durch andere Menschen warf Sie auf Ihre eigenen Reserven zurück.)

Es ist interessant, wie viel Glück Sie dabei hatten, denn gerade als Sie in einem Bereich Ressourcen verloren, lächelte Fortuna in einem anderen Bereich auf Sie herab. (Da haben Sie einen guten Balanceakt hingelegt.)

Zweifellos hatten so viele von Ihnen deshalb 2010 eine Möglichkeit, ihr Gehalt zu steigern, einen besseren Job zu ergattern oder sich anderweitig finanziell zu stabilisieren. Ka-ching! (Geld ist so praktisch, wenn man sich etwas kaufen möchte.)

❧ 2011 – 2012 ❧

Zweifellos lautet das Stichwort für Ihr Sternzeichen im Jahr 2011 »Hoffnung«. Aus verschiedenen Gründen (die in jedem Einzelfall unterschiedlich sind) sind Sie jetzt hoffnungsvoller und optimistischer, was die Zukunft angeht, als Sie es seit vielen Jahren gewesen sind. Und das hat gute Gründe. Sie haben nicht nur kürzlich Ihr Einkommen erhöht (und diese Tendenz wird sich bei vielen von Ihnen fortsetzen), sondern Sie spüren auch, dass sich etwas ankündigt.

Seit 2005 haben Sie langsam immer mehr Kraft gewonnen und größere Verantwortung übernommen, um das zu erreichen, was Sie sich zutrauen. Zuletzt mussten Sie sich von vielem trennen und mit weniger auskommen. Aber wie Nietzsche fröhlich feststellte: »Was mich nicht umbringt, macht mich stärker.« Und das trifft auf Sie unbedingt zu. Jetzt unternehmen Sie entweder Reisen oder bilden sich weiter, weil Sie Ihr Ziel in der Ferne ausmachen können. Sie wissen jetzt, was Sie erreichen wollen! Es ist nicht länger nur eine vage Hoffnung. Und das Schöne dabei ist, dass Sie gerade jetzt, wo das Ziel in Sicht kommt, hoffnungsvoll und nicht entmutigt sind.

Im Jahr 2012 werden sich die Dinge noch weiter verbessern, besonders in Ihrem Privatleben. Alles, was mit Ihrem Zuhause, der Familie und Ihnen selbst zu tun hat, wird zu einer Quelle der Freude, des Vergnügens und der Ausdehnung. Viele von Ihnen werden Ihre Familie durch Heirat, Geburt oder Adoption erweitern. Andere werden ihr Haus ausbauen. Beachten Sie: Das Jahr 2012 eignet sich sehr gut für Immobilieninvestitionen oder die Erweiterung Ihres Besitzes. Jetzt ist die richtige Zeit, um ein Eigenheim oder Immobilienanlagen zu kaufen. Auch alles, was

Sie jetzt in Ihr Haus stecken, wird in der Zukunft Profit bringen. (Darüber werden Sie noch froh sein!)

Es ist auch ein wunderbares Jahr, um sich Gäste einzuladen oder Familientreffen bei Ihnen zu Hause zu veranstalten. Sie wünschen sich jetzt intensiveren Familienzusammenhalt, unter anderem deswegen, weil nun eine sehr erfolgreiche Zeitspanne in Ihrem Leben beginnt. Warum also nicht jetzt die Truppen hinter sich scharen? Man trifft sich so oft zu traurigen Anlässen, warum nicht einfach mal feiern, dass alles gut läuft?

∽ 2013 – 2014 ∼

Halleluja! Jetzt nehmen Sie die Dinge wirklich in die Hand. Dieses Jahr ist in vielerlei Hinsicht entscheidend! Wo fangen wir an? Am besten mit dem, was Spaß macht. Für einen Urlaub könnten Sie sich keine bessere Zeit aussuchen. Eines Ihrer Themen dieses Jahr (und es gibt mehrere) ist: Spaß haben und es sich gut gehen lassen! Deshalb ist jetzt die richtige Zeit für eine Ferienreise, außerdem für alle Vorhaben in den Bereichen Kunst, Showgeschäft, Unterhaltung und Gastgewerbe.

In diesem Jahr sind Sie wirklich von der Muse geküsst. Viele von Ihnen werden die Gelegenheit ergreifen, sich kreativ auszudrücken, ob als berufsmäßiger Künstler oder als Hobby. Schließlich sind Sie ein Verb, kein Nomen. Aus dem Tun entstehen Vergnügen und Zufriedenheit. (Es ist allerdings auch durchaus möglich, dass Sie dieses Jahr zum ersten Mal Geld mit Ihrer Kunst verdienen oder aber mehr Geld als zuvor.)

Kinder sind 2013 eine Quelle der Freude für Sie! Wenn Sie letztes Jahr Ihre Familie nicht um Kinder erweitert haben, dann kann das dieses Jahr geschehen.

Jetzt ist auch eine wunderbare Zeit für Liebe und Romantik. Für viele von Ihnen beginnt eine neue Liebe. Diese neuen Beziehungen werden von Freude und gesteigertem Wohlbefinden geprägt. Ihr Partner ist möglicherweise älter, reicher oder erfahrener als Sie. Sie haben das Gefühl, aus dieser neuen Liebe etwas lernen zu können. Die Beziehung erweitert Ihren Horizont. (Klingt für mich so, als bezahlte jemand Ihnen den Urlaub!) Bei dieser Himmelskonstellation ist es übrigens gut möglich, dass Ihre neue Liebe aus einer anderen Kultur stammt oder einen anderen sozialen Hintergrund hat. *Sehr aufregend und stimulierend!*

Auch bestehende Partnerschaften entflammen neu. Die Freude aneinander wird verstärkt. Alles ist gut.

> »Wenn die Menschen lachen, bringen sie sich normaler-weise nicht gegenseitig um.«
>
> ALAN ALDA
> Amerikanischer Schauspieler, Filmregisseur und Drehbuchschreiber
> M*A*S*H (TV-Serie)
> (28. Januar 1936)

Weil Sie jetzt mehr Freiheit haben, sich selbst auszudrücken, wachsen Sie! Sie müssen Ihr Licht nicht mehr unter den Scheffel stellen. Sie haben keine Angst, Ihre Verdienste auch für sich in Anspruch zu nehmen, und sind mit sich zufrieden!

Kein Wunder also, dass jetzt für Sie eine Reihe großartiger Erfolge beginnt, auf die Sie sich schon seit 2005 vorbereitet haben. In diesem Jahr ist der Moment der Erfüllung gekommen! Um genauer zu sein, handelt es sich weniger um einen Karrierehöhepunkt (obwohl auch das gut möglich ist), sondern eher um eine Zeit der Ernte für Sie. Außerdem ist es eine Ernte nach einem vollendeten Dreißigjahreszyklus. (Große Sache!)

Wie bei jeder Ernte sehen Sie jetzt deutlich, welche Saat aufgegangen ist und welche nicht. Für die meisten Menschen wird es ein beruflicher Höhepunkt oder eine Zeit gesteigerter Beliebtheit, des Prestiges, der Beförderungen und Anerkennungen sein. Einige machen jetzt ihren Abschluss, andere heiraten oder bekommen das erste Kind. Mit anderen Worten, Sie erreichen jetzt etwas, worauf Sie hingearbeitet haben – *einen lang gehegten Traum.*

In einigen wenigen Fällen zeigt die Ernte allerdings auch, wo Sie die falsche Saat ausgebracht haben. (Ich hasse diesen Teil.)

Jetzt beginnt eine neue Entwicklung. In den nächsten sechs Jahren stehen Ihnen plötzliche große Veränderungen bevor. Sehr wahrscheinlich werden sich diese Veränderungen in Ihrem täglichen Umgang mit Verwandten, Geschwistern und Nachbarn widerspiegeln. Sie kommen Ihnen plötzlich wie ganz andere Menschen vor, oder Sie werden selbst in einem anderen Licht gesehen. Auf jeden Fall wird sich Ihre geistige Haltung dauerhaft ändern.

Außerdem wird sich in den nächsten sechs oder sieben Jahren Ihr tägliches Lebenstempo aus irgendeinem Grund steigern. Das könnte daran liegen, dass Sie sich zum ersten Mal um Kinder kümmern müssen. Sie müssen schneller reagieren, flexibler werden und sich auf Ihre Umgebung einstellen können. Jetzt beginnt ein siebenjähriges Zeitfenster, in dem Ihr Alltagsleben aufregender und anregender wird! Wagen wir die Formulierung »voller Wunder«? (Wir wagen sie.)

Und noch eine gute Nachricht! Im Jahr 2014 haben Sie die Möglichkeit, sich beruflich stark zu verbessern! Entweder bekommen Sie einen besseren Arbeitsplatz oder andere und bessere Aufgaben am gegenwärtigen, oder Ihr böser Chef wird nach Wladiwostok versetzt. Dies ist für Sie eine der besten Chancen seit mehr als einem Jahrzehnt, sich beruflich zu verbessern.

Für die Rentner unter Ihnen (und natürlich auch alle anderen) gilt, dass sich Ihre Gesundheit 2014 verbessern kann. Sie fühlen sich stärker, robuster und entwickeln mehr Lebensfreude!

Sie sind ein Glückspilz!

⚭ 2015 – 2017 ⚭

In diesem Zeitraum verbessern sich sämtliche Partnerschaften – geschäftliche, private und auch Ihre Ehe – deutlich. Sie sind jetzt viel glücklicher, weil Ihre engen Beziehungen sich so gut entwickeln, und das gilt auch für Ihr Verhältnis zur Öffentlichkeit.

In diesem Jahr steht der Glück bringende Jupiter in Opposition zu Ihrem Sternzeichen, was in mancher Hinsicht einen Höhepunkt bedeutet. Jupiter stachelt Ihren Ehrgeiz an! Sie greifen nach dem großen Los, fühlen sich durch Ihre bisherigen Erfolge ermutigt und trauen sich alles zu! Und warum auch nicht?

»Ein gelegentlicher Exzeß kann durchaus anregend wirken. Der verhindert, dass Mäßigung zu einer abstumpfenden Gewohnheit wird.«

W. SOMERSET MAUGHAM
Britischer Schriftsteller und Geheimagent
Der Menschen Hörigkeit, Auf Messers Schneide
(25. Januar 1874 – 16. Dezember 1965)

Jetzt ist auch ein ausgezeichnetes Jahr, um professionelle Hilfe oder Beratung in Anspruch zu nehmen. Wenn Sie einen Experten konsultieren müssen, dann tun Sie es jetzt. Wer sich jetzt fest bindet oder heiratet, wird es wahrscheinlich mit einem älteren, reicheren oder erfahreneren Partner tun. In vielerlei Hinsicht sind Sie vom Glück geradezu umzingelt! Im Jahr 2016 kommen Ihnen Erbschaften, Geschenke, der Reichtum Ihres Partners, Steuerrückerstattungen und andere Zuwendungen zugute.

Auch Ihre Libido ist jetzt sehr ausgeprägt! Das macht Ihr

Leben in diesem Jahr sehr interessant. Sagen wir einfach, *Ihr Sexleben wird reicher.* (Und damit meine ich nicht, dass Sie Geld dafür nehmen.)

Für einige von Ihnen kommt jetzt eine spirituelle Erneuerung. Vielleicht finden Sie den Glauben. (»Ich wusste gar nicht, dass er verloren gegangen war.«)

Im Jahr 2017 ergeben sich aufregende Möglichkeiten für Reisen. Viele von Ihnen werden sich in die Lüfte erheben. Die Flüge können Geschäfts-, Vergnügungs-, Bildungs- oder Abenteuerreisen sein. Einige von Ihnen werden sogar aus religiösen Gründen reisen – vielleicht Wandern auf dem Jakobsweg oder in den schottischen Highlands. Klassische Wassermann-Trips! (Sie wissen schon, was das Richtige für Sie ist.)

Dieses Jahr ist außerdem sehr gut für Autoren geeignet, die sich gerne veröffentlicht sehen möchten. Alles, was mit höherer Bildung, dem Verlagswesen, den Medien, der Medizin und dem Rechtswesen zusammenhängt, bekommt einen wunderbaren Anschub.

Insgesamt kann man sagen, dass Sie begeistert zugreifen, um sich mehr von der Welt zu sichern und Ihren Horizont zu erweitern, und zwar entweder durch Reisen, durch Weiterbildung oder durch beides. Sie hungern nach Abenteuer und Wissen, und Ihre kürzlichen Erfolge haben Sie mit dem Selbstvertrauen erfüllt, das dafür nötig ist.

2018 – 2020

Ein großartiges Jahr! Zum ersten Mal seit 2006 zieht der finanzielle Glücksbringer Jupiter wieder oben durch Ihr Horoskop, verschafft Ihnen alle möglichen guten Gelegenheiten und rückt Sie bei wichtigen Leuten ins rechte Licht.

Der große Unterschied ist diesmal, dass Sie in einer viel besseren Position sind, um Ihr Potenzial zu nutzen. Im Jahr 2006 standen Sie wegen belasteter Partnerschaften und Beziehungen unter großem Druck. Außerdem probierten Sie damals Ihre neu gefundene Freiheit noch aus. Aber jetzt, 2018, haben Sie sehr viel mehr Zutrauen in Ihre Fähigkeiten. Und wie ein altes Sprichwort sagt: »Der Erfolg hat viele Freunde.«

Allerdings kommt jetzt auch etwas anderes ins Spiel. In vielerlei Hinsicht treten Sie jetzt in ein Zeitfenster von zwei oder drei Jahren ein, das dem in den späten Achtzigerjahren gleicht. Mit anderen Worten: Viele von Ihnen werden nach ihren kürzlichen Erfolgen jetzt vieles von dem hinter sich lassen, was sie seit 2005 aufgebaut haben. Das heißt Abschied und Trennung von Menschen, Orten und Besitztümern.

Zuerst wird Ihnen auffallen, dass Sie Ihr Leben übersichtlicher und einfacher gestalten, indem Sie Schränke, Abstellkammern, Garagen und Spinde ausmisten. Vielleicht veranstalten Sie einen Garagenflohmarkt, verschenken einiges oder werfen es weg.

Bald werden Sie aber auch bemerken, dass sich Ihre Freundschaften und Beziehungen abnutzen. (Waaas?) Das passiert Ihnen sonst nicht! Schließlich sind Freundschaften sehr wichtig für Sie. Aber seien wir ehrlich, wir wachsen trotzdem manchmal aus Beziehungen hinaus, und genau das geschieht jetzt. Einige von Ihnen werden auch ihre Wohnung oder den

Arbeitsplatz aufgeben und darüber nachdenken, ihr Leben zu ändern.

Keine Sorge! Es muss nichts Drastisches sein. Aber jetzt ist es Zeit für Sie loszulassen. Das Wichtige dabei: *Sie müssen sich nur von dem trennen, was in Ihrem Leben nicht mehr relevant ist.* Sie werfen den überschüssigen Ballast ab. Alles Wichtige und Bedeutungsvolle bleibt Ihnen erhalten.

Trotz dieser Einschränkungen sind Sie 2019 ungewöhnlich beliebt. Sie sind mittendrin! Jetzt ist die richtige Zeit, um sich Vereinen, Organisationen und Gruppen anzuschließen. Neue Freundschaften bilden sich. Die Menschen, denen Sie begegnen, werden Ihnen neue Ideen eingeben, die in Ihrem Geist wachsen – und dadurch letztlich Ihre langfristigen Ziele ändern. Das könnte auch einer der Gründe sein, warum Sie sich von anderen Dingen trennen. (Ach nee!)

Im Jahr 2019 sind Sie ungewöhnlich idealistisch. Freundschaften kommen Ihnen jetzt zugute. Stellen Sie sich auf gemeinsame Projekte mit anderen Menschen ein, um Ihre Ideale umzusetzen. Es ist jedenfalls ein Jahr neuer Bekanntschaften, neuer Freundschaften und neuer Kontakte. (»Kommen Sie doch zum Mittagessen in meinem Club vorbei.«)

Im Jahr 2020 wechselt Ihr Herrscherplanet Uranus das Sternzeichen und zieht langsam ganz unten durch Ihr Horoskop. Dort bleibt er bis 2026. Sie erinnern sich, dass Uranus unberechenbar und explosiv ist und größere Freiheit und neue Entdeckungen symbolisiert.

Wenn Uranus dort steht, wo er jetzt steht, bedeutet das für viele von Ihnen einen Umzug oder eine große Veränderung in der Familie. Einige von Ihnen werden den Kontakt zu Familienmitgliedern abbrechen. (Heißer Tipp: Der wahrscheinlichste Bereich für diese Umwälzung ist der, in dem Sie in Routine verfallen sind.) Es sieht so aus, als würde Ihr Familienleben getestet, sodass Sie Ihren realen Alltag neu erfassen und entdecken, was Ihnen wirklich wichtig ist. Uranus steht für Lebenskraft, Jugend

und neue Ansätze. Er greift immer das an, was starr und ein-
gefahren ist.

Andererseits sollten Sie einen Zaun nie einreißen, bevor Sie
wissen, warum er errichtet wurde. Alles klar?

∽ 2021–2022 ∾

Dieses Jahr haben Sie Besuch von Frau Fortuna! Ich sage das, weil 2021 (plus oder minus ein Jahr) ein Wendepunkt in Ihrem Leben ist, und zwar ein derartig markanter, dass sich viele von Ihnen in einer völlig neuen Situation wiederfinden werden, womöglich sogar in einem anderen Land. Die neue Umgebung ist so anders, dass Sie wahrscheinlich sogar Ihre tägliche Kleidung ändern. (»Gibt es die Zwangsjacken nur in Weiß?«)

Für Sie beginnt jetzt ein neuer Dreißigjahreszyklus. In den ersten sieben Jahren werden Sie sich selbst völlig neu erfinden. (Cool!) Das geschieht gewöhnlich zweimal im Leben (in einem sehr langen Leben auch dreimal).

Zuletzt haben Sie diesen Vorgang etwa von 1991 bis 1995 erlebt. Schauen Sie einfach zurück, und sehen Sie, wie sehr sich Ihr Leben seit damals verändert hat! Aber das ist noch nicht alles, die frühen Neunzigerjahre waren für Sie auch eine Zeit, in der sich Ihre Persönlichkeit verändert hat, sodass Sie zur Jahrtausendwende ein ganz anderer Mensch waren! (Wahrscheinlich hatten Sie auch zugenommen. Müssen wir den Duschvorhang wieder weiter machen?)

Und jetzt geht es also wieder los. Und gerade dann, wenn Sie ihn am meisten brauchen, findet sich der Glück bringende Jupiter in Ihrem Sternzeichen ein! Ist das nicht toll? Jupiter steht vom Dezember 2020 bis zum Januar 2022 im Wassermann. Yippie! (Im Sommer weicht er für zwei Monate in die Fische aus, was, glauben Sie mir, für Sie auch nicht schlecht ist, denn das könnte Ihre Einnahmen steigern.)

Das heißt also, dass Jupiter gerade dann, wenn Sie in eine völlig neue Welt eintreten, Ihr Selbstbewusstsein und Ihren Charme stärken, Ihnen Möglichkeiten verschaffen und Kontakte zu wichtigen Menschen bringen wird. Im Sommer 2021 sind Sie wirklich *heiß*!

Nach diesen glücklichen Zufällen können Sie für 2021/22 ein höheres Einkommen erwarten. Achten Sie auf Gelegenheiten, sich beruflich zu verbessern, mehr zu verdienen oder sich Nebeneinkünfte zu verschaffen. Alle diese Optionen sind jetzt sehr gut möglich.

In vieler Hinsicht ist dies eine sehr erfüllende Zeit. Etwa 2007 hatten Sie sich Problemen gegenübergesehen, die nicht leicht zu überwinden waren, aber damals war auch eine Zeit des Neuanfangs für Sie. Jetzt erkennen Sie, wie sich diese Entscheidungen entwickelt haben. Sie brauchen immer noch Durchhaltevermögen und harte Arbeit, konzentrieren Sie also Ihre Energie, und verzetteln Sie sich nicht.

2023 – 2025

Jetzt ereignen sich ziemlich viele Veränderungen, denn Sie befinden sich auf halber Strecke der Phase, in der Ihr Herrscher Uranus in Ihrem Privatleben und Ihrem Zuhause alles durcheinanderbringt (von Juli 2018 bis Juli 2025). Dieser spezielle Einfluss ist Ihnen völlig neu, weil er nur alle vierundachtzig Jahre auftritt. (Sie können weglaufen, aber sich nicht davor verstecken.)

Behalten Sie unbedingt im Gedächtnis, dass Uranus die Dinge beleben und auffrischen möchte. Natürlich kann es jetzt zu einem dramatischen Wohnortwechsel kommen.[14]

In diesem Zeitfenster (2018 bis 2025) finden auch Veränderungen in der Familie statt. (Vielleicht springen Ihre Eltern plötzlich aus Ihrem Küchenschrank wie der Teufel aus der Kiste.) Beziehungen zu Familienmitgliedern ändern sich überraschend. Es kann alles passieren! Insgesamt wird sich sowohl Ihre Beziehung zu Ihrer Wohnung als auch die zu den Familienangehörigen so verändern, dass Sie sich schließlich freier, weltzugewandter und Ihrer eigenen Persönlichkeit entsprechender fühlen als vorher. Uranus duldet keine Drückeberger. (Hey, er ist Ihr Herrscher; Sie wissen, wovon ich spreche.) Außerdem bewirkt er oft, dass Sie sich von Zuständen und Dingen trennen, die Sie eingeengt haben.

Im Jahr 2023 sind Sie positiv gestimmt und mit Kurzreisen und Ausflügen beschäftigt. Außerdem ist es ein wunderbares Jahr für Schreiben, Lehren, Schauspiel und Vorträge. Sie sind sehr begeistert und richtig optimistisch! Vielleicht liegt es ja

---

[14] Benjamin Franklin sagte: »Dreimal umgezogen ist so schlimm wie einmal abgebrannt.« (Ich stimme ihm zu.)

an Ihrem Geldzuwachs oder der Einkommenssteigerung von 2022/23. (Es ist immer gut, sich in Bargeld zu hüllen.)

Im Jahr 2024 haben Sie wieder eine gute Chance, Geld zu machen, und zwar durch Immobiliengeschäfte. Es ist das richtige Jahr, um Häuser zu kaufen oder zu verkaufen, in Immobilienanlagen zu investieren oder Ihr eigenes Haus zu renovieren. Was Sie jetzt in Immobilienanlagen oder Ihr eigenes Heim stecken, wird sich langfristig als profitabel erweisen.

Auch im Bereich Familie und Privatleben erfahren Sie jetzt verstärkt Glück und Freude und sind einer Familienerweiterung nicht abgeneigt. Jetzt ist die richtige Zeit für Kinder oder Enkelkinder und die Erweiterung der Familie durch Heirat, Geburt oder Adoption. Das könnte auch 2025 stattfinden, denn dann werden Kinder für Sie zu einer Quelle der Freude. Darauf können Sie sich verlassen.

Das Jahr 2025 ist auch wunderbar für eine Ferienreise geeignet. Planen Sie dafür voraus, denn dieses Jahr wird Ihnen viel Spaß und Freude bringen!

Außerdem ist es ein großartiges Jahr, um Ihre Kreativität auszudrücken. Sie können mit Ihrer Kunst Geld verdienen oder sich in der Unterhaltungsindustrie, dem Hotel- und Gastgewerbe oder dem Showgeschäft engagieren. Und natürlich im Sport!

Last, but not least sieht es 2025 auch für Liebe, Romantik, Flirts und neue Beziehungen rosig aus. Eine Liebesbeziehung, die jetzt beginnt, wird wahrscheinlich mit einem älteren, vielleicht reicheren und erfahreneren Partner eingegangen. (Könnte das eine Kreuzfahrt bedeuten?)

Ist das alles nicht toll?

»Wir alle reisen zusammen, sind Passagiere eines kleinen Raumschiffs, abhängig von seinen verletzlichen Vorräten an Luft und Boden; unsere Sicherheit ist seiner Sicherheit und seinem Frieden anvertraut; vor der Vernichtung sind wir lediglich durch die Sorgfalt, die Arbeit und die Liebe geschützt, die wir unserem zerbrechlichen Fahrzeug schenken.«

ADLAI STEVENSON
Amerikanischer Politiker und
US-Botschafter bei den Vereinten Nationen
(5. Februar 1900 – 14. Juli 1965)

Berühmte Wassermänner

21. Januar 1905	Christian Dior
21. Januar 1950	Billy Ocean
21. Januar 1957	Geena Davis
21. Januar 1976	Emma Bunton
22. Januar 1788	Lord Byron
22. Januar 1960	Michael Hutchence
22. Januar 1967	Götz Otto
22. Januar 1974	Annette Frier
23. Januar 1910	Django Reinhardt
23. Januar 1928	Jeanne Moreau
23. Januar 1942	Willy Bogner
23. Januar 1957	Caroline von Monaco
23. Januar 1984	Arjen Robben
24. Januar 1862	Edith Wharton
24. Januar 1928	Desmond Morris
24. Januar 1939	Joseph Vilsmaier
24. Januar 1949	John Belushi
25. Januar 1874	W. Somerset Maugham
25. Januar 1882	Virginia Woolf
25. Januar 1928	Eduard Schewardnadse
25. Januar 1943	Dagmar Berghoff
25. Januar 1981	Alicia Keys
26. Januar 1880	Douglas MacArthur
26. Januar 1925	Paul Newman
26. Januar 1944	Angela Davis
26. Januar 1955	Eddie Van Halen
27. Januar 1756	Wolfgang Amadeus Mozart
27. Januar 1832	Lewis Carroll
27. Januar 1850	Samuel Gompers

27. Januar 1964	Bridget Fonda
27. Januar 1980	Eva Padberg
28. Januar 1873	Colette
28. Januar 1912	Jackson Pollock
28. Januar 1936	Alan Alda
28. Januar 1978	Gianluigi Buffon
28. Januar 1981	Elijah Wood
29. Januar 1736	Thomas Paine
29. Januar 1939	Germaine Greer
29. Januar 1948	Guido Knopp
29. Januar 1954	Oprah Winfrey
30. Januar 1882	Franklin Delano Roosevelt
30. Januar 1930	Gene Hackman
30. Januar 1937	Vanessa Redgrave
30. Januar 1974	Christian Bale
30. Januar 1980	Wilmer Valderrama
31. Januar 1902	Tallulah Bankhead
31. Januar 1919	Jackie Robinson
31. Januar 1923	Norman Mailer
31. Januar 1931	Hansjörg Felmy
31. Januar 1938	Beatrix von Niederlande
31. Januar 1981	Justin Timberlake
1. Februar 1901	Clark Gable
1. Februar 1931	Boris Nikolajewitsch Jelzin
1. Februar 1941	Karl Dall
1. Februar 1965	Stephanie von Monaco
2. Februar 1882	James Joyce
2. Februar 1945	Robert Atzorn
2. Februar 1947	Farrah Fawcett
2. Februar 1977	Shakira
3. Februar 1805	Otto Theodor von Manteuffel
3. Februar 1874	Gertrude Stein
3. Februar 1948	Henning Mankell
3. Februar 1994	Tallulah Belle Willis

4. Februar 1902	Charles Lindbergh
4. Februar 1906	Dietrich Bonhoeffer
4. Februar 1914	Alfred Andersch
4. Februar 1948	Alice Cooper
5. Februar 1900	Adlai Stevenson
5. Februar 1906	John Carradine
5. Februar 1948	Barbara Hershey
5. Februar 1985	Cristiano Ronaldo dos Santos Aveiro
6. Februar 1917	Zsa Zsa Garbor
6. Februar 1918	Lothar-Günther Buchheim
6. Februar 1932	François Truffaut
6. Februar 1945	Bob Marley
6. Februar 1962	Axl Rose
7. Februar 1812	Charles Dickens
7. Februar 1954	Dieter Bohlen
7. Februar 1962	Garth Brooks
7. Februar 1978	Ashton Kutcher
8. Februar 1828	Jules Verne
8. Februar 1925	Jack Lemmon
8. Februar 1931	James Dean
8. Februar 1937	Manfred Krug
8. Februar 1955	John Grisham
9. Februar 1942	Carole King
9. Februar 1943	Joe Pesci
9. Februar 1945	Mia Farrow
9. Februar 1960	Holly Johnson
9. Februar 1965	Dieter Baumann
9. Februar 1966	Christoph Maria Herbst
9. Februar 1987	Magdalena Neuner
10. Februar 1898	Bertolt Brecht
10. Februar 1930	Robert Wagner
10. Februar 1967	Laura Dern
10. Februar 1982	Tom Schilling

11. Februar 1847	Thomas Alva Edison
11. Februar 1926	Leslie Nielsen
11. Februar 1928	Gotthilf Fischer
11. Februar 1936	Burt Reynolds
11. Februar 1969	Jennifer Aniston
12. Februar 1809	Charles Darwin
12. Februar 1809	Abraham Lincoln
12. Februar 1884	Max Beckmann
12. Februar 1922	Gustl Bayrhammer
12. Februar 1980	Christina Ricci
13. Februar 1903	Georges Simenon
13. Februar 1933	Kim Novak
13. Februar 1938	Oliver Reed
13. Februar 1962	Heikko Deutschmann
14. Februar 1942	Michael Bloomberg
14. Februar 1947	Heidemarie Ecker-Rosendahl
14. Februar 1962	Josef Hader
14. Februar 1977	Cadel Evans
15. Februar 1943	Elke Heidenreich
15. Februar 1951	Jane Seymour
15. Februar 1954	Matt Groening
15. Februar 1963	Guildo Horn
16. Februar 1727	Nikolaus Joseph Freiherr von Jacquin
16. Februar 1952	Wolfgang Lippert
16. Februar 1959	John McEnroe
16. Februar 1973	Cathy Freeman
17. Februar 1954	Rene Russo
17. Februar 1957	Loreena McKennitt
17. Februar 1963	Michael Jordan
17. Februar 1971	Denise Richards
18. Februar 1867	Hedwig Courths-Mahler
18. Februar 1931	Toni Morrison
18. Februar 1933	Yoko Ono

18. Februar 1950	Cybill Shepherd
18. Februar 1954	John Travolta
18. Februar 1960	Greta Scacchi
18. Februar 1964	Matt Dillon
19. Februar 1952	Amy Tan
19. Februar 1958	Helen Fielding
19. Februar 1960	Andrew, Duke of York
19. Februar 1967	Benicio del Toro

Fische

20. Februar – 20. März

Fische

(20. Februar – 20. März)

»ICH GLAUBE.«

»Es gibt nur zwei Arten, sein Leben zu leben, entweder so, als gäbe es keine Wunder, oder so, als wäre alles ein Wunder.«

ALBERT EINSTEIN
Deutscher Physiker und Physiknobelpreisträger (1921)
(4. März 1879 – 18. April 1955)

»Ich bin der Albtraum jedes Bourgeois – ein intelligenter Cockney mit einer Million Dollar.«

SIR MICHAEL CAINE
Britischer Schauspieler
Hannah und ihre Schwester, Gottes Werk und Teufels Beitrag
(14. März 1933)

Element	Wasser
Herrscherplanet	Neptun
Qualität	Veränderlich
Gegenzeichen	Jungfrau
Symbol	Zwei umschlungene Fische, die Zusammenarbeit und Gegensätze symbolisieren
Glückssteine	Blutjaspis, Mondstein, Aquamarin, Amethyst und Perle[1]
Blumen	Lotus und Mimose
Farben	Türkis, Meergrün und Lavendel
Körperteile	Füße und Zehen

WAS SIE LIEBEN Schuhe, Tanz, Fantasie, Rollenspiel, Meditation, Yoga, schöne Orte am Wasser, Träume, kulturelle Veranstaltungen, Film und Fotografie. Sie kleiden sich geschmackvoll und präsentieren sich gut. Sie »kostümieren« sich oft.

WAS SIE VERABSCHEUEN Feindseligkeit, Grausamkeit, Eintönigkeit, Routineaufgaben, jemanden verletzen, jemanden zurückweisen und selbst zurückgewiesen werden. Sie weinen schnell.

WO SIE GLÄNZEN Sie sind aufgeschlossen, beruhigend, tröstend, mitfühlend, fantasievoll, wohltätig, liebevoll, spirituell, weise und romantisch.

WER IST SCHON VOLLKOMMEN? Sie sind hilflos, überemotional, spielen gerne das Opfer, reden zu viel und neigen zu Selbstmitleid. Sie haben zu viele Schuhe.

---

[1] Verschiedene Texte nennen verschiedene Steine für die verschiedenen Sternzeichen.

Das Wesen der Fische[2]

Am schnellsten kommen Sie hinter das Geheimnis Ihres Sternzeichens, wenn Sie sich die astrologische Bedeutung Ihres Herrscherplaneten vor Augen führen. Im Fall der Fische ist das Neptun, also der antike Meeresgott. Natürlich beherrscht Neptun den Ozean, aber er ist auch der Planet des Rauchs und der Spiegel. *Neptun bedeutet Illusion!* Huuuhh ... (Hier die Melodie aus *Twilight Zone* einspielen.)

Deshalb sind die Fische der Stoff, aus dem Träume, Fantasien und Vollkommenheit gewoben sind! Aber, liebe Fischegeborene, *Vollkommenheit ist ja nur eine Illusion,* oder?

Ihr Herrscherplanet Neptun ist die Muse – die Inspiration aller Kunst und Schönheit. Was immer aber Ihre Muse Ihnen einflüstert, kann man nie wirklich erreichen. Ich meine, nicht *wirklich.* Das perfekte Vorbild der Inspiration in Ihrem Geist ist nicht umsetzbar. Sie stellen sich ein Musikstück vor, die vollkommene Liebe oder eine Idylle, aber im wahren Leben sieht das nie genauso aus. Das wahre Leben ist unvollkommen. Vollkommenheit ist nur ein Ideal und kann in Wirklichkeit nie erzielt werden. (Ich sage das auch nicht gerne.)

Man könnte sagen, dass Neptun für die Musik steht, die Beethoven innerlich gehört hat, während Venus für das steht, was er tatsächlich niedergeschrieben hat. Das Gemälde, das Sie im Geiste vor sich sehen, ist nie dasselbe wie dasjenige nachher auf

---

[2] Niemand kann auf ein einziges Sternzeichen reduziert werden, denn jedes Horoskop enthält mehrere Planeten. Daher beschreibt dieser Abschnitt nur den Archetyp des Fisches – die Eigenschaften, die sein Wesen ausmachen. Auch viele, die unter einem anderen Sternzeichen geboren sind, haben Fische-Eigenschaften. Die Darstellung eines einzelnen Zeichens ist daher keine exakte Beschreibung einer bestimmten Person, sondern vielmehr die Beschreibung der Eigenschaften des Zeichens.

der Leinwand. Venus ist der tatsächliche künstlerische Ausdruck, Neptun ist die Inspiration dafür. Klingt exotisch, oder? Ist es auch!

Sie sehnen sich nach Perfektion und Schönheit in Ihrer Welt. Nicht nur nach Schönheit in Ihrer Umgebung, sondern auch nach schönen Menschen in schönen Schuhen an schönen Orten mit schönen Gedanken und schönen Werten, nach einer schönen Utopie also!

»Ich strebe nach schönen Begegnungen, nicht nach Geld.«
JULIETTE BINOCHE
Französische Schauspielerin
Der englische Patient, Chocolat – Ein kleiner Biss genügt
(9. März 1964)

Gehen wir noch einen Schritt weiter. Diese Verlockungen sind sogar noch reizvoller, wenn sie in Nebel gehüllt sind. Stellen Sie sich einen nackten Körper vor, der vor Ihnen steht, und dann denselben Körper in Chiffon gehüllt, der sanft in der Brise des Sonnenuntergangs weht – das Ganze dann an einem Strand mit weißem Sand und türkisfarbenem Wasser, das im Hintergrund schimmert. Ist dieser leicht verhüllte Körper nicht um vieles reizvoller als die bloße Nacktheit? Und zwar nicht nur, weil man dann die Cellulitis nicht so deutlich sieht. Vielmehr wohnt allem, was nur angedeutet wird, ein Hauch von Versprechen inne, ein viel größerer Reiz und Zauber (schweig still, mein klopfend Herz)! Deshalb ist Neptun der Planet des Glamours! Und Glamour ist natürlich immer eine Illusion. (Wie jeder gute Maskenbildner weiß.)

»Ein Bild ist der Ausdruck eines Eindrucks. Wenn wir das Schöne nicht in uns hätten, wie sollten wir es erkennen können?«
ERNST HAAS
Österreichischer Fotograf und Künstler
(2. März 1921–12. September 1986)

Hey, bevor Sie jetzt auf den Schwingen einer sanften Melodie in eine schöne Traumwelt davongetragen werden – Neptun beherrscht nicht nur die Illusion, sondern auch den Betrug. (Oh weh.) Noch mehr Rauch und Spiegel! Er steht nicht nur für Verwirrung und Irrtum, sondern auch für Gas, Öl, Farbe, Chemikalien, Chemie, Alkohol und alles Wasserlösliche, für Medikamente und Drogen – für den ganzen Medizinschrank!

Neptun geht es um die Veränderung der Realität, ob durch Einnahme einer Substanz oder bloßes Gedankenspiel. Sein Einfluss ist ziemlich trickreich!

»Die Realität ist nur eine Illusion, wenn auch eine sehr hartnäckige.«

ALBERT EINSTEIN
Deutscher Physiker und Physiknobelpreisträger (1921)
(4. März 1879 – 18. April 1955)

Wir alle wissen, dass Medikamente und Drogen ein Riesengeschäft sind – genau wie eine andere Illusionsindustrie, die Filmwirtschaft. Es geht ums Kino! Obwohl Showgeschäft und Unterhaltungsindustrie in den Bereich des Löwen fallen, gehören die bewegten Bilder, die eine Illusion sind, dem Neptun.

Denken Sie einen Moment darüber nach. Wir drängen uns alle in einen großen Saal und setzen uns auf Stuhlreihen, um alle in dieselbe Richtung zu blicken, auf eine große Leinwand, und plötzlich sind wir zu Tränen gerührt oder erschrecken furchtbar. Wir lachen herzlich, weinen oder schreien vor Angst! Wenn aber auf einmal das Licht anginge, würden wir uns ziemlich verwirrt umsehen, denn – da ist nur noch eine leere Wand. Was war da los? Wer war der Maskierte?

Das ist Neptun. Das sind die Fische. Das sind Sie.

Ihr Sternzeichen macht Sie zum fantasiereichsten, verspieltesten, exotischsten, faszinierendsten und bezauberndsten Menschen im Tierkreis. *Man betet Sie an!* Sie unterhalten die Menschen mit Ihrem Geist, Ihrem Charme und mit Ihren fließenden, graziösen Bewegungen. Vor Jahren sah ich Bruce Willis in *Stirb langsam.*[3] Während der Szene, als Bruce barfuß auf dem Dach des Nakatomi Plaza herumläuft – in einem eng anliegenden weißen Unterhemd (dieser Typ hat einen derart tollen Körper) –, setzte ich mich plötzlich auf und sah genauer hin. »Mooooment mal. Er bewegt sich ja wie ein Tänzer! Er muss einfach ein Fisch sein.« Später sah ich nach und fand heraus, dass Bruce Willis am 19. März 1955 geboren ist. Das heißt, er hat die Sonne und den Merkur in den Fischen, und Merkur passt in seinem Horoskop ausgezeichnet mit dem Neptun zusammen. Willis muss ein äußerst unterhaltsamer Gesprächspartner beim Abendessen sein. (Wahrscheinlich auch noch in einigen anderen Räumen.)

Warum kam ich sofort auf die Fische, als ich seine graziösen Bewegungen sah? Weil die Fische die Füße beherrschen. Alle großen Tänzerinnen und Tänzer haben irgendwo in ihrem Horoskop die Fische. Das erklärt, warum Sie so viele Schuhe in Ihrem Schrank haben, obwohl es Ihnen gar nicht bewusst ist. (Sie wollten doch diesen Monat wieder ein Paar kaufen, oder?) Ihre Füße sind Ihre Stärke und Ihre Schwäche. Aber Sie bewegen sich so elegant! Und Sie *lieben* es zu tanzen![4]

Ihr Geist ist voller Fantasien und Tagträume! In Ihren Fantasien erringen Sie Preise, Ehrungen, Reichtum, Ruhm und die Liebe Ihres Lebens. Sie erretten die Bedrängten, weisen Tyrannen in die Schranken und führen sogar imaginäre Gespräche mit Geschworenen, Lehrern, Ihrem Schwiegervater oder einem unfairen Chef, je nachdem, nach welchem Gesprächspartner Ihnen gerade zumute ist. Sie retten die Welt und werden dafür

---

[3] »Besuchen Sie Kalifornien, das Land der Sonne, hier macht das Leben noch Spaß.« (John McClanes Worte, als er sich blutend in einem Klimaanlagenschacht zusammenkrümmt.)
[4] Raúl Juliá (9. März 1940 – 24. Oktober 1994) war einer meiner absoluten Lieblingsschauspieler. Obwohl er kein Tänzer war, spielte er wundervoll in *Tango Bar.* (Seufz.) Und Cyd Charisse (8. März 1922 – 17. Juni 2008) in *Singin' in the Rain?* Oh mein Gott.

angebetet! Und im Grunde wollen Sie tief in Ihrem Inneren nur eins: Ihre Träume verwirklichen!

> *»Wir haben die Fähigkeit zu grenzenloser Kreativitä*
> *zumindest im Traum nehmen wir teil an der Macht de*
> *Geistes, der grenzenlosen Gottheit, die das Universur*
> *schuf.«*

JACKIE GLEASOΓ
Amerikanischer Komiker, Schauspieler und Musike
The Honeymooners, Ein ausgekochtes Schlitzoh
(26. Februar 1916–24. Juni 1987

Wer Sie kennt, weiß, dass Sie immer noch etwas verbessern wollen. Wenn Sie mit Ihrem oder Ihrer Liebsten zusammensitzen, denken Sie: »Wunderschön – aber wäre es nicht besser, wenn wir das Licht dämpften?« Dann sitzen Sie im Dämmerlicht zusammen, und Sie denken: »Wunderschön mit dem gedämpften Licht, aber wäre es nicht noch schöner, wenn wir ein bisschen Musik hätten?« Dann sitzen Sie im Dämmerlicht zusammen und hören Musik, und Sie denken: »Wunderschön mit dem gedämpften Licht und der Musik, aber wäre es nicht noch schöner mit einem Glas Wein?« Dann sitzen Sie im Dämmerlicht zusammen, hören Musik und trinken Wein, und Sie denken: »Wunderschön mit dem gedämpften Licht und der Musik und dem Wein, aber wäre es nicht schöner, wenn wir noch etwas Käse hätten und frische Erdbeeren und Pastetchen und ein Baguette und ein paar stimmungssteigernde Mittel (wir inhalieren natürlich nicht), und, und, und ...« Die Liste ist endlos. *Sie streben immer nach dem perfekten Augenblick.* Kommt Ihnen das bekannt vor?

Deshalb haben die Leute so viel Spaß mit Ihnen! Außerdem – ganz ehrlich – sind Fische die höflichsten Menschen im Tierkreis. Sie sind einfach so.

Also, es ist ein sehr komplizierter Job, und wir können
n nur bewältigen, wenn wir alle zusammenarbeiten als
eam und das bedeutet, ihr tut alles, was ich sage.« –
harlie Croker   *(Aus: Charlie staubt Millionen ab)*

SIR MICHAEL CAINE
Britischer Schauspieler
Hannah und ihre Schwester, Gottes Werk und Teufels Beitrag
(14. März 1933)

Sie sind nicht nur höflich, sondern auch ungewöhnlich charmant auf eine geradezu engelhafte Weise. Sie sind zu gut, um wahr zu sein! Auch wenn Sie in Wirklichkeit einen fürchterlichen Kater haben, sehen Sie immer noch »rein« aus. Denken Sie an Rob Lowe (17. März 1964) oder Glenn Close (19. März 1947) oder Ron Howard (1. März 1954) oder Billy Crystal (14. März 1948) oder Elizabeth Taylor (27. Februar 1932 – 23. März 2011). Was für sanfte Gesichter! So wunderschön, so unschuldig.

Denken Sie immer daran, dass der dunkle, inspirierende, flüchtige, verführerische und illusorische Neptun Ihr Herrscher ist. Das macht Sie absolut einmalig.

»Die Menschen hassen mich, weil ich ein vielseitig begab-
tes, reiches, international berühmtes Genie bin.«

JERRY LEWIS
Amerikanischer Komiker, Schauspieler und Produzent
Der verrückte Professor
(16. März 1926)

Drei wichtige Eigenschaften der Fische

Drei weitere Eigenschaften werden mehr Licht auf die Geheimnisse Ihrer Fische-Seele werfen. Um sich selbst besser zu verstehen, bedenken Sie folgende Aspekte:

1. Mitgefühl
2. Träume
3. Projektion

Mitgefühl

»Dein Herz möge die Leiden und Trübsale eines jeden mitempfinden und deine Hand geben, so viel dein Beutel dir gestattet.«

GEORGE WASHINGTON
Amerikanischer Politiker und erster Präsident
der Vereinigten Staaten (1789 bis 1797)
(22. Februar 1731–14. Dezember 1799)

Mitgefühl ist vielleicht die wichtigste menschliche Eigenschaft. Ich sage das, weil Menschen ohne Mitgefühl etwas sehr Trauriges sind. (Andererseits, gibt es geistig gesunde Menschen ohne Mitgefühl? Ich glaube nicht.)

Im Fernen Osten unterscheidet man zwischen Mitgefühl und Freundlichkeit. Dort wird Freundlichkeit als der Drang definiert, andere Menschen glücklich zu machen, während Mitgefühl der Wunsch ist, Leiden zu erleichtern. Ein wichtiger Aspekt des Mit-

gefühls ist es also, das Leiden anderer Menschen wahrzunehmen.

Weil die Fische vielleicht das empfindsamste aller Sternzeichen sind, sind Sie sich dieses Leidens Ihrer Mitmenschen sehr
bewusst. (Sie sind empfindsam gegenüber allem!) Diese Empfindsamkeit ist der Grund für Ihr Mitgefühl für andere Menschen.
Ihr Sternzeichen macht Sie zum fürsorglichsten, freundlichsten,
sanftesten und einfühlsamsten Menschen im ganzen Tierkreis.
Das steht außer Frage. (Weshalb sonst hätte ich einen fischegeborenen Zahnarzt?)

Der Fisch strebt danach, noch vor dem Zubettgehen die Welt
zu retten. Sie möchten Ihre Freunde retten, Ihre Lieben und Ihre
Familie. Überraschenderweise sind Sie auch bereit, einem völlig
Fremden Ihr letztes Hemd zu geben, wenn er krank ist oder Not
leidet. Sie möchten wirklich helfen.

Sie bringen anderen Menschen nicht nur viel Mitgefühl entgegen, sondern sind auch ein geduldiger Zuhörer. Deshalb ist
Neptun der Planet der Therapie und Beratung. Fischegeborene
haben auf diesem Feld viel Erfolg. (Ja, das ist so!)

---

*»Es wundert mich immer wieder, dass jedes Haus in jeder
Straße so voller Geschichten, so voller Triumphe und Tra-
gödien ist, obwohl alles, was wir sehen, Gärten und Ein-
fahrten sind.«*

GLENN CLOSE
Amerikanische Schauspielerin
Eine verhängnisvolle Affäre, Gefährliche Liebschaften
(19. März 1947)

Der Schwammeffekt

Hier muss ich allerdings zur Vorsicht mahnen. Meiner Meinung
nach sollten Fischegeborene nicht mit extrem starkem Schmerz
umgehen – zum Beispiel bei der Versorgung von Verbrennungs-

opfern. Sie bemerken nicht nur das Leiden anderer Menschen, Sie nehmen es nicht nur wahr, sondern Sie nehmen es geradezu auf. Sie saugen es sozusagen in Ihr eigenes System hinein, was nicht gut für Sie ist. Am besten vermeiden Sie den Kontakt mit Menschen, die sehr stark leiden. Wenn Sie aber einen solchen Arbeitsplatz haben, dann brauchen Sie Techniken, um die gefährlichen Vibrationen zu »reinigen«, die Sie wie ein Schwamm in Ihre eigene Psyche aufsaugen.

Ich sprach einmal mit einem Arzt, der sehr schnell von Patient zu Patient ging, und er erzählte mir von seiner Visualisierungstechnik. Nachdem er das schon so oft gemacht hatte, sagte er, könne er das inzwischen fast automatisch. Er stellte sich einen großen Baum vor, der aus seinem Kopf wuchs und weit in den Himmel reichte und dessen Wurzeln sich tief in den Boden senkten. Indem er sich zwischen den einzelnen Patienten schnell dieses Bild vorstellte, konnte er seine eigene Aura oder Psyche (wie auch immer man es nennen will) »reinigen« und so dem nächsten Patienten erfrischt und gestärkt gegenübertreten.

Viele Fische sind geborene Heiler. (Für einige von Ihnen klingt das sicher ziemlich abgeschmackt.) Aber für mich steht außer Frage, dass bestimmte Fische oder Menschen, die zumindest einen starken Neptuneinfluss in ihrem Horoskop haben, tatsächlich durch ihre bloße Präsenz heilen können.

Für Prinzessin Diana gibt es zwei Horoskope, weil vom Buckingham Palace und von ihrer Mutter unterschiedliche Geburtszeiten angegeben werden. Dasjenige Horoskop, das ich für authentisch halte, zeigt den Planeten Neptun im Aszendenten. Obwohl Prinzessin Diana kein Fisch war, glich sie doch einem, weil Neptun (der Herrscher der Fische) genau in ihrem Aszendenten stand. Klar, oder?

Jeder, der die Berichterstattung über Diana verfolgt hat, weiß, wie oft Patienten in von ihr besuchten Krankenhäusern behaupteten, dass ihre bloße Anwesenheit sie zu heilen oder zumindest ihren Zustand zu verbessern schien. Ich zweifle nicht daran.

Leider macht diese extreme, umfassende Einfühlsamkeit Sie auch ziemlich leichtgläubig und wankelmütig! Fischegeborene sind leicht herumzukriegen. Deshalb müssen Sie sehr wählerisch sein. Achten Sie sorgfältig darauf, mit wem Sie Ihre Zeit verbringen. Negative Menschen ziehen Sie runter und saugen Ihnen die Lebenskraft aus. Solche Menschen können Sie auch leicht auf Abwege bringen.

Wählen Sie Ihre Freunde mit Bedacht. Sie müssen so leben, als seien Sie ständig auf einem LSD-Trip.

»Alles ist Ursache – entweder für Gelächter oder Tränen.«[5]
Zwei Dinge kann man jedem Fischegeborenen garantieren. Sie haben mehr Schuhe als alle anderen in Ihrer Familie, und Sie weinen leicht. Zugegeben, ich kenne auch ein paar Fische, die sich nicht viel aus Schuhen machen, sondern völlig normal sind. (Keine Ahnung, was mit denen nicht stimmt.)

Es gibt auch ein paar Fische, die nicht nah am Wasser gebaut haben. (Woran mag das liegen?)

Mit Weinen meine ich übrigens nicht ein paar Tränen, sondern heftige Weinkrämpfe. Fischegeborene weinen nicht ein bisschen, sondern werfen sich aufs Bett und schluchzen. Manchmal sagen sie: »Ich musste mich einfach mal so richtig schön ausweinen.« (In meinen Ohren klingt das komisch.)

Was hat es mit der Heulerei auf sich? Eigentlich ganz einfach. Das Sternzeichen Fische beherrscht die Tränendrüsen. Deshalb können Sie plötzlich losweinen – Ihre Tränen warten nur darauf zu fallen.

Ja, Ihr Zeichen macht Sie zum empfindsamsten, einfühlsamsten, mitfühlendsten Menschen im Tierkreis. Ja, Sie weinen sehr leicht. Aber sind Sie deshalb ein Weichling? Ganz und gar nicht! Sehen Sie sich nur die Liste der berühmten Fischegeborenen an

---

[5] Dieser Ausspruch stammt von dem römischen Philosophen, Staatsmann und Dramatiker Seneca (etwa 4 v. Chr. – 65 n. Chr.).

(Seite 788), und Sie werden genug Beispiele für Furchtlosigkeit und Mumm in Ihrem Sternzeichen finden. Außerdem ist Intelligenz eine wichtige Voraussetzung für Mitgefühl. Keine Frage. Und Fische sind intelligent. Einstein? Schopenhauer? Dr. Seuss? Klarer Fall.

Träume

Jeder Mensch träumt. Die meisten erinnern sich allerdings nicht an ihre Träume. Einige behaupten sogar, gar nicht zu träumen, aber sie tun es natürlich doch und wissen es nur nicht mehr.

Die meisten Fischegeborenen können sich allerdings an ihre Träume erinnern. Die Welt Ihrer Träume ist für Sie ein wichtiger Teil des Lebens. Ich finde, wer sich an seine Träume erinnert, hat ein »größeres Leben«. Das sage ich, weil man sich dann nicht nur an den vergangenen Tag und den vorigen Abend erinnern kann, sondern auch an die vergangene Nacht. Wenn man bedenkt, dass das Leben aus Zeit gemacht ist, heißt das, Sie haben mehr als andere Leute, woran Sie sich erinnern können. Ihre Traumzeit gibt Ihnen mehr Leben! Die meisten Menschen verlieren diese Zeit. Deshalb glaube ich, dass Fischegeborene ein reicheres Leben führen, weil sie zusätzlich zu ihren wachen Momenten auch über ihre Träume nachdenken können.[6]

Dass Neptun der Herr der Träume ist, beeinflusst Sie rund um die Uhr, nicht nur im Schlaf. Auch im Wachzustand träumen und fantasieren Sie. Sie denken in Bildern. Wenn Sie sich an etwas erinnern, dann sehen Sie es als Bild vor sich. Sie wissen immer, wo Sie im Zimmer gestanden haben, in welchem Sessel Sie gesessen haben oder auf welcher Seite jemand neben Ihnen etwas gesagt hat. Vielleicht gehen Sie davon aus, das sei bei allen Menschen so, aber das stimmt nicht.

---

[6] Sehr gut gefallen hat mir das Buch *Kreativ träumen* von Dr. Patricia Garfield. Sie sagt, dass wir etwa sechs Jahre unseres Lebens träumend verbringen!

Am Anfang ist der Gedanke.
Aus dem Gedanken entspringt das Wort.
Aus dem Wort entspringt die Tat.
Und schon bald wird aus der Tat Gewohnheit.
Gewohnheit erhärtet sich allmählich zum Charakter.
Achte darum sorgfältig auf deine Gedanken,
und lass sie liebevoll und freundlich sein.
FERNÖSTLICHE WEISHEIT

Roger Bannister (23. März 1929) war der erste Mensch in der Geschichte, der die Distanz von einer Meile in weniger als vier Minuten lief. Dieses historische Ereignis fand am 6. Mai 1954 in Oxford statt. Das Interessante daran: Nachdem diese Grenze einmal unterschritten und damit bewiesen war, dass es möglich ist, liefen bis Ende 1957 sechzehn weitere Läufer die Meile unter vier Minuten (darunter Roger Bannister, der seine Leistung mehrfach wiederholte). Sie hatten eine Mauer durchbrochen. *Eine Mauer in ihren Köpfen.*

Roger Bannister war zwar ein kämpferischer Widder, aber er hatte den Merkur in den Fischen, und Merkur beherrschte seine Denkweise und Lebenssicht.

Deshalb sind Ihre Träume wichtig. Für Sie sind sie quasi Testläufe. Sie probieren darin Ideen, Hoffnungen und mögliche Zukunftsszenarien aus – seien es nun Tagträume oder nächtliche Träume. Ihre Träume sind praktisch das Trainingslager Ihres Lebens.

Träume und Imagination

Wegen Ihrer Fähigkeit zu Tagträumen und Ihren lebhaften Träumen in der Nacht haben Sie ein außergewöhnlich ausgeprägtes visuelles Vorstellungsvermögen. Sie haben mit anderen Worten eine fantastische Imaginationsgabe! Deshalb sind so viele Fischegeborene so außergewöhnlich kreativ. Sie sind wirklich von der

Muse geküsst. Sie können sich das, was Sie umsetzen wollen, leicht bildlich vorstellen, ob in den darstellenden oder den bildenden Künsten.

Diese kreative Vorstellungsgabe kann aber auf jedem Feld eingesetzt werden. Albert Einstein, wahrscheinlich der berühmteste Fischegeborene überhaupt, hat gesagt: »Vorstellungskraft ist wichtiger als Wissen.« Das stimmt natürlich. Wenn Sie sich umschauen, dann ist alles, was Sie sehen – jedes Möbelstück, jedes Gebäude, jedes Auto, Fahrrad, Kleidungsstück, Kochutensil, auch das Essen selbst – zunächst als Vorstellung in jemandes Geist entstanden.

Sie haben großes Glück, dieses wunderbare Talent zur Verfügung zu haben. Ihre Fähigkeit zur kreativen Visualisierung kann der Menschheit Lösungen, Erfindungen und umwälzende Entdeckungen bescheren. Nicht schlecht, oder?

Träume und Fluchten

Sie tagträumen unter anderem deshalb so gern, weil Sie damit der Realität entfliehen können. Sie wünschen sich eine perfekte Welt, auf jeden Fall aber eine angenehme! Unvollkommenheit mögen Sie nicht.

Wenn Sie also in unangenehme Situationen geraten, mit Traurigkeit oder Streit konfrontiert sind, dann wollen Sie dem entkommen. (»Lauf weg! Lauf weg!«) Einige von Ihnen tun es buchstäblich, indem Sie die Stadt verlassen oder verreisen und auf eine geografische Heilung hoffen.

Leider treibt die Neigung zur Realitätsflucht Fischegeborene oft in Drogen und Alkohol. Anstatt sich der unangenehmen Realität zu stellen, steigen sie aus, indem sie sich betrinken oder bekiffen. Kein Wunder, dass Ihr Herrscher, der Neptun, auch über Drogen und Medikamente herrscht. Hm.

Projektion

Das ist ein komplexes Thema, aber Sie werden sofort verstehen, was ich meine. Der Planet Neptun ist Ihr Herrscher. Das wissen wir. Neptun regiert Illusion, Rauch und Spiegel, den Weichzeichner vor der Kamera. Deshalb sind so viele Fischegeborene wie Chamäleons.

Sie sind ein Gestaltwandler!

Für Sie ist es leicht, ein bestimmtes Image zu verkörpern, das können Sie instinktiv. Wenn ich zum Beispiel einem beliebigen Menschen eine schwarze Melone und einen Spazierstock in die Hand drücke, wird er aussehen wie jemand, der mit einer Melone und einem Spazierstock dasteht. Wenn ich dasselbe einem Fischegeborenen gebe, dann – *voilà* – hat man plötzlich Charlie Chaplin vor sich!

Sie brauchen nur ganz wenige Requisiten, um ein bestimmtes Image zu verkörpern oder jemanden zu parodieren. Das Bild, das sich andere Menschen von Ihnen machen, scheint unglaublich wandelbar zu sein. Die meisten Fische wissen das. Das ist einer der Gründe, warum sie sich so wundervoll und kreativ kleiden.

Früher arbeitete ich als Filmkritikerin. Die Zeitung, für die ich schrieb, war so klein, dass ich auch die Theatersparte mit abdeckte. Wer viel ins Theater geht, weiß, dass jedes Publikum seinen speziellen Look hat. Es sind immer viele Angeber dabei, aber die meisten versuchen sich in Understatement, als wollten sie vermitteln: »Ich bin so berühmt, dass ich eine Sonnenbrille trage und meinen Status herunterspiele.« Man sieht viel Braun und Schwarz und Leder. (Natürlich sind immer auch eine ganze Menge normale Menschen dabei.)

Eines Abends schickte mich der Redakteur zu einer Tanzvorstellung. Ich wandte zwar ein, dafür sei ich nicht qualifiziert, musste aber trotzdem hingehen. In der Pause sah ich mir das Publikum an und war erstaunt, wie anders es aussah! (Erst dadurch wurde mir übrigens klar, dass jedes Publikum seinen spezifischen Look hat.) Die Ballettzuschauer sahen spektakulär aus! Und aufregend! Sehr fischemäßig! Wahrscheinlich waren zahlreiche aktive Tänzer dabei. Diese Leute waren ungeheuer einfallsreich und kreativ in ihrer Kleidung. Sie trugen Federn, Pailletten und Kreationen, die ziemlich viel Haut zeigten. Auch die Männer wirkten sehr stylish, fast kostümiert.

Das erinnert mich an einen gut gekleideten männlichen Fischegeborenen, der mich konsultierte. Er beugte sich über den Tisch und erklärte vehement: »Ich war gerade in Italien, und mir ist klar geworden, dass ich mich wie ein Teenager anziehe. Ich habe schon in der Highschool so ausgesehen. In Italien *kleiden* die Männer sich! Und sie schämen sich nicht dafür!«

Projektion funktioniert in beide Richtungen. Sie können nicht nur leicht jedes beliebige Image auf sich selbst projizieren (wenn Sie wollen), sondern andere Menschen lesen auch leicht ein bestimmtes Bild in Sie hinein! Das ist dann so, als hätten die anderen den Weichzeichner vor der Kamera. Haben andere Sie einmal als einen bestimmten Typ wahrgenommen, frieren sie dieses Bild ein und halten es für immer fest. Deshalb fühlen sich zahllose Fischegeborene von ihrer Umwelt missverstanden. Oder jemand sagt, er »begreife« Sie einfach nicht. Mit anderen Worten: Ihr Image ist unklar – sowohl in dem, was Sie ausdrücken, als auch in dem, was andere Menschen wahrnehmen.

Greifen wir noch einmal auf Prinzessin Diana zurück, bei der Neptun mitten in ihrem Aszendenten steht. Wir wissen alle, wie erstaunt die Medien über die ungeheuren, weltweiten Reaktionen auf ihren Tod waren. Aber als ich ihr Horoskop gesehen hatte, war ich nicht mehr erstaunt. Wegen des Neptun-Faktors war mit ihr nicht nur eine einzige Frau gestorben, sondern Millionen Frauen. Jeder hatte seine eigene, persönliche Diana gehabt. Für einige Menschen war sie eine Märchenprinzessin mit einer strahlenden Aura, für andere eine Mode-Ikone, für wieder andere eine königliche Prinzessin, eine Mutter und ein liebender Mensch oder eine neurotische Magersüchtige. Mit anderen Worten, jeder projizierte seine Vorstellung, wer sie sei, auf Prinzessin Diana. Darum sind an diesem Tag so viele Dianas gestorben.

Auch Marilyn Monroe hatte den Neptun in ihrem Aszendenten. Bis heute hängen sich zwölfjährige Mädchen Bilder von ihr in ihre Kinderzimmer, und das bestimmt nicht, weil sie ein Sexsymbol war. Was machte die Monroe zur Legende? Damals gab es in Hollywood viele blonde, kurvenreiche Schauspielerinnen. Das Geheimnis ihres Erfolgs war, dass jeder seine eigene Marilyn Monroe hatte.

Tief drinnen wusste Marilyn, dass hier eine Neptun-Illusion wirkte. Sie sagte: »Ich habe nie jemandem etwas vorgemacht. Die Leute haben sich selbst etwas vorgemacht. Sie haben sich keine Mühe gegeben herauszufinden, wer und was ich bin. Stattdessen erfanden sie einen Charakter für mich. Ich habe nichts dagegen, aber sie haben offenbar jemanden geliebt, der ich gar nicht bin.«

In größerem oder geringerem Maß werden auch Sie, je nachdem, wie stark Neptun in Ihrem Horoskop wirkt und wie ausgeprägt Ihre Fische-Eigenschaften sind (manche Leute haben sie in stärkerem Ausmaß als andere), von anderen Menschen so wahrgenommen, wie diese Sie gerne sehen möchten. Das hat womöglich kaum etwas mit Ihrem wahren Wesen zu tun. Verdammt seltsam! Aber viele von Ihnen wissen, wovon ich spreche.

Der verliebte Fisch

»*Wie groß ist es doch, geliebt zu sein; wie viel größer aber ist es noch, zu lieben.*«

VICTOR HUGO
Französischer Schriftsteller
Die Elenden, Der Glöckner von Notre Dame
(26. Februar 1802 – 22. Mai 1885)

Der romantische Idealismus des verliebten Fisches ist überwältigend. Nichts ist unmöglich. *Sie glauben an Magie!*

Das liegt wohl daran, dass Sie so eine fabelhafte Vorstellungskraft und viel Hoffnung haben und Vollkommenheit erwarten. Denken Sie daran, was Einstein gesagt hat: »Logik bringt einen von A nach B. Die *Vorstellungskraft* bringt einen überallhin.«

Ein verliebter Fisch stellt sich alles nur Denkbare vor und glaubt auch noch, dass er es Wirklichkeit werden lassen kann! Ironischerweise gelingt es Fischegeborenen tatsächlich, ihre Träume wahr zu machen, obwohl wir anderen diese Fantastereien eher mitleidig betrachten.

Nehmen wir als Beispiel Michael Caine, einen Fischegeborenen (14. März 1933). Die Geschichte, wie er seiner Frau begegnet ist, gleicht einem Märchen. Eines Tages entdeckte er in einem Kaffeewerbespot im Fernsehen dieses unglaublich schöne Gesicht und war sofort von dieser Frau besessen, »der schönsten Frau«, die er je gesehen hatte. Er musste sie einfach finden und plante schon eine Reise nach Brasilien – dann fand er heraus, dass sie in London lebte. Er machte sie ausfindig, heiratete sie, und die Ehe hält bis heute. Shakira Caine ist übrigens auch ein Fisch (23. Februar 1947).

Jetzt denken Sie wahrscheinlich, gut, so was schafft vielleicht jemand wie Michael Caine, der reich und berühmt ist und die nötigen Mittel und Kontakte hat. Das stimmt natürlich. Trotzdem hofft jeder Fisch, dasselbe auch in seinem eigenen Leben zu verwirklichen. Ihre geheimen Sehnsüchte sind einfach fantastisch.

Ich habe eine liebe Freundin, eine Fischegeborene, die ich hier K. nennen möchte. (Sie wird dieses Buch lesen.) Als K. zwanzig Jahre alt war, las sie entsetzt, dass Gary Oldman, in den sie heftig verknallt war, Uma Thurman geheiratet hatte. Sie weinte sogar, als sie das las. Ihre langjährige Freundin Trinity tröstete sie. Zwei Jahre später, als Thurman und Oldman ihre Trennung bekannt gaben, rief Trinity sofort bei K. an, um ihr die gute Nachricht zu bringen! Gemeinsam freuten sie sich, dass Gary Oldman jetzt wieder frei war!

Hallo? Wie kann ein intelligenter, realistischer Mensch wie K. erst am Boden zerstört und dann unsagbar erleichtert sein, weil ein Prominenter, dem sie wahrscheinlich nie auch nur begegnen wird, heiratet und sich wieder scheiden lässt? Für mich illustriert diese Anekdote das romantische Verlangen, das in jeder Fische-Seele wohnt.

Der Fische-Partner ist ungeheuer romantisch. Er wird niemals wichtige Daten wie Ihren Geburtstag oder den Hochzeitstag vergessen und auch weniger wichtige Daten nicht. *Fischegeborene sind sehr aufmerksam.* Ein verliebter Fisch verwöhnt Sie komplett, indem er Sie mit Geschenken, Gefälligkeiten, Kaffee am Bett und kleinen Aufmerksamkeiten überschüttet, weil all das seiner Vorstellung vom romantischen Ideal dient.

Vor allem aber ist der verliebte Fisch aufmerksam, sanft, einfühlsam, verspielt und voller Kapriolen. Aber missverstehen Sie seine Sanftheit nicht als Schwäche. Das Gegenteil ist der Fall! Fischegeborene haben ausgeprägten Mumm! (Ich mache mich nur über ihre Weichlichkeit lustig, weil sie manchmal so empfindsam und weinerlich sein können.) Der Fisch hat eine *große innere Kraft.*

Die große Schwäche des verliebten Fisches ist allerdings seine Fähigkeit, sich selbst etwas vorzumachen. Er sieht seinen Partner immer durch die rosafarbene Brille. Er möchte in einen vollkommenen Menschen verliebt sein, also stellt er den Betreffenden auf ein Podest und rückt ihn ins bestmögliche Licht.

Ob Sie sich auch so verhalten, erkennen Sie daran, dass alle Ihre Freunde Sie für verrückt erklären. Sie werden Sie anflehen, sich von dem Betreffenden zu trennen, weil er dreihundert Pfund wiegt, nie badet und heroinsüchtig ist. Ihnen entgeht das irgendwie. Stattdessen reden Sie von der magischen Transzendenz der Poesie, die Sie mit diesem Menschen teilen. Sie sind Seelengefährten. Manchmal synchronisiert sich sogar Ihr Herzschlag!

Aber eines Tages springen Sie vielleicht zu schnell aus dem Bett, finden Ihre rosa Brille nicht sofort und entdecken dann plötzlich in Ihrem Bett einen ungewaschenen dreihundert Pfund schweren Heroinsüchtigen vor. In diesem Moment sind Sie *maßlos desillusioniert*. Sie sind am Boden zerstört. Sie sagen Sachen wie: »Wie konnte er mir das nur antun?«

Dann sollten Sie sich daran erinnern, dass Ihnen diese Person niemals etwas getan hat, sondern dieselbe ist, mit der Sie die ganze Zeit zusammen waren. Der einzige Unterschied liegt bei Ihnen: Sie haben die rosarote Brille abgenommen.

Das ist Ihre Achillesferse, wenn Sie verliebt sind. Sie verzeihen Ihrem Partner seine Fehler nicht, sondern sehen sie gar nicht erst. Sie wünschen sich so sehr den perfekten Gefährten, dass Sie diese Perfektion in ihn hineinprojizieren. Achtung: Wenn Ihnen mehr als zwei Ihrer Freunde sagen, dass Sie in der falschen Beziehung leben, hören Sie darauf! Und wenn Sie an die Punkte in Ihrem Leben zurückdenken, an denen Sie gestöhnt haben: »Wie konnte er/sie mir das nur antun?«, dann erkennen Sie vielleicht mit ungläubigem Entsetzen, dass Sie die betreffende Person einfach nicht durchschauen *wollten*.

Fairerweise muss man sagen, dass wir alle irgendwo in unserem Horoskop den Neptun haben. Wir alle machen uns etwas vor, wenn es um Beziehungen geht. Aber bei Fischegeborenen ist es zehnmal schlimmer als bei allen anderen Menschen.

Sollte ich Ihnen jetzt raten, Ihre rosa Brille ganz wegzuwerfen? Lieber nicht. Ihre Gabe, das Leben auf eine ganz besondere Weise zu sehen, ist etwas Magisches und Wundervolles. Warum sollten Sie es ändern wollen? Passen Sie aber auf, niemanden auf ein allzu hohes Podest zu stellen.

Behalten Sie Ihre rosa Brille ruhig immer bei sich. Einstein hatte nämlich recht, als er sagte: »Es gibt nur zwei Arten, sein Leben zu leben, entweder so, als gäbe es keine Wunder, oder so, als wäre alles ein Wunder.«

Der Fisch als Vorgesetzter

Sie sind definitiv ein interessanter Chef, und auf jeden Fall sind Sie nett. Ich weiß, dass *nett* ein überstrapaziertes, vages Wort ist, aber es passt gut auf Fischegeborene. *Ihr Fische seid einfach nett.*

Sie sind ein sehr fürsorglicher Vorgesetzter und kümmern sich darum, was im Leben Ihrer Mitarbeiter und Kollegen vorgeht. Wenn jemand eine schwere Zeit durchmacht, haben Sie Verständnis dafür, schlagen ihm vor, ein paar Tage freizunehmen, oder schicken Blumen. Sie werden es jedenfalls nicht ignorieren. Stattdessen bieten Sie Ihre Sympathie und Ihr Mitgefühl an.

Auf diese Weise wirken Sie allerdings manchmal ein bisschen zu nachgiebig. Vielleicht sind Sie das sogar. Fest steht, dass Sie nicht gerne Nein sagen, weil Sie eben höflich und – ja, einfach nett sind.

Außerdem können Sie nie Ihr Budget einhalten. Sie geben impulsiv Geld aus, wenn eine gute Idee auftaucht, besonders, wenn es um etwas Schönes geht. Außerdem verreisen Sie gerne.

Ihre große Stärke liegt im Problemlösen. Sie denken nicht nur quer wie ein Wassermann, sondern geradezu transzendental! Mit Ihrer Vorstellungskraft können Sie sich Lösungen buchstäblich vor Augen rufen, auf die andere Menschen niemals kämen.

Außerdem haben Sie keine Angst vor dem Unmöglichen. Ihre Mitarbeiter wissen, dass Sie diesen Geist haben, und mögen Sie dafür. Er ist sehr inspirierend! Außerdem ist es aufregend und manchmal sogar lustig.

Die meisten Fische-Chefs sind beliebt, weil sie Verständnis für ihre Kollegen und Untergebenen haben. Ihre Leute sind gerne bereit, sich für Sie ins Zeug zu legen, weil sie Sie auf ihrer Seite wissen.

Der Fisch als Angestellter

»Der Traum lief mir immer voraus. Ihn einzuholen, um
einen Augenblick mit ihm zu leben, das war das Wunder.«
ANAÏS NIN
Französische Schriftstellerin
Das Delta der Venus
(21. Februar 1903 –14. Januar 1977)

Sie sind ein äußerst umgänglicher Arbeitskollege. Sie sind
freundlich, verspielt, höflich und auf eine zivilisierte Weise sanft.
Man bringt Ihnen instinktiv Vertrauen entgegen. Sie verletzen
niemanden. Ihre Umgänglichkeit ist ein großer Pluspunkt an
jedem Arbeitsplatz.

Sie gehen allerdings noch einen Schritt weiter und ernen-
nen sich selbst überall zum Lebensberater und Therapeuten. Die
Menschen kommen mit ihren Problemen zu Ihnen. Sie zeigen
nicht nur Mitgefühl, sondern haben tatsächlich eine natürliche
Begabung als Amateurpsychologe – manchmal sogar als *Heiler*!
Deshalb sind Sie unter den Kollegen so beliebt.

Ihr größtes Problem ist es, einen Job zu finden, der Ihnen
wirklich etwas bedeutet. Sie haben eine Menge Fantasieszena-
rien, Tagträume und Luftschlösser im Kopf und werden sich nur
schwer darüber klar, was Sie eigentlich wollen. Wenn Sie den
richtigen Arbeitsplatz gefunden haben, arbeiten Sie allerdings
hart. Tatsächlich verfolgen Sie Ihre Träume sogar unermüdlich!
Der Trick ist nur, herauszufinden, was Sie wollen.

Sehr oft findet man Sie in einem Fachgebiet, das mit Ihrem
Sternzeichen zusammenhängt, zum Beispiel Psychotherapie,
Lebensberatung, Pharmazie, Film, Wein und Spirituosen, Unter-

richt und alles, was mit Fischen und dem Ozean zu tun hat. Vielleicht arbeiten Sie sogar in der Schuh- oder Strumpfbranche. Gut geeignet für Sie ist auch die Mode und alles, was mit Make-up, Kosmetik und Glamour zu tun hat. Ihr Traumberuf ist natürlich Tänzerin oder Tänzer. Wenn Sie nicht selbst auf die Bühne können, dann wollen Sie wenigstens beim Ballett arbeiten.

Niemand versteht es besser als Sie, die Illusion von Glamour oder irgendetwas anderem zu schaffen! Fischegeborene sind unschlagbare Eventmanager, veranstalten tolle Partys *und bringen andere Menschen dazu, an sich selbst zu glauben.*

Fische sind beeindruckende Schauspieler, Entertainer und Künstler. Auch ein Job hinter den Kulissen ist drin, zum Beispiel als Bühnenbildner, Maskenbildner, Drehbuchautor oder Regisseur.

Sie können sich in fast jedem Beruf behaupten, weil Sie flexibel, chamäleonartig und sehr fantasievoll sind.

Der Fisch als Elternteil

Fische sind ganz wunderbare Eltern, weil sie freundlich, mitfühlend und vor allem einfühlsam sind. Sie verstehen die Probleme
und Unsicherheiten Ihres Kindes genau. Das macht Sie fürsorglich und liebevoll – und das sind natürlich die wichtigsten Eigenschaften für Eltern.

Meiner Ansicht nach brauchen Kinder vor allem Liebe und
Sicherheit. Man kann ihnen alle möglichen Vorbilder, Unter-
richtsstunden, Geräte und Lerngelegenheiten bieten, damit sie
ihren Horizont erweitern. Trotzdem gibt es Wunderkinder, die
ohne all das aufwachsen.

Der Schlüssel zum Glück eines Kindes ist, dass es geliebt
wird.

Natürlich schlägt sich Ihre Neigung, geliebte Menschen auf
ein Podest zu stellen, auch in Ihrem Erziehungsstil nieder. Wenn
Sie in der Säuglingsstation die Reihen von Neugeborenen in
ihren Bettchen betrachten, ist es Ihnen fast peinlich, dass Ihr
Kind mit großem Abstand offensichtlich das schönste ist!

Fische-Eltern werden leicht zu nachgiebig, lassen ihren Kindern zu viel durchgehen und bestehen nicht auf der Einhaltung
von Grenzen und Regeln. Man muss sich immer daran erinnern,
dass Kinder Grenzen und Regeln *mögen*, weil sie sich dann sicher
fühlen. Sie helfen ihnen damit auch, die Welt besser zu verstehen.

Sie haben großes Verständnis für Verkleidungsspiele, Spiele
allgemein und das Bedürfnis nach Tagträumen und Rollenspielen. Sie kaufen Ihren Kindern ohne Weiteres Künstlerbedarf und
loben ihre Versuche in Musik und Tanz. Als kunstbegeisterter
Mensch ermutigen Sie sie, sich kreativ auszudrücken.

Manchmal beunruhigt Ihre Verwundbarkeit (und vielleicht auch Ihr Weinen) die Kinder, die sich starke und unfehlbare Eltern wünschen. Aber gerade diese Verwundbarkeit zu zeigen, ist eine wertvolle Lektion für Ihre Kinder. Sie müssen irgendwann lernen, dass Erwachsene auch nicht alles wissen und sogar schreckliche Fehler machen können! Die Kinder von Fische-Eltern haben in dieser Hinsicht weniger Illusionen als andere.

Sie verzeihen leicht und sind tolerant, wofür ein Kind immer dankbar ist. Sie sind höflich, fürsorglich, nett, einfühlsam und mitfühlend – ein besseres Vorbild können Sie kaum bieten!

Der Fisch als Kind

Ich sehe meinen Lebenszweck darin, aus dieser Welt einen glücklicheren Ort zu machen.«

DAVID NIVEN
Britischer Schauspieler
Getrennt von Tisch und Bett, Der rosarote Panther
(1. März 1910 – 29. Juli 1983)

Unglaublich, wie viele Fische-Kinder wie kleine Engel aussehen! Diese Kinder sehen manchmal so schön, unschuldig und engelhaft aus, dass sie einen richtig verzaubern können. Natürlich können sie auch kleine Teufelchen sein, aber sie sehen zumindest nicht so aus. Oh nein! Das Fische-Kind ist von sehr gewinnendem Wesen.

Hier haben wir Intelligenz, Kreativität und eine enorme Empfindsamkeit. Man muss eigentlich nicht erwähnen, dass Fische-Kinder leicht weinen. Bitte vergessen Sie nicht, das liegt nur daran, dass die Fische die Tränendrüsen beherrschen und diese deswegen bei allen Fischegeborenen, besonders bei Kindern, leicht überlaufen. Das Kind ist deswegen kein Schreibaby oder eine Heulsuse. Ich kann es gar nicht genug betonen: *Es ist keine Heulsuse.* Dieser Aspekt wird häufig missverstanden und bringt Fische-Kindern viel Unverständnis ein, besonders, wenn ein oder beide Elternteile eher streng sind.

Fische-Kinder leben natürlich in einer Traumwelt. Sie können stundenlang tagträumen. Weil sie in jungen Jahren manchmal Schwierigkeiten haben, Freunde zu finden, fühlen sie sich oft einsam und denken sich imaginäre Freunde aus. (Das würden Sie auch, wenn Sie diese Vorstellungskraft hätten!)

Fische-Kinder sind geborene Schauspieler. Sie verhalten sich, als sei alles in Ordnung, bis sie die Tränen nicht mehr zurückhalten können. Trotzdem müssen Sie bedenken, dass Fische-Kinder oft Probleme haben, Selbstvertrauen zu entwickeln. Sie brauchen Lob und Ermutigung – und ganz viel Liebe.

Der junge Fisch braucht vielleicht eine Weile, um seinen Platz im Leben zu finden. Wenn das Kind allerdings größer wird, genießt es wahrscheinlich eine ziemliche Beliebtheit, weil die Menschen spüren, wie mitfühlend und einfühlsam es ist. Leider werden diese wundervollen Eigenschaften bei kleinen Kindern oft übersehen oder als Schwäche missverstanden.

Fische-Kinder fühlen sich oft zur Religion hingezogen. Sie fühlen sich instinktiv in jeden Glauben ein, der auf Mitgefühl beruht. Größere Fische-Kinder sind bei kleineren Kindern immer beliebt, weil die Jüngeren sofort spüren, wie freundlich und mitfühlend das größere Kind ist.

Ich beobachtete einmal einen neunjährigen Fische-Jungen, der auf dem Spielplatz an Bord einer Fähre mit seinem zweijährigen Bruder spielte. Innerhalb von Minuten war der ältere Junge praktisch unter Spielgefährten begraben. Das war schon komisch! Die jüngeren Kinder beteten den Jungen an, weil er so freundlich und vorsichtig mit seinem jüngeren Bruder umging.

Hätten wir doch nur alle das Glück, einen älteren Fische-Bruder zu haben!

Wie ein Fisch glücklicher wird

Das Leben hat Ihnen ein besonderes Talent verliehen, denn Sie haben ein ausgeprägteres Vorstellungsvermögen und eine reichere Fantasie als Menschen jedes anderen Sternzeichens. Nicht nur das, Sie können sich Dinge buchstäblich vor Augen führen und sie klar und deutlich vor sich sehen. Wenn Sie zum Beispiel gerade jetzt den Eiffelturm sehen möchten, dann steht er auch schon vor Ihrem inneren Auge. Oder vielleicht die *Space Needle*, der berühmte Fernsehturm von Seattle. Daher sind Sie geradezu prädestiniert dafür, das Gesetz der Anziehung zu praktizieren.

Ich habe das Buch *The Secret* selbst nicht gelesen, aber soweit ich weiß, basiert es auf diesem Gesetz der Anziehung. Es hat mich nicht überrascht, dass die Autorin ein Fisch ist (Rhonda Byrne wurde am 12. März 1951 geboren). Fischegeborene haben quasi die Fähigkeit, beim Universum Bestellungen aufzugeben. Sie wünschen sich etwas, und auf magische Weise materialisiert sich das Gewünschte tatsächlich in ihrem Leben! (Nicht schlecht.)

Theoretisch kann das jeder Mensch, aber in der Realität fällt es den meisten sehr schwer. Fischegeborene allerdings haben die *Kraft, das zu manifestieren, woran sie glauben*. Um es anders auszudrücken: Die grundlegenden Annahmen über sich selbst und die Umwelt werden für sie zur Wirklichkeit.

Diese Ihre Fähigkeit hat eine gute und eine schlechte Seite. Die schlechte Seite ist, dass Sie sofort verzweifeln, wenn Sie sich einer Aufgabe nicht gewachsen glauben: Sie sind ein Versager, niemand liebt Sie, Sie werden nie ordentlich verdienen oder Karriere machen, Sie bekommen nie eine glückliche Familie – wovor auch immer Sie am meisten Angst haben. *Und das manifestieren Sie dann auch!* Ihre Grundannahmen werden zur Realität.

Diese Gabe, Ihre Vorstellungen Wirklichkeit werden zu lassen, ist also ein zweischneidiges Schwert. Sie birgt sowohl Gefahren wie auch wundervolle positive Möglichkeiten.

Zuerst müssen Sie sich daher klarmachen, dass Sie genau so funktionieren. Und zwar Tag für Tag, Woche für Woche, Monat für Monat und Jahr für Jahr. Immer! Was immer Sie von sich selbst halten, was immer Sie voraussehen – es wird eintreffen. Das heißt, Sie sind Ihr eigener schlimmster Feind, aber Sie können auch Ihr bester Freund sein. Es liegt sogar ganz in Ihrer Macht, *Ihr eigener Erlöser zu werden.*

Sie müssen sich ständig Ihrer eigenen Negativität und der stummen Gespräche in Ihrem Geist bewusst sein. »Ich komme immer zu spät. Ich werde nie rechtzeitig fertig. Ich werde nie reich sein. Meine Beziehungen gehen immer schief. Das kann ich nie schaffen. Ich bin nicht schlau genug. Ich habe keine Zeit dafür. Ich bin nicht so intelligent wie die anderen. Nichts klappt. Ich ziehe immer den Kürzeren. Ich kann nie Pause machen.« Das sind die Bestellungen, die Sie andauernd beim Universum aufgeben! Schreck! *Sie werden sich manifestieren!*

Deshalb müssen Sie stets aufpassen, was Sie sich selbst vorsagen, denn es wird zur Realität werden. So albern es klingt, Sie müssen einige der negativen Tonbänder in Ihrem Kopf auswechseln. »Ich bin pünktlich. Ich werde rechtzeitig fertig. Ich werde reich. Ich werde eine großartige Beziehung haben. Ich kann es, denn ich bin schlau genug. Ich habe genauso viel Zeit wie jeder andere – unser aller Tag hat vierundzwanzig Stunden. Ich bin so intelligent wie andere Menschen auch. Ich ziehe nicht immer den Kürzeren. Ich kann haufenweise Pausen machen.«

Es dauert seine Zeit, lebenslange Gewohnheiten zu ändern, aber es ist möglich. »Ich kann aufhören, mich selbst zu sabotieren. Ich kann das Selbstmitleid stoppen. Ich kann mich ändern!«

Denken Sie daran: *Sie tun es bereits.* Sie senden schon Ihr Leben lang Bestellungen an das Universum. Sie müssen nur den Inhalt, nicht den Vorgang ändern. Sie wissen schon, wie es geht.

Der Trick ist, Sie müssen sich klarmachen, was Sie sich selbst vorsagen, und es ins Positive wenden.

Sie müssen das Positive betonen und das Negative eliminieren.

Als Beispiel für einen Wechsel in der Denkweise sehen wir uns einmal Ihre Einkünfte an. Nehmen wir an, Sie verdienen 45 000 Euro im Jahr, das sind 173 Euro an jedem Arbeitstag und 86,50 Euro pro halben Tag. Sie bekommen also 86 Euro für einen halben Tag Arbeit. Wenn Sie sich selbst ernsthaft davon überzeugen können, dass Ihnen dafür 100 Euro zustehen statt nur 86 – dann wird sich Ihr Einkommen erhöhen.

Es reicht natürlich nicht, wenn Sie es sich selbst nur vorsagen. (Das ist der unangenehme Teil.) Sie müssen sich selbst wirklich überzeugen! Dieser Glaube muss Ihnen in Fleisch und Blut übergehen. »Hey, ich bin hundert Euro pro Halbtag wert!« Wenn Sie es schließlich ganz fest glauben, haben Sie, ehe Sie sich's versehen, 52 000 Euro im Jahr. Das sind 7000 mehr als vorher!

Versuchen wir's noch mal mit einer höheren Summe? Nehmen wir an, Ihr Jahreseinkommen beträgt 60 000 Euro. (Beneidenswert.) Bei einer Fünftagewoche verdienen Sie damit 230 Euro pro Tag oder 115 Euro an einem halben Tag. Hm, nur 115 Euro bei Ihrer Leistung? Das verpulvern Sie am Freitagabend mühelos mit Ihren Freunden. Ihnen steht auf jeden Fall mehr zu. Ist es zu viel, wenn Sie 150 Euro pro halben Tag erwarten? Ich glaube nicht. (Kein kleiner Unterschied, aber Sie sind es ja wert.)

Wenn Sie sich jetzt selbst entschieden haben, dass Ihnen tatsächlich 150 Euro zustehen – wenn es Ihnen in Fleisch und Blut übergegangen ist –, dann haben Sie plötzlich ein Jahreseinkommen von 78 000 Euro. Überrascht? Bestimmt. 18 000 Euro mehr jedes Jahr! Im Moment dagegen frieren Sie Ihren Lohn praktisch selbst ein. Tun Sie das nicht.

Der Trick ist, den Wert Ihrer Arbeit in Begriffe zu fassen, die Sie wirklich glauben können. Wenn Sie sich einfach sagen, Sie seien 7000 Euro jährlich mehr wert, dann wird es nicht klappen. Sie brauchen eine kleinere Zahl, die so anschaulich ist, dass Sie sie erfassen können. Sie schaffen es. Ihre Arbeit ist es wert. Sie müssen sich selbst auf diese Weise austricksen, weil sich das manifestieren wird, was Sie wirklich vom Wert Ihrer Arbeit halten. Das ist das, was Ihnen dann auch zustoßen wird. Wenn Sie nicht daran glauben, dass Sie etwas verdienen – dann bekommen Sie es auch nicht. Oder wenn doch, ist es bald wieder verloren.

Nutzen Sie also diesen großen Vorteil, den Sie als Fischegeborener haben. Ihr Glaube manifestiert sich in Ihrer Welt. Fragen Sie nicht, wie oder warum. Es funktioniert einfach.

»Wenn du es hast und weißt, dass du es hast, dann hast du es.

Wenn du es hast und nicht weißt, dass du es hast, dann hast du es nicht.

Wenn du es nicht hast, aber glaubst es zu haben, dann hast du es.«

JACKIE GLEASON
Amerikanischer Komiker, Schauspieler und Musiker
The Honeymooners, Ein ausgekochtes Schlitzohr
(26. Februar 1916 – 24. Juni 1987)

Träume

Träume sind sehr wichtig, und für niemanden sind sie wichtiger als für Sie. Über Träume ist schon viel geschrieben worden. In den philosophischen Denkschulen des Fernen Ostens gibt es eigene Methoden für die Traumarbeit. Darüber weiß ich leider nicht genug, um Sie beraten zu können, aber es gibt sie.

Ich habe einmal irgendwo einen Tatsachenbericht gelesen; trotz fieberhaften Nachdenkens fällt mir aber nicht mehr ein, wo das war. Ich zitiere also aus dem Gedächtnis, so gut ich kann. Es geht um einen Mann, der einer Frau hilft, ihre Ängste zu überwinden. (Oder waren es ihre Albträume?) Um Fortschritte zu erzielen, sprechen die beiden über die Träume der Frau. In ihren Träumen gibt es Ungeheuer, vor denen sie wegzulaufen versucht, ohne aber von der Stelle zu kommen. Der Mann schlägt vor, dass sie fliegen, in ein Auto springen oder einen Zug nehmen solle. Aber diese Art Entkommen zu träumen, gelingt ihr nicht. Eines Nachts kann sie sich dann ein Fahrrad herbeiträumen, um den Dämonen zu entfliehen. Hurra! Geschafft. Dann ist eines Tages im Traum das Fahrrad kaputt. Sie versucht, es zu reparieren, aber ohne Erfolg. Um ihr zu helfen, besorgt sich der Mann ein echtes Fahrrad und zeigt der Frau, wie man es repariert. *Und nachdem sie das in der echten Welt gelernt hat, kann sie es auch im Traum* und radelt den Dämonen wieder davon! Ich habe die Geschichte vermutlich völlig durcheinander erzählt, aber einige von Ihnen werden sie vielleicht trotzdem wiedererkennen, weil sie auf einer wahren Begebenheit basiert. (Ich glaube, der Mann war ein professioneller Lebensberater und vielleicht sogar mit der Frau verheiratet.) Auf jeden Fall ist die Grundaussage der Geschichte klar: Die Frau hat im Wachzustand die Dinge selbst in die Hand genommen und konnte diese Fähigkeit dann mit in den Traum nehmen.

Das funktioniert aber auch in die andere Richtung! Wenn Sie im Traum die Dinge in die Hand nehmen, können Sie diese Kraft und dieses Selbstvertrauen auch mit in den Wachzustand nehmen. Darüber gibt es viele Bücher. Der Anthropologe Carlos Castaneda schreibt davon in *Reise nach Ixtlan* und *Der Ring der Kraft*. (Diese Bücher habe ich gelesen, weil sie für jeden Hippie mit ein bisschen Selbstachtung praktisch Pflichtlektüre waren.)

Mitgefühl

Genauso wie Ihre Fische-Stärken (die Fähigkeit der Visualisierung und die Fähigkeit der Träume) können Sie auch Ihr enormes Mitgefühl nutzen. Sie können diese Gabe einsetzen, um glücklicher zu werden! (Überraschung!)

Wie funktioniert es?

Freundlichkeit und Mitgefühl zu üben, ist sogar der schnellste Weg zum Glücklichsein! Niemand kann es bezweifeln. Alle großen Schriften bezeugen es. Wenn Sie einen harten Tag hatten und sich mies fühlen, sehen Sie sich einfach nach einer Gelegenheit um, jemandem einen Gefallen zu erweisen. Machen Sie ein Geschenk, überreichen Sie Blumen, machen Sie ein Kompliment oder schicken Sie eine Grußkarte. Helfen Sie jemandem bei einer schwierigen Aufgabe, oder erledigen Sie etwas für jemanden. Vielleicht ist es nur eine kleine Geste, vielleicht auch eine schwere Arbeit.

Sowie Sie jemand anderem helfen, werden Sie sich sofort besser fühlen, das garantiere ich. Dafür gibt es eine Menge Gründe. Ein ziemlich offensichtlicher ist, dass Sie sich sofort selbst mehr respektieren und lieben können, was Sie natürlich glücklicher macht. Mit anderen Worten, Sie fühlen sich besser in Ihrer Haut.

In einem Newsletter von Dr. Ben Kim, einem Chiropraktiker aus Barrie, Ontario, den ich sehr schätze, habe ich einmal eine Geschichte gelesen. Eines Tages war er nach zähen Verhandlungen mit seiner Bank sehr frustriert (warum bloß?) und wurde wütend auf sich selbst und andere Menschen. Auf dem Heimweg bemerkte er irgendwann seinen negativen Bewusstseinszustand, er hielt inne und entschied sich bewusst, ihn zu ändern. Er wollte jemandem eine Freude machen. Also kaufte er eine Grußkarte für eine Bibliothekarin, die seinem Sohn einen Gefallen getan hatte. Als er die Karte einwarf, *fühlte er sich sofort glücklicher*!

Seltsamerweise ist dieses Verhalten im Grunde selbstsüchtig. Sie versuchen, sich selbst zu helfen. Sie wissen, dass Sie sich besser fühlen werden, wenn Sie jemand anderem helfen. *Das ist eine selbstsüchtige/weise Lebensanschauung.* Was Sie tun, wird dadurch ja nicht entwertet, oder?

Hier noch ein Extratipp, damit sich Ihr »selbstsüchtiges« Verhalten auch richtig lohnt:

Wahre Großzügigkeit gibt, was gebraucht wird.

Wenn Sie einen schnellen Glücksschub brauchen, gehen Sie auf meine Webseite (www.georgianicols.com), klicken Sie auf den Button »Nothing But Nets«, und spenden Sie zehn Dollar für ein Moskitonetz, das einem afrikanischen Kind das Leben retten wird. Ist das nicht toll? Ein Moskitonetz hält etwa drei Jahre. Wahrscheinlich rettet es sogar mehrere Kinder und gibt ihren Müttern gleichzeitig Seelenfrieden. Fällt Ihnen etwas ein, wie Sie zehn Dollar lohnender ausgeben könnten?

Und Sie werden sich selbst dafür lieben.

»Mitgefühl ist die Grundlage aller Moral.«
ARTHUR SCHOPENHAUER
Deutscher Philosoph
Die Welt als Wille und Vorstellung
(22. Februar 1788 – 21. September 1860)

»Nur ein für andere gelebtes Leben ist es wert, gelebt zu werden.«
ALBERT EINSTEIN
Deutscher Physiker und Physiknobelpreisträger (1921)
(4. März 1879 – 18. April 1955)

Fische
Ihr 40-Jahre-Horoskop

1985 – 2025

Warum wir in die Vergangenheit gehen

Ich möchte, dass Sie den Voraussagen vertrauen, und es gibt nur einen Weg, dies zu erreichen. Um mir glauben zu können, müssen Sie zunächst überprüfen, was ich behaupte. Deshalb beginne ich mit kurzen Rückblicken in die letzten fünfundzwanzig Jahre. Wenn Sie sich darin wiedererkennen, werden Sie auch meinen Aussagen über die kommenden fünfzehn Jahre Glauben schenken können. Schließlich geht es um eine einzige ununterbrochene Reihe von Ereignissen – Ihr Leben.

Die Aussagen über die Vergangenheit gelten im Allgemeinen erst ab dem Zeitpunkt, an dem Sie zu Hause ausgezogen sind oder Ihr Leben »selbst in die Hand genommen« und Ihre eigenen Entscheidungen getroffen haben. Denn in der Zeit davor wurden wichtige Ereignisse in Ihrem Leben noch von anderen bestimmt, vermutlich Ihren Eltern.

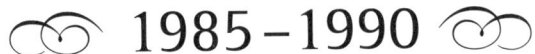 1985–1990

In diesem Zeitraum ging es Ihnen gut. Im Jahr 1985 bereiteten Sie sich hauptsächlich auf 1986 vor, denn in dem Jahr traten Sie auf irgendeine Weise in die Welt hinaus, vielleicht indem Sie die Schule abschlossen, einen Arbeitsplatz bekamen oder Anerkennung für Ihre Leistungen ernteten. In diesem Jahr stand Jupiter in Ihrem Sternzeichen und brachte Ihnen Boni, Beliebtheit und verstärktes Selbstvertrauen. (»Ich liebe mich!«) Allerdings fanden auch viele plötzliche Veränderungen statt, die entweder Ihre Stabilität gefährdeten, Ihnen größere Freiheit verschafften oder beides. Sehr bald hatten Sie die Dinge wieder im Griff, obwohl Ihre Verantwortung gestiegen war. Jetzt mussten Sie hart arbeiten, aber wenigstens wurden Ihre Leistungen anerkannt.

Im Jahr 1989 sah es im Bereich Immobilien sehr gut aus! Die Beziehungen innerhalb der Familie verbesserten sich, und sehr wahrscheinlich erweiterte sich Ihr Horizont durch etwas, das mit Heim und Familie zu tun hatte. Einige von Ihnen erweiterten in diesem oder dem folgenden Jahr ganz buchstäblich ihre Familie durch Adoption, Geburt oder Heirat.

Urlaub, Liebesaffären, aufregende Reisen und Spiel mit Kindern brachten im Jahr 1990 einen schönen Anschub in Ihr Leben. Viele von Ihnen erlebten prickelnde Romantik! Sie hatten viel Spaß, besonders in den Bereichen Sport, Kunst, Showgeschäft, Unterhaltungsindustrie und Gastgewerbe. *Es macht Spaß, Spaß zu haben!*

⤳ 1991–1996 ⤳

Beruflich sah es endlich besser aus! Jetzt war die richtige Zeit, um sich nach einem besseren Arbeitsplatz umzusehen, sich am bestehenden zu verbessern oder sich den Klauen eines bösartigen Chefs zu entwinden. Andere Einflüsse brachten Sie allerdings dazu, sich von Dingen zu trennen und Ihr Leben zu vereinfachen. Deshalb gaben viele von Ihnen Menschen, Orte und Besitztümer auf. Sie warfen Ballast ab, und zwar in Vorbereitung auf das Jahr 1994, in dem sich Ihnen zweifellos eine völlig neue Welt öffnete!

In dieser Zeit strömten Ihnen Geschenke und Zuwendungen von anderen Menschen zu. Die Jahre 1993/94 waren eine großartige Zeit, um einen Kredit oder eine Hypothek aufzunehmen oder sich Erbschaften, Stipendien und Versicherungsleistungen zu sichern. Kurz darauf zog es Sie in die Ferne und auf Reisen! Ebenfalls sehr geeignet war dieser Zeitraum für alles im Bereich Medien, Verlagswesen und Rechtspflege.

Das Jahr 1994 brachte dann einen deutlichen Wendepunkt für Sie. Eine völlig neue Umgebung erwartete Sie, die letztlich Ihre Identität veränderte. Alles war jetzt so anders, dass viele von Ihnen sogar ihre Alltagskleidung veränderten.

Das Jahr 1995 verlief besonders gut, weil der finanzielle Glücksbringer Jupiter ganz oben durch Ihr Horoskop zog und Ihnen Gelegenheiten verschaffte, Ihr Ansehen zu steigern, was Sie natürlich auch taten. Alle hielten Sie für das Gelbe vom Ei!

1997 – 2000

Zu Anfang mussten Sie sich ziemlich abmühen, weil jetzt wichtige Veränderungen stattfanden. Die Richtung Ihres Lebens änderte sich entscheidend. Auch anderen Menschen fiel diese Veränderung auf, weil sich auch Ihr Bild in der Öffentlichkeit stark wandelte.

Zum Glück war 1998 ein richtig gutes Jahr! Der Glück bringende Jupiter stand zum ersten Mal seit zwölf Jahren wieder in Ihrem Sternzeichen. (»Immer her damit!«) Das erhöhte 1999 Ihr Einkommen, und das wiederum löste Arbeitsplatzwechsel, Umzug und eine Menge Umbrüche aus. Damals haben Sie sich wahrscheinlich von vielen Schuhen und Büchern getrennt. »Alles muss raus! Ich fange ganz neu an.«

Die Jahrtausendwende war eher durchwachsen. Einerseits waren Sie optimistisch, zuversichtlich und sehr aktiv. Andererseits machte Ihnen die Unsicherheit durch Arbeitsplatz- und Wohnortwechsel zu schaffen. Sie kommen zwar immer schnell wieder auf die Füße, aber genug ist genug!

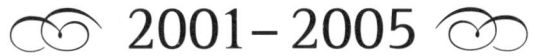 2001– 2005

2001 fühlten Sie sich dort, wo Sie wohnten, zugehörig. Einige von Ihnen zogen in eine größere Wohnung oder kauften sich ein Haus. Ganz ohne Frage konzentrierten Sie sich 2001/02 auf Ihr Zuhause. Sie wollten etwas, worauf Sie sich verlassen konnten – etwas, das Ihnen dieses warme Gefühl im Bauch verschaffte. Sie wollten einen sicheren Hafen für sich und Ihre Lieben.

Für die Familie war dies eine sehr gute Zeit. Viele von Ihnen erweiterten 2002/03 die Familie durch Heirat, Geburt oder Adoption. Es ergaben sich zahlreiche Gelegenheiten, Ihre Welt durch Immobilienkäufe, Familientreffen, Renovierungen und Reparaturen am Haus zu bereichern. Im Jahr 2002 rückten dann Kinder in den Mittelpunkt. Jetzt war eine wunderbare Zeit, um Ihrer neuen Liebe zu begegnen. Romantik, Liebe, Ferien, Sport und Spiel mit Kindern bereiteten Ihnen viel Freude.

Allerdings waren viele von Ihnen auch noch sehr auf Reparaturen am Haus konzentriert, um ihre häusliche Basis abzusichern.

Im Jahr 2003 verbesserte sich Ihr berufliches und gesundheitliches Befinden. Es ergaben sich zahlreiche Möglichkeiten im Bereich Beruf und Arbeit. Zumindest verbesserten Sie Ihre Arbeitsbedingungen. Im Jahr 2004 mussten Sie gestiegene Verantwortung für Kinder einplanen. Inzwischen verstärkte sich auch Ihr Unabhängigkeitsdrang. Das lag daran, dass Uranus, der wilde und verrückte Planet, der uns zum Aufbrechen drängt, jetzt in Ihrem Sternzeichen stand. Oh-oh! Aufpassen, da draußen!

In den Jahren 2004/05 gab es im Bereich Partnerschaften viel Wärme und Geborgenheit. Danach, 2005/06, profitierten Sie durch Erbschaften, Geschenke oder indirekt durch Ihren Partner von den Ressourcen anderer Menschen.

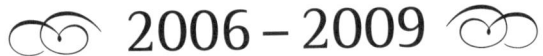 2006 – 2009

Im Bereich Reisen sah es 2006 fantastisch für Sie aus! (Ich hoffe, Sie haben es geschafft, mal rauszukommen.) Das Gleiche galt für die Bereiche höhere Bildung, Universitäten und Hochschulen, für Verlagswesen und Medien. Sie hatten viele Gelegenheiten, Ihren Horizont zu erweitern und Lebenserfahrung zu gewinnen. Allerdings mussten Sie weiterhin hart arbeiten. Viele von Ihnen schufteten damals wie Sklaven. Aber 2007, als der Glücksbringer Jupiter ganz oben durch Ihr Horoskop zog und Ihnen alle möglichen guten Gelegenheiten sowie gesteigertes Ansehen brachte, war Ihnen das egal! Das Leben war auf einmal voller Versprechen! Jetzt war auch eine gute Zeit für Sie, um sich in der Öffentlichkeit einen Namen zu machen. Sie fielen Ihren Mitmenschen positiv auf.

Im Jahr 2008 gingen Beziehungen und Partnerschaften regelrecht den Bach runter. Diese Zeit war sehr schwierig für Sie, denn Saturn stand in Opposition zu Ihrem Sternzeichen. Das Leben kam Ihnen auf einmal hart, entmutigend und wie eine Prüfung vor. (Ich hasse Prüfungen!) Zum Glück konnten Sie sich auf Ihre Freunde verlassen, und Sie waren weiterhin sehr beliebt. (»Ich werde geliebt!«)

∽ 2010 – 2012 ∾

Auch der gegenwärtige Zeitraum ist von entscheidender Bedeutung für Ihre Beziehungen. Sagen wir einfach, die meisten davon sind schon in die Toilette gefallen oder balancieren auf dem Rand der Schüssel. *Für Partnerschaften und enge Freundschaften ist jetzt eine sehr problematische Phase.* Aber nicht alles ist verloren, denn der Glück bringende Jupiter tritt zum ersten Mal seit 1998 in Ihr Sternzeichen. (Ein Glück!) Man könnte diesen Zeitraum als durchwachsen bezeichnen. Jupiter verhilft Ihnen jedenfalls zu gestiegenem Selbstbewusstsein. (Im Jahr 2011 wird es Ihnen – und anderen Menschen – auffallen.)

Ein anderer durchwachsener Aspekt ist, dass Sie unter anderem deshalb Schwierigkeiten mit engen Beziehungen und Partnerschaften haben, weil Sie stärker werden. *Sie nehmen Ihr Leben in die Hand!* Der Status quo bestehender Partnerschaften wird dadurch angegriffen. Ungefähr seit dem letzten Jahr lassen Sie sich in bestimmten Situationen nicht mehr zum Schweigen bringen. Etwa seit 1994 haben Sie Ihre Rolle in der Welt neu definiert, und seit 2001 wächst Ihre Motivation, Ihre Fähigkeiten zu demonstrieren. Jetzt schauen Sie endlich über den Tellerrand hinaus und testen Ihre Möglichkeiten. Die Welt ist groß!

Während Ihr Ehrgeiz und Ihre Zukunftshoffnungen wachsen, ändern Sie die Regeln in Ihren engen Beziehungen. Das ist einer der Gründe, warum Sie jetzt sehr wahrscheinlich Spannungen in diesem Bereich erleben werden.

Zum Glück können Sie 2011 mit gestiegenen Einnahmen rechnen. Ist das nicht toll? Das kommt Ihnen gerade recht, weil sich die praktische Unterstützung durch andere Menschen – Partner, Mietbeihilfe, Stipendium, Zuwendungen – verringern oder ganz aufhören wird. Aber keine Angst; das macht Sie nur stärker. Ihnen wird dadurch klar, dass Sie auf eigenen Füßen stehen können. (Besonders, wenn Sie in schönen Schuhen stecken! Sind die da etwa von Christian Louboutin?)

Diese Entwicklungen führen natürlich dazu, dass Sie sich 2011/12 besser fühlen und positiver gestimmt sind. Kurzreisen bringen Ihnen Freude, und die Beziehungen zu Ihren Geschwistern verbessern sich. Sie sehen Licht am Ende des Tunnels – *und es ist kein Zug!*

2013 – 2015

Dies ist ein wunderbares Jahr für Immobiliengeschäfte! Wenn Sie jetzt kaufen, verkaufen oder Geld in Grundbesitz anlegen, dann werden Sie in der Zukunft davon profitieren. (Bedenken Sie, dass eine so gute Gelegenheit erst in zwölf Jahren wiederkehrt.) Überhaupt ist die Lage für alles in den Bereichen Heim und Familie dieses Jahr fantastisch.

Sie werden definitiv etwas unternehmen, um den Wert Ihres Heims zu steigern oder es auszubauen. Vielleicht ziehen Sie in eine größere Wohnung, oder Sie schaffen etwas für Ihr Haus an, wodurch Sie sich reicher fühlen. Diese positive häusliche Stimmung verbessert auch die Beziehungen innerhalb der Familie. Es besteht eine gute Chance, dass sich Ihre Familie dieses Jahr oder 2014 durch Heirat, Geburt oder Adoption erweitert.

Planen Sie 2014 einen netten Urlaub ein. Yippie! Machen Sie das unbedingt, denn es ist das Jahr für Sie, um sich etwas zu gönnen und Spaß zu haben. (Bermuda ist ein fantastischer Ort für Fische.) Kunst, die Unterhaltungsindustrie, das Showgeschäft und Gastgewerbe stehen dieses Jahr ebenfalls unter einem guten Zeichen. Romantische Begegnungen und Liebesaffären stehen Ihnen bevor. Einige von Ihnen werden der Liebe ihres Lebens begegnen. Bringen Sie sich also rechtzeitig in Form, damit Sie mit Ihrem Äußeren zufrieden sind. (»Mein Badezimmerspiegel ist voller Lippenstiftküsse!«)

Auch Kinder können dieses Jahr eine Quelle der Freude für Sie sein. Und zusätzlich ist es noch ein wunderbares Jahr für Sport. Toll!

Einer der Gründe, warum Sie feiern und sich am Leben freuen, sind die bedeutungsvollen Ziele, die Sie nun endlich für sich am

Horizont sehen. Sie liegen zwar noch außerhalb Ihrer Reichweite, aber Sie können schon erkennen, was Sie wollen, und das verleiht Ihnen zusätzliche Kräfte. Kein Wunder, dass Sie 2015 so viele Gelegenheiten haben, sich beruflich zu verbessern. Vielleicht bekommen Sie einen besseren Job, bessere Arbeitsbedingungen oder einen besseren Chef. Oder gleich alles zusammen! (»Ich habe Hotels auf der Schlossallee und der Parkstraße.«)

Auch mit Ihrer Gesundheit geht es in diesem Jahr aufwärts, aber hüten Sie sich trotzdem vor Schäden durch zu viele Feten, Drinks, Süßigkeiten und Desserts. (Eine Minute auf den Lippen, ein Jahrzehnt auf den Hüften.)

∾ 2016 – 2017 ∾

Jetzt nähern wir uns einem wundervollen Wendepunkt in Ihrem Leben. Zwei große Himmelsereignisse kommen zusammen, die Sie zum großen Gewinner machen! In diesem Jahr verbessern sich Ihre Beziehungen in ganz großartiger Weise. (War auch Zeit!) Vielleicht wird aus Ihrer kürzlichen Romanze ja etwas Festes. Auch bestehende Partnerschaften nehmen einen Aufschwung. Es ist, als ob Sie jetzt erkennen, dass Sie in einer funktionierenden Beziehung genauso für Ihren Partner da sein müssen wie er für Sie.

Jetzt ist ein ausgezeichnetes Jahr, um nicht nur existierende Partnerschaften aufzuwerten, sondern auch in neue einzutreten, seien sie persönlich oder geschäftlich.

Der Grund, warum dieses Jahr ein Wendepunkt ist, liegt allerdings darin, dass Sie endlich die Anerkennung bekommen, die Sie verdienen. *Jetzt ist Erntezeit für Sie!* Sie treten in ein fünf- bis siebenjähriges Zeitfenster ein, in dem Sie die Dinge in der Hand haben. Etwas wird geschehen, auf das Sie sehr stolz sind. Was genau, hängt natürlich von Ihrem Lebensweg, Ihrer beruflichen Laufbahn und Ihrem Alter ab. Vielleicht schließen Sie die Uni ab und sind sehr stolz darauf. Vielleicht treten Sie Ihre erste Arbeitsstelle an, die Ihnen einfach fantastisch vorkommt. Vielleicht werden Sie befördert oder machen sich selbstständig. Für einige wird es auch ein politischer Sieg, eine wirklich wichtige Beförderung oder der absolute Karrierehöhepunkt sein. Das hängt davon ab. Auf jeden Fall aber läuft alles prächtig für Sie! (Sie Glückspilz!)

In dieser Phase (2017/18) profitieren Sie außerdem vom Reichtum anderer Menschen. Viele von Ihnen werden erben, Steuerrückerstattungen erhalten oder eine Versicherung ausgezahlt bekommen, oder Sie ziehen indirekten Nutzen aus dem vermehrten Reichtum von Partnern. Natürlich ist jetzt die richtige Zeit, um einen Kredit oder eine Hypothek aufzunehmen. Das Universum überschüttet Sie mit seinem Füllhorn. (Klasse!)

❧ 2018 – 2020 ❧

Das Jahr 2018 ist wunderbar zum Reisen geeignet, besonders für Fernreisen in fremde Länder. Es ist außerdem ein tolles Jahr für alles, was mit dem Verlagswesen, der Medizin, der Rechtspflege oder den Medien zu tun hat. Das gilt auch für die höhere Bildung, jetzt ist also die richtige Zeit für Weiterbildung oder eine akademische Karriere.

Eine romantische Affäre mit einer Person, die einen anderen sozialen oder kulturellen Hintergrund hat, ist ebenfalls wahrscheinlich. (Was für ein schöner Grund, eine neue Sprache zu lernen.)

Im Jahr 2019 geht es Ihnen richtig gut! Der finanzielle Glücksbringer Jupiter zieht zum ersten Mal seit 2007 ganz oben durch Ihr Horoskop. Diesmal sind Sie allerdings in einer viel besseren Lage, um den Anschub für Ihre Reputation auszunutzen, den er Ihnen verschafft. Sie sind jetzt selbstbewusster und einflussreicher und haben wahrscheinlich einen viel besseren Arbeitsplatz. Machen Sie das Beste aus dieser Phase! Immer, wenn Jupiter ganz oben in Ihrem Horoskop steht (alle zwölf Jahre), werden Sie als erfolgreich wahrgenommen. (Nichts ist so erfolgreich wie der Anschein von Erfolg!)

Sie können jetzt definitiv eine Beförderung im Job erwarten, außerdem Anerkennung für Ihre Leistungen. Sie genießen vermehrten Respekt vonseiten Ihrer Kollegen. Sie spüren mehr Selbstvertrauen. Viele von Ihnen bekommen Gelegenheit zu Geschäftsreisen. Einige andere werden diese Glücksphase allerdings eher nutzen, um sich in einem neuen Beruf zu etablieren, der mit Medizin, Heilkunde, Rechtspflege, höherer Bildung oder dem Verlagswesen zu tun hat. Wenn Letzteres eintritt, werden

Sie wahrscheinlich nicht befördert, sondern wechseln stattdessen auf ein Gebiet, das Ihnen zusagt.

Im Jahr 2020 werden Sie durch Ihre Leistungen außergewöhnlich beliebt. Diese Popularität kann sogar zum Problem werden. Auf einmal werden von überallher Ansprüche an Sie gestellt, die Sie überfordern. Jetzt kommt es darauf an, Ihre eigenen Interessen zu schützen und gleichzeitig den Ansprüchen anderer Menschen zu genügen. Sie wollen, dass alle glücklich sind, aber trotzdem Ihre eigene Integrität, Unabhängigkeit und Entscheidungsfreiheit wahren! *Lassen Sie sich nicht vereinnahmen!*

2021–2022

Jetzt ist eine entscheidende Zeit. Sie stehen am Beginn einer völlig neuen Lebensphase. Einerseits fängt jetzt ein neuer Zwölfjahreszyklus für Sie an, in dem Sie viel dazulernen und sich vor allem selbst als Persönlichkeit entdecken werden. *Dies ist eine Glücksphase für Sie.* Wichtige Menschen und Prominente werden auf Sie aufmerksam. Ihre lockeren Beziehungen machen Spaß, werden aber bedeutsamer. Sie fühlen sich froh, erfolgreich und dankbar für das Erreichte.

Währenddessen macht sich allerdings noch ein anderer Einfluss bemerkbar! Während Sie im Glück schwimmen, geht ein anderer Teil von Ihnen Schränke, Garagen, Kammern und Dachböden durch und mistet aus, was nicht länger gebraucht wird. Sie sind ernsthaft dabei, Ihr Leben zu vereinfachen.

In den nächsten Jahren werden Sie sich nämlich von allem trennen, was in Ihrem Leben nicht mehr relevant ist. Alles Überflüssige bleibt zurück! Dazu gehören auch Jobs, Wohnorte und Beziehungen. Zwischen 2021 und 2024 befreien Sie sich von allem, was Sie davon abhält, 2024 eine völlig neue Welt zu betreten.

Das ist ein wichtiger Wendepunkt! Das letzte Mal haben Sie etwas Entsprechendes 1994 durchlebt. Während Sie diese Phase durchmachen, haben Sie allerdings 2021 besonderes Glück, und 2022/23 steigt Ihr Einkommen! (Puh!) Vielleicht ist dieser gestiegene Verdienst ein Faktor, der einige von Ihnen zum Umzug bewegt?

In größeren Zusammenhängen gesprochen, beginnt 2023 für Sie eine Lebensphase, in der Sie sich selbst *völlig neu erfinden* werden. Das wird insgesamt etwa sieben Jahre dauern. Danach werden Sie dann zurückschauen und sagen: »Wow! Mein Leben hat sich ganz schön verändert. (Und zugenommen habe ich auch.)«

ch mag Nonsens – er weckt die Hirnzellen auf. Fantasie
t eine notwendige Zutat im Leben. Sie ist wie ein Blick
uf das Leben durch das falsche Ende eines Teleskops ...
nd sie befähigt uns, über alle Lebensrealitäten zu lachen.«

DR. SEUSS
(Autorenname von Theodor Seuss Geisel)
Amerikanischer Kinderbuchautor und Cartoonzeichner
Wie der Grinch Weihnachten gestohlen hat, Horton hört ein Hu!
(2. März 1904 – 24. September 1991)

∽ 2023 – 2025 ∾

Jetzt beginnt die neue dreißigjährige Phase, von der ich gerade gesprochen habe. Sie schlagen einen völlig neuen Weg ein, indem Sie einen neuen Arbeitsplatz antreten, einen alten aufgeben, sich mit jemandem zusammenschließen, in eine ganz neue Gegend ziehen, Kinder bekommen oder sich von Kindern verabschieden, die ausziehen – es ist eben einer dieser wichtigen, entscheidenden Momente im Leben.

Währenddessen zieht immerhin der Glück bringende Jupiter durch den Teil Ihres Horoskops, der Ihr Denken und Ihre täglichen Aktivitäten beherrscht. Das macht Sie begeistert, optimistisch und froh über Ihren Alltag. Beziehungen zu Verwandten und Geschwistern verbessern sich, und es ergeben sich Gelegenheiten zum Lesen, Schreiben und Studieren. Das Jahr 2023 ist ein großartiges Jahr für Autoren, Lehrer und Schauspieler.

Zusammenfassend gesagt ist einer der Gründe für Ihren jetzigen Lebensenthusiasmus, dass Sie gerade an der Schwelle zu etwas ganz Neuem stehen. Sie betreten ein völlig neues Gebiet, so unvertraut, dass viele von Ihnen sogar Ihre Alltagskleidung verändern werden. Cool! Was gäbe es für eine bessere Ausrede, sich neu einzukleiden, neue Schuhe zu kaufen und sich ein neues Image zuzulegen? (Das können Sie besonders gut.)

Berühmte Fische

20. Februar 1909	Heinz Erhardt
20. Februar 1949	Ivana Trump
20. Februar 1966	Cindy Crawford
20. Februar 1980	Arthur Abraham
21. Februar 1903	Anaïs Nin
21. Februar 1937	Harald V. von Norwegen
21. Februar 1942	Margarethe von Trotta
21. Februar 1950	Håkan Nesser
21. Februar 1977	Max von Thun
21. Februar 1979	Jennifer Love Hewitt
21. Februar 1987	Ellen Page
22. Februar 1731	George Washington
22. Februar 1788	Arthur Schopenhauer
22. Februar 1932	Edward Kennedy
22. Februar 1972	Claudia Pechstein
22. Februar 1974	James Blunt
22. Februar 1975	Drew Barrymore
23. Februar 1956	Reinhold Beckmann
23. Februar 1963	Andrea Sawatzki
23. Februar 1994	Dakota Fanning
24. Februar 1903	Franz Burda
24. Februar 1955	Steve Jobs
24. Februar 1958	Ray Cokes
24. Februar 1965	Kristin Davis
24. Februar 1981	Lleyton Hewitt
25. Februar 1873	Enrico Caruso
25. Februar 1913	Gert Fröbe
25. Februar 1917	Anthony Burgess
25. Februar 1943	George Harrison

25. Februar 1946	Franz Xaver Kroetz
26. Februar 1802	Victor Hugo
26. Februar 1822	Franz Joseph Strauss
26. Februar 1916	Jackie Gleason
26. Februar 1928	Fats Domino
26. Februar 1932	Johnny Cash
26. Februar 1949	Elizabeth George
26. Februar 1953	Michael Bolton
26. Februar 1960	Hannes Jaenicke
27. Februar 1902	John Steinbeck
27. Februar 1925	Egidius Braun
27. Februar 1932	Elizabeth Taylor
27. Februar 1955	Rainhard Fendrich
28. Februar 1901	Linus Pauling
28. Februar 1970	Daniel Handler (Lemony Snicket)
28. Februar 1982	Axel Stein
29. Februar 1784	Leo von Klenze
29. Februar 1948	Martin Suter
29. Februar 1988	Lena Gercke
1. März 1910	David Niven
1. März 1927	Harry Belafonte
1. März 1954	Ron Howard
1. März 1969	Javier Bardem
1. März 1994	Justin Bieber
2. März 1904	Dr. Seuss
2. März 1921	Ernst Haas
2. März 1931	Michail Gorbatschow
2. März 1942	John Irving
2. März 1962	Jon Bon Jovi
2. März 1968	Daniel Craig
2. März 1982	Kevin Kurányi
3. März 1847	Alexander Graham Bell
3. März 1930	Heiner Geißler
3. März 1975	Johanna Wokalek

3. März 1982	Jessica Biel
4. März 1879	Albert Einstein
4. März 1948	James Ellroy
4. März 1948	Shakin' Stevens
4. März 1951	Chris Rea
5. März 1958	Andy Gibb
5. März 1963	Thomas Hermanns
5. März 1974	Eva Mendes
5. März 1974	Barbara Schöneberger
6. März 1459	Jakob Fugger
6. März 1475	Michelangelo
6. März 1898	Therese Giehse
6. März 1927	Gabriel García Márquez
7. März 1875	Maurice Ravel
7. März 1933	Hannelore Kohl
7. März 1940	Rudi Dutschke
7. März 1960	Ivan Lendl
8. März 1702	Anne Bonny
8. März 1922	Cyd Charisse
8. März 1923	Walter Jens
8. März 1974	Christiane Paul
9. März 1934	Juri Gagarin
9. März 1940	Raúl Juliá
9. März 1964	Juliette Binoche
10. März 1940	Chuck Norris
10. März 1955	Marianne Rosenberg
10. März 1958	Sharon Stone
11. März 1931	Janosch
11. März 1952	Douglas Adams
11. März 1978	Didier Drogba
11. März 1981	Matthias Schweighöfer
12. März 1922	Jack Kerouac
12. März 1946	Liza Minnelli
12. März 1953	Carl Hiaasen

12. März 1962	Andreas Köpke
13. März 1911	L. Ron Hubbard
13. März 1946	Yann Arthus-Bertrand
13. März 1946	Chris Roberts
13. März 1974	Franziska Schenk
14. März 1930	Helga Feddersen
14. März 1933	Michael Caine
14. März 1941	Wolfgang Petersen
14. März 1948	Billy Crystal
14. März 1958	Albert II. von Monaco
15. März 1905	Berthold Schenk Graf von Stauffenberg
15. März 1907	Zarah Leander
15. März 1967	Julia Biedermann
15. März 1975	Eva Longoria
16. März 1926	Jerry Lewis
16. März 1928	Karlheinz Böhm
16. März 1929	Nadja Tiller
16. März 1940	Bernardo Bertolucci
17. März 1939	Giovanni Trapattoni
17. März 1951	Kurt Russell
17. März 1955	Gary Sinise
17. März 1964	Rob Lowe
18. März 1922	Egon Bahr
18. März 1932	John Updike
18. März 1941	Wilson Pickett
18. März 1945	Joy Fielding
18. März 1959	Luc Besson
18. März 1978	Charlotte Roche
19. März 1905	Albert Speer
19. März 1906	Adolf Eichmann
19. März 1937	Egon Krenz
19. März 1947	Glenn Close
19. März 1955	Bruce Willis

20. März 1904	B. F. Skinner
20. März 1928	Fred Rogers
20. März 1948	Bobby Orr
20. März 1950	William Hurt
20. März 1957	Spike Lee
20. März 1958	Holly Hunter
20. März 1984	Fernando Torres

Danksagung

Nach zwanzig Jahren als Zeitungs- und Zeitschriftenkolumnistin habe ich jetzt endlich ein Buch geschrieben. Natürlich gilt mein erster Dank daher Ihnen – meinen treuen Leserinnen und Lesern. Ich liebe Sie alle. Ihre positiven und liebevollen Reaktionen haben mich in all diesen Jahren inspiriert und ermutigt und waren mir unentbehrlich. Ich war schon immer geschmeichelt und erfreut (und erstaunt) über die Anfragen aus der ganzen Welt, wo man denn meine Bücher (in der Mehrzahl!) bekommen könne. Das hat mich schließlich dazu motiviert, dieses Buch zu schreiben – und für diese Motivation danke ich Ihnen ganz, ganz, ganz herzlich.

Die nächste Dankesbekundung gilt meinem Sohn Scott Benson, der mir als Erster vorgeschlagen hat, tägliche Horoskope zu verfassen. (Zuerst habe ich es abgelehnt.) Scott war und ist eine Quelle der Weisheit und des Rats in meinem Leben. (Ich sehe schon vor mir, wie er bescheiden den Kopf schüttelt.)

Rae Bilash, Malcolm und Heather Kirk, Coralie Mackie, Michael Cooke, Vivienne Sosnowski, Rita Silvan und viele andere, die ich hier nicht alle nennen kann, waren unentbehrlich bei der Umsetzung meiner täglichen und wöchentlichen Kolumnen bis zur Publikation. (Ein spezielles Dankeschön an Diane Smith und Glen Mott.) Ich danke euch allen.

Außer durch Leserbriefe bleibe ich über die Reaktionen meiner Leser hauptsächlich durch meine Webseite auf dem Laufenden, die mein genialer Neffe Graham TerMarsch, ein echter Nerd, betreut. »Gooch«, wie ich ihn nenne, opfert seit Jahren großzügig Zeit und Fachwissen, damit Sie, liebe Leserinnen und Leser, meine Horoskopdeutungen online verfolgen können und ich wiederum Ihre Meinung dazu erfahre. Außerdem sind durch seine Bemühungen dringend benötigte Spenden für eine tibetische Schule in Nepal zusammengekommen.

Hier möchte ich auch gleich meiner fähigen Promoterin Beverly Wood dafür danken, dass sie die Idee für die Webseite überhaupt aufgebracht hat, und außerdem natürlich für ihre schnelle und fachkundige Hilfe bei der Promotion dieses Buches. Vielen Dank, Bev!

Zweifellos wäre dieses Buch ohne die großzügige Ermutigung durch Margaret Atwood und anschließend durch meinen Agenten Rick Broadhead nicht möglich gewesen. Sie waren entscheidend für den Start dieses Abenteuers. Ohne Margaret wäre es heute noch nicht so weit.

Von Anfang an spendete Tricia Barker von den Rängen aus Beifall und verlieh mir Zuversicht für dieses Vorhaben. Das war unschätzbar für jemanden wie mich, der seine tägliche Dosis Komplimente braucht. Wenn ich einmal wirklich verzweifelt war (bestimmt hat jeder Autor solche Anfälle von Panik und Mutlosigkeit oder beidem), war Renée Doruyter, seit Jahren meine Redakteurin bei der *Vancouver Province,* stets mit hilfreicher Unterstützung zur Stelle. Wenn ich sie brauchte, war sie da, um mich zu retten.

Meine Schwester Bette Kosmolak (die Mutter des genialen Nerds »Gooch«) stand mir mit ihren Fähigkeiten als Rechercheurin immer zur Verfügung, wofür ich ihr dankbar bin. Dank gebührt auch Linda Davis für ihre Arbeit als Rechercheassistentin.

Ohne emotionale Unterstützung und Liebe könnte ich nicht arbeiten. Meine Mutter Eileen hat mich stets zu diesem Buch ermutigt (»Es wird sich verkaufen wie warme Semmeln!«). Ihre Begeisterung fand ein warmes Echo bei ihrer Schwester Betty (meiner Lieblingstante). Ebenso dankbar bin ich meiner Tochter Kelly Verchere, die mich immer unterstützt hat, und ihren beiden wundervollen Söhnen Chase und Emmett, die mir als Quelle der

Freude viel bedeuten. Kelly ist die Einzige in der Familie, mit der ich echte astrologische »Fachgespräche« führen kann.

Jedes Buch ist auch ein umfangreiches kommerzielles Projekt. Für dessen reibungslose Abwicklung bedanke ich mich bei meinem Verlag House of Anansi Press und hier besonders bei der immer fröhlichen und hilfreichen Janie Yoon, die sich immerhin mit einer Löwe-Diva herumschlagen musste!

Das Leben, die Liebe und andere Geheimnisse ist das Ergebnis vieler eigener Erfahrungen und Gespräche. Ich hatte das große Glück, viele große Lehrer hören zu dürfen, und ihr Einfluss findet sich direkt wie indirekt überall auf den Seiten dieses Buches. Gute Freunde und Bekannte haben ebenfalls viel beigetragen. Ich entschuldige mich bei allen, die ihren Namen hier vermissen sollten.

Zum Schluss möchte ich meinem größten Fan Pat für die geduldige Hilfe in allen Lebenslagen danken. Du verstehst mich, hast an mich geglaubt und warst immer für mich da.

Quellennachweis

»Bist du ohne Liebe und Hass ...« (»Hsin-Hsin-Ming«) zitiert
nach Dennis Genpo Merzel: »Durchbruch zum Herzen des Zen«,
Deutsch von Christian Quatmann. Diederichs Verlag, München
1994

»Vor dem Einschlafen ...« aus: »Anonyme Alkoholiker: Ein
Bericht über die Genesung alkoholkranker Männer und Frauen«,
hrsg. v. Anonyme Alkoholiker Deutscher Sprache, 4. neu über-
setzte und überarbeitete Auflage, München 1983

Woody Allen: »Mit Liebe meine ich ...« aus: »Ohne Leit kein
Freud«, Deutsch von Benjamin Schwarz. Copyright © der
Originalausgabe (»Without Feathers«) 1972 Woody Allen;
Copyright © der deutschen Ausgabe 1979 Rogner & Bernhard
GmbH & Co. Verlags KG, Berlin

Margaret Atwood: »Auch Potenzial ...« aus: »Katzenauge«,
Deutsch von Charlotte Franke. Copyright © der Originalausgabe
1988 O. W. Toad, Ltd.; Copyright © der deutschen Ausgabe
1990 S. Fischer Verlag GmbH, Frankfurt am Main

Charlotte Brontë: »Fröhlichkeit, so will es scheinen ...« aus:
»Shirley«, Deutsch von Andrea Ott. Copyright © der deutschen
Ausgabe 1989 Manesse Verlag, Zürich

Joseph Campbell: »Die Leute sagen ...« aus: »Die Kraft der Mythen«, Deutsch von Hans-Ulrich Möhring. Copyright © der deutschen Ausgabe 1989 Bibliographisches Institut/Sauerländer, Mannheim

Agatha Christie: »Ich lebe gern ...« aus: »Meine gute alte Zeit«, Deutsch von Hans Erik Hausner. Copyright © der Originalausgabe 1977 by Agatha Christie Limited. Copyright © der deutschen Ausgabe 1978 Scherz Verlag, Bern und München. Alle Rechte vorbehalten S. Fischer Verlag GmbH, Frankfurt am Main

Colette: »Es ist gar nicht schlecht ...« aus: »Claudines Mädchenjahre«, Deutsch von Erna Redtenbacher. Copyright © der deutschen Ausgabe 1960 Paul Zsolnay Verlag, Wien

Antoine de Saint-Exupéry: »Hier mein Geheimnis ...« aus: »Der kleine Prinz«, Deutsch von Grete und Josef Leitgeb. Copyright © der deutschen Ausgabe 1950 und 2008 Karl Rauch Verlag, Düsseldorf

Arthur Conan Doyle: »Mittelmaß kennt nichts Erhabeneres ...« aus: »Sherlock Holmes. Eine Werkausgabe in neun Bänden«, Romane Bd. IV: »Das Tal der Angst«, Deutsch von Hans Wolf. »Es ist schon sehr lange ...« aus: Erzählungen Bd. I: »Die Abenteuer des Sherlock Holmes«, Deutsch von Gisbert Haefs. »Ein simpler Taschenspielertrick ...« aus: Erzählungen Bd. IV: »Seine Abschiedsvorstellung«, Deutsch von Leslie Giger. Copyright © der deutschen Ausgabe 2005 KEIN & ABER AG, Zürich – Berlin

F. Scott Fitzgerald, »Der Prüfstein ...« aus: »Der Knacks«, Deutsch von Walter Schürenberg. Copyright © der deutschen Ausgabe 1984 Merve Verlag, Berlin

Khalil Gibran: »Brich nun auf ...« aus: »Gedanken des Meisters«, Deutsch von Hans Christian Meiser. Copyright © der deutschen Ausgabe 1988 Wilhelm Goldmann Verlag, München

Germaine Greer: »Sicherheit ist ...« aus: »Der weibliche Eunuch«, Deutsch von Marianne Dommermuth. Copyright © der deutschen Ausgabe 1970 S. Fischer Verlag GmbH, Frankfurt am Main

Rudyard Kipling: »Sehr oft hat mich später ...« aus: »Erinnerungen«. Scientia AG, Zürich 1938

Linda Lee: »Schon als Kind ...« aus: »Die Bruce-Lee-Story«, Deutsch von Uwe Hiltmann. Copyright © der deutschen Ausgabe 1993 Falken, Niedernhausen

W. Somerset Maugham: »Ein gelegentlicher Exzess ...« aus: »Die halbe Wahrheit«, Deutsch von Matthias Fienbork. Copyright © der deutschsprachigen Ausgabe 2000 Diogenes Verlag AG, Zürich

Desmond Morris: »Wir hören nie mit Suchen ...« aus: »Der nackte Affe«, Deutsch von Fritz Bolle. Copyright © der deutschen Ausgabe 1968 Droemersche Verlagsanstalt Th. Knaur Nachf. GmbH & Co. KG, München

Anaïs Nin: »Der Traum eilt ...« aus »Unter einer Glasglocke. Erzählungen«. Deutsch von Manfred Ohl und Hans Sartorius. Copyright © der deutschen Ausgabe 1979 by nymphenburger in der F. A. Herbig-Vertragsbuchhandlung GmbH, München

Anita Roddick: »Ich suche immer noch ...« aus: »Body and soul«, Deutsch von Joachim Pente und Rainer Schmidt. Copyright © der deutschen Ausgabe 1991 Econ Verlag in der Ullstein Buchverlage GmbH, Berlin

The Doors: »Irgendwie ist es wie ein Glücksspiel ...« aus: »The Doors. In eigenen Worten«, hrsg. v. Andrew Doe und John Tobler, Deutsch von Clemens Brunn. Copyright © der deutschen Ausgabe 2001 Palmyra Verlag, Heidelberg

J. R. R. Tolkien: »Es ist nicht gut ...« aus: »Der kleine Hobbit«, Deutsch von Walter Scherf. Copyright © der deutschen Originalausgabe (»The Hobbit«, Harper Collins Ltd.) 1937 The J. R. R. Tolkien Copyright Trust. Copyright © deutschen Ausgabe 1974 Deutscher Taschenbuch Verlag, München

P. G. Wodehouse: »Die erste Tasse Tee ...« aus: »Alter Adel rostet nicht«, Deutsch von Harald Raykowski. Copyright © der Originalausgabe (»The Code of the Woosters«) 1938 The Trustees of the Wodehouse Estate. Copyright © der deutschen Ausgabe 1986 Deutscher Taschenbuch Verlag, München

Für die Genehmigung zum Abdruck der Zitate danken wir den lizenzgebenden Verlagen und Agenturen.